中咨研究系列丛书

工程咨询专业分析评价方法及应用丛书

工程项目财务评价理论方法及应用

主　编　李开孟
副主编　邱志青　蔚林巍

中国电力出版社
CHINA ELECTRIC POWER PRESS

内 容 提 要

本书系统地阐述了工程项目财务分析评价的理论框架、操作方法、政策规定及在工程咨询实践中的具体应用，内容包括投资项目财务分析的主体及内容界定、资金时间价值及通货膨胀的处理、投资估算及资金使用计划的确定、财务收入预测与产品定价、成本费用预测、财务分析评价涉及的税费计算、财务盈利能力和偿债能力分析、项目财务方案的比选、公司融资及企业重组项目财务分析评价、公益性及基础设施项目的财务分析、跨国公司及中外合资项目的财务分析、土地与房地产开发项目的财务分析、期权价值及其在财务分析评价中的应用、不确定性与财务风险分析、企业财务报表分析。

本书可作为各类工程咨询机构、发展改革部门、项目业主单位、投融资机构相关领域专业人员开展专业学习、业务进修及继续教育用书，也可作为大专院校相关专业研究生和本科生教材使用。

图书在版编目（CIP）数据

工程项目财务评价理论方法及应用/李开孟主编. —北京：中国电力出版社，2020.8
（工程咨询专业分析评价方法及应用丛书）
ISBN 978-7-5198-4574-2

Ⅰ. ①工… Ⅱ. ①李… Ⅲ. ①工程项目管理－财务管理 Ⅳ. ①F284

中国版本图书馆 CIP 数据核字（2020）第 065557 号

出版发行：中国电力出版社
地　　　址：北京市东城区北京站西街 19 号（邮政编码 100005）
网　　　址：http://www.cepp.sgcc.com.cn
责任编辑：安小丹（010-63412367）　柳　璐
责任校对：黄　蓓　郝军燕　李　楠
装帧设计：张俊霞
责任印制：吴　迪

印　　刷：北京天宇星印刷厂
版　　次：2020 年 8 月第一版
印　　次：2020 年 8 月北京第一次印刷
开　　本：787 毫米×1092 毫米　16 开本
印　　张：32
字　　数：787 千字
印　　数：0001—1500 册
定　　价：128.00 元

丛 书 总 序

现代咨询企业怎样才能不断提高核心竞争力？我们认为，关键在于不断提高研究水平。咨询就是参谋，如果没有对事物的深入研究、深层剖析和深刻见解，就当不好参谋，做不好咨询。

我国的工程咨询业起步较晚。以 1982 年中国国际工程咨询公司（简称中咨公司）的成立为标志，我国的工程咨询业从无到有，已经发展成具有较大影响的行业，见证了改革开放的历史进程，通过自我学习、国际合作、兼容并蓄、博采众长，为国家的社会经济发展做出了贡献，同时也促进了自身的成长与壮大。

但应该清醒地看到，我国工程咨询业与发达国家相比还有不小差距。西方工程咨询业已经有一百多年的发展历史，其咨询理念、方法、工具和手段，以及咨询机构的管理等各方面已经成熟，特别是在研究方面有着深厚基础。而我国的工程咨询业尚处于成长期，尤其在基础研究方面显得薄弱，因而总体上国际竞争力还不强。当前，我国正处于社会经济发生深刻变革的关键时期，不断出现各种新情况、新问题，很多都是中国特定的发展阶段和转轨时期所特有的，在国外没有现成的经验可供借鉴，需要我们进行艰辛的理论探索。全面贯彻和落实科学发展观，实现中华民族伟大复兴的中国梦，对工程咨询提出了新的要求，指明了发展方向，也提供了巨大发展空间。这更需要我们研究经济建设特别是投资建设领域的各种难点和热点问题，创新咨询理论和方法，以指导和推动咨询工作，提高咨询业整体素质，造就一批既熟悉国际规则、又了解国情的专家型人才队伍。

中咨公司重视知识资产的创造、积累，每年都投入相当的资金和人力开展研究工作，向广大客户提供具有一定的学术价值和应用价值的各类咨询研究报告。《中咨研究系列丛书》的出版，就是为了充分发挥这些宝贵的智力财富应有的效益，同时向社会展示我们的研究实力，为提高我国工程咨询业的核心竞争力做出贡献。

立言，诚如司马迁所讲"成一家之言"，"藏诸名山，传之其人"。一个人如此，一个企业也是如此。努力在社会上树立良好形象，争取为社会做出更大贡献，同时，还应当让社会倾听其声音，了解其理念，分享其思想精华。中咨公司会向着这个方向不断努力，不断将自己的研究成果献诸社会。我们更希望把《中咨研究系列丛书》这项名山事业坚持下去，让中咨的贡献持久恒长。

《中咨研究系列丛书》编委会

前　　言

中国国际工程咨询公司一直非常重视工程咨询理论方法及行业标准规范的研究制定工作。中咨公司成立 30 多年来，接受国家发展改革委等有关部门的委托，以及公司自开课题开展了众多专题研究，取得了非常丰富的研究成果，部分成果以国家有关部委文件的方式在全国印发实施，部分成果以学术专著、论文、研究报告等方式在社会上予以推广应用，大部分成果则是以中咨公司内部咨询业务作业指导书、业务管理制度及业务操作规范等形式，用于规范和指导公司各部门及所属企业承担的各类咨询评估业务。中咨公司开展的各类咨询理论方法研究工作，为促进我国工程咨询行业健康发展发挥了重要作用。

进入新世纪新阶段，尤其是党中央、国务院提出贯彻落实科学发展观、实现中华民族伟大复兴的中国梦，并对全面深化改革进行了一系列战略部署，对我国工程咨询理念及理论方法体系的创新提出了更高要求。从 2006 年开始，中咨公司先后组织公司各部门及所属企业的100 多位咨询专家，开展了包括 10 大领域咨询业务指南、39 个行业咨询评估报告编写大纲、24 个环节咨询业务操作规范及 10 个专业分析评价方法体系在内的 83 个课题研究工作，所取得的研究成果已经广泛应用于中咨公司各项咨询业务之中，对于推动中咨公司承担各类业务的咨询理念、理论体系及方法创新发挥了十分重要的作用，同时也有力地巩固了中咨公司在我国工程咨询行业的领先者地位，对推动我国工程咨询行业的创新发展发挥了无可替代的引领和示范作用。

工程咨询专业分析评价方法的创新，在工程咨询理念及理论方法体系创新中具有十分重要的地位。工程咨询是一项专业性要求很强的工作，咨询业务受到多种不确定性因素的影响，需要对特定领域的咨询对象进行全面系统的分析论证，往往难度很大。这就需要综合运用现代工程学、经济学、管理学等多学科理论知识，借助先进的科技手段、调查预测方法、信息处理技术，在掌握大量信息资料的基础上对未来可能发生的情况进行分析论证，因此对工程咨询从业人员的基本素质、知识积累，尤其是对其所采用的分析评价方法提出了很高的要求。

研究工程咨询专业分析评价关键技术方法，要在继承的基础上，通过方法创新，建立一套与国际接轨，并符合我国国情的工程咨询分析评价方法体系，力求在项目评价及管理的关键路径和方法层面进行创新。所提出的关键技术方法路径，应能满足工程咨询业务操作的实际需要，体现工程咨询理念创新的鲜明特征，与国际工程咨询所采用的分析评价方法接轨，并能对各领域不同环节开展工程咨询工作所采用的分析评价方法起到规范的作用。

本次纳入《工程咨询专业分析评价方法及应用丛书》范围内的各部专著，都是中咨公司过去多年开展工程咨询实践的经验总结，以及相关研究成果的积累和结晶。中咨公司各部门及所属企业的众多专家，包括在职的和已经离退休的各位资深专家，都以不同的方式为这套丛书的编写和出版做出了重要贡献。

在丛书编写和出版过程中，我们邀请了清华大学经管学院蔚林巍教授、北京大学工业工程与管理系张宏亮教授、同济大学管理学院黄瑜祥教授、天津大学管理学院孙慧教授、中国农业大学人文学院靳乐山教授、哈尔滨工程大学管理学院郭韬教授、中央财经大学管理科学与工程学院张小利教授、河海大学中国移民研究中心陈绍军教授、国家环境保护部环境规划院大气环境规划部宁淼博士、中国科学院大学工程教育学院詹伟博士等众多国内知名专家参与相关专著的编写和修改工作，并邀请美国斯坦福大学可持续发展与全球竞争力研究中心主任、美国国家工程院 James O. Leckie 院士、执行主任王捷教授等国内外知名专家学者对丛书的修改完善提出意见和建议。

本次结集出版的《工程咨询专业分析评价方法及应用》丛书，是《中咨研究系列丛书》中的一个系列，是针对工程咨询专业分析评价方法的研究成果。中咨公司出版《中咨研究系列丛书》的目的，一是与我国工程咨询业同行交流中咨公司在工程咨询理论方法研究方面取得的成果，搭建学术交流的平台；二是推动工程咨询理论方法的创新研究，探索构建我国咨询业知识体系的基础架构；三是针对我国咨询业发展的新趋势及新经验，出版公司重大课题研究成果，推动中咨公司实现成为我国"工程咨询行业领先者"的战略目标。

纳入《工程咨询专业分析评价方法及应用丛书》中的《工程项目财务评价理论方法及应用》，是专门针对工程项目财务分析评价理论方法的研究专著。随着我国投融资体制改革不断深化，对企业理财及政府公共理财的理念及理论方法的应用不断提出新的要求。本书希望从适应投融资体制改革新形势的要求，从企业理财及完善工程项目财务分析理论方法体系的角度，阐述工程项目财务分析评价的理论方法，以及在我国工程咨询实践中的具体应用。

本书是中咨公司工程咨询专业分析评价方法研究的重要成果，是在我国过去 30 年来开展工程项目财务分析理论方法研究及实践经验的基础上，借鉴世界银行、亚洲开发银行等国际组织和外国经验，结合我国关于工程项目投融资的相关政策法律规定及工程咨询实际需要，对工程项目财务分析相关领域的咨询工作提出专业性建议。本书编写得到了同济大学黄瑜祥教授的鼎力支持。中国城建设计集团公司九所技术经济室李明阳、杨谨华、张玉玲、张晴，原中咨公司李素芬，原中咨海外公司郝晋凯，对外经济合作部刘太平，西安中咨李钧、赵聪、邓新亚、济德岸，金准咨询郑敬波、陈宏能、付志奎、卢万权等专家为本书出版做出了重要贡献。

本套丛书的编写出版工作，由研究中心具体负责。研究中心是中咨公司专门从事工程咨询基础性、专业性理论方法及行业标准制定相关研究工作的内设机构。其中，开展工程咨询理论方法研究，编写出版《中咨研究系列丛书》，是中咨公司研究中心的一项核心任务。

我们希望，《工程咨询专业分析评价方法及应用丛书》的出版，能够对推动我国工程咨询专业分析评价方法创新，推动我国工程咨询业的健康发展发挥积极的引领和带动作用。

编　者

二〇二〇年三月

目　录

第一章

导　　论

我国经济建设已经进入高质量发展的新时代，围绕实现高质量发展，需要推动经济发展的质量变革、效率变革和动力变革。投融资体制深化改革，对投资项目财务分析评价的内容与方法提出了新的更高要求。本章通过梳理我国投资项目财务分析评价理论方法体系的演进过程，明晰企业理财和政府公共理财的基本概念，以及投资项目财务分析的内容及主体，为后续章节的编写奠定基础。

第一节　投资项目财务分析评价方法在我国的演进

一、投资项目财务分析的历史演进

我国目前在投资项目可行性研究中所使用的财务分析方法的研究工作开始于改革开放初期，已有 40 多年的历史。改革开放初期，我国在学习引进联合国工业发展组织（UNIDO）编写的《工业项目可行性研究编制手册》（习惯称为"黄皮书"）一书的基础上，探索借鉴西方国家的有益经验，开始改进我国投资建设项目的管理制度和分析评价方法。在消化、吸收国外对建设项目进行可行性研究和经济评价有益经验的基础上，结合我国实际，提出具有中国特色的投资项目经济评价方法。1981 年 12 月国家科委专门给冶金工业部北京钢铁设计研究总院等四个单位下达科研任务，对工程项目技术经济评价方法体系的建设进行研究。随后由国务院技术经济研究中心（国务院发展研究中心的前身）可行性研究专题组担负起这项研究的组织工作。经过三年多的努力，1985 年 9 月完成了《工业建设项目可行性研究经济评价方法——企业经济评价》报告，课题研究成果包括企业经济评价方法的规范及说明，同时还收集了以钢铁行业为代表的 19 个工业项目可行性研究经济评价案例，突出的成果是引进了资金时间价值的概念，运用资金等值技术，对建设项目经济寿命期的现金流量进行动态分析，为我国工业建设项目经济评价工作的标准化体系构建提出了一个初步模式。经原国家计委审核，认为这项研究成果符合我国工业建设项目评价工作的需要，推荐给有关部门和单位试用。

1983 年国家计委颁发《建设项目进行可行性研究的试行管理办法》，正式将可行性研究纳入我国的投资计划管理体系之中，并吸收借鉴联合国工业发展组织（UNIDO）的评价方法，结合我国实际情况，对可行性研究报告的编制程序和内容等作出规定。

在原国家科委和国务院技术经济社会发展研究中心（国务院发展研究中心前身）的支持下，原国家计委组织有关专家，在前述《工业建设项目可行性研究经济评价方法—企业经济评价》研究成果的基础上，进行消化吸收和改造完善，编写完成《建设项目经济评价方法与参数》（简称《方法与参数》），于 1987 年发布试行版，成为我国制定的第一部关于建设项目经济评价方法的规范性文件。

随着我国以市场为导向的经济体制改革的持续推进，财政部于1993年陆续出台企业财会体制改革的相关文件，推动了我国财务会计制度与国际接轨，客观上要求投资项目财务分析评价方法也应进行相应调整。在这种背景下，原国家计委和建设部再度组织修编完成《方法与参数》（第二版），于1993年发布执行。第二版《方法与参数》与试行版最大的差异就是加大了建设项目财务评价的力度。

随着投融资体制改革的深化，中咨公司技术经济专家对建设项目可行性的编制方法，经济评价方法等进行了不间断的研究。1998年中国国际工程咨询公司编写完成《投资项目经济咨询评估指南》，2002年出版《投资项目可行性研究指南》（简称《指南》）。在有关专家持续研究的基础上，根据国务院于2004年发布的关于投资体制改革的决定的最新要求，《方法与参数》编写组完成《方法与参数》（第三版），并由国家发展改革委和建设部于2006年联合发布。

投资项目财务分析评价方法是为投资决策服务的。在不同的投资管理体制下，财务分析评价方法的具体应用也应体现不同的特点。因此，1987年、1993年及2006年三个版本的《方法与参数》及《指南》等工程咨询行业规范文件中，对投资项目财务分析的内容要求、所采用的分析评价方法、分析的角度都有所差别，体现了我国改革开放以来在不同阶段投资、金融、财税体制改革的新要求，在建设项目的资金来源、运营收入、税费及成本费用估算、报表科目设置等方面都有所不同。改革开放40年来，《方法与参数》与《指南》所提出的投资项目财务分析评价方法在数以万计的大型项目中得到应用，其中包括像三峡工程这样举世瞩目的超大型项目，中小型项目更是难以数计，而且培养了大批技术经济专业人才，对于我国投资管理重视经济效益、推动投资决策科学化和民主化、推动市场化改革所起的作用是不容低估的。

二、我国现行投资项目财务分析方法面临的挑战

（一）我国投资项目财务分析存在的主要问题

改革开放以来，我国投资、财税、金融等管理体制及国有企业改制均取得重要成效，但旧体制中核心部分的改革还未取得全局性、突破性进展。以审批制为特征的投资体制，尽管近年来已经形成投资主体多元化，资金来源多渠道，投资方式多样化，呈现出项目建设市场化等一系列新变化，但政府审批项目的管理体制并没有发生根本性改变，往往仅是对所使用的名称进行改变而已。因此，在资源配置上、在投资主体的自主决策等问题上并没有出现实质性的突破。政府在决定项目能否建设中仍发挥着实质性的作用，投资风险约束机制还没有真正建立起来，尤其是国有企业的投资尚未完全摆脱依赖政府保护的状态，内在的自我约束、自担风险、自求发展的运行机制尚未真正建立起来，市场体系不健全，加上地方、行业存在着保护主义、法律法规不配套、市场竞争机制配置资源的决定性作用还有待进一步发挥。

我国现行的投资项目财务分析方法体系产生于传统计划经济向市场经济转型时期，新老体制交替的过程中，建设项目的分类按我国传统的基本建设性质分类方法，分为新建项目、扩建项目、改建项目和恢复项目等。三个版本的《方法与参数》及《指南》等均以新建工业项目为主线对财务分析方法进行阐述，其中设有专门章节述及"改扩建项目经济评价的特点"和"非工业项目经济评价的特点"。改革开放初期引进的市场经济环境下的投资决策理论与方法，受到传统计划经济理财思路的影响，不能在投资项目财务分析工作中得以完整的应用，使得投资项目财务分析工作不能很好地为投资决策的科学化、市场化服务，而是成为满足政府主管部门审批投资项目的工具，并使财务分析工作简单化、程式化。传统计划经济理财思路对投资项目财务分析的影响，长期困扰着实际工作者，在投资项目财务分析理论研究和实际应用领域引发了很多疑问、误解和争议。概括起来，归纳出如下问题：

（1）评价方法体系不适应投融资体制改革需要。国家投资及建设主管部门发布的投资项目经济评价有关规范性文件中，均强调"财务分析是从项目角度，经济分析是从国民经济角度"，并在我国成为主流观点。但事实上，财务分析应该从企业财务主体的角度进行，因为财务分析是为企业投资决策和融资决策服务的。项目的经济费用效益分析和费用效果分析是从微观项目的角度进行的，区域经济影响和宏观经济影响分析则应分别从区域及宏观经济的角度进行分析。如果把财务分析看成是从项目角度进行的分析，实质上就是把项目看成是财务分析的主体，那么财务分析就不是为企业投资决策服务的，而是为政府审批项目服务的，这是目前我国投资项目财务分析存在所有问题的核心。在市场经济体制下，应将项目投资和融资决策纳入企业理财的总体框架之中。

（2）要求根据项目的基本建设性质将项目分为新建、改扩建项目，并分别针对不同的项目制定财务分析方法。不少人将改扩建项目按新建项目进行评价。事实上，无论是新建项目还是改扩建项目，都是企业投资项目，其财务分析方法并没有本质不同。如果要对项目的财务分析方法进行分类，也应该是从项目的财务性质的角度进行分类，如分为项目融资项目和公司融资项目，而不应该按照项目基本建设性质的差异进行分类。

（3）不同类型的投资项目不分资金来源、项目性质、投资规模，财务分析内容几乎千篇一律，这使得投资项目的财务分析变得程式化、简单化，不能根据项目的具体特点，提出有针对性的财务分析结论，为企业投资决策和融资决策提供依据。

（4）几乎所有建设项目所需净营运资金均按短期贷款计算。事实上，净营运资金包括永久性流动资金和临时性流动资金两大类。项目投资估算中所估算的净营运资金属于永久性资金，应采用长期融资的方式为其筹措资金，包括采取长期贷款或股权资金等方式进行融资。而临时性流动资金是短期借款或商业信用融资。融资的方式不同，财务分析的条件不同，对财务分析的结果就会产生影响。

（5）以行业基准收益率作为财务分析基准值。例如交通基础设施行业，按传统体制下行业财务基准收益率将新建铁路确定为3%，市政项目确定为4%，支线机场确定为1%等，财务收益率还低于银行的贷款利率。这里存在一些明显错误的理念认知，一个观点是将财政资金的收益视为不计报酬；另一个观点则是认为项目财务效益差，而"国民经济效益"和社会效益好，项目即可行，财务分析仅需满足可批性决策需要即可。然而，在市场经济条件下，无论是国有企业还是民营企业，都不允许不具有财务生存能力的企业存在。事实上，政府投资主管部门对企业的投资决策设置财务基准收益率在逻辑上难以自圆其说。企业作为市场经济环境下的独立法人主体，应享有自主决策的权利，应根据自身的融资成本、预期收益、风险承担能力等因素，独自决定其投资项目的财务基准收益率，行业基准收益率仅具有参考价值。在传统计划经济体制下，由于投资是在行业或部门内部进行资源分配的，生产内容与规模是主管部门决定的，企业没有投融资决策自主权，在同一行业内的不同企业，其投融资方案差别不大，因此在审批项目时，就可以采用行业基准收益率作为项目取舍的判断标准。这种思维逻辑不符合市场经济环境下的企业投资决策需要。

（6）财务分析中投资决策忽视"有无对比"方法和增量决策原则的应用。对于改扩建项目投资决策，往往还要求进行改扩建以后企业全投资现金流量分析，并据此计算相关财务分析指标，为投资决策提供依据。这一要求忽视项目评价的基本原理，实质上完全没有必要进行改扩建以后企业全投资现金流量分析，因为改扩建项目所利用企业的原有资产或资源属于沉没成本，是以前投资决策的结果，仅用"建项目"即"有项目"的现金流量减去不"建项目"即"无项目"的现金流量，计算增量指标，就能够满足决策需要。

（7）主张全投资内部收益率计算所得税前指标，而淡化税后评价指标，这是典型的计划经济思想影响的结果。在传统计划经济体制下，对企业的评价主要关注利税指标，无论是利润还是税金，都是项目的盈利，因此计算所得税前指标，就是要评价项目投资的全部盈利能力，为项目投资决策服务。在市场经济的思维模式下，税收是企业的现金流出，企业是根据税后利润进行投资决策的，因此只有税后指标才有实际意义，完全没有必要计算税前指标。

（8）主张改扩建项目还款能力仅分析项目自身的还款能力，以新增利润和新增折旧来偿还贷款；不主张从企业角度进行偿债能力分析，以借款偿还期为偿还借款能力分析的主要指标，要求分析项目的最大借款偿还能力。这种分析思路和方法经国家有关部门以工程咨询行业规范的方式予以发布，在实际工作中得到广泛应用，但显然不符合市场经济的理财思路。由于审批是针对项目进行的，因此仅考虑项目的还贷能力，通过借款偿还期指标分析项目的最大还款能力，改扩建项目只需要编制项目自身的资产负债表，没有必要考虑企业的总体财务状况。从市场经济的角度看，这些观点均站不住脚。

（9）重视投资项目的现金流量的分析，忽视财务计划的现金流量分析。前者是为项目投资决策服务的现金流量分析，后者是为企业融资决策及判断现金流量是否具有可持续性的分析。

（10）财务分析重点关注项目投资规模、固定资产原值和净值及财务内部收益率等指标，不太关注针对企业价值的分析，如项目投资可能为企业带来的期权价值等方面的分析，而且这些分析结论往往对投资决策具有决定性的影响。

（二）"项目"与"企业"分割是问题产生的根源

以上问题产生的背景，源于传统计划经济观念的影响。计划经济理财的核心是政府对基本建设项目采用审批制度，企业的生产经营活动直接在国家统一领导下进行，企业的自主权很小，企业的基本建设完全由国家集中管理，企业的扩大再生产和投资由国家确定。企业过去在固定资产再生产方面的权限仅限于大修理和利用部分折旧基金进行的局部更新改造。作为基本建设的新建、改建和扩建，企业只有投资的申请权，批准权在地方和中央政府的主管部门。

建设项目前期工作以满足主管部门的审批通过为前提，往往采取就"项目"论"项目"的方法，将"项目"与"企业"分割。这种分割由来已久，可追溯到20世纪50年代我国的基本建设管理体制，将固定资产投资的经济活动，称为基本建设。全社会的基本建设由一个一个的项目组成。基本建设项目（简称建设项目）按照一个总体设计进行施工，一般以一个企业（或联合企业），事业单位或独立工程作为一个建设项目，在项目建设阶段组织独立筹建机构，称为基本建设单位，根据国家基本建设财会制度实行单独经济核算。通常新建项目组织筹建处，改扩建项目由原来的企业设立基本建设处（科）或改扩建办公室。一些大的、工艺复杂的、重要的建设项目，由建设单位、施工单位、设计部门、主管部门、地方党委政府等部门派人组成现场指挥部，建设单位在办完竣工验收和财务决算之后，工程随即交付生产或使用，整个筹建工作结束，建设单位的机构撤销。在传统体制下的项目分类，按基本建设的性质分为新建项目、扩建项目、改建项目和恢复项目；或按建设总规模（主要产品的设计生产能力）和总投资的大小，分为大、中、小型项目。按其投资在国民经济各部门中的用途，分为生产性建设和非生产性建设项目等。"项目"与"企业"分割的管理体制一直延续至今，影响甚广。

（三）财务评价一些现行做法违背基本逻辑

我国投资项目财务分析方法体系的建立，最初主要借鉴联合国工业发展组织（UNIDO）《工业项目可行性研究编制手册》（"黄皮书"）的做法。"项目"与"企业"分割的基本建设管理体制与"黄皮书"所论述的项目与企业的关系大相径庭。关于"项目"与"企业"关系的认识，在联合国工业发展组织"黄皮书"引言中明确指出"本手册不仅用于建设新的工厂，而且也适用于现有工业的改建与扩建。""投资决策对于企业的成功来说是关键的，而需投入的资金相当大时，它甚至关系到企业的生死存亡。"还指出"公司的中心战略（总体战略）支配着公司在销售、生产、研究与开发、投资与非投资领域的活动"。在第九章第二节项目实施阶段指出"公司组建和法律需求，一个新公司的组建可能是必需的。比如，投资者开始了一项新的经营活动，项目不能在现有企业中进行时，就有此必要。当投资在现有企业中进行时，……不必进行法律程序、注册及授权。"从"黄皮书"的这些论述中不难看出，建设项目应站在企业的角度进行可行性研究和财务分析评价。投资者启动一项新的经营活动，项目不能在现有企业中进行时，投资者应首先注册登记履行法律程序，实质上是按照新建企业对新建项目进行可行性论证。也就是说，无论是新建项目还是改扩建项目，都必须从企业理财的角度进行财务分析。

我国有关机构在20世纪80年代初期开始研究和制定建设项目经济评价方法时，曾经将"财务分析"称为"企业经济评价"。后者在称谓上或许有不足之处，但在建设项目与企业关系的处理方面是符合逻辑要求的，即要站在企业的角度去研究项目，而绝不是从项目的角度去看项目。我国技术经济界的专家学者多次纠正过业内对建设项目财务分析理解上的片面性，或就"项目"论"项目"不正确的做法，但是收效甚微，正如有专家指出"计划经济"框架下的投资，是围绕项目而展开的，就是所谓"大基建"体制。目前，尽管已经把"投资体制"扩展为"投融资体制"，但仍然是在项目层次上讲融资。大量的政府投资是以新建方式来组织的，尽管作出了一些形式上的改变，但难以摆脱"基本建设"体制的窠臼，实际上仍然是政府部门直接决策投资。

投资项目财务分析评价方法体系，是为投资和筹资决策服务的，投资管理体制不同，其投资项目财务分析的思路和方法也不同。新型投资体制对投资项目财务分析的内容与方法提出了新要求。项目业主、投资者、贷款银行对项目关注的重点将会明显不同，从而对财务分析的内容及侧重点提出不同的要求。建设项目应按照投资主体分为企业投资项目和政府投资项目。在落实企业投资决策自主权的同时，还应规范政府的投资行为。因此，在对我国现行投资项目财务分析方法体系进行修改完善时，应摒弃传统计划经济体制所遗留的观念，从不同投资主体所要实现的财务目标出发，有针对性地设计投资项目财务分析的内容和方法。在经济学中"财务"一词的英文为"finance"，是指政府、企业和个人对货币这一资源的获取和管理。因此，国家财政、企业财务和个人理财均属finance的范畴。按照经济学"财务"的概念，政府投资项目资金来源于国家财政，因此政府投资项目的投资决策应从政府的财务目标和政府财政收支管理的角度设计财务分析的内容和方法体系；而企业投资项目的投融资决策应从企业财务目标及企业财务管理的角度设计财务分析内容。

第二节　企业理财与政府公共理财

一、项目类型划分及其财务分析的特点

根据不同的划分标准，投资项目可以划分为不同的类型。不同项目划分的出发点不同，其投资财务分析有各自的特点。

（一）私人项目、公共项目和准公共项目

1. 私人项目

将投资项目按照产出品性质分为私人项目、公共项目和准公共项目，是市场经济国家的通行做法。私人产品，从经济学的角度来看，是具有竞争性和排他性的产品。也就是说，企业生产的私人产品，是只有支付了产品价格的人才能消费，并且假如某个人对其进行了消费，其他人就不能再消费此商品。市场上一些最常见的物品如衣服、食物等，均属于私人产品。私人项目是生产这类产品的投资项目，这类项目的财务分析，着眼点是产品的市场及销量问题，具体问题则涉及企业投资项目的财务净收益以及其他财务评价指标的计算，按照企业理财的分析框架进行各种专业分析。

2. 公共项目

所谓"公共产品"，是指不具备消费的竞争性的产品，是政府向社会所有成员提供的各种公共服务以及公共设施的总称。公共产品包括的范围十分广泛，诸如由政府提供经费而实现的文化教育、卫生保健、社会保障服务等，都是公共产品。此外，国防、治安、司法、公共管理服务等，也可视为政府向社会成员提供的公共产品。理论上，公共产品既可以由政府直接提供，也可以通过PPP（公共部门和私人部门合作）等方式由私人部门提供。有些由政府提供的物品和服务同样具有消费的竞争性，如养老、失业救助、邮政服务等，这和一些私人部门生产的物品一样，具有消费的竞争性。

公共产品的生产消费不能由市场上的个人决策来进行，因此，必须由政府来承担起公共物品项目的建设任务。政府投资公共产品项目的根本出发点是满足社会公众对公共物品的需要，因此，公共项目的财务分析与企业投资项目财务分析的角度和框架应该有所不同，突出表现为必须从政府公共理财的角度进行经济费用效益或费用效果分析，使用影子价格理论，避免价格失真导致项目目标的偏移。

3. 准公共项目

公共产品可细分为纯公共物品和准公共物品。如果某公共物品同时具有非竞争性和非排他性，即无法排除一些人的"搭便车"行为，则称为纯公共物品；否则称为准公共物品，其性质介于公共产品和私人产品之间，既有公共产品的特征，也有私人产品特点。准公共项目则是生产这种性质产品的投资项目。准公共项目的财务分析，需要结合私人项目财务分析和公共项目经济费用效果分析的属性进行针对性地分析评价。

（二）政府投资和企业投资项目

1. 政府投资项目

在我国的投资体制中，一般将投资项目分为政府投资项目和企业投资项目，对于政府投

资项目实行审批制，企业投资项目实行核准制和备案制。政府投资项目是指全部或部分使用中央预算内资金、国债专项资金、地方政府预算内基本建设和更新改造资金投资建设的项目。

将一个项目视为政府投资项目，是指其资金来源含有政府投入的部分。对于非经营性项目，资金来源原则是均由政府来提供。对于经营性项目，其权益资金如果包括来自政府财政资金的资本金注入，该项目就被视为政府投资项目。人们通常将政府投资项目视为公共项目，这种观点是错误的。将投资项目分为私人项目和公共项目，是西方市场经济国家的做法，这些国家有明确的私人部门和公共部门分类的边界界定。如前所述，私人部门遵循企业理财的理念进行投资项目的财务分析，公共项目遵循政府公共理财的理念进行项目分析。由于体制制度的差别，在我国政府投资主管部门制定的投资管理制度框架中，没有公共部门和私人部门的分类，因此也就没有公共项目和私人部门的分类。对于政府投资的项目，既可能是公共项目，也可能是私人项目。因此，政府投资项目的财务分析，要根据不同的项目特点来设计其财务分析的思路框架，而不应照搬西方市场经济国家公共项目的分析框架。

2. 企业投资项目

企业投资项目是指项目资金来源于企业自有资金、新增企业股权投资或以企业自身的信用筹集的债务资金。企业投资项目的财务分析，重点关注项目能否盈利、盈利水平高低、还款需要多长时间。在市场经济条件下，企业投资项目财务分析应纳入企业理财的框架体系之中，应从整个企业的角度，分析拟建项目对企业现金流量可能带来的增量影响，通过有无对比增量分析，计算各种盈利能力和偿债能力指标。

一般情况下，企业投资项目应该等同于私人项目，这种观点在纯粹的市场经济环境下是正确的。在我国的投资体制框架下，实行核准制和备案制的企业投资项目，包括私人企业投资项目，也包括国有企业以及按照企业化管理的国有事业单位投资项目。从严格意义上讲，后者应该属于公共部门项目的范畴，其财务分析不能仅考虑企业局部的商业利益，还应考虑社会公众的公共利益，应避免将公共利益私有化，为小集团谋福利，从而损害公众利益。

（三）经营性和非经营性项目

1. 经营性项目

在我国的投资体制框架下，经营性项目就是以企业方式运作的项目。这类项目一般具有财务盈利能力，在资金筹措方面实行资本金制度，项目资本金之外的资金需求可通过银行贷款等方式筹集。这类项目既可能是企业投资项目，也可能是政府投资项目。因为对于经营性项目，其资金来源可能全部由企业出资，也可能由企业和政府共同出资，政府通过资本金注入，吸引社会资金投资具有公共利益特性的投资项目之中，因此经营性项目既可能是私人项目，也可能是准公共项目。经营性项目的财务分析，一般应该按照企业理财的模式进行财务现金流量分析，但也应考虑项目的具体特点，进行有针对性的分析，以反映政府投资的准公共项目的特点。

2. 非经营性项目

非经营性项目是指不以企业模式运作的投资项目，这类项目一般不具备盈利能力，不能以项目为依托成立企业法人，项目投资所形成的资产属于非经营性资产，如城市道路等，因此只能由政府进行投资建设。这类项目种类繁多，如大江大河的治理、环境保护工程、城市公共设施等，一般应为公共项目。这类项目不具备财务盈利能力，不实行资本金制度，无法以项目为依托申请银行贷款，因此在财务分析时不需要进行财务盈利能力分析和贷款清偿能力分析，重点是要研究项目建设和建成后的运营需要多少资金，如何筹集这些资金，以便使得项目的建设和运营具有财务可持续性。

（四）规模扩张型和非规模扩张型项目

1. 规模扩张型项目

规模扩张型项目是指在原有的技术和规模下，进行同样的扩建，并不改变原有的技术和厂房等设施，只是单纯扩大规模的投资项目。

规模扩张型项目，采用的技术和设施都是过去已有并实践过的，只是简单的扩大生产规模，生产和技术存在的风险较小，其财务分析的不确定性小，因此其财务分析的预测数据和报表的可信度高。这类项目的财务分析，可参照原有项目的技术经济参数进行相关的财务现金流量分析。

2. 非规模扩张型项目

非规模扩张型项目是指改变了原有技术和生产方式，进行新的生产和技术设施建设的项目。这类项目所使用的技术和生产方式是企业新的尝试，改变了企业原有的生产经营运作模式。新技术的应用总是存在着风险，因此在财务分析中的不确定性分析显得尤为重要，必要时需考虑风险收益的补偿问题。

二、企业投资项目财务分析与公司理财

（一）公司理财或公司财务管理

在西方市场经济国家，企业作为独立的经营实体．需要独立面对市场组织和管理其经营活动，因此企业投资项目的投资决策与筹资决策早已成为现代企业财务管理的核心内容。

1. 公司理财

"公司理财"一词的英文为"corporate finance"，指公司、企业集团及其他法人获取和运用资金的活动，包括公司证券的发行、短期贷款的筹措、现金和资产的保管和有效使用、信用政策与收款政策的制定，以及股利的发放等项工作。公司财务关注的是企业未来的价值，也有译成"公司财务"或"公司金融"。公司理财的概念最早出现于 1897 年美国人格林（Thomas L. Greene）的《公司理财》（Corporate Finance）一书，并逐步发展成为一个独立的财务管理学科，是微观经济理论的一个应用学科。

财务管理（financial management）的职能是研究企业货币资源的获得和管理。早期财务管理学科的研究主要集中于企业如何在外部资本市场上筹集资金。到 20 世纪 50 年代，投资项目选择和评价方法的出现使财务管理中的投资决策理论得到发展。现金流折现方法被应用于资本预算分析及金融资产的定价。资本成本、股息策略和资本结构理论也开始发展。20 世纪 60～70 年代，统计学和运筹学优化理论等数学方法引入财务理论研究之中。这一时期形成的"资产组台理论""资本资产定价模型"和"期权定价理论"为评价企业的价值、研究证券投资的风险和收益奠定了基础，形成了近代公司学的主要理论构架，并使公司财务管理中的投资决策、筹资决策、资本结构和股息策略决策均建立在可靠的实证理论基础之上。20 世纪 80 年代以来，财务管理学进一步研究了不确定条件下的企业价值评估以及通货膨胀对企业价值的影响。

西方国家公司理财学，主要介绍上市公司的财务管理的相关理论和实践知识。公司财务管理遵循风险收益权衡、资金时间价值、增量现金流量、有效资本市场、纳税影响业务决策等原则，对公司的投资、融资（资本结构与红利政策）、风险管理、兼并收购等经济活动进行分析和决策。公司财务管理是以货币计量为基础对公司的一切经济活动的全面管理，概括为长期投资决策、长期筹资决策、流动资产管理、财务分析和财务计划及企业的收购与合并五大功能。

2. 我国企业的财务管理

我国于 1992 年正式提出建立社会主义市场经济体制的改革目标，财政部提出要全面改革企业财务管理模式、方法，建立新的企业财务制度体系。财政部于 1993 年颁布《企业财务通则》，成为国内所有企业必须遵循的财务管理规章。经过十多年的应用，财政部于 2006 年 12 月颁布新的《企业财务通则》（简称《新通则》），并于 2007 年 1 月 1 日正式实施。《新通则》要求进一步转换企业财务管理观念，由国家直接管理企业具体财务事项转变为指导与监督相结合，为企业的财务管理提供指引，企业根据通则和本企业的实际情况自主决定内部财务管理制度，极大地推动了财务管理与国际接轨。

按照财政部企业司编著的《企业财务通则》，"企业财务活动就是以现金收支为主的企业收支活动"。在市场经济条件下，企业以本求利，将本负亏，拥有一定量的资本金是企业生产经营的起点。企业财务活动包括四个方面，即企业筹资引起的财务活动，包括筹集资本金和发生债务引起的资金收入，偿还债务本息产生的资金支出；企业投资引起的财务活动，包括购建固定资产和无形资产，购买其他企业的股票、债券，合资经营产生的资金支出和获得投资利润、处置各项投资产生的资金收入；企业生产经营引起的财务活动，包括采购原材料及商品物资，支付工资，缴纳税费等引起的资金支出，以及销售商品或者提供劳务产生的资金收入；企业分配利润引起的财务活动，包括企业提取各项积累，弥补亏损，向投资者分配利润等。

《新通则》指出，企业财务管理是按照国家法律法规和政策以及企业经营要求，遵循资本营运规律，对企业财务活动进行组织、预测、决策、计划、控制、分析和监督等一系列管理工作的总称。其基本特征是价值管理，管理的客体是企业的财务活动，管理的核心是企业财务活动所体现的各种财务关系。因此，企业财务管理是利用价值形式对企业财务活动及其体现的财务关系进行的综合性管理工作。企业财务管理遵循的原则是资本结构优化、资源有效配置、现金收支平衡、成本效益最优、收益风险均衡、分级授权管理、利益关系协调。财务管理的要素包括资金筹集、资产运营、成本控制、收益分配、信息管理及财务监督。

（二）投资体制改革对企业理财的新要求

投资体制改革要求彻底改变过去不分投资主体、不分资金来源、不分项目性质，一律按投资规模大小分别由各级政府及有关部门审批企业投资的管理体制。对于企业不使用政府投资建设的项目，一律不再实行审批制，区别不同情况实行核准制和备案制。其中，政府仅对重大项目和限制类项目从维护社会公共利益角度进行核准，其他项目无论规模大小，均改为备案制。项目的市场前景、经济效益、资金来源和产品技术方案等均由企业自主决策、自担风险，并依法办理环境保护、土地使用、资源利用、安全生产、城市规划等许可手续和减免税确认手续。对于企业使用政府补助、转贷、贴息投资建设的项目，政府只审批资金申请报告。

投资体制改革强调要进一步拓宽企业建设项目的融资渠道。允许各类企业以股权融资方式筹集投资资金，逐步建立起多种募集方式相互补充的股本融资市场。经国务院投资主管部门和证券监管机构批准，选择一些收益稳定的基础设施项目，通过公开发行股票、可转换债券等方式筹集建设资金。在严格防范风险的前提下，改革企业债券发行管理制度，扩大企业债券发行规模，增加企业债券品种。按照市场化原则改进和完善银行的固定资产贷款审批和相应的风险管理制度，运用银团贷款、融资租赁、项目融资、财务顾问等多种业务方式，支持项目建设。允许各种所有制企业按照有关规定申请使用国外贷款。制定相关法规，组织建立中小企业融资和信用担保体系，鼓励银行和各类合格担保机构对项目融资的担保方式进行研究创新，采取多种形式增强担保机构资本实力，推动设立中小企业投资公司，建立和完善创业投资机制。规范发展各类投资基金，鼓励和促进保险资金投资基础设施和重点建设工程项目。

投资体制改革的主要目标就是将企业的投资决策权返还给企业。对于以企业为投资主体的项目，应改变过去将"项目"与"企业"分割的做法，财务分析评价的重点应转变为从企业理财的角度，以实现企业价值最大化和股东权益最大化为财务目标，根据国家现行财税体制及投资体制改革的要求，运用现代企业理财的理论和方法，对投资项目财务分析评价的内容及方法体系进行再设计，建立一套新的适应市场经济要求的企业投资与筹资决策分析评价方法体系，包括制定财务收入与支出估算办法，确定以资金成本作为投资项目盈利性分析的基本参数，从财务主体的角度分析项目的盈利能力、还贷能力及财务上的可持续性，分析项目的不确定性及财务风险。此外，为适应我国投资项目融资多元化、渠道多样化、方式复杂化的要求，强调在财务分析评价中应强化融资方案的分析论证，即对筹资方案的安全性、经济性和可行性进行评价和比较。

（三）企业目标与企业决策

1. 企业目标

企业作为一个法人组织，是从事生产经营或服务活动的营业性组织，是根据市场反应的社会需要来安排和组织商品交换的社会经济组织，企业有其自身的经营目标。企业处在纷繁复杂的社会环境之中，企业目标的形成必然是多种因素相互结合的产物。投资者、管理者、职工、消费者、政府以及社会公众等利益主体，直接或间接地成为企业活动的参与者，并都带有其个人目标。因此，企业目标不是简单地等同于任一利益主体的个体目标，而是所有与企业利益相关者目标的综合体现。

企业要实现的目标实质上是要满足各方利益的多重目标。企业在综合考虑所有利益相关者的诉求时，最终需要满足资金投入者的利益，即为股东创造价值优先。只有这样，企业才能不断吸收新的资金投入，实现资源的有效配置，不断创造出新的财富。因此，企业的目标，是在满足其他利益相关者合法利益和履行其社会责任的基础上，追求自身价值的增加，为股东创造价值。

2. 企业决策

所谓企业决策，就是针对企业的项目投资、科研开发、生产经营、人事组织等一系列问题所进行的决策。企业决策是企业管理的核心，是关系到企业成败兴衰的关键。企业作为现代市场经济的主体，要在竞争激烈的市场经济中获得一席之地，决策是至关重要的环节。无论是关系到企业产品设计、市场开拓、销售策略、经营管理、技术研发，还是员工素质的提高等企业事项，无不需要决策。虽然企业决策涉及的事项有大有小，有全局性的也有局部性的，有阶段性的也有长远的，但其中每一项决策的成功与否都与企业能否成功紧密联系。例如，市场决策的偏离或错误，会导致营销困境，产品陷入滞销境地，直接影响企业的收益，导致亏损；人力资源决策的失误会使企业的人员不能有效发挥每个人的能力，造成人力资源浪费，影响企业工作效率，降低员工积极性，这对以人为本的现代企业是重大损失。总之，企业的各种决策都会影响到企业的发展，决定着企业的成功与否。

（1）投资决策。投资决策包括资本投资决策和项目投资决策。资本投资包括并购和对外金融（或股权）投资，项目投资则指扩大产能、技术研发和升级改造等实体或实物投资，后者通常是企业最常开展的决策活动。

项目投资是指企业为获得预期的未来收益而进行的一系列活动，是促进生产力发展和社会进步的重要推动力量。就企业而言，项目投资更是企业正常生产运作和持久发展的动力源泉，是企业不可或缺的重要经济活动。投资对于企业的意义主要表现在三个方面：

1）企业投资是获取利润的基本前提。企业生产经营的根本目的是获得企业价值的增加。因此，企业需要通过出售产品或者是提供服务来获得利润。而企业无论是生产产品还是提供服务，都必须首先进行大量的投资，必须把大量的资金投入到各种资产购置等活动中，才能进行经营并获得利润。没有生产经营的资本投入，不可能获得利润。

2）企业投资是企业稳固市场份额和提高竞争力的重要手段。在市场经济条件下，企业获取利润必须面临激烈竞争。企业产品和服务在市场的占有率决定着其产品销售和企业收益。现代企业不仅需要在竞争中通过各种投资活动来维持其经营活动，还需要通过投资来增加企业价值。在科技高度发达的今天，企业需要通过投资提高其产品的科技含量和管理水平，降低产品和服务成本，提高自身竞争力。

3）企业投资是企业降低风险的重要途径。企业把资金投入生产经营的关键领域或薄弱环节，能够使企业在各方面的生产经营能力得到平衡和综合。把资金投向多个领域能够分散企业的经营风险，增加企业销售的稳定性。因此，投资活动是企业维持和提高其自身价值的重要手段。

企业的正常生产运作离不开投资，但这并不意味着企业的投资可以随意进行，因为并不是所有的投资都能获得预期收益。风险的存在使得投资存在着亏损的可能，盲目投资会使企业难以获得价值的增加，甚至亏损。因此，是否进行投资、投资什么、怎样挑选最佳方案，需要科学和正确的投资决策。

所谓投资决策，就是企业对投资的必要性、投资目标、投资规模、投资方向、投资结构、资金筹集方式、投资成本与收益等投资活动中的重大问题进行分析判断和选择，解决投资目标、向哪里投资、怎样投资等问题，内容包括评价投资环境及企业选择目标和实现目标的手段、代价的过程。通过投资项目的财务分析、经济分析、技术分析、生产规模分析等，评价拟建项目方案的可行性，努力寻求用最小的成本实现最好的效益，是投资项目可行性研究的目的所在。

（2）融资决策。融资就是资金筹措。企业融资方案的确定，直接影响到投资项目的成本，进而影响投资的实施和收益情况。因此，融资决策是企业投资决策的派生决策。企业融资可以从不同角度进行分类。按照资金是否来自企业内部进行划分，可分为内部融资和外部融资。所谓内部融资，是指企业项目资金来源于公司留存利润，即未以股利形式发放的企业资金，包括盈余公积金、公益金等，其实际上是企业投资者向企业追加的投资；外部融资则是指企业向企业外部如银行等金融机构，或者通过金融市场筹集社会资金等活动。

按照企业融资的资金来源类型属于增加新的股权或债务分为权益融资和债务融资。企业内部融资，均属于权益融资；企业外部融资，则按照是发行股票、债券或银行贷款分别属于权益融资和债务融资。随着我国市场经济体制的逐渐完善，很多企业通过发行股票和债券来筹集建设资金。从总体上看，企业通过发行股票融入的资金是企业的资本金，企业与出资者之间的关系是所有权关系，不体现为债务关系。因此，股票融资能改善企业的财务结构状况，降低企业的负债率，为企业今后的融资打下良好基础。但是股票融资也有其弊端，当企业采用股本扩张的形式来扩大资金规模时，会因股权融资增加企业的股份，而新老股东对企业有同等的决策参与权、收益分配权和净资产所有权，因此应根据企业的长远发展来做出决策。如果股本扩张后不能带来利润的同步增长，而新股东又摊薄了股东利润，老股东就会不同意进行股本融资，此时增扩股本的扩股方式就无法进行。

按照企业融资是否借助金融中介机构的交易活动进行划分，可分为直接融资和间接融资。直接融资是指企业不经过金融中介机构而直接进行筹资的活动。例如，部分企业不经过银行等金融机构筹款，而是直接通过个人借款，满足其投资活动的需求，尽量降低融资成本。间接融资则是通过金融中介机构来实现融资目标，如通过银行等金融机构进行融资就属于间接融资。按照企业所融资金使用时间长短来划分，可分为短期融资和长期融资。所谓短期融资，一般是资金使用期限在一年之内的融资，主要包括银行短期借款、商业信用、票据贴现等；长期融资是指企业融入资金的使用期限在一年以上的融资方式，主要通过银行长期借款、发行股票、债券等方式来实现。

根据不同的标准，企业融资还有许多种分类。如按照企业融资活动是否在国际上进行，分为国内融资和国际融资。企业融资决策通常需要考虑五大要素：①融资规模；②融资成本，包括融资的机会成本、风险成本和代理成本；③融资时机；④企业控制权；⑤企业市场定位及未来发展战略。

（3）经营决策。经营决策是指企业生产出产品后，将产品销售出去以获得利润的决策，包括成本和利润决策、价格决策和市场营销决策。成本和利润紧密相连，降低成本就是提高利润。同样地，开拓市场增加市场销售额也是企业利润提高的重要推动力。企业经营决策所要解决的问题就是如何经营企业的产品，将产品转化为资本，增加企业价值，提高企业形象和竞争力。

（四）投资决策的内容和程序

1. 投资决策的内容

（1）投资环境分析。环境一般是指周围的事物、条件或影响的综合体。在进行投资活动之前的投资决策分析中，首先应对企业所处的环境进行分析。企业的每一项投资活动都是在一定的政治、经济、法律和文化环境下进行的，同时也受这些因素的影响，投资环境的优劣直接影响着投资的成败得失。投资环境的分析包括企业所处国的政治、经济政策，法律、文化和自然环境，行业环境等。与企业密切相关的环境可分为内部环境和外部环境，内部环境是指企业内部的生产条件、经营运作的基础等；外部环境则是企业外部的行业情况、国家政策、自然环境、社会环境等。在进行投资决策时，不仅要考虑国内环境的影响，还需要综合考虑外部环境因素。就生产型企业来说，原材料的供应环境和产品的市场环境对企业的效益和价值的增加有着重要影响。事实上，无论是提供产品的生产型企业还是提供服务的服务型企业，都需要综合考虑企业的内部和外部环境，及时调整企业发展战略，才能作出科学的决策。

（2）投资市场分析。企业进行决策，必须首先对投资项目的市场状况进行深入调查和分析。投资项目的市场分析包括消费者对产品的偏好、市场需求量和市场供给能力等方面的分析，并在此基础上，对投资项目的市场潜力和盈利能力进行分析预测。

（3）投资财务分析。投资决策除考虑环境和市场因素之外，还应进行财务分析。企业投资决策的财务分析通过对投资项目的现金流量进行测算，计算偿债和盈利能力指标，确定项目在财务上的可行性。除此之外，企业投资决策还应分析项目的技术可行性、工程方案的可行性，以及对资源、环境、经济、社会等方面的影响。

2. 投资决策的程序

企业投资决策是一个对诸多复杂因素进行综合分析并在此基础上进行投资方案选择的动态过程，一般包括以下环节。

（1）明确项目的目标。企业进行投资项目决策，首先就应该明确企业进行拟建项目投资的目的，或者是为了解决目前遇到的一些问题，或者是为了企业将来的发展做铺垫。明确做什么，明确企业目标的分解和各目标的先后顺序以及目标是否实现的衡量标准。

（2）拟定备选方案。在明确投资项目决策的目标后，需要广泛搜集投资项目的信息，选择有良好前景的投资项目，并列入备选项目方案。一个投资项目要付诸实施，可以有许多途径。为了能在已知的各种信息条件下，找出最理想的投资方案，有必要对项目方案进行策划分析。企业投资项目备选方案的制定，应注意以下几点：①根据投资项目的重要程度、规模和目标，策划足够多的备选方案；②备选方案的选择要围绕着投资项目的主要内容和主题，突出投资项目的目标；③对各备选方案进行初选，通过初步可行性研究选定有进行下一步研究价值的项目方案。

（3）各备选方案的分析论证。对各备选方案的分析论证，主要从以下方面进行：①项目建设的必要性，即分析项目是否符合企业的内外部环境、财务状况及国家政策等；②项目产品或服务的市场需求，主要分析预测项目产品的市场空间、竞争力及销售前景、产品寿命等因素；③项目生产规模的确定，根据市场需求分析的结果，并结合企业实际的资金、技术和管理状况，确定最佳生产规模；④项目技术与生产条件分析，主要论证项目的生产条件能否满足产品需求，以及项目所采用的技术方案是否合理；⑤投资估算和融资方案，在确定生产技术、规模和工艺之后，估算项目的投资规模，提出融资方案并分析其可行性；⑥财务分析，从企业角度出发，以收集的财务数据为基础，计算各种评价指标，判断项目的财务可行性；⑦进行经济和社会评价。

（4）多方案比较。在对各备选方案进行分析论证的基础上，对各种可行的方案进行多方案比较和择优。

（5）制定投资决策。投资决策需要考虑多种因素，决策者不仅要考虑投资方案在技术和经济上的可行性，还要考虑环境影响和社会评价等因素，在进行多因素权衡的基础上，选择最能实现投资目标的拟建项目方案，并加以实施。

（五）财务评价的功能和依据

1. 工程项目财务评价的功能

（1）可行性研究的重要内容。工程项目应从多个角度进行可行性研究，无论是项目的前评价、中间评价和后评价，财务评价都是必不可少的重要内容。在项目前评价的各个阶段中，无论是投资机会研究、初步可行性研究还是详细可行性研究，财务评价都是必不可少的重要组成部分。

（2）项目决策的重要依据。在经营性项目的决策过程中，财务评价结论是项目决策的重要依据。在市场经济条件下，各利益相关者从不同角度利用财务评价的结论进行相应的决策：项目发起人决定是否发起或进一步推进拟建项目；出资人决定是否投资于拟建项目；债权人决定是否对拟建项目予以贷款；投资主管部门决定是否批复拟建项目。

（3）合作谈判的重要基础。多元投资主体对项目的发起和实施，存在多种合作方式，主要有国内合资或合作的项目、中外合资或合作的项目、多个外商参与的合资或合作的项目等。在酝酿合资的过程中，项目评价人员会成为各方谈判的有力助手，财务评价结果起着促使投资各方平等合作的重要作用。

（4）制定财务方案的重要参考。在项目运作的过程中，需要根据财务评价的结论制定和优化项目实施的财务方案，编制财务实施计划。对于非经营性项目，可通过财务分析来判断项目的财务生存能力和资金缺口，研究提出改进项目财务状况的措施方案，寻求实现项目具有财务可持续性的途径。

2. 工程项目财务评价的依据

财务评价是一项基础数据多、计算繁杂、要求精细的工作，进行财务评价的依据主要包括以下方面：

（1）项目性质和融资主体的特点；

（2）项目建设方案所提出的投入产出数据、人力资源配置数据和实施进度等基础数据资料；

（3）市场分析和价格预测成果；

（4）投资估算相关数据；

（5）融资方案相关数据。

3. 项目财务评价的主要内容

（1）在明确初步设定的建设方案、投资估算和融资方案的基础上，根据项目性质和融资方式选取适宜的财务分析方法。例如，根据项目是既有法人融资项目还是新设法人融资项目，是经营性项目还是非经营性项目，对财务分析的内容和方法进行选择。

（2）研究、预测、选取必要的基础数据与参数进行财务现金流量估算，包括营业收入、成本费用和相关税金估算等，同时编制相关辅助报表。财务现金流量估算所需要的基础数据主要包括投入品与产出品的价格、所涉及的各种税率、利率、汇率、计算期（包括建设期和运营期）、运营负荷、固定资产折旧年限、无形资产和其他资产摊销年限、职工薪酬水平以及成本费用估算相关费率等。

（3）财务评价的实质性工作阶段，即编制财务评价报表和计算财务评价指标，进行财务评价，主要包括盈利能力分析、偿债能力分析和财务生存能力分析。

（4）进行敏感性、盈亏平衡和概率风险分析。

三、政府投资项目财务分析与公共理财

（一）政府公共理财

在市场经济条件下，政府主要投资于关系国家安全和市场不能有效配置资源的经济和社会领域，以实现社会公共利益最大化为目标。政府投资的资金来源是政府财政及政策性基金等。所谓"财政"，顾名思义，就是"理财之政"。就财政的一般意义而言，它是以政府为主体的财政收支活动，并通过政府预算对政府资金收支平衡情况进行管理。各级政府由中央政府和地方政府构成，地方政府由省级政府、地市级政府、县级政府和乡级政府所组成。以财政性资金投入到各类公益性或基础设施建设项目的资金，应根据我国现行政府财政预算收支体系，重点进行财政承受能力分析。通过分析政府主要财政性收支情况，将财政性收入减去必保财政性支出的余额为可用财力。

各级政府的收入，包括税收、社会保险基金收入、非税收入等，非税收入主要包括政府性基金收入（含土地出让金收入等）、行政事业性收费收入、国有资本经营预算收入、国有资源（资产）有偿使用收入和其他收入等。财政性支出，必保项目包括一般公共服务、国防、公共安全、社会保障和就业基金、农林水事务、科学技术、城乡社区事务、环境保护及其他支出。政府所属部门、机构和单位专项基金应进行收支平衡分析。

（二）投资体制改革对政府投资项目财务分析评价的要求

投资体制改革要求合理界定政府投资范围。政府投资主要用于关系国家安全和市场不能有效配置资源的经济和社会领域，包括加强公益性和公共基础设施建设、保护和改善生态环境、促进欠发达地区的经济和社会发展、推进科技进步和高新技术产业化。合理划分中央政府与地方政府的投资事权，中央政府投资除本级政权等建设外，主要安排跨地区、跨流域以及对经济和社会发展全局有重大影响的项目。同时，要求放宽社会资本的投资领域，允许社会资本进入法律法规未禁入的基础设施、公用事业及其他行业和领域。逐步理顺公共产品价格，通过注入资本金、贷款贴息、税收优惠等措施，鼓励和引导社会资本以独资、合资、合作、联营、项目融资等方式，参与经营性的公益事业、基础设施项目建设。对于涉及国家垄断资源开发利用、需要统一规划布局的项目，政府在确定建设规划后，可向社会公开招标选定项目业主。鼓励和支持有条件的各种所有制企业进行境外投资，要求通过引入市场机制，充分发挥政府投资的效益。各级政府要创造条件，利用特许经营、投资补助等多种方式，吸引社会资本参与有合理回报和一定投资回收能力的公益事业和公共基础设施项目建设。对于具有垄断性的项目，试行业主招标制度，开展公平竞争，保护公众利益。已经建成的政府建设项目，具备条件的经过批准可以依法转让产权或经营权，以回收的资金滚动投资于社会公益等各类基础设施建设。这些规定，对政府投资项目财务分析评价提出了新要求。

（三）运用政府理财理论设计政府投资项目财务分析评价方法体系

投资体制改革的主要目的在于转变政府职能，界定政府投资的项目范围，明确政府投资项目的目标是要实现社会公共利益最大化，同时在财务上必须具备生存能力。因此，政府投资项目的财务分析评价应从政府理财的角度，分析投资项目财务支出的成本有效性、财务生存能力及可持续性。对于涉及公共利益的项目，除政府直接投资之外，还要通过引入市场机制，与社会资本方合作，充分发挥政府投资的效益，利用特许经营、投资补助等多种方式，吸引社会资本参与有合理回报和一定投资回收能力的公益事业和公共基础设施项目建设，推动公益性项目的市场化运作。因此政府投资项目的财务评价，应分析政府资金介入的必要性、介入的形式与投资规模。政府投资项目的运营载体可能是企业法人，也可能是具有法人资格的机关、事业单位和社会团体。应根据项目的具体特点，设计相应的政府投资项目财务分析框架体系。

第三节　投资项目财务分析评价体系

投资项目财务分析评价是运用市场经济投融资决策的理论与方法，在国家现行投资、财政、税收、金融、财务及会计管理体制下，采用市场价格预测投资项目的财务收入与支出，从财务主体的角度，分析项目的盈利能力、偿债能力、财务生存能力与可持续性，评价投资项目财务上的可接受性，为投资者提供投资与筹资决策服务。

一、市场经济体制下的财务分析评价体系框架

（一）确认投资项目财务主体

在市场经济条件下，财务主体是指财务收支活动特定的经济单位或集团组织。财务服务的对象是企业的投资、筹资及生产经营活动，或者是机关、事业单位和社会团体的投资、筹资和维持日常运行的经济活动。企业投资项目和政府投资项目的财务主体其实质是指公司（企业）法人或者具有法人资格的机关、事业单位和社会团体。根据企业产权的归属，投资项目的财务主体可以是国有独资企业、国有控股企业、国家参股企业、民营企业及外商投资企业等。为满足财务主体的要求，财务分析评价应发挥如下作用：

（1）财务分析评价是投资项目机会研究、初步可行性研究和详细可行性研究的重要组成部分。

（2）财务分析评价中的盈利能力分析结论是投资决策的基本依据，清偿能力分析结论不仅是债权人决定贷款与否的依据，也是投资人确定融资方案的重要依据。

（3）可行性研究的精髓是方案比选，财务分析评价在项目或方案比选中起着重要作用，其结论是优选项目或方案比选的主要依据。

（4）在投资主体多元化的情况下，财务分析为投资各方谈判提供重要依据。

（二）财务分析的主要内容

投资项目财务分析评价的主要内容包括：

（1）拟建项目的企业经营现状和财务现状的分析与评价；

（2）投资者资信情况的评估与可用财力的可靠性分析；

（3）投资项目财务分析评价边界、内容与深度的确认；

（4）提出项目初步的资金筹措方案；

（5）财务分析评价价格体系的选择、主要参数及财务基准收益率的确认；

（6）财务收入与支出的预测，增量现金流量及总量现金流量的确认；

（7）盈利能力分析；

（8）利润及利润分配分析；

（9）偿债能力、财务生存能力及财务可持续性分析；

（10）资本结构合理性分析；

（11）不确定性与财务风险分析；

（12）撰写财务分析评价报告。

归纳起来，财务分析评价的核心内容就是项目的盈利能力分析、偿债能力分析及财务生存能力分析。盈利能力分析包括全部投资现金流量分析、项目资本金现金流量分析、投资各方现金流量分析及利润及利润分配分析；偿债能力及财务生存能力分析主要进行财务计划现金流量分析。按照市场经济投融资决策的逻辑思路，将财务分析评价又分为融资前和融资后分析，融资前分析不考虑融资决策，实质上是指在不考虑融资方案的情况下，假定项目的全部资金来源均有保证，且企业资本结构和融资成本保持不变；融资前不考虑融资方案分析包括盈利能力分析中的项目全部投资现金流量分析；融资后分析则是同时考虑投融资决策，即

考虑融资方案对企业资本结构和融资成本所产生的影响，包括盈利能力分析中的项目资本金现金流量分析、投资各方现金流量分析、利润及利润分配分析、偿债能力及财务生存能力分析、资本结构合理性分析。

（三）不同类型项目财务分析评价的深度要求

投资项目财务分析评价的内容深度，与项目自身的特征、所处项目周期不同阶段、投融资方式以及投资者要求等因素有关。因此，各种类型投资项目财务分析评价的内容深度力戒千篇一律，应各有侧重，繁简各异，如项目规划、机会研究和初步可行性研究（项目建议书）的财务分析评价可适当简化。为规范不同类型投资项目财务分析评价的内容深度，应从投资项目的产权归属、建成后形成资产的性质等角度，将投资项目分为经营性项目和非经营性项目，结合其特点对财务分析评价的内容深度进行界定。

1. 经营性项目

（1）经营性项目是投资到社会生产领域从事生产经营活动的投资项目，包括两种情况，一类属于以盈利为目的，如高新技术企业、农产品加工、企业并购、房地产开发等项目；另一类属于经营性，但不以盈利为目的，如经营性的公益事业、基础设施、资源开发等项目。这两类项目的共同特点就是以企业的方式进行项目经营，投资能够形成经营性固定资产、流动资产、无形资产及递延资产等，要求经营者承担资产保值、增值责任。

（2）经营性项目的资金来源可以多元化，权益资本金来源于政府、企业、社会事业性团体、外商及个人或发行股票的投资，债务资金来源于银行及金融机构、租赁公司或发行债券的借贷资金。根据我国项目资本金制度的有关规定，经营性项目实行资本金制度，项目的资金来源必须满足最低资本金比例的有关规定。

（3）以盈利为目的的经营性项目是以实现企业价值最大化为财务目标。对于这类项目需要进行完整的财务分析评价。不以盈利为目的的经营性项目，应主要以财务生存能力和可持续性为财务分析评价的重点分析内容。

2. 非经营性项目

（1）非经营性项目是指不能以经营企业的模式来运作的项目，这类项目主要为社会公众提供公共产品服务或产品，包括公益事业项目、行政事业项目和某些基础设施项目。非经营性项目投资将形成政府机关、公检法司、部队、团体、学校、医院、博物馆、图书馆、公园及绿地、科研机构等所拥有的非经营性资产。

（2）非经营性项目由于不能用于经营，不能收费，不能以公司融资或项目融资的模式筹集建设资金。根据我国项目资本金制度的有关规定，这类项目不实行资本金制度，其全部资金应主要来源于财政性资金，也包括捐赠等其他途径的资金。由于这类项目建设的目的是发挥其使用功能，服务于社会，其财务分析的目的主要是考察项目的财务收支平衡状况，以便采取措施使其能维持运营，发挥功能。

（3）非经营性项目通常采用方案比选的方法，即在各备选方案功能效果相同情况下，选择成本费用最低的工程技术方案，其成本费用包括建设投资和营运成本及费用。一般情况下，应编制财务计划现金流量表，进行财务收支平衡分析。

（四）财务分析评价的范围界定

在市场经济条件下，按照公司理财的理念，投资项目财务分析评价范围，是根据投资项目的法律组织形式予以界定的。当投资项目在现有企业内进行，不再组建新的企业法人，现有企业为项目进行投融资，项目属于公司整体的一部分，称为公司融资项目；当实施投资项目需要组建新的企业法人，按《中华人民共和国公司法》履行法律程序，投资项目的边界是新组建的企业，称为项目融资。对于经营性项目财务分析评价的范围，可划分为公司融资项目和项目融资项目。对于非经营性项目，按项目的建设性质，用新建和改扩建来确定项目的范围，因其财务分析主要是关注其财务现金流量平衡问题，所以其分析范围应为主持拟建项目的政府部门、事业单位等的财力状况。

（五）财务分析的步骤

（1）对投资决策中供选择的各方案进行财务数据的估算，并编制财务报表。数据包括项目总投资，融资成本，产品成本费用、税金、利润和其他与项目有关的财务数据。

（2）分析各财务报表的数据及报表的可信度。财务报表是根据财务数据进行编制的，是计算各种评价指标的基础，财务报表的真实性及可靠性非常重要。在财务报表数据的分析中，有必要对财务报表的基本格式和数据的真实性进行审核。如果财务报表的格式不符合规范，就需要对表格格式进行调整；如果财务数据的来源有问题，导致数据失真，就有必要对报表的数据进行重新估算。

（3）根据各财务报表，进行财务指标的计算和分析评价。财务评价指标主要包括反映项目盈利能力的指标和反映项目清偿能力的指标。反映项目财务盈利能力的指标包括投资利润率、投资利税率、资本金利润率、资本金净利润率、财务内部收益率、财务净现值等；反映项目清偿能力的指标主要有投资回收期、借款偿还期、资产负债率、流动比率和速动比率等。分析和评价各财务指标的计算结果，主要是检查各指标结果的可信度，是否出现计算错误，或者是方法的错误，以便根据需要进行重新计算。

（4）判断项目的财务可行性。在上述分析计算的基础上，将各有关指标与企业的判断标准或国家公布的行业基准值进行比较，然后从财务角度提出项目是否可行的结论。

（5）进行不确定性进行分析。由于投资项目财务分析是分析及预测发生于未来的财务活动，未来的不确定性使得财务分析的结果有其不确定性。因此对影响项目财务分析结果的重要因素，如成本、收入等，有必要分析其发生变化时对项目评价结论的影响程度，进一步得出项目面临的财务风险情况，内容包括敏感性分析、盈亏平衡分析和风险概率分析。

二、投资决策财务分析应遵循的原则

（一）风险收益补偿原则

投资项目为了获得未来收益，必然面临各种风险。在投资决策的财务分析中，对于风险所带来的损失要有财务估计，在计算成本和收益时，必须对风险损失以一定的收益进行补偿，以便正确评价拟建项目的财务结果，避免财务评价可能出现错误的结论。比如，若项目面临的投资风险很高，就要提高财务收益率的基准值，要求拟建项目的盈利能力指标只有达到相应基准值时，才能认为项目在财务上可行。

（二）货币时间价值原则

货币时间价值原则，并不是指货币转化为资本之后的价值升值，而是指由于货币随着时间的流逝，放弃了现在的资金使用机会而到将来使用，受利率及通货膨胀等因素的影响而遭受的损失。为了反映这种损失，必须在将来以更高的价值予以弥补。为了保证未来不同时点货币价值具有可比性，应将不同时点的价值按照一定的比率进行折现，以便正确评价拟建项目的财务分析结果。

（三）现金流量分析原则

现金流量分析是企业投资活动能否顺利进行的一种重要分析方法。企业的投资活动往往不是一次性投资，在项目各个阶段均会有投资出现，因此项目各阶段的现金流量状况决定了企业能否将投资进行下去。现金流量分析是分析企业投资活动整个过程中现金流动状况的重要方法，有助于企业加深对本身运作情况的了解，及时采取措施，保证项目顺利进行。

（1）现金流量是企业评价项目可行性的主要指标。进行现金流量折现，若现金净流量大于0，则说明该投资项目可以接受，反之该投资项目不可行。

（2）现金流量用于反映企业资信情况。企业现金流量正常、充足、稳定，能支付到期的所有债务，公司资金运作有序，不确定性越少，企业风险小，企业资信越高；反之，企业资信差，风险大，银行信誉差，很难争取到银行支持。因此，现金流量决定企业资信。

（3）现金流量反映企业盈利水平。现金是一项极为特殊的资产，一是其流动性最强，可以衡量企业短期偿债能力和应变能力；二是现金本身获利能力低下，只能产生少量利息收入，相反由于过高的现金存量会造成企业损失机会成本的可能，因此合理的现金流量既能满足需求，又不过多积囤资金，这需要理财人员在资金流动性和收益性之间做出权衡，寻求不同时期的最佳资金平衡点，有效组织现金流量及流速以满足偶然发生资金等需求。

（4）现金流量对企业价值的影响。在有效资本市场中，企业价值的大小在很大程度上取决于投资者对企业资产如股票等的估价，在估价方法中，现金流量是决定性因素。也就是说，估价高低取决于企业在未来年度的现金流量及其投资者的预期投资报酬率。现金流入越充足，企业投资风险越小，投资者要求的报酬率越低，企业的价值越大。企业价值最大化正是企业理财追求的目标，企业理财行为都是为实现这一目标而进行的。

（四）增量分析原则

"有无对比"分析是项目评价普遍遵循的基本原则。所谓"有"是指实施项目后的未来状况，"无"是指不实施项目时的未来状况。在财务收支预测时，"有无对比"分析的差额部分，才是由于项目实施产生的增量收入（现金流入）和增量支出（现金流出）。应用"有无对比"增量分析应注意以下问题。

（1）正确识别"有项目"和"无项目"财务收入与财务支出。

（2）在应用"有无对比"分析时，剔除沉没成本，还应注意"机会成本"和关联效应。

1）沉没成本。如现有的闲置或废弃固定资产，是过去投资决策形成的资产，它并不因放弃或接受拟建投资项目的决策而改变，因此对拟建项目的现金流量不造成任何影响，应予以忽略不计。

2）"机会成本"是指公司的某一项资源或资产一旦用于拟建项目，就同时丧失了用于其他使用方式所能带来的潜在收入，这些丧失的收入的最大值就是公司投资拟建项目的机会成本（opportunities cost），应在投资决策中予以考虑。

3）关联效应是指在计算增量现金流量时，应考虑该项目对公司的其他部分可能产生的关联效应，包括正效应和负效应，如某扩建项目，为提高劳动生产率，不增加员工，从现有岗位调剂解决，从而使公司劳动力成本降低，效益增加。

（3）需对"无项目"的财务收支进行预测。

1）"无项目"仅指不建本项目，企业维持现状的情况，现状包括企业已批准在建与拟开工建设的项目。应特别注意"无项目"现状不包括企业没有决策批准的项目。为推出最好的方案，"无项目"应是除本项目以外的次优方案。

2）"无项目"数据。考虑不建项目时，与现状相比，各项收支一般是要发生变化的，可能增加、减少或维持不变。不同的变化情况对项目的经济指标将产生不同影响，因此必须对"无项目"时的变化趋势进行预测，以便准确预测增量现金流量。

3）"无项目"与"有项目"各项收支预测的范围，计算期及计量单位等需保持一致。当"无项目"经济寿命期比"有项目"计算期短时，可根据项目具体情况，通过追加投资延长其经济寿命期等处理方式，与"有项目"计算期保持一致。当"无项目"不宜追加投资延长经济寿命时，可使其以后年份的现金流量为零，同样与"有项目"计算期保持一致。

（五）市场导向原则

市场导向原则对企业投资决策尤为重要，是企业把握项目投资方向必须遵循的原则。产品市场决定了企业未来的发展方向，决定企业可投资的领域。企业应以市场为导向，提供的产品服务应适应目标市场需求。目标市场定位是否正确，决定着企业产品的销售状况，影响企业的收益及未来发展。正确的目标市场会使企业的投资获得巨大效益。

（六）适应现行财税制度

财务分析评价是在国家现行财税制度和会计准则的有关规定下，预测项目的运营收入、税费及成本费用，考察项目的获利能力和还贷能力。但由于财务分析评价的特殊性，又不可能完全按税收法规和会计准则进行操作。会计行为及纳税行为是对已经发生的收入、税费及成本费用等如实记账，而财务分析评价是对未来的收入、税费及成本费用等财务数据进行预测。因此，财务分析评价既不能脱离现行税收法规和会计准则，也不能生搬硬套。允许财务分析评价对财务报表科目进行适当归并和简化，但归并和简化又不得影响财务分析评价结论的正确性。

（七）动态分析与静态分析相结合，以动态分析为主

国际通行的财务分析评价均以动态分析方法为主，即根据资金时间价值原理，考虑项目整个计算期内各年的现金流入和流出，采用现金流量折现分析方法，计算内部收益率和净现值等评价指标。同时，也需要计算静态指标，如静态投资回收期、总投资收益率及资本金净收益率等。

三、财务分析评价报告编写、质量及人员素质要求

（一）财务分析评价报告的撰写

财务分析评价报告是一篇专题论证报告，通过各种财务数据与评价指标的计算，分析拟建项目财务方案的可行性。报告应详实说明编制依据，文字说明简练清晰、论点表达要准确、论据要充分，并附财务数据与评价指标汇总表及主要财务报表。财务分析评价报告包括以下内容：

1. 项目的背景

（1）项目背景应简要说明项目建设经济条件，市场预测、建设规模和产品方案、主要工程技术方案、重要协作配套条件等；项目法人组织的合法地位、项目与公司发展战略规划关系、公司的经营状况与财务状况。

（2）评价背景的内容繁简应根据财务分析评价报告服务对象不同有所区别，专题财务分析评价报告应做详细论述；可行性研究报告中的财务分析评价篇章可作简要说明。

2. 投资估算

（1）说明投资估算编制依据、取费标准、采用估算方法及估算指标是否符合国家及行业

有关主管部门的规定。

（2）说明建筑安装工程费中人工、材料和机械台班费，以及设备购置费等采用价格依据；对建设周期较长的项目应考虑物价上涨因素，并注明物价上涨指数、外汇兑换率、贷款利率取值依据。说明流动资金的估算依据。

（3）简述项目总投资构成，说明投资估算的范围与项目建设工程内容的一致性，分析投资构成的合理性，其估算的精确度能否达到控制投资规模的要求。对占用土地资源、涉及能源矿产资源及其他自然资源的项目、涉及生态环境、拆迁移民等项目在投资构成中应做必要说明。

（4）投资估算存在的主要风险与需要重点关注事项。

3.　资金筹措与投资计划

（1）根据项目的具体特点，合理设定资金筹措分析的深度。说明项目所需资金的筹措渠道、融资方式、融资结构、融资成本、融资风险等。

（2）按照有关规定，说明资本金的比例、出资人、出资方式、缴付进度等。

（3）政府投资项目应分析政府资金介入的必要性及介入方式。

（4）分析股权融资、国内银行及非银行金融机构的贷款、利用外资、企业债券以及融资租赁等各种资金来源的合法性、可靠性。

（5）政府通过优惠政策，鼓励和引导社会资本以独资、合资、合作、联营、BOT等项目融资方式吸引社会资本参与的建设项目，应结合项目具体情况，评价拟建项目进行市场化融资的必要性及可行性。

（6）资金筹措方案的风险与规避风险的主要措施。

4.　运营期财务收支预测

（1）说明投入物与产出品价格预测依据。

（2）结合项目特点具体说明有无对比增量分析的情况。

（3）说明项目的生产负荷、产品（服务）数量、产出品（服务）定价（收费）原则、营运收入计算的有关规定，对计算结果进行简要分析。

（4）说明经营成本支出构成、计算方法及取费标准；说明运营期需要增加的大修投资、增加或更新设备投资；对计算结果进行简要分析。

（5）说明按税法有关规定的税率和费率，计算的相关税费。

5.　财务盈利能力分析

分析现金流量表，说明财务内部收益率、财务净现值、投资回收期等指标计算结果。对项目的财务盈利能力作出评价。

6.　债务清偿能力与生存能力分析

分析财务报表，说明利息备付率、偿债备付率等财务比率的计算结果，评价项目对企业整体财务状况的影响，并分析企业整体的偿债能力。评价项目的经营水平，分析财务净现金流量的余缺，分析企业财务可持续性。对于政府投资项目，应根据不同类型项目特点，说明为维持财务可持续性，对有关财务政策和资金筹措调整的建议。

7.　不确定性和投资风险分析

说明计算期内可能出现的影响项目生存和发展的关键风险因素，提出规避风险的对策措施。

8. 结论与建议

（二）质量标准

为确保投资项目财务分析质量，在财务分析评价中应强调坚持以下十条标准，切实把好质量关。

（1）采用的财务分析方法符合投资项目财务分析评价有关规定要求。

（2）投资估算的各项投资内容齐全、不漏项，打足投资，不留缺口。

（3）融资方案中的资金来源渠道合法、可靠、资本金筹措方案符合国家规定。对于资金来源不明确，资本金不落实的项目，应提出对策建议。

（4）产出品价格预测和定价依据充分、可靠，对人为高估产出品价格，夸大项目收入，导致效益失真的现象，能够发现并提出改正意见。

（5）产品成本的预测和计算要依据充分，主要投入物的消耗量、购入价格选取合理，防止低估成本，虚增效益。

（6）项目财务分析采用的各项技术经济指标和参数的选取可靠。

（7）重视不确定性及风险分析。对项目建设和经营过程中存在的关键风险因素进行定量或定性分析，提出避免或减少风险的具体措施建议。

（8）重视多方案的比选论证，通过不同方案的比较分析，选择最佳方案。

（9）财务分析的指标计算和报告内容表述全面准确。项目财务分析评价各项指标的计算应与对应的判别标准的计算口径相一致。

（10）财务分析的结论实事求是，观点鲜明，客观真实，从项目评价指标的角度出发，得出分析结论。

（三）财务分析专业人员素质要求

（1）应具有良好的职业道德规范。

（2）掌握经济学、财政学、公共经济学、公司理财原理及会计学的基本原理及评价方法；了解本行业产品生产工艺、工程技术等特征。

（3）掌握有关政策法规、本行业产业结构特征、发展战略规划等；掌握有关财务分析评价常用的经济法律法规。

（4）掌握财务分析评价的原理及基本方法，熟练运用计算机技术进行操作。

（5）善于分析总结，具有良好的口述及文字表达能力。

第二章

资金时间价值及通货膨胀因素的处理

货币时间价值（the time value of money）是指货币随着时间的推移而发生的增值，是资金周转使用后的增值额，通常称为资金时间价值。从经济学的角度解释，货币的时间价值是指当前所持有的一定量货币比未来获得的等量货币具有更高的价值。通货膨胀（inflation）指在纸币流通条件下，因货币供给大于货币实际需求，即现实购买力大于产出供给，导致货币贬值，而引起的一段时间内物价持续而普遍地上涨现象，其实质是社会总需求大于社会总供给（供给远小于需求）。纸币、含金量低的铸币、信用货币的过度发行都会导致通胀。投资项目建设与运营周期较长，财务效益影响因素很多，其中最为显著的是资金时间价值和通货膨胀，如果处理不当，将导致财务分析失真，以至造成投资决策失误。因此，在财务分析中必须正确处理不同时间的财务现金流量折算、价格选取及通货膨胀的处理问题。

第一节 现金流量与资金时间价值

一、现金流量和现金流量图

（一）现金流量

1. 概念

投资项目财务分析评价中，所谓现金流量（cash flow），是指投资项目所引起现金（或等价物，下同）收入与现金支出增加的数量。这里的"现金"是广义的现金，不仅包括各种货币资金，还包括非货币资源变现价值。现金流量分为现金流入量、现金流出量和净现金流量。

现金流入量（cash inflows），指在整个计算期内所发生的实际现金流入，或者说是某项目引起的企业现金收入的增加额，通常来自营业（销售）收入、固定资产残值或余值收入以及收回的营运资金。

现金流出量（cash outflows），指在整个计算期内所发生的实际现金支出，或者说是某项目引起的企业现金支出增加额，通常用于支付建设投资、营运资金投入、税金及附加、经营成本及费用。

净现金流量（net cash flow），指一定期间现金流入量与现金流出量的差额。流入量大于流出量时，其值为正；反之，其值为负。

2. 现金流量图

对于一个项目而言，在其项目生命寿命期内，各种现金流入和现金流出的数额和发生的时间都不尽相同，为了便于分析，通常采用现金流量图的形式表示特定系统在一段时间内发生的现金流量。

现金流量图是一种反映特定系统资金运动状态的图式，即把现金流量绘入一个时间坐标

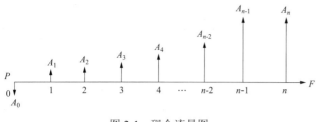

图 2-1 现金流量图

图中，表示各现金流入、流出的时间序列，如图 2-1 所示。运用现金流量图，可全面、形象、直观地表达特定系统的资金运动状态。

现以图 2-1 为例说明现金流量图绘图方法和规则。

（1）以横轴为时间轴，表示项目的寿命周期，向右延伸表示时间的延续，轴线等分成若干间隔，每一间隔代表一个时间单位，通常是年（在特殊情况下也可以是季或半年等）。

时间轴上的点称为时点，通常表示的是该年年末的时点，同时也是下一年的年初。零时点即为第一年开始之时点，代表"现值"的时点。现金流量的折现，就是要求将不同时点的现金流均折现到零时点。

（2）与横轴相连的垂直箭线，代表不同时点的现金流量情况，其长短根据现金流量的大小按比例画出。箭头向下表示现金流出；箭头向上表示现金流入。

要正确绘制现金流量图，必须把握好现金流量的三要素，即现金流量的大小（现金数额）、方向（现金流入或流出）和时点（现金流量发生的时间）。

3. 累计现金流量图

投资项目全部经济数据可以通过累计净现金流量曲线进行概括，累计现金流量图的形状本身就有良好的定性作用，一些定量指标是累计现金流量曲线的函数，可以用来描述曲线的各项特性。图 2-2 所示是一投资项目累计净现金流量曲线示意。

对于投资项目，在项目开始之前，其净现金流量为零（$t=0$ 时）。在项目初期要进行前期调研、可行性研究、设计以及其他准备工作，因此累计净现金流量下降至 B 点。接着是项目建设期，需要进行基础设施建设以及设备装置安装，曲线陡降至 C 点。然后需要使用流动资金进行试运营到交付正式运营，曲线到达 D 点（D 点表示项目最大累计债务）。过了这一时期，产品销售收入超过了生产成本及其他业务费用，累计净现金流量由下降转为上升。到了收支平衡点 F，全部收入正好与以往全部支出相等。过了 F 点，累计净现金流量转为正值。最后到项目寿命期末，现金流入速率有所下降，可能是由于设备老化导致生产成本增加、产品售价由于竞争而下降、产品落后而销量减少。若期末还有流动资金回收或固定资产"残值"回收，则项目期末还会有现金流入。

（1）累计净现金流量。任何时刻的累计净现金流量，都可以从图 2-2 中直接读出，可以看出项目开始至 15 年后的累计净现金流量是 160 万元。

（2）投资回收期。投资回收期可以直接

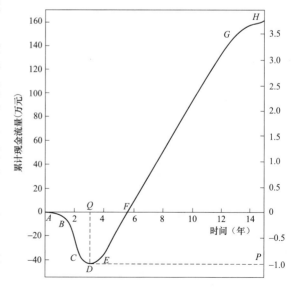

图 2-2 累计净现金流量曲线示意

从累计现金流量曲线图上直接读出，在图 2-2 中，曲线下降后又上升至累计净现金流量为零的 F 点，F 称为收支平衡点，AF 的长度即为投资回收期，其值为 5.5 年。

（3）投资回报率（return on investment，ROI）。投资回报率是至某年净收入与全部累计投资的比例，以百分数表示。一般是指项目在生产寿命期中年均利润占投资总额的百分比。由图 2-2 可知

$$ROI = \frac{PH}{PD} \times \frac{100}{QD} = 36\% \tag{2-1}$$

（4）等效最大投资周期（EMIP）。投资项目等效最大投资期的定义，就是累计现金流量曲线达到收支平衡点时与时间轴包围的负面积，除以最大累计支出（即曲线上的最小负值）所得之商。从图 2-2 来看

$$EMIP = \frac{S_{ABCDEFA}}{QD} = 2.7年 \tag{2-2}$$

$EMIP$ 表示一个假想的等效周期，在这一周期内，应当清偿的工程项目最大累计债务是在瞬间发生的，以后也是在瞬间还本的。这是等效最大投资周期这一名称的由来。$EMIP$ 与投资回收期一样，也是一个短期的指标，但比投资回收期更实用，因为其能反映直到收支相抵时的收入支出模式，并且能够区分那些投资回收期相等的投资项目之间的差异。

（二）现金流量与利润、折旧摊销、折耗的关系

1. 现金流量与利润

现金流量是根据收付实现制原则计算的一定时期现金流入和流出差额，而利润是按照企业财务会计制度的权责发生制原则计算确定的一定时期收入和成本的差额，两者之间既有联系，又有区别。投资决策所依据的财务评价指标，如净现值和内部收益率，是根据项目现金流量计算的，而不是根据项目产生的利润进行计算。原因在于：第一，投资项目具有长期性，需要考虑资金的时间价值，要将不同时点上的现金收入或支出折算到同一时点进行汇总和比较，而利润的计算在严格的权责发生制下，收入与费用的确认不考虑现金的实际收到和支出的时间；第二，一些影响投资项目的现金流量在利润中得不到确认，如净营运资金的支出额或回收额等；第三，在投资分析中，现金流动状况比盈亏状况更重要，一个项目能否维持下去，不取决于一定期间是否有利润，而取决于有没有足够的现金流用于各项支付。

2. 折旧摊销与折耗不属于现金流出

根据收付实现制原则，在投资项目计算期的现金流量分析中，折旧摊销与折耗并不构成现金流出，但是在估算利润总额和所得税时，它们是总成本费用的组成部分。从企业角度看，折旧的多少与快慢并不代表企业费用的实际支出多少与快慢，因为它们并不是实际的支出，而只是一种会计处理，把以前已经发生的一次性支出（固定资产投资）在年度（或季度、月份）中进行分摊，用于核算与年（季、月）应缴付的所得税和可供分配的利润。在现金流量分析计算中，仅考虑项目建设投资时点的一次性支出，并记作项目的现金流出，而不考虑因循一定的会计政策所计算的折旧和摊销，这些会计核算的费用不属于当期会计时点所实际发生的现金流出，因此在财务现金流量分析中不作为财务现金支出。

二、资金的时间价值

（一）资金时间价值的含义

对于资金的时间价值，可以从两个方面理解：

（1）在商品经济条件下，资金是不断运动着的。资金的运动伴随着生产与交换的进行，生产与交换活动会给投资者带来利润，表现为资金的增值，资金的时间价值是资金经历一定时间的投资和再投资所增加的价值。资金的增值特性使资金具有时间价值，资金价值随着时间的推移不断增长。

（2）资金一旦用于投资，就不能用于消费。牺牲现时消费是为了将来得到更多的消费。从消费者的角度看，资金时间价值体现为对推迟现时消费所应获得的补偿，推迟消费的时间越长，这种补偿也应越多。

就整个社会经济体系而言，资金时间价值实质上是在没有风险和没有通货膨胀条件下的社会平均资金利润率；就投资决策而言，资金时间价值代表着项目的财务主体或投资者对现金延期支出和收入的时间偏好。

资金时间价值可以用绝对数收益额来表示，也可以用相对数收益率来表示。通常以收益率来计量。这个收益率不包含风险价值和通货膨胀因素。购买政府债券（国库券）几乎没有风险，在通货膨胀率很低时，可以用短期政府债券利率来表示资金时间价值。

（二）资金时间价值的计算

资金随时间推移而增值的过程与银行计息的复利计算过程相似，在投资项目的技术经济分析中对资金时间价值的计算，通常采用复利计算方法。

1. 利息与利率

利息是指占用资金所付的代价（或放弃使用资金所得的补偿）。如果将一笔资金存入银行，这笔资金就称为本金。经过一段时间之后，储户可在本金之外再得到一笔利息，这一过程可表示为

$$F_n = P + I_n \tag{2-3}$$

式中　F_n——本利和；

　　　P——本金；

　　　I_n——利息；

　下标 n——计算利息的周期数。

计息周期是指计算利息的时间单位，如年、月等。利息通常根据利率计算。利率是在一个计息周期内所得到的利息额与借贷金额（即本金）之比，一般以百分数表示。用 i 表示利率，其表达式为

$$i = \frac{I_1}{P} \times 100\% \tag{2-4}$$

式中　I_1——一个计息周期的利息。

式（2-4）表明，利息是经过一个计息周期后的增值额。

2. 单利与复利

利息的计算有单利计息与复利计息之分。

单利计息指只用本金计算利息，就是说只要求本金在贷款期限中获得利息，不管时间多长，本金所产生的利息均不加入本金重复计算利息，即通常所说的"利不生利"的计息方法。单利计息时的利息计算式为

$$I_n = P \times n \times i \tag{2-5}$$

n 个计息周期后的本利和为

$$F_n = P(1 + i \times n) \tag{2-6}$$

我国发行的国库券是按单利计息的。

复利计息时，是用本金和前期累计利息之和进行计息，即除最初的本金要计算利息外，每一个计息周期的利息都要并入本金，再生利息，俗称"利滚利"。

复利计息的本利和公式为

$$F_n = P(1+i)^n \qquad (2-7)$$

商业银行的贷款是按复利计息的。

复利计息比较符合资金在社会再生产过程中运动的实际情况。

3. 名义利率与有效利率

在借贷活动中，利率通常用年利率表示，这个年利率 i 即称为名义年利率。在实际贷款条件中，往往具体规定一年内计息多次，如按季计息、按月计息等。期间利率等于名义年利率除以一年内的计息次数（或者说名义年利率等于期间利率与一年内计息次数的乘积）。有效年利率是指年初资金按期间利率进行计算的年末总利息与年初本金之比。

如果借贷资金不是按年结息，应将名义年利率换算为有效年利率。计算公式为

$$i_{yx} = \left(1 + \frac{i_{my}}{m}\right)^m - 1 \qquad (2-8)$$

式中　m——每年计息次数。

表 2-1 列出了名义年利率为 6% 的年、半年、季、月的有效年利率。

表 2-1　　　　　　　　　　　　　　计息期与有效年利率的关系表

名义年利率	计息期	年计息次数	计息期利率	有效年利率
6%	年	1	6%	6%
	半年	2	3%	6.09%
	季	4	1.5%	6.14%
	月	12	0.5%	6.17%

（三）现值、终值、年金值和折现率

1. 现值

一个项目（或方案）的现值，是各单项现金流通的现值之和。这里现值所指的时间就是进行评价的时刻，通常是在工程项目建设的开端。在实践中通常把现金流按年划分阶段。第 t 年的一项现金流 C_t 按折现率 i 计算，在第 0 年的现值 P 为

$$P = \frac{C_t}{(1+i)^t} \qquad (2-9)$$

如果一个项目的现金流通速率可以写成时间的函数 $C(t)$，而且折现不是间断而是连续的，则该工程项目的现值可以写成如下的连续函数

$$P = \int_0^n C(t) \exp(-it) \mathrm{d}t \qquad (2-10)$$

图 2-3 所示为不同折现率下的现值曲线。

2. 终值（亦称将来值）

资金折算至将来某一时点的价值称为终值，通常用符号 F 表示。

27

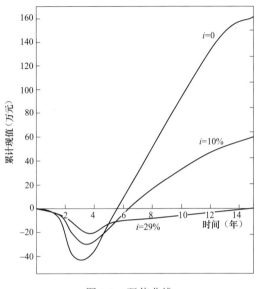

图 2-3　现值曲线

3. 年金（亦称等额年值）

年金表示某一特定的时间序列的 $1\sim n$ 期每期期末都有相等的现金流入或流出，用符号 A 表示。A 若是现金流入可称年金，若是现金流出可称年费用。

4. 折现率（亦称贴现率）

将未来某一时点的资金折算为现值所使用的反映资金的机会成本或最低收益水平的参数称为折现率，通常使用年折现率。

（四）资金等值计算

资金等值是指资金的经济价值相等。由于资金具有时间价值，一定量的资金在不同时点上具有不同的价值，并且不同时点发生的绝对额不同的资金，有可能具有相等的经济价值。例如现在的 10000 元在收益率 5%的条件下，与一年后的 10500 元，虽然资金数额不相等，但其经济价值是相等的，是等值的。影响资金等值的因素有三个，即资金数额、资金发生时间以及收益率。

资金等值是一个非常重要的概念，在投资项目的财务分析中经常采用等值换算技术进行各种建设方案的财务效益比选。如两个不同的设备方案，可以从投资、能源消耗、修理费用、产量和收入的影响等方面，分析其现金流量，并进行等值换算，以选择较优方案。资金等值换算的基本公式阐述如下。

1. 已知现值求终值

计算公式为

$$F = P(1+i)^n \qquad (2\text{-}11)$$

式（2-11）的含义是已知支出本金（现值）P，当收益率为 i 时，求第 n 期末所取得的本利和，即求终值 F。

图 2-4 中 P 发生在 0 年末，到第 1 年末的终值 F_1 为

$$F_1 = P(1+i) \qquad (2\text{-}12)$$

到第 2 年末 F_2 为

图 2-4　现值 P 经 n 期后的终值

$$F_2 = F_1(1+i) = P(1+i)^2 \qquad (2\text{-}13)$$

依此类推，到第 n 年末 F_n 为

$$F_n = F_{n-1}(1+i) = P(1+i)^n \qquad (2\text{-}14)$$

式（2-14）中的 $(1+i)^n$ 称为一次支付终值系数，用 $(F/P,i,n)$ 表示，括号内斜线左方表示未知待求数值，斜线右方表示已知数值。一次支付终值系数可查复利终值系数表取得或用计算器直接计算。

【**例 2-1**】　某企业将 40 万元投资于某项目，预计年收益率为 6%，求 5 年后的终值。

【**解**】　已知 $P = 40$ 万元，$i = 6\%$，$n = 5$，求 F。

根据式（2-7），有

$$F = 40 \times (1+6\%)^5 = 40 \times 1.3382 = 53.53 \text{（万元）}$$

或

$$F = 40(F/P, 6\%, 5)$$

查复利终值系数表得

$$(F/P, 6\%, 5) = 1.3382$$

$$F = 40 \times 1.3382 = 53.53 \text{（万元）}$$

2. 已知终值求现值

计算公式为

$$P = F \frac{1}{(1+i)^n} = F(1+i)^{-n} \tag{2-15}$$

式（2-15）的含义是如果想在未来的第 n 期期末一次收入终值 F 数额的现金流量，在收益率为 i 的条件下，现在应一次投入多少本金，即现值 P 应是多少？

式（2-15）中的 $(1+i)^{-n}$ 称为一次支付现值系数，也称为折现系数，用 $(P/F, i, n)$ 表示，可查复利现值系数表取得或用计算器直接计算。

【例 2-2】 某项目预计年收益率为 6%，某投资人拟在第 10 年年末获取本利和 80 万元，现在应投入多少本金？

【解】 已知 $F = 80$ 万元，$i = 6\%$，$n = 10$，求 P。

根据式（2-8），有

$$P = 80 \times (1+6\%)^{-10} = 80 \times 0.5584 = 44.67 \text{（万元）}$$

或

$$P = 80 \times (P/F, 6\%, 10)$$

查复利现值系数表得

$$(P/F, 6\%, 10) = 0.5584$$

$$P = 80 \times 0.5584 = 44.67 \text{（万元）}$$

3. 已知年金求终值

计算公式为

$$F = A \frac{(1+i)^n - 1}{i} \tag{2-16}$$

图 2-5 年值 A 到 n 期末的终值

式（2-16）的含义是对连续若干期期末等额收付的现金流量 A，当收益率为 i 时，求其第 n 期期末的本利和，即求终值 F。现金流量如图 2-5 所示。

按式（2-11）计算第 1 年末的 A 到 n 期末的终值 F_1 为

$$F_1 = A(1+i)^{n-1} \tag{2-17}$$

$$F_2 = A(1+i)^{n-2} \tag{2-18}$$

依此类推

$$F_n = A(1+i)^{n-n} = A \tag{2-19}$$

到 n 期期末的本利和总额 F 为

$$F = F_1 + F_2 + \cdots + F_n \tag{2-20}$$

$$F = A(1+i)^{n-1} + A(1+i)^{n-2} + \cdots + A \tag{2-21}$$

$$F = A\frac{(1+i)^n - 1}{i} \qquad (2\text{-}22)$$

式（2-22）中的 $\frac{(1+i)^n - 1}{i}$ 称为年金终值系数，通常用 $(F/A,i,n)$ 表示，可查年金终值系数表取得或用计算器直接计算。

【例 2-3】 某 A 企业向 B 企业投资，双方签订的投资协议确定：

（1）A 企业连续 3 年每年年末向 B 企业投资 600 万元；

（2）A 企业可按 5% 的投资收益率获得投资回报；

（3）第 3 年年末 B 企业一次偿付 A 企业投资本金和利润。

试计算 A 企业在第 3 年年末收回的本利和数额。

【解】 已知 $A = 600$（万元），$i = 5\%$，$n = 3$，求 F。

根据式（2-16），有

$$F = 600 \times \frac{(1+5\%)^3 - 1}{5\%} = 600 \times 3.1525 = 1891.5 \ （万元）$$

或

$$F = 600 \times (F/A,5\%,3)$$

查年金终值系数表得

$$(F/A,5\%,3) = 3.1525$$
$$F = 600 \times 3.1525 = 1891.5 \ （万元）$$

4. 已知终值求年金

计算公式为

$$A = F\frac{i}{(1+i)^n - 1} \qquad (2\text{-}23)$$

式（2-23）的含义是在收益率为 i 的条件下，如果要在 n 期期末能一次收入 F 数额的现金流量，求在这 n 期内每期期末等额支付的年金 A。即为使年金终值达到既定金额每期应支付的年金数额。

式（2-23）中的 $\frac{i}{(1+i)^n - 1}$ 称偿债基金系数，通常用 $(A/F,i,n)$ 表示，可查偿债基金系数表取得或用计算器直接计算。

【例 2-4】 某企业计划于 3 年后扩建一个生产车间，预计需要投资 2000 万元，从现在起每年年末要等额存入银行一笔款项，假设年利率为 4%，每年要存入的金额是多少？

【解】已知 $F = 2000$（万元），$i = 4\%$，$n = 3$，求 A。

根据式（2-15），有

$$A = 2000 \times \frac{4\%}{(1+4\%)^3 - 1} = 2000 \times 0.32035 = 640.7 \ （万元）$$

或

$$A = 2000 \times (A/F,4\%,3)$$

查偿债基金系数得

$$(A/F,4\%,3) = 0.32035$$
$$A = 2000 \times 0.32035 = 640.7 \ （万元）$$

5. 已知现值求年金

计算公式为

$$A = P\frac{i(1+i)^n}{(1+i)^n - 1} \qquad (2\text{-}24)$$

式（2-24）的含义是已知现值（本金）P，在收益率为 i 的条件下，求每期期末收回多少资金，到 n 期期末本利和可以全部收回。

式（2-24）是由式（2-11）代入式（2-10）而得。

式（2-24）中的 $\frac{i(1+i)^n}{(1+i)^n - 1}$ 称为资金回收系数，通常用 $(A/P, i, n)$ 表示，可查资金回收系数表取得或用计算器直接计算。

【例 2-5】　某项目在第 1 年的年初投资 1000 万元，假设收益率为 8%，从第 1 年到第 10 年每年年末收回多少钱，正好将 1000 万元初始投资的本利和全部收回。

【解】　已知 $P = 1000$（万元），$i = 8\%$，$n = 10$，求 A。

根据式（2-16），有

$$A = 1000 \times \frac{8\%(1 + 8\%)^{10}}{(1 + 8\%)^{10} - 1} = 1000 \times 0.149 = 149 \ （万元）$$

或

$$A = 1000 \times (A/P, 8\%, 10)$$

查资金回收系数表得

$$(A/P, 8\%, 10) = 0.149$$
$$A = 1000 \times 0.149 = 149 \ （万元）$$

6. 已知年金求现值

计算公式为

$$P = A\frac{(1+i)^n - 1}{i(1+i)^n} \qquad (2\text{-}25)$$

式（2-25）的含义是在收益率为 i 的条件下，为在 n 期内每期期末取得相等金额的款项 A，求在期初需要投入的现值 P。

式（2-25）中的 $\frac{(1+i)^n - 1}{i(1+i)^n}$ 称年金现值系数，通常用 $(P/A, i, n)$ 表示，可查年金现值系数表取得或用计算器直接计算。

【例 2-6】　某项投资，要求连续 5 年将本金和盈利额全部收回，且每年年末等额收回本利和为 500 万元，假设收益率为 5%，第 1 年年初的投资额是多少？

【解】　已知 $A = 500$（万元），$i = 5\%$，$n = 5$，求 P。

根据式（2-23），有

$$P = 500 \times \frac{(1 + 5\%)^5 - 1}{5\%(1 + 5\%)^5} = 500 \times 4.3295 = 2164.75 \ （万元）$$

或

$$P = 500 \times (P/A, 5\%, 5)$$

查年金现值系数表得

$$(P/A, 5\%, 5) = 4.3295$$
$$P = 500 \times 4.3295 = 2164.75 \ （万元）$$

7. 均匀梯度支付

均匀梯度支付终值公式为

$$F = \left(A_1 + \frac{G}{i}\right) \times \frac{(1+i)^n - 1}{i} - \frac{nG}{i} \qquad (2\text{-}26)$$

式（2-26）的含义为已知第一年支付是 A_1，第二年支付 A_1+G，第三年支付 A_1+2G，…，第 n 年支付 $A_1+(n-1)G$，在收益率为 i 的条件下，求其终值。现金流量如图 2-6 所示。

【例 2-7】 某人第一年末往银行存入 10000 元，之后每年比上一年年多存 3000 元，第 5 年末一次全部取出。假设存款利率为 5%，问第 5 年末能取出多少钱？

【解】 已知 A_1=10000，G=3000，i=5%，n=5，求 F。

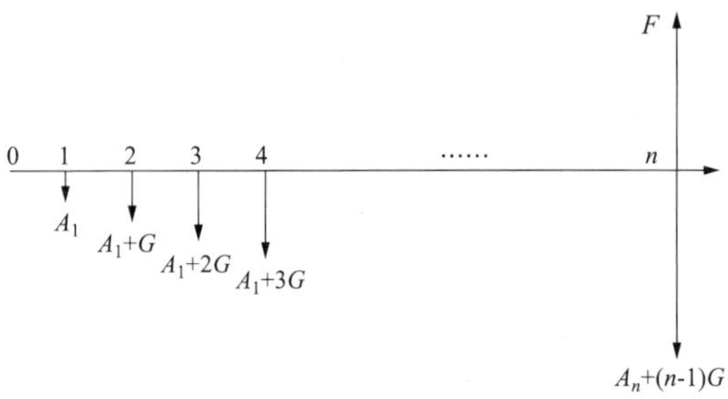

图 2-6　均匀梯度支付终值现金流量

$$F = \left(A_1 + \frac{G}{i}\right) \times \frac{(1+i)^n - 1}{i} - \frac{nG}{i}$$

$$= \left(10000 + \frac{3000}{5\%}\right) \times \frac{(1+5\%)^5 - 1}{5\%} - \frac{5 \times 3000}{5\%}$$

$$= 86794 \,(万元)$$

均匀梯度支付现值公式为

$$P = \left(A_1 + \frac{G}{i}\right) \times \frac{(1+i)^n - 1}{i} \times \frac{1}{(1+i)^n} - \frac{nG}{i} \times \frac{1}{(1+i)^n} \qquad (2\text{-}27)$$

式（2-27）的含义为已知第一年支付是 A_1，第二年支付 A_1+G，第三年支付 A_1+2G，…，第 n 年支付 $A_1+(n-1)G$，在收益率为 i 的条件下，求其现值。

【例 2-8】 某项设备在使用过程中第一年末维护费用为 2000 元，以后每年维护费用增长 200 元，假设收益率为 8%，设备使用寿命为 10 年。问该设备维护费用的现值是多少？

【解】 已知第一年费用 A_1=2000，递增差额 G=200，i=8%，n=10，求 P。

$$P = \left(A_1 + \frac{G}{i}\right) \times \frac{(1+i)^n - 1}{i} \times \frac{1}{(1+i)^n} - \frac{nG}{i} \times \frac{1}{(1+i)^n}$$

$$= \left(2000 + \frac{200}{8\%}\right) \times \frac{(1+8\%)^{10} - 1}{8\%} \times \frac{1}{(1+8\%)^{10}} - \frac{10 \times 200}{8\%} \times \frac{1}{(1+8\%)^{10}}$$

$$= 18616 \,(万元)$$

8. 几何梯度支付

几何梯度支付现值公式为

$$P = \begin{cases} \dfrac{A_1}{i-g}\left[1 - \left(\dfrac{1+g}{1+i}\right)^N\right], & i \neq g \\[3mm] \dfrac{NA_1}{1+i}, & i = g \end{cases} \qquad (2\text{-}28)$$

或

$$P = \begin{cases} \dfrac{A_1[1 - (P/F,i,N)(F/P,g,N)]}{i-g}, & i \neq g \\[3mm] NA_1(P/F,i,1), & i = g \end{cases} \qquad (2\text{-}29)$$

在实际投资项目中，常涉及现金流量随时间以固定比例上升或下降的情况，这种现金流量模式称为几何梯度。式（2-28）和式（2-29）的含义为：已知第一年支付是 A_1，之后每年以 g 的百分比上升或下降，在收益率为 i 的条件下，求其现值。现金流量如图 2-7 所示。

【例 2-9】 假设折现率为 8%，求图 2-8 中现金流量的现值。

【解】　现金流为

$$P = \frac{2000}{8\% - 20\%}\left[1 - \left(\frac{1+20\%}{1+8\%}\right)^4\right]$$

$$= 8736\ (万元)$$

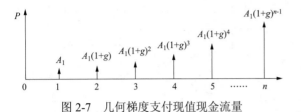

图 2-7　几何梯度支付现值现金流量

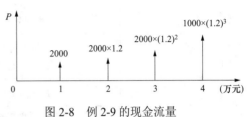

图 2-8　例 2-9 的现金流量

9. 不等额序列的终值

计算公式为

$$F = A_1(1+i)^{n-1} + A_2(1+i)^{n-2} + \cdots + A_n$$

$$= \sum_{t=1}^{n} A_t(1+i)^{n-t} \tag{2-30}$$

式（2-30）的含义是已知 n 期内每期末投入不相等的净现金流 A_1，A_2，…，A_n，在收益率为 i 的条件下，求 n 期末的本利和 F。现金流量如图 2-9 所示。

10. 不等额序列的现值

计算公式为

$$P = \sum_{t=1}^{n} \frac{A_t}{(1+i)^t} \tag{2-31}$$

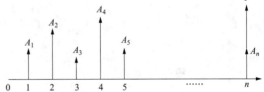

图 2-9　不等额现金流的终值

式（2-31）的含义是已知 n 期内每期末取得不相等的净现金流 A_1，A_2，…，A_n，在收益率为 i 的条件下，求期初需要投入的现值 P。

各项资金时间价值表达式见表 2-2。

表 2-2　　　　　　　　　　资金时间价值等值公式

类型	已知	求	普通复利公式	现金流量图表示
一次支付	P	F	终值公式 $F = P(1+i)^n$ $F = P(F/P,i,n)$	
	F	P	现值公式 $P = F(1+i)^{-n}$ $P = F(P/F,i,n)$	
等额支付系列	A	F	等额支付终值公式 $F = A\dfrac{(1+i)^n - 1}{i}$ $F = A(F/A,i,n)$	

类型	已知	求	普通复利公式	现金流量图表示
等额支付系列	F	A	等额支付偿债基金公式 $A = F \dfrac{i}{(1+i)^n - 1}$ $A = F(A/F, i, n)$	
	P	A	等额支付现值公式 $A = P \dfrac{i(1+i)^n}{(1+i)^n - 1}$ $A = P(A/P, i, n)$	
	A	P	等额支付投资回收公式 $P = A \dfrac{(1+i)^n - 1}{i(1+i)^n}$ $P = A(P/A, i, n)$	
梯度支付系列	A_1 G	F	均匀梯度终值公式 $F = \left(A_1 + \dfrac{G}{i} \right) \times \dfrac{(1+i)^n - 1}{i} - \dfrac{nG}{i}$ $F = \left(A_1 + \dfrac{G}{i} \right)(F/A, i, n) - \dfrac{nG}{i}$	
	A_1 G	P	均匀梯度现值公式 $P = \left(A_1 + \dfrac{G}{i} \right) \times \dfrac{(1+i)^n - 1}{i}$ $\times \dfrac{1}{(1+i)^n} - \dfrac{nG}{i} \times \dfrac{1}{(1+i)^n}$ $P = \left(A_1 + \dfrac{G}{i} \right) \times (P/A, i, n)$ $- \dfrac{nG}{i}(A/F, i, n)$	
	A_1 G	P	几何梯度支付现值公式 $P = \begin{cases} \dfrac{A_1}{i-g}\left[1 - \left(\dfrac{1+g}{1+i}\right)^N\right], & i \neq g \\ \dfrac{NA_1}{1+i}, & i = g \end{cases}$	
不等额支付	A_t	F	不等额序列终值 $F = \displaystyle\sum_{t=1}^{n} A_t (1+i)^{n-t}$	
	A_t	P	不等额序列现值 $P = \displaystyle\sum_{t=1}^{n} \dfrac{A_t}{(1+i)^t}$	

（五）资金时间价值的应用

资金时间价值在投资项目中主要应用于项目评价和比选投资项目方案的财务评价指标，

根据项目或方案在寿命期（或计算期）内的净现金流量计算有关指标，确定项目或方案的取舍，如净现值、净年值、内部收益率、增量投资净现值、差额投资内部收益率等。

1. 净现值

净现值（net present value，NPV）是指项目（或方案）寿命期（或计算期）内各年的净现金流量，按照要求达到的收益率折算到建设期初的现值之和。净现值的计算公式为

$$NPV = \sum_{t=0}^{n} (CI - CO)_t (1+i)^{-t} \tag{2-32}$$

式中　　NPV——净现值；

CI——现金流入；

CO——现金流出；

$(CI - CO)_t$——第 t 年的净现金流量；

i——折现率；

n——方案计算期。

在对项目进行财务评价时，取 $i = i_C$（i_C 为财务基准收益率），可求得财务净现值（FNPV）。在对项目进行经济分析时，取 $i = i_S$（i_S 为社会折现率），可求得经济净现值（ENPV）。

2. 净年值

净年值（net annual value，NAV）又称等额年值、等额年金，是指项目（或方案）寿命期（或计算期）内各年的净现金流量，按照要求达到的收益率折算成与该现金流量序列等值的、覆盖计算期各年的等额年金序列。净年值的计算公式为

$$NAV = NPV(A/P, i, n) \tag{2-33}$$

式中　　NAV——净年值；

$(A/P, i, n)$——资本回收系数。

由式（2-33）可知，当 i 与 n 一定时，净年值与净现值是成比例的，故它们对项目或方案评价的结论总是一致。

3. 内部收益率

内部收益率（internal rate of return，IRR），是项目（或方案）从开始建设到寿命期（或计算期）末各年净现金流量现值之和等于零时的折现率。满足式（2-34）的折现率为内部收益率

$$\sum_{t=0}^{n} (CI - CO)_t (1 + IRR)^{-t} = 0 \tag{2-34}$$

式中　　IRR——项目内部收益率。

由于式（2-34）为高次方程，一般无法通过代数解法和求根公式求解，通常采用内插法（又称插值法）进行试算，求内部收益率的近似解。

4. 差额投资内部收益率

在互斥方案的比选中，不能直接采用内部收益率法。若直接比较各方案的内部收益率，则有可能导致与净现值法和净年值法不同的结论。采用差额投资内部收益率法，则三种方法结论一致。差额投资内部收益率是两个方案各年净现金流量差额的现值之和等于零时的折现率。其表达式为

$$\sum_{t=0}^{n} (\Delta CI - \Delta CO)_t (1 + \Delta IRR)^{-t} = 0 \tag{2-35}$$

式中　　ΔCI——现金流入差额；

ΔCO ——现金流出差额；

ΔIRR ——差额内部收益率。

差额投资内部收益率可用内插法求得。当差额投资内部收益率大于等于基准收益率时，投资大的方案较优；当该指标小于基准收益率时，投资小的方案较优。

第二节 通货膨胀及其财务处理

一、通货膨胀及其对财务价格的影响

（一）通货膨胀的内涵

通货膨胀（inflation）是指货币发行量超过商品流通中的实际需要量而引起的货币贬值、物价普遍上涨的一种经济现象。它包含三个要点：一是通货膨胀是一种货币现象，是和现代纸币制度紧密联系在一起的，是没有内在价值的纸币超量发行的结果；二是通货膨胀是一个总量概念，是指物价总水平的上涨，个别或部分商品价格水平上涨而物价总水平并没有上涨并不能算是通货膨胀；三是通货膨胀是物价总水平的持续性上涨，通常以年为单位来衡量，时间相对较长，而物价季节性、短期性、偶然性的一次上涨并不能当作通货膨胀。

一般来说，通货膨胀导致货币贬值，进而引发物价总水平上涨，从而单位货币的购买力下降；与此相反，通货紧缩，货币升值，物价总水平下降，从而单位货币的购买力提高。普遍的通货膨胀会引起物价总水平的普遍上升，但不一定就会引起相对价格水平的变化。

通货膨胀率是货币超发部分与实际需要的货币量之比，用以反映通货膨胀、货币贬值的程度，而价格指数则是反映价格变动趋势和程度的相对数。

通货膨胀率可按式（2-36）计算

$$通货膨胀率 = \frac{现期物价水平 - 基期物价水平}{基期物价水平} \tag{2-36}$$

其中，基期就是选定某年的物价水平作为一个参照，然后把其他各期的物价水平与基期水平做对比，从而衡量现今的通货膨胀水平。在实际工作中，一般不能直接计算出通货膨胀率，而是通过价格指数的增长率来间接表示。由于消费者价格是反映商品经过流通各环节形成的最终价格，反映了商品流通对货币的需要量，因此消费者价格指数是最能充分、全面反映通货膨胀率的价格指数。目前，世界各国基本上均用消费者价格指数（我国称居民消费价格指数），即 CPI 来反映通货膨胀的程度。我国目前使用的能够反映通货膨胀率的统计指标有居民消费价格指数、社会商品零售价格指数和固定资产投资价格指数等，可根据项目实际情况选定。

通货膨胀对投资项目决策的影响举例：

【例 2-10】 A、B 是两个使用同样材料的公路投资建设计划方案。不含通货膨胀率的资本机会成本为 15%，通货膨胀每年保持 10%。各方案的现金流量见表 2-3。

表 2-3   不同方案的财务现金流量

年份	方案 A	方案 B	B-A
0	−1000	−1200	−200
1	600	550	−50
2	500	550	+50

续表

年份	方案 A	方案 B	B-A
3	400	550	+150
4	300	550	+250

【解】　如果不考虑通货膨胀，这意味着评价方案时将现金流看成是不变美元，两个方案在 $i=15\%$ 时的净现值分别为

$$NPV_A = -1000 + 600(P/A,15,4) - 100(P/G,15,4) = 1000 + 1713 - 379 = 334$$

$$NPV_B = -1200 + 550 \times (P/A,15,4) = -1200 + 1570 = 370$$

由于 B 方案的净现值大于 A 方案，因此选 B 方案。

现在，如果考虑通货膨胀率，这意味着评价方案时将现金流看成是实际美元而不是不变美元。

上述参数的基本关系为

$$u = (1+i) \times (1+f) - 1 = 0.15 + 0.1 + 0.15 \times 0.1 = 0.265$$

$$NPV_{B\text{-}A} = -200 - 50 \times \left(\frac{1}{1.265}\right) + 50 \times \left(\frac{1}{1.265}\right)^2 + 150 \times \left(\frac{1}{1.265}\right)^3 + 250 \times \left(\frac{1}{1.265}\right)^4$$

$$= -200 - 39.5 + 31.2 + 74.1 + 97.6 = -36.6$$

式中　i ——使用不变美元折现率；

　　　u ——使用实际美元折现率；

　　　f ——通货膨胀（或通货紧缩）率。

此时，不选择方案 B，而是选择方案 A，这和不考虑通货膨胀时的答案是相反的，所以在财务分析中通货膨胀是绝对不容忽视的。

以下将从通货膨胀对价格、利率、汇率及所得税、财务评价指标等方面的影响，来说明考虑通货膨胀的重要性。

（二）通货膨胀对财务价格的影响

在投资项目的财务分析评价中，要对项目整个计算期内的价格进行预测，涉及如何处理价格变动的问题，包括通货膨胀因素的处理（项目评价中一般不考虑通货紧缩的问题）。在整个计算期的若干年内，是采用同一个固定价格，还是采用变动价格以及变动价格测算，成为投资项目财务分析评价必须解决的重要问题。

1. 绝对价格与相对价格

通货膨胀直接影响产品价格的变动。为了充分认识通货膨胀对项目财务分析的影响，以下通过货物比价关系，来说明通货膨胀对价格的影响。市场价格可分为绝对价格和相对价格。

（1）绝对价格。绝对价格是指用货币单位表示的商品价格绝对水平。绝对价格变动一般体现为物价总水平的变化，即因货币贬值（通货膨胀）引起的所有商品价格的普遍上涨，或因货币升值（通货紧缩）引起的所有商品价格的普遍跌落。

（2）相对价格。相对价格是指商品间的价格比例关系。导致商品相对价格发生变化的因素很复杂，如供应关系的变化、价格政策的变化、劳动生产率变化等都可能引起商品间比价的改变，或因消费水平变化、消费习惯改变、可替代产品的出现等引起供求关系发生变化，从而使供求均衡价格变化，引起商品间比价关系的改变等。

2. 基价、时价和真实价

财务分析评价涉及的计价体系有固定价格或不变价格体系、实际价或现时价格体系两种，涉及基价、真实价和现时价格（实际价）三种价格。

（1）基价（basis price）或基准价格。基价是指以基年价格水平表示的，不考虑其后价格变动的价格，故也称固定价（constant price）。如采用基价，则项目计算期内各年价格都是相同的，这就形成了财务分析的固定价格体系。一般选择评价工作进行的年份为基年，也可选择预计的开始建设年份作为基年。基价是确定项目涉及的各种货物预测价格的基础，也是估算建设投资的基础。

（2）时价（current price）或当时价格。时价是指投入物或产出物在各年的实际价格或当前价格。它同时包含了相对价格变动和绝对价格变动，以当时的价格水平表示。以基价为基础，按照预计的各种货物的价格上涨率（称为现时价格上涨率）可以分别求出它们在计算期内任何一年的现时价格。假定货物 A 的现时价格上涨率为 3%，则在基年的基价 100 元的基础上，第二年的现时价格应为 $[100 \times (1+3\%)]$，即 103 元。

设基价为 P_b，现时价格为 P_c，各年的现时价格上涨率为 c_i，$i = (1,2,\cdots,n)$，c_i 可以各年相同，也可以不同，则第 n 年的现时价格为

$$P_{c_n} = \left[P_b(1+c_1)(1+c_2)\cdots(1+c_n) \right] \tag{2-37}$$

若各年 c_i 相同，$c_i = c$，则有

$$P_{c_n} = \left[P_b(1+c_i)^n \right] \tag{2-38}$$

（3）实价（real price）或真实价格。实价是以基年价格水平表示的，反映相对价格变化的真实价格（非实际价格）。可以由现时价格或实际价格中扣除通货膨胀因素影响求得真实价格。如果通货膨胀率高于现时价格上涨率，货物的实价就可能低于现时价格。一般把实际价格的变化率，称为实价上涨率。只有当现时价格上涨率大于通货膨胀率时，该货物的实价上涨率才能大于 0，此时说明该货物价格上涨超过物价总水平的上涨。

设第 i 年的实价上涨率为 r_i，通货膨胀率为 f_i，各年的现时价格上涨率也相同，则有

$$r_i = \frac{1+c_i}{1+f_i} - 1 \tag{2-39}$$

如果货物间的相对价格保持不变，即实价上涨率为零，那么实价值就等于基价值，同时意味着各种货物的现时价格上涨率相同，也即各种货物的现时价格上涨率等于通货膨胀率。通货膨胀直接影响产品价格的变动。

（三）有关通货膨胀的计算

如果恒定通货膨胀率为 f，为了维持货币的恒定真实值，则现在的现金流通 C 在距今一年后应为 $C_1(1+f)$，在距今两年后为 $C_2(1+f)^2$，依此类推。反之，t 年后现金流通的真实值用显示币值表示应为 $C_t(1+f)^t$。

因为投资项目的现值是由各单项现金流量的现值相加而得，所以这些单项现金流量必须用可以互相比较的真实值来表示，最方便的办法就是使用现时的币值表示。这些现金流量用具有可比性的真实值表示后，经折现再相加，即得到工程项目的真实现值（real present value）。

计算通货膨胀影响可以采用两种方法：一是各单项现金流分别计算；二是把投资项目作为整体计算。假设各年通货膨胀率互不相同，或通货膨胀率不能假设为恒定，则各现金流的

真实值需要分别计算。如果有相同的恒定通货膨胀率同时使用于各现金流，并且各现金流以实际币值表达，那么通货膨胀的影响和折现的计算可以合并。设 t 年后现金流量为 C_t，则用真实值表示为 $C_t(1+f)^t$，以折现率 i 作折现计算后，真实现值应为

$$P = \frac{C_t}{(1+f)^t(1+i)^t} \tag{2-40}$$

整个投资项目的现值为

$$P = \sum_{t=0}^{n} \frac{C_t}{(1+f)^t(1+i)^t} \tag{2-41}$$

分母项展开得

$$\frac{1}{(1+f)^t(1+i)^t} = \frac{1}{(1+f+i+fi)^t} \tag{2-42}$$

在实际计算中，fi 比 1 小得多，所以可以忽略不计，分母式可写为 $\dfrac{1}{(1+f+i)^t}$。因此，综合通货膨胀和折现的真实现值可表示为

$$P = \sum_{t=0}^{n} \frac{C_t}{(1+f+i)^t} \tag{2-43}$$

二、通货膨胀对利率、汇率及财务收支的影响

（一）通货膨胀对利率的影响

考虑通货膨胀的影响，利率可分为名义利率和实际利率（或真实利率）。名义利率是指不剔除通货膨胀等因素影响的现时利率，真实利率是指扣除币值变动影响（通货膨胀或通货紧缩影响）后的利率。市场利率泛指某一时刻金融市场上实际交易的各种利率。实际市场利率通常包含通货膨胀因素，所以以与名义利率相等。但通常人们提到"市场利率"时，往往侧重于市场通行的利率水平；当提到名义利率时，则往往侧重于对通货膨胀影响的考虑。任何时刻市场利率的确定，除其他因素外，都必然和真实利率水平、通货膨胀有关系。在有通货膨胀情况下的利率计算时，因为名义利率（i_n）综合了实际利率（i_r）和通货膨胀率（f）两个因素，因此有时也称综合利率。当通货膨胀率不变，真实利率随着名义利率的提高而提高；当名义利率不变，真实利率随着通货膨胀率的提高而降低。真实利率计算公式为

$$i_r = \frac{1+i_n}{1+f} - 1 \tag{2-44}$$

即

$$i_n = (1+i_r)(1+f) - 1 = i_r + f + i_r f \tag{2-45}$$

$$i_r = i_n - f - i_r f \tag{2-46}$$

如 $i_r f$ 忽略不计，则

$$i_r = i_n - f$$

i_r 不外乎三种情况：

（1）$i_n > f$ 时，$i_r > 0$；

（2）$i_n = f$ 时，$i_r = 0$；

（3）$i_n < f$ 时，$i_r < 0$。

当 i_r 为负值时，本金的价值在整个还款期将是逐年下降的。由于存在通货膨胀，本金价值逐年下降的比率 d 应为

$$d = \frac{1+f}{1+i_n} - 1 \tag{2-47}$$

此比率可以用来扣除本金未来名义值，以求得每年偿还本金的实际价值。

（二）通货膨胀对汇率的影响

汇率是两种不同货币的兑换比率，或者说是外汇买卖的价格。两种货币各自具有的价值是决定汇率或汇价的基础。

影响汇率变动的主要因素除国际收支（外贸收支直接影响外汇供求）、各国汇率政策、利率水平（在一定条件下，高水平或低水平利率会使本币或外币汇率提高或下跌），以及投机活动等诸多因素外，还有通货膨胀这一重要因素。通货膨胀既直接关系到货币本身实际代表的价值与购买力，又关系到商品的对外竞争力和对外汇市场的心理影响。通货膨胀严重，本币汇率下跌；通货膨胀减缓，本币汇率上升。另外，本币汇率下跌，即货币对外贬值，又会引起国内物价的上升。

在项目评价实际工作中，如果项目用外汇较多，就必须对汇率风险作出判断、决策，这时需要比较不同币种外币的汇率走势。各国不同的通货膨胀率是影响其汇率走势的主因之一。

（三）通货膨胀对财务收支的影响

项目财务分析评价所用的基本报表有现金流量表、损益表、财务计划现金流量表、资产负债表。其基本数据来自项目收支两个方面。项目收入主要包括产品销售收入等收益；项目支出主要包括固定资产投资和流动资金、产品生产成本和费用、各种税金（销售税金及附加、所得税等）等费用。

通货膨胀将加大项目收、支两方面的货币名义值。为了检验通货膨胀对财务分析的影响，需要区分直接和间接受通货膨胀影响的科目。以上科目除所得税为间接影响科目外，其余均为直接影响科目。

另外，由于建设期内的通货膨胀将加大投资费用的货币名义值，直接影响到项目资金筹措，所以在通货膨胀率不高的情况下，一般是在投资估算中增加一项总的预备费用（基本预备费）。但是，在通货膨胀较高的情况下，就需要单独考虑，通常的做法是除增加基本预备费外，还要再增加一项专门应对通货膨胀的价格变动不可预见费，通常称为价差或涨价预备费。在通货膨胀率为 f 下的投资计算公式为

$$I^n = \sum_{t=0}^{m} I_t^r (1+f)^t \tag{2-48}$$

式中 I^n ——投资名义值；

  I_t^r ——第 t 年投资的实际值；

  m ——建设期。

三、通货膨胀对项目财务分析结果的影响

在投资项目现金流量分析中，首先要考虑通货膨胀对财务评价判别基准的影响，在取值上应与所采用的价格体系相协调；其次，所得税是唯一受通货膨胀间接影响的科目，盈利能力税后分析则应对直接和间接影响的科目同时予以考虑。

（一）判别基准的确定

在考察通货膨胀对项目盈利能力评价结果的影响时，应考虑项目内部收益率和基准收益率、贷款利率的可比性问题。值得注意的是，项目内部收益率和基准收益率、银行贷款利率，对于有无通货膨胀的计算口径必须对应一致，否则不具有可比性。亦即用货币名义值或实际值表示的内部收益率必须用相应的基准收益率和银行贷款利率来检验，否则将会导致错误的结论。

判别基准的确定要与所采用的价格体系相协调，是指采用的价格是否包含通货膨胀因素。如果考虑通货膨胀因素，并采用现时价格计算内部收益率，则确定判别基准时也应考虑通货膨胀因素，反之亦然。是否含通货膨胀因素的内部收益率及其判别基准之间的关系可以近似地表示为

$$i'_c = i_c + f \tag{2-49}$$

$$IRR' \cong IRR + f \tag{2-50}$$

式中　i'_c——含通货膨胀因素的内部收益率判别基准；

　　　i_c——不含通货膨胀因素的内部收益率判别基准；

　　IRR——不含通货膨胀因素的内部收益率；

　IRR'——含通货膨胀因素的内部收益率；

　　　f——通货膨胀率。

（二）通货膨胀对所得税后评价指标的影响

当项目净现金流量（即项目净收益）在计算期内各年按相同比例（相同通货膨胀率）增加时，由于通货膨胀对项目税前分析没有实际影响，所以在有通货膨胀和无通货膨胀两种情况下的所得税税前内部收益率的货币实际值是相同的。由于通货膨胀的影响，税后内部收益率的实际值（IRR）将低于其名义值（IRR'）。二者的换算公式为

$$IRR' \cong \frac{1 + IRR}{1 + f} - 1 \tag{2-51}$$

在有无通货膨胀两种情况下，所得税税后和税前的内部收益率实际值显然是不同的。这是因为虽然未来的收益率将因通货膨胀而增加，但是各年的折旧费却是一个固定值，并不因为通货膨胀而增加。因此，应纳税所得额和所得税额将因通货膨胀而增加，从而使各年税后净现金流量减少，进而税后内部收益率降低。在折旧、摊销等影响下，通货膨胀率愈高，税后内部收益率的名义值愈大，而实际值愈小。

（三）通货膨胀对盈利能力的影响举例

【例 2-11】　一个十年期的投资项目，按现时价格现金流计算的内部收益率是 8%，具有相对理想的财务收益水平。如果这十年存在严重的通货膨胀，假定每年的通货膨胀率平均达到 9%，则这个项目的盈利水平是负值。当然，也可以用一个按现时价格计算的基准收益率，譬如 18%，要求项目按现时价格计算的内部收益率不得低于 18%。这两者在数值上可能相差很大。为区别计，称按实价计算的收益率为实价收益率 i_e，按现时价格计算的收益率称为现时价格收益率 i_f。如果项目计算期内的通货膨胀率为 f，则两种收益率应保持如下等价关系

$$\sum_{t=0}^{N} F_t (1 + i_e)^{-t} = \sum_{t=0}^{N} F_t (1 + f)^t (1 + i_f)^{-t} \tag{2-52}$$

由此可得

$$\frac{1}{1+i_e} = \frac{1+f}{1+i_f} \qquad (2\text{-}53)$$

即

$$i_f = (1+i_e)(1+f) - 1 = i_e + f + i_e f \qquad (2\text{-}54)$$

式中　F_t——按实价计算的第 t 年的净现金流；

$F_t(1+f)^t$——按现时价格计算的相应净现金流。

【例 2-12】 某一类投资项目，投资者的最低可接受收益率（MARR）是 8%，估计通货膨胀率为 3%，如果项目按现时价格计算净现金流量，满足投资者要求的项目内部收益率应不低于多少？

【解】 根据式（2-54），现时价格的基准收益率应是

$$i_f = 8\% + 3\% + 8\% \times 3\% = 11.24\%$$

可见，当通货膨胀率不是很大时，按现时价格（含通货膨胀）计算的收益率近似地等于实价收益率与通货膨胀率两者之和。

【例 2-13】 如果知道按现时价格计算的第 t 年的净现金流量为 $F_t^f = F_t - (1+f)^t$，求按实价计算的内部收益率 i_e'。

【解】 对这个问题有两种解法。一种解法是把按现时价格的净现金流量用物价指数剔除通货膨胀因素，然后求内部收益率，即通过 $\sum_{t=0}^{N} \frac{F_r^f}{(1+f)^t}(1+i_e)^{-t} = \sum_{t=0}^{N} F_t(1+i_e)^{-t} = 0$，求出 i_e'。

另一种解法是直接按现时价格净现金流，求出含通货膨胀的内部收益率 i_f'，$\sum_{t=0}^{N} F_t^f(1+i_f')^{-t} = 0$；再通过 $1+i_e' = \frac{1+i_f'}{1+f}$ 求出按实价计算的内部收益率 i_e'。

【例 2-14】 按现时价格计算的投资项目净现金流量分别是（-1000，309，318，328，338），通货膨胀率平均是 3%，求按实价计算的内部收益率。

【解】 按第一种方法，用 $(1+0.03)^t$（$t = 0 - 4$）除以各年的净现金流量，得（-1000，300，300，300，300），再求内部收益率 i_e'=7.71%。

按第二种方法，直接按（-1000，309，318，328，338）求内部收益率得 i_f'=10.95%，再用 $i_e' = \frac{1+i_f'}{1+f} - 1 = \frac{1+0.1095}{1+0.03} - 1 = 0.0771 = 7.71\%$。

两者计算结果一样。

四、通货膨胀在投资项目财务分析实际工作中的处理

（一）财务计算价格的处理

1. 不变价格法

不变价格法是传统的通货膨胀处理方法，也是迄今为止国际上项目评价中最常用的一种方法。这种方法的特点是假定通货膨胀对投入物和产出物各种价格均有同等程度的影响，因此对财务评价结果的影响可认为能够相互抵消，在财务分析评价中忽略通货膨胀因素。上述分析表明，用不变价格和现时价格计算的所得税税前净现金流量和内部收益率，只有名义值的不同，并无实质性的差别，无论是否考虑通货膨胀因素，不会影响评价结论。在项目评价实际工作中，可以在计算期内采用基期价格作为不变价格。

当通货膨胀率较高时，考虑到建设期只有支出，没有收入，为了应对建设期由于通货膨胀引起的投资差价，解决资金筹措和使用计划的安排问题，可在投资估算中增加一项价差预备费。至于相对价格的预期变化，则可在确定基期价格时予以考虑。同时，还可就项目产出物或某些投入物价格变化对评价指标的影响进行敏感性分析，供决策参考。同时需要强调，在通货膨胀较高的情况下，按不变价格计算的 IRR，应与贷款实际利率进行相比，而不应与贷款名义利率比较，以满足可比性的要求。此时投入物与产出物的价格均应预测到建设期末，以便在建设期各年考虑物价变动因素。

用不变价格计算不考虑通货膨胀因素的净现金流量和评价指标，其最大优点是：

（1）避开了在项目运营期内预测通货膨胀的难题，从而使方法简便易行。

（2）在项目计算期内采用不变价格计算评价指标，不考虑项目寿命期内价格变动影响，可以提高评价结果的可比性，一方面是便于进行项目与项目之间的对比，另一方面便于项目收益率与不含通货膨胀因素的基准收益率进行对比。

其缺点是在通货膨胀率较高的情况下，按不变价格计算的各项收支金额，不能正确反映建设期按现时价格计算的需要筹措的资金数额，也不能反映生产期按现时价格计算的收益、利息和税金等各项收支。

2．简单现时价格法

简单现时价格法是假定通货膨胀对各种投入物和产出物的价格具有同等影响，并在计算期内各年均采用现时价格，以货币名义值计算拟建项目的净现金流量和内部收益率等评价指标。

采用简单现时价格法的优点为：

（1）克服了不变价格法的缺点，能够反映整个计算期按现时价格计算的各项现金流量金额；

（2）从资料数据的可得性和计算工作量方面看，比详细现时价格法简便易行。

其缺点是：假定通货膨胀对各种投入物和产出物的价格具有同等影响，与实际情况可能不符，且对整个计算期的通货膨胀情况进行预测难度较大。

3．详细现时价格法

详细现时价格法假定通货膨胀对各种拟建项目的各种投入物和产出物产生不同的影响，要求分别预测各种投入物和产出物包括通货膨胀因素的现时价格，不同货物分别采用不同的通货膨胀率。一般要计算两套指标，即以货币名义值计算的财务评价指标和以剔除掉通货膨胀因素的实际值评价指标，并通常以实际值指标作为项目决策的判别依据。

在实际操作中，先计算名义值财务净现金流量，再计算实际值财务净现金流量，具体计算步骤是：

（1）估算拟建项目各年的分项现金收支，包括初始投资、销售收入、经营成本、税金等。

（2）估算各类货物价格变动的影响，对各年投入物和产出物的估算值，运用相应的价格指数（通货膨胀率）分别逐年计算考虑价格变动因素的数值。在实际工作中也可以进行粗略估算，即按初始投资、销售收入、经营成本几大类，估算其各自的价格指数逐年计算价格变动影响的数额。

（3）逐年加总后得到各年的名义净现金流量，并计算名义值的各种财务评价指标。

（4）用居民消费价格指数（CPI）对名义净现金流量进行逐年紧缩计算，求得每年的用基年实际值表示的净现金流量，并计算实际值的 IRR 等财务评价指标。

通货紧缩的计算公式为

$$NCF_t^r = NCF_t^n(1 + CPI)^{-t}i_e'$$ （2-55）

式中　NCF_t^r——第 t 年的实际净现金流量；

NCF_t^n——第 t 年的名义净现金流量。

采用详细现时价格法的优点是：

（1）对于不同的货物采用不同的通货膨胀率来分别计算其现时价格，在理论上更符合实际；

（2）分别计算考虑通货膨胀和不考虑通货膨胀两种情况下的财务评价指标，为投资决策提供的信息比较全面。

其缺点为：

（1）需要分别估算各种投入物和产出物的物价变动指数，难度很大。

（2）剔除通货膨胀影响的实际值评价指标，是由考虑通货膨胀因素的名义值推算出来的，计算过程相当繁杂。如果不能准确估算各种投入物和产出物的物价变动指数，则由名义值转换过来的实际净现金流量很可能与真实的实际值相差甚远，导致不正确的评价结论。

（二）财务现金流量分析中的处理

1. 盈利能力分析

财务盈利能力分析原则上应采用实价进行计算。以实价为基础计算投资回收期、净现值和内部收益率等指标，可以便于投资者考察项目投资的实际回收能力和盈利能力。因为实价值（实际值）是剔除了通货膨胀影响的价值，消除了因考虑通货膨胀带来的"浮肿利润"，能够更真实地表示拟建项目投资的盈利能力，为投资决策提供可靠信息。

如果采用现时价格值进行盈利能力分析，由于存在通货膨胀因素的影响，特别是当对各种投入物和产出物采用同一现时价格上涨率时，会使将来的收益大大增加，形成"浮肿利润"，这样就会人为地夸大项目的盈利能力。因此一般不以现时价格值表示拟建项目的盈利能力。

《方法与参数》（第三版）规定，进行财务盈利能力分析时，原则上应采用在基年物价总水平的基础上，只考虑相对价格变化，不考虑物价总水平的上涨因素下预测的价格，亦即实价。有时由于相对价格变化难以预测，在实施工作中往往不予考虑，以基价值作为实价值进行现金流量的计算，使财务盈利能力分析大为简化。

在实际工作中，无论是采用基价或实价，只要是以评价年或建设开始年为基年，在计算内部收益率的现金流量表中，都要剔除通货膨胀对投资费用的影响，即不将投资费用中所含的涨价预备费作为现金流出的一部分。

2. 清偿能力分析

清偿能力分析原则上应采用现时价格进行计算。按现时价格进行财务现金流量预测，编制损益表、资金来源与运用表及资产负债表，可以比较正确地描述计算期内各年当时的财务状况，以正确进行清偿能力分析。

采用现时价格进行清偿能力分析，在投资估算中必须考虑包含因通货膨胀影响的价差预备费；同样，资金筹措总额中，也应包含这部分费用，在以后的借款偿还中也必须考虑这部分费用的偿还。因此，只有以既考虑相对价格变化，又考虑通货膨胀因素在内的现时价格值进行资金来源和运用的平衡分析，才能满足投资计划编制的要求，以满足借款清偿能力分析的需要。

3. 简化处理

对于价格变动因素，在进行项目财务盈利能力和债务清偿能力分析时，原则上应作不同处理。但为了简化计算，根据项目具体情况，两种分析也可采用一套预测价格，一套计算数据。即针对物价总水平的上涨因素，可以区别以下不同情况，分别进行不同的简化处理：

（1）建设期较短的项目，两种分析在建设期内各年均可采用现时价格，生产经营期内各年均采用以建设期末（生产期初）的现时价格为基价，并以此为基础，根据生产经营期内相对价格变化进行调整，作为投入物和产出物价格的估算依据。

（2）建设期较长，确实难以预测物价上涨指数的项目，两种分析在计算期内均可采用以基年（或建设期初）现时价格为基础，仅考虑相对价格变化，不考虑物价总水平上涨因素，并依此价格进行清偿能力分析。

上述处理主要基于以下考虑：

（1）为稳妥起见，应打足投资，不留缺口。因此，在投资估算中应考虑物价上涨因素，即预留涨价预备费。在财务分析评价中，建设期考虑物价上涨因素，各年采用现时价格，与投资估算数保持一致。

（2）建设期较短，对价格变动的预测相对比较容易；生产经营期时间较长，对价格变动的预测难度较大。在生产经营期不考虑价格变动因素，可避免因预测不准确而人为地导致评价指标计算结果的虚假成分。

（3）当建设期较长时，预测建设期内各年的物价变动比较困难。项目盈利能力分析和清偿能力分析在整个计算期内均不考虑价格变动因素，仅按基年（或建设期初）价格水平确定财务价格，并据此计算有关评价指标，可以在不同程度上避免这些实际上难以克服的困难。

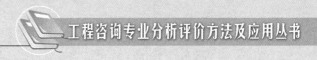

第三章

投资估算及资金使用计划

建设项目可行性研究中的投资估算，应分别估算项目经济寿命期各阶段的投资，包括初始投资、项目运营期间的维持运营投资及寿命期末费用的估算。本章重点介绍各类投资估算的内容、方法及在投资项目财务分析评价中的应用。

第一节　投资估算概述

一、投资估算的内容

联合国工业发展组织曾这样定义：投资是以将来产生并获得净收益为目标的一种长期的有关经济资源的承诺。这种承诺的主要内容是将流动性的资金即投资者自己的或借入的资金转换成资产，表现为固定投资、净营运资金以及在使用这些资产过程中新产生的流动性资本。这个定义包含了所有类型投资，包括工业、农业、能源、水利及其他基础设施等投资在内，当然也包括非经营性固定资产的投资。根据我国现行投资管理体制的规定，在项目前期工作中，投资机会研究、项目建议书、可行性研究和项目评估阶段投资估算的重点内容是拟建项目的总投资估算。

（一）总投资的三种解释

在我国现行投资管理体制下，"总投资"习惯称为"项目总投资"，有三种解释和不同的用法。

（1）《国务院关于固定资产投资项目试行资本金制度的通知》（简称《资本金制度》）（国发〔1996〕35号文）规定"本通知中作为计算资本金基数的总投资，是指投资项目的固定资产投资与铺底流动资金之和，具体核定时以经批准的动态概算为依据"。其中：固定资产投资由建筑工程费、设备购置费、安装工程费、工程建设其他费用、基本预备费、涨价预备费和建设期利息等七项内容构成；铺底流动资金指流动资金中的非债务资金，占全部流动资金的30%。《资本金制度》规定的"总投资"，仅用于计算资本金基数。但在实际工作中，这一计算资本金基数的"总投资"被拓展为"项目总投资"，并作为投资决策的依据。

（2）企业财务管理投资决策中，作为总投资的资本预算包括固定资产投资和净营运资金的预算，其中净营运资金指拟建项目运营初期所必须投入的全部净营运资金，并以此作为市场经济条件下投资决策的依据。

两者的区别在于：作为项目资本金计算基数的总投资只包含了30%的流动资金（净营运资金），而项目投资决策的项目总投资则包含了全部流动资金（净营运资金）。在《投资项目可行性研究指南》一书中，为了避免与资本金制度中的总投资概念相混淆，将项目评价使用的项目总投资改称为"项目投入总资金"。

（二）项目总投资

结合我国现行投资管理体制及国际通用做法，以确保项目财务评价质量为前提，本书确定项目总投资由固定资产投资和净营运资金构成。固定资产及净营运资金均参照《企业会计准则》和《政府会计准则》的规范定义。

固定资产是指同时具有下列特征的有形资产：①为生产商品、提供劳务、出租或经营管理而持有的；②使用寿命超过一个会计年度。固定资产投资由建设投资和建设期利息构成。

（1）建设投资是指在项目筹建与建设期间所花费的全部建设费用，包括工程费用、工程建设其他费用和预备费用，其中工程费用包括建筑工程费、设备购置费（含工器具费）及安装工程费，预备费包括基本预备费和涨价预备费。

（2）建设期利息也称资本化利息，是债务资金在建设期内发生并应计入固定资产原值的利息，包括借款（或债券）利息以及手续费、承诺费、管理费等其他融资费用。借款购买土地利息，一般不需要资本化。因为土地购置费是个一次性就能完成的行为，没有过程。我国规定资本化的首要条件是存在建设期，并且建设期较长的情况下才允许进行资本化处理。

（3）净营运资金是项目运营期内长期占用并周转使用的全部净营运资金，是流动资产减流动负债的净值。

二、投资估算的依据及原则

（一）投资估算的作用

投资项目财务分析中，投资估算的作用主要表现在以下几个方面：

（1）投资估算是拟建项目现金流量预测的主要内容之一，它的作用是确定建设项目初始现金流出，为投资决策提供重要依据。投资估算的影响是长期的，企业或投资者在实施了某项资产投资后就失去了投资决策的灵活性，对新的投资形成沉没成本。

（2）由于工程建设周期长、金额大、不确定因素多，决定了建设工程计价具有分阶段计价的特点，分为决策、设计、招投标、实施，不同阶段的计价要求有所区别，决策阶段的投资估算是全过程控制建设项目工程造价的基础，一旦决策阶段低估投资，设计概算超出较多，将会造成建设方案调整而返工。

（3）由于资产的投入与预测未来的营业收入紧密相连，固定资产投资规模将持续影响企业未来的营业收入，直接影响企业的财务效益。

（4）投资估算是拟建项目资金筹措的主要依据。购置固定资产都要涉及较大量的现金流出，企业必须有能力筹集资金购买这些资产，实施大型资本支出项目的企业必须提前安排好筹资计划，以确保能够获得所需资金。

（5）有效的投资估算既可以确定获取资产的时机，也可以提高购买资产的质量。编制投资估算的时机非常重要，资产必须在需要时能及时到位，否则可能就丧失投资机会。

综上所述，投资估算的高估或低估都将导致严重的后果，这种实例在我国屡见不鲜，如有的企业对资本预算投入过多，产能过剩，发生很多不必要的费用支出；有的企业对资本预算投入不足，导致由生产效率不高及生产能力不足所带来的营业收入损失，而这种损失往往难以弥补。投资估算的质量，直接影响投资项目的财务效益。合理的资产规模，有利于实现拟建项目预期的财务目标。

（二）编制依据

提高投资估算编制的质量，应高度重视编制依据的选择。通常情况下投资估算的主要编制依据有以下方面：

（1）拟建项目建设方案确定的各项工程建设内容及工程量。

（2）专业机构发布的工程造价法规及相关文件，如建设工程造价的构成和计算方法等。

（3）专业机构发布的工程建设其他费用计算办法和取费标准。

（4）部门或行业制定的投资估算办法和估算指标。

（5）拟建项目所占用的各种资源的价格及需缴纳的税费、所需各种设备国内外市场价格；建筑安装工程所需材料、人工及机械台班等市场价格。

（6）政府授权的统计机构发布的物价指数。

（7）企业融资项目财务主体的资产负债表和现金流量表。

（三）编制投资估算应遵循的原则

（1）正确界定项目范围，投资估算的范围应与项目建设方案所涉及的范围、所确定的各项工程内容相一致。

（2）投资估算应体现不同类型、不同行业项目的特点。正确运用"有无对比"分析的方法，合理确定无项目情况下，企业维持简单再生产所需的投资；正确判断投资的机会成本和企业的沉没成本。

（3）当估算选用的指标与具体工程之间存在建设标准或建设条件差异时，应进行必要的调整。

（4）拟建项目建设期各年投资额应与项目的实施计划、建设进度保持一致。

（5）投资估算应贯穿于项目可行性研究的始终，并遵循稳妥而谨慎原则，不得人为提高或者降低估算标准，重复计算或者漏项少算。

（6）估算的准确度应能满足建设项目决策不同阶段的要求。一般而言，投资机会研究阶段，误差率在±30%的范围以内；初步可行性研究（项目建议书）阶段，误差率在±20%的范围以内；可行性研究和项目评估阶段，误差率在±10%的范围以内。

（四）投资估算的编制方法

投资估算的编制方法，分别按建设投资、建设期利息、净营运资金及项目总投资进行估算。

（1）建设投资估算方法。建设投资估算方法包括简单估算法与详细估算法。

1）简单估算法有单位生产能力估算法、生产能力指数法、比例估算法、系数估算法和指标估算法等。简单估算方法主要适用于投资机会研究。

2）详细估算法，主要指项目按分项工程进行估算，采用这种方法需要列出项目主要建筑工程明细及主要设备清单。详细估算法适用于项目初步可行性研究（项目建议书）阶段和可行性研究阶段。建设投资估算表的横向科目是各项目费用，纵向科目是工程项目及其他费用明细。这是目前各行业广泛应用的估算方法。详细估算方法分为三种类型：

第一类，是传统基本建设管理体制延续至今的初步设计总概算的编制方法，并参照财政部依据《基本建设财务规则》（财政部令第81号）制定的《基本建设项目建设成本管理规定》中有关规定。投资估算的费用划分为建筑工程投资、安装工程投资、设备投资、待摊投资、其他投资等。这种费用划分方法沿用至今。建设投资按费用性质及用途，划分为建筑工程费、设备购置费、安装工程费、工器具及生产家具费、工程建设其他费用、基本预备费、涨价预备费，分别进行估算。

第二类，是按工程建设完工交付使用所形成资产的分类，依据企业会计准则划分的各项成本费用进行估算。建设投资分为固定资产、生物资产、油气资产、无形资产及其他资产费用等分别进行估算，采用此类方法估算投资，各类资产的费用划分应符合《企业会计准则》的要求。不少行业结合自身特点采用资产类别进行投资估算，这种方法有利于计算生产成本中的折旧费（或折耗）和摊销费。

第三类，是世界银行、国际咨询工程师联合会对项目的总建设成本所作的统一规定，即项目的总建设成本包括项目直接建设成本、项目间接建设成本、基本预备费、涨价预备费。

这三类编制方法是分别从建设投资的费用性质、用途、形成资产类别、直接和间接成本等不同角度进行的建设投资估算，并不影响项目总投资的实质内容和估算金额。

（2）净营运资金根据经营成本进行估算。建设期利息在筹资方案初步确定后进行估算。

（3）在上述建设投资、净营运资金和建设期利息估算的基础上，汇总项目总投资。

第二节　建设投资简单估算法

建设投资的简单估算法，包括单位生产能力估算法、生产能力指数法、比例估算法、系数估算法和指标估算法等。

一、生产能力估算法

（一）单位生产能力估算法

单位生产能力估算法，是根据已建成的、性质类似的建设项目的单位生产能力投资（如元/t、元/kW）乘以拟建项目的生产能力，来估算拟建项目的建设投资，其计算公式为

$$Y_2 = \frac{Y_1}{X_1} \times X_2 \times CF \tag{3-1}$$

式中　Y_2——拟建项目的建设投资；

Y_1——已建类似项目的建设投资；

X_1——已建类似项目的生产能力；

X_2——拟建项目的生产能力；

CF——由于时间、地点因素引起的定额、单价、费用变更等的综合调整系数。

该方法将项目的建设投资与其生产能力的关系视为简单的线性关系，估算简便迅速，但准确度较差。使用这种方法要求拟建项目与所选取的已建项目相类似，仅存在规模大小和时间上的差异。

【例 3-1】　已知 2016 年建设污水处理能力 10 万 m^3/日的污水处理厂的建设投资为 18000 万元，2019 年拟建污水处理能力 15 万 m^3/日的污水处理厂一座，工程条件与 2016 年已建项目类似，调整系数 CF 为 1.12，试估算该项目的建设投资。

【解】　根据式（3-1），该项目的建设投资为

$$Y_2 = \frac{Y_1}{X_1} \times X_2 \times CF = \frac{18000}{10} \times 15 \times 1.12 = 30240 \text{ (万元)}$$

（二）生产能力指数法

生产能力指数法根据已建成的、性质类似的建设项目的生产能力和建设投资与拟建项目

的生产能力，来估算拟建项目的建设投资，其计算公式为

$$Y_2 = Y_1 \times \left(\frac{X_2}{X_1}\right)^n \times CF \qquad (3\text{-}2)$$

式中　　n——生产能力指数。

式（3-2）表明，建设项目的建设投资与生产能力呈非线性关系。运用该方法估算项目投资的重要条件，是要有合理的生产能力指数。不同性质的建设项目，n 的取值是不同的。在正常情况下，$0 \leqslant n \leqslant 1$。若已建类似项目的生产能力和拟建项目的生产能力相差不大，X_1 与 X_2 的比值为 0.5～2，则指数 n 的取值近似为 1；一般认为 X_1 与 X_2 的比值为 2～50，且拟建项目生产能力的扩大只靠增大设备规模来达到时，则取值 0.6～0.7；若靠增加相同规格设备的数量来达到时，则 n 取值 0.8～0.9。

采用生产能力指数法，计算简单、速度快；但要求类似项目的资料可靠，条件基本相同，否则误差就会增大。对于建设内容复杂多变的项目，实践中往往应用于分项装置的工程费用估算。

【例 3-2】 已知建设年产 15 万 t 聚酯项目的聚酯装置投资为 22000 万元，现拟建年产 60 万 t 聚酯项目，工程条件与上述已建项目类似，生产能力指数为 0.8，调整系数 CF 为 1.15，试估算拟建项目的聚酯装置投资。

【解】 根据式（3-2），拟建项目的聚酯装置投资为

$$Y_2 = Y_1 \times \left(\frac{X_2}{X_1}\right)^n \times CF = 22000 \times \left(\frac{60}{15}\right)^{0.8} \times 1.15 = 22000 \times 3.03 \times 1.15 = 76659 \text{ (万元)}$$

二、比例估算法

（一）以拟建项目设备购置费为基数进行估算

常用的比例估算法以拟建项目的设备购置费为基数，根据已建成同类项目的建筑工程费和安装工程费占设备购置费的百分比，求出相应的建筑工程费和安装工程费，再加上拟建项目的其他费用（包括工程建设其他费用和预备费），其总和即为拟建项目的建设投资。计算公式为

$$C = E(1 + f_1 P_1 + f_2 P_2) + I \qquad (3\text{-}3)$$

式中　　C——拟建项目的建设投资；

　　E——拟建项目根据当时当地价格计算的设备购置费；

　P_1、P_2——已建项目中建筑工程费和安装工程费占设备购置费的百分比；

　f_1、f_2——由时间因素引起的定额、单价、费用等变更的综合调整系数；

　　I——拟建项目的其他费用。

【例 3-3】 某拟建项目设备购置费为 15000 万元，根据已建同类项目统计资料，建筑工程费占设备购置费的 35%，安装工程费占设备购置费的 10%，该拟建项目的其他费用估算为 3600 万元，调整系数 f_1、f_2 均为 1.1，试估算该项目的建设投资。

【解】 根据式（3-3），该项目的建设投资为

$$C = E(1 + f_1 P_1 + f_2 P_2) + I = 15000 \times [1 + (35\% + 10\%) \times 1.1] + 3600 = 26025 \text{ (万元)}$$

（二）以拟建项目工艺设备投资为基数进行估算

该方法以拟建项目的工艺设备投资为基数，根据同类型已建项目的有关统计资料，各专

业工程（总图、土建、暖通、给排水、管道、电气、电信及自控等）占工艺设备投资（包括运杂费和安装费）的百分比，求出拟建项目各专业工程的投资，然后把各部分投资（包括工艺设备投资）相加求和，再加上拟建项目的其他有关费用，即为拟建项目的建设投资。计算公式为

$$C = E(1 + f_1 P_1 + f_2 P_2 + f_3 P_3 + \cdots) + I \qquad (3\text{-}4)$$

式中　　E——拟建项目根据当时当地价格计算的工艺设备投资；

P_1、P_2、P_3——已建项目各专业工程费用占工艺设备投资的百分比。

三、系数估算法

（一）朗格系数法

该方法以设备购置费为基础，乘以适当系数来推算项目的建设投资。计算公式为

$$C = E(1 + \sum K_i) K_c \qquad (3\text{-}5)$$

式中　　C——建设投资；

　　E——设备购置费；

　K_i——管线、仪表、建筑物等项费用的估算系数；

　K_c——管理费、合同费、基本预备费等间接费在内的总估算系数。

建设投资与设备购置费之比为朗格系数 K_L，即

$$K_L = (1 + \sum K_i) K_c \qquad (3\text{-}6)$$

（二）设备及厂房系数法

系数估算法常用于设备及厂房的投资估算。该方法是在拟建项目工艺设备投资和厂房土建投资估算的基础上，其他专业工程参照类似项目的统计资料，与工艺设备关系较大的按工艺设备投资系数计算，与厂房土建关系较大的则按厂房土建投资系数计算，两类投资加起来，再加上拟建项目的其他有关费用，即为拟建项目的建设投资。

【例 3-4】　某项目工艺设备及其安装费用估计为 2600 万元，厂房土建费用估计为 4200 万元，参照类似项目的统计资料，其他各专业工程投资系数如下，其他有关费用为 2400 万元，试估算该项目的建设投资。

工艺设备	1.00	厂房土建（含设备基础）	1.00
起重设备	0.09	给排水工程	0.04
加热炉及烟道	0.12	采暖通风	0.03
气化冷却	0.01	工业管道	0.01
余热锅炉	0.04	电器照明	0.01
供电及转动	0.18		
自动化仪表	0.02		
系数合计：	1.46	系数合计：	1.09

【解】　根据上述方法，该项目的建设投资为

$$2600 \times 1.46 + 4200 \times 1.09 + 2400 = 10774 \text{（万元）}$$

四、指标估算法

估算指标是比概算指标更为扩大的单项工程指标或单位工程指标，是以单项工程或单位工程为对象，综合项目建设中的各类成本和费用，具有较强的综合性和概括性。

单项工程是建设项目的组成部分，具有独立的设计文件，可以独立施工，竣工建成后，能独立发挥生产能力或使用效益的工程。一般以单项工程生产能力单位造价表示，如工业窑炉砌筑（元/m³）、变配电站（元/kVA）、锅炉房［元/t（蒸汽）］等表示。

单位工程是单项工程的组成部分，是指具有独立的设计可以独立组织施工，但竣工后不能独立发挥生产能力或使用效益的工程。一般以单位工程造价表示，如房屋区别不同结构形式以元/m³表示，道路区别不同结构层、面层以元/m²表示，管道区别不同材质、管径以元/m表示。

由于地区、时间不同，设备、材料及人工的价格均有差异，因此使用估算指标时，应根据不同地区、不同时期的实际情况进行适当调整。

第三节　建设投资详细估算方法

建设投资详细估算方法，主要介绍建设投资按费用性质及用途划分六项费用的计算方法，即分别估算建筑工程费、设备购置费、安装工程费、工程建设其他费用、基本预备费和涨价预备费，然后进行汇总。

一、建筑工程费估算

（一）工程内容

建筑工程费是指为建造永久性建筑物和构筑物所需要的费用，主要包括以下内容：

（1）各种房屋的土建工程费；列入房屋工程预算内的暖气、卫生、通风、照明、煤气等设备的价值及装设油饰工程费；列入建筑工程预算内的各种管道（如蒸汽、压缩空气、石油、给排水等管道）、电力、电信电缆导线等的敷设工程费；房地产开发单位进行的商品房屋开发建设工程费。

（2）设备基础、支柱、操作平台、梯子、烟囱、凉水塔、水池、灰塔等建筑工程费；炼焦炉、裂解炉、蒸汽炉等各种窑炉的砌筑工程及金属结构工程的费用。

（3）为施工而进行的建筑场地的布置、工程地质勘探费，原有建筑物和障碍物的拆除费，平整场地、施工临时用水、电、汽、道路工程费，以及完工后建筑场地的清理、环境绿化美化工程等费用；房地产开发单位进行的土地开发工程费。

（4）矿井开凿、井巷掘进延伸、露天矿的剥离、石油、天然气钻井工程和建造铁路、公路、港口、机场、桥梁等工程费。

（5）水利工程，如水库、堤坝、灌溉以及河道整治等工程费。

（6）防空、地下建筑等特殊工程及其他建筑工程费。

（二）建筑工程费的估算方法

建筑工程费的估算方法一般根据设计方案提供的工程内容，按各种概算指标计算。计算公式为

$$建筑工程费=单位工程概算指标×单位工程的工程量×修正系数 \quad (3-7)$$

建筑工程概算指标是指各单位工程结合项目特征，按照房屋以 m² 为计量单位，或构筑物以座为计量单位，其他各专业工程根据不同工程性质确定其计量单位，规定所需要的人工、材料、施工机械台班消耗的一种标准。采用概算指标时，应注意可行性研究报告中设计方案的结构特征是否完全符合指标要求，若不符合，要对指标进行适当修正，并注意人工材料价

差和机械台班费的调整。

编制建筑工程费估算表，表格格式见表 3-1。

表 3-1　　　　　　　　　　建 筑 工 程 费 估 算 表

序号	建筑物及构筑物名称	单位	工程量	单价（元）	合计（万元）
	合计				

二、设备购置费估算

设备购置费可分类估算，主要包括国内设备购置费、进口设备购置费、融资租赁设备费、备品备件购置费和工器具及生产家具购置费。

（一）国内设备购置费估算

国内设备购置费是指为建设项目购置或自制的达到固定资产标准的各种国产设备的购置费用。它由设备原价和设备运杂费构成，即

$$国内设备购置费=设备原价×（1+设备运杂费率） \tag{3-8}$$

（1）设备购置费是指各种生产设备、传导设备、动力设备、运输设备等设备原价及运杂费用。可分为需要安装和不需要安装的设备购置费。

需要安装的设备是指必须将其整体或几个装配起来，安装在基础上或建筑物支架上才能使用的设备，如轧钢机、发电机、蒸汽锅炉、变压器、塔、换热器、各种泵、机床等。有的设备虽不需要基础，但必须进行组装工作，并在一定范围内使用的，如生产用电铲、塔式起重机、门式起重机、皮带运输机等作为需要安装的设备计算。

不需要安装的设备是指不必固定在一定位置或支架上就可以使用的各种设备，如电焊机、叉车、汽车、机车、飞机、船舶以及生产上流动使用的空气压缩机、泵等。

国产设备原价一般根据生产厂或物资供应商的询价、报价、合同价等来确定。设备的出厂价分两种情况，一是带有备件的出厂价，二是不带备件的出厂价。在计算设备原价时，一般应按带有备件的出厂价计算。如只有不带备件的出厂价，应按有关规定另加备品备件费用。如设备由设备成套企业供应，还应考虑设备成套费用。

（2）国产非标准设备原价。国产非标准设备是指国家尚无定型标准，设备生产厂不能采用批量生产，只能根据具体的设计图纸按订单制造的设备。非标准设备原价有多种不同的计算方法，无论采用哪种方法都应使非标准设备计价接近实际出厂价，并且计算方法要简便。实践中也可以采用有关单位公布的参考价格（元/t），根据设备类型、材质、规格等要求选用。成本计算估价法是一种比较常用的估算非标准设备原价的方法。按成本计算估价法，非标准设备的原价由以下各项组成：

1）材料费。其计算公式如下

$$材料费=材料净重×（1+加工损耗系数）×每吨材料综合价 \tag{3-9}$$

2）加工费。包括生产工人工资和工资附加费、燃料动力费、设备折旧费、车间经费等，其计算公式如下

$$加工费=设备总质量（t）×设备每吨加工费 \tag{3-10}$$

3）辅助材料费（简称辅材费）。包括焊条、焊丝、氧气、氩气、氮气、油漆、电石等费用，其计算公式如下

$$辅助材料费=设备总质量×辅助材料费指标 \tag{3-11}$$

4）专用工具费。按1）～3）项之和乘以一定百分比计算。

5）废品损失费。按1）～4）项之和乘以一定百分比计算。

6）外购配套件费。按设备设计图纸所列的外购配套件的名称、型号、规格、数量、重量，根据相应的价格加运杂费计算。

7）包装费。按1）～6）项之和乘以一定百分比计算。

8）利润。可按1）～5）、7）项之和乘以一定利润率计算。

9）税金，主要指增值税。计算公式如下

$$增值税=当期销项税额-进项税额$$
$$当期销项税额=销售额×适用增值税率$$

其中销售额为1）～8）项之和。

10）非标准设备设计费。按国家规定的设计费收费标准计算。

综上所述，单台非标准设备原价可用式（3-12）表达

$$
\begin{aligned}
单台非标准设备原价={}&\{[（材料费+加工费+辅助材料费）×（1+专用工具费率）\\
&×（1+废品损失费率）+外购配套件费]×（1+包装费率）\\
&-外购配套件费\}×（1+利润率）+销项税额+非标准设备设计费\\
&+外购配套件费 \tag{3-12}
\end{aligned}
$$

【例3-5】 某工厂采购一台国产非标准设备，制造厂生产该台设备所用材料费10万元，加工费2万元，辅助材料费3000元，制造厂为制造该设备，在材料采购过程中发生进项增值税额2.5万元。专用工具费率1.5%，废品损失费率10%，外购配套件费3万元，包装费率1%，利润率为5%，增值税率为17%，非标准设备设计费1.5万元，求该国产非标准设备的原价。

【解】 专用工具费=（10+2+0.3）×1.5%=0.185 （万元）

废品损失费=（10+2+0.3+0.185）×10%=1.248 （万元）

包装费=（12.3+0.185+1.248+3）×1%=0.167 （万元）

利润=（12.3+0.185+1.248+0.167）×5%=0.695（万元）

销项税额=（12.3+0.185+1.248+3+0.167+0.695）×17%=2.991 （万元）

该国产非标准设备的原价=12.3+0.185+1.248+0.167+0.695+2.991+1.5+3=22.086（万元）

（3）设备运杂费。设备运杂费通常由运费、装卸费、运输包装费、供销手续费和仓库保管费等费用构成。一般按设备原价乘以设备运杂费费率计算。设备运杂费费率按物流运输企业的规定执行。通常由下列各项构成：

1）运费和装卸费。国产设备由设备制造厂交货地点起至工地仓库（或施工组织设计指定的需要安装设备的堆放地点）止所发生的运费和装卸费。

2）包装费。在设备原价中未包含的，为运输而进行的包装支出的各种费用。

3）设备供销部门的手续费。按销售公司规定费率计算。

4）采购与仓库保管费。指采购、验收、保管和收发设备所发生的各种费用，包括设备采购人员、保管人员和管理人员的工资、工资附加费、办公费、差旅交通费，设备供应部门

办公和仓库所占固定资产使用费、工具用具使用费、劳动保护费、检验试验费等。这些费用可按物流仓库规定的采购与保管费费率计算。

5）设备运杂费的计算。设备运杂费按式（3-13）计算

$$设备运杂费=设备原价×设备运杂费率 \tag{3-13}$$

式中，设备运杂费率按物流运输企业的有关规定计取。

编制国内设备购置费估算表，表格格式见表3-2。

表 3-2　　　　　　　　　　　　　国内设备购置费估算表

序号	设备名称	型号规格	单位	数量	设备购置费		
					出厂价（元）	运杂费（元）	总价（万元）
	合计						

（二）进口设备购置费估算

进口设备购置费由进口设备货价、进口从属费用及国内运杂费构成。

（1）进口设备货价。进口设备货价按交货地点和方式的不同，分为离岸价（FOB）与到岸价（CIF）两种价格，一般多为离岸价。离岸价（FOB）是指出口货物运抵出口国口岸交货的价格；到岸价（CIF）是指进口货物抵达进口国口岸交货的价格，包括进口货物的离岸价、国外运费和国外运输保险费；进口设备货价可依据有关生产厂商的询价结果、生产厂商的报价及进货合同价等研究确定。

（2）进口从属费用。进口从属费用包括国外运费、国外运输保险费、进口关税、进口环节消费税、进口环节增值税、外贸手续费和银行财务费。

1）国外运费。即从装运港（站）到达我国抵达港（站）的运费。计算公式为

$$国外运费=进口设备离岸价×国外运费费率 \tag{3-14}$$

或

$$国外运费=单位运价×运量 \tag{3-15}$$

国外运费费率或单位运价参照有关部门或进出口企业的规定执行。

2）国外运输保险费。国外运输保险费是被保险人根据与保险人（保险企业）订立的保险契约，为获得保险人对货物在运输过程中发生的损失给予经济补偿而支付的费用。计算公式为

$$国外运输保险费=（进口设备离岸价+国外运费）×国外运输保险费费率 \tag{3-16}$$

国外运输保险费费率按照有关保险企业的规定执行。

3）进口关税。进口关税的计算公式为

$$进口关税=进口设备到岸价×人民币外汇牌价×进口关税税率 \tag{3-17}$$

进口关税税率按照我国海关总署发布的海关进出口税则的规定执行。

4）进口环节消费税。进口适用消费税的设备（如汽车），应按规定计算进口环节消费税，其计算公式为

$$进口环节消费税=\frac{进口设备到岸价×人民币外汇牌价+进口关税}{消费税税率}×消费税税率 \tag{3-18}$$

消费税税率按《中华人民共和国消费税暂行条例实施细则》（财政部令第51号）及相关规定执行。

5）进口环节增值税。进口环节增值税的计算公式为

$$进口环节增值税=（进口设备到岸价×人民币外汇牌价$$
$$+进口关税+消费税）×增值税税率 \tag{3-19}$$

增值税税率按照国家规定的税率计算。

6）外贸手续费。按国家有关主管部门制定的进口代理手续费收取办法计算。计算公式为

$$外贸手续费=进口设备到岸价×人民币外汇牌价×外贸手续费费率 \tag{3-20}$$

外贸手续费费率按合同成交额的一定比例收取，成交额度小，费率较高；成交额度大，费率较低。在可行性研究阶段外贸手续费费率一般取1.5%。

7）银行财务费。按进口设备货价计取，计算公式为

$$银行财务费=进口设备货价×人民币外汇牌价×银行财务费费率 \tag{3-21}$$

银行财务费的费率一般为0.4%～0.5%。

（3）国内运杂费。进口设备由我国到岸港口或边境车站起至工地仓库（或施工组织设计指定的需安装设备的堆放地点）止所发生的运费和装卸费。由运费、运输保险费、装卸费、运输包装费和仓库保管费等费用构成。计算公式为

$$国内运杂费=进口设备离岸价×人民币外汇牌价×国内运杂费费率 \tag{3-22}$$

国内运杂费费率参照物流运输企业的规定执行。

【例3-6】 某项目拟从国外进口一套机电设备，离岸价为400万美元。其他有关费用参数为：国外运费费率为6%，国外运输保险费费率为0.35%；进口关税税率为10%；进口环节增值税税率为17%；外贸手续费费率为1.5%；银行财务费费率为0.5%；国内运杂费费率为2.1%，人民币外汇牌价为1美元＝7元人民币，试估算这套进口设备的购置费。

【解】 根据上述各项费用的计算公式，则有

进口设备离岸价400万美元，折人民币2800万元

国外运费＝400×6%＝24（万美元）

国外运输保险费＝(400＋24)×0.35%＝1.48（万美元）

进口设备到岸价＝400＋24＋1.48＝425.48（万美元），折人民币2978.36万元

进口关税＝2978.36×10%＝297.84（万元）

进口环节增值税＝(2978.36＋297.84)×17%＝556.95（万元）

外贸手续费＝2978.36×1.5%＝44.68（万元）

银行财务费＝2800×0.5%＝14.00（万元）

国内运杂费＝2800×2.1%＝58.80（万元）

设备购置费＝2978.36＋297.84＋556.95＋44.68＋14.00＋58.80＝3590.63（万元）

（其中含425.48万美元）

估算进口设备购置费应编制进口设备购置费估算表，表格格式见表3-3。

（三）其他设备费用估算

1. 融资租赁设备

融资租赁设备费用应作为建设项目固定资产投资的组成部分。融资租入的固定资产按租赁协议确定的设备价款，并考虑运输费、途中保险费、安装调试费等因素进行估算。

表 3-3   进口设备购置费估算表   单位：人民币万元，外币万美元

序号	设备名称	离岸价	国外运输费	国外运输保险费	到岸价	关税	消费税	增值税	外贸手续费	银行财务费	国内运输费	进口设备购置费总价
1												
	合计											

2. 备品备件购置费

在大多数情况下设备购置费，采用带备件的原价估算，不必另行估算备品备件费用；在无法采用带备件的原价，需要另行估算备品备件购置费时，应按设备原价及有关专业概算指标（费率）进行估算。

3. 工器具及生产家具购置费

工器具及生产家具购置费是指按照有关规定，为保证新建或扩建项目初期正常生产必须购置的第一套工卡模具、器具及生产家具的购置费用。一般以国内设备原价和进口设备离岸价为计算基数，按照部门或行业规定的工器具及生产家具购置费费率计算。

三、安装工程费估算

（一）工程内容

安装工程费一般包括：

（1）生产、动力、起重、运输、传动和医疗、实验等各种需要安装的机电设备、专用设备、仪器仪表等设备的安装费。

（2）工艺、供热、供电、给排水、通风空调、净化及除尘、自控、电信等管道、管线、电缆等的材料费和安装费。

（3）设备和管道的保温、绝缘、防腐，设备内部的填充物等的材料费和安装费。

（二）估算方法

安装工程费通常是根据行业或专门机构发布的安装工程定额、取费标准进行估算。具体计算可按安装费费率、每吨设备安装费指标或每单位安装实物工程量费用指标进行估算。计算公式为

$$安装工程费 = 设备原价 \times 安装费费率 \tag{3-23}$$

或

$$安装工程费 = 设备吨位 \times 每吨设备安装费指标 \tag{3-24}$$

$$安装工程费 = 安装工程实物量 \times 每单位安装实物工程量费用指标 \tag{3-25}$$

附属管道量大的项目，需单独估算管道工程费用，有的还要单独列出主要材料费用。

估算安装工程费应编制安装工程费估算表，表格格式见表 3-4。

表 3-4   安装工程费估算表   单位：万元

序号	安装工程名称	设备原价或吨位	费率或指标	管道材料费	安装工程费
1	设备				
2	管线工程				
	...				
	合计				

四、工程建设其他费用估算

在分别估算建筑工程费、设备购置费和安装工程费的基础上，汇总形成建设项目的工程费用，作为工程建设其他费用的估算基础。计算公式为

$$工程费用=建筑工程费+设备购置费+安装工程费 \tag{3-26}$$

工程建设其他费用是指建设投资中除建筑工程费、设备购置费、安装工程费以外的，为保证工程建设顺利完成和交付使用后能够正常发挥效用而发生的各项费用。

（一）建设用地费

建设项目要取得其所需土地的使用权，必须支付征地补偿费或者土地使用权出让（转让）金或者租用土地使用权的费用，主要包括以下几项内容：

（1）征地补偿费。征地补偿费是指建设项目通过划拨方式取得土地使用权，依据《中华人民共和国土地管理法》等法规规定所应支付的费用，其内容包括：

1）土地补偿费。

2）安置补助费。

3）地上附着物和青苗补偿费。

4）征地动迁费。包括征用土地上房屋及附属构筑物、城市公共设施等拆除、迁建补偿费、搬迁运输费，企业单位因搬迁造成的减产、停产损失补贴费、拆迁管理费等。

5）其他税费。包括按规定一次性缴纳的耕地占用税、分年缴纳的城镇土地使用税在建设期支付的部分、征地管理费，征收城市郊区菜地按规定缴纳的新菜地开发建设基金以及土地复耕费等。

项目投资估算中对以上各项费用应按照国家和地方相关规定标准计算。

（2）土地使用权出让（转让）金。土地使用权出让（转让）金是指通过土地使用权出让（转让）方式，使建设项目取得有限期的土地使用权，依照《中华人民共和国城镇国有土地使用权出让和转让暂行条例》规定所支付的费用。

1）有偿出让和转让土地政府对地价不做统一规定，应坚持以下原则：地价对目前的投资环境不产生大的影响；地价与当地的社会经济承受能力相适应；地价要考虑已投入的土地开发费用、土地市场供求关系、土地用途和使用年限。

2）城市土地的出让和转让可采用协议、招标、公开拍卖等方式：协议方式适用于市政工程、公益事业用地以及需要减免地价的机关、部队用地和需要重点扶持、优先发展的产业用地。招标方式适用于一般工程建设用地。公开拍卖适用于盈利高的行业用地。

3）关于政府有偿出让土地使用权的年限，各地可根据时间、区位等各种条件作不同的规定。

4）土地有偿出让和转让，土地使用者和所有者要签约，明确使用者对土地享有的权利和对土地所有者应承担的义务：有偿出让和转让使用权，要向土地受让者征收契税；转让土地如有增值，要向转让者征收土地增值税；在土地转让期间，国家要区别不同地段，不同用途向土地使用者收取土地占用费。

（3）在建设期采用租用方式获得土地使用权所发生的租地费用，以及建设期间临时用地补偿费。

（二）建设管理费

建设管理费是指建设单位从项目筹建开始直至项目竣工验收合格或交付使用为止发生

的项目建设管理费用。主要费用包括：

（1）建设单位管理费，指建设单位发生的管理性质的开支。

（2）工程建设监理费，指建设单位委托工程监理单位实施工程监理的费用。

建设管理费以建设投资中的工程费用为基数乘以建设管理费费率计算。建设管理费费率按照建设项目的不同性质、不同规模确定。改、扩建项目的建设管理费费率应适当低于新建项目。具体费率按照部门或行业的规定执行。

工程监理是接受建设单位委托的工程建设技术服务，属于建设管理范畴。实施工程监理，建设单位部分管理工作量转移至监理单位。工程建设监理费以国家有关规定确定的费用标准为指导性价格，具体收费标准应根据委托监理业务的范围、深度和工程的性质、规模、难易程度以及工作条件等情况，由建设单位和监理单位在监理合同中商定。如建设管理采用工程总承包方式，其总承包管理费由建设单位与总包单位根据总包工作的范围在合同中商定，从建设管理费中支出。

（三）可行性研究费

可行性研究费是指在建设项目前期工作中，编制和评估项目建议书（或初步可行性研究报告）、可行性研究报告所需的费用。可行性研究费参照委托咨询合同的咨询费或市场价格取费。

（四）研究试验费

研究试验费是指为建设项目提供或验证设计数据、资料等进行必要的研究试验以及按照设计规定在建设过程中必须进行试验、验证所需的费用。研究试验费应按照研究试验内容和要求进行估算。

（五）勘察设计费

勘察设计费是指委托勘察设计单位进行工程水文地质勘察、工程设计所发生的各项费用，包括工程勘察费、初步设计费（基础设计费）、施工图设计费（详细设计费）以及设计模型制作费。勘察设计费参照委托设计合同的勘测设计费或市场价有关规定计算。

（六）环境影响评价费

环境影响评价费是按照《中华人民共和国环境影响评价法》等相关规定为评价建设项目对环境可能产生影响所需的费用，包括编制和评估环境影响报告书（含大纲）、环境影响报告表等所需的费用。环境影响评价费可参照有关环境影响咨询收费的相关规定或咨询合同计算。

（七）安全、职业卫生健康评价费

安全、职业卫生健康评价费是指对建设项目存在的职业危险、危害因素的种类和危险、危害程度以及拟采取的安全、职业卫生健康技术和管理对策进行研究评价所需的费用，包括编制预评价大纲和预评价报告及其评估等，可依照建设项目所在省、自治区、直辖市劳动安全行政部门规定的标准计算。

（八）场地准备及临时设施费

建设场地准备费是指建设项目为达到工程开工条件所发生的场地平整和对建设场地余留的有碍施工建设的设施进行拆除清理的费用。

建设单位临时设施费是指为满足施工建设需要而供到场地界区的，未列入工程费用的临时水、电、气、道路、通信等费用和建设单位的临时建筑物、构筑物搭设、维修、拆除或者建设期间的租赁费用以及施工期间专用公路养护费、维修费。

新建项目的场地准备和临时设施费应根据实际工程量估算，或按工程费用的比例计算。改、扩建项目一般只计拆除清理费。具体费率按照部门或行业的规定执行。

（九）引进技术和设备其他费用

引进技术和设备其他费用是指引进技术和设备发生的未计入设备购置费的费用，内容包括：

（1）引进设备材料国内检验费。以进口设备材料离岸价为基数乘以费率计取。

（2）引进项目图纸资料翻译复制费、备品备件测绘费。引进项目图纸资料翻译复制费根据引进项目的具体情况估算，或者按引进设备离岸价的比例估算。备品备件测绘费按项目具体情况估算。

（3）出国人员费用。包括买方人员出国设计联络、出国考察、联合设计、监造、培训等发生的旅费、生活费等。出国人员费用依据合同或协议规定的出国人次、期限以及相应的费用标准计算，其中生活费按照财政部、外交部规定的现行标准计算，旅费按中国民航公布的现行标准计算。

（4）来华人员费用。包括卖方来华工程技术人员的现场办公费用、往返现场交通费用、接待费用等。来华人员费用依据引进合同或协议有关条款及来华技术人员派遣计划进行计算。来华人员接待费用可按每人次费用指标计算。具体费用指标按照部门或行业的规定执行。

（5）银行担保及承诺费。具体指引进技术和设备项目由国内外金融机构进行担保所发生的费用，以及支付贷款机构的承诺费用。银行担保及承诺费应按担保或承诺协议计取。投资估算时可按担保金额或承诺金额为基数乘以费率计算。已计入其他融资费用的不应重复计算。

（十）工程保险费

工程保险费是指建设项目在建设期间根据需要对建筑工程、安装工程、机器设备和人身安全进行投保而发生的保险费用，包括建筑安装工程一切险、引进设备财产保险和人身意外伤害险等。建设项目可根据工程特点选择投保险种，编制投资估算时可按工程费用的比例估算。工程保险费费率按照保险公司的规定或按部门、行业规定执行。建筑安装工程费中已计入的工程保险费，不再重复计取。

（十一）市政公用设施建设及绿化补偿费

市政公用设施建设及绿化补偿费是指使用市政公用设施的建设项目，按照项目所在省、自治区、直辖市人民政府有关规定，建设或者缴纳市政公用设施建设配套费用以及绿化工程补偿费用。市政公用设施建设及绿化补偿费按项目所在地人民政府规定标准估算。

（十二）超限设备运输特殊措施费

超限设备运输特殊措施费是指超限设备在运输过程中需进行的路面拓宽、桥梁加固、铁路设施、码头等改造时所发生的特殊措施费。超限设备特殊措施费的估算标准遵从行业规定。

（十三）特殊设备安全监督检验费

特殊设备安全监督检验费是指锅炉及压力容器、压力管道、消防设备、电梯等特殊设备在现场实施组装和安装，由安全监察部门进行安全检验，项目向安全监察部门缴纳的费用。该费用可按受检设备和设施现场安装费的一定比例估算。安全监察部门有规定的，从其规定。

（十四）联合试运转费

联合试运转费是指新建项目或新增加生产能力的工程，在交付生产前按照批准的设计文件所规定的工程质量标准和技术要求，进行整个生产线或装置的负荷联合试运转或局部联动试车所发生的费用净支出（试运转支出大于收入的差额部分费用）。联合试运转费一般根据不同性质的项目按需要试运转车间的工艺设备购置费的百分比估算。具体费率按照部门或行业的规定执行。

（十五）安全生产费用

安全生产费用是指建筑施工企业按照国家有关规定和建筑施工安全标准，购置施工安全防护用具、落实安全施工措施、改善安全生产条件、加强安全生产管理等所需的费用。按照有关法规，在我国境内从事矿山开采、建筑施工、危险品生产及道路交通运输的企业以及其他经济组织应提取安全生产费用。其提取基数和提取方式随行业而不同。按照相关规定，建筑施工企业以建筑安装工程费用为基数提取，并计入工程造价。规定的提取比例随工程类别不同而有所不同。建筑安装工程费中已计入安全生产费用的，不再重复计取。

（十六）专利及专有技术使用费

费用包括：国外设计及技术资料费，引进有效专利、专有技术使用费和技术保密费；国内有效专利、专有技术使用费；商标使用费、特许经营权费等。专利及专有技术使用费应按专利使用许可协议和专有技术使用合同确定的数额估算。专有技术的界定应以省、部级鉴定批准为依据。建设投资中只估算需在建设期支付的专利及专有技术使用费。

（十七）生产准备费

生产准备费是指建设项目为保证竣工交付使用、正常生产运营进行必要的生产准备所发生的费用，包括生产人员培训费，提前进厂参加施工、设备安装、调试以及熟悉工艺流程及设备性能等人员的工资、工资性补贴、职工福利费、差旅交通费、劳动保护费、学习资料费等费用。生产准备费一般根据需要培训和提前进厂人员的人数及培训时间按生产准备费指标计算。新建项目以可行性研究报告定员人数为计算基数，改、扩建项目以新增定员为计算基数。具体费用指标按照部门或行业的规定执行。

（十八）办公及生活家具购置费

办公及生活家具购置费是指为保证新建、改建、扩建项目初期正常生产、使用和管理所必须购置的办公和生活家具、用具的费用。该项费用一般按照项目定员人数乘以费用指标估算。具体费用指标按照部门或行业的规定执行。

上述各项费用并不是每个项目必定发生的费用，应根据项目具体情况进行估算。

五、预备费用

（一）基本预备费

基本预备费是指在项目实施中可能发生、但在项目决策阶段难以预料的支出，需要事先预留的费用，又称工程建设不可预见费。一般由下列三项内容构成：

（1）在批准的设计范围内，技术设计、施工图设计及施工过程中所增加的工程费用；经批准的设计变更、工程变更、材料代用、局部地基处理等增加的费用。

（2）一般自然灾害造成的损失和预防自然灾害所采取的措施费用。

（3）竣工验收时为鉴定工程质量对隐蔽工程进行必要的挖掘和修复的费用。

基本预备费以工程费用和工程建设其他费用之和为基数，按部门或行业主管部门规定的基本预备费费率估算。计算公式为

$$基本预备费=（工程费用+工程建设其他费用）×基本预备费费率 \qquad (3-27)$$

（二）涨价预备费

涨价预备费是对建设工期较长的项目，由于在建设期内可能发生材料、设备、人工等价格上涨引起投资增加需要事先预留的费用，亦称价格变动不可预见费。涨价预备费以分年的

工程费用为计算基数，计算公式为

$$PC = \sum_{t=1}^{n} I_t[(1+f)^t - 1] \tag{3-28}$$

式中　PC——涨价预备费；

I_t——第 t 年的工程费用；

f——建设期价格上涨指数；

n——建设期；

t——年份。

建设期价格上涨指数，建设期价格上涨指数，参照政府统计部门发布的相关统计数据计取。

【例 3-7】 某项目的工程费用为 200000 万元，按项目进度计划，项目建设期为 4 年，分年的工程费用比例为第一年 15%，第二年 25%，第三年 30%，第四年 30%，建设期内年平均价格上涨指数为 4%，试估算该项目的涨价预备费。

【解】 第 1 年工程费用

$$I_1 = 200000 \times 15\% = 30000 \ (万元)$$

第 1 年涨价预备费

$$PC_1 = I_1[(1+f)-1] = 30000 \times [(1+4\%)-1] = 30000 \times 0.04$$
$$= 1200 \ (万元)$$

第 2 年工程费用

$$I_2 = 200000 \times 25\% = 50000 \ (万元)$$

第 2 年涨价预备费

$$PC_2 = I_2[(1+f)^2 - 1] = 50000 \times [(1+4\%)^2 - 1]$$
$$= 50000 \times 0.0816 = 4080 \ (万元)$$

第 3 年工程费用

$$I_3 = 200000 \times 30\% = 60000 \ (万元)$$

第 3 年涨价预备费

$$PC_3 = I_3[(1+f)^3 - 1] = 60000 \times [(1+4\%)^3 - 1]$$
$$= 60000 \times 0.1249 = 7494 \ (万元)$$

第 4 年工程费用

$$I_4 = 200000 \times 30\% = 60000 \ (万元)$$

第 4 年涨价预备费

$$PC_4 = I_4[(1+f)^4 - 1] = 60000 \times [(1+4\%)^4 - 1]$$
$$= 60000 \times 0.1699 = 10194 \ (万元)$$

所以，该项目的涨价预备费为

$$PC = PC_1 + PC_2 + PC_3 + PC_4 = 1200 + 4080 + 7494 + 10194 = 22968 \ (万元)$$

六、建设投资汇总及其构成分析

（一）建设投资汇总

根据上述各项费用估算结果进行汇总，编制建设投资估算表，见表 3-5。

表 3-5　　　　　　　　　　　建 设 投 资 估 算 表　　　　　　　　单位：万元

序号	工程项目及费用名称	建筑工程费	设备购置费	安装工程费	工程建设其他费	合计	占总投资比例（%）
1	工程费						
1.1	生产区						
1.1.1	生产与辅助生产车间						
1.1.1.1	A 生产车间						
	…						
	小计						
1.1.1.2	动力车间						
	…						
	小计						
1.1.2	室外工程						
1.1.2.1	道路工程						
1.1.2.2	供电线路						
	…						
	小计						
	合计						
1.2	行政办公管理区						
1.2.1	…						
	合计						
1.3	厂区外工程						
1.3.1	道路工程						
1.3.2	热力管网						
	…						
	合计						
	工程费合计						
2	工程建设其他费						
2.1	征地费及补偿费						
2.2	拆迁及补偿费						
	…						
	合计						
	工程费及其他费合计						
3	预备费						
3.1	基本预备费						
3.2	涨价预备费						
	合计						
	项目总投资（1+2+3）						
	占总投资比例（%）						

（二）构成合理性分析

建设投资的合理性，主要分析三方面内容：

（1）分析单位投资所产生的生产能力、产出量（如 A 万 t/万元），并与同行业类似项目进行比较。

（2）分析项目建设所形成的单位生产能力（或使用效益）占用的投资（如 B 万元/日处理 1 万 t 污水），并与同行业类似项目进行比较。

（3）各项费用及其他费用占总投资比例，如建筑工程费与总投资之比；各项工程投资占总投资比例的合理性，如车站投资与总投资之比，说明建设投资构成的合理性。

第四节　建设投资资产及其他分类估算

按资产分类进行建设投资估算，其要点是确认总投资与资产的关系，在建设投资估算中应正确的理解与运用《企业会计准则》对各类资产成本费用划分的规范要求。这种估算方法更适用于企业融资项目（含企业重组项目）、合资经营项目、生物资产项目及石油天然气开采项目。

一、建设投资资产分类估算

（一）资产的分类与划分

根据《企业会计准则》的规定，建设期初始投资的成本及费用构成可按固定资产、无形资产及其他资产投资进行估算。

1. 固定资产投资

《企业会计准则　第4号　固定资产》规定的固定资产的成本及费用定义和特点。

（1）固定资产定义。固定资产是企业为生产商品、提供劳务、出租或经营管理而持有的，是企业的劳动工具或手段，使用寿命超过一个会计年度的有形资产。使用寿命，是指企业使用固定资产的预计期间，或者该固定资产所能生产产品或提供劳务的数量。固定资产具有三个特征：

第一，企业持有固定资产的目的是为了生产商品、提供劳务、出租或经营管理，企业持有固定资产是企业的劳动工具或手段，而不是直接用于出售的产品。其中"出租"的固定资产，是指用以出租的机器设备类固定资产，不包括以经营租赁方式出租的建筑物，后者属于企业的投资性房地产，不属于固定资产。

第二，固定资产使用寿命超过一个会计年度。通常情况下，固定资产的使用寿命是指使用固定资产的预计期间，如自用房屋建筑物的使用寿命或使用年限。某些机器设备或运输设备等固定资产，其使用寿命往往以该固定资产所能生产产品或提供劳务的数量来表示。如发电设备按其预计发电量估计使用寿命，汽车或飞机等按其预计行驶里程估计使用寿命。固定资产使用寿命超过一个会计年度，表明固定资产属于长期资产，随着使用和磨损，通过计提折旧方式逐渐减少账面价值。

第三，固定资产为有形资产。固定资产具有实物特征，这一特征将固定资产与无形资产区别开来。有些无形资产可能同时符合固定资产的其他特征，如无形资产为生产商品、提供劳务而持有，使用寿命超过一个会计年度，但是由于其没有实物形态，所以不属于固定资产。工业企业所持有的工具、用具、备品备件、维修设备等资产，施工企业所持有的模板、挡板、架料等周转材料，以及地质勘探企业所持有的管材等资产，尽管该类资产具有固定资产的某些特征，如使用期限超过一年，也能够带来经济利益，但由于数量多，单价低，考虑到成本效益原则，在实务中通常确认为存货。但符合固定资产定义和确认条件的，比如企业（民用航空运输）的高价周转件等，应当确认为固定资产。

（2）固定资产成本。固定资产成本，通常称为固定资产投资。根据《企业会计准则》固定资产成本的初始计量，包括外购固定资产的成本和自行建造固定资产的成本、应计入固定资产成本的借款费用以及投资者投入固定资产的成本，应当按照投资合同或协议约定的价值确定，但合同或协议约定价值不公允的除外；非货币性资产交换、债务重组、企业合并和融资租赁取得的固定资产的成本；在确定固定资产成本时，还应当考虑预计弃置费用因素，如油气资产。

外购固定资产的成本，包括购买价款、相关税费、使固定资产达到预定可使用状态前所发生的可归属于该项资产的运输费、装卸费、安装费和专业人员服务费等。自行建造固定资产的成本，由建造该项资产达到预定可使用状态前所发生的必要支出构成。主要包括两项成本及费用：一是单项工程建筑及安装工程支出，包括直接材料费、人工费、交纳的相关税费及应分摊的间接费用、应予资本化的借款费用等；二是待摊支出，待摊支出是指在建设期间发生的、不能直接计入某项固定资产价值、而应由所建造固定资产共同负担的相关费用，包括为建造工程发生的管理费、可行性研究费、临时设施费、公证费、监理费、应负担的税金、符合资本化条件的借款费用以及负荷联合试车费等。

固定资产成本及费用应该包括各分项工程的设备购置费及安装工程费，建筑工程费及应该摊入的工程其他费用。

2. 无形资产

《企业会计准则　第6号　无形资产》规定的无形资产定义及其成本费用的规定如下。

（1）无形资产定义。无形资产是指企业拥有或者控制的没有实物形态的可辨认非货币性资产。无形资产同时满足两个条件，才能予以确认：一是与该无形资产有关的经济利益很可能流入企业；二是该无形资产的成本能够可靠地计量。

（2）无形资产成本费用。无形资产应当按照成本进行初始计量。外购无形资产的成本，包括购买价款、相关税费以及直接归属于使该项资产达到预定用途所发生的其他支出。无形资产通常包括专利权、非专利技术、商标权、著作权、特许、土地使用权等。

自行开发的无形资产，其成本包括达到预定用途前所发生的支出总额。应计入无形资产成本的借款费用按照资本化进行处理。

投资者投入无形资产的成本，应当按照投资合同或协议约定的价值确定，但合同或协议约定价值不公允的除外。

3. 其他资产

不属于固定资产及无形资产的费用，如生产准备费、办公及生活家具购置费等开办费性质的费用，属于其他资产。

（二）按资产分类的建设投资

计算公式如下

按资产分类建设投资=固定资产成本及费用+无形资产成本及费用

+其他资产成本及费用+基本预备费+涨价预备费　　　　（3-29）

投资估算中按照项目竣工后各项费用形成资产的种类将前述工程建设其他费用直接分为固定资产其他费用、无形资产费用和其他资产费用三部分。固定资产其他费用是指将在项目竣工时与工程费用一道形成固定资产原值的费用，即上述的待摊支出。在投资构成中，固定资产其他工程与费用主要包括征地补偿和租地费，建设管理费，可行性研究费，勘察设计费，研究试验费，环境影响评价费，安全、职业卫生健康评价费，场地准备及临时设施费，引进技术和设备其他费用，工程保险费，市政公用设施建设及绿化补偿费，特殊设备安全监督检验费，超限设备运输特殊措施费，联合试运转费和安全生产费用等。

无形资产费用是指按规定应在项目竣工时形成无形资产原值的费用。按照《企业会计准则》规定的无形资产范围，工程建设其他费用中的专利及专有技术使用费、土地使用权出让（转让）金应计入无形资产费用，但房地产企业开发商品房时，相关的土地使用权账面价值应当计入所建造房屋建筑物成本。

其他资产费用是指按规定应在项目竣工时形成其他资产原值的费用。按照有关规定，形成其他资产原值的费用主要有生产准备费、办公及生活家具购置费等开办费性质的费用。有的行业还包括某些特殊的费用。另外，某些行业还规定将出国人员费用、来华人员费用和图纸资料翻译复制费列入其他资产费用。

（三）企业新增投资估算

企业融资项目新增投资包括新增建设投资和利用原有非流动资产等两部分构成。新增建设投资可按前述新建项目建设期固定资产、无形资产及其他资产的成本及费用初始投资的计算方法进行估算。计算公式为

企业融资项目按资产分类的新增建设投资=固定资产成本及费用+无形资产成本及费用

+其他资产成本及费用+基本预备费

+涨价预备费+利用原有非流动资产成本　　（3-30）

关于利用原有非流动资产，可能涉及资产处于不同的处置状态，一是可直接利用的资产的后续支出；二是可利用的资产发生资本化的后续支出；三是固定资产处于处置状态不可利用的。可参考我国《企业会计准则》的相关规定，符合规定的固定资产确认条件的，应当计入固定资产成本；固定资产的后续支出包括其使用过程中发生的更新改造支出、修理费用等。后续支出的处理原则为：符合固定资产确认条件的，应当计入固定资产成本，同时将被替换部分的账面价值扣除；不符合固定资产确认条件的，应当计入当期损益。

当固定资产发生可资本化的后续支出时，企业一般应将该固定资产的原价、已计提的累计折旧和减值准备转销，将固定资产的账面价值转入在建工程，并停止计提折旧。发生的后续支出，通过"在建工程"科目核算。在固定资产发生的后续支出完工并达到预定可使用状态时，再从在建工程转为固定资产，并按重新确定的使用寿命、预计净残值和折旧方法计提折旧。

企业发生的一些固定资产后续支出可能涉及替换原固定资产的某组成部分，当发生的后续支出符合固定资产确认条件时，应将其计入固定资产成本，同时将被替换部分的账面价值扣除。

固定资产处置包括固定资产的出售、转让、报废或毁损、对外投资、非货币性资产交换、债务重组等。处于处置状态的固定资产不再用于生产商品、提供劳务、出租或经营管理，因此不再符合固定资产的定义，应予终止确认。企业出售、转让、报废固定资产或发生固定资

产毁损，应当将处置收入扣除账面价值和相关税费后的金额计入当期损益。

二、生物资产的估算

（一）生物资产的一般内涵

1. 生物资产定义

依据《企业会计准则　第 5 号　生物资产》给出的定义，"生物资产是有生命的动物或植物"。生物资产分为消耗性生物资产、生产性生物资产和公益性生物资产，其中：

（1）消耗性生物资产，是指为出售而持有的、或在将来收获为农产品的生物资产，包括生长中的大田作物、蔬菜、用材林以及存栏待售的牲畜等；

（2）生产性生物资产，是指为产出农产品、提供劳务或出租等目的而持有的生物资产，包括经济林、薪炭林、产畜和役畜等；

（3）公益性生物资产，是指以防护、环境保护为主要目的的生物资产，包括防风固沙林、水土保持林和水源涵养林等。

2. 生物资产的特性

生物资产准则所称"农业"是广义的范畴，包括种植业、畜牧养殖业、林业和水产业等行业。有生命的动物和植物具有能够进行生物转化的能力。生物转化，是指导致生物资产质量或数量发生变化的生长、蜕化、生产和繁殖的过程。其中：

（1）生长是指动物或植物体积、重量的增加或质量的提高，如农作物从种植开始到收获前的过程；

（2）蜕化是指动物或植物产出量的减少或质量的退化，如奶牛产奶能力的不断下降；

（3）生产是指动物或植物本身产出农产品，如蛋鸡产蛋、奶牛产奶、果树产水果等；

（4）繁殖是指产生新的动物或植物，如奶牛产牛犊、母猪生仔猪等。

这种生物转化能力是其他资产（如存货、固定资产、无形资产等）所不具有的，这也正是生物资产的特性。

（二）生物资产成本计量

结合农业建设项目的特点，在《农业建设项目经济评价方法》中明确提出，其建设投资包括固定资产、生物资产、无形资产及其他资产成本与费用、基本预备费和涨价预备费。其中，固定资产、无形资产及其他资产成本与费用与一般项目初始计量基本一致。

生物资产成本与费用估算的要点：在于正确界定相关支出的资本化与费用化。凡是可资本化的计入资产成本，可费用化的计入当期损益。《企业会计准则　第 5 号　生物资产》有关生物资产成本的初始计量，包括以下内容：

（1）外购生物资产的成本，包括购买价款、相关税费、运输费、保险费以及可直接归属于购买该资产的其他支出。

（2）自行繁殖、营造的生物资产，应当按照不同的种类核算。

消耗性生物资产、生产性生物资产和公益性生物资产一般原则是按照自行繁殖或营造（即培育）过程中发生的必要支出分类确定其成本，既包括直接材料、直接人工、其他直接费，也包括应分摊的间接费用。

1. 不同种类消耗性生物资产

（1）自行栽培的大田作物和蔬菜的成本，包括在收获前耗用的种子、肥料、农药等材料费、人工费和应分摊的间接费用等必要支出。

（2）自行营造的林木类的成本，包括郁闭前发生的造林费、抚育费、营林设施费、良种试验费、调查设计费和应分摊的间接费用等必要支出。

林木类成本确定的特殊问题：郁闭是判断消耗性生物资产相关支出（包括借款费用）资本化或费用化的时点。郁闭前的相关支出应予资本化，郁闭后的相关支出计入当期费用；消耗性林木类生物资产发生的借款费用，应当在郁闭时停止资本化。

（3）自行繁殖的育肥畜的成本，包括出售前发生的饲料费、人工费和应分摊的间接费用等必要支出。

（4）水产养殖的动物和植物的成本，包括在出售或入库前耗用的苗种、饲料、肥料等材料费、人工费和应分摊的间接费用等必要支出。

2. 生产性生物资产

达到预定生产经营目的是区分生产性生物资产成熟和未成熟的分界点，同时也是判断其相关费用停止资本化的时点，是区分其是否具备生产能力、从而是否计提折旧的分界点。

（1）对自行繁殖、营造的生产性生物资产，如企业自己繁育的奶牛、种猪，自行营造的橡胶树、果树、茶树等，一般原则是按照其达到预定生产经营目的前发生的必要支出确定其成本，包括直接材料、直接人工、其他直接费和应分摊的间接费用。

（2）自行营造的林木类生产性生物资产，包括达到预定生产经营目的前发生的造林费、抚育费、营林设施费、良种试验费、调查设计费和应分摊的间接费用等必要支出。

（3）自行繁殖的产畜和役畜的成本，包括达到预定生产经营目的（成龄）前发生的饲料费、人工费和应分摊的间接费用等必要支出。

3. 自行营造的公益性生物资产

对自行营造的公益性生物资产而言，一般原则是按照郁闭前发生的造林费、抚育费、森林保护费、营林设施费、良种试验费、调查设计费和应分摊的间接费用等必要支出确定其成本。

对于天然林等天然起源的生物资产，仅在企业有确凿证据表明能够拥有或者控制该生物资产时，才能予以确认。

（三）生物资产相关的后续支出与计量

1. 生物资产郁闭或达到预定生产经营目的之后的管护费用

（1）生物资产在郁闭或达到预定生产经营目的之前，经过培植或饲养，其价值能够继续增加，其饲养、管护费用应予以资本化处理，计入生物资产成本。

（2）生物资产在郁闭或达到预定生产经营目的后，为了维护或提高其使用效能，需要对其进行管护、饲养等，但此时的生物资产能够产出农产品，带来现实的经济利益，其所发生的这类后续支出应当予以费用化，计入当期损益。

2. 林木类生物资产补植

在林木类生物资产的生长过程中，为了使其更好地生长，往往需要进行择伐、间伐或抚育更新性质采伐（这些采伐并不影响林木的郁闭状态），并且在采伐之后进行相应的补植。上述情况下发生的后续支出，应当予以资本化，计入林木类生物资产的成本。

三、石油天然气资源资产的估算

（一）油气资产的基本概念

《企业会计准则 第27号 石油天然气开采》规范石油天然气（简称油气）开采活动的会计处理和相关信息的披露。从事油气开采的企业所拥有或控制的井及相关设施和矿区权益统称油气资产。石油天然气开采活动包括矿区取得、油气勘探、油气开发和油气生产等四个主要环节，不包括油气储运、炼制、销售等下游活动的处理。

1. 矿区取得

矿区取得支出是指为了取得一个矿区的探矿权和采矿权（包括未探明和已探明）而发生的购买、租赁支出，包括探矿权价款、采矿权价款、土地使用权、签字费、租赁定金、购买支出、咨询顾问费、审计费以及与获得矿区有关的其他支出。为取得矿区权益而发生的成本应当在发生时予以资本化。矿区权益取得后发生的探矿权使用费、采矿权使用费和租金等维持矿区权益的支出，应当计入当期损益。

2. 油气勘探

油气勘探支出是指为了识别可以进行勘查的区域和对特定区域探明或进一步探明油气储量而发生的地质调查、地球物理勘探、钻探探井和勘探型详探井、评价井和资料井以及为维持未开发储量而发生的支出。勘探支出可能发生在取得有关矿区之前，也可能发生在取得矿区之后。

3. 油气开发

油气开发支出是发生于为了获得探明储量和建造或更新用于采集、处理和现场储存油气的设施而发生的支出，包括开采探明储量的开发井的成本和生产设施的支出，这些生产设施包括矿区输油管、分离器、处理器、加热器、储罐、提高采收率系统和附近的天然气加工设施。

4. 油气生产

油气生产成本是指在油田把油气提升到地面，并对其进行收集、拉运、现场处理加工和储存的活动成本。这里所指的"生产成本"，并非取得、勘探、开发和生产过程中的所有成本，而是在井上进行作业和井的维护中所发生的相关成本。生产成本包括在井和设施上进行作业的人工费用、修理和维护费用、消耗的材料和供应品、相关税费等。

（二）油气资产开发建设项目投资

结合石油天然气开采项目的特点，《石油天然气建设项目经济评价方法》参照《企业会计准则》油气资产的相关条款，规范了油气开发成本。油气开发项目建设投资是指项目从建设到投入运营前所需花费的全部资本性支出，按工程内容可划分为开发井工程投资和地面工程投资两部分。

（1）开发井工程投资全部形成油气资产。油气资产是指油气田为生产油气商品而持有的、使用寿命超过一个会计年度的有形资产。油气田开发建设以井口采油树为界，从钻井到安装完井口为止为开发井工程。从开发井建造到投产的全部工作量构成开发井的工程内容，即钻前、钻井、固井、测井、录井、试油工程。

（2）地面工程是指从井口（采油树）以后到商品原油天然气外输为止的全部工程。

1）地面工程包括的范围。油田地面建设主体工程包括井场、油气计量、油气集输、油气分离、原油脱水、原油稳定、原油储运、天然气处理、注水等，气田地面建设主体工程包括井场、集气站、增压站、集气总站、集输气管网、天然气净化装置、天然气凝液处理装置等。

2）油气田地面建设配套工程包括采出水处理、给排水及消防、供电、自动控制、通信、供热及暖通、总图运输和建筑结构、道路、生产维修和仓库、生产管理设施、环境保护、防洪防涝等。为了开采油气，企业需要增置一些附属的辅助设备和设施，如房屋、机器等。固定资产适用于《企业会计准则》的固定资产相关规定。无形资产适用于《企业会计准则》的无形资产相关规定。固定资产、无形资产及其他资产的成本与费用、基本预备费和涨价预备费与一般项目初始计量基本一致，在此不赘述。

（三）钻井勘探支出的资本化与费用化

勘探投资是为了识别勘探区域探明油气储量而进行的地质调查、地球物理勘探、钻探活动以及其他相关活动发生的费用，按照《企业会计准则 第27号 石油天然气开采》第三章第十一～十五条规定"油气勘探支出包括钻井勘探支出和非钻井勘探支出；钻井勘探支出在完井后，确定该井发现了探明经济可采储量的，应当将钻探该井的支出结转为井及相关设施成本；确定该井未发现探明经济可采储量的，应当将钻探该井的支出扣除净残值后计入当期损益；确定部分井段发现了探明经济可采储量，应当将发现探明经济可采储量的有效井段的钻井勘探支出结转为井及相关设施成本，无效井段钻井勘探累计支出转入当期损益；未能确定该探井是否发现探明经济可采储量的，应当在完井后一年内将钻探该井的支出予以暂时资本化。"

在勘探阶段为获得探明储量而发生的勘探投资，成功探井、评价井所花费的费用予以资本化。在油气开发建设项目的经济评价中，利用的探井、评价井投资是已经发生的勘探投资，不包括在开发项目建设投资中，形成油气资产、计提折耗并在现金流量表中作为建设期第一年的现金流出。

（四）弃置成本

弃置成本是为了进行油气勘探和开发工作所使用的油气水井、油气水集输设施、输油气水管线以及其他油气资产在废弃时发生的拆卸、搬迁、封井、场地清理、环境恢复等支出。按照《企业会计准则 第27号 石油天然气开采》第二十三条规定"企业承担的矿区废弃处置义务，满足《企业会计准则 第13号 或有事项》中预计负债确认条件的，应将该义务确认为预计负债，并相应增加井及相关设施的账面价值。"因此，弃置成本是一种预提费用，不属于项目建设投资，也不作为建设期的现金流出。

在生产期末发生弃置费用，弃置费用等于弃置成本与各年计提财务费用之和。弃置成本应按照油气资产废弃的工艺标准进行测算。计提额以目前价格水平和工艺要求进行清理所需要的支出（又称未折现弃置成本）为基准，以经营期为折现期，以规定的长期付息资金利率为贴现率，将未折现弃置成本折现到运营期第一年，并将其作为弃置成本。在财务分析中可按油气资产原值（不包括弃置成本）的一定比例计算未折现弃置成本。

弃置成本作为一项单独的资产，增加油气资产原值，同时增加负债（在资产负债表中为预计负债）。采用年限平均法计提折耗。

（五）维持运营投资

按照《企业会计准则 第4号 固定资产》的规定"与固定资产有关的后续支出，符合本准则固定资产规定的确认条件的，应当计入固定资产成本；不符合本准则固定资产规定的确认条件的，应当在发生时计入当期损益"。油气开发项目为维持油气生产，弥补产量递减，在生产期需进行一些维护作业，如打新井、转变采油方式、下大泵等。维持运营投资分为费用化勘探投资、资本化勘探投资和开发投资三部分。费用化勘探投资直接进入总成本费用，资本化勘探投资和开发投资全部计入油气资产原值并提取折耗。

四、世界银行和 FIDIC 对项目总建设成本估算方法

世界银行、国际咨询工程师联合会（FIDIC，即菲迪克）对项目的总建设成本（相当于我国的建设工程造价）作了统一规定，其详细内容如下。

（一）项目直接建设成本

项目直接建设成本包括以下内容：

（1）土地征购费。

（2）室外设施费用，如道路、码头、桥梁、机场、输电线路等设施费用。

（3）场地费用，指用于场地准备、厂区道路、铁路、围栏、场内设施等的费用。

（4）工艺设备费，指主要设备、辅助设备及零配件的购置费用，包括海运包装费用、交货港离岸价，但不包括税金。

（5）设备安装费，指设备供应商的监理费用、本国劳务及工资费用、辅助材料、施工设备、消耗品和工具等费用，以及安装承包商的管理费和利润等。

（6）管道系统费用，指与系统的材料及劳务相关的全部费用。

（7）电气设备费，其内容与（4）相似。

（8）电气安装费，指设备供应商的监理费用，本国劳务与工资费用，辅助材料，电缆、管道和工具费用，以及营造承包商的管理费和利润。

（9）仪器仪表费，指所有自动仪表、控制板、配线和辅助材料的费用以及供应商的监理费用、外国或本国劳务及工资费用、承包商的管理费和利润。

（10）机械的绝缘和油漆费，指与机械及管道的绝缘和油漆相关的全部费用。

（11）工艺建筑费，指原材料、劳务费以及与基础、建筑结构、屋顶、内外装修、公共设施有关的全部费用。

（12）服务性建筑费用，其内容与（11）相似。

（13）工厂普通公共设施费，包括材料和劳务费以及与供水、燃料供应、通风、蒸汽发生及分配、下水道、污物处理等公共设施有关的费用。

（14）车辆费，指工艺操作必需的机动设备零件费用，包括海运包装费以及交货港的离岸价，但不包括税金。

（15）其他当地费用，是指那些不能归类于以上任何一个项目，不能计入项目间接成本，但在建设期间又是必不可少的当地费用。如临时设备、临时公共设施及场地的维持费，营地设施及其管理、建筑保险和债券、杂项开支等费用。

（二）项目间接建设成本

项目间接建设成本包括以下内容：

（1）项目管理费。

1）总部人员的薪金和福利费，以及用于初步和详细工程设计、采购、时间和成本控制，行政和其他一般管理的费用。

2）施工管理现场人员的薪金、福利费和用于施工现场监督、质量保证、现场采购、时间及成本控制、行政及其他施工管理机构的费用。

3）零星杂项费用，如返工、旅行、生活津贴、业务支出等。

4）各种酬金。

（2）开工试车费。指工厂投料试车必需的劳务和材料费用（项目直接成本包括项目完工后的试车和空运转费用）。

（3）业主的行政性费用。指业主的项目管理人员费用及支出（其中某些费用必须排除在外，并在"估算基础"中详细说明）。

（4）生产前费用。指前期研究、勘测等费用（其中一些费用必须排除在外，并在"估算基础"中详细说明）。

（5）运费和保险费。指海运、国内运输、许可证及佣金、海洋保险、综合保险等费用。

（6）地方税。指关税、地方税及对特殊项目征收的税金。

（三）基本预备费

1. 未明确项目的预备费

此项预备费用于在估算时无法明确的潜在项目。它的各个组成部分均单独以一定百分比确定，并作为概算的一个项目单独列出。无法明确的潜在项目，是指在做成本估算时因为缺乏完整、准确和详细的资料而不能完全预见和不能注明的项目，而这些项目是必须完成的，或它们的费用是必定要发生的。显而易见，这些项目是包括在估算所确定的工作范围内的。

估算基本预备费的目的不是为了支付工作范围以外可能增加的项目，不是用以应付天灾、非正常经济情况及罢工等情况，也不是用来补偿估算的任何误差，而是用来支付那些几乎可以肯定要发生的费用，因此它是估算必不可少的一个组成部分。

2. 不可预见预备费

不可预见预备费（在未明确项目预备费之外）主要反映物质、社会和经济的变化，这些变化可能增加已完成的成本估算。尽管这一估算已经比较完整并符合所考虑的项目种类的技术标准，它是一个逆向行动或条件，可能发生，也可能不发生。"未明确项目预备费"代表了在项目执行中将要发生的一项必不可少的费用，而"不可预见预备费"只是一种储备，可能不动用。

（四）涨价预备费

一般而言，估算中使用的构成工资率、材料和设备价格基础的截止日期就是"估算日期"。而涨价预备费是在该日期或已知成本基础进行调整，用来补偿至工程结束时未知价格的上涨费用。

工程的各个主要组成部分（国内劳务和相关成本、本国材料、外国材料、本国设备、外国设备、项目管理机构）的细目划分决定以后，便可确定各主要组成部分的增长率。该增长率是一项判断指标，它以已发表的国内和国际成本指数、公司记录等为依据，经与实际供应商进行核对，然后根据确定的增长率和从工程进度表中获得的每项活动的中点值，计算出各主要组成部分的成本上升率。

第五节　投资使用计划、建设期利息及维持运营投资估算

一、项目计算期及分年投资使用计划安排

（一）项目计算期

项目计算期是财务分析评价的重要参数，是指对项目进行财务分析评价应延续的年限，包括建设期和生产运营期。在市场经济条件下，无论是企业融资项目（既有法人项目）还是项目融资项目（新设法人项目），很多情况下往往是建设与生产同步进行，而没有严格的建设期转入生产运营期的界限。

1. 建设期

项目评价用的建设期是指项目资金正式投入工程建设开始到项目建成投产所需要的时

间。建设期的确定应综合考虑项目的建设规模、建设性质（新建、改扩建）、项目复杂程度、当地建设条件、管理水平与人员素质等因素，并与项目实施进度表中的建设工期相协调。实施进度表中的建设工期是指项目从现场破土动工起到项目建成投产止所需要的时间，两者的终点相同，但起点可能有差异。对于企业融资的项目，评价用建设期与建设工期一般没有差异，但项目融资项目（新设法人项目）需新成立企业，届时就需要投资者投入资金，其后项目再开工建设，因而两者的起点会有差异。因此根据项目的实际情况，评价用的建设期可能大于项目实施进度中的建设工期。当行业有规定时，从其规定。

对于多期连续建设的项目、滚动发展的总体项目等应结合项目的具体情况确定评价用建设期。

2. 生产运营期

评价用生产运营期应根据多种因素综合确定，包括行业特点、主要工程设备的经济寿命期等。当行业有规定时，从其规定。

经济寿命期，即项目能够在此期间产生纯收益的时期。主要设备的技术或工艺的寿命周期，取决于产品及有关产业的寿命周期，取决于一个企业在使其业务活动适应商业环境变化方面的情况。在确定项目的经济寿命期时，必须估测各种因素，部分因素如下：

（1）需求期限（在产品寿命周期中的位置）；

（2）原材料储存及供应期限；

（3）技术进步的速度；

（4）产业的寿命周期；

（5）房屋建筑及设备的期限；

（6）可供选择的投资机会；

（7）行政限制（城市规划远景）。

很显然，一个项目的经济寿命不会比它的技术寿命或法律寿命更长；换言之，其寿命应比后者短或与后者一样长。进行项目方案的规划和财务分析评价，只涉及经济寿命期的确定。

考虑到一个投资项目的累计现金净流量是可行性研究中所包含的一段时间的函数，规划周期可能对财务分析的结果有相当大的影响。由于折现后现金流量及各种盈利和效率比率有时随规划期的长短会发生相当大的变化，因而在可行性研究中确定规划周期往往是一个十分关键的问题。因此，在评价时，必须考虑规划周期和项目寿命之间的关系。

对于多个投资者合资建设的项目还要考虑合资双方商定的合资年限。在按上述原则确定评价用生产期后，还要与该合资生产年限相比较，再按两者孰短的原则确定。

3. 项目计算期的起始年份

项目现金流量的计算期（寿命期）可以从 0 年开始，也可以从第 1 年开始计算，具体取决于项目建设期或投资期的长短。企业开展的有些投资项目，如一般的设备重置、设备安装、较小规模的技术改造续建项目等，由于不涉及大规模的土建或设备安装工程，建设期往往不长，可能几个月就能完成。而有些项目，特别是企业投资建设的大型项目，由于投资规模大或工程技术方案复杂，建设期可能要超过 1 年，甚至跨越若干年。为了简化计算，可以对项目计算期的起始年份做如下处理：如果建设期不足 6 个月，计算期就可以从 0 年开始算起，生产运营期从第 1 年开始，此时 0 年的现金流量，即项目的投资费用，由于不存在资金时间价值的问题，不需折现；如果建设期超过 6 个月，计算期则可从第 1 年开始，生产运营期从建设期结束开始，此时各年的现金流量都需要折现。必须明确的是，如果企业决定采用上述方法处理项目计算期的起始年份，无论在任何时候，在任何情况下，都应保持方法的一致性。也就是说，企业的所有项目都应按相同的方法处理计算期的起始年份。

（二）分年投资计划安排

初始建设投资的分年使用计划应根据项目进度计划安排。在分年的建设投资额中，人民币与外汇的数额应分别计列。

（1）粗略的安排可直接以建设投资为基数，乘以分年使用的百分比，求得分年的建设投资额。

（2）较细致的安排则需先分别估算分年的工程费用、分年的工程建设其他费用、分年的基本预备费和分年的涨价预备费，然后相加求得分年建设投资额。

【例 3-8】 某项目建设期为 3 年，经估算，工程费用为 32000 万元，1～3 年分年投入比例分别为 30%、40% 和 30%；工程建设其他费用为 6400 万元，分年投入比例分别为 50%、30% 和 20%；按行业规定基本预备费费率为 10%，设建设期物价上涨指数为 4%，估算该项目的建设投资及分年建设投资额。

【解】 （1）计算分年的工程费用

第 1 年工程费用=32000×30%=9600（万元）

第 2 年工程费用=32000×40%=12800（万元）

第 3 年工程费用=32000×30%=9600（万元）

（2）计算分年的工程建设其他费用

第 1 年工程建设其他费用=6400×50%=3200（万元）

第 2 年工程建设其他费用=6400×30%=1920（万元）

第 3 年工程建设其他费用=6400×20%=1280（万元）

（3）计算分年的基本预备费

第 1 年基本预备费=（9600+3200）×10%=1280（万元）

第 2 年基本预备费=（12800+1920）×10%=1472（万元）

第 3 年基本预备费=（9600+1280）×10%=1088（万元）

该项目的基本预备费=1280+1472+1088=3840（万元）

（4）计算分年的涨价预备费

第 1 年涨价预备费=9600×0.04=384（万元）

第 2 年涨价预备费=12800×0.0816=1044（万元）

第 3 年涨价预备费=9600×0.1249=1199（万元）

该项目的涨价预备费=384+1044+1199=2627（万元）

（5）计算分年的建设投资额

第 1 年建设投资额=9600+3200+1280+384=14464（万元）

第 2 年建设投资额=12800+1920+1472+1044=17236（万元）

第 3 年建设投资额=9600+1280+1088+1199=13167（万元）

该项目的建设投资=32000+6400+3840+2627

$$=14464+17236+13167=44867（万元）$$

二、建设期利息及维持运营投资估算

（一）建设期利息估算

建设期利息是建设期债务的资金成本，是指项目因借款（或发行债券）在建设期内发生的利息及相关成本，包括借款（或债券）利息、折价或溢价的摊销以及承诺费、发行费等辅助费用等。建设期利息应予以资本化，按会计制度规定计入项目的固定资产原值。建设期利息估算，需确定以下条件：

（1）建设投资规模及其分年投资计划。

（2）资本金和企业内部融资资金数额及其分年投入计划。

（3）债务资金的筹资方式（银行借款或企业债券）及债务资金成本率（银行贷款利率或企业债券利率及发行费率等）。

（4）借贷资金计息方式，如按年、按季或按月计息等。不是按年计息时，应将名义年利率换算为有效年利率。通常采用年利率表示利率的高低，这个年利率一般用名义年利率表示。在实际的贷款条件中，具体规定一年内计息次数。有效年利率是指在按照给定的计息期利率和每年复利次数计算利息时，能够产生相同结果的每年复利一次的年利率。以名义年利率换算为有效年利率的计算公式为

$$i_{yx} = \left(1 + \frac{i_{my}}{m}\right)^m - 1 \tag{3-31}$$

式中　m——每年计息次数。

借款额在建设期各年年初发生，建设期利息的计算公式为

$$Q = \sum_{t=1}^{n} [(P_{t-1} + A_t) \times i] \tag{3-32}$$

式中　Q——建设期利息；

P_{t-1}——按单利计息，为建设期第 $t-1$ 年末借款本金累计；按复利计息，为建设期第 $t-1$ 年末借款本息累计；

A_t——建设期第 t 年借款额；

i——借款年利率；

t——年份。

借款额在建设期各年年内均衡发生，建设期利息的计算公式为

$$Q = \sum_{t=1}^{n} \left[\left(P_{t-1} + \frac{A_t}{2}\right) \times i\right] \tag{3-33}$$

有多种借款资金来源，每笔借款的年利率各不相同的项目，既可分别计算每笔借款的利息，也可先计算出各笔借款加权平均的年利率，并以此年利率计算全部借款的利息。

（二）维持运营投资

维持运营投资是指运营期需要增加的维持运营的投资。这笔投资不能计入建设投资，即不能计入初始固定资产投资。

1. 重置成本

各种不同的投资（房屋建筑、工厂设备、机械设备、运输设备等）的经济寿命周期是不同的。因此，为了维持企业经营的持续运转，上述每一项资产在适当的时候都要进行重置，

而重置成本必须包括在可行性研究中。《企业会计准则》中固定资产的后续支出，是指固定资产使用过程中发生的更新改造支出、修理费用等。后续支出的处理原则为：符合固定资产确认条件的，应当计入固定资产成本，同时将被替换部分的账面价值扣除；不符合固定资产确认条件的，应当计入当期损益。

2. 大修理费用

企业对固定资产进行定期检查发生的大修理费用，符合固定资产确认条件的部分，可以计入固定资产成本。不符合固定资产确认条件的应当费用化，计入当期损益。固定资产在定期大修理间隔期间，照提折旧。如公路项目每隔10年就要大修一次。

3. 追加投资

有些项目经济寿命周期很长，除了考虑固定资产的重置成本外，还需要估算运营期内由于产出（服务）量逐步增加，而需要增加的投资。这类追加投资按上述固定资产初始成本计量的方法估算。例如铁路运输项目在计算期内，随着客货运量的逐年增加，增加机车车辆的投资。

第六节　净营运资金估算

一、净营运资金概述

项目的发起人、投资者和金融机构不仅考虑项目投入的固定资产投资，而且还要估算生产运营前所需筹措的生产性周转资金，因此可行性研究阶段的净营运资金需要量的计算十分重要。

（一）净营运资金的概念

净营运资金也称流动资金，是流动资产（库存、有价证券、预付款、应收账款及现金的总和）减去流动负债（应付账款）的差额，是企业生产过程中所需要的周转资金。净营运资金是投资项目所需的初期资本支出的重要组成部分，属于永久性营运资金。从概念上说，"净营运资金"这个词不应与"流动资产"混淆，在正常情况下后者的数额应当大一些。

根据企业产品（服务）的生产特征，流动资产分为永久性或临时性两种，永久性营运资金是在满足必需的生产和服务所要求的资金数额，永久性营运资金的资金永远不可能脱离企业生产过程，是在项目经济寿命期结束时才回收的资金。而临时或可变的营运资金只根据生产或服务的临时需要增加资金。例如，若项目的生产或业务活动是季节性或周期性的，自然会相对需要增加一些营运资金。因此，当临时投资于流动资产的资本不再需要使用时，即退出生产过程，临时性营运资金不包括在初期资本支出内。如果分析人员不去划分永久性或临时性营运资金，则净营运资金就应等于营运资金的平均长期水平，此时营运资金的数额应当是最理想的。营运资金必须进行仔细地估算。

（二）净营运资金来源于股本或长期债务资金

流动资产或流动负债的任何变动，如生产数量或库存（原材料、在产品或成品等）的增加或减少，都会影响到资金需要量。由于营运资金按减去对债权人欠款后的净额计算，也就是按减去短期筹措资金后的净额计算的。所以从逻辑上讲，营运资金应通过股本或长期债务资金筹措渠道进行筹集。但是，在一个生产年度中短期的季节性高峰可以通过短期或中期的筹资渠道来筹集资金。在投资成本分析中，应仔细核算初期营运资金需要量，在企业生产期间的变化应在成本估算中予以适当的考虑。只有这样，才能够保证在生产开始之后不会出现没有预料到的资金短缺。

二、净营运资金的内容

净营运资金包括的内容，根据《企业会计准则 第30号 财务报表列报》（财会〔2014〕7号）资产负债表及《企业会计准则 第1号 存货》（财会〔2006〕3号）存货的相关条款界定。会计准则中，资产与负债表的会计科目很多，由于建设项目净营运资金测算是预测值，仅参照主要科目估算，如应收账款、存货、库存现金及应付账款。

（一）应收账款

应收账款是企业因销售产品、材料、提供劳务等业务，应向购货单位或接受劳务单位收取的账款。在资产负债表上，应收账款列示为流动资产，其范围是指在一年内或超过一年的一个营业期内预计可以收回的应收销货款。不同的行业因其经营特点不同，应收账款的收回期可能有所不同，有的较短，只有一个月；有的则较长，可长达几年。所以，在决定应收账款是否归入流动资产时，应以一年或一个营业周期（视二者孰长）作为划分标准。凡是收回期在一年或一个营业周期以内的为流动资产；超过一年或一个营业周期的为非流动资产。

应收账款是作为销售条件给产品购买者的贸易信贷。因此，这笔款项的大小取决于公司的赊销政策。由于各公司赊销在总的销售中所占的比率，根据在本行业中所处的竞争地位不同而不相同，很难作出一个普遍有效的概括。在计算应收账款时，全年总销售额应按已销售产品的成本（即生产成本加销售和分配成本）减去折旧和利息计算，这是因为后者是由销售收入补偿，而不是由营运资金补偿。

（二）存货

1. 存货成本的确认依据

存货成本的确认主要依据《企业会计准则 第1号 存货》（财会〔2006〕3号）的相关条款，具体如下：

存货，是指企业在日常经营活动中持有以备出售的产成品或商品、处在生产过程中的在产品、在生产过程或提供劳务过程中耗用的材料和物料等。

存货同时满足下列条件的，才能予以确认：①与该存货有关的经济利益很可能流入企业；②该存货的成本能够可靠地计量。

存货应当按照成本进行初始计量。存货成本包括采购成本、加工成本和其他成本。

存货的采购成本，包括购买价款、相关税费、运输费、装卸费、保险费以及其他可归属于存货采购成本的费用。

存货的加工成本，包括直接人工以及按照一定方法分配的制造费用。投资者投入存货的成本，应当按照投资合同或协议约定的价值确定，但合同或协议约定价值不公允的除外。

收获时农产品的成本、非货币性资产交换、债务重组和企业合并取得的存货的成本，应当分别按照《企业会计准则 第5号 生物资产》《企业会计准则 第7号 非货币性资产交换》《企业会计准则 第12号 债务重组》和《企业会计准则 第20号 企业合并》确定。

企业提供劳务的，所发生的从事劳务提供人员的直接人工和其他直接费用以及可归属的间接费用，计入存货成本。

2. 存货成本预测的科目划分

（1）生产材料及备件储备费。生产材料及备件储备费指企业在生产过程中经加工改变其形态或性质并构成产品主要实体的各种原料及主要材料、辅助材料、外购半成品（外购件）、修理用备件（备品备件）、包装材料、燃料等。企业购买、自制或委托加工存货发生的进口关税、消费税、资源税和不能抵扣的增值税进项税额等应计入存货采购成本的税费。备件的库存水平，取决于本国供应品的来源情况，进口程序、本地区的维护设施以及企业本身的性质。通常，企业都装备一套最初的备件。在计算生产材料的库存时，必须考虑到原材料和工厂供应品的供应来源和供应方式。如果材料是可以在本地取得的，数量充足并且运输迅速，则除了有特殊理由（如价格上涨维持较大的库存）外，应保持有限的库存。如果材料是进口的，而且进口程序较长，则库存可能不得不维持在相当于 6 个月的消耗量水平上。其他影响库存大小的因素有供应的可靠性和季节性、供应商的数目、使用代用品的可能性及预计的价格变化。为建造固定资产等各项工程而储备的各种材料，虽然同属于材料，但是由于用于建造固定资产等各项工程，不符合存货的定义，因此不能作为企业存货。

（2）在产品。在产品，指企业正在制造尚未完工的产品，包括正在各个生产工序加工的产品，以及已加工完毕但尚未检验或已检验但尚未办理入库手续的产品。半成品，指经过一定生产过程并已检验合格交付半成品仓库保管，但尚未制造完工成为产成品，仍需进一步加工的中间产品。为了估算支付在产品的资本需要量，应当对生产过程以及在每个阶段不同的材料投入物已经达到的加工程度进行全面的分析。此项资本的需要量，根据产品的性质，用生产的月（或天数）来表示。如果是机械产品，则可能扩展到用几个月表示。在产品的估价是根据在产品的工厂成本来计算的。

（3）产成品。产成品，指工业企业已经完成全部生产过程并验收入库，可以按照合同规定的条件送交订货单位，或者可以作为商品对外销售的产品。企业接受外来原材料加工制造的代制品和为外单位加工修理的代修品，制造和修理完成验收入库后应视同企业的产成品。产成品的库存取决于多个因素，如产品性质、商业习惯等。产成品的估价是以车间成本加行政管理费为基础计算。

（4）商品。商品，指商品流通企业外购或委托加工完成验收入库用于销售的各种商品。

（5）周转材料。周转材料，指企业能够多次使用、但不符合固定资产定义的材料。如为了包装本企业商品而储备的各种包装物、各种工具、管理用具、玻璃器皿、劳动保护用品以及在经营过程中周转使用的容器等低值易耗品和建造承包商的钢模板、木模板、脚手架等其他周转材料。但是，周转材料符合固定资产定义的，应当作为固定资产处理。

（6）其他方式取得存货的成本。企业取得存货的其他方式主要包括接受投资者投资、非货币性资产交换、债务重组、企业合并以及存货盘盈等。其成本应当分别参照上述的会计准则计量。

（三）库存现金

库存现金是企业生产过程中的备用金，是为谨慎起见而准备的一定数量的库存资金。

（四）应付账款

应付账款，指企业因购买材料、物资和就接受劳务供应而应支付给供应单位的款项。应付账款的付款期一般在 30～60 天，一般取决于供应商提供赊销的条件，企业购买的原材料、工厂供应品和服务等，经过一段时间之后再付款。此外，有时还需要计算应付税金、应付工资等，即已发生的税金、应付工资延续一段时间付款。这些赊购账款称为商业信用，可推迟净营运资金的投入量。计算流动资本需要量应将与投资有关的债权人账户扣除在外。投资是一种长期的商业契约，因此必须由长期的资源（股本或债务）提供资金。

三、净营运资金的计算

在计算净营运资金需要量时，首先必须确定流动资产和流动负债的最低周转天数。应当计算全年的经营成本可供销售产品的成本，因为流动资产的某些部分的值是用这些成本表示的。由于营运资金需要量随项目全部生产能力生产而增加，因此有必要算出投产后达到全部生产能力时的需要量。但是，如果项目产生充足的现金盈余（自筹资金能力）时，就没有必要通过外部资源筹措任何净增的营运资金。企业取得存货应当按照成本进行计量。

净营运资金可按行业或项目前期研究的不同阶段选用扩大指标估算法或分项详细估算法估算。扩大指标估算法简便易行，但准确度不高，在项目初步可行性研究（项目建议书）阶段一般可采用扩大指标估算法，某些净营运资金需要量小的项目在可行性研究阶段也可采用扩大指标估算法。分项详细估算法虽工作量较大，但准确度较高，在项目可行性研究阶段一般应采用分项详细估算法。

（一）扩大指标估算法

扩大指标估算法是参照同类企业净营运资金占营业收入的比例（营业收入资金率），或净营运资金占经营成本的比例（经营成本资金率），或单位产量占用净营运资金的数额来估算净营运资金。计算公式分别为

$$净营运资金 = 年营业收入额 \times 营业收入资金率 \tag{3-34}$$

$$净营运资金 = 年经营成本 \times 经营成本资金率 \tag{3-35}$$

$$净营运资金 = 年产量 \times 单位产量占用净营运资金额 \tag{3-36}$$

具体采用哪种方法进行估算，应根据项目具体情况确定。

（二）分项详细估算法

分项详细估算法是对流动资产和流动负债主要构成要素，即存货、现金、应收账款、预付账款、应付账款、预收账款等项内容分项进行估算，最后得出项目所需的净营运资金数额。计算公式为

$$净营运资金 = 流动资产 - 流动负债 \tag{3-37}$$

$$流动资产 = 应收账款 + 预付账款 + 存货 + 现金 \tag{3-38}$$

$$流动负债 = 应付账款 + 预收账款 \tag{3-39}$$

$$净营运资金本年增加额 = 本年净营运资金 - 上年净营运资金 \tag{3-40}$$

净营运资金估算的具体步骤是首先确定各分项的最低周转天数，计算出各分项的年周转次数，然后再分项估算占用资金额。

1. 各项流动资产和流动负债最低周转天数的确定

采用分项详细估算法估算净营运资金，其准确度取决于各项流动资产和流动负债的最低周转天数取值的合理性。在确定最低周转天数时要根据项目的实际情况，并考虑一定的保险系数。如存货中的外购原材料、燃料的最低周转天数应根据不同来源，考虑运输方式和运输距离等因素分别确定；在产品的最低周转天数应根据产品生产的实际需要时间确定。

2. 年周转次数计算

$$年周转次数 = \frac{360天}{最低周转天数} \tag{3-41}$$

各项流动资产和流动负债的最低周转天数参照同类企业的平均周转天数并结合项目具体情况确定。

3. 流动资产估算

流动资产是指可以在一年内或者超过一年的一个营业周期内变现或者运用的资产，主要包括货币资金、应收及预付款、存货、短期投资等。为简化计算，项目评价中仅考虑存货、应收账款和现金三项，将发生预付账款的某些项目，还可包括预付账款。

（1）存货估算。存货是指企业在日常经营活动中持有以备出售的产成品或商品、处在生产过程中的在产品、在生产过程或提供劳务过程中耗用的材料和物料等。包括各类原材料、在产品、半成品、产成品、商品、包装物、修理用备件、低值易耗品等。为简化计算，项目评价中仅考虑外购原材料、外购燃料、在产品和产成品四项，修理用备件费用较大的某些项目，还可包括修理用备件。对外购原材料和外购燃料通常需要分品种分项进行计算。计算公式为

$$存货 = 外购原材料 + 外购燃料 + 在产品 + 产成品 + 修理用备件 \tag{3-42}$$

$$外购原材料 = \frac{年外购原材料费用}{外购原材料年周转次数} \tag{3-43}$$

$$外购燃料 = \frac{年外购燃料费用}{外购燃料年周转次数} \tag{3-44}$$

$$在产品 = \frac{年外购原材料、燃料、动力费 + 年职工薪酬 + 年修理费 + 年其他制造费用}{在产品年周转次数} \tag{3-45}$$

$$产成品 = \frac{年经营成本 - 年其他营业费用}{产成品年周转次数} \tag{3-46}$$

$$修理用备件 = \frac{年修理用备件费用}{修理用备件年周转次数} \tag{3-47}$$

（2）应收账款估算。应收账款是企业对外销售产品、提供劳务等所形成的应收而未收的款项。项目评价中，应收账款的计算公式为

$$应收账款 = \frac{年经营成本}{应收账款年周转次数} \tag{3-48}$$

（3）现金估算。项目净营运资金中的现金是指企业为维持正常生产运营所必须预留的货币资金。项目评价中，现金的计算公式为

$$现金 = \frac{年职工薪酬 + 年其他费用}{现金年周转次数} \tag{3-49}$$

$$年其他费用 = 制造费用 + 管理费用 + 营业费用 - （以上三项费用所含的职工薪酬、折旧费、摊销费、修理费） \tag{3-50}$$

（4）预付账款估算。预付账款是指企业为购买各类原材料、燃料或服务等预先支付的款项。项目评价中，预付账款的计算公式为

$$预付账款 = \frac{预付的各类原材料、燃料或服务年费用}{预付账款年周转次数} \tag{3-51}$$

4. 流动负债估算

流动负债是指将在一年内或者超过一年的一个营业周期内偿还的债务，主要包括短期借款、应付账款、预收账款、应付职工薪酬、应交税费、应付股利等。为简化计算，项目评价中仅考虑应付账款，将发生预收账款的某些项目，还可包括预收账款。

（1）应付账款估算。应付账款是指企业因购买材料、商品或接受劳务等应付而未付的款项。项目评价中，应付账款的计算公式为

$$应付账款 = \frac{外购原材料、燃料、动力年费用}{应付账款年周转次数} \tag{3-52}$$

（2）预收账款估算。预收账款是指企业按照合同规定向购货单位预收的款项。项目评价中，预收账款的计算公式为

$$预收账款 = \frac{预收款项年金额}{预收账款年周转次数} \tag{3-53}$$

估算净营运资金应编制净营运资金估算表。

（三）净营运资金估算应注意的问题

（1）项目投入物和产出物使用不含增值税价格时，估算中应注意将销项税额和进项税额分别包含在相应的营业收入和成本支出中。

（2）项目投产初期所需净营运资金在实际工作中应在项目投产前筹措。为简化计算，项目评价中净营运资金也可从投产第一年开始安排，运营负荷增长，净营运资金也随之增加，但采用分项详细估算法估算净营运资金时，运营期各年的净营运资金数额应以各年与经营成本相关的数据为基础，依照上述公式分别进行估算。

【例3-9】 某工业生产项目的净营运资金估算。

该项目依据技术、市场等实际情况，确定计算期第3年（即投产第1年）生产负荷为80%，计算期第4～12年生产负荷为100%。该项目经营成本数据见表3-6。

表3-6　　　　　　　　　某工业生产项目的经营成本数据　　　　　　　　单位：万元

序号	经营成本项目	计算期第3年	计算期第4～12年
一	经营成本（含进项税额）	72891.7	89839.0
1	外购原材料（含进项税额）	61602.0	77002.8
2	外购燃料（含进项税额）	31.9	39.8
3	外购动力（含进项税额）	1552.6	1940.7
4	职工薪酬	1164.0	1164.0
5	修理费	1541.7	1541.7
6	其他费用	6999.5	8150.0
6.1	其他制造费用	1233.4	1233.4
6.2	其他管理费用	1164.0	1164.0
6.3	其他营业费用	4602.1	5752.6

根据该项目生产、销售的实际情况确定其各项流动资产和流动负债的最低周转天数为：应收账款、应付账款均为60天；存货中各项外购原材料平均为45天，外购燃料为15天，在产品为3天，产成品为30天；现金为15天；该项目一般不发生预付账款和预收账款，修理用备件费用也不大。据此估算的该项目净营运资金数额见表3-7。

表 3-7   **某工业生产项目净营运资金估算表**   单位：万元

序号	项目	最低周转天数	年周转次数	计算期	
				3	4～12
1	流动资产			26440.5	32686.6
1.1	应收账款	60	6	12148.6	14973.2
1.2	存货			13951.8	17325.3
1.2.1	原材料	45	8	7700.3	9625.4
1.2.2	燃料	15	24	1.3	1.7
1.2.3	在产品	3	120	559.4	691.0
1.2.4	产成品	30	12	5690.8	7007.2
1.3	现金	15	24	340.1	388.1
2	流动负债			10531.1	13163.9
2.1	应付账款	60	6	10531.1	13163.9
3	净营运资金（1-2）			15909.4	19522.7
4	净营运资金本年增加额				3613.3

第四章

财务收入预测与产品定价

　　财务收入是构成投资项目财务现金流量的重要基础之一。财务收入的预测和估算，与项目产出物的价格确定密切相关。本章重点阐述投资项目财务收入预测的基本理论及主要方法，不同类型项目财务收入预测需要重点考虑的问题，投资项目产品定价应该遵循的基本原则，以及商业类投资项目及公共产品项目产品定价的具体策略和价格确定方法，为投资项目财务现金流量的预测和分析评价提供理论方法方面的依据。

第一节　财务收入预测

　　有关投资项目财务收入的预测应结合投资项目前期工作特点参照《企业会计准则　第14号　收入》进行规范。财政部 2017 年修订《企业会计准则　第 14 号　收入》[简称《收入准则（2017）》]，明确收入确认的核心原则是"企业应当在履行了合同中的履约义务，即在客户取得相关商品或服务的控制权时确认收入"。基于这一核心原则，新准则设定了统一的收入确认计量的"五步法"模型，即识别与客户订立的合同、识别合同中的单项履约义务、确定交易价格、将交易价格分摊至各单项履约义务、履行每一单项履约义务时确认收入。"企业应当在履行了合同中的履约义务，即在客户取得相关商品控制权时确认收入。交易价格，是指企业因向客户转让商品而预期有权收取的对价金额。投资项目前期工作中财务分析评价中财务收入预测的特点是对项目运营期未来收入的预测，且涉及各行各业的项目，一般在项目前期可行性研究阶段都难以与客户之间订立有法律约束力的合同来确认项目收入，而是根据投资项目产品方案和预测价格来测算项目运营期的收入。本书所称财务收入，包括销售收入（销售商品及提供劳务服务）、让渡资产使用权的收入、政府补助收入及其他收入。

一、财务效益及其预测分析的层次和作用

　　财务预测是根据市场调查情况和历史资料，利用一定的方法，对投资项目各项财务指标的变化趋势进行测算和估计，是进行财务决策和编制财务计划的重要依据。

　　（一）财务效益的层次

　　在市场经济环境下，项目财务效益分析评价往往从多个层面进行，从而对财务效益的分析分为多个层次。

　　1. 项目自身的财务效益

　　是指拟建项目本身所产生的财务效益，由项目本身的技术经济特征、项目建设规模等因素所决定的，反映了项目本身所具有的潜在盈利能力。

　　2. 企业角度的财务效益

　　这里提及的企业是指经营该项目的利益实体，由于项目的建设而使这个利益实体真实地

得到项目的收益，并形成企业的财务收益。在财务效益的多个层次中，企业最为关心的是项目层次的财务效益。企业的财务收益以企业盈余等形式表现出来，表明企业投资建设项目所得到的回报。

3. 从不同投资方角度看的财务效益

这里的不同投资方由于参与项目的投资或建设而使这个利益实体真实地得到项目的收益，并形成不同投资各方的财务收益。不同投资方的财务收益以企业盈余分配比例等形式表现出来，表明参与项目的投资得到的回报。

（二）财务收入预测的作用

在市场经济条件下，企业面临着复杂的市场环境，存在着很大的不确定性。因此，应高度重视财务预测工作。经验证明，企业的成功与发展，在很大程度上取决于过去与现在的财务决策。正确的财务决策，是建立在准确的财务预测基础之上的。财务预测的核心是对项目财务收入的预测，对财务效益的测算和评价。运营收入预测的作用表现为以下方面。

1. 财务收入预测是编制财务计划的前提

财务计划需符合企业活动的客观实际，具有科学性与预见性。企业在编制财务计划时，首要的任务是预测项目未来的运营收入，因此成为编制财务计划的基本依据和前提。

2. 财务收入预测是投融资决策的基础

项目投融资方案的形成是以科学的运营收入预测为基础的。如进行投资决策时，对可供选择的各个方案的运营收入、成本费用支出、净现金流量、投资回收等各种情况做出科学的预测，才能优选最佳投资方案。

3. 财务收入预测是企业合理组织日常财务活动的重要依据

投资项目所做出的财务收入预测，为企业投入运营的日常财务活动提供了重要依据，使业主单位明确项目运营的财务目标，项目的各项收支以预测值为基准，控制偏差，适时调整，合理组织企业财务活动的思路才会更加清晰，以保证项目建设和运营顺利进行。

二、财务收入的预测

投资项目财务收入包括销售收入、让渡资产使用权的收入、政府补助收入及其他收入等，其中销售收入是一般财务分析评价的重点内容。大致可以分为四种情况进行预测：一般情况下，财务收入主要指企业为完成经营目标所从事的生产经营活动实现的销售收入，如加工企业生产并销售产品、商业企业销售商品、咨询公司提供咨询服务、软件公司为客户开发软件、安装公司提供安装服务、交通运输公司提供的运输服务等实现的收入；第二种情况是企业让渡资产使用权的收入；第三种情况是政府补助收入；第四种情况是与BOT业务相关收入的确认；第五种情况是不属于企业生产经营性活动取得的收入，如企业改扩建时处置固定资产、无形资产等形成的现金流入不属于产品的销售收入，也应当确认为企业的收入，计入营业外收入。

（一）销售收入

是根据市场需求预测的结果，确定项目提供产品或劳务数量和对产出物合理定价的基础上，估算项目计算期内可能实现的财务收入，是拟建项目财务分析的重要基础数据。

1. 销售收入的主要内容

销售收入是投资项目投产后按预定生产目标销售产品（提供劳务或服务）所取得的收入，是项目的现金流入量。根据《企业会计准则》的规定并结合投资项目的特点，销售收入包括以下内容：

（1）销售商品的销售收入，指从事加工产品的企业销售产品、商业企业销售商品等取得的销售收入；

（2）提供劳务或服务收入，指从事建筑安装、交通运输、仓储租赁、咨询等服务性企业，提供各种劳务或服务取得的销售（劳务或服务）收入。

2. 产品或服务生产产量的预测

投资项目未来产品或服务的销售（或服务）收入预测，首先提供项目产品的数量或提供服务的容量，预测市场需求量及价格，然后测算销售收入。

（1）分析国内外同类产品销售或服务的历史情况。调查同类产品近年来的销售量和销售价格、同类服务近年来的市场需求和收费水平、市场占有率和潜在销售量、行业内部竞争情况、行业外部影响因素、社会公众的生活和消费习惯、购买能力和销售渠道的情况、商品销售的其他有利条件和不利因素等，预测时不应局限于现有产品和服务的状况，要着重分析预测项目建成投入使用后市场可能出现的各种变化。

（2）预测销售目标市场及销售量。在预测时将过去销售情况和今后的销售可能变动情况相结合，采用定性方法与定量方法相结合，既要重视专业人员凭经验和综合分析能力对未来的预测，又要以历史情况和过去资料为基础，运用一定的数学方法进行测算。

（3）制定销售策略和计划。研究用什么手段和方法将产品和服务推销出去，怎样对市场时机进行选择和把握，如何进行分阶段有秩序的推进和实施营销计划，以实现销售目标。

3. 销售收入估算方法

（1）直接计算法。根据产品（服务）确定的生产规模、销售策略及产出物价格预测结果，进行销售收入估算。一般采用直接计算法，在项目规划期内已确定的各年产品（服务）质量标准与产量的基础上，乘以单位产品（服务）的预测价格，即得到年销售收入。计算公式为

年销售（服务）收入=年销售产品（服务）数量×单位产品预测价格　　　　（4-1）

在项目决策分析与评价中，销售收入的估算通常假定当年的产品（实际指商品，等于产品扣除自用量后的余额）当年全部销售，即当年商品量等于当年销售量。一般不考虑成品率，但行业有明确规定的，从行业规定。各年可能提供的产品（服务）的数量，应与可行性研究报告中的建设规模、产品（服务）方案相一致。

（2）多种产品销售收入估算。对于生产多种产品和提供多项服务的项目，应分别估算各种产品及服务的销售收入。对那些不便于按详细的品种分类计算收入的项目，也可采取折算为标准产品的方法计算销售（服务）收入。

（3）销售收入分期估算。以分期收款方式销售货物的，按项目的产出计划（或按照合同约定）确认收入；企业受托加工制造大型机械设备、船舶、飞机等，以及从事建筑、安装、装配工程业务或者提供劳务等，持续时间超过 12 个月的，按照年度内完工进度或者完成的工作量确认收入。

4. 生产运营负荷与营销计划

运营负荷是指项目实际运营中达到设计能力的百分数，它的高低与项目复杂程度、技术成熟程度、市场开发程度、原材料供应、配套条件、管理因素等有关。在市场经济条件下，如果其他方面没有大的问题，运营负荷的高低应主要取决于市场。应根据市场状况和营销方案的研究结果，结合其他因素研究确定分年运营负荷，作为计算各年经营成本费用和销售（营

业）收入的基础。

5. 运营收入估算应注意的问题

（1）销售收入估算，应遵循有无对比的原则，计算增量销售收入。计算公式为

增量年销售（服务）收入="有项目"年销售产品（服务）收入

－"无项目"年销售产品（服务）收入 　　　　　（4-2）

对无项目情况下的销售收入进行预测，可能增加、减少或不变，计算范围与计算期应与"有项目"保持一致。项目融资项目"无项目"销售收入为零。

（2）投资项目销售收入预测是以收付实现制为基础的，它是以收到的现金作为确认收入依据；会计核算的销售收入是以责权发生制为基础的，凡是日常活动当期已经实现的收入，无论款项是否收付，都应当作为当期的收入。

（3）销售收入与项目资产负债及所有者权益的关系，销售收入作为现金流入导致企业资产增加或者负债减少，相应增加所有者权益，但与所有者投入资本无关。

（4）销售收入估算与税收的关系。销售收入估算中需正确处理增值税、城市维护建设税、教育费附加及地方教育费、消费税、资源税、所得税。

缴纳增值税的项目，增值税销项税是价外税，即价税分离；消费税、资源税，无论是从价计算还是从量计算，都是价内税；城市维护建设税、教育费附加及地方教育费附加，计算基数为增值税、消费税，是价内税；企业所得税的计税依据为应纳所得额。应纳所得税额=纳税年度的收入总额–准予扣除项目金额。

投资项目销售收入的估算结果，在财务分析中通常纳入营业收入、城市维护建设税及附加估算表，如表4-1所示。

表4-1　　　　营业收入、城市维护建设税及附加估算表　　　　单位：万元

序号	项目	合计	计算期					
			1	2	3	4	…	n
1	营业收入							
1.1	产品A营业收入							
	单价							
	数量							
	销项税额							
1.2	产品B营业收入							
	单价							
	数量							
	销项税额							
	…							
2	税金及附加							
2.1	城市维护建设税							
2.2	消费税							

序号	项　　目	合计	计　算　期					
			1	2	3	4	…	n
2.3	资源税							
2.4	城市维护建设税							
2.5	教育费附加							
2.6	地方教育费附加							

注　1. 根据行业或产品的不同可增减相应税种科目。

2. 对于营业收入和成本支出采用不含增值税价格的项目，本表中"增值税"数据用于计算城市维护建设税和教育费附加。

（二）让渡资产使用权的收入

1. 使用费收入的内容

让渡资产使用权的收入（仅限于生产性企业），是指企业转让无形资产（如商标权、专利权、专营权、软件、版权、土地使用权）等资产的使用权形成的使用费收入。此外，常见的房地产投资项目，应估算出租房产获得收入；租赁公司出租资产获得的收入，包括融资性租赁和经营性租赁收入，也属于让渡资产使用权的收入。

本章所涉及的让渡资产使用权的收入不包括企业对外出租资产收取的租金、进行债权投资收取的利息收入、进行长期股权投资取得的现金股利，金融企业对外贷款形成的利息收入，以及同业之间发生往来形成的利息收入等其他收入。

2. 使用费收入的计算

使用费收入应当按照有关合同或协议约定的收费时间和方法计算确定。不同的使用费收入，收费时间和方法各不相同，有约定一次性收取一笔固定金额的，如一次收取 10 年的场地使用费；有约定在有效期内分期等额收取的，也有分期不等额收取的；还有按资产使用方每期销售额的百分比收取使用费等。

如果合同或协议规定一次性收取使用费，且不提供后续服务的，应当视同销售该项资产一次性所取得的收入；提供后续服务的或按约定分期收取使用费的，应在合同或协议规定的有效期内分期确认收入。

（三）与 BOT 业务相关收入

特许经营项目 BOT 业务相关收入的估算，涉及三个方面内容。

1. BOT 业务应满足的条件

根据财政部《企业会计准则解释　第 2 号》（2008 年发布），BOT 业务收入的确定要满足以下条件：

（1）合同授予方为政府及其有关部门或政府授权进行招标的企业。

（2）合同投资方为按照有关程序取得该特许经营权合同的企业（简称合同投资方）。合同投资方按照规定设立项目公司（简称项目公司）进行项目建设和运营。项目公司除取得建造有关基础设施的权利以外，在基础设施建造完成以后的一定期间内负责提供后续经营服务。

（3）特许经营权合同中对所建造基础设施的质量标准、工期、开始经营后提供服务的对象、收费标准及后续调整作出约定，同时在合同期满，合同投资方负有将有关基础设施移交给合同授予方的义务，并对基础设施在移交时的性能、状态等作出明确规定。

2. 与 BOT 业务相关收入的确认

建造期间，项目公司对于所提供的建造服务应当按照《企业会计准则 第 15 号 建造合同》确认相关的收入和费用。基础设施建成后，项目公司应当按照《企业会计准则 第 14 号 收入》确认与后续经营服务相关的收入。

（1）在运营阶段，建造合同收入应当按照收取或应收对价的公允价值计量，并分别以项目公司提供（或未提供）实际建造服务的不同情况确认收入的同时，确认金融资产、无形资产或混合资产。除第四种情况未提供实际建造服务外，其余三种情况为提供实际建造服务。建造过程如发生借款利息，应当按照《企业会计准则 第 17 号 借款费用》的规定处理。

第一，合同规定基础设施建成后的一定期间内，项目公司可以无条件地自合同授予方收取确定金额的货币资金或其他金融资产的；或在项目公司提供经营服务的收费低于某一限定金额的情况下，合同授予方按照合同规定负责将有关差价补偿给项目公司的，应当在确认收入的同时确认金融资产，并按照《企业会计准则 第 22 号 金融工具确认和计量》的规定处理。

第二，合同规定项目公司在有关基础设施建成后，从事经营的一定期间内有权利向获取服务的对象收取费用，但收费金额不确定的，该权利不构成一项无条件收取现金的权利，项目公司应当在确认收入的同时确认无形资产。

第三，当特许服务权合同中约定需求风险，由经营方与授予方共担，授予方承担差额担保部分的需求风险，经营方对可获最低限额担保部分的对价，应确认为金融资产，将剩余部分确认为无形资产，该无形资产为经营方从使用者付费超出最低限额部分的收费权利，项目公司应当在确认收入的同时确认混合资产。

第四，项目公司未提供实际建造服务，将基础设施建造发包给其他方的，不应确认建造服务收入，应当按照建造过程中支付的工程价款等考虑合同规定，分别确认为金融资产或无形资产。

（2）运营阶段的财务收入应遵循《企业会计准则 第 14 号 收入》的规定。按财政部《关于规范政府和社会资本合作合同管理工作的通知》（财金〔2014〕156 号）规定，付费机制有政府付费、使用者付费、可行性缺口补助三种模式。实践中，需要根据各方的合作预期和承受能力，结合项目所涉的行业、运作方式等实际情况，因地制宜地设置合理的付费机制。

第一，政府付费（government payment）是指政府直接付费购买公共产品和服务。在政府付费机制下，政府可以依据项目设施的可用性、产品或服务的使用量以及质量向项目公司付费。政府付费是公用设施类和公共服务类项目中较为常用的付费机制，在一些公共交通项目中也会采用这种机制。

第二，使用者付费（user charges）是指由最终消费用户直接付费购买公共产品和服务。项目公司直接从最终用户处收取费用，以回收项目的建设和运营成本并获得合理收益。高速公路、桥梁、地铁等公共交通项目以及供水、供热等公用设施项目通常可以采用使用者付费机制。

第三，可行性缺口补助（viability gap funding，VGF）是指使用者付费不足以满足项目公司成本回收和合理回报时，由政府给予项目公司一定的经济补助，以弥补使用者付费之外的缺口部分。可行性缺口补助是在政府付费机制与使用者付费机制之外的一种折中选择。在我国实践中，可行性缺口补助的形式多种多样，具体可能包括土地划拨、投资入股、投资补助、优惠贷款、贷款贴息、放弃分红权、授予项目相关开发收益权等其中的一种或多种。

以上三种付费模式中使用者付费无疑是项目公司的收入，而对于合同约定的政府补贴，如果该补助与项目公司销售商品或提供劳务等经营活动密切相关，且来源于政府的经济资源是企业商品或服务的对价或者是对价的组成部分，应当按照《企业会计准则　第14号　收入》的规定计为项目公司收入。如果政府补贴实质是政府无偿支付给项目公司，具有无偿性和直接从政府取得的特征（如财政拨款、财政贴息、无偿划拨非货币性资产、先征后返（退）、即征即退等办法返还的税款等），应根据《企业会计准则　第16号　政府补助》的相关规定，区分与资产相关的政府补助和与收益相关的政府补助分别进行会计处理。

（3）项目移交阶段。根据合同授予方支付社会资本方款项弥补金融资产的应收账款金额，无形资产已经摊销完毕，账面价值为零，无需做会计处理。

（四）政府补助收入

根据财政部《企业会计准则　第16号　政府补助》（财会〔2017〕15号）规定，政府补助是指企业从政府无偿取得货币性资产或非货币性资产。为了鼓励或扶持某些行业、地区或领域的发展，政府通常会对有关企业予以财政支持，政府支持的行业主要集中在关系国计民生的农业、环境保护以及科学技术研究等领域，以及公用工程、基础设施等企业，由于这些领域或行业，其价格或服务收费标准往往不能随行就市，收入不能完全覆盖成本费用而造成企业亏损，为了使企业财务具有可持续性，由政府来弥补；又如，为了环境保护，政府对符合条件的企业实行增值税先征后返政策，返还的税款专项用于环保支出。

1. 政府补助的主要特征

（1）来源于政府的经济资源。政府补助是企业从政府直接取得的经济资源，包括货币性资产和非货币性资产，形成企业的收益。如企业取得政府拨付的补助，先征后返（退）、即征即退等办法返还的税款，行政划拨的土地使用权，天然起源的天然林等。不涉及资产直接转移的经济支持不属于政府补助准则规范的政府补助，如政府与企业间的债务豁免，除税收返还外的税收优惠，如直接减征、免征、增加计税抵扣额、抵免部分税额等。此外，还需说明的是，增值税出口退税不属于政府补助。

（2）无偿性。无偿性是政府补助的基本特征，政府并不因此享有企业的所有权，企业将来也不需要偿还。这一特征将政府补助与政府作为企业所有者投入的资本、政府采购等政府与企业之间双向、互惠的经济活动区分开来。政府补助通常附有一定的条件，这与政府补助的无偿性并无矛盾，不表明该项补助有偿。企业经法定程序申请取得政府补助后，应当按照政府规定的用途使用该项补助。

2. 政府补助的形式

政府补助分为与资产相关的政府补助和与收益相关的政府补助。与资产相关的政府补助，是指企业取得的、用于购建或以其他方式形成长期资产的政府补助。与收益相关的政府补助，是指除与资产相关的政府补助之外的政府补助。企业从政府取得的经济资源，如果与企业销售商品或提供服务等活动密切相关，且是企业商品或服务的对价或者是对价的组成部分，适用《企业会计准则　第14号　收入》等相关会计准则规定的政府补贴收入。在实际工作中，政府补助的形式主要有财政拨款、财政贴息、税收返还和无偿划拨非货币性资产等。

3. 政府补助的计量

政府补助为货币性资产的，应当按照收到或应收的金额计量。政府补助为非货币性资产的，应当按照公允价值计量；公允价值不能可靠取得的，按照名义金额计量。

（1）与资产相关的政府补助，应当冲减相关资产的账面价值或确认为递延收益。与资产相关的政府补助确认为递延收益的，应当在相关资产使用寿命内按照合理、系统的方法分期计入损益。按照名义金额计量的政府补助，直接计入当期损益。相关资产在使用寿命结束前被出售、转让、报废或发生毁损的，应当将尚未分配的相关递延收益余额转入资产处置当期的损益。

（2）与收益相关的政府补助，应当分情况按照以下规定进行会计处理：用于补偿企业以后期间的相关成本费用或损失的，确认为递延收益，并在确认相关成本费用或损失的期间，计入当期损益或冲减相关成本；用于补偿企业已发生的相关成本费用或损失的，直接计入当期损益或冲减相关成本。

（3）对于同时包含与资产相关部分和与收益相关部分的政府补助，应当区分不同部分分别进行会计处理；难以区分的，应当整体归类为与收益相关的政府补助。

（4）与企业日常活动相关的政府补助，应当按照经济业务实质，计入其他收益或冲减相关成本费用。与企业日常活动无关的政府补助，应当计入营业外收支。

（5）企业取得政策性优惠贷款贴息的，应当区分财政将贴息资金拨付给贷款银行和财政将贴息资金直接拨付给企业两种情况，财政将贴息资金拨付给贷款银行，由贷款银行以政策性优惠利率向企业提供贷款的，企业可以选择下列方法之进行会计处理：

1）以实际收到的借款金额作为借款的入账价值，按照借款本金和该政策性优惠利率计算相关借款费用；以借款的公允价值作为借款的入账价值并按照实际利率法计算借款费用，实际收到的金额与借款公允价值之间的差额确认为递延收益。递延收益在借款存续期内采用实际利率法摊销，冲减相关借款费用。

2）财政将贴息资金直接拨付给企业，企业应当将对应的贴息冲减相关借款费用。

4. 政府补助的会计处理

新会计准则规定企业应当在利润表中的"营业利润"项目之上单独列报"其他收益"项目，计入其他收益的政府补助在该项目中反映。政府补助依据企业会计准则"其他收益"和"递延收益"科目核算。"递延收益"科目就是专为核算不能一次而应分期计入当期损益的政府补助而设置的。计入当期损益的政府补助直接计入"其他收益"科目；与资产相关或与以后期间收益相关的，先计入"递延收益"科目，然后分期计入"其他收益"科目。与企业日常活动无关的政府补助，应当计入营业外收支。

政府补助有两种会计处理方法，即收益法与资本法。所谓收益法是将政府补助计入当期收益或递延收益；所谓资本法是将政府补助计入所有者权益。收益法又有总额法与净额法两种具体方法。总额法是在确认政府补助时，将其全部金额确认为收益，而不是作为相关资产账面余额或者费用扣减。净额法是将政府补助确认为对相关资产账面余额或者所补偿费用的扣减。新政府补助准则规定既可以采用收益法中的总额法也可以采用净额法。

（五）其他收入

企业融资项目，企业发生的不属于生产经营性活动，如企业改扩建时处置固定资产、无形资产等形成的现金流入虽不属于销售收入，但应当确认为营业外收入；企业发生的与经常性活动相关的其他活动，如工业企业对外出售不需用的原材料、利用闲置资金对外投资、对外转让无形资产使用权等所形成的经济利益的收入也构成其他收入。

第二节　产品定价方法

项目的产品既可能是商品，也可能是服务或劳务，本书统称为项目产品。这里将投资项目分为两大类，一类是商业类投资项目，以获取商业利益为主要目的，投资主体多为私人部门，在我国还应包括大量的国有企业；另一类为公共产品或准公共产品投资项目，其投资主体主要为公共部门，将其归类为非商业性投资项目。投资项目产品的价格预测既是重点也是难点。在投资项目产品定价预测中，指导思想必须明确，即坚持价格机制是市场机制的核心，市场决定价格是市场在资源配置中起决定性作用的关键。

一、投资项目产品价格预测遵循的原则

改革开放以来，作为经济体制改革的重要组成部分，价格改革持续推进、不断深化，放开了绝大多数竞争性商品价格，对建立健全社会主义市场经济体制、促进经济社会持续健康发展发挥了重要作用。价格改革步伐大大加快，一大批商品和服务价格陆续放开，成品油、天然气、铁路运输等领域价格市场化程度显著提高。同时也要看到，一些重点领域和关键环节价格改革还需深化，政府定价制度需要进一步健全，市场价格行为有待进一步规范。为推动价格改革向纵深发展，加快完善主要由市场决定价格的机制，我国对推进价格机制改革作出了全面部署，在投资项目财务分析评价中应认真贯彻执行。

（一）中央关于推进价格机制改革的全面部署

2015 年中共中央、国务院发布《关于推进价格机制改革的若干意见》，明确了推进价格机制改革的指导思想、基本原则、总体目标和重点任务，对完善重点领域价格形成机制、健全政府定价制度、加强市场价格监管和反垄断执法作出了全面部署，这是我国当前和今后一个时期深化价格改革的纲领性文件。

2017 年《国家发展改革委关于全面深化价格机制改革的意见》（发改价格〔2017〕1941号）提出以"准许成本+合理收益"为核心完善价格形成机制，使得价格杠杆作用进一步发挥，公平竞争审查制度逐步推行，市场价格监管和反垄断执法力度持续加强，对激发市场活力、增强发展动力、保障改善民生发挥了积极作用。为规范政府制定价格行为，提高政府制定价格的科学 性、公正性和透明度，保护消费者和经营者的合法权益，国家发展改革委发布《政府制定价格行为规则》《政府制定价格成本监审办法》，同时发布《行业协会价格行为指南》，对行业协会从事的有助于行业发展、市场竞争和维护消费者合法权益的价格行为予以鼓励和倡导，对行业协会从事的可能违反《价格法》《反垄断法》《价格违法行为行政处罚规定》等法律法规的价格行为的风险予以提示，对行业协会评估其各类价格行为的合法性给予指引。

（二）投资项目产品价格预测遵循的原则

投资项目产品价格预测结合行业特点，认真贯彻中央价格机制改革的具体要求。遵循下列原则：

（1）坚持市场规律，围绕市场在资源配置中决定作用，破除限制资源要素自由流动的价格机制障碍，充分发挥由市场决定价格的机制，提高资源配置效率。

（2）经营者自主定价领域，要通过健全规则、遵守法律，维护现代市场秩序，有利于保

障和促进公平竞争。政府定价领域，必须严格规范政府定价行为。

（3）网络型自然垄断环节价格，应以"准许成本+合理收益"为核心、约束与激励相结合的定价制度，准确核定成本，科学确定利润，促进垄断企业技术创新、改进管理、降低成本、提高效率，维护消费者、经营者合法权益。

（4）产品价格预测要审慎稳妥，应与财政税收、收入分配、行业管理体制等改革相协调，合理区分基本与非基本需求，统筹兼顾行业上下游、企业发展和民生保障、经济效率和社会公平、经济发展和环境保护等关系，把握好时机、节奏和力度，切实防范各类风险。

（5）建立价格动态调整机制，科学界定财政补贴、使用者付费边界，综合考虑成本变化、服务质量、社会承受能力，依法动态调整公用事业和公共服务价格。企业应严格履行成本信息报送和公开义务，考虑城市供电、供水、供气、供热等领域上下游价格联动机制。制定政府和社会资本合作（PPP）项目价格调整机制，且符合政府和社会资本合作模式的内容要求。

二、商业类投资项目产品定价

（一）一般商品定价策略

1. 产品价格现状调查

（1）国内市场价格，价格变化过程及变化规律，最高价格和最低价格出现的时间和原因。

（2）国际市场价格（进口到岸价格和出口离岸价格），价格变化过程及变化规律，分析价格的合理性，有无垄断或倾销等情况。

（3）价格形成机制，是市场形成价格还是政府指导价格。

（4）市场竞争力分析，产品市场容量，目前国内外市场占有率，市场竞争的主要对手的生产、营销策略及其竞争力情况等。

2. 定价策略考虑的主要因素

（1）产品特点、寿命周期、产品成本。

（2）国内外市场的供需情况、价格水平和变化趋势。

（3）分销渠道。

（4）新的替代产品。

（5）法律法规政策变化。

（6）国内外税费、利率、汇率等变化，以及非贸易壁垒。

3. 定价的目标

一般而言，销售（服务）定价目标可分为利润导向型、销量导向型以及竞争导向型三种类型，具体内容如下：

（1）利润导向型目标。短期或长期利润最大化目标；满意利润目标，即比较适当的利润目标；预期投资收益率目标，是指企业确定一定的投资收益率或资金利润率。企业的预期销量实现了，预期收益也就实现了。

（2）销售导向型目标。销量收入最大化目标，是在保证一定利润水平的前提下，谋求销售收入的最大化；保持和扩大市场占有率目标；保持与分销渠道良好关系目标，良好的渠道关系能保持分销渠道畅通、高效，是企业营销成功与否的重要条件。

（3）竞争导向型目标。避免和应付竞争目标，在激烈竞争的市场上，企业为了适应竞争的需要而制定的；保持和稳定价格目标，为了达到保持和稳定价格目标，市场中各企业之间有时候形成一种默契，由行业中的一家企业决定产品的价格，其他企业则相应跟着定价。

（二）一般商品定价方法

投资者对商业性项目的定价往往要考虑成本、需求、竞争三个因素。相应的定价方法可以归纳为三大类，即成本导向定价法、需求导向定价法、竞争导向定价法。三种方法各有其适用范围。

1. 成本导向定价法

这是一种最简单的定价方法，就是在项目单位产出成本的基础上，加上一定的预期利润作为产品的售价或服务的价格。这种方法强调项目成本的充分补偿和盈利的可能，定价必须以产品成本或服务成本为最低界限，在保本的基础上考虑不同的情况制定对项目最为有利的价格。成本导向定价法总体强调以成本为中心确定项目产品价格，由于对产品成本的理解不同，形成了多种不同的成本定价法。

（1）完全成本加成定价法。这是一种最简单的定价方法，就是在项目单位产出成本的基础上，加上一定的预期利润作为产品的售价或服务的价格。由于利润的多少是按一定比例计算的，这种比例习惯上称为"加成"，所以这种方法称为成本加成定价法。其计算公式为

$$项目单位产出价格 = 项目单位产出成本 \times (1+成本利税率) \tag{4-3}$$

式中：成本利税率为预期利润占产品成本的百分比，这里的成本中包含税金。

该方法的优点是计算简单，价格盯住成本，不必经常依据需求情况作出调整；采用这种方法，能缓和竞争，各行业采用此法，不会引起较大的价格战，保证各行业取得正常的利润；对交易双方比较公平，容易被双方接受。

该方法也有明显的缺陷，它是从卖方的利益出发进行定价的，其基本原则是必须保本盈利，没有考虑市场需求和竞争因素的影响，只适用于卖方市场条件下的项目产出定价。另外，加成率是一个估计数，缺乏科学性。

（2）目标收益定价法。该方法又称目标利润定价法或投资收益定价法，在成本定价的基础上，按照目标收益率的高低计算价格。首先确定目标收益率，投资收益率、成本利润率、销售利润率或资金利润率都可以用来表示目标收益率。确定了目标收益率，项目的目标利润也就确定了，即

$$目标利润 = 总投资额 \times 目标投资利润率 = 总成本 \times 目标成本利润率$$
$$= 销售收入 \times 目标销售利润率 = 资金平均占用额 \times 目标资金利润率 \tag{4-4}$$

这样，项目单位产出的价格可以计算为

$$项目单位产出价格 = (总成本+目标利润)/预计销售量 \tag{4-5}$$

（3）盈亏平衡分析定价法。一般地，可以把项目总成本分为固定成本和变动成本两部分，项目产出与成本、价格之间有着密切的关系，只要量、本、价中任何一项变动都会影响到项目的盈利状况。盈亏平衡分析定价法又称损益平衡定价法或收支平衡定价法，就是从项目未来产出、成本、价格及收益之间的关系出发，在保证项目成本完全得以补偿的前提下，确定价格的一种方法。

首先确定盈亏平衡时的产销量

$$盈亏平衡点的产销量 = 固定成本总额/(单位产出价格 - 变动成本价格) \tag{4-6}$$

然后确定盈亏平衡时的单位产出价格

$$盈亏平衡点的单位产出价格 = (固定成本/盈亏平衡点产销量)+单位变动成本 \tag{4-7}$$

这种追求盈亏平衡的分析定价法，为投资主体选择最优价格提供了依据，投资主体可根

据自己的经营管理需要，合理确定保本点价格和盈利价格，针对项目供求和竞争的状况，及时灵活地调整来达到自己的目的。

2. 市场需求导向定价法

项目定价不仅仅只考虑成本因素，因商业价值的最终实现必须得到消费者的认可和接受。所以，消费者对项目产出的认知和接受程度是影响项目定价的重要因素。项目产出要被目标消费群体所接受，除其质量、功能等基本效用能满足消费者的要求外，其价格也必须与消费者对产出价值的判断相一致。市场需求导向定价法就是一种以需求为导向，以消费者对项目价值的认知为依据的定价方法。由于市场需求的多样性和多层次性，消费者的广泛性，市场需求导向定价法也分为以下几种。

（1）认知价值定价法。该方法的基本思路是，认为决定商品价格的关键因素是顾客对项目产出价值的认知水平，而不是卖方的成本。因此，在定价时，先要估计和测量在营销组合中的非价格变量在顾客心目中建立起来的认知价值，然后根据顾客对商品的认知价值，对项目产出进行定价。所谓顾客认知价值，也称顾客理解价值或顾客感受价值，是指消费者在观念上所认知、理解或感受的价值，它与实际的价值可能一致，也可能不一致。因此，准确地发现、界定消费者认知价值，对项目定价具有重要意义。

为了建立适当的市场认知价值，进行市场调研是必不可少的。正确判断界定顾客对项目产出价值的认知程度，主要采用三种方法：

第一，直接评议法。即邀请有关人员，如顾客、中间商、专家和其他有关人士等，对项目产出的价值进行直接评议，得出商品的认知价值，直截了当，简单明了。

第二，相对评分法。也称直接认知价值评比法。邀请顾客等有关人员用某种评分的方法对同类项目产出的价值进行评分，然后按分值的相对比例和现行市场平均价格推算评定项目的认知价值。

第三，诊断评议法。用评分法对项目产出的功能、质量、社会信用、服务水平等多项指标进行评分，找出各因素指标的相对认知价值，然后使用加权平均的方法计算出顾客对项目产出总的认知价值。此法相较前面的方法更加具有准确性，不致偏离实际价值太多。

（2）需求心理定价法。需求心理是指消费者在购买和享用项目产出的过程中产生的心理现象及其规律性。项目产出的市场接受程度，归根到底要看其是否符合消费者的需求，看其对消费者心理的满足程度，对消费者效用的满足程度。消费者在是否认知和接受某一项目产出的价格时会产生不同的心理反应，称这种心理反应为消费者价格心理。需求心理定价法就是依据消费者的消费价格心理反应特点来确定项目价格。采用此法，首先要认识消费者对价格反应的心理特征，因为这些心理特征会直接影响消费者对项目产出价格的接受程度。常见的消费者价格特征有以下四种：

第一，消费者对价格的习惯性。消费者在长期消费过程中，由于多次购买某些商品或享受某项服务，形成了对这些商品或服务价格的习惯性认识，导致消费者价格心理上的顽固性和抵抗性，使得消费者的"合理价格标准"带有强烈的主观认知色彩。尤其是当某一新的项目产出价格与市场普遍性项目产出价格偏差较大时，这种心理价格特征非常明显。

第二，消费者对价格的倾向性。主要是指消费者在对项目产出的消费过程中，对商品价格有各自的倾向性，对项目产出的功能质量水平会产生不同的要求和倾向。

第三，消费者对价格的感受性。主要是指消费者对项目产出价格高低贵贱的主观感受程度。消费者对价格的判断不可能建立在项目产出价格构成全面认识的基础上，而是通过同类项目产出的比较感受得到，容易产生错误的判断。

第四，消费者对价格的敏感性。主要是指消费者对价格变化的反应程度，也是价格刺激或抑制消费需求的心理功能的具体体现。通常情况下，消费者对项目产出价格存在某种相对稳定的估算，在一定时期内，如果价格变化太大，消费者心理会失去平衡，造成紧张和不安，甚至还会产生明显的反感情绪。因此，应结合消费者对价格的敏感性心理，根据消费者对商品需求强度的大小来确定项目产出价格。

总之，消费者在消费过程中所形成的与项目产出价格密切相关的消费心理特征是多种多样的，也是十分复杂的，不同的消费者有着不同的消费特点，同一个消费者对项目产出价格的重视程度和评判标准也不一样。并且，消费者会随着时间的变化，消费行为也会前后不一致。所以，投资主体在给项目产出进行定价时，必须认真研究项目自身的特点，研究目标市场上顾客的消费特点，依据消费者的价格心理，选取符合消费心理特点的定价方法。可供投资者选取的需求心理定价方法主要有以下五种：

第一，习惯定价法。即项目投资主体尽可能以消费者习惯接受的价格水平来确定项目产出的价格。对于那些消费者已形成习惯价格心理的项目产出在确定价格时，尽可能沿用习惯价格，不轻易改动，否则就会给公众形成涨价或质量水平下降的不良印象，从而影响整体项目的财务盈利性。

第二，声望定价法。根据消费者对投资主体和项目的声望心理判断来确定商品价格。项目产出的资产通常由项目的有形资产和无形资产两个部分组成，构成价格的无形资产包括项目的品牌和社会声誉等。一般来说，消费者认为信得过的，评价比较好的项目，消费者愿意付出较高的价格。这种方法关键是要抓住消费者的心理价格评价。

第三，从众定价法。投资主体更加偏爱大众在购买商品时的从众心理而采取的与市场同类项目定价相同的方法。从众定价有利于同类商品或服务的生产经营企业和平共处，减轻竞争压力，减少和避免项目经营管理风险，中小型投资项目一般采用此种定价方法。

第四，安全定价法。投资主体为了更好地经营管理项目，根据某些项目产出的消费特点，若项目产出是具体商品，则把售后服务、商品附带的消耗计算在商品售价中；如项目提供的是服务，则把跟踪调研、市场调查的费用计算在服务收费中，并据此确定产出价格。越来越多的项目建设都把售后服务、跟踪调查放在很重要的地位上加以考虑。如投资一个汽车项目，汽车的售后服务是不可忽视的重要环节；公共医疗机构投资医疗项目，对患者的跟踪调查对医疗项目本身就有很重要的作用，而同时还能产生良好的社会效益。

第五，组合定价法。投资项目内部有关联关系或者项目之间有关联关系的时候，就不能只考虑单个项目或产品，应依据消费者对关联项目产出的认知和预期，采取相互补充的定价。对于投资主体多元化，或产业链相互关联的项目，应采用组合定价方法。

（3）差别定价法。又称为区分需求定价法或需求差异定价法，是指在给项目产出定价时根据不同需求强度、不同购买力、不同购买地点和不同购买时间等因素，制定不同的价格。采用差别定价法，是建立在市场细分基础上的，有利于获取更多的项目盈利，也有利于从不同角度满足消费者的消费需求。采用这种方法，首先要分析需求差别，做好市场细分；其次要防止引起消费者的反感。主要包括四种方法：

第一，以顾客为基础的差别定价。对不同的消费者，可以采用不同的价格。比如对旅游服务产品的定价，老人、教师、军人和学生等一般在旅游时都可以享受到价格上的优惠。同一种商品出售给批发商、零售商或直接消费者，采用不同的价格。

第二，以项目产出式样为基础的差别定价。如对不同地区的消费者采用不同的价格；同一地区或城市的商品房、影剧院、运动场或游乐场等因地点或位置的不同，价格也会有所不同。

第三，以时间为基础的差别定价。不同季节、不同日期，甚至在不同时点的商品或劳务都可以制定不同的价格。现实中，这样的定价方式随处可见，宾馆、饭店在旅游旺季和淡季的收费标准不同；公用项目如电话、电报、电力等在一天中的不同时段收费标准也不相同；出租车在白天和晚上的计费价格不一样。

第四，以数量为基础的差别定价。对消费数量多少不同的消费者，采用不同的价格。如学生自己买书与学校教材科代买书，书本价格肯定会有很大差别；单人旅游与参加旅游团的消费差别也很大。

3. 市场竞争导向定价法

竞争导向定价法，是以市场同行业竞争对手的价格为主要依据，根据应付竞争或避免竞争的要求来制定自身项目产出的价格，以谋求在市场竞争中的生存和发展。其特点是：投资主体并不坚持自己所投项目的价格与其成本及需求之间的联系，即使自己经营管理的项目成本及需求有所改变，只要竞争者坚持其价格，自己项目的价格也不变；相反，当竞争者价格改变时，尽管自己所经营管理项目的成本及需求没有改变，也要为适应竞争对手的调价来改变自身项目的价格。常见的方法主要有随行就市定价法、利润陷阱定价法、排斥定价法和倾销定价法。

（1）随行就市定价法。又称流行水准定价法。根据同行业内项目的现行价格水平来定价，在竞争导向定价中是一种运用非常普遍的定价方法。一般是在成本测算比较困难或本身不具有绝对竞争优势，竞争对手不确定，以及投资者希望得到一种公平的回报和不愿打乱市场现有秩序的情况下所采用的一种行之有效的方法。

采用此种方法可以追随市场领先者定价，也可以采用市场的一般价格水平定价。对项目投资主体而言，这种定价方法可避免对成本和需求进行准确测算的麻烦，简化了定价工作；以市场的流行水准来确定项目的价格，在成本相近、项目差异性不大、市场条件基本相同的行业，能较好保证参与交易的各项目投资者获得市场平均回报。在激烈竞争的市场环境下，采用此法，可避免同类项目之间的价格大战和激烈竞争，协调处理好各投资者之间的关系，也有利于市场的稳定发展。

需要指出的是，采用随行就市定价，并不能消除同业竞争，只能是减轻部分市场压力，项目经营者还应苦练内功，提高产品质量，提高服务水平，树立项目的品牌形象，以保持项目的竞争优势。

（2）利润陷阱定价法。这是一种以高价高利为诱饵，设置陷阱，引诱竞争者进入自己的棋局之后，再以低价击退对手的一种独占市场的竞争定价法。其目标，一是尽可能地多吸收市场的利润；二是设置陷阱诱使其他项目投资主体也投入类同项目的竞争。

该方法一般由那些在市场竞争中有比较优势，项目前景看好但投资额度比较大的项目的投资者所采用，要求有较雄厚的实力和独特的技术优势。价格优胜劣汰的作用在这时体现得淋漓尽致，价格竞争中站稳，就可以在市场中生存和发展下去，价格竞争中落败，就只有转手项目或干脆撤销项目。

（3）排斥定价法。在市场销售中，项目投资者以价格作为竞争的手段，通过价格竞争，排斥竞争对手，争夺市场份额以扩大自己的市场份额的一种定价方法。在两种情形下，采用此种定价方法，一是在现存的竞争市场上，采取低价策略把竞争者排挤出市场；二是干脆图谋独占自己项目的市场，为防止竞争者进入市场而采取较低的产品或服务售价，建立起一道价格屏障。采用此法时，前期工作准备要做好。投资者必须对市场竞争的形势、产品或服务的特点和自身的实力有充分的认识，只有在市场上有竞争优势，项目产出下调价格空间较大，项目的寿命周期又比较长的时候采用排斥定价方法才能取得很好的效果。

（4）倾销定价法。是一国项目投资者为了进入或占领某国市场，排斥竞争对手，以低于国内市场价格，甚至低于项目产出物成本的价格向国外市场抛售商品或服务而制定价格的一种定价方法。采用这种定价法制定的价格，一般使用的时间比较短，不会长期使用。一旦达到预期目的，进入或占领了国外市场后，投资者就会提高价格，以收回在倾销中的损失，并获得应得的利润或垄断利润。但是，这种定价法制定价格，容易受到反倾销法的限制和制裁，本身就有很多的风险。

三、公共产品项目的定价

公共产品项目建设和运营资金除了来源于各种融资渠道提供的资金外，还包括政府从项目受益人那里收取的费用。公共产品项目定价，通常理解为收费。公共产品项目定价关注项目的自清偿问题。

自清偿项目（self-liquidating project）是指预计在一定时间内能获得足以偿付其费用的直接收入的政府项目。大多数此类项目都提供了公用事业服务，如由水力发电站提供的给水、电力、灌溉用水、排水等服务，又如收费桥梁、收费公路等。通常来说，预期自清偿项目能够获得平衡其支出的直接收入，但并不期望其能够获利或者交纳所得税。当项目的收费不足以补偿日常的运营成本及偿还投资的债务时，政府就必须有计划地弥补资金缺口，因此公共项目的收费决策实质上是确定如何将项目成本在受益人与公共部门之间合理分摊的问题。

（一）公共项目定价（或收费）原则

公共项目定价（收费）的基本原则包括经济效率原则、收入分配原则和国家积累原则。

1. 经济效率原则（efficiency incentive）

此原则与收费水平及价格结构有关。对投资项目收费，一方面可以减少浪费，使资源得到有效配置，从而使项目对经济社会发展所提供的效益最大化；另一方面也可以促使经营者提高管理水平和生产效率，使其以最低的成本来满足服务的需求。实现这一目标最好的方法是采用"效率价格"，即资源的价格等于其产生的边际效益。

2. 收入分配原则（income distribution）

即按国家的收入分配政策公平收费。收入分配原则要求考虑收入水平的差别和受益者支付能力的差别，保证低收入者有能力支付，而超额消费者应支付更高的代价。

3. 国家积累原则（government accumulation）

当项目有正效应时，从国家积累的角度，必要时不仅要回收项目的投资和运行成本，还要收回全部或部分盈余，为政府其他投资项目筹集资金。考虑该原则时要注意受益者的承受能力，过分强调国家积累可能使项目资源闲置，不能达到项目对经济发展的预期经济效益，导致经济效率受损。

按受益原则和效率原则，使用者应该对项目所提供的产品或服务给予支付，并使边际支付意愿等于边际社会成本。但考虑到公益性和公共性项目提供正的外部效果以及低收入群体的支付能力，收费水平往往要低于上述均衡价格。这类项目一般不能通过收费来达到项目投资的商业性回报标准，需要政府补贴。但不收费（除非收费在技术上不可行或成本太高）或收费太低，也不符合公平负担要求，并因此可能造成过度消费。收费水平实质上体现着投资者、政府财政和受益者之间的利益分配关系。

对公共项目收费需要考虑很多方面的因素，首先必须计算出项目各类参加者从项目中获得的净收益；其次要建立一个既能使政府从项目中获取适当收入，同时仍能够符合效率、收入分配和公平要求的收费体制。在规定项目的收费标准时，必须考虑到其他地区同类项目的收费标准以及收费成本、行政管理等问题。

（二）公共项目定价（或收费）方法

对非商业性投资项目或者公共项目的定价，实质上属于公共产品定价问题，这里主要讨论三种公共产品定价方法：在理想环境下的最优定价，也即是边际成本定价；存在环境扭曲情况下的次优定价和合理报酬定价。

1. 边际成本定价法

（1）定价模型。这是一种在比较理想环境下的公共产品定价方法，其环境条件需要具备以下特点：

1）信息充分。指项目的投资者清楚地知道消费者在何时何地需要何种产品服务，消费者也清楚地知道生产者在何时何地以何种价格出售何种质量的项目产出。

2）市场完全竞争，不存在垄断、外部性等扭曲因素。公共项目提供的是公共产品或服务，为使资源得到最有效的配置或者说为了项目产出最优化，必须以边际成本进行定价，即以项目产品需求曲线与边际成本曲线相交点所对应的价格作为项目产出物定价的依据，以保持价格与项目产出的边际成本和消费商品的边际效用相等。

如果公共项目产出的需求函数为 $X = F(P)$，其逆函数可表示为

$$P = P(X) \tag{4-8}$$

其中：$P(X)$ 连续、可微。

另外，也可以对项目的生产成本做出假设。假设 C 为项目产出物的成本，成本函数是连续和可微的

$$C = C(X) \tag{4-9}$$

假设公共项目投资者或管制者的目标是使社会福利 (W) 最大化，社会福利由社会总效益 (SB) 减去社会总成本 (SC) 得到的差表示

$$SB = \int_0^x P(X)\mathrm{d}X \tag{4-10}$$

于是，社会福利就可以表示为

$$W = \int_0^x P(X)\mathrm{d}X - C(X) \tag{4-11}$$

为满足社会福利最大化的要求，对式（4-10）求导，则有

$$\mathrm{d}W/\mathrm{d}X = P(X) - C(X) = 0 \tag{4-12}$$

即满足社会福利最大化的价格 $P = C'(X)$，即价格等于边际成本。

（2）边际成本定价的影响。采用边际成本定价法进行定价，会对资源配置及经济稳定产生各种影响，主要表现在以下方面。

首先，对项目的生产规模做出最优决策时，考虑到短期边际成本与长期边际成本的同一性，边际成本定价法会导致生产能力最有效的利用。如果公共性项目和商业性项目都按照边际成本定价，资源配置在公共部门的产出和私人部门的产出之间实现最优，社会资源配置达到最优化状态，也就实现了社会福利优化配置。

其次，就收入分配而言，边际成本定价与收入分配密切相关：

1）边际成本定价决定了合作剩余在消费者和生产者之间的分配，边际成本定价妥善处理了消费者剩余和企业利润的关系。

2）边际成本定价影响着不同收入阶层的人们对于产品的消费，因而具有分配效应。一方面，在规模报酬递增的情形中，如果公共项目产出主要由较低收入阶层的消费者消费，相对较低的价格水平具有正的分配效应；另一方面，对同种产品实行差别定价也具有分配效应。例如电力定价有高峰负荷与非高峰负荷之分，政府对高峰与低峰时的价格是否给以补贴，补贴额度多少，都会直接影响不同收入阶层的消费。

至于边际成本定价的经济稳定功能，应理解为边际成本定价是一个内在稳定器，在一定程度上会起到自动调节项目产出和市场消费的作用，但不具有一般性。经济繁荣期价格会降低，而在萧条时期价格反而上升，并且相对而言，在繁荣时期边际成本价格比平均成本价格下降得更快。此外，边际成本价格的内在稳定功能也依赖于市场的结构，一个垄断的公共项目可能对项目产出定出高价。

2. 次优定价方法

现实的市场环境往往不能够达到边际成本定价所要求的理想环境，面对的往往是一个由于垄断、外部性、商品税等因素的存在而扭曲的市场环境。那么，投资者自然要探寻此种市场环境下的项目定价问题，次优定价正是这种环境下的产物。

在一个经济体系中，如果存在一个或多个行为者的行为规则与所需要的行为规则相背离，这些行为者称为“不轨者”，且不轨者的行为又不能改变时，次优问题就存在。可以从福利比较的角度来理解，当存在行为规则偏离最优规则时，社会福利最大化的最优行为是存在“附加约束条件”的，一般会有一个预算收支平衡约束。价格制定者在价格制定过程中必须考虑“不轨者”的行为，项目定价也要相应的偏离边际成本。一般而言，存在约束条件的社会福利水平相对于不存在约束条件的社会福利水平要低，因而将存在环境扭曲情况下的定价为次优定价。次优定价根据其思路不同，包括两种主要定价方法。

（1）成本分摊定价法。这是侧重从成本角度进行定价的思路，主要目的是要选择一定的标准将联合成本与分类成本在不同的产品或服务以及不同的消费者之间进行分摊，意味着所有的成本都可以找到承担的对象。若项目本身亏损，通过财政补贴或通过收费使得项目的财务收入能够弥补其成本，保持项目的财务平衡。成本分摊的原则是各个用户产品或服务所负担的收费应该完全反映自己所要负担的成本，强调成本与承担成本的对象之间的对等关系。承担对象可能是私人消费者，可能是投资项目的直接投资主体或是政府部门，也有可能是一个综合的承担对象，各自承担一定比例的成本。

运用此定价方法首先要对项目单位产出的成本进行分割，划为归属成本和联合成本两类。归属成本是可找到确切归属者的成本，而联合成本则是产品共同发生的成本。以电话消费为例，电话费由消费者买单，而安装费基本上都由电话服务部门负担；再如电力消费，安装电表的成本是完全可以找到归属者的，它与具体的家庭或单位联系起来，而输送成本以及发电成本的归属者就不明朗，由消费者和公共部门共同负担。

（2）拉姆齐-布瓦特定价法。这是侧重从需求角度进行定价的思路，从拉姆齐（Ramsey，1927）的最优税收理论以及布瓦特（Boiteux，1951）有关国有企业产品定价的理论发展而来，通常将存在收支平衡约束条件下的定价方法称为拉姆齐-布瓦特定价方法。方法认为价格偏离边际成本的程度与商品的需求弹性成反比。需求弹性较大的商品或服务，价格偏离边际成本的比例要小；价格弹性越大的商品或服务，价格偏离边际成本的程度就相对较大。主要是因为商品或服务的需求弹性越低，越容易通过提高价格来实现财务平衡，项目投资者不必担心消费者会退出。商品或服务的需求弹性越大，价格上升则很容易使得消费者退出消费，由价格引起的扭曲效应就越大。当然，如果各种商品或服务的弹性相同，或者单一商品或服务的需求弹性为常数，则价格必须与边际成本成比例。拉姆齐-布瓦特定价法强调通过考虑价格和需求弹性等因素，来确定利润为 0，实现财务收支平衡的定价水平。就资源配置而言，在考虑利润为 0 的情况下，如果某项目产出是多样化的，在规模报酬递增的情况下，至少有一项产出的价格要高于边际成本，如果忽略商品之间需求的交叉弹性，所有的价格都要超过边际成本，不然项目投资对财政的压力就会过大，不利于项目的经营。此定价法还应考虑不同消费群体的承担能力。比如，为了补贴低收入阶层的消费者，公共项目要维持项目产出的低价格水平，如有赤字部分由政府财政买单，这样更能体现项目的公共性，扩大目标消费群体。另外，还要考虑价格结构，各部分的比例如何，哪部分采取直接财政补贴，哪部分考虑收费等。

3. 合理报酬定价法

为了保持项目的预算平衡，主要是为了兼顾消费者剩余和项目利润分配因素，公共项目通常有一个定价方面的预算约束-利润约束。合理报酬定价就是在一个合理报酬约束给定的条件下的一种公共项目定价方法，政府通常会通过限定项目实际投资的报酬率来对项目的利润进行限制，投资主体在限定内给项目产出定价。

所谓合理报酬约束，简单地说，就是管制者将项目的报酬率限定在某一个合理的水平，即对投资报酬率设定一个上限和一个下限，不能太高也不能太低。若太高，项目的商业性色彩会太浓；太低，则财政和税收会有压力。因此，应限定在一个大家都能接受的合理水平。当然，报酬率的高低难以制定一个统一的标准，其合理性往往与具体的问题和行业有关，因而上下限的确定有很大的随意性。一般而言，应邀请项目所属行业领域的专家和直接管制者共同参加论证会，对项目投资报酬率的上下限进行比选论证。

合理报酬定价法就是项目投资报酬率的上限和下限被确定下来后，项目投资者在上下限的范围内，考虑具体时间具体区域具体情况，确定拟建项目的投资报酬率，并据此计算项目单位产出的合理价格。这种定价方法，政府管制充当一个很重要的角色。首先，它要具体监管项目建设，防止项目投资建设中对投入要素不合理的替代，如有的投资者会尽可能地以资本替代劳动投入或相反的操作；其次，对有些项目要具体问题具体分析，不只着眼于项目的财务效益，还要考虑项目的社会效益、未来效益、对外形象等，考虑是否给以补贴和税收优惠措施等。投资者则可以在产出和价格之间做出协调决策，产出规模的大小不同时，对项目单位产出的定价也会不同，投资者应综合考虑各方面因素进行权衡决定。

4. 公共项目收费标准衡量

公共项目收费水平太高或太低，都不利于其预定经济效率目标的实现以及项目的可持续性，因此在确定收费水平后，还需要测算一些指标来衡量项目收费标准的合理性，以确保项目的执行与政府政策的既定意图（如公平目标）相一致，若出现较大偏差，则必须重新考虑既定的项目价格水平。

（1）成本回收指数。成本回收指数（cost recovery index）主要测算政府用于项目的支出中，有多大的比例将直接从受益人那里回收。成本回收指数是按照不变的市场价格计算的，即需要用资本的经济成本作为贴现率对支出和收入进行折算

$$成本回出指标 = \frac{该项目收费现值}{政府用于该项目支出的现值} \tag{4-13}$$

（2）净效益回收指数。净效益回收指数（net benefit recovery index）主要测算项目的净效益有多少能够从受益人那里直接回收。净效益是指受益人扣除了他们为受益而付出的各种费用和要素的正常回报后所获得的净得益。以政府投资的灌溉项目为例，项目受益人即农户的净效益等于因灌溉而增加的产出效益减去下列各项费用：

1）农户为此而多花的种子、肥料和农药等增量现金支出；

2）由农户出资的、与灌溉有关的各种配套设施投资资金的正常回报；

3）农户由此增加的劳动力机会成本和其他支出。

净效益回收指数在这里就可以判断农户从该灌溉项目中获得的额外效益中有多少通过收费（一般按灌溉水的使用量）回收。

净效益回收指数的计算公式为

$$净效益回收指数 = \frac{该项目收费}{受益者从该项目获得的净效益} \tag{4-14}$$

净效益回收指数不是贴现指标，而是利用项目某个成熟年份的预测值进行计算。通常用作公用项目收费标准的参考。当该指数等于 0 时，说明不收费；指数等于 1 时，全部净效益通过收费收回；指数大于 1 时受益者受损，不会参与项目。

（3）联合费用分摊。很多公共项目可能拥有多个目标和多个利益主体，这就有项目的费用（投资和运行费）合理分摊的问题。大型水利枢纽项目就有灌溉、航运和发电等多个效益目标。有些费用（如灌渠）是可以分清的，而有些费用（如水坝）是共同的。在进行投资决策、特别是建成后计算合理的价格（灌溉水价、航运收费和电价）时，就面临建设费用和运行费用的合理分摊问题。这种情况也发生在同一产品不同地区用户的定价问题上，如南水北调、西气东输和西电东送等项目。

建议这类项目的费用分摊用世界银行推荐的可分成本-剩余效益法（separable cost-remaining benefit method）。这个方法的思路是把联合成本分为可分成本和剩余联合成本两部分，前者是为特定目标而产生的费用，不需要分摊，直接作为特定目标的成本（费用）；后者是为多种目标（或用户）服务而产生的费用，需要分摊。分摊的办法是按各种目标产生的剩余效益（remaining justifiable benefit）的大小进行分摊。所谓剩余效益是指各目标的效益（或单独实现这个效益所需费用，二者取小者）减去相应的可分成本。这里要说明的是，无论收费还是费用分摊，从资源配置角度看主要是一种财务利益上的安排，不能用基于这种收费和费用分摊的结论来拆散具有整体性和系统性项目的财务分析。

第五章

成本费用的预测和估算

成本是产品定价的基础，成本预测是否准确，直接影响产品定价的合理性，影响项目盈利能力和偿债能力的评价结果，影响项目利益相关者的财务决策，关系到项目运作的成败；在市场经济条件下，产品成本是衡量生产消耗补偿的尺度，投资项目必须以产品销售收入抵补产品生产过程中的各项支出，才能获得盈利。产品原材料消耗水平、劳动生产率的高低等，都会通过生产成本反映出来，成为衡量投资项目生产工艺先进性、设备选型合理性，运营组织管理设计方案科学性的综合性技术经济指标，从而使得投资项目产品成本费用预测和估算在投资项目财务分析评价中具有重要作用。本章结合投资项目财务分析的特点，阐述产品成本费用的概念、成本预测和估算的原则、内容与方法。

第一节　产品定价成本核定与企业产品成本核算

一、产品定价成本核定应遵循的原则与成本费用项目

（一）核定定价成本应当遵循的原则

（1）合法性。计入定价成本的费用应当符合有关法律、法规，财务制度和国家统一的会计制度，以及价格监管制度等规定。

（2）相关性。计入定价成本的费用应当与定价商品或者服务生产经营过程直接相关或者间接相关。

（3）合理性。计入定价成本的费用应当反映生产经营活动正常需要，并按照合理方法和合理标准核算；影响定价成本水平的主要技术、经济指标应当符合行业标准或者公允水平。

（二）定价成本核定的主要项目及核定标准

核定定价成本，应当以经会计师事务所审计或者政府有关部门审核的年度财务报告以及手续齐备的原始凭证及账册为基础，参照下列要求进行核定：

（1）原材料、燃料和动力的单位产品消耗数量、损耗率等主要技术指标，应当符合有关消耗定额或者损耗率的国家标准或者行业标准。没有国家标准或者行业标准的，参照可比经营者平均水平核定。同行业内各经营者之间技术指标不可比的，应当考虑经营者实际情况和区域差异等因素，并参照经营者历史水平合理核定。原材料、燃料等购进价格明显高于同期同类产品市场平均价格的，原则上应当按照同期同类产品市场平均价格确定其进货成本。

（2）职工工资总额按照职工平均工资与职工人数核定。其中，职工平均工资原则上据实核定，但不得超过统计部门公布的当地该行业职工平均工资水平；职工人数按照实际在岗职工人数核定，政府有关部门或者行业有明确规定的，不得超过其规定人数。由政府有关部门进行工资管理的，职工工资总额上限为按照其工资管理规定核定的数值。因解除与职工的劳

动关系给予的补偿，按照一定年限分摊计入定价成本。

（3）工会经费、取工教育经费、职工福利费、社会保险费（包含补充医疗和补充养老保险）、住房公积金，审核计算基数原则上按照经营者实缴基数核定，但不得超过核定的工资总额和当地政府规定的基数，计算比例按照不超过国家或者当地政府统一规定的比例确定。应当在工会经费、职工教育经费和职工福利费中列支的费用，不得在其他费用项目中列支。

（4）固定资产、无形资产等各类资产的原值，参照合理规模，遵循历史成本原则核定。按照规定进行过清产核资的，根据有关部门认定的固定资产价值核定。未投入实际使用的、不能提供价值有效证明的、由政府补助或者社会无偿投入的资产，以及评估增值的部分不得计提折旧或者摊销费用。固定资产折旧方法采用年限平均法（交通运输等行业可以采用工作量折旧法）。折旧年限应当根据固定资产的性质、设计使用年限和行业规范，并考虑资产使用状况合理核定。经营者确定的固定资产折旧年限明显低于实际使用年限，成本监审时应当按照实际使用年限调整折旧年限。残值率一般按 3%～5%计算。行业定价成本监审办法有规定的，从其规定。

（5）实行特许经营的，固定资产折旧年限按照不同情况分别处理：特许经营期满后资产无偿移交的，固定资产折旧年限最高不超过特许经营期；特许经营期满后资产有偿转让的，按照有关规定确定折旧年限。

（6）无形资产从开始使用之日起，在有效使用期限内分摊计入年度费用中。其中，土地使用权费已计入地面建筑物价值且无法分离的，随建筑物提取折旧；其他按照土地使用权年限分摊。特许经营权费用原则上不得计入定价成本，政府规定允许计入的，按照特许经营年限分摊，没有特许经营年限的按 30 年分摊。专利权等其他无形资产，按照受益年限分摊，没有明确受益年限的按不少于 10 年分摊。

（7）修理费用原则上据实核定，也可以按照固定资产原值的一定比例核定，或者在固定资产原值的一定比例内据实核定。

（8）管理费用中，人员相关费用参照有关职工规定核定；会议费、交通费、差旅费、业务招待费等非生产性费用按照监审期间内平均水平核定，其中业务招待费不得超过当年主营业务（指生产经营监审商品或者服务的业务）收入的 5‰。销售费用中，人员相关费用参照有关职工规定核定，其他项目原则上据实核定。

（9）财务费用中的利息支出原则上据实核定。年度利息支出差异较大的，按照还款期计算的年平均利息核定。自有资本金比例未达到国家规定的，不足部分的借款利息不得计入定价成本。

（10）经营者获得的与监审商品或者服务有关的政府补助，用于购买固定资产的，按照根据有关部门认定的固定资产价值核定；用于补助专门项目的，直接冲减该项费用；未明确规定专项用途的，应当冲减总成本。

（11）经营者生产经营多种商品或者服务的，应当采取合理的方法分摊共同发生的费用。

（12）其他业务成本应当单独核算，不计入监审商品或者服务成本。其他业务与主管业务共同使用资产、人员或者统一支付费用，依托主营业务从事生产经营活动，以及因从事主营业务而获得政府优惠政策，不能单独核算或者核算不合理的，应当将其他业务收入按照一定比例冲减总成本。该比例可采用收入比、直接人员数量比、资产比或者其他合理方法确定。

（13）不得计入定价成本的费用：

1）不符合《中华人民共和国会计法》等有关法律、行政法规，财务制度和国家统一的会计制度，以及价格监管制度等的费用；

2）与监审商品或者服务生产经营过程无关的费用；

3）虽与监审商品或者服务生产经营过程有关、但有专项资金来源予以补偿的费用；

4）固定资产盘亏、毁损、闲置和出售的净损失；

5）向上级公司或者管理部门上交的利润性质的管理费用、代上级公司或者管理部门缴纳的各项费用、向出资人支付的利润分成以及对附属单位的补助支出等；

6）各类捐赠、赞助、滞纳金、违约金、罚款，以及计提的准备金；

7）公益广告、公益宣传费用，以及垄断性行业的各类广告费；

8）经营者过度购置固定资产所增加的支出（折旧、修理费、借款利息等）；

9）其他不合理费用。

（14）同种商品或者服务有多个经营者的，应当在审核单个经营者成本基础上，通过汇总平均，核定商品或者服务的定价成本。

二、企业产品成本核算制度

为了加强企业产品成本核算工作，规范企业成本管理行为，确保产品成本信息真实、完整，适应国内外市场经济发展需要，提高企业竞争能力，促进企业和经济社会的可持续发展，财政部根据《中华人民共和国会计法》《企业会计准则》等国家有关规定，发布了《企业产品成本核算制度》，是投资项目财务分析中的成本费用估算的参考依据。

（一）企业产品成本核算的基本要求

（1）适用于企业实际成本核算，且满足企业多层次、多维度管理需求。随着市场经济体制的不断完善，企业由传统生产型转变为生产经营型，企业产品成本核算的目的正在发生重大转变。需要统一规范企业产品成本核算的对象和项目，细化成本归集、分配和结转核算方法，建立规范的操作性强的核算体系，并适度引入现代企业成本核算的新实践，如作业成本法，不仅适用于企业实际成本核算的要求，同时体现了管理会计的理念，满足企业多层次、多维度的管理需求，促进发挥成本信息在决策中的作用，同时满足政府、股东、债权人等利益相关方掌握信息的需求。

（2）建立制造业和非制造业企业统一适用的产品成本核算体系，兼顾制度的普遍适用性和可操作性。在传统体制下，通常以制造企业为蓝本制定成本会计制度。随着产业结构的调整，非制造业在国民经济中的比重日益扩大，现代企业集团多领域、跨行业的多元化发展趋势使其产品成本核算日益复杂化，农业、采矿业、建筑业、交通运输业、信息传输业等非制造业的产品成本信息在企业管理中变得日益重要，需要针对制造业、农业、批发零售业、建筑业、房地产业、采矿业、交通运输业、信息传输业、软件及信息技术服务业、文化业以及其他行业的特点，规范企业成本核算。

（3）明确产品和产品成本内涵的界定。产品是指企业日常生产经营活动中持有以备出售的产成品、商品、提供的劳务或服务。产品成本是指企业在生产产品过程中所发生的材料费用、职工薪酬等，以及不能直接计入而按一定标准分配计入的各种间接费用。产品成本包括采购成本、加工成本和其他成本。企业在生产经营中所发生的耗费，能够归属于使产品达到目前场所和状态的，应当计入产品成本，否则应计入期间费用。

（二）企业产品成本核算的主要内容

企业应当根据产品生产过程的特点、生产经营组织的类型、产品种类的繁简和成本管理的要求，确定产品成本核算的对象、项目、范围，及时对有关费用进行归集、分配和结转。企业产品成本核算采用的会计政策和估计一经确定，不得随意变更。产品成本核算一般流程为：确定产品成本核算的对象、确定成本范畴，进而根据核算对象的特点及成本形成过程、方式，设计具体的核算项目及成本归集对象，确定共同成本分配方式及成本信息的披露等要求。

1. 产品成本核算的对象

产品成本核算对象，实质是生产费用的归属对象和生产耗费的承担者，是计算产品成本的前提。产品成本核算，首先确定成本核算对象，以便按照每一个成本核算对象，分别设置产品成本明细账或成本计算单，来归集各个对象所应承担的生产成本，计算出各对象的总成本和单位成本。因此，正确确定产品成本核算对象，是成本核算的关键问题。

当企业内部管理有相关要求的，可以按照现代企业多维度、多层次的管理需要，确定多元化的产品成本核算对象。所谓多维度，是指以产品的最小生产步骤或作业为基础，按照企业有关部门的生产流程及其相应的成本管理要求，组合出产品维度、工序维度、车间班组维度、生产设备维度、客户订单维度、变动成本维度和固定成本维度等不同的成本核算对象。所谓多层次，是指根据企业成本管理需要，划分为企业管理部门、工厂、车间和班组等成本管控层次。

2. 产品成本项目和范围

企业应当根据生产经营特点和管理要求，按照成本的经济用途和生产要素内容相结合的原则或者成本性态等设置成本项目。相关成本项目的确定，需要对生产费用按一定标准进行分类。生产费用是指企业在一定时期内产品生产过程中消耗的生产资料的价值和支付的劳动报酬之和，可按经济用途和经济内容进行分类。

（1）生产费用按经济用途分类。生产费用的经济用途分类，是指按生产成本在生产产品或提供劳务过程中的实际用途进行分类，明确构成产品生产成本的具体项目。以制造企业为例，其生产费用的经济用途成本核算划分项目如下：

1）直接材料，是指企业生产过程中实际消耗的原材料、辅助材料、设备配件、外购半成品、包装物以及其他直接材料。

2）燃料和动力，是指直接用于产品生产的燃料和动力。

3）直接人工，是指企业直接从事产品生产人员的工资薪酬、福利费以及各项社会保险、住房公积金等职工薪酬。

4）制造费用，是指企业为生产产品和提供劳务而发生的各项间接费用。包括生产部门（车间、分厂等）为组织和管理生产发生的间接费用，如水电费、管理人员的职工薪酬、固定资产折旧、无形资产摊销、机物料消耗、低值易耗品摊销、取暖费、办公费、劳保费、国家规定的有关环保费用、季节性和修理期间内的停工损失、废品损失、运输费、保险费等费用。

（2）生产费用按经济内容分类。生产费用按经济内容分类，是指按为生产产品和提供劳务而开支的货币资金以及消耗的各项实物资产进行分类，明确费用要素，即产品成本范围。以制造企业为例，其生产费用一般可分为以下几项费用要素。

1）外购材料，指企业为了生产产品和提供工业材料、外购半成品、外购周转材料（如包装物和低值易耗品）等。

2）外购燃料，指企业为生产产品和提供劳务而耗用的一切外购的各种固体、液体和气体燃料。

3）外购动力，指企业为生产产品和提供劳务而耗用的一切由外部购买的电力、蒸汽等各种动力。

4）职工薪酬，指企业为生产产品和提供劳务而发生的如职工工资、福利费、各项社会保险及住房公积金等费用。

5）折旧费，指企业的生产单位（车间、分厂）按规定计提的固定资产折旧费。

6）其他支出，指企业为生产产品和提供劳务而发生的不属于以上要素费用的费用支出，如车间发生的办公费、差旅费、水电费、保险费等。

（3）正确区分产品成本和期间费用。企业应当根据所发生的有关费用能否归属于具体产品直接支出的原则，正确区分产品成本和期间费用。期间费用是指一定时期发生的与产品的制造没有直接关系的费用支出，具体包括配送费用、销售费用、管理费用、财务费用等。其中：配送费用是指把产品送到用户所发生的运输费、装卸费等成本；销售费用是指涉及销售人员的工资和佣金，以及销售部门的其他费用支出；管理费用是指企业行政管理部门为组织和管理生产经营活动而发生的各项费用支出，如工资和福利费、折旧费、办公费、水电费和保险费等。

（三）部分行业项目成本核算内容

由于各行业特点，制造业与非制造业产品成本项目的内容差异很大。此外投资项目产品成本预测与企业产品生产成本核算也存在较大不同。这里阐述制造业、电力、水利水电、农业、房地产、采矿业、交通运输业、信息传输业、软件及信息技术服务业、文化业、旅游业等投资项目经营成本费用的构成内容。经营成本费用等于直接生产成本加其他费用，其他费用是制造费及期间费用（管理费、销售费、财务费）分解后，扣减折旧费、摊销费以及财务费用的余额，将材料、燃动力、工资、维修等费用分别计入相关经济内容和生产要素。

1. 制造业投资项目

制造业项目分为两大类，离散制造业（discrete）和流程制造业（process）。离散制造业主要包括机械加工和组装性行业，典型的产品有汽车、飞机、计算机、日用品等，多数企业属于多品种小批量生产类型。流程制造业是指物料经过混合、分离、成型或化学反应等工艺过程，典型的有化工、冶金、橡胶、制药、食品、造纸、陶瓷等行业。

投资项目产品经营成本费用预测中常常偏重于构成产品实体资源消耗的测算，忽视产品研发、环境及人工等成本费用的预测，成本费用内容构成不完整，造成预测数据与实际发生成本偏差较大。在传统制造业向现代制造业转型中，以信息化带动制造业发展，产生了新的制造模式，在方案设计上强化了企业研发能力和技术创新能力，强化了环境保护和节能措施，从而使产品成本项目的概念和内涵也有了新的变化。因此，产品成本费用预测应突破传统观念，结合项目产品方案的具体内容，合理确定成本项目。

制造业投资项目一般按照产品品种、批次或生产步骤等确定产品成本核算对象。产品规格繁多的，可以将产品结构、耗用原材料和工艺过程基本相同的产品，适当合并作为成本核算对象。经营成本费用一般设置外购材料、外购燃料和动力、职工薪酬、修理费及其他费用等成本项目。

2. 火（热）电工程投资项目

电力系统由电源和电网两大部分组成，电力工程投资项目包括发电工程，输、变电工程以及相应的保护、通信、调度、安全自动化等设施。发电工程包括火电、热电、纯供热、核电、风力发电、垃圾电站、煤电联产（坑口电站）、燃气蒸汽联合循环、脱硫电站等。电力企业根据生产经营的特点，将管理费用与销售费用一并列入电力产品成本进行核算，在期间费用中只核算财务费用。自厂网分开后，独立发电公司仅计算发电成本，网、省电力公司购电成本比重加大。对于每一发电工程，需计算本期发电成本与上网电价。一个厂址内常有多期建设工程，分属不同的独立发电公司，其公用工程需要分摊或有偿使用。火（热）电厂的产品成本分项内容如下：

（1）燃料费。指为生产电力（热力）产品所耗用的各种燃料（煤油、气等）的总费用。一般折成标准煤计算。发电标准煤耗率按设计提供值，并参考同类机组统计值，另附加一定系数。

（2）用水费。指发电生产用的外购水费（不包括非生产用水费），水费按消耗水量和当地购水价计算，或按网、省电力公司上年度的单位水费统计值计算。

（3）材料费。指生产运行、维修和事故处理等所耗用的水处理化学药品、材料、备品备件和低值易耗品等。材料费按网、省电力公司上年度单位统计值计算。

（4）工资及福利费。指电厂生产和管理部门人员的工资，按设计提供及主管部门批准的人员人数和网、省电力公司上年度或上半年度年平均工资统计值计算，自备或地方电站可参考当地同容量机组统计值；福利费按有关规定估算。

（5）修理费。计算方法和取费基数同基本折旧费。

（6）其他费用。指不属于以上各项而应计入电力（热力）成本的其他费用。

3. 水利水电建设项目

水利水电建设项目的经营成本构成如下：

（1）材料燃料及动力费。材料费是指水利水电工程运行维护过程中自身需要消耗的原材料、原水、辅助材料、备品备件等费用。燃料动力费主要为水利工程运行过程中的抽水电费、北方地区冬季取暖费及其他所需的燃料等。抽水电费需根据泵站特性、抽水水量和电价等计算确定，取暖费支出以取暖建筑面积作为计算依据，其费用可根据邻近地区近三年同类水利建设项目统计资料分析计算。

（2）工资及福利费。工资及福利费是指为获得职工提供的服务而给予各种形式的报酬以及其他相关支出，包括职工工资（指工资、奖金、津贴、补贴等各种货币报酬）、福利费、工会经费、职工教育经费、住房公积金、医疗保险费、养老保险费、失业保险费、工伤保险费、生育保险费等社会基本保险费。

（3）修理费。修理费是指为保持固定资产的正常运转和使用，充分发挥使用效能，对其进行必要修理所发生的费用，按照修理范围的大小和修理时间间隔的长短可分为大修理和中小修理。修理费在成本中列支，如果当期发生的修理费用数额较大，可实行预提或摊销的办法。修理费可按类似工程近三年实际统计资料计算。

（4）水资源费。直接从江河、湖泊或者地下取用水资源的单位和个人，应当按照国家取水许可制度和水资源有偿使用制度的规定，向水行政主管部门或者流域管理机构申请领取取水许可证，并缴纳水资源费，取得取水权。

（5）原水水费。原水水费是指从其他水源工程取水所需交纳的水费，如引调水工程从非本工程修建的水库取水就需要交纳原水水费。若直接从河湖取水，或取水设施与输水工程为一整体的，则不需交纳原水水费，原水水费由原水水价与取水量的乘积，原水水价可按成本加利润核定和协议确定。

（6）其他费用。其他费用是指水利水电工程运行维护过程中发生的除职工薪酬、材料费等以外的与供水、发电生产经营活动直接相关的支出，包括工程观测费、水质检测费、临时设施费等，以及管理机构的差旅费、办公费、咨询费、审计费、诉讼费、排污费、绿化费、业务招待费、坏账损失等。可根据近三年邻近地区同类水利建设项目统计资料分析计算。该值可按照类似项目近期调查资料分析计算。

（7）保险费。保险费包括固定资产保险和其他保险，有经营性收入的水利工程在有条件的情况下可予以考虑，保费按与保险公司的协议确定。

（8）库区基金。库区基金是指水库蓄水后，为支持实施库区及移民安置区基础设施建设和经济发展规划、支持库区防护工程和移民生产、生活设施维护和解决水库移民的其他遗留问题等需花费的费用。

4. 农业投资项目

农业投资项目属于生物资产投资项目。按《企业会计准则 第5号 生物资产》的定义，这里所称"农业"是广义的范畴，包括种植业、畜牧养殖业、水产业和林业等行业。农业投资项目包括种植项目、养殖业项目、林业项目、渔业项目、农产品加工项目、综合性开发项目。这类项目所涉及的生物资产，是指有生命的动物或植物，特点是有生命的动物和植物具有能够进行生物转化的能力。生物转化，是指导致生物资产质量或数量发生变化的生长、蜕化、生产和繁殖的过程。农业企业的生产是经济再生产和自然再生产相互交织，而经济再生产又以自然再生产为基础，具有季节性、生产周期长、受到各种自然灾害、疾病和瘟疫干扰因素多、资金周转慢等特点。

农业投资项目一般按照生物资产的品种、成长期、批别（群别、批次）、与农业生产相关的劳务作业等确定成本核算对象。种植业的成本核算对象是种植作物产品；畜牧养殖业的成本核算对象是畜群及其产品；林业的成本核算对象是经济林木等林产品；渔业的成本核算对象是水产品。

（1）种植、畜牧养殖及渔业项目经营成本费用。一般设置直接材料、直接人工、机械作业费、其他直接费用和其他费用。外购生产资料和原材料，是指种植业生产中耗用的自产或外购的种子、种苗、饲料、肥料、农药、修理用材料和零件、原材料以及其他材料等；养殖业生产中直接用于养殖生产的苗种、饲料、肥料、燃料、动力、畜禽医药费等。外购燃料和动力，包括外购电力、煤、气、水等。职工薪酬，是指直接从事农业生产员工及管理人员的工资及社会保险费等。机械作业费，是指种植业生产过程中使用农用机械进行耕耙、播种、施肥、除草、喷药、收割、脱粒等机械作业所发生的费用。其他直接费用，是指除直接材料、直接人工和机械作业费以外的畜力作业费等直接费用。其他费用，是指应摊销、分配计入成本核算对象的运输费、灌溉费、租赁费、保养费、其他管理费等费用。农业企业的其他费用类似于其他制造费用，其他管理费及其他销售费可采用工时法、人工成本法、直接成本法（间接费占直接成本的比率）计算分配率的方法进行估算。

（2）林业项目成本核算对象与生产成本费用构成。林业项目的成本核算对象是经济林木等林产品。在计算林产品的成本时，企业可以按照种子、苗圃苗木、木材用途、品种、成长期、批别（群别、批次）、播种年份等确定成本核算对象。林业经营成本费用是指企业在林业产品生产过程中发生的全部费用，分三个成长阶段计算，内容包括：①苗圃育苗成本及其他费用，指培育树苗阶段企业发生的全部生产费用，在幼树成林后企业发生的成本不再计入该项目；②抚育成本及其他费用，指经济林成林后，为保证经济林成活，促进林木生长，改善林木组成和品质及提高森林生产率所采取的各项措施所发生的费用，抚育措施主要包括除草、松土、间作、施肥、灌溉、排水、去藤、修枝、抚育采伐、栽植下木等工作；③停采、停割期间成本及其他费用，指在经济林停采、停割期间发生的与经济林维护等相关的费用。

5. 房地产项目

房地产投资项目是指土地开发与建设、房屋的开发与经营、城市基础设施建设和公共配套设施的开发建设、代建工程的开发等项目。这类项目的开发经营周期长、投资规模大，受宏观政策调控的影响大等风险。房地产开发企业的产品是地产和房产，产品售价与成本不配比，与一般企业的生产经营具有很多不同。

房地产业投资项目一般按照开发项目、综合开发期数并兼顾产品类型等确定成本核算对象，一般设置土地征用及拆迁补偿费、前期工程费、建筑安装工程费、基础设施建设费、公共配套设施费、开发间接费、借款费用等成本项目。

（1）土地征用及拆迁补偿费。是指为取得土地开发使用权（或开发权）而发生的各项费用，包括土地买价或出让金、大市政配套费、契税、耕地占用税、土地使用费、土地闲置费、农作物补偿费、危房补偿费、土地变更用途和超面积补交的地价及相关税费、拆迁补偿费用、安置及动迁费用、回迁房建造费用等。

（2）前期工程费。是指项目开发前期发生的政府许可规费、招标代理费、临时设施费以及水文地质勘察、测绘、规划、设计、可行性研究、咨询论证费、筹建、场地通平等前期费用。

（3）建筑安装工程费。是指开发项目开发过程中发生的各项主体建筑的建筑工程费、安装工程费及精装修费等。

（4）基础设施建设费。是指开发项目在开发过程中发生的道路、供水、供电、供气、供暖、排污、排洪、消防、通信、照明、有线电视、宽带网络、智能化等社区管网工程费和环境卫生、园林绿化等园林、景观环境工程费用等。

（5）公共配套设施费。是指开发项目内发生的、独立的、非营利性的且产权属于全体业主的，或无偿赠予地方政府、政府公共事业单位的公共配套设施费用等。

（6）开发间接费。指企业为直接组织和管理开发项目所发生的，且不能将其直接归属于成本核算对象的工程监理费、造价审核费、结算审核费、工程保险费等。为业主代扣代缴的公共维修基金等不得计入产品成本。

（7）借款费用。是指符合资本化条件的借款费用。

房地产企业自行进行基础设施、建筑安装等工程建设的，可以比照建筑企业设置有关成本项目。

6. 采矿业投资项目

矿山开采是指石油和天然气、金属矿、非金属矿及其他矿产资源的勘探和生产、闭坑及有关活动项目。矿山是指有完整独立的生产系统，经营管理上相对独立的矿产品生产单位，是开采矿石或生产矿物原料的场所。除具有一般工业企业的共性特点，在生产经营方面有其独特之处。不可再生矿山企业生产建设和生产准备工作量大、周期长，矿山生产安全是特殊问题，生产过程的生态保护与环境治理所耗费的支出在成本费用占有一定比例。采矿业投资项目一般按照所采掘的产品确定成本核算对象，一般设置直接材料、燃料和动力、直接人工、间接费用等成本项目。

（1）直接材料。是指采掘生产过程中直接耗用的添加剂、催化剂、引发剂、助剂、触媒以及净化材料、包装物等。

（2）燃料和动力。是指采掘生产过程中直接耗用的各种固体、液体、气体燃料，以及水、电、汽、风、氮气、氧气等动力。

（3）直接人工。是指直接从事采矿生产人员的职工薪酬。

（4）修理费。矿产成本中的修理费用指项目设备及安装工程的大修理费用、中小修理费。井巷工程和土建工程的修理费均已按照费用要素分解计算在材料、动力、职工薪酬等费用要素中。

修理费按照设备及其安装工程的固定资产和提存率计算，公式如下

$$修理费=设备及其安装工程固定资产原值×提存率 \tag{5-1}$$

式中：设备及其安装工程固定资产原值包括设备及其安装工程中的基建投资、基本预备费分摊、其他基本建设费（扣除无形资产）分摊和建设期利息分摊。租用租赁站的采掘设备，其租赁费已包括折旧、大修和管理费，故计提修理费的固定资产原值应将该部分固定资产原值扣除。

（5）外部委托生产费用。指把生产工序中的某个环节对外承包，按实际业务量结算的生产费用。

（6）安全生产等专项费。

1）安全生产费用，是指企业按照规定标准提取，在成本中列支，专门用于完善和改进企业或者项目安全生产条件的资金。

2维简费，指维持煤矿原有生产规模的简单再生产所需进行的诸如技术措施、安全措施、提高煤质、节能等工程费用，以及50户以上民房拆迁费等。其中有相当于固定资产折旧性质的部分，也有相当于直接计入经营成本的部分。

3）资源费，与生产直接相关的资源使用费和税费，是开采矿体的原始成本，包括矿业权价款、资源税等。

4）地面塌陷赔偿费，指煤矿进行生产而引起民用地的塌陷所应支付的费用（包括青苗赔偿费）和按合同规定一次50户以下的民用拆迁赔偿费，应计入原煤成本的地面塌陷赔偿费。

（7）间接费用。是指为组织和管理厂（矿）采掘生产所发生的职工薪酬、劳动保护费、固定资产折旧、无形资产摊销、保险费、办公费、环保费用、化（检）验计量费、设计制图费、停工损失、洗车费、转输费、科研试验费、信息系统维护费等。

7. 交通运输、仓储、邮政业投资项目

交通运输投资项目，包括从事铁路、城市轨道、公路、民航以及港口水运等交通运输的投资项目。交通运输企业的产品是货物和旅客的位移，不产生实物形态的产品，产品的生产和消费过程同时进行；生产过程线路长站点多且分散、横向跨度大、流动性强，始终在一个广阔的空间内不停流动，因此产生大量的国内、国际结算业务；铁路、公路、水路、航空等

各种运输方式具有不同的特点和优势，但各种运输方式之间具有较强的替代性。

交通运输企业以运输工具从事货物、旅客的运输，一般按照航线、航次、单船（机）、基层站段等确定成本核算对象；从事货物等装卸业务的，可以按照货物、成本责任部门、作业场所等确定成本核算对象；从事仓储、堆存、港务管理业务的，一般按照码头、仓库、堆场、油罐、筒仓、货棚或主要货物的种类、成本责任部门等确定成本核算对象。

交通运输企业一般设置营运费用、运输工具固定费用与非营运期间的费用等成本项目。

营运费用，是指企业在货物或旅客运输、装卸、堆存过程中发生的营运费用，包括货物费、港口费、起降及停机费、中转费、过桥过路费、燃料和动力、航次租船费、安全救生费、护航费、装卸整理费、堆存费等。铁路运输企业的营运费用还包括线路等相关设施的维护费等。

运输工具固定费用，包括检验检疫费、车船使用税、劳动保护费、固定资产折旧、租赁费、备件配件、保险费、驾驶及相关操作人员薪酬及其伙食费等。非营运期间费用，是指受不可抗力制约或行业惯例等原因暂停营运期间发生的有关费用等。

（1）铁路运输投资项目。铁路运输投资项目属于网运一体项目，以客货运输业务作为成本核算对象，核算其运输总成本和单位成本，客运成本的核算单位是千人千米，货运成本的计量单位是千吨千米。铁路运输成本一般按年进行核算。

铁路运输成本是指企业直接为运输旅客、货物发生的耗费。费用是指企业一定期间生产经营管理活动所发生的各项支出。按其经济用途划分为主营业务成本、期间费用（包括管理费用、财务费用）和营业外支出，共同构成运输总成本。铁路运输投资项目的生产成本，一般按旅客运输成本、货物运输成本、行包运输成本、基础设施成本和其他成本五类进行核算。

1）旅客运输成本，核算为旅客运输直接发生的支出，是指按不同列车级别和席别核算客运成本，包括车站旅客服务、旅客列车服务、客车运用和维护支出，相关服务付费和其他支出。

2）货物运输成本，核算为货物运输直接发生的各种支出，包括货物发送、运行、中转、到达作业费用，货车、集装箱运用和维护费用，货车使用费，相关服务付费及其他支出。

3）行包运输成本，核算为行李、包裹运输直接发生的各种支出，包括行包发送、运行、中转、到达作业费，专用行包车辆运用和维护费用，相关服务付费及其他支出。

4）基础设施成本，核算为铁路路网、行车指挥等基础设施运用和维护所发生的各种支出，包括铁路线路设备等行车设施运用、养护费，行车指挥调度费及其他支出。

5）其他成本，核算企业运输生产中发生的除旅客、货物、行包运输成本和基础设施成本以外的各种支出。

（2）城市轨道交通投资项目。城市轨道交通投资项目，以客运运输业务作为成本核算对象，核算其运输总成本和单位成本，客运成本的核算单位是车千米元。轨道交通投资项目的生产成本项目，包括动力费、职工薪酬、修理费（日修及大架修）及其他费用。

职工薪酬由人均年工资和年各类福利保险构成；项目主要消耗的外购燃动力费，包括电、水、暖气费，其中电力费又依照用途分为牵引用电（牵引及车载空调用电）、动力照明用电（包括环控用电、车站照明及机电设备用电）。

运营维修费用由车辆维修费用（含架修和大修）、设备维修费用（含设施设备中大修费用）、土建工程（车站、洞体及房屋建筑物）组成。其中车辆维修费用包括电客车维修、工程车及工艺设备日常维修费用和电客车架大修费用，设备维修费用包括通信、机电、供电、AFC等系统设施设备日常维修和设施设备中大修维修费用。

其他费用包括安保费用、保洁费、财产保险费、安全生产费、票款押运费、营运费用、办公费等，以及税法规定允许列入的各种税费。

（3）公路运输投资项目。公路交通投资项目属于网运分离项目，以客货运输车流量作为成本核算对象，核算其运输总成本和单位成本，客运成本的核算单位是车千米元。职工薪酬由人均年工资和年各类福利保险构成。

道路养护成本是指为了确保路容路貌的整洁，及时消除安全隐患，加强对沿线设施的看护综合巡查，以及路基的保养维修、路面保养维修、桥梁和涵洞养护、路肩、边沟、边坡内苗木及草坪的绿化维修和补植等，沿线设施如示警桩、里程碑、百米桩进行保养所发生的成本费用。机械使用费用包括养护巡查车、大头车、水车以及其他小型机械如吹风机等费用。运营期专项工程是指规模较大及工作量相对独立的道路大中修项目，如高速公路道路修补、路面病虫害治理、智能化监控改造工程、收费站广场改建工程等。质量成本是指运营期间确保质量标准而发生的预防鉴定费用及未达到质量而发生的损失费用。环境成本是指对环境污染，如废气、污水、噪声、扬尘、水土流失等预防与治理费用。其他费用包括收费站管理费、办公费、差旅费、业务招待费等费用。

（4）水运投资项目。包括生产运营过程中消耗的外购材料、备品备件、燃动力、油料等费用。职工薪酬由工资和各类福利及保险构成。还需要估算生产运营过程中支付的港口费，包括引水、港务、拖轮、停泊、代理、理货等，以及集装箱费和其他费用。

（5）机场建设项目。通常按照航空性与非航空性收入来划分机场收入。航空性收入（aeronautical revenues）是指机场为飞机、旅客、货物进出港提供服务而产生的收入，如起降费、停场费、旅客服务费、保安费、货物进出港处理费、地面服务费等。非航空性收入（non-aeronautieal revenues）则是指机场除上述航空性收入以外的其他经营性收入，如商业零售、广告、酒店、航空食品、停车场、汽车租赁、土地、房产及其他设施的租赁等收入。

根据机场投资及运营特点，机场成本分为资本性成本及运营性成本两部分。资本性成本（capital cost）主要是机场投资贷款或发行债券的利息，以及机场提取的折旧费。运行成本主要是机场运营中所发生的相关费用，如人工费用、水电、服务过程的物料消耗、设备设施的维修保养费用等。成本项目一般包括运输成本、通用航空成本、间接营运费用等，以综合反映航空公司在执行航空运输业务过程中发生的与航班生产有关的各项成本。一般包括直接营运费，运输负担的职工薪酬，航空油料消耗，航材消耗件消耗，高价周转件摊销，飞机、发动机折旧费，飞机、发动机保险费，国内/外机场起降服务费，国内/外航线餐食供应品费，飞行训练费，客舱服务费，行李、货物、邮件赔偿费等项目。其中，直接营运费是指在执行航空运输业务过程中发生的能直接计入某一特定机型成本的费用；航空油料消耗是指飞机在飞行中（含地面滑行）或地面检修试车时所消耗的航空煤油、航空汽油和航空润滑油；高价周转件摊销是指按规定年限摊销的高价周转件的价值；客舱服务费是指在飞机上提供各种服务用品、清洁用品、娱乐用品等所耗费的支出；通用航空成本，按机型综合反映企业在执行通用航空业务过程中所发生的与生产作业直接有关的各项成本及单位飞行小时成本；间接营运费用，指企业在执行运输业务过程中所发生的不能直接计入机型成本，需按一定标准在各机型间进行分摊的各项间接成本。

（6）装卸业务的成本项目。装卸直接费用指在装卸生产过程中发生的直接归属于装卸业务负担的费用，包括职工薪酬、材料、燃料、动力及照明、低值易耗品、折旧费、租赁费、保险费、外付劳务费、税金、事故损失费、其他装卸直接费用等支出项目。

营运间接费用指应由装卸业务成本负担的间接费用，包括作业区间接费用和企业间接费用。其中，作业区间接费用指按规定方法分配由装卸业务成本负担的作业区间接费用；企业间接费用是指按规定方法分配由装卸业务成本负担的企业间接费用。

堆存业务成本，可比照装卸业务进行设置，包括堆存直接费用和营运间接费用，并分设明细项目，归集有关支出。仓储业务成本包括企业附属仓库中发生的转库搬运、检验、挑选整理、修复、维修保养、包装费、库存物资损耗，以及职工薪酬等开支。

8. 信息传输投资项目

信息传输投资项目，一般按照基础电信业务、电信增值业务和其他信息传输业务等确定成本核算对象，一般设置直接人工、固定资产折旧、无形资产摊销、低值易耗品摊销、业务费、电路及网元租赁费等成本项目。直接人工是指直接从事信息传输服务的人员的职工薪酬；业务费是指支付通信生产的各种业务费用，包括频率占用费、卫星测控费、安全保卫费、码号资源费、设备耗用的外购电力费、自有电源设备耗用的燃料和润料费等；电路及网元租赁费是指支付给其他信息传输企业的电路及网元等传输系统及设备的租赁费等。

9. 软件及信息技术服务投资项目

软件及信息技术服务投资项目，由于科研设计与软件开发等人工成本比重较高，一般按照科研课题、承接的单项合同、技术服务项目等确定成本核算对象。若项目规模较大、开发期较长，可分段确定成本核算对象。

软件及信息技术服务企业一般设置直接人工、外购软件与服务费、场地租赁费、固定资产折旧、无形资产摊销、差旅费、培训费、转包成本、水电费、办公费等成本项目。

（1）直接人工。指直接从事软件及信息技术服务的人员的职工薪酬。

（2）外购软件与服务费。指企业为开发特定项目而必须从外部购进的辅助软件或服务所发生的费用。

（3）场地租赁费。指企业为开发软件或提供信息技术服务需要租赁场地所支付的费用。

（4）转包成本。指企业将有关项目部分分包给其他单位支付的费用。

10. 文化产业投资项目

文化产业投资项目一般按照制作产品的种类、批次、印次、刊次等确定成本核算对象。文化企业一般设置开发成本和制作成本等成本项目。

（1）开发成本。指从选题策划开始到正式生产制作所经历的一系列过程，包括信息收集、策划、市场调研、选题论证、立项等阶段所发生的信息搜集费、调研交通费、通信费、组稿费、专题会议费、参与开发的职工薪酬等。

（2）制作成本。指产品内容制作成本和物质形态的制作成本，包括稿费、审稿费、校对费、录入费、编辑加工费、直接材料费、印刷费、固定资产折旧、参与制作的职工薪酬等。电影企业的制作成本，是指企业在影片制片、译制、洗印等生产过程中所发生的各项费用，包括剧本费、演职员薪酬、胶片及磁片磁带费、化妆费、道具费、布景费、场租费、剪接费、洗印费等。

11. 批发零售业投资项目

批发零售业项目包括批发业和零售业两个大类项目。批发业项目是指向批发、零售单位及其他企业、事业、机关批量销售生活用品和生产资料的项目，以及从事进出口贸易、贸易经纪与代理活动的商品流通项目。零售商业项目指从工农业生产者、批发贸易业或居民购进商品，转卖给城乡居民作为生活消费和售给社会集团作为公共消费的商品流通项目，如商店、超市、电商等，主要经营方式包括经销和联销，一般按照商品的品种、批次、订单、类别等确定成本核算对象。生产成本费用一般设置进货成本、相关税费、采购费等成本项目。进货成本是指商品的采购价款，相关税费是指购买商品发生的进口关税、资源税和不能抵扣的增值税等，采购费是指运杂费、装卸费、保险费、仓储费、整理费、合理损耗以及其他可归属于商品采购成本的费用。采购费金额较小的，可以在发生时直接计入当期销售费用。

12. 建筑业投资项目

建筑业项目是指建筑安装企业从事的建筑安装工程项目。这类项目材料用量非常大，品种规格多，生产周期长，跨年度项目相对较多。生产现场受地质、水文等自然条件的影响较大，作业区抵御自然变化的条件较差，容易产生暂时性停工现象甚至是季节性停工。

建筑业项目一般设置直接人工、直接材料、机械使用费、其他直接费用和间接费用等成本项目。建筑企业将部分工程分包的，还可以设置分包成本项目。

（1）直接人工。指按照国家规定支付给施工过程中直接从事建筑安装工程施工的工人以及在施工现场直接为工程制作构件和运料、配料等工人的职工薪酬。

（2）直接材料。指在施工过程中所耗用的、构成工程实体的材料、结构件、机械配件和有助于工程形成的其他材料以及周转材料的租赁费和摊销等。

（3）机械使用费。指施工过程中使用自有施工机械所发生的机械使用费，使用外单位施工机械的租赁费，以及按照规定支付的施工机械进出场费等。

（4）其他直接费用。指施工过程中发生的材料搬运费、材料装卸保管费、燃料动力费、临时设施摊销、生产工具用具使用费、检验试验费、工程定位复测费、工程点交费、场地清理费，以及能够单独区分和可靠计量的为订立建造承包合同而发生的差旅费、投标费等费用。

（5）间接费用。指各施工单位为组织和管理工程施工所发生的费用。

（6）分包成本。指按照国家规定开展分包，支付给分包单位的工程价款。

13. 酒店住宿投资项目

成本核算对象是提供的住宿服务，其成本分为直接成本和间接费用。直接成本包括客房能源费、物品消耗费、客房职工薪酬等；间接费用主要包括客房固定资产折旧费、租金摊销以及其他应分摊到客房的应计费用等。

（1）能源费用。指客房的供热系统、供水系统、供电系统和空调系统耗费。

（2）物品消耗费。指客房中棉织品（床上用品、卫生用品、装饰用品等）、洗漱用品和食物等耗费。

（3）固定资产折旧费。指客房中固定资产的折旧费用，主要包括卫浴器材、家具、电器等。

（4）租金费用。指客房应分摊的企业租金，一般按照客房占企业面积的比例分摊。

（5）客房服务人员薪酬。指隶属于客房的相关服务人员的薪酬，包括工资、福利费等。

（6）其他应计费用。指其他由客房部与其他部门共同承担的费用中应由客房承担的部分，如应由客房部承担的一部分后勤部门费用。

第二节　成本费用估算的内容和方法

投资项目财务分析中产品成本费用预测有别于企业财务报告定义的成本核算，是为满足于项目投融资决策的需要而进行的成本归集。具体包括生产成本费用（也称生产成本）、总成本费用、经营成本费用、单位产品成本费用、固定成本及可变成本。

一、估算对象及概念界定

成本是为达到一定目的而付出或应付出的资源代价，可用货币单位加以计量。具有四个特征：

（1）成本是构成商品价值的重要组成部分；

（2）成本是生产要素耗费的货币表现；

（3）成本是正常生产经营活动的耗费；

（4）成本是从销售收入中得到补偿的价值。

投资项目财务分析中所称产品，是指在生产经营期内生产和销售的产品（或商品）、提供劳务或销售服务、无形资产和不动产；所称产品成本费用，是指在运营期内，按预定生产目标生产一定种类、一定数量的产品（或提供劳务或销售服务、无形资产和不动产）所发生的生产成本及期间费用，反映投资项目建设与生产经营方案的效果，是衡量建设规模的合理性、产品技术水平和运营管理水平科学性、先进性的综合性指标。

（一）成本核算对象和原则

1. 成本核算对象

投资项目成本核算对象，是指项目方案中的目标产品在生产经营过程中所发生的生产成本和期间费用。成本对象可以是一件产品，一项服务、一项设计、一个客户、一种商标、一项作业或者一个部门等。可分为中间成本对象和最终成本对象。最终成本计算对象通常是一件产品或一项服务，是项目的最终产出物；中间成本对象是生产工艺复杂，且在管理上需要计算及分析半成品成本或零部件成本。设置多少中间对象，取决于生产组织的特点和管理的要求。基于项目的生产类型、生产流程、生产步骤等确定产品成本的核算对象。

项目全寿命周期的不同阶段，产品成本费用核算的目标不同，内容不同，方法不同。前期工作是对未来产品成本费用的预测，而企业日常生产经营活动是对实际发生的产品成本费用进行核算。对同一项目而言，两项工作分属于项目全寿命周期的两个阶段，发生的时序不同，实现目标不同，前者为项目投融资提供决策依据，后者对已发生的产品成本进行核算，为企业经营管理服务，考核企业的经营效益。

投资项目财务分析以现金流量分析为主，并且需要进行非负债融资条件下的现金流量分析，因此将产品成本费用中（包括生产成本及期间费用）凡是属于以现金支付的资源消耗均归集为经营成本费用，非现金支出固定资产折旧、无形资产摊销单独列项，财务费用也需单独列项。

投资项目财务分析中的成本费用估算，遵循收付实现制（cash basis/cash basis of accounting）原则，又称现金制或实收实付制，是以现金收到或付出为标准，来记录收入的实现和费用的发生。成本费用的预测，假设产品（或服务）当年的产品产量，当年全部售出，产品总成本费用和销售收入同时计入当期利润表。

企业日常产品成本费用核算以权责发生制为基础，权责发生制（accrual basis）又称应收应付制，是指以应收应付作为确定本期收入和费用的标准，而不问货币资金是否在本期收到或付出。也就是说，是收入和费用的时间确认，均以权利已经形成或义务（责任）已经发生为标准。凡是日常活动当期已经支付的费用，无论是否构成当期产品成本费用，如提前加工的半成品，都作为当期的生产成本费用，计入当期利润表。

产品成本费用预测是根据投资项目的建设规模、产品设计方案、工艺流程等确定产品成本核算的对象，对主要资源消耗逐项预测，对费用支出采用指标法进行估算，其指标来源于类似产品生产企业的统计数据，或参考生产企业制定计划成本、标准成本、定额成本、作业成本等，结合项目的具体情况进行修正。企业日常产品成本核算是遵循国家规定的成本开支范围及取费标准，根据生产特点、经营组织类型、产品种类和成本管理要求，确定产品成本核算对象，及时对已发生的有关费用进行归集、分配和结转，据实核算。

2. 产品成本费用预测应遵循的原则

（1）参照《企业会计准则》《企业产品成本核算制度（试行）》规定的成本开支范围和费用开支标准；

（2）依据项目设计方案提供的资源消耗数量及市场价格估算产品成本费用；

（3）依据项目生产经营管理特点确定成本核算对象、成本项目及测算方法；

（4）产品成本费用预测应以收付实现制为基础；

（5）经营成本费用计算应遵循"有无对比"原则；

（6）正确区分成本与费用的界限；

（7）正确区分收益性支出和资本性支出、营业性支出与营业外支出的界限；

（8）正确区分多种产品的成本费用界限。

（二）相关概念界定

1. 成本和费用

成本有特定的对象而费用没有特定对象，成本是产品生产过程中所发生的材料费、燃动力费、职工薪酬等；费用是按一定标准分摊到具体的产品成本中，包括两类费用，一类是与生产产品有关但不能直接计入而按一定标准分配计入的各种间接费用，即制造费；另一类是指一定时期发生的与产品的制造没有直接关系的费用支出，具体包括配送费用、销售费用、管理费用、财务费用等，即期间费用。

2. 收益性支出和资本性支出

收益性支出（revenue expenditure）是指仅为取得当期收益而发生的支出或消耗，如支付当期的材料、职工薪酬等属于收益性支出；收益性支出符合成本确认条件的，计入当期的成本费用。

资本性支出（capital expenditures）是指与本期和以后各期取得收益相关的支出，如购买固定资产和无形资产的支出等属于资本性支出。按企业会计准则的规定，资本性支出通常确认为资产。用于生产的，将通过折旧的方式分期计入产品成本，而不能直接计入当期成本费用。

3. 营业性支出和营业外支出

投资项目的营业性支出，是指正常生产运营期内，产品成本费用的支出。营业外支出是指在正常的生产经营活动以外由于特殊的原因发生的一些支出，要单独进行核算与反映，而不能计入成本和费用。如公司融资的改扩建项目或资产重组项目，固定资产处置造成的净损失等都属于营业外支出。

二、总成本与经营成本的估算

（一）总成本与经营成本的构成

1. 生产成本费用

生产成本费用（the production cost）亦称制造成本。在投资项目运营期内，生产成本费用是指按预定生产目标生产一定种类、一定数量的产品（或提供劳务或服务）所发生的直接生产成本及间接费用（制造费）的总和。

成本项目按经济用途分类（制造成本），用式（5-2）表达

$$\text{生产成本费用}=\text{直接材料费用}+\text{直接燃动力费}+\text{生产人工费用}+\text{制造费用} \qquad (5\text{-}2)$$

式中：直接材料费指企业在生产产品过程中，实际消耗的直接用于产品生产并构成产品实体的原料、主要材料、外购半成品、外购零配件，以及有助于产品形成的辅助材料；直接燃料和动力费指企业在生产产品过程中，实际消耗的、外部购进的燃料和动力；直接职工薪酬指企业在生产产品过程中，直接参加产品生产的工人的各种形式的报酬以及其他相关支出；制造费用指间接产生于产品生产的费用和各个生产单位（分厂、车间、工段）为生产组织和管理所发生的各项费用，包括生产单位管理人员的薪酬、生产单位房屋建筑物、构筑物及机器设备折旧费和租赁费、安全费用、修理费、机物料消耗、低值易耗品、取暖费、水电费、办公费、差旅费、运输费、保险费、设计制图费、试验检验费、劳动保护费、季节性修理期间停工损失以及其他制造费等。

2. 总成本费用

总成本费用（total cost），或称总运营成本费用（total operating costs），有时也称产品总成本费用，是指投资项目在一定时期内（一般项目按年计算，特殊项目如房地产项目，可能按半年、季计算）生产产品或提供劳务而发生的总耗费，即：为生产和销售所有产品而花费的全部费用。生产过程中耗费的原材料、燃料、动力费及职工薪酬等直接成本以及应摊入产品的制造费、销售费、财务费及管理费等间接费用。总成本费用直接计入利润表，进行损益分析。

（1）成本项目按经济用途分类时，总成本费用计算公式为

总成本费用=生产成本费用+期间费用

$$\begin{aligned}=&\,\text{直接材料费用}+\text{直接燃料动力费}+\text{人工费用}+\text{制造费用}+\text{配送费} \qquad (5\text{-}3)\\&+\text{销售费用}+\text{管理费用}+\text{财务费用}\end{aligned}$$

式中：期间费用包括配送费、销售费用、管理费用和财务费用。配送费指把产品送到用户所发生的运输费、装卸费等成本；销售费用指企业在销售过程中发生的各项费用，包括企业销售商品过程中发生的运输费、装卸费、包装费、保险费、展览费和广告费等，以及为销售本企业商品而专设的销售机构（含销售网点，售后服务网点等）的职工薪酬、燃料及动力费、修理费、折旧费、摊销费和业务费等经营费用；管理费用指企业为组织和管理生产经营活动所发生的各项费用，包括董事会和行政管理部门在企业经营管理过程中发生的，或者应当由企业统一负担的公司经费（包括行政管理部门职工薪酬、修理费、物料消耗、低值易耗品摊销、办公费和差旅费等）、董事会费、中介机构服务费、咨询（顾问）费、诉讼费、业务招待费、房产税、车船使用税、土地使用税、印花税、技术转让费、无形资产及其他资产摊销费、研究与开发费、排污费、存货盘亏或盘盈、计提的坏账准备、减值准备和跌价准备等；财务

费用指企业为筹集生产经营所需资金等而发生的费用，包括应当作为期间费用的利息净支出（利息支出减利息收入）、汇兑净损失（汇兑损失减汇兑收益）以及相关手续费等。

（2）成本项目按经济内容分类时，总成本费用计算公式为

$$总成本费用=外购材料+外购燃料+外购动力+职工薪酬+修理费$$
$$+折旧及摊销+配送费+财务费+其他费用 \tag{5-4}$$

式中：其他费用包括其他制造费用、配送费、其他销售费用和其他管理费用。其他制造费用是指制造费用中扣除职工薪酬、折旧费、修理费后的其余部分；其他销售费用是指销售费用中扣除职工薪酬、燃动力费、修理费、折旧费后的其余部分；其他管理费用是指管理费用中扣除行政管理部门职工薪酬、燃动力费、修理费、折旧费、摊销费后的其余部分。

3. 经营成本

经营成本（operating costs and expenses），是投资项目财务分析中特有的概念，指产品生产过程中耗费的原材料、燃料、动力费及职工薪酬等直接成本及制造费、销售费及管理费等间接费用扣除折旧、摊销及财务费的现金支出，属于项目计算期经营活动的现金流出。经营成本费用与生产成本费用的区别在于，前者不包括折旧及摊销，后者包括生产使用的固定资产折旧及无形资产摊销。经营成本费用计算公式为

$$经营成本费用=直接材料费用+直接燃动力费+生产人工费用+（制造费+配送费+销售费用$$
$$+管理费用）-（固定资产折旧-无形资产其他资产摊销） \tag{5-5}$$

或

$$经营成本费用=外购材料+外购燃料+外购动力+职工薪酬+修理费+其他费用 \tag{5-6}$$

4. 单位成本

单位成本（unit cost）是指生产单位产品而平均耗费的成本。一般只要将总成本费用除以总产量便可得到，是将总成本费用按不同消耗水平摊给单位产品的费用，反映同类产品的成本费用水平。

（二）总成本费用估算

总成本费用是指在运营期内为生产产品或提供服务而发生的全部费用。可在经营成本费用估算的基础上，估算折旧费、摊销费及利息支出，对总成本费用中各项费用的估算完成后，应编制总成本费用估算表。

总成本费用与经营成本费用的关系如下

$$总成本费用=经营成本费用+折旧费+摊销费+财务费用 \tag{5-7}$$

或

$$经营成本费用=总成本费用-折旧费-摊销费-财务费用 \tag{5-8}$$

1. 折旧费估算

项目初始建设投资或运营期再投资建成交付使用后，分别形成固定资产、无形资产和其他资产。对固定资产应计提折旧，折旧费计入总成本费用。

固定资产是指为生产商品、提供劳务、出租或经营管理而持有的，使用寿命超过一个会计年度的有形资产。固定资产需同时满足下列条件，才能予以确认：①与该固定资产有关的经济效益很可能流入企业；②该固定资产的成本能够可靠地计量。

固定资产在使用过程中会受到磨损，其价值损失通常是通过计提折旧的方式予以补偿。折旧是指在固定资产使用寿命内，按照确定的方法对应计折旧额进行系统分摊。

计提折旧需要计算固定资产原值。固定资产原值是指项目投产时（达到预定可使用状态）按规定由建设投资形成的固定资产原始价值。项目财务分析中可将工程费用（包括建筑工程费、设备购置费、安装工程费）、工程建设其他费用中的固定资产其他费用、预备费和建设期利息计入固定资产原值。

计提折旧需要确定固定资产的折旧年限（即使用寿命）和预计净残值率，企业应当根据固定资产的性质和使用情况，在税法允许的范围内，合理确定固定资产的折旧年限和预计净残值率。固定资产的折旧年限和预计净残值率一经确定，一般不得随意变更。项目财务分析中一般采用分类折旧年限，也可采用行业规定的综合折旧年限。

固定资产折旧的最低年限，涉及缴纳税款的时序问题，需要根据不同类型固定资产的共有特性，对不同类别的固定资产的折旧年限作一个最基本的强制规定，以避免国家税收利益受到大的冲击。固定资产计算折旧的最短年限如下：①房屋、建筑物为 20 年；②飞机、火车、轮船、机器、机械和其他生产设备为 10 年；③与生产经营活动有关的器具、工具、家具等为 5 年；④飞机、火车、轮船以外的运输工具为 4 年；⑤电子设备为 3 年。

生产性生物资产计算折旧的最低年限：①林木类为 10 年；②畜类为 3 年。

企业应当根据与固定资产有关的经济利益的预期实现方式，合理选择固定资产折旧方法。计提折旧的方法有年限平均法、工作量法、双倍余额递减法和年数总和法。固定资产的折旧方法一经确定，一般不得随意变更。

各种折旧方法的计算公式如下：

年限平均法计算公式为

$$年折旧率 = \frac{预计净残值率}{折旧年限} \times 100\% \qquad (5\text{-}9)$$

$$年折旧额 = 固定资产原值 \times 年折旧率 \qquad (5\text{-}10)$$

工作量法分两种，一是对于交通工具等按照行驶里程计算折旧；二是按照工作小时计算折旧。

按照行驶里程计算折旧的公式为

$$单位里程折旧额 = \frac{固定资产原值 \times (1 - 预计净残值率)}{总行驶里程} \qquad (5\text{-}11)$$

$$年折旧额 = 单位里程折旧额 \times 年行驶里程 \qquad (5\text{-}12)$$

按照工作小时计算折旧的公式为

$$每工作小时折旧额 = \frac{固定资产原值 \times (1 - 预计净残值率)}{总工作小时} \qquad (5\text{-}13)$$

$$年折旧额 = 每工作小时折旧额 \times 年工作小时 \qquad (5\text{-}14)$$

双倍余额递减法计算公式为

$$年折旧率 = \frac{2}{折旧年限} \times 100\% \qquad (5\text{-}15)$$

$$年折旧额 = 年初固定资产净值 \times 年折旧率 \qquad (5\text{-}16)$$

实行双倍余额递减法的，应在折旧年限到期前两年内，将固定资产净值扣除净残值后的净额平均摊销。

年数总和法计算公式如下

$$年折旧率 = \frac{折旧年限 - 已使用年限}{折旧年限 \times (折旧年限 + 1)/2} \times 100\% \tag{5-17}$$

$$折旧额 = (固定资产原值 - 预计净残值) \times 年折旧率 \tag{5-18}$$

折旧是对固定资产的后续计量，不构成项目的现金流出。因此，在各类现金流量表中不应出现折旧数值。估算固定资产折旧费应编制固定资产折旧费估算表。固定资产改扩建折旧计算时，当房屋、建筑物固定资产在未足额提取折旧前进行改扩建的，如属于推倒重置的，该资产原值减除提取折旧后的净值，应并入重置后的固定资产计税成本，并在该固定资产投入使用后的次月起，按照税法规定的折旧年限，一并计提折旧；如属于提升功能、增加面积的，该固定资产的改扩建支出，并入该固定资产计税基础，并从改扩建完工投入使用后的次月起，重新按税法规定的该固定资产折旧年限计提折旧，如该改扩建后的固定资产尚可使用的年限低于税法规定的最低年限的，可以按尚可使用的年限计提折旧。

【例 5-1】 某项目需要购买一台设备，固定资产原值 200 万元，折旧年限 5 年，预计净残值率 4%，分别按照年限平均法、双倍余额递减法和年数总和法计算每年应计提的折旧额。

【解】（1）按年限平均法计算每年应计提的折旧额

$$年折旧率 = \frac{1 - 4\%}{5} \times 100\% = 19.2\%$$

$$各年折旧额 = 200 \times 19.2\% = 38.4 （万元）$$

（2）按双倍余额递减法计算每年应计提的折旧额

$$年折旧率 = \frac{2}{5} \times 100\% = 40\%$$

$$第1年折旧额 = 200 \times 40\% = 80 （万元）$$

$$第2年折旧额 = (200 - 80) \times 40\% = 48 （万元）$$

$$第3年折旧额 = (200 - 80 - 48) \times 40\% = 28.8 （万元）$$

$$第4年和第5年折旧额 = \frac{200 - 80 - 48 - 28.8 - 200 \times 4\%}{2} = 17.6 （万元）$$

（3）按年数总和法计算每年应计提的折旧额

$$第1年折旧额 = (200 - 200 \times 4\%) \times \frac{5}{5 \times (5 + 1)/2} \times 100\% = 64 （万元）$$

$$第2年折旧额 = (200 - 200 \times 4\%) \times \frac{5 - 1}{5 \times (5 + 1)/2} \times 100\% = 51.2 （万元）$$

$$第3年折旧额 = (200 - 200 \times 4\%) \times \frac{5 - 2}{5 \times (5 + 1)/2} \times 100\% = 38.4 （万元）$$

$$第4年折旧额 = (200 - 200 \times 4\%) \times \frac{5 - 3}{5 \times (5 + 1)/2} \times 100\% = 25.6 （万元）$$

$$第5年折旧额 = (200 - 200 \times 4\%) \times \frac{5 - 4}{5 \times (5 + 1)/2} \times 100\% = 12.8 （万元）$$

以上计算表明，按年限平均法计算的各年的折旧率和折旧额都相同；按双倍余额递减法计算的各年折旧率虽相同，但因年初固定资产净值逐年减少，故年折旧额也逐年变小；按年数总和法进行计算，因各年折旧率逐年降低，故年折旧额也逐年减少，详见表 5-1。但无论按哪种方法计算，只要折旧年限和所取净残值率相同，在设定的折旧年限内，总折旧额是相同的。按后两种方法计算折旧额，在折旧年限的前期折旧额大，以后逐年减少，故称快速折旧法。

表 5-1　　　　　采用不同折旧方法计算的各年折旧额的差异　　　　　单位：万元

年　份	1	2	3	4	5	合计
采用年限平均法计算的各年折旧额	38.4	38.4	38.4	38.4	38.4	192.0
采用双倍余额递减法计算的各年折旧额	80.0	48.0	28.8	17.6	17.6	192.0
采用年数总和法计算的各年折旧额	64.0	51.2	38.4	25.6	12.8	192.0

2. 摊销费估算

项目初始建设投资或运营期再投资建成交付使用后，对形成的无形资产和其他资产应合理摊销，摊销费计入总成本费用。

（1）无形资产摊销。无形资产是指企业拥有或者控制的没有实物形态的可辨认非货币性资产，包括专利权、非专利技术、商标权、著作权、土地使用权、特许等。

资产满足下列条件之一的，符合无形资产定义中的可辨认性标准：①能够从企业中分离或者划分出来，并能单独或者与相关合同、资产或负债一起，用于出售、转移、授予许可、租赁或者交换；②源自合同性权利或其他法定权利，无论这些权利是否可以从企业或其他权利和义务中转移或者分离。

无形资产同时满足下列条件的，才能予以确认：①与该无形资产有关的经济利益很可能流入企业；②该无形资产的成本能够可靠地计量。

无形资产摊销是指对使用寿命有限的无形资产，在其使用寿命内进行系统合理的摊销。

摊销无形资产，需要先计算无形资产原值。无形资产原值是指项目投产时（达到预定可使用状态）按规定由建设投资形成无形资产的部分。项目财务分析评价中可将工程建设其他费用中的土地使用费、专利及专有技术使用费（包括技术转让费和技术使用费）等计入无形资产原值。

企业应当在税法允许的范围内，合理确定无形资产的摊销年限。有关税法规定：①无形资产的摊销年限不得低于 10 年；②作为投资或者受让的无形资产，有关法律规定或者合同约定了使用年限的，可以按照规定或者约定的使用年限分期摊销。

企业选择的无形资产摊销方法，应当反映与该项无形资产有关的经济利益的预期实现方式。无法可靠确定预期实现方式的，应当采用直线法摊销。项目财务分析中无形资产摊销一般采用直线法，残值为零。

（2）其他资产摊销。其他资产原称递延资产，是指企业资产除固定资产、无形资产和流动资产之外的其他资产，项目财务分析评价中可将生产准备费、办公及生活家具购置费计入其他资产原值。项目财务分析评价中其他资产摊销一般采用直线法，残值为零。按有关税法规定，其摊销年限不得低于 3 年。

（3）无形资产和其他资产摊销是对无形资产和其他资产的后续计量，不构成项目的现金流出。因此，在各类现金流量表中不应出现摊销数值。

（4）估算无形资产和其他资产摊销费应编制无形资产和其他资产摊销费估算表。

3. 运营期利息支出

总成本费用中财务费用是指企业为筹集所需资金等而发生的费用，包括利息支出（减利息收入）、汇兑损失（减汇兑收益）以及相关的手续费等。在项目财务分析中一般只考虑利息支出。利息支出的估算包括长期借款利息（即建设投资借款在投产后需净营运资金（流动资金）借款利息和短期借款利息三部分。利息支出属于现金流出，其数值应反映在资本金现金流量表和财务计划流量表中。项目投资现金流量表反映的是融资方案确定前的现金流入、流出情况，其现金流出中不应出现利息支出的数值。

（1）长期借款利息。借款利息是指对建设期间借款余额（含未支付的建设期利息）应在生产期支付的利息，有两种计算利息的方法可供选择。

等额还本付息方式

$$A = I_c \times (A/P, i, n) = I_c \times \frac{i \times (1+i)^n}{(1+i)^n - 1}$$ （5-19）

其中

每年支付利息=年初本金累计×年利率

每年偿还本金=A−每年支付利息

年初本金累计 = I_c − 本年以前隔年偿还的本金累计

式中　A——每年还本付息额；

　　　I_c——还款年年初的本息和；

　　　i——年利率；

　　　n——预定的还款期。

年末本金为年初本金与本年偿还本金之差。

等额还本利息照付方式时，设 A_t 为第 t 年的还本付息额，则有

$$A_t = \frac{I_c}{n} + I_c = I_c \times \left(1 - \frac{t-1}{n}\right) \times t$$ （5-20）

其中

每年支付利息=年初本金累计×年利率

即　　　　　　第 t 年支付的利息 = $I_c \times \left(1 - \frac{t-1}{n}\right) \times i$

每年偿还本金 = $\frac{I_c}{n}$

（2）净营运资金（流动资金）借款利息。净营运资金借款从本质上说应归类为长期借款，企业往往有可能与银行达成共识，按年终偿还，下年初再借的方式处理，并按一年期利率计息。如拟建项目可以按这种方式计息，所估算的净营运资金就可以按短期借款处理。净营运资金借款利息可以按式（5-20）计算

年净营运资金借款利息=当年净营运资金借款额×年利率　　　（5-21）

财务分析中对净营运资金的借款偿还可设定在计算期最后一年，也可在还完长期借款后安排。

（3）短期借款利息。财务分析中的短期借款系指生产运营期间为了资金平衡的需要（累计盈余资金不得为负数的要求）而发生的短期借款，短期借款的数额应在资金来源与运用表

中反映，其利息应计入总成本费用表的财务费用中。短期借款利息的计算同流动资金借款利息，短期借款的偿还按照随借随还的原则处理，即当年借款尽可能于下年偿还。

（三）经营成本估算方法

经营成本费用估算，应遵循"有无对比"的原则，计算增量经营成本费用。对"无项目"情况下的经营成本费用进行预测，可能增加，或减少或不变，计算范围与计算期应与"有项目"保持一致，项目融资项目"无项目"经营成本费用可视为零。增量经营成本费用为

$$增量经营成本费用 = "有项目"经营成本费用 - "无项目"经营成本费用 \quad (5-22)$$

经营成本费用构成具有明显的行业特点，估算时应体现其特点。

1. 外购原材料费估算

外购原材料包括外购原料、外购材料和外构件。估算外购原材料费，需要先确定项目所需各种原材料和外构件的年耗用量和单价。

外购原材料和外构件的年耗用量应是产品的年产量与单位产品耗量的乘积。各年的产品产量应与确定的产品方案、运营负荷（运营计划）相一致。单位产品耗量应与工艺技术方案中确定的产品原材料消耗和外构件指标相一致。

主要原材料和外构件的价格应与市场预测中价格预测结论一致，并应按到厂价格计算。对进口原材料，除估算到岸价外，还应正确估算进口环节的相关税费和国内运杂费。

估算外购原材料费一般应编制外购原材料费估算表。

2. 外购燃料及动力费估算

外购燃料一般包括煤、柴油、燃料油、液化石油气、天然气等，外购动力一般包括电、水、蒸汽等。

外购燃料及动力的种类应与工艺技术方案、公用和辅助工程提出的内容与要求相一致。外购燃料及动力的年耗用量应全面包括生产工艺用量、公用和辅助工程用量及其他用量。生产工艺耗用燃料及动力的数量，应与工艺技术方案中确定的单位产品耗量及年产量相一致。

外购燃料及动力的单位价格应符合市场实际及未来价格变动趋势。

估算外购燃料及动力费一般应编制外购燃料及动力费估算表。

3. 职工薪酬估算

职工薪酬是指企业为获得职工提供的服务而给予各种形式的报酬及其他相关支出。职工薪酬包括：

（1）职工工资、奖金、津贴和补贴；

（2）职工福利费；

（3）医疗保险费、养老保险费、失业保险费、工伤保险费和生育保险费等社会保险费；

（4）住房公积金；

（5）工会经费和职工教育经费；

（6）其他，包括非货币性福利、因解除与职工的劳动关系给予的补偿、其他与获得职工提供的服务相关的支出等，可以忽略不计。

根据不同项目的需要，可按项目全部定员的年薪酬平均数值估算，也可按人员类别和层次分别设定不同档次的年薪酬数值。项目定员及各类人员的人数，应与项目实施方案中的人力资源配置方案一致。

确定各类职工的年薪酬数值应考虑项目性质、行业特点、项目所在地职工薪酬水平等因

素。对于依托原有企业建设的项目，还应考虑原有企业的职工薪酬水平。按照人员类别和层次分别估算各类人员的年薪酬时，一般应编制职工薪酬估算表。

4. 修理费估算

修理费是指为保持固定资产的正常使用，在运营期内对其进行必要修理所发生的费用。在项目财务分析中，修理费一般按固定资产原值（扣除所含的建设期利息）乘以修理费费率估算。修理费费率的选取应考虑不同行业、不同项目对修理费的需求。在运营期内各年的修理费费率可以采用相同数值，也可根据项目具体情况，在运营期初期取较低费率，在运营期中后期适当提高费率。

5. 其他费用估算

其他费用包括其他制造费用、其他管理费用和其他营业费用。

（1）其他制造费用估算。其他制造费用是指由制造费用中扣除职工薪酬、折旧费、修理费后的其余部分。可选择估算指标方法进行估算，指标是根据统计数据取得或结合项目特点估算而来。根据计算需要选用下列计算公式。

1）机器工时法，指以各种产品生产时耗用的机器运转的时间作为分配标准对制造费用进行分配的方法。这种方法适用于产品生产机械化程度较高的车间、部门。计算公式为

$$制造费用（或其他制造费）=该产品耗用的机器工时×制造费用分配率 \quad (5\text{-}23)$$

$$制造费用分配率 = \frac{制造费用总额（或其他制造费）}{各种产品耗用的机器工时总额} \quad (5\text{-}24)$$

2）人工工时法，指以各种产品所消耗的生产工人实际（或定额）工时数作为分配标准分配制造费用的一种方法。本方法适用于机械化程度不高的企业。计算公式为

$$制造费用（或其他制造费）=该产品实际（或定额）生产工时×制造费用分配率 \quad (5\text{-}25)$$

$$制造费用分配率 = \frac{制造费用总额（或其他制造费）}{各种产品实际（或定额）生产工时之和} \quad (5\text{-}26)$$

3）计划分配率法，即按照年度开始前确定的全年度使用的计划分配率分配制造费用的方法，以定额工时作为分配标准。计算公式为

$$年度制造费用（其他制造费）计划分配率 = \frac{年度制造费用（或其他制造费）计划总额}{年度各种产品计划产量的定额工时} \quad (5\text{-}27)$$

估算时应考虑不同行业、不同项目对费率或定额的不同要求。

（2）其他销售费用估算。其他销售费用是指由销售费用中扣除职工薪酬、修理费、折旧费后的其余部分。

（3）其他管理费用估算。其他管理费用是指管理费用中扣除行政管理部门职工薪酬、修理费、折旧费、摊销费后的其余部分。其他管理费用可按职工薪酬总额的一定比率估算，也可按人员定额估算。估算时应考虑技术密集型项目和劳动密集型项目对费率或定额的不同要求。

若其他管理费用中的技术使用费、研究开发费、城镇土地使用税等数额较大，可在其他费用中单独列项。

三、固定成本与可变成本估算

（一）可变成本与固定成本分类

1. 可变成本

可变成本（variable costs）又称变动成本，是指在总成本费用中随产量的变化而变动的

成本项目，主要是原材料、燃料、动力等生产要素的价值，当一定期间的产量增大时，原材料、燃料、动力的消耗会按比例相应增多，所发生的成本也会按比例增大，故称为可变成本。可变成本等于总成本费用减固定成本。主要用于量本利分析。

2. 固定成本

固定成本（fixed cost）又称固定费用，相对于变动成本，是指运营成本总额在一定时期和一定业务量范围内，不受业务量增减变动影响而能保持不变的成本。

3. 半变动半固定成本

半变动半固定成本（changes and fixed costs），是运营总成本中不完全随产量的变化而变动的成本项目，如薪酬、一些辅助材料等。

（二）估算方法

项目财务分析中一般根据行业特点对成本进行简化处理。通常可变成本主要包括外购原材料费、外购燃料及动力费和计件工资等。固定成本主要包括职工薪酬（不包括计件工资）、修理费、其他费用、折旧费、摊销费。

长期借款利息应计入固定成本，流动资金借款和短期借款可能部分与产品产量相关，其利息应视为半可变（或半固定）成本，为简化计算，一般也计入固定成本。

第六章

财务分析评价涉及的税费计算

税费是投资项目现金流出量的重要内容之一，税费计算的正确性直接影响项目财务分析评价指标的合理性，进而影响项目的投融资决策。税费计算的依据是现行税法，税法涉及内容极为广泛，各单行税收法律法规结合起来，形成了完整配套的税法体系，共同规范和制约税收分配的全过程，是实现依法治税的前提和保证。本章结合投资项目财务分析评价实际需要，介绍有关税收的计算方法及相关知识。在投资项目财务分析评价具体应用中，要特别注意税法的时效性，注意结合项目实际情况，以现行税法规定为准。

第一节 税 法 概 述

一、税收及财务评价涉及的主要税费

（一）税收与税法

1. 税收

税收是政府为了满足社会公共需要，凭借政治权力，强制、无偿地取得财政收入的一种形式，是政府取得财政收入的基本来源，是维持国家机器正常运转的经济基础，是国家宏观调控的重要手段。税收具有强制性、无偿性和固定性三个特性。税收是调整国家与企业和公民个人分配关系的最基本、最直接的方式。

2. 税法

税法是国家制定的用于调整国家与纳税人之间在征纳税方面的权利及义务关系的法律规范的总称。它是国家及纳税人依法征税、依法纳税的行为准则，其目的是保障国家利益和纳税人的合法权益，维护正常的税收秩序，保证国家的财政收入。税法具有义务性法规和综合性法规的特点。

税法一般包括税法通则、各税税法（条例）、实施细则、具体规定等四个层次。"税法通则"规定一个国家的税种设置和每个税种立法目的，各个税种的"税法（条例）"分别规定每种税征税办法，"实施细则"是对各个税法（条例）详细说明和解释，"具体规定"则是根据不同地区、不同时期具体情况制定的补充性法规。我国税法没有单独制定税法通则，把税法通则的有关内容包含在各个税法（条例）之中。

3. 税收法律关系

税收法律关系是指用税法调整人们行为的过程中形成的一种特殊的社会关系，也是指国家与纳税人之间发生的符合税收法律规范的具有权利和义务的社会关系。它是国家参与社会产品或国民收入分配的经济关系在税收法律上的表现，也是税法调整税收关系的结果。它由主体、客体和内容三个要素构成。税收法律关系的主体即税收法律关系中享有权利和承担义

务的当事人，如税务机关、纳税义务人；客体即税收法律关系主体的权利、义务所共同指向的征税对象，例如企业收入所得；税收法律关系的内容就是权利主体所享有的权利和所应承担的义务，这是税收法律关系中实质的内容。

（二）税法原则

税法的原则反映税收活动的根本属性，是税收法律制度建立的基础。税法原则包括税法基本原则和税法适用原则。

1. 税法基本原则

党的十八届三中全会审议通过的《中共中央关于全面深化改革若干重大问题的决定》，明确提出"落实税收法定原则"。所谓税收法定原则，是指由立法者决定全部税收问题的税法基本原则，即税种、税收要素及税收程序必须由法律予以确定，其中税收要素法定是基本原则的核心内容。税法其他原则还包括公平原则、效率原则、实质课税原则。

2. 税法适用原则

税法适用原则包括法律优位原则；法律不溯及既往原则；新法优于旧法原则；特别法优于普通法原则；实体从旧，程序从新原则；程序法优于实体法原则。

（三）税法的种类

（1）按照税法的基本内容和效力分类，税法可分为税收基本法和税收普通法。税收基本法也称税收通则，我国目前没有制定统一的税收基本法；税收普通法是对税收基本法规定的事项分别立法实施的法律。

（2）按照税法的职能作用分类，税法可分为税收实体法和税收程序法。

（3）按照税法征收对象分类，税法可分为流转税税法，所得税税法，财产、行为税税法、资源税税法和特定行为税税法五种。

（4）按照主权国家行使税收管辖权分类，税法可分为国内税法、国际税法、外国税法等。

（四）财务分析评价涉及的主要税费

税费计算是财务分析评价中现金流量计算重要的内容。税费的计算贯穿财务分析评价的全过程，税费计算的正确性，直接影响财务分析评价指标的合理性，进而影响投资项目决策的正确性，应予以高度的重视。

随着财政税收体制改革不断深化，我国不断出台各种税收法律法规，使得投资项目财务评价税费的计算更加复杂。比如我国推动增值税改革，全面实施"营改增"，加大投资项目财务分析评价增值税的计算难度，比如不同行业销项税抵扣进项税、不同税种税费的交叉计算。另外，投资项目财务分析评价的税费计算与纳税实务还有较大区别，比如我国增值税的计算采用购进扣税法，准予从销项税额中抵扣进项税额，税法规定纳税实务是限于纳税凭证上注明应税产品的销售额或销售量的应纳税额和税率计算的税额。一般情况下，投资项目财务分析评价时，尚未取得增值税扣税合法凭证，以及进出口产品完税价格的合法凭证。应纳税额的计算直接影响投资、成本、收入和利润的计算结果。在财务分析评价中，只能参照税法的规定，估算可以抵扣的进项税额，应该掌握准予抵扣、不准予抵扣的进项税和特殊情况的有关规定。另外，不同类型项目财务评价的税费计算也存在很大差异。特许经营项目、跨国投资项目、外商投资项目、大型企业并购重组等项目，税收计算的内容及侧重点不同，需要根据税法规定，结合项目财务评价的实际需要提出处理方法。财务分析涉及的主要税费和计税时涉及的费用和效益科目见表6-1。

表 6-1　　　　　　　　　　　　　　财务分析涉及的主要税费表

税种名称	建设投资	总成本费用	销售收入	利润总额
增值税	√	√	√	
消费税	√		√	
企业所得税				√
关税	√	√		
资源税		自用 √	销售 √	
城镇土地使用税	√	√		
土地增值税				
耕地占用税	√			
城市维护建设税			√	
房产税		√		
车辆购置税车船税	√	√		
教育费附加				√
地方教育费附加			√	
契税		√		
印花税	√	√		

二、我国现行税法体系与税收管理体制

（一）现行税法体系

我国现行税法体系包括实体法体系和程序法体系。

1. 税收实体法体系

我国现行税收实体法体系由 18 个税收法律、法规组成，可以按性质和作用分为以下五类：

（1）商品和劳务税税法。主要包括增值税、消费税、关税等税法。这类税法的特点是与商品生产、流通、消费有密切联系，易于发挥对经济的宏观调控作用。

（2）所得税税法。主要包括企业所得税、个人所得税等税法。其特点是可以直接调节纳税人收入，发挥其公平税负、调整分配关系的作用。

（3）财产、行为税税法。主要是对财产的价值或某种行为课税，包括房产税、车船税、印花税、契税等税法。

（4）资源税税法。主要是为保护和合理使用国家自然资源而课征的税。我国现行的资源税、土地增值税和城镇土地使用税等税种均属于资源课税的范畴。对于因开发和利用自然资源差异而形成的级差收入发挥调节作用。

（5）特定目的税税法。包括城市维护建设税、车辆购置税、耕地占用税、船舶吨税和烟叶税等，其目的是对某些特定对象和特定行为发挥特定调节作用。

2. 税收程序法体系

我国的税收程序法是以全国人大常委会通过实施的《中华人民共和国税收征收管理法》（简称《税收征管法》）为核心，具体包括《税收征管法实施细则》《发票管理办法》和《税务

行政复议规则》等构成。

（二）分税制

根据国务院关于实行分税制的规定，将维护国家权益、实施宏观调控所必需的税种划为中央税；将同国民经济发展直接相关的主要税种划为中央与地方共享税；将适合地方征管的税种划为地方税，并充实地方税税种，增加地方税收收入。

（1）中央税包括消费税、关税、车辆购置税等。

（2）地方税包括资源税、土地增值税、印花税、城市维护建设税、土地使用税、房产税、车船税等。

（3）中央政府与地方政府共享税。

1）增值税（不含进口环节由海关代征的部分），中央政府分享50%，地方政府分享50%。

2）企业所得税，中国铁路总公司（原铁道部）、各银行总行及海洋石油企业缴纳的部分归中央政府，其余部分中央与地方政府按60%与40%的比例分享。个人所得税分享比例与企业所得税相同。

3）资源税，海洋石油企业缴纳的部分归中央政府，其余部分归地方政府。

4）城市维护建设税，中国铁路总公司、各银行总行、各保险总公司集中缴纳的部分归中央政府，其余部分归地方政府；

5）印花税，国务院决定从2016年1月1日起，证券交易印花税收入全部归中央政府，其他印花税收入归地方政府。

（三）税收管理体制

我国的税收管理体制是税收制度的重要组成部分，是在各级国家机构之间划分税收管理权限的制度，分为税收立法权和税收执法权两类。

1. 税收立法权

税收立法权是制定、修改、解释或废止税收法律、法规、规章和规范性文件的权力。全国性税种的立法权，属于全国人民代表大会（简称全国人大）及其常务委员会（简称常委会）。经全国人大及其常委会授权，国务院有制定税法实施细则、增减税目和调整税率的权力及税法的解释权；经国务院授权，国家税务主管部门（财政部、国家税务总局及海关总署）有税收条例的解释权和制定税收条例实施细则的权力。经国务院授权，省级人民政府有本地区地方税法的解释权和制定税法实施细则的权利。

2. 税收执法权

税法的实施即税法的执行，包括税收执法及守法两个方面。一方面税收执法权是指税收机关依法征收税款，依法进行税收管理活动的权力，具体包括税款征收管理权、税务检查权、税务稽查权、税务行政复议裁决权及其他税务管理权；另一方面要求税务机关、税务人员、公民、法人、社会团体及其他组织严格遵守税收法律。

（四）税法要素

税法要素是指各种单行税法具有的共同基本要素的总称。首先，税法要素既包括实体性的，也包括程序性的；其次，税法要素是所有完善的单行税法都共同具备的，仅为某一税法所单独具有而非普遍性的内容，不构成税法要素，如扣缴义务人。税法要素一般包括总则、纳税义务人、征税对象、税目、税率、纳税环节、纳税期限、纳税地点、减税免税、罚则、附则等内容。

1. 总则

总则主要包括立法依据、立法目的、适用原则等。

2. 纳税义务人

纳税义务人或纳税人又称纳税主体，是税法规定的直接负有纳税义务的单位和个人。纳税人有自然人和法人两种基本形式。自然人包括本国公民，也包括外国人和无国籍人。法人是基于法律规定享有权利能力和行为能力，具有独立的财产和经费，依法独立承担民事责任的社会组织。我国的法人主要有机关法人、事业法人、企业法人和社团法人四种。根据纳税的需要，自然人可划分为居民纳税人和非居民纳税人，个体经营者和其他个人等；法人可划分为居民企业和非居民企业，还可按企业的不同所有制性质来进行分类等。

3. 征税对象

征税对象是税法最基本的要素。征税对象又称课税对象、征税客体，指税法规定对什么征税，如消费税的征税对象是消费税条例所列举的应税消费品等。

征税对象应纳税款的直接数量依据称为税基，又称计税依据，它解决对征税对象课税的计算问题，是对课税对象的量的规定。如企业所得税应纳税额的基本计算方法是应纳税所得额乘以适用税率。其中，应纳税所得额是计算所得税应纳税额的数量基础，为所得税的税基。

4. 税目

税目是在税法中对征税对象分类规定的具体的征税项目，反映具体的征税范围，是对课税对象质的界定。并非所有税种都需规定税目，一般无需设置税目，如企业所得税。有些税种具体课税对象比较复杂，需要规定税目，如消费税、资源税等，一般都规定有不同的税目。

5. 税率

税率是对征税对象的征收比例或征收额度。我国现行的税率主要有：

（1）比例税率。对同一征税对象，不分数额大小，规定相同的征收比例。我国的增值税、城市维护建设税、企业所得税等采用的是比例税率。比例税率在适用中又分为三种形式：

一是单一比例税率，是指对同一征税对象的所有纳税人都适用同一比例税率。

二是差别比例税率，是指对同一征税对象的不同纳税人适用不同的比例征税，分为产品差别比例税率、行业差别比例税率、地区差别比例税率三种类型。

三是幅度比例税率，是指对同一征税对象，税法只规定最低税率和最高税率，各地区在该幅度内确定具体的适用税率，如资源税。

（2）超额累进税率。累进税率是指征税对象随着数量增大而随之提高的税率，即按征税对象数额的大小划分为若干等级，不同等级的课税数额分别适用不同的税率。课税数额越大，适用税率越高。累进税率一般在所得课税中使用。全额累进税率，是把征税对象的数额划分为若干等级，对每个等级分别规定相应税率，当税基超过某个级距时，课税对象的全部数额都按提高后级距的相应税率征税。

（3）定额税率。即按征税对象确定的计算单位，直接规定一个固定的税额。目前采用定额税率的有城镇土地使用税和车船税等。

（4）超率累进税率。即以征税对象数额的相对率划分若干级距，分别规定相应的差别税率，相对率每超过一个级距的，对超过的部分就按高一级的税率计算征税。目前我国税收体系中采用这种税率的是土地增值税。

6. 纳税环节

纳税环节主要指税法规定的征税对象在从生产到消费的流转过程中应当缴纳税款的环节。如流转税在生产和流通环节纳税、所得税在分配环节纳税等。

7. 纳税期限

纳税期限是指税法规定的关于税款缴纳时间方面的限定。

8. 纳税地点

纳税地点主要是指根据各个税种纳税对象的纳税环节和有利于对税款的源泉控制而规定的纳税人（包括代征、代扣、代缴义务人）的具体纳税地点。

9. 减税免税

减税免税主要是对某些纳税人和征税对象采取减少征税或者免予征税的特殊规定。

10. 罚则

罚则主要是指对纳税人违反税法的行为采取的处罚措施。

11. 附则

附则一般都规定与该法紧密相关的内容，比如该法的解释权、生效时间等。

第二节　增　值　税

一、增值税的类型及征收依据

（一）增值税的特点及类型

1. 增值税的特点

增值税是以商品、应税劳务及应税行为在流转过程中产生的增值额作为计税依据而征收的一种流转税。采用增值税可以有效地防止商品在流转过程中重复征税，主要特点：一是实行税款抵扣制度，避免重复征税，对于同一商品而言，无论流转环节的多与少，只要增值额相同，税负就相同，税收由商品、劳务和服务的最终消费者承担；二是按照税收中性原则，对增值税的征收采用单一比例税率，并实行价外税制度，在计算应纳税额时，作为计税依据的销售额中不含增值税税款。

2. 增值税的类型

增值税分为生产型、消费型及收入型三种类型。我国 1994 年引入的是生产型增值税，目前已改为采用消费型增值税。

（1）生产型增值税。是指在计算增值税时，不允许纳税人从本期销项税额中抵扣购入固定资产及其折旧部分的进项税额，允许抵扣的范围只限于生产中原材料等劳动对象的进项税额，所以实际征税对象等于工资、租金、利息、利润和折旧之和，相当于国民生产总值的内涵，故称为生产型增值税。

（2）消费型增值税。是指允许纳税人从本期销项税额中一次性抵扣用于生产经营的固定资产的全部进项税额。纳税人当期购入的固定资产，缴纳的进项税金允许全部扣除，实际上作为生产资料是不征税的。从全社会的角度来看，增值税相当于只对消费品征税，其税基总值与全部消费品总值一致，故称消费型增值税。

（3）收入型增值税。允许纳税人从本期销项税额中扣除用于生产经营的固定资产折旧部分的进项税，课税依据只相当于国民收入，所以称收入型增值税。收入型增值税计算复杂，征管难度大，在实际税务管理工作中受到了限制而不宜广泛使用。因此，我国采用消费型增值税。

（二）增值税的征收依据

（1）《中华人民共和国增值税暂行条例》（简称《增值税暂行条例》）1993 年 12 月 13 日国务院令第 134 号公布；2008 年 11 月 5 日国务院第 34 次常务会议修订通过；根据 2016 年 2 月 6 日《国务院关于修改部分行政法规的决定》第一次修订；根据 2017 年 11 月 19 日《国务院关于废止〈中华人民共和国营业税暂行条例〉和修改〈中华人民共和国增值税暂行条例〉的决定》第二次修订。

（2）《中华人民共和国增值税暂行条例实施细则》（简称《增值税暂行条例实施细则》）2008 年 12 月 15 日经财政部、国家税务总局审议通过（财政部令第 50 号）及修订版于 2011 年 10 月 28 日（财政部令第 65 号）发布。

（3）《关于全面推开营业税改征增值税试点的通知》（财税〔2016〕36 号文，简称《营改增试点实施办法》)），包含 4 个附件《营业税改征增值税试点实施办法》《营业税改征增值税试点有关事项的规定》《营业税改征增值税试点过渡政策的规定》和《跨境应税行为适用增值税零税率和免税政策的规定》，2016 年 3 月 23 日，经国务院批准，由财政部和国家税务总局发布。

（4）《关于深化增值税改革有关政策的公告》（财政部　税务总局　海关总署公告 2019 年第 39 号），公告于 2019 年 3 月 20 日发布，自 2019 年 4 月 1 日起执行。

二、增值税纳税人

（一）纳税人和扣缴义务人

1. 纳税人

在中华人民共和国境内销售货物或者加工、修理修配劳务（简称劳务），销售服务、无形资产、不动产以及进口货物的单位和个人，为增值税的纳税人。

2. 扣缴义务人

中华人民共和国境外（简称境外）单位或者个人在境内发生应税行为，在境内未设有经营机构的，以购买方为增值税扣缴义务人。

（二）小规模纳税人

财政部　税务总局《关于统一增值税小规模纳税人标准的通知》（财税〔2018〕33 号）指出，增值税小规模纳税人标准为年应征增值税销售额 500 万元及以下。

（三）一般纳税人

一般纳税人标准基本规定，一般纳税人是指年应征增值税销售额（简称年应税销售额），超过财政部、国家税务总局规定的小规模纳税人标准的企业和企业性单位（简称企业）。

年应税销售额是指纳税人在连续不超过 12 个月的经营期内累计应征增值税销售额，包括免税销售额等。经营期是指在纳税人存续期内的连续经营期间，含未取得销售收入的月份。

三、征税范围

（一）一般规定

征税范围一般规定可简要概括为五方面内容：①发生在中华人民共和国境内；②纳税人

销售或者进口货物；③纳税人为他人提供的加工、修理修配劳务的应税服务；④纳税人从事销售服务、无形资产及不动产业务范围的应税行为；⑤应税行为是有偿的。纳税人销售货物、劳务、服务、无形资产、不动产（统称应税销售行为）。

1. 销售或者进口货物

纳税人销售或者进口货物。所称货物，是指有形动产，包括电力、热力、气体在内；所称销售货物，是指有偿转让货物的所有权。

2. 应税劳务

应税劳务是指纳税人提供的加工、修理修配劳务。所称加工，是指受托加工货物，即委托方提供原料及主要材料，受托方按照委托方的要求制造货物并收取加工费的业务；所称修理修配，是指受托对损伤和丧失功能的货物进行修复，使其恢复原状和功能的业务。

3. 应税销售服务、无形资产和不动产

（1）应税销售服务包括交通运输服务、邮政服务、电信服务、建筑服务、金融服务、生活服务。

（2）销售无形资产是指转让无形资产所有权或者使用权的业务活动。其中：

1）无形资产，是指不具实物形态，但能带来经济利益的资产，包括技术、商标、著作权、商誉、自然资源使用权和其他权益性无形资产。

2）技术，包括专利技术和非专利技术。

3）自然资源使用权，包括土地使用权、海域使用权、探矿权、采矿权、取水权和其他自然资源使用权。

4）其他权益性无形资产，包括基础设施资产经营权、公共事业特许、配额、经营权（包括特许经营权、连锁经营权、其他经营权）、经销权、分销权、代理权、会员权、席位权、网络游戏虚拟道具、域名、名称权、肖像权、冠名权、转会费等。

（3）销售不动产。是指转让不动产所有权的业务活动。其中：

1）不动产，是指不能移动或者移动后会引起性质、形状改变的财产，包括建筑物、构筑物等。建筑物，包括住宅、商业营业用房、办公楼等可供居住、工作或者进行其他活动的建造物。构筑物，包括道路、桥梁、隧道、水坝等建造物。

2）转让建筑物有限产权或者永久使用权的，转让在建的建筑物或者构筑物所有权的，以及在转让建筑物或者构筑物时一并转让其所占土地的使用权的，按照销售不动产缴纳增值税。

4. 境内的含义

（1）在境内销售服务、无形资产或不动产。销售货物的起运地或者所在地在境内；提供的应税劳务发生在境内；服务（租赁不动产除外）或者无形资产（自然资源使用权除外）的销售方或者购买方在境内；所销售或者租赁的不动产在境内；所销售自然资源使用权的自然资源在境内。财政部和国家税务总局规定的其他情形。

（2）不属于在境内销售服务或者无形资产。境外单位或者个人向境内单位或者个人销售完全在境外发生的服务、完全在境外使用的无形资产；境外单位或者个人向境内单位或者个人销售、出租完全在境外使用的有形动产，以及财政部和国家税务总局规定的其他情形。

5. 有偿的含义

有偿，是指销售货物、提供加工修理修配劳务和应税行为时取得货币、货物或者其他经济利益。属于非经营活动的情形除外，例如：由国务院或者财政部批准设立的政府性基金，

由国务院或者省级人民政府及其财政、价格主管部门批准设立的行政事业性收费；财政部和国家税务总局规定的其他情形。

（二）特殊规定

增值税的征税范围除了上述的一般规定以外，对于实务中某些特殊项目或行为是否属于增值税的征税范围，还有很多行业的具体规定，使用中需要进一步查阅相关增值税公告或文件，以下仅列举部分特殊项目和特殊行为。

1. 属于征税范围的特殊行为

《增值税暂行条例实施细则》和《营改增试点实施办法》规定属于征税范围的特殊行为包括视同销售行为、混合销售行为、兼营行为、混业经营等，无论单位或个体工商户的这些特殊行为，均要分别不同情况征收增值税。

（1）视同销售行为。视同销售行为，是指那些移送货物或提供服务的行为并不符合增值税有关规定中销售货物或提供服务的定义，但在征税时要视同销售货物或提供服务缴纳增值税的行为。例如：销售代销货物；将自产、委托加工的货物或者购进的货物作为投资，提供给其他单位或者个体工商户；将自产、委托加工的货物分配给股东或者投资者；向其他单位或者个人无偿转让无形资产或者不动产，但用于公益事业或者以社会公众为对象的除外；财政部和国家税务总局规定的其他情况。

（2）混合销售行为。混合销售行为是指一项销售行为既涉及服务又涉及货物。例如，某销售商在销售净水器的同时，为顾客提供安装服务并收取一定的费用。前者属于销售货物，后者属于提供安装服务，二者同时发生，并从同一受让者取得价款，即为混合销售行为。对于混合销售行为，应根据纳税人的行业属性，实行不同的征税办法。

（3）兼营行为。兼营行为是指增值税纳税人在从事应税货物销售或提供应税劳务的同时，还从事服务销售，且从事的销售服务与某一项销售货物或提供应税劳务并无直接的联系和从属关系。如企业充分调动本单位的人力、物力，从事跨行业多种经营，兼营销售服务等情况。

（4）混业经营。纳税人销售货物、加工修理修配劳务、服务、无形资产或者不动产适用不同税率或者征收率的，应当分别核算适用不同税率或者征收率的销售额。未分别核算销售额的，按照兼有不同税率、不同征收率或不同税率和征收率的销售货物、加工修理修配劳务、服务、无形资产或者不动产，从高适用税率。

2. 不征收增值税项目

《营改增试点实施办法》规定以下项目不征收增值税：

（1）根据国家指令无偿提供的铁路运输服务、航空运输服务，属于《试点实施办法》规定的用于公益事业的服务；

（2）存款利息；

（3）被保险人获得的保险赔付；

（4）房地产主管部门或者其指定机构、公积金管理中心、开发企业以及物业管理单位代收的住宅专项维修资金；

（5）在资产重组过程中，通过合并、分立、出售、置换等方式，将全部或者部分实物资产以及与其相关联的债权、负债和劳动力一并转让给其他单位和个人，其中涉及的不动产、土地使用权转让行为。

四、税率及计税方法

（一）基本税率

基本税率，又称标准税率，其高低与我国经济状况、税收政策、收入水平以及历史形成的税负水平有关，适用于大多数征税对象，体现了增值税税负的轻重。我国增值税的基本税率为 17%。

1. 增值税

增值税一般指纳税人销售或者进口货物、提供加工修理修配劳务以及提供有形动产租赁服务，除税法另有规定外，税率为 17%。

2019 年 5 月起增值税税率进一步调低为 13% 和 9%。

2. 低税率

低税率适用于税法列举的体现一定税收优惠政策的项目，设置目的是保证消费者对基本生活必需品的消费。

（1）纳税人销售交通运输、邮政、建筑、不动产租赁服务，销售不动产，转让土地使用权，税率为 9%。

（2）纳税人销售或者进口粮食等农产品、食用植物油、食用盐；自来水、暖气、冷气、热水、煤气、石油液化气、天然气、二甲醚、沼气、居民用煤炭制品；图书、报纸、杂志、音像制品、电子出版物；饲料、化肥、农药、农机、农膜及国务院规定的其他货物，税率为 9%。

（3）纳税人销售服务、无形资产税率为 6%。

3. 零税率

（1）纳税人出口货物，税率为零，但国务院另有规定的除外。

（2）境内单位和个人跨境销售国务院规定范围内的服务、无形资产，税率为零。

税率为零不是简单地等同于免税。出口货物和应税服务免税仅指在出口环节不征收增值税，而零税率是指对出口货物和应税服务除了在出口环节不征增值税外，还要对该产品和应税服务在出口前已经缴纳的增值税进行退税，使该出口产品和应税服务在出口时完全不含增值税款，从而以无税产品和应税服务进入国际市场。我国对大部分出口产品与应税服务实行零税率。

4. 征收率

《增值税暂行条例》《营改增试点实施办法》和《关于简并增值税征收率的通知》（财税〔2014〕57 号）等规定，增值税征收率是指对特定的货物或特定的纳税人销售货物、提供应税劳务、发生应税行为在某一生产流通环节应纳税额与销售额的比率。

（1）小规模纳税人适用的征收率。小规模纳税人销售货物、提供应税劳务、发生应税行为，按征收率 3% 计税；销售或出租不动产，按征收率 5% 计税，财政部和国家税务总局另有规定的除外。

（2）一般纳税人适用的征收率。一般纳税人销售货物、提供应税劳务、发生应税行为按规定可以选择简易计税方法计税。其征收率为 5% 和 3% 的征收率。如一般纳税人销售其 2016 年 4 月 30 日前取得的不动产，可以选择适用简易计税方法，以取得的全部价款和价外费用减去该不动产购置的原价或取得不动产时的作价后的余额为销售额，按照 5% 的征收率计算应纳税额；一般纳税人销售使用过的固定资产及旧货适用 3% 的征收率，减按 2% 计算；公路经营企业中的一般纳税人收取高速公路车辆通行费，可以选择适用简易计税方法，减按 3% 的征收率计算应纳税额。

（二）增值税的计税方法

《增值税暂行条例》和《营改增试点实施办法》规定增值税的计税方法，包括一般计税方法、简易计税方法和扣缴计税方法。

1. 一般纳税人应纳税额的计算

一般纳税人应纳税额的计算方法采用间接计算法。增值税一般纳税人销售货物、提供应税劳务、发生应税行为的应纳税额，等于当期销项税额抵扣当期进项税额后的余额。第一步，按当期销售额和适用税率计算出销项税额；第二步，纳税人购进货物、加工修理修配劳务、服务、无形资产或者不动产，支付或者负担的增值税额和适用税率计算进项税额；第三步，将当期准予抵扣的进项税额进行抵扣，间接计算出当期增值额部分的应纳税额。当期应纳税额的多少，取决于当期销项税额和当期进项税额这两个因素。当期销项税额小于当期进项税额不足抵扣时，其不足部分可以结转下期继续抵扣。计算公式如下

$$当期应纳税额 = 当期销项税额 - 当期进项税额 \tag{6-1}$$

或 $\quad$ 当期应纳税额 = 当期销售额 × 适用税率 - 当期进项税额 $\tag{6-2}$

（1）销项税额的计算。销项税额是指一般纳税人销售货物、提供应税劳务以及发生应税行为时，按照销售额或应税劳务收入或应税行为收入与规定税率计算并向购买方收取的增值税税额。销项税额计算公式为

$$销项税额 = 销售额 × 税率 \tag{6-3}$$

一般计税方法的销售额不包括销项税额，当纳税人采用销售额和销项税额合并定价方法的，含税销售额的换算公式为

$$销售额 = 含税销售额 / (1 + 税率) \tag{6-4}$$

（2）进项税额的计算。进项税额是指纳税人购进货物、加工修理修配劳务、服务、固定资产、无形资产或者不动产，支付或者负担的增值税额。进项税额与销项税额相对应的另一个概念，销售方收取的销项税额，就是购买方支付的进项税额。对于任何一个一般纳税人在经营活动中，都会有收取的销项税额和支付的进项税额。进项税额计算公式为

进项税额 = 购买价（不含税价）× 适用增值税率

$$= [购买价（含税价） / (1 + 增值税率)] × 适用增值税率 \tag{6-5}$$

2. 简易计税方法应纳税额的计算

简易计税方法的应纳税额，是指按照销售额和增值税征收率计算的增值税额，不得抵扣进项税额。应纳税额计算公式为

$$应纳税额 = 销售额 × 征收率 \tag{6-6}$$

简易计税方法的销售额不包括其应纳税额，纳税人采用销售额和应纳税额合并定价方法的，销售额计算公式为

$$销售额 = 含税销售额 / (1 + 征收率) \tag{6-7}$$

销售额是指纳税人销售货物或者提供应税劳务或提供应税服务向购买方取得的全部价款和价外费用。

3. 扣缴计税方法

境外单位或者个人在境内提供应税服务，在境内未设有经营机构的，扣缴义务人按照式（6-8）计算应扣缴税

$$应扣缴税额=接受方支付的价款/（1+税率）×税率 \qquad (6-8)$$

五、投资项目财务分析中增值税额的计算

（一）销售额的确认与计算

销售额的确认是销项税计算的重点，在《增值税暂行条例》《增值税暂行条例细则》《营改增试点实施办法》和《营改增试点有关事项规定》税法中对于一般销售方式的销售额做了详细规定，通常涉及特殊销售方式及差额计算方法确定销售额。

1. 一般销售方式下的销售额

销售额是指纳税人销售货物或提供应税劳务或提供应税服务或提供应税行为向购买方收取的全部价款和价外费用。

价外费用是指价外收取的各种性质的收费，包括价外向购买方收取的手续费、补贴、基金、集资费、返还利润、奖励费、违约金、滞纳金、延期付款利息、赔偿金、代收款项、代垫款项、包装费、包装物租金、储备费、运输装卸费以及其他各种性质的价外收费，但不包括受托加工应征的消费税、代为收取的政府性基金或者行政事业性收费、代收保险费用以及向购买方收取的代购买方缴纳的车辆购置税、车辆牌照费等。

2. 特殊销售方式下的销售额

特殊销售方式有多种情况，如采取折扣方式销售、以旧换新等。采取还本销售方式的销售额，是指纳税人在销售货物后，到一定期限由销售方一次或分次退还给购货方全部或部分价款，实际上是一种筹资行为，是以货物换取资金的使用价值，到期还本不付息的方法。税法规定，采取还本销售方式销售货物，其销售额就是货物的销售价格，不得从销售额中减除还本支出。

3. 按差额确定的销售额

在全国范围内实施"营改增"后，仍然有无法通过抵扣机制避免重复征税的情况存在，因此引入差额征税的办法，按差额确定的销售额，试点纳税人按照税法规定从全部价款和价外费用中扣除的价款，应当取得符合法律、行政法规和国家税务总局规定的有效凭证。在项目前期工作中无法取得有效凭证，应参照相关税法具体规定进行估算。

（1）销售服务。

1）航空运输企业的销售额，应扣除代收的机场建设费和代售其他航空运输企业客票而代收转付的价款。

2）一般纳税人提供客运场站服务，以其取得的全部价款和价外费用，扣除支付给承运方运费后的余额为销售额。

3）一般纳税人提供旅游服务，以取得的全部价款和价外费用，扣除向旅游服务购买方收取并支付给其他单位或者个人的住宿费、餐饮费、交通费、签证费、门票费和支付给其他接团旅游企业的旅游费用后的余额为销售额。

4）纳税人提供建筑服务适用简易计税方法的，以取得的全部价款和价外费用扣除支付的分包款后的余额为销售额。

（2）销售不动产。

1）房地产开发企业中的一般纳税人销售其开发的房地产项目（选择简易计税方法除外），以取得的全部价款和价外费用，扣除土地受让人向政府部门支付的征地和拆迁补偿费用、土地前期开发费用和土地出让收益等的余额为销售额。

2）纳税人转让不动产的增值税应纳税额，以取得的全部交易价格减去应纳契税（实际纳税均按有效凭证）差额乘以 5%的征收率。

4. 视同销售征税而无销售额

销售行为中有些行为由于不是以资金的形式反映出来，会出现无销售额的现象，因此税法规定，对视同销售征税而无销售额的按组成计税价格确定。组成计税价格的计算公式为

$$组成计税价格=成本×（1+成本利润率）\tag{6-9}$$

5. 同时征收增值税和消费税

征收增值税的货物，同时又征收消费税的，其组成计税价格中应加上消费税税额。其组成计税价格计算公式为

$$组成计税价格=成本×（1+成本利润率）+消费税税额\tag{6-10}$$

或 $$组成计税价格=成本×（1+成本利润率）/（1-消费税税率）\tag{6-11}$$

其中：成本是指销售自产货物的为实际生产成本，销售外购货物的为实际采购成本。

（二）增值税额的计算

我国增值税的计算方法采用购进扣税法，准予从销项税额中抵扣进项税额，在纳税实务中限于增值税扣税凭证上注明的增值税税额和按规定的扣除率计算的进项税额。增值税扣税凭证，是指增值税专用发票、海关进口增值税专用缴款书、农产品收购发票、农产品销售发票和完税凭证。需要注意的是，并不是纳税人支付的所有进项税额都可以从销项税额中抵扣。纳税人购进货物或者接受应税劳务和应税服务，不符合法律、行政法规或者国务院税务主管部门有关规定的，其进项税额不得从销项税额中抵扣。

增值税的核心就是向纳税人收取的销项税额抵扣其支付的进项税额，其余额为纳税人实际应缴纳的增值税税额。进项税额作为可抵扣的部分，对于纳税人应纳税额的多少有着举足轻重的作用。

一般情况下，投资项目财务分析评价时，尚未取得增值税扣税合法凭证，因此在财务分析评价中，只能参照税法的规定，估算可以抵扣的进项税额。为了正确地进行估算，应该掌握准予抵扣、不准予抵扣的进项税和特殊情况估算方法。

1. 进项税额的具体内容

进项税额是指纳税人购进货物、加工修理修配劳务、服务、无形资产或者不动产，支付或者负担的增值税额。其中：

（1）购进货物，指购进构成不动产实体的材料和设备，包括建筑装饰材料和给排水、采暖、卫生、通风、照明、通信、煤气、消防、中央空调、电梯、电气、智能化楼宇设备及配套设备；还包括构成产品实体的原材料、外购件、燃料动力。

（2）委托加工修理修配劳务，是指加工货物或者修理修配业务。

（3）购进固定资产，是指使用期限超过 12 个月的机器、机械、运输工具以及其他与生产经营有关的设备、工具、器具等有形动产。

（4）购进无形资产，是指不具实物形态，但能带来经济利益的资产，包括技术、商标、著作权、商誉、自然资源使用权和其他权益性无形资产。

（5）购进不动产，是指不能移动或者移动后会引起性质、形状改变的财产，包括建筑物、构筑物等。

2. 准予抵扣的进项税项目

（1）从销售方取得的增值税专用发票（含税控机动车销售统一发票，下同）上注明的增

值税额；或从海关取得的海关进口增值税专用缴款书上注明的增值税额；从境外单位或者个人购进服务、无形资产或者不动产，自税务机关或者扣缴义务人取得的解缴税款的完税凭证上注明的增值税额。

（2）购进农产品，除取得增值税专用发票或者海关进口增值税专用缴款书外，按照农产品收购发票或者销售发票上注明的农产品买价和9%的扣除率计算的进项税额。购进农产品，按照《农产品增值税进项税额核定扣除试点实施办法》抵扣进项税额的除外。

3. 不准予抵扣的进项税项目

增值税纳税人购置固定资产用于简易计税方法计税项目、免征增值税项目、集体福利或者个人消费和非正常损失的项目，进项税额不得从销项税额中抵扣。

4. 特殊情况的进项税额抵扣

（1）适用一般计税方法的纳税人，兼营简易计税方法计税项目、免征增值税项目而无法划分不得抵扣的进项税额，按照式（6-12）计算不得抵扣的进项税额

不得抵扣的进项税额=当期无法划分的全部进项税额×（当期简易计税方法

计税项目销售额+免征增值税项目销售额）/当期全部销售额　　　（6-12）

（2）购置固定资产既用于不能抵扣项目又用于可以抵扣项目，混合销售行为依照《增值税条例实施细则》的规定应当缴纳增值税的，该混合销售行为所涉及的非增值税应税劳务所用购进货物的进项税额，符合《增值税暂行条例》规定的，准予从销项税额中抵扣。

（3）已抵扣进项税额的购进货物（不含固定资产）、劳务、服务，《营改增试点实施办法》规定情形（简易计税方法计税项目、免征增值税项目除外）的，应当将该进项税额从当期进项税额中扣减；无法确定该进项税额的，按照当期实际成本计算应扣减的进项税额。

（4）已抵扣进项税额的固定资产、无形资产或者不动产，按照式（6-13）计算不得抵扣的进项税额

不得抵扣的进项税额=固定资产、无形资产或者不动产净值×适用税率　　　（6-13）

固定资产、无形资产或者不动产净值，是指纳税人根据财务会计制度计提折旧或摊销后的余额。

（5）按照原规定不得抵扣且未抵扣进项税额的固定资产、无形资产、不动产，发生用途改变，用于允许抵扣进项税额的应税项目，可在用途改变的次月按照式（6-14）计算可以抵扣的进项税额

可以抵扣的进项税额=固定资产、无形资产、不动产净值/（1+适用税率）×适用税率　（6-14）

5. 增值税期末留抵税额退税

自2019年4月1日起，试行增值税期末留抵税额退税制度，纳税人取得不动产或者不动产在建工程的进项税额不再分2年抵扣。

（1）同时符合以下条件的纳税人，可以向主管税务机关申请退还增量留抵税额：

1）自2019年4月税款所属期起，连续六个月（按季纳税的，连续两个季度）增量留抵税额均大于零，且第六个月增量留抵税额不低于50万元；

2）纳税信用等级为A级或者B级；

3）申请退税前36个月未发生骗取留抵退税、出口退税或虚开增值税专用发票情形的；

4）申请退税前36个月未因偷税被税务机关处罚两次及以上的；

5）自2019年4月1日起未享受即征即退、先征后返（退）政策。

（2）增量留抵税额，是指与 2019 年 3 月底相比新增加的期末留抵税额。

（3）纳税人当期允许退还的增量留抵税额，按照式（6-15）计算

$$允许退还的增量留抵税额=增量留抵税额×进项构成比例×60\% \qquad (6-15)$$

进项构成比例，为 2019 年 4 月至申请退税前一税款所属期内已抵扣的增值税专用发票（含税控机动车销售统一发票）、海关进口增值税专用缴款书、解缴税款完税凭证注明的增值税额占同期全部已抵扣进项税额的比重。

（4）纳税人应在增值税纳税申报期内，向主管税务机关申请退还留抵税额。

（5）纳税人出口货物劳务、发生跨境应税行为，适用免抵退税办法的，办理免抵退税后，仍符合规定条件的，可以申请退还留抵税额；适用免退税办法的，相关进项税额不得用于退还留抵税额。

（6）纳税人取得退还的留抵税额后，应相应调减当期留抵税额。按照规定再次满足退税条件的，可以继续向主管税务机关申请退还留抵税额，但（1）1）项规定的连续期间，不得重复计算。

6. 纳税人接受贷款服务

纳税人接受贷款服务向贷款方支付的与该笔贷款直接相关的投融资顾问费、手续费、咨询费等费用，其进项税额不得从销项税额中抵扣。

7. 资产重组

增值税一般纳税人（称原纳税人）在资产重组过程中，将全部资产、负债和劳动力一并转让给其他增值税，一般纳税人（称新纳税人），并按程序办理注销税务登记的，其在办理注销登记前尚未抵扣的进项税可结转至新纳税人处继续抵扣。

8. 购进农产品

购进农产品，按照《农产品增值税进项税额核定扣除试点实施办法》抵扣进项税额的除外。

【例 6-1】 试算某项目建成投产正常生产年份（2015 年）的增值税额。企业为增值税一般纳税人，适用增值税税率17%。正常生产年份（2015 年）有关生产销售情况如下：

（1）销售甲产品，取得不含税销售额 100 万元。另外，取得销售甲产品的送货运输费收入 10 万元（含增值税价格）；

（2）销售乙产品含税销售额 50 万元；

（3）购进货物支付的不含税货款 80 万元，支付购货的运输费 5 万元；

（4）向农业生产者购进免税农产品一批（不适用进项税额核定扣除办法），支付收购价 30 万元，支付给运输单位的运费 5 万元，农产品税率 13%；

（5） 固定资产机器设备购置费，支付货款 25 万元及运输费用 1.25 元。

【解】（1）销售甲产品的销项税额

$$100×17\%+10/（1+11\%）×11\%=17.57（万元）$$

（2）销售乙产品的销项税额

$$50/（1+17\%）×17\%=7.26（万元）$$

（3）外购货物应抵扣的进项税额

$$80×17\%+5×11\%=14.1（万元）$$

（4）外购免税农产品应抵扣的进项税额

$$（30×13\%+5×11\%）×（1-20\%）=3.56（万元）$$

（5）购置数控机床一台抵扣的进项税额

$$25×17\%+1.25×11\%=4.39（万元）$$

应缴纳的增值税额

$$17.57+7.26-14.1-3.56-4.39=2.78（万元）$$

六、进出口货物及服务增值税计算

（一）进口货物增值税应纳税额的计算

1. 征收范围及纳税人

根据《增值税暂行条例》的规定，申报进入中华人民共和国海关境内的货物，均应缴纳增值税。跨境电子商务零售进口商品增值税税收执行现行规定政策。

进口货物增值税纳税人的范围较宽，包括国内一切从事进口业务的企业事业单位、机关团体和个人。

2. 增值税税率与应纳税额计算

按照《海关法》和《进出口关税条例》的规定，进口环节应纳税额按照组成计税价格和规定的税率计算，一般贸易下进口货物的关税完税价格以海关审定的成交价格为基础的到岸价格作为完税价格。所谓成交价格是一般贸易项下进口货物的买方为购买该项货物向卖方实际支付或应当支付的价格。到岸价指运抵我国口岸的价格，应包括货价，加上货物包装费、国外运费、运输保险费等费用。组成计税价格和应纳税额的计算公式为

$$组成计税价格=关税完税价格+关税+消费税 \tag{6-16}$$
$$应纳税额=组成计税价格×税率 \tag{6-17}$$

3. 应纳税额计算应注意的问题

（1）进口货物增值税的组成计税价格中包括已纳关税税额，如果进口货物属于消费税应税消费品，其组成计税价格中还要包括进口环节已纳消费税税额。

（2）进口货物增值税不同于一般增值税对在生产、批发、零售等环节的增值额为征税对象，进口增值税是专门对进口环节的增值额进行征税的一种增值税。不得抵扣任何税额（指发生在我国境外的各种税金）。

（3）国家对某些进口货物制定了减免税的特殊规定。如"来料加工、进料加工"贸易方式进口国外的原材料、零部件等在国内加工后复出口的，对进口的料、件按规定给予免税或减税，但这些进口免、减税的料件若不加工而销往国内的，应予以补税。对进口货物是否减免税由国务院统一规定，任何地方、部门都无权规定减免税项目。

（二）出口退（免）税法规政策

出口货物、劳务和跨境应税行为退（免）税，是国际通行的惯例，目的是在国际贸易中鼓励公平竞争。我国的出口货物、劳务和跨境应税行为退（免）税是指在国际贸易中，对我国报关出口的货物、劳务和跨境应税行为退还或免征在国内各生产和流转环节按税法规定缴纳的增值税和消费税，即对增值税出口货物、劳务和跨境应税行为实行零税率，对消费税出口货物免税。出口货物、劳务和跨境应税行为增值税实行零税率，可以从两方面理解：一是对出口产品生产环节或销售货物、劳务和跨境应税行为的增值部分免征增值税；二是对出口货物、劳务和跨境应税行为前道环节所含的进项税进行退税。

1. 出口退（免）税的主要法规

（1）2012 年 5 月，财政部和国家税务总局发布《关于出口货物劳务增值税和消费税政策的通知》〔财税〔2012〕39 号〕规定了出口货物退（免）税的范围、出口货物退税率、出口退税的税额计算方法、出口退（免）税办理程序及出口退（免）税审核和管理等。

（2）财政部、海关总署、国家税务总局《关于在全国开展融资租赁货物出口退税政策试点的通知》（财税〔2014〕62 号）（简称《融资租赁货物出口退税政策试点的通知》）和《关于融资租赁货物出口退税政策有关问题的通知》（财税〔2016〕87 号）的规定，对融资租赁出口货物试行退税政策。

（3）财政部、国家税务总局《关于全面推开营业税改征增值税试点的通知》（财税〔2016〕36 号）附件"跨境应税行为适用增值税零税率和免税政策的规定"。

（4）为深化国税、地税征管体制改革和促进外贸发展，进一步优化出口退税管理，更好地发挥出口退税支持外贸发展的职能作用，推进社会信用体系建设，国家税务总局修订《出口退（免）税企业分类管理办法》2016 年 9 月 1 日执行。

（5）为进一步简化税制、完善出口退税政策，财政部 税务总局出台《关于调整部分产品出口退税率的通知》（财税〔2018〕123 号），对部分产品增值税出口退税率进行调整。

2. 出口货物、劳务和跨境应税行为退（免）税政策

（1）出口退（免）税。免税是指对出口货物、劳务和跨境应税行为免征销售环节的增值税；抵税是指退还生产环节的进项税额，抵顶内销货物的应纳税款；退税是指抵顶的进项税额大于应纳税额而未抵顶完的税额应予以退税。

（2）出口免税不退税。对出口货物、劳务和跨境应税行为免征销售环节的增值税，其进项税额不得抵扣和退税。例如小规模纳税人出口的货物。

（3）出口不免税不退税。出口不免税是指对国家限制或禁止出口的某些货物的出口环节视同内销环节，不予免税，出口后不予退税（照常征税）。

（三）适用增值税退（免）税的范围与办法

1. 增值税退（免）税政策的范围

（1）出口企业出口货物。

（2）出口企业或其他单位视同出口的货物。如出口企业对外援助、对外承包、境外投资的出口货物等。

（3）出口企业对外提供加工修理修配劳务。如对进境复出口货物或从事国际运输的运输工具进行的加工修理修配。

（4）融资租赁出口货物。如飞机、飞机发动机、铁道机车、铁道客车车厢、船舶及其他货物。

（5）跨境应税行为，包括销售服务和无形资产。

2. 增值税退（免）税办法

适用增值税退（免）税政策的出口货物、劳务和应税行为，按照下列规定实行增值税"免、抵、退"税或免退税办法。

（1）"免、抵、退"税办法。

1）适用增值税一般计税方法的生产企业出口自产货物和视同自产货物及对外提供加工修理修配劳务，以及列名的 74 家生产企业出口非自产货物，免征增值税，相应的进项税额抵

减应纳增值税额（不包括适用增值税即征即退、先征后退政策的应纳增值税额），未抵减完的部分予以退还。

2）跨境应税行为适用增值税零税率政策的服务和无形资产情况。

3）境内的单位和个人提供适用增值税零税率的服务或者无形资产，如果属于适用增值税一般计税方法的，生产企业实行"免、抵、退"税办法，外贸企业直接将服务或自行研发的无形资产出口，视同生产企业连同其出口货物统一实行"免、抵、退"税办法。

4）实行退（免）税办法的研发服务和设计服务，如果主管税务机关认定出口价格偏高的，有权按照核定的出口价格计算退（免）税，核定的出口价格低于外贸企业购进价格的，低于部分对应的进项税额不予退税，转入成本。

（2）免退税办法。

1）不具有生产能力的出口企业（称"外贸企业"）或其他单位出口货物劳务，免征增值税，相应的进项税额予以退还。

2）外贸企业外购研发服务和设计服务免征增值税，其对应的外购应税服务的进项税额予以退还。

（四）增值税出口退税率

（1）除财政部和国家税务总局根据国务院决定而明确的增值税出口退税率（称退税率）外，出口货物的退税率为其适用税率。国家税务总局根据规定将退税率，通过出口货物劳务退税率文库予以发布，供征纳双方执行。

（2）跨境应税行为，服务和无形资产的退税率为其按照《营改增试点实施办法》规定适用的增值税税率。

（3）退税率的特殊规定。

1）外贸企业购进按简易办法征税的出口货物、从小规模纳税人购进的出口货物，其退税率分别为简易办法实际执行的征收率、小规模纳税人征收率。

2）出口企业委托加工修理修配货物，其加工修理修配费用的退税率，为出口货物的退税率。

3）中标机电产品、出口企业向海关报关进入特殊区域销售给特殊区域内生产企业生产耗用的列名原材料（称列名原材料）、输入特殊区域的水电气，其退税率为适用税率。如果国家调整列名原材料的退税率，列名原材料应当自调整之日起按调整后的退税率执行。

4）海洋工程结构物退税率的适用。

（4）适用不同退税率的货物劳务，应分开报关、核算并申报退（免）税。未分开报关、核算或划分不清的，从低适用退税率。

（五）增值税"免、抵、退"税和免退税的计算

出口货物劳务的增值税退（免）税的计税依据，按出口货物、劳务和应税行为的出口发票（外销发票）、其他普通发票或购进出口货物劳务的增值税专用发票、海关进口增值税专用缴款书确定。一般情况下，投资项目财务分析时，尚未取得出口货物、劳务和应税行为的发票、增值税专用发票等合法凭证，因此，只能参照税法的规定计算可以退（免）税额。

（1）生产企业出口货物劳务增值税免抵退税，依下列公式计算：

1）当期应纳税额的计算

当期应纳税额=当期销项税额-（当期进项税额-当期不得免征和抵扣税额）　（6-18）

当期不得免征和抵扣税额=当期出口货物离岸价×外汇人民币折合率

$$×（出口货物适用税率–出口货物退税率） \tag{6-19}$$

–当期不得免征和抵扣税额抵减额

当期不得免征和抵扣税额抵减额=当期免税购进原材料价格

$$×（出口货物适用税率–出口货物退税率） \tag{6-20}$$

2）当期免抵退税额的计算

当期免抵退税额=当期出口货物离岸价×外汇人民币折合率×出口货物退税率

$$–当期免抵退税额抵减额 \tag{6-21}$$

$$当期免抵退税额抵减额=当期免税购进原材料价格×出口货物退税率 \tag{6-22}$$

3）当期应退税额和免抵税额的计算。

a）当期期末留抵税额≤当期免抵退税额，则

$$当期应退税额=当期期末留抵税额 \tag{6-23}$$

$$当期免抵税额=当期免抵退税额–当期应退税额 \tag{6-24}$$

b）当期期末留抵税额＞当期免抵退税额，则

$$当期应退税额=当期免抵退税额 \tag{6-25}$$

$$当期免抵税额=0 \tag{6-26}$$

当期期末留抵税额为当期增值税纳税申报表中"期末留抵税额"。

4）当期免税购进原材料价格，包括当期国内购进的无进项税额且不计提进项税额的免税原材料的价格和当期进料加工保税进口料件的价格，按组成计税价格计算

当期进料加工保税进口料件的组成计税价格=当期进口料件到岸价格+海关实征关税

$$+海关实征消费税 \tag{6-27}$$

a）采用"实耗法"的，当期进料加工保税进口料件的组成计税价格为当期进料加工出口货物耗用的进口料件组成计税价格。其计算公式为

当期进料加工保税进口料件的组成计税价格=当期进料加工出口货物离岸价

$$×外汇人民币折合率×计划分配率 \tag{6-28}$$

$$计划分配率=计划进口总值/计划出口总值×100\% \tag{6-29}$$

b）采用"购进法"的，当期进料加工保税进口料件的组成计税价格为当期实际购进的进料加工进口料件的组成计税价格。

若当期实际不得免征和抵扣税额抵减额大于当期出口货物离岸价×外汇人民币折合率×（出口货物适用税率－出口货物退税率）的，则

当期不得免征和抵扣税额抵减额=当期出口货物离岸价×外汇人民币折合率

$$×（出口货物适用税率–出口货物退税率） \tag{6-30}$$

（2）外贸企业出口货物劳务增值税免退税，依下列公式计算：

1）外贸企业出口委托加工修理修配货物以外的货物

$$增值税应退税额=增值税退（免）税计税依据×出口货物退税率 \tag{6-31}$$

2）外贸企业出口委托加工修理修配货物

出口委托加工修理修配货物的增值税应退税额=委托加工修理修配的增值税退（免）税计税依据

$$×出口货物退税率 \tag{6-32}$$

（3）退税率低于适用税率的，相应计算出的差额部分的税款计入出口货物劳务成本。

（4）出口企业既有适用增值税免抵退项目，也有增值税即征即退、先征后退项目的，增

值税即征即退和先征后退项目不参与出口项目免抵退税计算。出口企业应分别核算增值税免抵退项目和增值税即征即退、先征后退项目，并分别申请享受增值税即征即退、先征后退和免抵退税政策。

（5）生产企业"免、抵、退"税计算实例。

【例 6-2】　某生产出口项目建成投产，企业为增值税一般纳税人，出口货物的征税税率为 17%，退税税率为 13%。

2016 年有关经营业务为：外购进原材料一批，不含税价款 400 万元。去年末留抵税款 10 万元。年内销货物不含税销售额 300 万元，收款 117 万元存入银行，本年出口货物的销售额折合人民币 280 万元。试计算该企业当期的"免、抵、退"税额。

【解】（1）"免、抵、退"税不得免征和抵扣税额=400×（17%-13%）=16（万元）

（2）纳税额=300×17%-（400×17%-16）-10=-11（万元）

（3）货物"免、抵、退"税额=280×13%=36（万元）

（4）按规定，如当期末留抵税额≤当期"免、抵、退"税额时

当期应退税额=当期期末留抵税额

即　　　　　　　　　　该企业当期应退税额=16 万元

（5）当期免抵税额=当期免抵退税额-当期应退税额

当期免抵税额=36-16=20（万元）

【例 16-3】　某生产出口项目建成投产，企业为增值税一般纳税人，出口货物的征税税率为 17%，退税税率为 13%。

2016 年有关经营业务为外购进原材料一批，不含税价款 400 万元。上年末留抵税款 10 万元。年内销货物不含税销售额 100 万元，收款 117 万元存入银行，本年出口货物的销售额折合人民币 123 万元。试计算该企业当期的"免、抵、退"税额。

【解】（1）"免、抵、退"税不得免征和抵扣税额=400×（17%-13%）=16（万元）

（2）纳税额=100×17%-（400×17%-16）-10=-45（万元）

（3）物"免、抵、退"税额=280×13%=16（万元）

（4）按规定，如当期末留抵税额＞当期"免、抵、退"税额时

当期应退税额=当期"免、抵、退"税额

即　　　　　　　　　　该企业当期应退税额=16 万元

（5）当期免抵税额=当期"免、抵、退"税额-当期应退税额

当期免抵税额=16-16=0（万元）

（6）期末留抵结转下期继续抵扣税额为 45-16=29（万元）

【例 6-4】　某生产出口项目建成投产，企业为增值税一般纳税人，出口货物的征税税率为 17%，退税税率为 13%。

2016 年有关经营业务为外购进原材料一批，不含税价款 400 万元，上年末留抵税款 10 万元。当期进料加工免税进口料件的组成计税价格 150 万元，企业采用"购进法"进行核算。本期内销货物不含税销售额 120 万元。收款 117 万元存入银行。本期出口货物销售额折合人民币 250 万元。试计算该企业当期的"免、抵、退"税额。

【解】（1）"免、抵、退"税不得免征和抵扣税额抵减额=免税进口料件的组成计税价格×（出口货物征税税率–出口货物退税税率）=160×（17%–13%）=7（万元）

（2）"免、抵、退"税不得免征和抵扣税额=当期出口货物离岸价×外汇人民币牌价×（出口货物征税税率–出口货物退税税率）– "免、抵、退"税不得免征和抵扣税额抵减额=400×（17%–13%）–7=9（万元）

（3）当期应纳税额=120×17%–（400×17%–7）–10=–31（万元）

（4）"免、抵、退"税额抵减额=免税购进原材料×材料出口货物退税税率

$$=150×13%=20（万元）$$

（5）出口货物"免、抵、退"税额=250×13%–20=15（万元）

（6）按规定，如当期期末留抵税额＞当期"免、抵、退"税额时

$$当期应退税额=当期"免、抵、退"税额$$

即

$$该企业应退税额=15 万元$$

（7）当期免抵税额=当期"免、抵、退"税额－当期应退税额

$$当期该企业免抵税额=15–15=0$$

（8）期末留抵结转下期继续抵扣税额为 31–15=16（万元）

（9）融资租赁出口货物试行退税政策。对融资租赁企业、金融租赁公司及其设立的项目子公司（统称融资租赁出租方），以融资租赁方式租赁给境外承租人且租赁期限在 5 年（含）以上，并向海关报关后实际离境的货物，试行增值税、消费税出口退税政策。

1）融资租赁出口货物的范围，包括飞机、飞机发动机、铁道机车、铁道客车车厢、船舶及其他货物，具体应符合《增值税暂行条例实施细则》"固定资产"的相关规定。

2）概念说明。

a）融资租赁企业，仅包括金融租赁公司、经商务部批准设立的外商投资融资租赁公司、经商务部和国家税务总局共同批准开展融资业务试点的内资融资租赁企业、经商务部授权的省级商务主管部门和国家经济技术开发区批准的融资租赁公司。

b）金融租赁公司，仅包括经中国银保监会批准设立的金融租赁公司。

c）融资租赁，是指具有融资性质和所有权转移特点的有形动产租赁活动，即出租人根据承租人所要求的规格、型号、性能等条件购入有形动产租赁给承租人，合同期内有形动产所有权属于出租人，承租人只拥有使用权，合同期满付清租金后，承租人有权按照残值购入有形动产，以拥有其所有权。不论出租人是否将有形动产残值销售给承租人，均属于融资租赁。

3）计算公式为

增值税应退税额=购进融资租赁货物的完税价格×融资租赁货物适用的增值税退税率　　（6-33）

其中：在纳税实务中购进融资租赁货物的完税价格为增值税专用发票注明的金额或海关（进口增值税）专用缴款书注明的完税价格。

4）融资租赁出口货物退税率。适用的增值税退税率，按照统一的出口货物适用退税率执行。从增值税一般纳税人购进的按简易办法征税的融资租赁货物和从小规模纳税人购进的融资租赁货物，其适用的增值税退税率，按照购进货物适用的征收率和退税率孰低的原则确定。

七、增值税优惠政策

（一）《增值税暂行条例》规定的免税项目

（1）农业生产者销售的自产农产品。

（2）避孕药品和用具。

（3）古旧图书，指向社会收购的古书和旧书。

（4）直接用于科学研究、科学试验和教学的进口仪器、设备。

（5）外国政府、国际组织无偿援助的进口物资和设备。

（6）由残疾人的组织直接进口供残疾人专用的物品。

（二）营改增规定的税收优惠政策

1. 项目免征增值税

（1）托儿所、幼儿园提供的保育和教育服务。

（2）养老机构提供的养老服务。

（3）残疾人福利机构提供的育养服务。

2. 增值税即征即退

（1）退役士兵创业就业。

（2）重点群体创业就业。

（三）财政部、国家税务总局规定的其他免征税项目

（1）资源综合利用产品和劳务增值税优惠政策项目。

（2）免征蔬菜流通环节增值税。

（3）粕类产品免征增值税。

（4）制种行业免征增值税政策。

（5）有机肥产品免征增值税政策。

（6）按债转股企业与金融资产管理公司签订的债转股协议，债转股原企业将货物资产作为投资提供给债转股新公司的，免征增值税。

（7）研发机构采购设备增值税，经国务院批准继续对内资研发机构和外资研发中心采购国产设备全额退还增值税。

第三节　消费税、城市维护建设税及教育费附加

一、消费税

消费税是世界各国广泛实行的税种，是对特定的消费品和特定的消费行为征收的一种税。消费税属于间接税，税收随价格转嫁给消费者负担，消费者是税款的实际负担者。消费税是国家贯彻消费政策、引导消费结构从而引导产业结构的重要手段。财务分析人员应依据《消费税暂行条例》和《消费税暂行条例实施细则》规定，重点掌握本行业消费税征税范围、税目、税率、计税依据、应纳税额的计算、出口退（免）税等规定。

（一）征税范围

在境内生产、委托加工、进口、零售、移送使用规定的消费品及卷烟批发的单位和个人，以及国务院确定的销售规定的消费品的其他单位和个人，为消费税的纳税人，应当依照规定缴纳消费税。

（二）税目与税率

1. 税目

税目分为烟、酒及酒精、化妆品、贵重首饰及珠宝玉石、鞭炮及焰火、成品油、摩托车、小汽车、高尔夫球及球具、高档手表、游艇、木制一次性筷子、实木地板、铅蓄电池、涂料15个。

2. 税率

税率分为比例税率和定额税率两类。

经整理汇总的消费税税目、税率如表6-2所示。

表6-2　　　　　　　　　　　　　消费税税目、税率（额）

税　目	税　率
一、烟	
1. 卷烟	
（1）甲类卷烟（调拨价70元（不含增值税）/条以上（含70元））	56%+0.003元/支（生产环节）
（2）乙类卷烟（调拨价70元（不含增值税）/条以下）	36%+0.003元/支（生产环节）
（3）商业批发	11%（批发环节）
2. 雪茄烟	36%（生产环节）
3. 烟丝	30%（生产环节）
二、酒及酒精	
1. 白酒	20%+0.5元/500g（或者500mL）
2. 黄酒	240元/t
3. 啤酒	
（1）甲类啤酒	250元/t
（2）乙类啤酒	220元/t
4. 其他酒	10%
5. 酒精	5%
三、化妆品	30%
四、贵重首饰及珠宝玉石	
1. 金银首饰、铂金首饰和钻石及钻石饰品	5%
2. 其他贵重首饰和珠宝玉石	10%
五、鞭炮及焰火	15%
六、成品油	
1. 汽油	
（1）含铅汽油	1.52元/L
（2）无铅汽油	1.52元/L
2. 柴油	1.20元/L
3. 航空煤油	1.20元/L
4. 石脑油	1.52元/L

税　目	税　率
5.溶剂油	1.52 元/L
6.润滑油	1.52 元/L
7.燃料油	1.20 元/L
七、摩托车	
1.气缸容量（排气量，下同）在 250mL（含 250mL）以下的	3%
2.气缸容量在 250mL 以上的	10%
八、小汽车	
1.乘用车	
（1）气缸容量（排气量，下同）在 1.0L（含 1.0L）以下的	1%
（2）气缸容量在 1.0～1.5L（含 1.5L）的	3%
（3）气缸容量在 1.5～2.0L（含 2.0L）的	5%
（4）气缸容量在 2.0～2.5L（含 2.5L）的	9%
（5）气缸容量在 2.5～3.0L（含 3.0L）的	12%
（6）气缸容量在 3.0～4.0L（含 4.0L）的	25%
（7）气缸容量在 4.0L 上的	40%
2.中轻型商用客车	5%
九、高尔夫球及球具	10%
十、高档手表	20%
十一、游艇	10%
十二、木制一次性筷子	5%
十三、实木地板	5%
十四、铅蓄电池	4%（2016 年 1 月 1 日起实施）
无汞原电池、金属氢化物镍蓄电池、锂原电池、锂离子蓄电池、太阳能电池、燃料电池和全钒液流电池	免征
十五、涂料	4%
施工状态下挥发性有机物（volatile organic compounds，VOC）含量低于 420g/L（含）	免征

（三）计征依据与应纳税额计算

按照现行消费税法的基本规定，消费税应纳税额的计征依据分为从价、从量、从价从量复合计征三种。应纳税额的计算包括生产销售环节应纳消费税的计算（直接对外销售和自产自用）、委托加工环节应税消费品应纳税额的计算、进口环节应税消费品应纳税额的计算、已纳消费税扣除的计算。具体计算方法及公式如下。

1. 从价计征

采用从价定率计算方法，应纳税额取决于应税消费品的销售额和适用税率两个因素，其计算公式为

$$应纳税额=应税消费品的销售额×适用税率 \tag{6-34}$$

销售额为纳税人销售应税消费品向购买方收取的全部价款和价外费用，所称价外费用，是指价外向购买方收取的手续费等。

应税消费品的销售额，不包括应向购买方收取的增值税税款。如果纳税人应税消费品的销售额含增值税税款，在计算消费税时，应将含增值税的销售额换算为不含增值税的销售额，其换算公式为

$$应税消费品的销售额=含增值税的销售额/（1+增值税税率或征收率） \tag{6-35}$$

2. 从量计征

采用从量定额计算方法，应纳税额取决于应税消费品的销售数量和单位税额两个因素，其计算公式为

$$应纳税额=应税消费品的销售数量×单位税额 \tag{6-36}$$

其中：销售数量是指纳税人生产、加工和进口应税消费品的数量。

3. 从价从量复合计征

现行消费税的征税范围中，只有卷烟、白酒采用复合计算方法，其计算公式为

$$应纳税额=应税消费品的销售数量×定额税率+应税消费品的销售额×比例税率 \tag{6-37}$$

（四）税额减征及退税

1. 税额减征的规定

为保护生态环境，促进替代污染排放汽车的生产和消费，推进汽车工业技术进步，对生产销售达到低污染排放值的小轿车、越野车和小客车减征30%的消费税。计算公式为

$$应纳税额=按法定税率计算的消费税税额×（1-30\%） \tag{6-38}$$

2. 出口应税消费品退（免）税

出口应税消费品退（免）税政策分出口免税并退说、出口免税但不退税、出口不免税也不退税三种情况。

3. 出口应税消费品退税额的计算

外贸企业从生产企业购进应税消费品直接出口或受其他外贸企业委托代理出口应税消费品的应退消费税税款，分两种情况处理：

（1）属于从价定率计征消费税的应税消费品，应依照外贸企业从工厂购进货物时征收消费税的价格计算应退消费税税款，其计算公式为

$$应退消费税税款=出口货物的工厂销售额×比例税率 \tag{6-39}$$

（2）属于从量定额计征消费税的应税消费品，应依货物购进和报关出口的数量计算应退消费税税款，其计算公式为

$$应退消费税税款=出口数量×定额税率 \tag{6-40}$$

（五）烟叶税

《烟叶税暂行条例》规定在境内收购烟叶的单位为烟叶税的纳税人，纳税人应当依照该条例规定缴纳烟叶税。所称烟叶是指晾晒烟叶、烤烟叶。

烟叶税的应纳税额，按照纳税人收购烟叶的收购金额和规定的税率计算。烟叶税实行比例税率，税率为20%。应纳税额的计算公式为

$$应纳税额=烟叶收购金额×税率 \tag{6-41}$$

应纳税额以人民币计算。烟叶税税率的调整由国务院决定，烟叶税由地方税务机关

征收。

二、城市维护建设税及教育费附加

（一）城市维护建设税

1. 城市维护建设税用途

依据《城市维护建设税暂行条例》有关规定，为加强城市的维护建设，扩大和稳定城市维护建设资金的来源，征收城市维护建设税。

2. 纳税义务人及税率

凡缴纳消费税、增值税的单位和个人，都是城市维护建设税的纳税义务人。城市维护建设税，以纳税人实际缴纳的消费税、增值税为计税依据，与消费税、增值税同时缴纳。城市维护建设税税率如下：

（1）纳税人所在地为市区的，税率为 7%。

（2）纳税人所在地为县城、镇的，税率为 5%。

（3）纳税人所在地不在市区、县城或镇的，税率为 1%。

（二）教育经费附加

1. 教育费附加的计算

依据《征收教育费附加的暂行规定》征收教育费附加，是对缴纳增值税、消费税的单位和个人征收的一种附加费。教育费附加的征收率为 3%。征费范围和增值税、消费税的征收范围相同。凡缴纳增值税、消费税的单位和个人，均为教育费附加的纳费义务人。农业、乡镇企业，由乡镇人民政府征收农村教育事业附加，不再征收教育费附加。计算公式如下

$$教育费附加=（增值税+消费税）×3\% \tag{6-42}$$

2. 地方教育费附加的计算

国务院要求全面开征地方教育附加，征收标准为单位和个人实际缴纳的增值税和消费税税额的 2%。计算公式如下

$$地方教育费附加=（增值税+消费税）×2\% \tag{6-43}$$

第四节　关税和船舶吨税

一、关税

关税是指国家授权海关对出入关境的货物和物品征收的一种税。关税是一种间接税，进出口商垫付的税款作为成本计入货价，关税最后由买方或消费者承担。关税的课征范围是以关境为界而不是以国境为界。关税有较强的涉外性，随着世界经济一体化及贸易全球化的发展，关税政策与经济政策、外交政策、地缘政治政策紧密地结合起来，关税的涉外性日趋突出，关税税种、税率和征收办法的设置等，不仅影响国际贸易的往来，同时影响贸易各国的政治、外交和经济等方面的关系。关税是国际经济竞争的一种有效手段，高关税必然会提高纳税人的经营成本，直接影响其利润水平，反之则降低成本增加利润。关税是筹集国家财政收入的重要途径之一，是国家的重要经济杠杆，通过税率的高低和关税的减免，直接影响进出口规模，起到调节国民经济和对外贸易经济活动的作用。因此，我国要利用关税与其他国家签订互惠贸易协定，在对等的条件下，争取友好贸易往来，扩大商品流通，互通有无，实现双方共赢，以加强我国与世界各国的经济联系，同时也坚决地维护我国的主权和经济利益。

（一）我国现行关税法律规范文件

我国现行关税法律规范以 2000 年 7 月修正颁布的《中华人民共和国海关法》（简称《海关法》）为法律依据，以国务院于 2003 年 11 月发布的《中华人民共和国进出口关税条例》（简称《进出口关税条例》），以及由国务院关税税则委员会审定并报国务院批准，作为条例组成部分的《中华人民共和国海关进出口税则》（简称《海关进出口税则》）和《中华人民共和国海关入境旅客行李物品和个人邮递物品征收进口税办法》为基本法规。根据《中华人民共和国香港特别行政区基本法》和《中华人民共和国澳门特别行政区基本法》，香港和澳门保持自由港地位，为我国单独的关税地区，即单独关境区。

（二）关税征税对象和纳税义务人

1. 关税征税对象

关税的征税对象是准许进出境的货物和物品。货物是指贸易性商品；物品指入境旅客随身携带的行李物品、个人邮递物品、各种运输工具的服务人员携带进口的自用物品、馈赠物品以及其他方式进境的个人物品。

2. 纳税义务人

进口货物的收货人、出口货物的发货人、进出境物品的所有人，是关税的纳税义务人。进出口货物的收、发货人是依法取得对外贸易经营权，并进口或者出口货物的法人或者其他社会团体。进出境物品的所有人包括该物品的所有人和推定为所有人的人。

（三）税率的设置和适用

1. 进口关税税率

在我国加入 WTO 后，为履行我国在加入 WTO 关税减让谈判中承诺的有关义务，享有WTO 成员应有的权利，自 2002 年 1 月 1 日起，进口关税设置最惠国税率、协定税率、特惠税率、普通税率、关税配额税率等税率。对进口货物在一定期限内可以实行暂定税率。适用最惠国税率、协定税率、特惠税率的国家或者地区名单，由国务院关税税则委员会决定，报国务院批准后执行。

（1）税率种类。按征收关税的标准，可以分为从价税、从量税、复合税、选择税、滑准税。

1）从价税。从价税是一种最常用的关税计税标准。它是以货物的价格或者价值为征税标准，以应征税额占货物价格或者价值的百分比为税率，价格越高，税额越高。货物进口时，以此税率和海关审定的实际进口货物完税价格相乘计算应征税额。从价税的特点是，相对进口商品价格的高低，其税额也相应高低。目前，我国海关计征关税标准主要是从价税。

2）从量税。从量税是以货物的数量、质量、体积、容量等计量单位为计税标准，以每计量单位货物的应征税额为税率。计税时以货物的计量单位乘以每单位应纳税金额即可得出该货物的关税税额。我国目前对原油、啤酒和胶卷等进口商品征收从量税。

3）复合税。复合税又称混合税，即订立从价、从量两种税率，随着完税价格和进口数量而变化，征收时两种税率合并计征。它是对某种进口货物混合使用从价税和从量税的一种关税计征标准。我国目前仅对录像机、放像机、摄像机、数字照相机和摄录一体机等进口商品征收复合税。

4）选择税。选择税是对一种进口商品同时定有从价税和从量税两种税率，但征税时选择其税额较高的一种征税。有时也选择税额较低的，实行选择税多根据产品价格高低而定。当物价上涨时，使用从价税；当物价下跌时，使用从量税。

5）滑准税。滑准税是根据货物的不同价格适用不同税率的一类特殊的从价关税。它是一种关税税率随进口货物价格由高至低而由低至高设置计征关税的方法。滑准税的特点是可保持实行滑准税商品的国内市场价格相对稳定，而不受国际市场价格波动的影响。

（2）暂定税率与关税配额税率。

1）暂定税率。根据经济发展需要，国家对部分进口原材料、零部件、农药原药和中间体、乐器及生产设备实行暂定税率。适用最惠国税率的进口货物有暂定税率的，应当适用暂定税率；适用协定税率、特惠税率的进口货物有暂定税率的，应当从低适用税率；适用普通税率的进口货物，不适用暂定税率。

2）配额税率。按照国家规定实行关税配额管理的进口货物，关税配额内的，适用关税配额税率；关税配额外的，其税率的适用按规定执行。现行税则对700多个税目进口商品实行了暂定税率，对小麦、玉米等7种农产品和尿素等3种化肥产品实行关税配额管理。

2. 出口关税税率

我国出口税为一栏税率，即出口税率。出口关税设置出口税率，对出口货物在一定期限内可以实行暂定税率。

3. 特别关税

按照有关法律、行政法规的规定对进口货物采取反倾销、反补贴以及保障措施的，其税率的适用按照《中华人民共和国反倾销条例》《中华人民共和国反补贴条例》和《中华人民共和国保障措施条例》的有关规定执行。

（四）进出口货物完税价格确定方法

《海关法》规定，进出口货物的完税价格，由海关以该货物的成交价格为基础审查确定。成交价格不能确定时，完税价格由海关依法估定。在我国加入WTO后，遵循客观、公平、统一的估价原则，按《世界贸易组织估价协定》估价，并依据2014年2月1日起实施的《中华人民共和国海关审定进出口货物完税价格办法》（简称《完税价格办法》），审定进出口货物的完税价格。

投资项目财务分析中经常遇到项目产出品的出口或投入品的进口，需要计算进出口产品的完税价格，有关进出口货物的完税价格计算方法内容较多，本章结合投资项目前期工作以预测为主的特点，归纳一些主要计算方法供参考。

1. 进口货物的完税价格

进口货物的完税价格，由海关以该货物的成交价格为基础审查确定，根据《海关法》规定，进口货物的完税价格包括货物的货价、货物运抵我境内地点起卸前的运输及其相关费用、保险费。进口货物完税价格的确定方法一般分为两类，一类是在进口货物的成交价格基础上进行调整；另一类是在进口货物的成交价格不符合规定条件的情况下，海关审查确定进口货物完税价格的估价方法。

（1）进口货物的成交价格。进口货物的成交价格是指买方为购买该货物的实付或应付价格，并按《完税价格办法》有关规定调整后的总价款。

1）进口货物的成交价格应当符合的条件：对买方处置或者使用进口货物不予限制；进口货物的价格不得受到使该货物成交价格无法确定的条件或者因素的影响；卖方不得直接或者间接获得因买方销售、处置或者使用进口货物而产生的任何收益，或者虽然有收益但是能够按照《完税价格办法》的规定做出调整；买卖双方之间没有特殊关系，或者虽然有特殊关系但是按照规定未对成交价格产生影响。

2）可计入进口货物完税价格的调整项目。

a）由买方负担的以下费用：除购货佣金以外的佣金和经纪费；与该货物视为一体的容器的费用；包装材料费用和包装劳务费用。

b）可以按照适当比例分摊的，由买方直接或间接免费提供或以低于成本价方式销售给卖方或有关方的货物或服务的价值：该货物包含的材料、部件、零件和类似货物；在生产该货物过程中使用的工具、模具和类似货物。在生产该货物过程中消耗的材料。

c）在境外进行的为生产该货物所需的工程设计、技术研发、工艺及制图等。

d）为了在境内制造、使用、出版或者发行的目的而向境外支付的与该进口货物有关的专利、商标、著作权以及专有技术、计算机软件和资料等费用。

e）与该货物有关并作为卖方向中华人民共和国销售该货物的一项条件，应当由买方直接或间接支付的特许使用费。

f）卖方直接或间接从买方对该货物进口后转售、处置或使用所得中获得的收益。

3）不可计入进口货物完税价格的税费。厂房、机械、设备等货物进口后进行建设、安装、装配、维修和技术服务的费用；进口货物运抵境内输入地点起卸后的运输及其相关费用、保险费；进口关税及国内税收。

（2）海关用其他合理方法估定的价格。进口货物的到岸价格经海关审查未能确定的，海关依次以下列估价法估定完税价格：相同货物的成交价格估算法；类似货物的成交价格估算法；倒扣价格估价法；计算价格估价方法及其他合理方法审查确定该货物的完税价格。按照上述规定审查确定进口货物的完税价格时，海关在征得境外生产商同意并且提前通知有关国家或者地区政府后，可以在境外核实该企业提供的有关资料。

2. 出口货物的完税价格

出口货物的完税价格由海关以该货物向境外销售的成交价格为基础审查确定，并应包括货物运至中华人民共和国境内输出地点装载前的运输及其相关费用、保险费，但其中包含的出口关税税额应当扣除。

（1）出口货物的成交价格。出口货物的成交价格是指该货物出口销售到中华人民共和国境外时买方向卖方实付或应付的价格。出口货物的成交价格中应当扣除支付给境外的佣金。

（2）出口货物的成交价格不能确定时，完税价格依次使用下列方法估定：同时或大约同时向同一国家或地区出口的相同货物的成交价格、类似货物的成交价格；根据境内生产相同或类似货物的成本、利润和一般费用、境内发生的运输及其相关费用、保险费计算所得的价格。

3. 进出口货物完税价格中的运输及其相关费用、保险费

（1）进口货物的运输及其相关费用、保险费应当按照下列方法计算：

1）海运进口货物，计算至该货物运抵境内的卸货口岸。如果该货物的卸货口岸是内河（江）口岸，则应当计算至内河（江）口岸。

2）陆运进口货物，计算至该货物运抵境内的第一口岸。如果运输及其相关费用、保险费支付至目的地口岸，则计算至目的地口岸。

3）空运进口货物，计算至该货物运抵境内的第一口岸。如果该货物的目的地为境内的第一口岸外的其他口岸，则计算至目的地口岸。

（2）陆运、空运和海运进口货物的保险费，应当按照实际支付的费用计算。如果进口货物的保险费无法确定或未实际发生，海关应当按照"货价加运费"两者总额的 3‰计算保险费。

（3）邮运的进口货物，应当以邮费作为运输及其相关费用、保险费。以境外边境口岸价格条件成交的铁路或公路运输进口货物，海关应当按照货价的 1%计算运输及其相关费用、保险费。

（4）作为进口货物的自驾进口的运输工具，海关在审定完税价格时，可以不另行计入运费。

（5）出口货物的销售价格如果包括离境口岸至境外口岸之间的运费、保险费，该运费、保险费应当扣除。

（五）应纳税额的计算

关税完税价格是计算关税税额的依据。根据《海关法》规定，进出口货物的完税价格，由海关以该货物的成交价格为基础审查确定，成交价格不能确定时，完税价格由海关依法估定。应纳税额的计算方法如下：

1. 从价关税应纳税额

$$关税税额=应税进（出）口货物数量×单位完税价格×税率 \qquad (6\text{-}44)$$

2. 从量关税应纳税额

$$关税税额=应税进（出）口货物数量×单位货物税额 \qquad (6\text{-}45)$$

3. 复合关税应纳税额

我国目前实行的复合税都是先计征从量税，再计征从价税，计算公式为

$$关税税额=应税进（出）口货物数量×单位货物税额+应税进（出）口$$
$$货物数量×单位完税价格×税率 \qquad (6\text{-}46)$$

4. 滑准税应纳税额

$$关税税额=应税进（出）口货物数量×单位完税价格×滑准税税率 \qquad (6\text{-}47)$$

（六）跨境电子商务零售进口税收政策

根据财政部海关总署国家税务总局《关于跨境电子商务零售进口税收政策的通知》（财关税〔2016〕18 号），跨境电子商务零售进口商品按货物征收关税和进口环节增值税、消费税，购买跨境电子商务零售进口商品的个人作为纳税义务人，实际交易价格（包括货物零售价格、运费和保险费）作为完税价格，电子商务企业、电子商务交易平台企业或物流企业可作为代收代缴义务人。

（七）关税的减免

关税减免分为法定减免税、特定减免税和临时减免税。

1. 法定减免税

法定减免税是税法中明确列出的减税或免税。与项目评价有关的进出口法律规定减征、免征的货物，如国家鼓励发展的国内投资项目和外商投资项目进口设备，在规定范围内免征进口关税和进口环节增值税。根据财政部、发展改革委、工业和信息化部、海关总署、国税总局、能源局决定，对重大技术装备进口税收政策有关规定和目录进行调整。《重大技术装备进口税收政策规定》《国家支持发展的重大技术装备和产品目录（2014 年修订）》《重大技术装备和产品进口关键零部件及原材料商品目录（2014 年修订）》《进口不予免税的重大技术装

备和产品目录（2014 年修订）》自 2014 年 3 月 1 日起执行。

2. 特定减免税

在法定减免税之外，国家按照国际通行规则和我国实际情况，制定发布的有关进出口货物减免关税的政策，称为特定减免税或政策性减免税。主要有科教用品，残疾人专用品，扶贫、慈善性捐赠物资。

3. 临时减免税

临时减免税是指以上法定和特定减免税以外的其他减免税，即由国务院根据《海关法》对某个单位、某类商品、某个项目或某批进出口货物的特殊情况，给予特别照顾，一案一批，专文下达的减免税。

二、船舶吨税

船舶吨税根据《中华人民共和国船舶吨税暂行条例》（国务院〔2012〕第 610 号令）规定执行。

（一）征收范围、税率

自中华人民共和国境外港口进入境内港口的船舶（简称应税船舶），应当依照条例缴纳船舶吨税（简称"吨税"）。

1. 税目税率

吨税的税目、税率依照《吨税税目税率表》执行，《吨税税目税率表》的调整，由国务院决定，详见表 6-3。

表 6-3　　　　　　　　　　　　　　吨税税目税率表

税　目（按船舶净吨位划分）	税率（元/净吨）						备　注
	普通税率（按执照期限划分）			优惠税率（按执照期限划分）			
	1 年	90 日	30 日	1 年	90 日	30 日	
不超过 2000 净吨	12.6	4.2	2.1	9.0	3.0	1.5	拖船和非机动驳船分别按相同净吨位船舶税率的 50%计征税款
超过 2000 净吨，但不超过 10000 净吨	24.0	8.0	4.0	17.4	5.8	2.9	
超过 10000 净吨，但不超过 50000 净吨	27.6	9.2	4.6	19.8	6.6	3.3	
超过 50000 净吨	31.8	10.6	5.3	22.8	7.6	3.8	

2. 吨税设置优惠税率和普通税率

中华人民共和国籍的应税船舶，船籍国（地区）与中华人民共和国签订含有相互给予船舶税费最惠国待遇条款的条约或者协定的应税船舶，适用优惠税率。其他应税船舶，适用普通税率。

（二）吨税的应纳税额

吨税按照船舶净吨位和吨税执照期限征收。应税船舶负责人在每次申报纳税时，可以按照《吨税税目税率表》选择申领一种期限的吨税执照。吨税的应纳税额按照船舶净吨位乘以适用税率计算，即

$$应纳税额=船舶净吨位×定额税率 \tag{6-48}$$

（1）净吨位，是指由船籍国（地区）政府授权签发的船舶吨位证明书上标明的净吨位。

（2）非机动船舶，是指自身没有动力装置，依靠外力驱动的船舶。

（3）非机动驳船，是指在船舶管理部门登记为驳船的非机动船舶。

（4）捕捞、养殖渔船，是指在中华人民共和国渔业船舶管理部门登记为捕捞船或者养殖船的船舶。

（5）拖船，是指专门用于拖（推）动运输船舶的专业作业船舶。拖船按照发动机功率每千瓦折合净吨位 0.67t。

（6）吨税执照期限，是指按照公历年、日计算的期间。

第五节　资源税、城镇土地使用税和耕地占用税

一、资源税

资源税法是指国家制定的用以调整资源税征收与缴纳之间权利及义务关系的法律规范，属于对自然资源占用课税的范畴。

现行资源税法的基本规范，是 2011 年 9 月 30 日国务院公布的《中华人民共和国资源税暂行条例》（简称《资源税暂行条例》）、2011 年 10 月 28 日财政部、国家税务总局公布的《中华人民共和国资源税暂行条例实施细则》（简称《资源税实施细则》）、2015 年 7 月 1 日国家税务总局公布的《煤炭资源税征收管理办法（试行）》以及 2016 年 5 月 9 日财政部、国家税务总局公布的财税〔2016〕53 号文《关于全面推进资源税改革的通知》（简称《改革通知》）、财税〔2016〕54 号文《关于资源税改革具体政策问题的通知》（简称《具体政策问题的通知》）。

（一）资源税改革的主要内容

财政部、国家税务总局公布的财税〔2016〕53 号文和财税〔2016〕54 号文提出资源税改革的主要内容：

1．扩大资源税征收范围

（1）开征水资源税试点工作。河北省开征水资源税试点工作，采取水资源费改税方式，将地表水和地下水纳入征税范围，实行从量定额计征，对高耗水行业、超计划用水以及在地下水超采地区取用地下水，适当提高税额标准，正常生产生活用水维持原有负担水平不变。

（2）逐步将其他自然资源纳入征收范围。鉴于森林、草场、滩涂等资源在各地区的市场开发利用情况不尽相同，对其全面开征资源税条件尚不成熟，此次改革不在全国范围统一规定对森林、草场、滩涂等资源征税。

2．实施矿产资源税从价计征改革

（1）对《资源税税目税率幅度表》中列举名称的 21 种资源品目和未列举名称的其他金属矿实行从价计征，计税依据由原矿销售量调整为原矿、精矿（或原矿加工品）、氯化钠初级产品或金锭的销售额。

对经营分散、多为现金交易且难以控管的黏土、砂石，按照便利征管原则，仍实行从量定额计征。

（2）对《资源税税目税率幅度表》中未列举名称的其他非金属矿产品，按照从价计征为主、从量计征为辅的原则，由省级人民政府确定计征方式。

3．全面清理涉及矿产资源的收费基金

（1）在实施资源税从价计征改革的同时，将全部资源品目矿产资源补偿费费率降为零，停止征收价格调节基金，取缔地方针对矿产资源违规设立的各种收费基金项目。

（2）地方各级财政部门要会同有关部门对涉及矿产资源的收费基金进行全面清理。凡不符合国家规定、地方越权出台的收费基金项目要一律取消。对确需保留的依法合规收费基金项目，要严格按规定的征收范围和标准执行，切实规范征收行为。

4. 合理确定资源税税率水平

（1）对《资源税税目税率幅度表》中列举名称的资源品目，由省级人民政府在规定的税率幅度内提出具体适用税率建议，报财政部、国家税务总局确定核准。

（2）对未列举名称的其他金属和非金属矿产品，由省级人民政府根据实际情况确定具体税目和适用税率，报财政部、国家税务总局备案。

（3）省级人民政府在提出和确定适用税率时，要结合当前矿产企业实际生产经营情况，遵循改革前后税费平移原则，充分考虑企业负担能力。

5. 加强矿产资源税收优惠政策管理，提高资源综合利用效率

（1）对符合条件的采用充填开采方式采出的矿产资源，资源税减征50%；对符合条件的衰竭期矿山开采的矿产资源，资源税减征30%。具体认定条件由财政部、国家税务总局规定。

（2）对鼓励利用的低品位矿、废石、尾矿、废渣、废水、废气等提取的矿产品，由省级人民政府根据实际情况确定是否减税或免税，并制定具体办法。

6. 关于收入分配体制及经费保障

改革提出矿产资源税收入全部为地方财政收入，水资源税仍按水资源费中央与地方 1:9 的分成比例不变。河北省在缴纳南水北调工程基金期间，水资源税收入全部留给该省。

（二）纳税义务人和扣缴义务人

1. 纳税义务人

资源税的纳税义务人是指在中华人民共和国领域及管辖海域开采应税资源的矿产品或者生产盐的单位和个人。

2. 扣缴义务人

收购未税矿产品的单位为资源税的扣缴义务人。收购未税矿产品的单位是指独立矿山、联合企业和其他单位。

（1）独立矿山是指只有采矿或只有采矿和选矿，独立核算、自负盈亏的单位，其生产的原矿和精矿主要用于对外销售。

（2）联合企业是指采矿、选矿、冶炼（或加工）连续生产的企业或采矿、冶炼（或加工）连续生产的企业，其采矿单位，一般是该企业的二级或二级以下核算单位。其他单位也包括收购未税矿产品的个体户。

（三）税目与税率

1. 税目

现行资源税的税目及子目主要根据资源税应税产品和纳税人开采资源的行业特点设置。

（1）原油，是指开采的天然原油，不包括人造石油。

（2）天然气，是指专门开采或者与原油同时开采的天然气。

（3）煤炭，包括原煤和以未税原煤（即自采原煤）加工的洗选煤。

（4）金属矿，包含铁矿、金矿、铜矿、铝土矿、铅锌矿、镍矿、锡矿、钨、钼、未列举名称的其他金属矿产品原矿或精矿。

（5）其他非金属矿，包含石墨、硅藻土、高岭土、萤石、石灰石、硫铁矿、磷矿、氯化

钾、硫酸钾、井矿盐、湖盐、提取地下卤水晒制的盐、煤层（成）气、海盐、稀土、未列举名称的其他非金属矿产品。

纳税人在开采主矿产品的过程中伴采的其他应税矿产品，凡未单独规定适用税额的，一律按主矿产品或视同主矿产品税目征收资源税。资源税税目税率见表6-4。

表6-4　　　　　　　　　　　　　　资源税税目税率

税　　目	征收对象	税率幅度
一、原油		销售额的6%～10%
二、天然气		销售额的6%～10%
三、煤炭		销售额的2%～10%
四、金属矿	原矿或精矿	见表6-5
五、非金属矿	原矿或精矿	见表6-5

2. 税率

资源税采取从价定率或者从量定额的办法计征，分别以应税产品的销售额乘以纳税人具体适用的比例税率或者以应税产品的销售数量乘以纳税人具体适用的定额税率计算,实施"级差调节"的原则。级差调节是指运用资源税对因资源储存状况、开采条件、资源优劣、地理位置等客观存在的差别而产生的资源级差收入，通过实施差别税率或差别税额进行调节（见表6-5）。

表6-5　　　　　　　　　　　　　　资源税税目税率幅度表

序号	税　　目		征收对象	税率幅度
1	金属矿	铁矿	精矿	1%～6%
2		金矿	金锭	1%～4%
3		铜矿	精矿	2%～8%
4		铝土矿	原矿	3%～9%
5		铅锌矿	精矿	2%～6%
6		镍矿	精矿	2%～6%
7		锡矿	精矿	2%～6%
8		未列举名称的其他金属矿产品	原矿或精矿	税率不超过20%
9	非金属矿	石墨	精矿	3%～10%
10		硅藻土	精矿	1%～6%
11		高岭土	原矿	1%～6%
12		萤石	精矿	1%～6%
13		石灰石	原矿	1%～6%
14		硫铁矿	精矿	1%～6%
15		磷矿	原矿	3%～8%
16		氯化钾	精矿	3%～8%
17		硫酸钾	精矿	6%～12%

序号	税　　目	征收对象	税率幅度
18	井矿盐	氯化钠初级产品	1%～6%
19	湖盐	氯化钠初级产品	1%～6%
20	提取地下卤水制的盐	氯化钠初级产品	3%～15%
21	煤层（成）气	原矿	1%～2%
22	黏土、砂石	原矿	每吨或立方米 0.1～5 元
23	未列举名称的其他非金属矿产品	原矿或精矿	从量税率每吨或立方米不超过 30 元，从价税率不超过 20%
24	海盐	氯化钠初级产品	1%～5%

（序号18～24左侧合并单元格为"非金属矿"）

注　1. 铝土矿包括耐火级矾土、研磨级矾土等高铝黏土。

　　2. 氯化钠初级产品是指井矿盐、湖盐原盐、提取地下卤水晒制的盐和海盐原盐，包括固体和液体 形态的初级产品。

　　3. 海盐是指海水晒制的盐，不包括提取地下卤水晒制的盐。

　　4. 轻稀土矿按地区执行不同的适用税率，其中，内蒙古为 11.5%，四川为 9.5%，山东为 7.5%。中重稀土资源税适用税率为 27%，钨资源税适用税率为 6.5%，钼资源税适用税率为 11%。

（四）计税依据与应纳税额计算

1. 计税依据

资源税的计税依据为应税产品的销售额或销售量，各税目的征税对象包括原矿、精矿（或原矿加工品，下同）、金锭、氯化钠初级产品，具体按照《改革通知》所附《资源税税目税率幅度表》相关规定执行。对未列举名称的其他矿产品，省级人民政府可对本地区主要矿产品按矿种设定税目，对其余矿产品按类别设定税目，并按其销售的主要形态（如原矿、精矿）确定征税对象。

（1）销售额和销售量的确认。

1）销售额是指纳税人销售应税产品向购买方收取的全部价款和价外费用，不包括增值税销项税额和运杂费用。

运杂费用是指应税产品从坑口或洗选（加工）地到车站、码头或购买方指定地点的运输费用、建设基金以及随运销产生的装卸、仓储、港杂费用。运杂费用应与销售额分别核算，凡未取得相应凭证或不能与销售额分别核算的，应当一并计征资源税。

价外费用，包括价外向购买方收取的手续费、补贴、基金、集资费、返还利润、奖励费、违约金、滞纳金、延期付款利息、赔偿金、代收款项、代垫款项、包装费、包装物租金、储备费、优质费以及其他各种性质的价外收费。

纳税人以人民币以外的货币结算销售额的，应当折合成人民币计算。其销售额的人民币折合率可以选择销售额发生的当天或者当月 1 日的人民币汇率中间价。

2）销售数量，包括纳税人开采或者生产应税产品的实际销售数量和视同销售的自用数量；纳税人不能准确提供应税产品销售数量的，以应税产品的产量或者主管税务机关确定的折算比换算成的数量为计征资源税的销售数量。

（2）原矿销售额与精矿销售额的换算或折算。为公平原矿与精矿之间的税负，对同一种应税产品，征税对象为精矿的，纳税人销售原矿时，应将原矿销售额换算为精矿销售额缴纳资源税；征税对象为原矿的，纳税人销售自采原矿加工的精矿，应将精矿销售额折算为原矿销售额缴纳资源税。换算比或折算率原则上应通过原矿售价、精矿售价和选矿比计算，也可通过原矿销售额、加工环节平均成本和利润计算。

金矿以标准金锭为征税对象，纳税人销售金原矿、金精矿的，应比照上述规定将其销售额换算为金锭销售额缴纳资源税。

换算比或折算率应按简便可行、公平合理的原则，由省级财税部门确定，并报财政部、国家税务总局备案。

（3）核定销售额。纳税人申报的应税产品销售额明显偏低并且无正当理由的、有视同销售应税产品行为而无销售额的，除财政部、国家税务总局另有规定外，按下列顺序确定销售额：

1）按纳税人最近时期同类产品的平均销售价格确定；

2）按其他纳税人最近时期同类产品的平均销售价格确定；

3）按组成计税价格确定。

组成计税价格计算公式如下

$$组成计税价格=成本\times（1+成本利润率）/（1-税率） \tag{6-49}$$

式中：成本是指应税产品的实际生产成本；成本利润率由省、自治区、直辖市税务机关确定。

（4）纳税人开采或者生产不同税目应税产品的，应当分别核算销售额和销售数量，未单独核算或不能准确核算的，从高适用税率税额。

（5）煤炭资源税的计征办法。

1）纳税人开采原煤直接对外销售的，以原煤销售额作为应税煤炭销售额计算缴纳资源税，即

$$原煤应纳税额=原煤销售额\times适用税率 \tag{6-50}$$

其中：原煤销售额不含从坑口到车站、码头等的运输费用。

2）纳税人将其开采的原煤，自用于连续生产洗选煤的，在原煤移送使用环节不缴纳资源税；自用于其他方面的，视同销售原煤，计算缴纳资源税。

3）纳税人将其开采的原煤加工为洗选煤销售的，以洗选煤销售额乘以折算率作为应税煤炭销售额计算缴纳资源税，即

$$洗选煤应纳税额=洗选煤销售额\times折算率\times适用税率 \tag{6-51}$$

其中：洗选煤销售额包括洗选副产品的销售额，不包括洗选煤从洗选煤厂到车站、码头等的运输费用。

4）纳税人将其开采的原煤加工为洗选煤自用的，视同销售洗选煤，计算缴纳资源税。

（6）其他规定。纳税人用已纳资源税的应税产品进一步加工应税产品销售的，不再缴纳资源税。纳税人以未税产品和已税产品混合销售或者混合加工为应税产品销售的，应当准确核算已税产品的购进金额，在计算加工后的应税产品销售额时，准予扣减已税产品的购进金额；未分别核算的，一并计算缴纳资源税。

2. 应纳税额的计算

资源税的应纳税额，按照从价定率或者从量定额的办法，分别以应税产品的销售额乘以纳税人具体适用的比例税率或者以应税产品的销售数量乘以纳税人具体适用的定额税率计算。具体计算公式：

（1）从价定率方式

$$应纳税额=销售额×适用税率 \tag{6-52}$$

（2）从量定额方式

$$应纳税额=课税数量×单位税额 \tag{6-53}$$

（3）代扣代缴方式

$$代扣代缴应纳税额=收购未税矿产品的数量×适用的单位税额/比例税率 \tag{6-54}$$

式（6-52）～式（6-54）表明，应纳税额的计算关键要确定销售额或者课税数量。

（五）减税、免税项目

（1）开采原油过程中用于加热、修井的原油免税。

（2）纳税人开采或者生产应税产品过程中，因意外事故或者自然灾害等原因遭受重大损失的，由省、自治区、直辖市人民政府酌情决定减税或者免税。

（3）《关于调整铁矿石资源税适用税额标准的通知》（财税〔2015〕46 号）将铁矿石资源税由减按规定税额标准的 80%征收调整为减按规定税额标准的 40%征收。

（4）尾矿再利用的不征收资源税。

（5）从 2007 年 1 月 1 日起，对地面抽采煤层气暂不征收资源税。煤层气是指赋存于煤层及其围岩中与煤炭资源伴生的非常规天然气，也称煤矿瓦斯。

（6）对实际开采年限在 15 年以上的衰竭期矿山开采的矿产资源，资源税减征 30%。衰竭期矿山是指剩余可采储量下降到原设计可采储量的 20%（含）以下或剩余服务年限不超过 5 年的矿山，以开采企业下属的单个矿山为单位确定。

（7）对依法在建筑物下、铁路下、水体下通过充填开采方式采出的矿产资源，资源税减征 50%。

（8）对鼓励利用的低品位矿、废石、尾矿、废渣、废水、废气等提取的矿产品，由省级人民政府根据实际情况确定是否给予减税或免税。

（六）出口应税产品不退（免）资源税的规定

资源税规定仅对在中国境内开采或生产应税产品的单位和个人征收，进口的矿产品和盐不征收资源税。由于对进口应税产品不征收资源税，相应的对出口应税产品也不免征或退还已纳资源税。

二、城镇土地使用税

为了合理利用城镇土地，调节土地级差收入，提高土地使用效益，加强土地管理，我国 1988 年制定《中华人民共和国城镇土地使用税暂行条例》（简称《城镇土地使用税暂行条例》）。2006 年 12 月 30 日国务院常务会议通过对《城镇土地使用税暂行条例》修改的决定（国务院令第 483 号），自 2007 年 1 月 1 日起施行。2013 年 12 月 4 日国务院第 32 次常务会议做了部分修改（2013 年 12 月 7 日起实施）。

（一）税收征收

1. 纳税义务人

城镇土地使用税（简称土地使用税）以城镇土地为征税对象，在城市、县城、建制镇、工矿区范围内使用土地的单位和个人，为城镇土地使用税的纳税义务人。

2. 税率

土地使用税采用定额税率，即采用有幅度的差别税额，按大、中、小城市和县城、建制镇、工矿区分别规定每平方米年税额。土地使用税每平方米年税额如下：

（1）大城市 1.5～30 元；

（2）中等城市 1.2～24 元；

（3）小城市 0.9～18 元；

（4）县城、建制镇、工矿区 0.6～12 元。

大、中、小城市以公安部门登记在册的非农业正式户口人数为依据，按照国务院颁布的《城市规划条例》中规定的标准划分。人口在 50 万以上的为大城市，人口为 20 万～50 万的为中等城市，人口在 20 万以下的为小城市。

省、自治区、直辖市人民政府应根据市政建设情况和经济繁荣程度等条件，在规定的税额幅度内，确定所辖地区的适用税额幅度。经省、自治区、直辖市人民政府批准，经济落后地区土地使用税的适用税额可以适当降低，但降低额不得超过上述规定最低税额的 30%。经济发达地区土地使用税的适用税额标准可适当提高，但须报经财政部门批准。

3. 计税依据

土地使用税以纳税人实际占用的土地面积为计税依据，土地面积计量标准为每平方米。

4. 应纳税额的计算

土地使用税的应纳税额按纳税人实际占用的土地面积乘以该土地所在地段的适用税额求得。计算公式为

$$全年应纳税额=实际占用应税土地面积（m^2）\times 适用税额 \qquad (6\text{-}55)$$

（二）税收减免

1. 法定土地免缴土地使用税的优惠

（1）国家机关、人民团体、军队自用的土地。

（2）由国家财政部门拨付事业经费的单位自用的土地。

（3）宗教寺庙、公园、名胜古迹自用的土地。

（4）市政街道、广场、绿化地带等公共用地。

（5）直接用于农、林、牧、渔业的生产用地。

（6）经批准开山填海整治的土地和改造的废弃土地，从使用的月份起免缴土地使用税 5～10 年。

（7）对非营利性医疗机构、疾病控制机构和妇幼保健机构等卫生机构自用的土地，免征城镇土地使用税。

（8）企业办的学校、医院、托儿所、幼儿园，其用地能与企业其他用地明确区分的，免征城镇土地使用税。

（9）免税单位无偿使用纳税单位的土地（如公安、海关等单位使用铁路、民航等单位的土地），免征城镇土地使用税。纳税单位无偿使用免税单位的土地，纳税单位应照章缴纳城镇土地使用税。纳税单位与免税单位共同使用、共有使用权土地上的多层建筑，对纳税单位可按其占用的建筑面积占建筑总面积的比例计征城镇土地使用税。

（10）对行使国家行政管理职能的中国人民银行总行（含国家外汇管理局）所属分支机构自用的土地，免征城镇土地使用税。

（11）为了体现国家的产业政策，支持重点产业的发展，对石油、电力、煤炭等能源用地，民用港口、铁路等交通用地和水利设施用地，三线调整企业、盐业、采石场、邮电等一些特殊用地划分了征免税界限和给予政策性减免税照顾。具体规定如下：

1）对石油天然气生产建设中用于地质勘探、钻井、井下作业、油气田地面工程等施工临时用地暂免征收城镇土地使用税。

2）对企业的铁路专用线、公路等用地，在厂区以外、与社会公用地段未加隔离的，暂免征收城镇土地使用税。

3）对企业厂区以外的公共绿化用地和向社会开放的公园用地，暂免征收城镇土地使用税。

4）对盐场的盐滩、盐矿的矿井用地，暂免征收城镇土地使用税。

2. 省、自治区、直辖市地方税务局确定的土地使用税减免优惠

（1）个人所有的居住房屋及院落用地。

（2）房产管理部门在房租调整改革前经租的居民住房用地。

（3）免税单位职工家属的宿舍用地。

（4）集体和个人办的各类学校、医院、托儿所、幼儿园用地。

三、耕地占用税

为了合理利用土地资源，加强土地管理，保护耕地，1987年4月1日国务院以国发〔1987〕27号文发布《中华人民共和国耕地占用税暂行条例》（简称《耕地占用税暂行条例》）；2007年12月国务院令第511号颁布了修改的《耕地占用税暂行条例》，自2008年1月1日起施行；同时财政部、国家税务总局令第49号颁布了《中华人民共和国耕地占用税暂行条例实施细则》。

（一）纳税义务人及计税依据

1. 纳税义务人

占用耕地建房或者从事非农业建设的单位或个人，为耕地占用税的纳税人。所称耕地，是指用于种植农作物的土地。所称建房，包括建设建筑物和构筑物。占用园地建房或者从事非农业建设的，视同占用耕地征收耕地占用税。

占用林地、牧草地、农田水利用地、养殖水面以及渔业水域滩涂等其他农用地建房或者从事非农业建设的，比照条例规定征收耕地占用税。

纳税人临时占用耕地，应当依照条例规定缴纳耕地占用税。纳税人在批准临时占用耕地的期限内恢复所占用耕地原状的，全额退还已经缴纳的耕地占用税。

建设直接为农业生产服务的生产设施占用农用地的，不征收耕地占用税。

2. 计税依据

耕地占用税以纳税人实际占用的耕地面积为计税依据，按照规定的适用税额一次性征收。

（二）单位税额

1. 耕地占用税的税额规定

（1）人均耕地不超过1亩的地区（以县级行政区域为单位，下同），每平方米为10～50元；

（2）人均耕地超过1亩但不超过2亩的地区，每平方米为8～40元；

（3）人均耕地超过2亩但不超过3亩的地区，每平方米为6～30元；

（4）人均耕地超过3亩的地区，每平方米为5～25元。

2. 各省、自治区、直辖市的平均税额

各省、自治区、直辖市的平均税额，按照《各省、自治区、直辖市耕地占用税平均税额

表》执行，具体见表 6-6。

表 6-6　　　　　　　　各省、自治区、直辖市耕地占用税平均税额

地　　区	每平方米平均税额（元）
上海	45
北京	40
天津	35
江苏、浙江、福建、广东	30
辽宁、湖北、湖南	25
河北、安徽、江西、山东、河南、重庆、四川	22.5
广西、海南、贵州、云南、陕西	20
山西、吉林、黑龙江	17.5
内蒙古、西藏、甘肃、青海、宁夏、新疆	12.5

（1）各地适用税额，由省、自治区、直辖市人民政府在上述规定的税额幅度内，根据本地区情况核定。各省、自治区、直辖市人民政府核定的适用税额的平均水平，不得低于国务院有关主管部门规定的平均税额。

（2）经济特区、经济技术开发区和经济发达且人均耕地特别少的地区，适用税额可以适当提高，但是提高的部分最高不得超过规定的当地适用税额的 50%。

（3）占用基本农田的，适用税额应当在规定的当地适用税额的基础上提高 50%。所称基本农田，是指依据《基本农田保护条例》划定的基本农田保护区范围内的耕地。

（4）县级行政区域的适用税额，按照条例、细则和各省、自治区、直辖市人民政府的规定执行。

（三）应纳税额及减免

1. 应纳税额的计算

耕地占用税的应纳税额按纳税人实际占用的耕地面积乘以规定的适用税额求得。计算公式为

$$应纳税额 = 实际占用耕地面积（m^2）× 适用税额 \qquad (6-56)$$

其中：实际占用耕地面积包括经批准占用耕地面积和未经批准占用的耕地面积。

2. 税收减免

（1）军事设施占用耕地。

（2）学校、幼儿园、养老院、医院占用耕地。但学校内经营性场所和教职工住房占用耕地的，医院内职工住房占用耕地的，需按照当地适用税额缴纳耕地占用税。

（3）铁路线路、公路线路、飞机场跑道、停机坪、港口、航道占用耕地，减按每平方米 2 元的税额征收耕地占用税。专用铁路和铁路专用线占用耕地，专用公路和城区内机动车道占用耕地，需按照当地适用税额缴纳耕地占用税。

（4）农村居民占用耕地新建住宅，按照当地适用税额减半征收耕地占用税。农村烈士家属、残疾军人、鳏寡孤独以及革命老根据地、少数民族聚居区和边远贫困山区生活困难的农村居民，在规定用地标准以内新建住宅缴纳耕地占用税确有困难的，经所在地乡（镇）人民

政府审核，报经县级人民政府批准后，可以免征或减征耕地占用税。

第六节　房产税、契税和土地增值税

一、房产税

《中华人民共和国房产税暂行条例》（简称《房产税暂行条例》）1986 年 9 月 15 日国务院正式发布，当年 10 月 1 日开始施行。条例规定，房产税是以房屋为征税对象，以房屋的计税余值或租金收入为计税依据，向房屋产权所有人征收的一种财产税。各省、自治区、直辖市政府根据条例规定制定了实施细则。2011 年 1 月 28 日，上海和重庆开始率先试点房产税。2013 年 2 月 20 日，国务院召开常务会议，明确将"扩大个人住房房产税改革试点范围"，房产税将逐步向全国推开。

自 2009 年 1 月 1 日起，外商投资企业、外国企业和组织以及外籍个人，依照《房产税暂行条例》缴纳房产税。

房产税的征税范围为城市、县城、建制镇和工矿区，不包括农村。

（一）纳税义务人

房产税以在征税范围内的房屋产权所有人为纳税义务人。房产税由产权所有人缴纳。

（1）产权属于国家所有的，由经营管理的单位缴纳。产权属于集体和个人所有的，由集体单位和个人缴纳。

（2）产权出典的，由承典人缴纳。

（3）产权所有人、承典人不在房产所在地的，或者产权未确定及租典纠纷未解决的，由房产代管人或者使用人缴纳。

这里列举的产权所有人、经营管理单位、承典人、房产代管人或者使用人，统称为纳税义务人（简称纳税人）。

（二）计税依据及应纳税额

房产税依照房产原值一次减除 10%～30% 后的余值计算缴纳。具体减除幅度，由省、自治区、直辖市人民政府规定。按照房产计税价值征税的，称为从价计征；按照房产租金收入征税的，称为从租计征。

房产税税率见表 6-7。

表 6-7　　　　　　　　　　　房 产 税 税 率

房产用途	计 税 依 据	税 率
经营自用	房产原值一次减除 10%～30% 后的余额	1.2%
出租房屋	房产租金收入	12%
个人出租住房	房产租金收入	4%

房产税的计税公式为：

1. 从价计税

$$应纳税额 = 房产原值 \times [1-(10\%～30\%)] \times 1.2\% \tag{6-57}$$

计算中应注意房产原值的确定：

（1）房屋原价应根据国家有关会计制度规定进行核算。对纳税人未按国家会计制度规定核算并记载的，应按规定予以调整或重新评估。

（2）房屋附属设备和配套设施的计税规定，具体包括：

1）房产原值应包括与房屋不可分割的，不可随意移动的各种附属设备或一般不单独计算价值的配套设施。主要有暖气、卫生、通风、照明、煤气等设备；各种管线，如蒸汽、压缩空气、石油、给水排水等管道及电力、电信、电缆导线；电梯、升降机、过道、晒台等。属于房屋附属设备的水管、下水道、暖气管、煤气管等应从最近的探视井或三通管起，计算原值；电灯网、照明线从进线盒连接管起，计算原值。

2）对于更换房屋附属设备和配套设施的，在将其价值计入房产原值时，可扣减原来相应设备和设施的价值；对附属设备和配套设施中易损坏、需要经常更换的零配件，更新后不再计入房产原值。

3）纳税人对原有房屋进行改建、扩建的，要相应增加房屋的原值。

2．从租计税

$$应纳税额=房产租金收入×12\% \tag{6-58}$$

所谓房产的租金收入，是指房屋产权所有人出租房产使用权所得的报酬，包括货币收入和实物收入。如果是以劳务或者其他形式为报酬抵付房租收入的，应根据当地同类房产的租金水平，确定一个标准租金额从租计征。

3．个人出租住房

$$应纳税额=房产租金收入×4\% \tag{6-59}$$

（三）税收减免

下列房产免征房产税：

（1）国家机关、人民团体、军队自用的房产。

（2）由国家财政部门拨付事业经费的单位自用的房产。

（3）宗教寺庙、公园、名胜古迹自用的房产。

（4）个人所有非营业用的房产。

（5）经财政部门批准免税的其他房产。

二、契税法

契税法是指国家制定的用以调整契税征收与缴纳权利及义务关系的法律规范。现行契税法的基本规范，是 1997 年 7 月 7 日国务院发布并于同年 10 月 1 日开始施行的《中华人民共和国契税暂行条例》（简称《契税暂行条例》）。

契税是以在中华人民共和国境内转移土地、房屋权属为征税对象，向产权承受人征收的一种财产税。征收契税有利于增加地方财政收入，有利于保护合法产权，避免产权纠纷。

（一）纳税义务人和征税范围

1．纳税义务人

契税的纳税义务人是境内转移土地、房屋权属单位和个人。

2．征税范围

契税是以在中华人民共和国境内转移土地、房屋权属为征税对象，向产权承受人征收的一种财产税，具体征税范围包括国有土地使用权出让、土地使用权的转让、房屋买卖、房屋赠予、房屋交换五项内容。

（二）税率、计税依据和应纳税额的计算

1. 税率

契税实行 3%～5% 的幅度税率。

2. 计税依据

契税的计税依据为不动产的价格。由于土地、房屋权属转移方式不同，定价方法不同，因而具体计税依据视不同情况而决定。

3. 应纳税额的计算

契税采用比例税率。当计税依据确定以后，应纳税额的计算比较简单。计算公式为

$$应纳税额=计税依据×税率 \tag{6-60}$$

4. 税收优惠

国家机关、事业单位、社会团体、军事单位承受土地、房屋用于办公、教学、医疗、科研和军事设施的，免征契税；城镇职工按规定第一次购买公有住房，免征契税。

三、土地增值税

土地增值税是对有偿转让国有土地使用权及地上建筑物和其他附着物产权，取得增值收入的单位和个人征收的一种税。征收土地增值税有利于增强国家对房地产开发和房地产交易市场的调控；有利于国家抑制炒买炒卖土地获取暴利的行为；有利于增加国家财政收入，为经济建设积累资金。

我国土地增值税的征收依据是《中华人民共和国土地增值税暂行条例》（1993 年 11 月 26 日国务院常务会议通过，1994 年 1 月 1 日起施行）和《中华人民共和国土地增值税暂行条例实施细则》。

（一）纳税义务人、征收范围和税率

1. 纳税义务人

转让国有土地使用权、地上的建筑物及其附着物（简称转让房地产）并取得收入的单位和个人，为土地增值税的纳税义务人（简称纳税人），应依照条例规定缴纳土地增值税。所称的转让国有土地使用权、地上的建筑物及其附着物并取得收入，是指以出售或者其他方式有偿转让房地产的行为，不包括以继承、赠予方式无偿转让房地产的行为；国有土地，是指按国家法律规定属于国家所有的土地；地上的建筑物，是指建于土地上的一切建筑物，包括地上地下的各种附属设施；附着物，是指附着于土地上的不能移动、一经移动即遭损坏的物品；收入，包括转让房地产的全部价款及有关的经济收益。

2. 征税范围

土地增值税是对转让国有土地使用权及其地上建筑物和附着物的行为征税，包括国有土地使用权出让所取得的收入。存量房地产的买卖，存量房地产是指已经建成并已投入使用的房地产，其房屋所有人将房屋产权和土地使用权一并转让给其他单位和个人。

3. 税率

土地增值税实行四级超率累进税率：

（1）增值额未超过扣除项目金额 50% 的部分，税率为 30%。

（2）增值额超过扣除项目金额 50%、未超过扣除项目金额 100% 的部分，税率为 40%。

（3）增值额超过扣除项目金额 100%、未超过扣除项目金额 200% 的部分，税率为 50%。

（4）增值额超过扣除项目金额 200% 的部分，税率为 60%。

上述所列四级超率累进税率，每级"增值额未超过扣除项目金额"的比例，均包括本比例数。超率累进税率见表6-8。

表6-8 土地增值税四级超率累进税率

级数	增值额与扣除项目金额的比率	税率（%）	速算扣除系数（%）
1	≤50%的部分	30	0
2	>50%~100%的部分	40	5
3	>100%~200%的部分	50	15
4	>200%的部分	60	35

（二）增值额的确定

1. 土地增值税的计算步骤

（1）确定转让国有土地使用权或房地产所取得的收入；

（2）确定扣除项目金额；

（3）计算增值额和增值率，确定税率；

（4）计算应纳税额。

2. 应税收入的确定

纳税人转让房地产取得的应税收入，应包括转让房地产的全部价款及有关的经济收益，包括货币收入、实物收入和其他收入。

3. 扣除项目的确定

税法准予纳税人从转让收入额减除的扣除项目包括：

（1）取得土地使用权所支付的金额，是指纳税人为取得土地使用权所支付的地价款和纳税人在取得土地使用权时按国家统一规定缴纳的有关费用。

（2）房地产开发成本，包括土地的征用及拆迁补偿费、前期工作费、建筑安装工程费、基础设施费、公共配套设施费、开发间接费用。

（3）房地产开发费用，是指与房地产开发项目有关的销售费用、管理费用和财务费用。

（4）与转让房地产有关的税金，是指在转让房地产时缴纳的城市维护建设税、印花税。因转让房地产缴纳的教育费附加，视同税金予以扣除。

（5）其他扣除项目。对从事房地产开发的纳税人，可按上述（1）、（2）项规定计算的金额之和，加计20%扣除。

（6）旧房及建筑物的评估价格，是指在转让已使用的房屋及建筑物时，由政府批准设立的房地产评估机构评定的重置成本价乘以成新度折扣率后的价格。

转让旧房的，应按房屋及建筑物的评估价格、取得土地使用权所支付的地价款和按国家统一规定缴纳的有关费用及在转让环节缴纳的税金作为扣除项目金额计征土地增值税。

4. 增值额和增值率的确定

（1）增值额。土地增值税纳税人转让房地产所取得的收入减除规定的扣除项目金额后的余额为增值额，即

$$增值额=应税收入-扣除项目 \tag{6-61}$$

（2）增值率。土地增值税的增值率为增值额占扣除项目金额的比率。通过计算确定增值

率，可按照税率表确定土地所得税的适用税率

$$增值率（\%）=增值额/扣除项目 \tag{6-62}$$

（三）应纳税额的计算

计算土地增值税税额，可按增值额乘以适用的税率减去扣除项目金额乘以速算扣除系数的简便方法计算，具体公式如下

$$应纳税额=\Sigma（每级距的土地增值额×适用税率）$$
$$=增值额×适用税率-扣除项目金额×速算扣除数 \tag{6-63}$$

（1）增值额未超过扣除项目金额 50%的

$$土地增值税税额=增值额×30\% \tag{6-64}$$

（2）增值额超过扣除项目金额 50%，未超过 100%的

$$土地增值税税额=增值额×40\%-扣除项目金额×5\% \tag{6-65}$$

（3）增值额超过扣除项目金额 100%，未超过 200%的

$$土地增值税税额=增值额×50\%-扣除项目金额×15\% \tag{6-66}$$

（4）增值额超过扣除项目金额 200%的

$$土地增值税税额=增值额×60\%-扣除项目金额×35\% \tag{6-67}$$

（5）税收减免。因国家建设需要依法征用、收回的房地产，免征土地增值税。因城市实施规划、国家建设的需要而搬迁，由纳税人自行转让原房地产的，比照有关规定免征土地增值税。

第七节　企业所得税

企业所得税是以企业的生产经营所得和其他所得为计税依据而征收的一种所得税，它是国家参与企业利润分配、调节国家与企业分配关系的一个重要税种。企业所得税在组织财政收入、促进社会经济发展、实施宏观调控等方面具有重要的职能作用。

我国现行《中华人民共和国企业所得税法》（简称《企业所得税法》）于 2007 年 3 月 6 日由全国人大常委会第五次会议通过并公布；同年 11 月国务院第 197 次常务会议通过并公布《中华人民共和国企业所得税法实施条例》（简称《企业所得税法实施条例》），自 2008 年 1 月 1 日起施行。现行企业所得税法适用所有内资和外资企业。

一、纳税义务人、征税对象及税率

（一）纳税义务人

在我国境内的企业和其他取得收入的组织（简称企业，但不包括个人独资企业和合伙企业）为企业所得的纳税人。企业分为居民企业和非居民企业。居民企业是指依法在中国境内成立，或者依照外国（地区）法律成立但实际管理机构在中国境内的企业。非居民企业是指依照外国（地区）法律成立且实际管理机构不在中国境内，但在中国境内设立机构、场所的，或者在中国境内未设立机构、场所，但有来源于中国境内所得的企业。

（二）征税对象

企业所得税的征税对象是企业的生产经营所得、其他所得和清算所得。

（1）居民企业应当就其来源于中国境内、境外的所得缴纳企业所得税。所得包括销售货物所得、提供劳务所得、转让财产所得、股息红利等权益性投资所得、利息所得、租金所得、特许使用费所得、接受捐赠所得和其他所得。

（2）非居民企业在中国境内设立机构、场所的，应当就其所设机构、场所取得的来源于中国境内的所得，以及发生在中国境外但与其所设机构、场所有实际联系的所得，缴纳企业所得税。非居民企业在中国境内未设立机构、场所的，或者虽设立机构、场所但取得的所得与其所设机构、场所没有实际联系的，应当就其来源于中国境内的所得缴纳企业所得税。

所称实际联系，是指非居民企业在中国境内设立的机构、场所拥有的据以取得所得的股权、债权，以及拥有、管理、控制据以取得所得的财产。

（三）税率

（1）基本税率为25%。适用于居民企业和在中国境内设有机构、场所且所得与机构、场所有关联的非居民企业。

（2）低税率为20%。适用于在中国境内未设立机构、场所的，或者虽设立机构、场所但取得的所得与其所设机构、场所没有实际联系的非居民企业。

二、应纳税所得额的计算

计算企业所得税的核心是确定应纳税所得额，它是企业所得税的计税依据。准确计算应纳税所得额是正确计算应纳所得税额的前提。

（一）企业实际发生应纳税所得额的计算原则

1. 权责发生制原则

一般而言，企业所得税的纳税主体与会计核算主体是一致的，应纳税所得额的计算也以会计核算的结果为基础，因而采用会计核算中的权责发生制原则。《企业所得税法》规定，企业实际发生的与取得收入有关的合理支出，包括成本、费用、税金、损失和其他支出，准予在计算应纳税所得额时扣除。这里的"实际发生"并不是以货币实际支出的时点确认税前扣除的权利，而是指应由本期负担的成本、费用，是权责发生制的集中体现。

2. 税法优先原则

是指在计算应纳税所得额时，企业财务、会计处理办法与税收法律、行政法规的规定不一致的，应当依照税收法律、行政法规的规定计算。应纳税所得额不同于会计利润，一般来说，按照财务会计制度计算出的会计利润，要进行相应的纳税调整，使之成为应纳税所得额。

按照《企业所得税法》的规定，应纳税所得额为企业每一纳税年度的收入总额，减除不征税收入、免税收入、各项扣除以及允许弥补的以前年度亏损后的余额。

（二）投资项目财务分析中应纳税所得额的计算

投资项目财务分析中，收入额与成本费用发生额是预测数值，且成本计算是采用收付实现制，因此与企业实际发生应纳税所得额的计算基础有所不同。在投资项目财务分析中，应纳税所得额的计算，应结合前期工作的特点，在不违反企业会计准则与税法相关规定的基础上进行适当简化，一般采用企业实际发生应纳税所得额的直接计算法，参照《企业所得税法》的规定，应纳税所得额为项目（企业）每一纳税年度的收入总额，减除不征税收入、免税收入、各项扣除以及允许弥补的以前年度亏损后的余额。基本公式为

应纳税所得额=收入总额−不征税收入−免税收入−各项扣除−允许弥补的以前年度亏损　（6-68）

1. 收入总额

项目（企业）的收入总额包括以货币形式和非货币形式从各种来源取得的收入，具体有销售货物收入、提供劳务收入、转让财产收入、股息、红利等权益性投资收益，以及利息收入、租金收入、特许使用费收入、接受捐赠收入及其他收入。

企业取得收入的货币形式，包括现金、存款、应收账款、应收票据、准备持有至到期的债券投资以及债务的豁免等。

企业取得收入的非货币形式，包括固定资产、生物资产、无形资产、股权投资、存货、不准备持有至到期的债券投资、劳务以及有关权益等。企业以非货币形式取得的收入，应当按照公允价值（指按照市场价格确定的价值）确定收入额。

企业发生非货币性资产交换，以及将货物、财产、劳务用于捐赠、偿债、赞助、集资、广告、样品、职工福利或者利润分配等用途的，应当视同销售货物、转让财产或者提供劳务，但国务院财政、税务主管部门另有规定的除外。

2. 不征税收入与免税收入

（1）不征税收入：财政拨款；依法收取并纳入财政管理的行政事业性收费、政府性基金；国务院规定的其他不征税收入。

（2）免税收入：国债利息收入；符合条件的居民企业之间的股息、红利等权益性投资收益；在中国境内设有机构、场所的非居民企业从居民企业取得与该机构、场所有实际联系的股息、红利等权益性投资收益；符合条件的非营利组织的收入。

3. 准予扣除的项目

项目（企业）实际发生的与取得收入有关的、合理的支出，包括成本、费用、税金、损失和其他支出，准予在计算应纳税所得额时扣除。

项目（企业）发生的支出应当区分收益性支出和资本性支出。收益性支出在发生当期直接扣除；资本性支出应当分期扣除或者计入有关资产成本，不得在发生当期直接扣除。

项目（企业）的不征税收入用于支出所形成的费用或者财产，不得扣除或者计算对应的折旧、摊销扣除。

（1）成本，是指企业在生产经营活动中发生的销售成本、销货成本、业务支出以及其他耗费。

（2）费用，是指企业在生产经营活动中发生的销售费用、管理费用和财务费用，已经计入成本的有关费用除外。

（3）税金，是指企业发生的除企业所得税和允许抵扣的增值税以外的各项税金及其附加。

（4）损失，是指企业在生产经营活动中发生的固定资产和存货的盘亏、毁损、报废损失，转让财产损失，呆账损失，坏账损失，自然灾害等不可抗力因素造成的损失以及其他损失。

（5）其他支出，是指除成本、费用、税金、损失外，企业在生产经营活动中发生的与生产经营活动有关的、合理的支出。

4. 准予扣除项目的具体标准

（1）企业发生的合理的工资、薪金、支出准予据实扣除。

（2）企业发生的职工福利费、工会经费、职工教育经费按标准扣除，未超过标准的按实际数扣除，超过标准的只能按标准扣除。

企业发生的职工福利费支出，不超过工资薪金总额14%的部分准予扣除企业拨缴的工会经费，不超过工资薪金总额2%的部分准予扣除。

除国务院财政、税务主管部门另有规定外，企业发生的职工教育经费支出，不超过工资薪金总额2.5%的部分准予扣除；超过部分准予结转以后纳税年度扣除。

（3）企业依照国务院有关主管部门或者省级人民政府规定的范围和标准为职工缴纳的基本养老保险费、基本医疗保险费、失业保险费、工伤保险费、生育保险费等基本社会保险费和住房公积金，准予扣除。企业为投资者或者职工支付的补充养老保险费、补充医疗保险费，在国务院财政、税务主管部门规定的范围和标准内，准予扣除。

（4）企业在生产经营活动中发生的合理的不需要资本化的借款费用。

（5）企业在生产、经营活动中发生的利息支出，按规定扣除。

（6）企业在货币交易中，以及纳税年度终了时将人民币以外的货币性资产、负债按照期末即期人民币汇率中间价折算为人民币时产生的汇兑损失，除已经计入有关资产成本以及与向所有者进行利润分配相关的部分外，准予扣除。

（7）企业发生的与生产经营活动有关的业务招待费支出，按照发生额的 60% 扣除，但最高不得超过当年销售（营业）收入的 5‰。

（8）企业发生的符合条件的广告费和业务宣传费支出，除国务院财政、税务主管部门另有规定外，不超过当年销售（营业）收入 15% 的部分，准予扣除；超过部分，准予结转以后纳税年度扣除。

（9）企业依照法律、行政法规有关规定提取的用于环境保护、生态恢复等方面的专项资金，准予扣除。

（10）企业参加财产保险，按照规定缴纳的保险费，准予扣除。

（11）企业根据生产经营活动的需要租入固定资产支付的租赁费，按照以下方法扣除：以经营租赁方式租入固定资产发生的租赁费支出，按照租赁期限均匀扣除；以融资租赁方式租入固定资产发生的租赁费支出，按照规定构成融资租入固定资产价值的部分应当提取折旧费用，分期扣除。

（12）企业发生的合理的劳动保护支出，准予扣除。

（13）企业发生的公益性捐赠支出，不超过年度利润总额 12% 的部分，准予扣除。

5. 亏损弥补

（1）亏损是指企业依照《企业所得税法》及其暂行条例的规定，将每一纳税年度的收入总额减除不征税收入、免税收入和各项扣除后小于零的数额。税法规定，企业某一纳税年度发生的亏损可以用下一年度的所得弥补，下一年度的所得不足以弥补的，可以逐年延续弥补，但最长不得超过 5 年。企业在汇总计算缴纳企业所得税时，其境外营业机构的亏损不得抵减境内营业机构的盈利。

（2）企业筹办期间不计算为亏损年度，企业自开始生产经营的年度，为开始计算企业损益的年度。企业从事生产经营之前进行筹办活动期间发生筹办费用支出，不得计算为当期的亏损，企业可以在开始经营之日的当年一次性扣除，也可以按照新税法有关长期待摊费用的处理规定处理，但一经选定不得改变。

（三）资产、长期待摊费用、存货及长期投资的税务处理

税法规定，纳入税务处理范围的资产形式主要有固定资产、生物资产、无形资产、长期待摊费用、投资资产、存货等。

1. 固定资产、生物资产及无形资产的税务处理

在项目财务分析中有关资产的计税基础，按固定资产、生物资产及无形资产计算。固定资产、生产性生物资产均按照直线法计算折旧；从事开采石油、天然气等矿产资源的企业，在开始商业性生产前发生的费用和有关固定资产的折耗、折旧方法，按国务院财政、税务主管部门规定；无形资产按照直线法计算摊销费用。

2. 长期待摊费用的税务处理

改建的固定资产，以改建过程中发生的改建支出为计税基础。企业发生的固定资产的改建、大修理费等支出作为长期待摊费用，按照规定摊销。

3. 存货的税务处理

企业出售、转让存货，处置收入扣除计税成本和相关税费后产生的所得，应并入应纳税所得额征税；所产生的损失，可以冲减应纳税所得额。存货报废、毁损、盘亏造成的损失，可以作为财产损失在税前扣除。

4. 长期投资的税务处理

企业对外投资期间，投资资产的成本在计算应纳税所得额时不得扣除。在投资期间，对外投资的成本不得折旧和摊销，也不得作为投资当期的费用直接在税前扣除。企业在转让或者处置投资资产时，投资资产的成本准予扣除。

5. 企业重组的所得税处理

企业重组的全部资产以及股东投资的计税基础均应当按照交易价格重新确定计税基础。

三、企业所得税的优惠政策

税法规定的企业所得税的税收优惠方式包括免税、减税、加计扣除、加速折旧、减计收入、税额抵免等。

（一）免征与减征优惠

（1）从事农、林、牧、渔业项目的所得。

（2）从事国家重点扶持的公共基础设施项目投资经营的所得。

（3）从事符合条件的环境保护、节能节水项目的所得。

（4）符合条件的技术转让所得。

国家需要重点扶持的高新技术企业减按15%的税率征收企业所得税。

税法规定，企业符合条件的技术转让所得，可以免征、减征企业所得税。这里的符合条件，具体是指一个纳税年度内，居民企业转让技术所有权所得不超过500万元的部分，免征企业所得税；超过500万元的部分，减半征收企业所得税。

参照国际通行做法，税法规定对小型微利企业实行20%的照顾性税率。

税法规定，企业从事国家重点扶持的公共基础设施项目的投资经营所得，自项目取得第一笔生产经营收入所属纳税年度起，第1~3年免征企业所得税，第4~6年减半征收企业所得税，即"三免三减半"。国家重点扶持的公共基础设施项目，主要界定为港口码头、机场、铁路、公路、电力、水利等项目，具体由国务院及其相关部门在《公共基础设施项目企业所得税优惠目录》中予以确定。

（二）加计扣除优惠

1. 研究开发费

研究开发费是指企业为开发新技术、新产品、新工艺发生的研究开发费用，未形成无形资产计入当期损益的，在按照规定据实扣除的基础上，按照研究开发费用的50%加计扣除；形成无形资产的，按照无形资产成本的150%摊销。

2. 企业安置残疾人员所支付的工资

创业投资企业从事国家需要重点扶持和鼓励的创业投资，可以按投资额的一定比例抵扣应纳税所得额。

（三）加速折旧优惠

（1）加速折旧是指按照税法规定，允许企业在固定资产使用年限的初期计提较多的折旧，以后年度相应减少折旧额，从而使纳税人的所得税负得以递延的一种优惠方式。采取缩短折旧年限方法的，最低折旧年限不得低于规定折旧年限的 60%；采取加速折旧方法的，可以采取双倍余额递减法或者年数总和法。

（2）加速折旧的特殊规定，依据《国家税务总局关于固定资产加速折旧税收政策有关问题的公告》（国家税务总局公告 2014 年第 64 号）、《财政部、国家税务总局关于完善固定资产加速折旧企业所得税政策的通知》（财税字〔2014〕75 号）和《国家税务总局关于进一步完善固定资产加速折旧企业所得税政策有关问题的公告》（国家税务总局公告 2015 年第 68 号），对有关固定资产加速折旧企业所得税政策问题规定如下：

1）对生物药品制造业，专用设备制造业，铁路、船舶、航空航天和其他运输设备制造业，计算机、通信和其他电子设备制造业，仪器仪表制造业，信息传输、软件和信息技术服务业等行业企业（简称六大行业）2014 年 1 月 1 日后新购进的固定资产（包括自行建造，下同），可缩短折旧年限或采取加速折旧的方法。

2）对轻工、纺织、机械、汽车等四个领域重点行业（简称四个领域重点行业）企业 2015 年 1 月 1 日后新购进的固定资产，允许缩短折旧年限或采取加速折旧方法。

3）对所有行业企业 2014 年 1 月 1 日后新购进的专门用于研发的仪器、设备，单位价值不超过 100 万元的，允许一次性计入当期成本费用在计算应纳税所得额时扣除，不再分年度计算折旧；单位价值超过 100 万元的，可缩短折旧年限或采取加速折旧的方法。

4）对六大行业的小型微利企业 2014 年 1 月 1 日后新购进的和四个领域重点行业小型微利企业 2015 年 1 月 1 日后新购进的研发和生产经营共用的仪器、设备，单位价值不超过 100 万元（含）的，允许在计算应纳税所得额时一次性全额扣除；单位价值超过 100 万元的，允许缩短折旧年限或采取加速折旧方法。

5）对所有行业企业持有的单位价值不超过 5000 元的固定资产，允许一次性计入当期成本费用在计算应纳税所得额时扣除，不再分年度计算折旧。

（四）其他优惠政策

1. 减计收入优惠

企业综合利用资源，生产符合国家产业政策规定的产品所取得的收入，可以在计算应纳税所得额时减计收入。综合利用资源，是指企业以《资源综合利用企业所得税优惠目录》规定的资源作为主要原材料，生产国家非限制和禁止并符合国家和行业相关标准的产品取得的收入，减按 90%计入收入总额。上述所称原材料占生产产品材料的比例不得低于《资源综合利用企业所得税优惠目录》规定的标准。

2. 税额抵免优惠

税额抵免，是指企业购置并实际使用《环境保护专用设备企业所得税优惠目录》《节能节水专用设备企业所得税优惠目录》和《安全生产专用设备企业所得税优惠目录》规定的环境保护、节能节水、安全生产等专用设备的，该专用设备的投资额的 10%可以从企业当年的应纳税额中抵免；当年不足抵免的，可以在以后 5 个纳税年度结转抵免。

3. 民族自治地方的优惠

民族自治地方的自治机关对本民族自治地方的企业应缴纳的企业所得税中属于地方分

享的部分，可以决定减征或者免征。自治州、自治县决定减征或者免征的，须报省、自治区、直辖市人民政府批准。

4. 非居民企业优惠

非居民企业减按 10%的税率征收企业所得税。这里的非居民企业，是指在中国境内未设立机构、场所的，或者虽设立机构、场所但取得的所得与其所设机构、场所没有实际联系的企业。该类非居民企业取得所得免征企业所得税。

5. 特殊行业优惠

（1）关于鼓励软件产业和集成电路产业发展的优惠政策。

（2）关于鼓励证券投资基金发展的优惠政策。

（3）节能服务公司的优惠政策。

（4）电网企业电网新建项目享受所得税的优惠政策。

6. 其他优惠

（1）西部大开发的税收优惠。适用范围包括重庆市、四川省、贵州省、云南省、西藏自治区、陕西省、甘肃省、宁夏回族自治区、青海省、新疆维吾尔自治区、新疆生产建设兵团、内蒙古自治区和广西壮族自治区（统称"西部地区"）。湖南省湘西土家族苗族自治州、湖北省恩施土家族苗族自治州、吉林省延边朝鲜族自治州、江西省赣州市，可以比照西部地区的税收优惠政策执行。

（2）广东横琴、福建平潭、深圳前海企业所得税优惠。依据财税〔2014〕26 号文件的规定，自 2014 年 1 月 1 日起至 2020 年 12 月 31 日止，对设在横琴新区、平潭综合实验区和前海深港现代服务业合作区的鼓励类产业企业减按 15%的税率征收企业所得税。

（3）上海自由贸易试验区企业所得税优惠。

（4）其他事项。享受企业所得税过渡优惠政策的企业，应按照新税法和实施条例中有关收入和扣除的规定计算应纳税所得额。例如对企业取得的 2009 年及以后年度发行的地方政府债券利息所得，免征企业所得税。地方政府债券是指经国务院批准，以省、自治区、直辖市和计划单列市政府为发行和偿还主体的债券。

四、应纳税额的计算

（一）居民企业应纳税额的计算

居民企业应缴纳所得税额等于应纳税所得额乘以适用税率，基本计算公式为

$$应纳税额=应纳税所得额\times适用税率-减免税额-抵免税额 \qquad (6\text{-}69)$$

根据式（6-69），应纳税额的多少主要取决于应纳税所得额和适用税率两个因素。

在实际过程中，应纳税所得额的计算一般有两种方法。

1. 直接计算法

在直接计算法下，企业每一纳税年度的收入总额减除不征税收入、免税收入、各项扣除以及允许弥补的以前年度亏损后的余额为应纳税所得额。计算公式与前述相同，即

$$应纳税所得额=收入总额-不征税收入-免税收入-各项扣除金额-允许弥补的以前年度亏损 \qquad (6\text{-}70)$$

2. 间接计算法

间接计算法是在会计利润总额的基础上加或减按照税法规定调整的项目金额后，确定应纳税所得额。计算公式为

$$应纳税所得额=会计利润总额\pm纳税调整项目金额 \qquad (6-71)$$

纳税调整项目金额包括两方面的内容：一是企业的财务会计处理和税收规定不一致时应予以调整的金额；二是企业按税法规定准予扣除的税收金额。

（二）境外所得抵扣税额的计算

企业取得的下列所得已在境外缴纳的所得税税额，可以从其当期应纳税额中抵免，抵免限额为该项所得依照企业所得税法规定计算的应纳税额，超过抵免限额的部分，可以在以后5个年度内，用每年度抵免限额抵免当年应抵税额后的余额进行抵补。

（1）居民企业来源于中国境外的应税所得。

（2）非居民企业在中国境内设立机构、场所，取得发生在中国境外但与该机构、场所有实际联系的应税所得。

抵免限额，是指企业来源于中国境外的所得，依照企业所得税法和实施条例规定计算的应纳税额。除国务院财政、税务主管部门另有规定外，该抵免限额应当分国（地区）不分项计算，计算公式为

抵免限额=中国境内、境外所得依照企业所得税法和条例规定计算的应纳税总额

$$\times来源于某国（地区）的应纳税所得额/中国境内、境外应纳税所得总额 \qquad (6-72)$$

（三）居民企业核定征收应纳税额的计算

税务机关应根据纳税人具体情况，对核定征收企业所得税的纳税人，核定应税所得率或者核定应税所得额，采用应税所得率方式核定征收企业所得税的，应纳所得税额计算公式如下

$$应纳所得税额=应纳税所得额\times适用税率 \qquad (6-73)$$

$$应纳税所得额=应税收入额\times应税所得率 \qquad (6-74)$$

或 $\qquad 应纳税所得额=成本（费用）支出额/（1-应税所得率）\times应税所得率 \qquad (6-75)$

应纳所得税率的幅度标准见表6-9。

表6-9　　　　　　　　　　　　　　应纳所得税率的幅度标准

序号	行　业	税率（%）
1	农、林、牧、渔业	3～10
2	制造业	5～15
3	批发和零售贸易业	4～16
4	交通运输业	7～15
5	建筑业	8～20
6	饮食业	8～25
7	娱乐业	15～30
8	其他行业	10～30

（四）非居民企业应纳税额的计算

对于在中国境内未设立机构、场所的，或者虽设立机构、场所但取得的所得与其所设机构、场所没有实际联系的非居民企业的所得，按照下列方法计算应纳税所得额：

（1）股息、红利等权益性投资收益和利息、租金、特许使用费所得，以收入全额为应纳税所得额。营业税改征增值税试点中的非居民企业，应以不含增值税的收入全额作为应纳税

所得额。

（2）转让财产所得，以收入全额减除财产净值后的余额为应纳税所得额。财产净值是指财产的计税基础减除已经按照规定扣除的折旧、折耗、摊销、准备金等后的余额。

（3）扣缴企业所得税应纳税额计算

$$扣缴企业所得税应纳税额 = 应纳税所得额 \times 实际征收率 \tag{6-76}$$

其中：实际征收率是指企业所得税法及其实施条例等相关法律法规规定的税率，或者税收协定规定的更低的税率。

（五）非居民企业所得税核定征收办法

非居民企业因会计账簿不健全，资料残缺难以查账，或者其他原因不能准确计算并据实申报其应纳税所得额的，税务机关有权采取以下方法核定其应纳税所得额。

（1）按收入总额核定应纳税所得额。适用于能够正确核算收入或通过合理方法推定收入总额，但不能正确核算成本费用的非居民企业。计算公式如下

$$应纳税所得额 = 收入总额 \times 经税务机关核定的利润率 \tag{6-77}$$

（2）按成本费用核定应纳税所得额。适用于能够正确核算成本费用，但不能正确核算收入总额的非居民企业。计算公式如下

$$应纳税所得额 = 成本费用总额 / (1-经税务机关核定的利润率) \times 经税务机关核定的利润率 \tag{6-78}$$

（3）按经费支出换算收入核定应纳税所得额。适用于能够正确核算经费支出总额，但不能正确核算收入总额和成本费用的非居民企业。计算公式如下

$$应纳税所得额 = 经费支出总额 / (1-税务机关核定的利润率 - 营业税税率) \times 经税务机关核定的利润率 \tag{6-79}$$

税务机关按下列标准确定非居民企业所得税税率：

1）从事承包工程作业、设计和咨询服务的，利润率为 15%～30%。

2）从事管理服务的，利润率为 30%～50%。

3）从事其他劳务或劳务服务以外经营活动的，利润率不低于 15%。

4）无参考标准，以不低于销售合同总价款的 10% 为原则，确定非居民企业的劳务收入。

房地产开发企业按当年实际利润据实分季（或月）预缴企业所得税的，对开发、建造的住宅、商业用房以及其他建筑物、附着物、配套设施等开发产品，在未完工前采取预售方式销售取得的预售收入，按照规定的预计利润率分季（或月）计算出预计利润额，计入利润总额预缴，开发产品完工、结算计税成本后按照实际利润再行调整。

（六）源泉扣缴

（1）对非居民企业在中国境内未设立机构、场所的，或者虽设立机构、场所但取得的所得与其所设机构、场所没有实际联系的所得，应缴纳的所得税实行源泉扣缴，以支付人为扣缴义务人。税款由扣缴义务人在每次支付或者到期应支付时，从支付或者到期应支付的款项中扣缴。所称支付人，是指依照有关法律规定或者合同约定对非居民企业直接负有支付相关款项义务的单位或者个人。所称支付，包括现金支付、汇拨支付、转账支付和权益兑价支付等货币支付和非货币支付。所称到期应支付的款项，是指支付人按照权责发生制原则应当计入相关成本、费用的应付款项。

（2）对非居民企业在中国境内取得工程作业和劳务所得应缴纳的所得税，税务机关可以指定工程价款或者劳务费的支付人为扣缴义务人。

（3）扣缴义务人扣缴税款时，按非居民企业计算方法计算税款。

（七）特别纳税调整

近年来，各国都非常关注跨国公司避税问题，从完善反避税立法和加强税收管理两方面采取措施，防止本国税收流失，维护国家税收权益。我国《企业所得税法》在参照国际惯例的基础上，国家税务总局制定了《特别纳税调整实施办法（试行）》（国税发〔2009〕2号），自2009年1月1日起施行，适用于税务机关对企业的转让定价、预约定价安排、成本分摊协议、受控外国企业、资本弱化以及一般反避税等特别纳税调整事项的管理。从实体法的角度，对关联交易的税收处理以及其他反避税措施作出规定，建立了"特别纳税调整"制度，确立了我国企业所得税的反避税制度。

第八节　车辆购置税、车船税和印花税

车辆购置税与车船税的区别在于，车辆购置税起源于车辆购置附加费，燃油消耗税起源于养路费等收费，这两个税种都是通过费改税而来的，筹集的资金专门用于公路的建设和养护。我国境内车辆、船舶的所有人或者管理人为车船税的纳税人，应当依照规定缴纳车船税。车辆购置税是指车主刚买车时需纳的税，车船税是指车主开始使用汽车需要缴纳的税。

一、车辆购置税

车辆购置税根据《中华人民共和国车辆购置税暂行条例》（国务院令〔2000〕第294号）执行。

（一）纳税义务人

在我国境内购置应税车辆的单位和个人，为车辆购置税的纳税人，应当依照条例缴纳车辆购置税。其中购置是指购买使用行为、进口使用行为、受赠使用行为、自产自用行为、获奖使用行为以及以拍卖、抵债、走私、罚没等方式取得并使用的行为，这些行为都属于车辆购置税的应税行为。

车辆购置税的征税范围包括汽车、摩托车、电车、挂车、农用运输车。

（二）税率与应纳税额

车辆购置税的税率为10%，按从价定率的办法计算应纳税额，即

$$应纳税额=计税价格×税率 \tag{6-80}$$

车辆购置税的计税价格根据不同情况，按照下列规定确定：

（1）购买自用的应税车辆的计税价格，为纳税人购买应税车辆而支付给销售者的全部价款和价外费用，不包括增值税税款。

价外费用是指销售方价外向购买方收取的手续费、基金、违约金、包装费、运输费、保管费、代垫款项、代收款项和其他各种性质的价外收费，但不包括增值税税款。

（2）进口自用的应税车辆的计税价格的计算公式为

$$计税价格=关税完税价格+关税+消费税 \tag{6-81}$$

进口自用的应税车辆应纳税额的计算公式为

$$应纳税额=（关税完税价格+关税+消费税）×税率 \tag{6-82}$$

（3）自产、受赠、获奖或者以其他方式取得并自用的应税车辆的计税价格，由主管税务机关参照条例规定的最低计税价格核定。

规定的最低计税价格的应税车辆应纳税额的计算公式为

$$应纳税额=最低计税价格×税率 \tag{6-83}$$

（4）国家税务总局参照应税车辆市场平均交易价格，规定不同类型应税车辆的最低计税价格。减税、免税条件消失的车辆应纳税额的计算公式为

$$应纳税额=同类型新车最低计税价格×（1-已使用年限/规定使用年限）$$
$$×100\%×税率 \tag{6-84}$$

（5）车辆购置税的免税、减税详见车辆购置税条例规定。

二、车船税

《中华人民共和国车船税法》于 2011 年 2 月 25 日通过并公布，于 2012 年 1 月 1 日起施行。《中华人民共和国车船税法实施条例》（国务院令〔2011〕第 611 号）经国务院第 182 次常务会议通过并公布，2012 年 1 月 1 日起施行。

（一）纳税义务人

在我国境内属于《中华人民共和国车船税法》所附《车船税税目税额表》规定的车辆、船舶（简称 车船）的所有人或者管理人，为车船税的纳税人，应当依照税法缴纳车船税（规定免税的车船除外）。

（二）税目与税率

（1）车辆的具体适用税额由省、自治区、直辖市人民政府依照《中华人民共和国车船税法》所附《车船税税目税额表》规定的税额幅度和国务院的规定确定。车船税税目税额见表 6-10。

表 6-10 车 船 税 税 目 税 额 表

税 目		计税单位	年基准税额（元）	备注
乘用车［按发动机气缸容量（排气量）分档］	1.0L（含）以下	每辆	60～360	核定载客人数 9 人（含）以下
	1.0～1.6L（含）	每辆	300～540	
	1.6～2.0L（含）	每辆	360～660	
	2.0～2.5L（含）	每辆	660～1200	
	2.5～3.0L（含）	每辆	1200～2400	
	3.0～4.0L（含）	每辆	2400～3600	
	4.0L 以上	每辆	3600～5400	
商用车	客车	每辆	480～1440	核定载客人数 9 人以上，包括电车
	货车	整备质量每吨	16～120	半挂牵引车、三轮汽车和低速载货汽车
挂车		整备质量每吨	税额的 50%	
其他车辆	专用作业车	整备质量每吨	16～120	不包括拖拉机
	轮式专用机械车	整备质量每吨	16～120	不包括拖拉机
摩托车		每辆	36～180	

税　　目		计税单位	年基准税额（元）	备注
船舶	机动船舶	净吨位每吨艇	3～6	拖船、非机动驳船分别按照机动船舶税额的50%计算
	游艇	艇身长度每米	600～2000	

（2）省、自治区、直辖市人民政府根据车船税法所附《车船税税目税额表》确定车辆具体适用税额时，应当遵循以下原则：

1）乘用车依排气量从小到大递增税额；

2）客车按照核定载客人数20人以下和20人（含）以上两档划分，递增税额。

省、自治区、直辖市人民政府确定的车辆具体适用税额，应当报国务院备案。

（3）机动船舶具体适用税额为：

1）净吨位不超过200t的，3元/t；

2）净吨位超过200t但不超过2000t的，4元/t；

3）净吨位超过2000t但不超过10000t的，5元/t；

4）净吨位超过10000t的，6元/t。

拖船按照发动机功率每千瓦折合净吨位0.67t计算征收车船税。

（4）游艇具体适用税额为：

1）艇身长度不超过10m的，600元/m；

2）艇身长度超过10m但不超过18m的，900元/m；

3）艇身长度超过18m但不超过30m的，1300元/m；

4）艇身长度超过30m的，2000元/m；

5）辅助动力帆艇，600元/m。

三、印花税

印花税法是指国家制定的用以调整印花税征收与缴纳权利及义务关系的法律规范。现行印花税法的基本规范，是1988年8月6日国务院发布并于同年10月1日实施的《中华人民共和国印花税暂行条例》（简称《印花税暂行条例》）。

印花税是以经济活动和经济交往中，书立、领受应税凭证的行为为征税对象征收的一种税。印花税因其采用在应税凭证上粘贴印花税票的方法缴纳税款而得名。

（一）纳税义务人

印花税的纳税义务人，是在中国境内书立、使用、领受印花税法所列举的凭证并应依法履行纳税义务的单位和个人。

（二）税目与税率

1. 税目

印花税的税目，指印花税法明确规定的应当纳税的项目，它具体划定了印花税的征税范围。一般地说，列入税目的就要征税，未列入税目的就不征税。印花税共有13个税目。

2. 税率

印花税的税率设计，遵循税负从轻、共同负担的原则。所以，税率比较低；凭证的当事人，即对凭证有直接权利与义务关系的单位和个人均应就其所持凭证依法纳税。印花税的税率有两种形式，即比例税率和定额税率。印花税税目、税率见表 6-11。

表 6-11 印花税税目、税率

税目	范围	税率	纳税人	说明
1. 购销合同	包括供应、预购、采购、购销结合及协作、调剂、补偿、易货等合同	按购销金额 0.3‰ 贴花	立合同人	
2. 加工承揽合同	包括加工、定做、修缮、修理、印刷广告、测绘、测试等合同	按加工或承揽收入 0.5‰贴花	立合同人	
3. 建设工程勘察设计合同	包括勘察、设计合同	按收取费用 0.5‰ 贴花	立合同人	
4. 建筑安装工程承包合同	包括建筑、安装工程承包合同	按承包金额 0.3‰ 贴花	立合同人	
5. 财产租赁合同	包括租赁房屋、船舶、飞机、机动车辆、机械、器具、设备等合同	按租赁金额 1‰贴花。税额不足 1 元，按 1 元贴花	立合同人	
6. 货物运输合同	包括民用航空运输、铁路运输、海上运输、内河运输、公路运输和联运合同	按运输费用 0.5‰ 贴花	立合同人	单据作为合同使用的，按合同贴花
7. 仓储保管合同	包括仓储、保管合同	按仓储保管费用 1‰ 贴花	立合同人	仓单或栈单作为合同使用的，按合同贴花
8. 借款合同	银行及其他金融组织和借款人（不包括银行同业拆借）所签订的借款合同	按借款金额 0.05‰ 贴花	立合同人	单据作为合同使用的，按合同贴花
9. 财产保险合同	包括财产、责任、保证、信用等保险合同	按收取保险费 1‰ 贴花	立合同人	单据作为合同使用的，按合同贴花
10. 技术合同	包括技术开发、转让、咨询、服务等合同	按所记载金额 0.3‰ 贴花	立合同人	
11. 产权转移书据	包括财产所有权和版权、商标专用权、专利权、专有技术使用权等转移书据、土地使用权出让合同、土地使用权转让合同、商品房销售合同	按所记载金额 0.5‰ 贴花	立据人	

第七章

财务盈利和偿债能力分析

投资项目的财务分析，应在现金流量识别和计算的基础上，编制财务现金流量表，确定财务基准收益率，计算财务评价指标，对投资项目的财务盈利能力和债务清偿能力进行分析评价。本章阐述财务收益率基准值的确定，财务分析评价指标的选择及财务现金流量分析的主要内容。

第一节　财务基准收益率的取值

一、财务基准收益率的含义和作用

财务基准收益率，又称财务最低可接受收益率，是判别财务内部收益率是否符合要求的基准值，也是用于计算财务净现值的折现率，是项目财务可接受性的主要判据。财务基准收益率本质上体现了投资者对所投资项目占用资金的时间价值的判断及对项目风险的估计。当财务内部收益率大于等于财务基准收益率时，即认为财务盈利能力能够满足要求，在财务上可考虑接受。采用财务基准收益率作为计算财务净现值的折现率，可使财务净现值大于等于零和财务内部收益率大于等于财务基准收益率两者对项目财务可行性的判别结论一致。

（一）财务收益的基准判据

1. 财务基准收益率取值

财务基准收益率通常以加权平均资金成本为基础进行计算。项目的加权平均资金成本与项目的融资结构有关，即项目的资金成本要根据项目权益资金机会成本和债务资金成本综合考虑确定。同时应在项目加权平均资金成本基础上加一定的项目风险系数（包括行业风险和项目特殊风险等），还应注意合理扣除银行贷款利率中所包含的通货膨胀因素。

2. 判别基准的确定要与所采用价格体系相协调

判别基准的确定要与所采用价格体系相协调，是指应分析所采用的价格是否包含通货膨胀因素。如果计算期内考虑通货膨胀，并采用现时价格计算内部收益率，则确定判别基准时也应考虑通货膨胀因素，反之亦然。

3. 项目财务分析中各种内部收益率的判别基准不同

（1）项目投资财务基准收益率。其取值应依据项目的性质而定。对于产出物价格由政府进行控制和干预的项目，其财务基准收益率应根据政府政策导向，由国家或行业主管部门测算确定；对于产出物由市场定价的项目，其财务基准收益率应根据资本成本和项目风险由投资者自行确定。

加权平均资本成本一般是以各种资本占全部资本的比重为权数，对各种资本成本进行加权平均确定的，其计算公式为

$$K_{\mathrm{w}} = \sum_{j}^{n} K_j W_j \tag{7-1}$$

式中　K_{w}——加权平均资本成本；

　　　K_j——第 j 种资本成本；

　　　W_j——第 j 种资本占全部资本的比重（权数）。

（2）资本金内部收益率的判别基准。对于资本金内部收益率而言，其判别基准应为投资者最低期望收益率。它的确定主要取决于当时的资本收益水平以及资本金所有者对权益资本收益的未来期望，并与投资者对风险的态度有关。最好按该项目所有资本金投资者的综合要求选取。资本金投资者没有明确要求的，可以采用社会平均获利水平，其取值一般应不低于项目财务内部收益率的判别基准。

权益资本成本的估算难于债务资本成本，因为很难对项目未来的收益以及股东对未来风险所要求的风险溢价作出准确的计算。可采用的计算方法主要有资本资产定价模型法、风险溢价法和股利增长模型法。

（3）投资各方内部收益率的判别基准。在普遍按股本比例分配利润和分担亏损和风险的原则下，投资各方的利益是均等的。只有投资者中的各方有不对等的利益分配时，投资各方的利益才会有差异，才需要计算投资各方的内部收益率。对于投资各方的内部收益率而言，其最低期望收益率只能由各投资者自己确定。因为不同的投资者的资本实力和风险承受能力有很大差异。

（二）财务分析所采用的折现率

财务分析应采用的折现率是企业资本的机会成本。从动态的角度讲，相对于投资需求来说，可供投资使用的资本总是稀缺的。因此，投资者在提供资本给企业时，总是可以在各种方案中进行选择，以便获得较高的收益。当选择某一方案（最佳方案）而放弃另一方案（次最佳方案）时，也就放弃了投资次最佳方案可能获得收益的机会，这一放弃的预期收益，就是他投资最佳方案时付出的资本机会成本。投资者之所以选择投资最佳方案，是因为他预期可从该方案获得高于或至少不低于次最佳方案的收益。

同理，企业在开展投资活动时，需要为投资项目筹集资金，资金可来自内部，内部资金不足时则需要从外部获得，包括银行借款、发行债券或股票。另外，企业在筹集资金时可能采取两种不同的形式，一种是主要适用于生产产品或提供服务投资活动的所谓传统企业直接融资方式，即企业以自身的信誉为保障筹集资金；另一种是项目融资，即投资项目以自身的未来现金流量和资产为保障进行融资，这种方式大量用于基础设施投资项目。不论是什么来源或采取什么融资方式，使用资金均要付出代价，体现为资金提供者或投资者预期或要求获得的收益。资金提供者之所以要求获得这一收益，是因为他预期至少可从具有类似风险特征的投资活动（次最佳方案）获得同样的收益，而他放弃可从次最佳投资方案获得收益的机会，就是他为所选择拟建项目投资所付出的资金机会成本，简称资金成本。显然，资金成本是企业投资项目必须达到的最低收益，否则，一方面，企业或项目将无法从自己的投资活动中收回为使用资金而付出的资金成本，发生投资亏损；另一方面，资金的提供者也不会投资，而是把资金投向能够获得更高收益的其他用途（如次最佳方案）。总而言之，资金成本应是衡量投资项目优劣的尺度，是决定项目取舍的基准收益率。

二、项目投资财务基准收益率的测算

（一）参照企业的资本成本

既然折现率在理论上反映的是资本成本的大小，在为具体投资项目选择折现率时，我们是应以企业所拥有的资本，还是应以投资项目所使用的资本为依据确定资本的成本。如前所述，投资者要求从其投资项目中获得的收益，是其预期可从其他具有类似风险特征的投资项目中获得的收益。因此，要想确定某一特定投资项目的资本成本，首先需找出可供资本提供者投资的类似项目。但是，投资者往往并不直接投资于具体的项目，而是投资于拟建项目的企业。因此，实际上是要找出与项目具有同样风险特征的企业，称之为"参照企业"。如果项目拟开展的经营业务活动，与实施该项目的企业的现有经营业务活动相同，即项目的风险与本企业的风险类似，参照企业就是该企业本身。此时，项目的资本成本就是本企业的资本成本。如果不同，就要找出与项目处于同一行业，开展同类经营业务活动（如生产同类产品或提供同类服务）并在同一投入和产出市场上竞争的类似企业。此时，参照企业就是类似企业，项目的资本成本，应是若干家有代表性的类似企业资本成本经调整的平均值。

类似企业可从《行业分类指导》或《企业分类指南》之类的材料中选择，所选的企业应尽可能与项目类似。如果上述分类不够细致或不具有代表性，则需要由分析人员自己确定并选择类似企业。总而言之，对于具体的投资项目来说，应选择参照企业的资本成本作为用于现金流量分析的折现率。

当企业开展多种经营时，如投资于不同的行业或不同类型的产品，其投资项目的风险可能不同于本企业现有经营业务活动的风险。在分析这类投资项目时，企业不应不加区别地对不同风险的投资项目采用单一的资本成本，而应根据各个项目的不同风险，有针对性地选用相应参照企业的资本成本作为折现率，从而保证投资决策的正确、合理性。

明确了确定资本成本的依据，我们就可以进一步考虑决定参照企业资本成本高低的主要因素。为简便起见，我们把企业的资本分为负债资本（D）和权益资本（E）两部分。一般来说，决定资本成本高低的主要因素有三个，一是企业的风险，二是企业各种来源资本的成本，三是企业的资本结构。

（二）参照项目的风险

项目投资的收益由无风险收益和风险收益（亦称风险溢价）两部分构成，确定项目的财务基准收益率必须考虑项目的风险程度。

下列项目风险较大，在确定财务基准收益率时可适当提高其取值：

（1）项目投入物属紧缺资源的项目；

（2）项目投入物大部分需要进口的项目；

（3）项目产出物大部分用于出口的项目；

（4）国家限制或可能限制的项目；

（5）建设周期长的项目；

（6）市场需求变化较快的项目；

（7）市场竞争激烈的项目；

（8）技术寿命较短的项目；

（9）研发新技术的项目；

（10）债务资本比例高的项目；

（11）境外投资项目；

（12）自然灾害频发地区的项目等。

投资项目的资本成本，是参照企业的资本成本进行计算的，理论上应为投资者（债权人和股东）预期可从具有类似风险的参照企业获得的投资收益。人们通常把这部分收益分为两部分：反映资本时间价值的无风险收益（RF）与反映风险程度的风险报酬。对于不同的投资者来说，无风险收益是相同的，而风险报酬则不同，它的高低取决于参照企业的风险，风险越高，他们要求得到的这部分报酬就越高，以便补偿承担的额外风险。这些风险主要包括经营风险和财务风险。

1. 经营风险

经营风险是指企业不能确知自己现行投资和经营决策可能产生正面还是负面的结果而带来的风险，也就是这些决策对销售收入和利润增长或下降带来的不确定性。经营风险既源于企业所处的政治、经济、社会和竞争等外部环境的有利或不利变化，也源于企业内部经营管理的好坏。比如，当企业所处的外部经营环境发生不利变化时，大多数企业的销售收入和营业利润可能都要受到影响，但影响程度却因企业经营管理水平的高低而不同。与管理水平低的企业相比，管理水平高的企业所受的影响可能就小。另外，经营风险也与企业经营费用的结构有关。在其他条件不变的情况下，当出现不利变化而使企业的销售收入下降时，如果经营费用中存在固定费用，营业利润（息税前利润）就会以更高的幅度下降。当然，如果销售收入上升，利润也会以更高的幅度上升。这就是所谓的经营杠杆。经营杠杆虽然不是营业利润不确定性的来源，但却对企业内、外部因素对利润的影响有"放大"作用，从而加重了企业的经营风险。显然，企业自有资本的提供者（股东）和负债资本的提供者（债权人）都面临经营风险。

2. 财务风险

当企业只拥有权益资本时，股东只面临经营风险。但是，大多数企业的总资本往往都是由权益资本和负债资本构成，这样便产生了财务杠杆。同经营杠杆的放大作用类似，财务杠杆也是指当企业存在利息一类固定的财务费用时，如果息税前盈余发生某一百分比的增减变动，税后利润就会发生更大幅度的增减变动。图 7-1 显示了经营杠杆和财务杠杆对企业销售收入因内、外部环境发生有利或不利变化对营业利润和税后利润的逐步放大作用。同时，企业在拥有负债的情况下，股东对企业收益或现金流量的求偿权是在债权人之后，股东是在债权人获得固定的利息收入之后才能获得股利分红。财务杠杆的存在使企业的股东又负担了一层额外的风险，即财务风险。由于财务风险的存在，权益资本的风险和成本大于负债资本，且随后者在总资本中所占比重的上升而增加，在成熟市场经济环境下，这一差距可高达 5～12 个百分点。

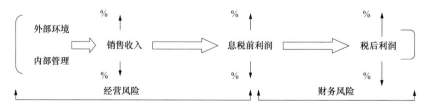

图 7-1　经营杠杆和财务杠杆对企业利润的影响

鉴于参照企业资本成本的高低取决于其拥有的风险，而不同类型企业间的风险可能不完全相同，我们可以得出这样的结论：不同类型的企业的资本成本也应不同。

（三）参照企业各种来源资本的成本

决定资本成本的另一主要因素，是参照企业各种来源资本的成本，即负债资本和权益资本各自的成本。本质上讲，负债资本和权益资本的成本同样是包括无风险收益和风险报酬两部分，其中风险报酬部分的高低主要也是取决于企业的风险，现在单独谈论这一问题，只是为便于说明如何分别对两者的风险报酬部分进行计量。

1. 负债资本成本 K_D

负债资本包括借款和债券，其成本是债权人要求获得的收益。其中借款的成本是放款人根据企业的风险确定的借款利率，而债券的成本则可能有两种情况。一种情况是企业目前有在外发行的未到期债券，且债券在市场上公开交易，或者企业拟发行期限与该债券剩余期限相同的债券。此时，可采用债券估价公式估算该债券的成本或到期收益率，即

$$B = \frac{c \times F}{1+K_B} + \frac{c \times F}{(1+K_B)^2} + \frac{c \times F}{(1+K_B)^3} + \cdots + \frac{c \times F}{(1+K_B)^N} + \frac{F}{(1+K_B)^N} \tag{7-2}$$

式中　B——债券价格；

　　　c——债券的年利息率；

　　　F——债券面值；

　　　K_B——债券成本或到期收益率；

　　　N——到期年限。

从式（7-2）可以看出，在存在债券公开交易市场的情况下，债券的市场价格、年利息率、面值和到期年限均是已知的。因此，利用式（7-2）不难计算债券的到期收益率。对企业来说，这一收益率即为该债券和拟发行的新债券的成本估计值。

另一种情况是企业没有在外发行的未到期债券。此时，企业发行某一期限的债券的成本估计值为

$$企业债券成本 = 无风险收益 + 预期信用风险报酬 \tag{7-3}$$

无风险收益可由同期国库券的到期收益率代表，而投资者预期的信用风险（即发债企业可能无力按期还本付息的风险）报酬则可根据企业的信用等级估算。此外，考虑到企业负债的利息可以从应税收入中扣除，因此在企业赢利的情况下，对通过上述方法估算出的负债资本成本，还应作所得税调整，采用项目所在企业的所得税税率 T，将税前成本 K_D 换算成税后成本 $K_D(1-T)$，以便反映企业实际负担的负债资本成本。

2. 权益资本成本 K_E

权益资本的成本是企业所有者要求获得的收益，其估计值一般是采用两种方法计算，一种是股利折现模型（DDM），另一种是资本资产定价模型（CAPM）。

（1）股利折现模型。对于上市企业来说，权益资本主要是指发行的普通股票，而企业支付的现金股利则是投资者得到的投资收益。股利折现模型是对企业未来现金股利进行折现，计算股票现值的方法，可以用来估算普通股的成本，其表达式如下

$$V_0 = \sum_{i=1}^{n} \frac{D_i}{(1+K_E)^i} + \frac{V_n}{(1+K_E)^n} \tag{7-4}$$

式中　V_0——普通股现值，即股价；

　　　D_i——第 i 期普通股股利；

K_E——普通股成本；

V_n——普通股终值。

由于普通股没有固定的到期日，股票终值的折现值可以忽略不计，则式（7-4）可改写为

$$V_0 = \sum_{i=1}^{n} \frac{D_i}{(1+K_E)^i} \tag{7-5}$$

如果假设每年的股利不变，则可视其为永续年金

$$K_E = \frac{D}{V_0} \tag{7-6}$$

如果假设股利每年按同一比率 g 增长，则普通股的成本为

$$K_E = \frac{D}{V_0} + g \tag{7-7}$$

从式（7-4）～式（7-7）可以看出，只要知道每股股利数并对现金股利的预期增长率作出某种简单的假设，就可计算出企业权益资本的成本。但是，实践经验表明，上述简单假设并不一定切合实际。就大多数企业的长期情况而言，股利既不固定，也不是按不变的比率增长。根据经验，只有少数企业，如公用事业或处于成熟期的企业，支付现金股利的增长率相对较为稳定，可以采用股利折现模型估算权益资本的成本，而对于其他众多企业来说，这一模型并不适用。

（2）资本资产定价模型。另一种估算权益资本成本的方法是资本资产定价模型，它考虑了构成权益资本成本的各项因素，分别估算这些因素，便可以计算出权益资本成本的估计值。资本资产定价模型的表达式如下

$$K_E = R_F + \beta(R_M - R_F) \tag{7-8}$$

式中　　R_F——无风险收益率；

$\beta(R_M - R_F)$——权益资本的预期风险报酬。

无风险收益率可由同期国库券的到期收益率表示，而权益资本的预期风险报酬则是采用模型中的 $\beta(R_M - R_F)$ 部分估算。简单地说，这部分中的 R_M 表示市场全部风险资产组合的收益，通常是由股票指数代表，如美国的标准普尔综合指数（S&P500）或英国的金融时报全股票指数（FT-A）。$R_M - R_F$ 表示市场平均风险报酬，系数 β 表示某一种股票收益对市场全部风险资产组合收益变化的敏感度，既该种股票风险大小的程度。$\beta=1$，表示该种股票的风险等于市场平均风险；小于或大于 1，表示该种股票的风险小于或大于市场平均风险。因此，市场平均风险报酬（$R_M - R_F$）乘以 β，即等于某种股票的风险报酬。

我国证券市场发育尚未成熟，股票指数还不能较完全地反映国家的宏观经济状况和企业的普遍经济效益水平，个股的股价也不能充分体现企业的实际效益和价值。因此，基于股票指数和个股股价计算的 β 不能反映企业的真实风险，无法用于测算加权平均资本成本。在这种情况下，必须用新的思路和方法来指导 β 系数的测算，使之具有可操作性。比如，可以采用其他宏观经济和微观经济指标，如国内生产总值（GDP）增长率和企业效益的增长率，来替代股指和个股股价增长率，考察当宏观经济形势和状况发生一定量的变化时，企业的经营形势和状况会发生高于还是低于这一变化量的变化，并据此估算企业的 β。进行这样处理的基本原理是，整个股市价格的变动总是与国家宏观经济形势的变动密不可分。当经济从复苏走向繁荣时，股票价格会上涨；而在经济状况恶化的不景气时期，股票价格会下跌。虽然股

价有可能对经济变动提前作出反应，但从长期来看，它的变动趋势与宏观经济变动是基本一致的。例如，从1897～1976的70年间，美国的国民生产总值平均增长率为5%，同期的道·琼斯工业股票价格指数平均增长率为4.7%。就个股而言，它内在价值的高低主要取决于企业本身的经营效益。虽然有时股价并不与这一内在价值相一致，但从长远来看，股价总是要向内在价值回归。另外，用国内生产总值和企业效益的增长率来替代股指和个股股价增长率，也可以解决非上市企业无法直接估算 β 系数的问题。

（四）参照企业的资本结构

企业的资本有多种来源，如长短期银行借款、发行债券、发行优先和普通股票等。各种资本在企业总资本中所占的比重不同，构成资本结构。企业资本的收益属于为企业提供资本的所有投资者。因此，这一收益应是按股东和债权人各自出资比重加权的预期总收益。换句话说，企业的资本成本应是其每一融资来源成本的加权平均值（WACC）。

为了在折现率中反应这一情况，在计算参照企业的资本成本时，可采用式（7-9）计算加权平均资本成本

$$WACC = K_{\mathrm{D}}(1-T)\frac{D}{E+D} + K_{\mathrm{E}}\frac{E}{E+D} \tag{7-9}$$

式中　E、D——股本和债务资本额。

1. 财务杠杆对资本成本的影响

企业资本结构对资本成本的影响，主要是指财务杠杆对资本成本的影响，而这一影响又主要体现在两个方面。

首先是最佳资本结构或目标资本结构问题。由于财务杠杆的存在和负债资本的利息费用可以在税前收入中扣除，负债为企业能够带来减税效益，企业可以通过增加债务资本来降低资本的实际成本，提高股东的收益。但是，减税效益并不是无限制的。随着负债资本在总资本中的比重上升，可能导致企业破产的财务拮据成本和代理成本会逐步增加，负债资本的成本越来越高，逐渐抵消减税效益，并最终使两种成本造成的损失超过减税效益，这一过程如图7-2所示。从图7-2可以看出，在负债率为 A 点前，企业的资本成本一直在下降。到了 A 点，财务拮据成本和代理成本的作用开始部分抵消负债的减税效益。在 B 点时，负债的边际减税效益与负债造成的损失正好相等。超过 B 点，则负债损失超过减税效益。图中的 B 点是企业的最佳资本结构点。在这一点，企业的风险最小，资本成本最低，股东的收益最大。

为了便于理解财务杠杆的减税作用和财务拮据成本与代理成本对资本成本的影响，用表7-1中的数字做进一步说明。从表7-1可以看到，在不同的资本结构下，可以得到使加权平均资本成本等于10%的不同的负债资本成本与权益资本成本组合。当权益资本在总资本中的比重为100%时，它的成本是10%，此时权益资本只面临经营风险。随着负债资本比重的上升，权益资本开始

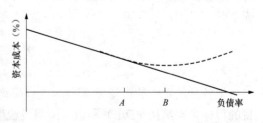

图 7-2　财务杠杆对资本成本的影响

既面临经营风险，又面临财务风险，因此成本不断上升。当负债资本的比重从20%上升到80%时，权益资本的成本也从11.2%上升到了20%。当负债资本的比重为100%时，它的成本也是10%，此时财务拮据成本和代理成本最高。随着权益资本比重的上升，两种成本开始下降，

负债资本的成本也随之下降，从 7.5%降到了 5%。表 7-1 也反映出，由于负债资本成本是税后成本，权益资本成本面临经营和财务风险双重影响，在每一资本结构水平，后者均高于前者。尽管该表上的数字是假设的情况，但反映的道理却是实际的。

表 7-1 财务杠杆及其效应举例

负债资本（%）	权益资本（%）	K_D^*（%）	K_E（%）	WACC（%）
100	0	10.00		10
80	20	7.50	20.00	10
60	40	5.80	16.30	10
40	60	5.20	13.20	10
20	80	5.00	11.25	10
0	100		10.00	10

* 负债资本成本 K_D 为税后成本。

从表 7-1 可以注意到，在某一些资本结构水平，负债资本和权益资本的成本均比较低，比如说表中负债率为 40%～60%时两者的成本；或者反过来说，在这一资本结构范围，企业股东的收益最大。企业的最佳资本结构正处这个范围之内。

需要说明的是，企业的资本结构受多种因素的影响，如企业所处的行业、销售增长情况、财务状况、企业所有者的偏好、银行或贷款机构对企业风险的评价等，这些因素往往很难量化。所以，企业的最佳资本结构不可能通过定量方法精确地计算出来，而是要靠企业在经营过程中不断摸索，采用定量和定性分析相结合的方式，根据经验来确定。

财务杠杆对资本成本的另一影响是指对 β 的影响。如前所述，在项目的风险不同于本企业风险时，应参照与投资项目具有同样风险特征的类似企业，若干家有代表性的类似企业资本成本经调整的加权平均值，应是决定项目取舍时应采用的折现率。所谓经调整的加权平均值，是指如果项目目标资本结构（即负债资本与权益资本比率）不同于各参照企业的资本结构，以及如果项目所在企业的边际所得税税率不同于参照企业平均税率，应先估算假设参照企业没有负债资本和不缴纳所得税情况下的资本成本，然后按照项目的目标资本结构和所在企业的边际所得税税率，将其调整为适用于项目的资本成本。也就是说，在估算负债资本成本时，只估算各参照企业的税前负债资本成本的平均值。在用资本资产定价模型估算权益资本成本时，先用式（7-10）剔除由于各参照企业资本结构不同对各自市场 β 产生的影响

$$\beta_A = \frac{\beta_E}{1+(1-T)\dfrac{D}{E}} \tag{7-10}$$

把各参照企业的市场 β 调整为企业资产 β，求出其平均值。然后将这一平均值，连同项目的目标资本结构（D/E）和边际所得税税率，计算项目的市场 β，据此估算出适用于项目的自有资本成本。最后，把上述负债资本（K_D）和权益资本成本（K_E）、项目所在企业的边际所得税税率以及项目的目标资本结构代入式（7-9），估算参照企业经调整的加权平均资本成本。

2. 系数的估算

从上述论述可以看出，计算加权平均资本成本的关键，是估算权益资本的成本（K_E）。

而在估算权益资本成本的式（7-8）中，主要的任务就是估算 β，即通过量化的方式，了解企业风险-报酬与整个市场风险-报酬的关系。为此，有必要引入非系统风险和系统风险的概念。

（1）非系统风险与系统风险。非系统风险又称为可分散风险，它是指与特定企业相关的事件所造成的对股票价格的正面或负面影响。正面的影响如企业开发出一种新产品或实际利润超出预期等；负面的影响如企业筹资决策失误、经营管理不善或工人罢工等。非系统风险可以通过持有多样化的股票来抵消。当你拥有多家企业的股票时，其中某些企业发生不利事件对自己股票价格的负面影响，将会被其他企业发生的有利事件对自己股票的正面影响所抵消。研究表明，当投资组合中包含有 15 种股票时，风险程度会降到接近系统风险的水平，即基本可消除非系统风险，再加入更多的股票，风险降低的程度就非常缓慢了。

系统风险又称为不可分散风险，它是指对整个经济产生影响的事件对市场上所有股票或证券的收益带来的不确定性。如宏观经济形势（经济增长率、通货膨胀率、利率等）、国家税法或政治和社会环境发生的有利或不利变动，往往会对市场上所有股票的价格产生正面或负面的影响。由于系统风险的影响将波及所有的股票，因而不能通过持有多样化的股票来抵消，这也是为什么人们称这种风险为系统风险或不可分散风险。图 7-3 直观显示了非系统风险和系统风险的上述这些特征。

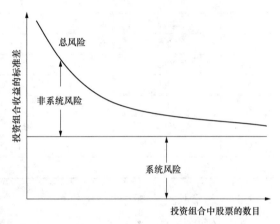

图 7-3　投资组合与风险分散

对于某种风险资产（如股票）来说，它的风险是由非系统风险和系统风险构成，即

$$总风险=非系统风险+系统风险 \tag{7-11}$$

在这一总风险中，非系统风险可以通过股票持有的多样化来加以抵消，而系统风险是对所有股票均产生同样影响的风险，无法通过股票持有的多样化来加以抵消。因此，就权益资本而言，投资者（股东）预期或要求得到的收益，是承担系统风险的报酬。从这个意义上说，了解权益资本的成本或风险，实际上是了解系统风险，而估算 β 系数，实际上是对系统风险进行计量，故 β 系数也称为系统风险系数。

（2）系统风险的计量。如前所述，β 系数表示某一种股票收益对市场全部风险资产组合收益变化的敏感度，或者说，表示某一种股票收益对市场全部风险资产组合收益变化的弹性，前者一般是由个股股价代表，后者则一般是由股票指数代表。下面，通过一个例子来说明这种敏感度或弹性的计量。

表 7-2 中列出了某地 2001～2010 年 10 年间市场资产组合收益率和某证券收益率的数据。把这些数据标示在散点图（见图 7-4）上，然后在图中绘制出离各点最近的一条线，称为证券特征线或回归

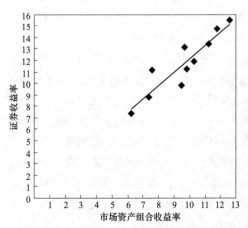

图 7-4　资产组合与证券收益的关系

线，这条线的斜率等于 1.16，也即是该种证券 β 系数的估计值。这表明，市场收益每发生 1% 的变动，从平均水平上讲，该证券将会相应发生 1.16% 的变动。对于大多数企业来说，β 系数都是 0.6～1.6。表 7-3 给出了 20 家美国公司按从大到小排序的 β 系数，可以看出，经营风险大的企业，如航空公司或信息技术类企业，其 β 系数要大大高于经营风险小的公企业，如公用事业企业。

表 7-2 资产组合与证券收益

序号	年份	市场资产组合收益率	证券收益率
1	2001	6.2	7.4
2	2002	7.4	8.2
3	2003	9.5	10.3
4	2004	10.3	10.9
5	2005	9.8	13.1
6	2006	7.6	11.5
7	2007	9.7	12.1
8	2008	11.2	13.4
9	2009	11.8	15.8
10	2010	12.6	16.3

（五）基准收益率确定方法比较

基准收益率的确定可以采用定性和定量等多种方法。定性方法主要是德尔菲法和项目模拟法。虽然德尔菲专家调查法可以集合专家的判断，准确性较好，但是该方法的主观性较强、工作量较大、研究周期较长，而项目模拟法的实际模拟过程往往难以实现，所以这两种定性方法的实用性都不强，在实际的使用中并不多见。

定量方法主要有以资本资产定价模型 CAPM 为代表的风险收益模型，包括 CAPM、套利定价模型 APT、Fama-French 三因素模型、Ibbotson 扩展方法（Ibbotson Buildup Method）以及扩展累计模型（The Buildup Summation Model）等；还有股利折现法（DMM）以及加权平均资本成本法 WACC 与几种方法的结合，比如 C 和 WACC 的结合、Fama-French 三因素模型和 WACC 的结合。

在这几种方法中，套利定价模型 APT、Fama-French 三因素模型、Ibbotson 扩展方法和扩展累计模型都是以 CAPM 为基础建立的研究模型，其中套利定价模型认为资产收益率不仅受市场风险的影响，而是多因素综合作用的结果，但是具体有多少因素很难确定，Nai-fu Chen，Richard Roll and Stephen A.Ross 等人列举了四个影响未来收益的因素，Eric Scorensen 等人设定了七个影响普通收益率的宏观经济因素，因为具体因素很难确定，所以该模型的实用性不强，只能停留在理论研究阶段；Fama&French 认为套利定价模型中的具体影响因素应该是三个，分别为公司规模（size）、B/M（账面价值与市场价值之比）以及市场组合本身，所以提出了三因子 APT 模型，即 Fama-French 三因素模型，但是在行业基准收益率的研究中，该模型的三个因素很难确定，所以没有学者使用该模型研究行业基准收益；Ibbotson 扩展方法在 CAPM 的基础上加上了公司规模报酬率和公司特有风险报酬率两个因素，但是难以找到有效的计算方法来计算行业特有风险报酬率和行业规模报酬率，所以 Ibbotson 扩展方法用于研究上市公司的基准收益率，对行业基准收益率的测算还有一定局限性；扩展累计模型是对 Ibbotson 扩展方法的补充，是针对小型非上市公司的基准收益率的分析，对行业基准收益率的测算也有一定局限性。

纵观几种常用的方法，在确定行业或项目资本金的财务基准收益率时，主要使用 CAPM 来确定。在研究具体项目的基准收益率时，利用 WACC 和 CAPM 的结合来确定。

三、财务基准收益率的测算实例

（一）我国 33 个行业的 β 系数值

本部分内容摘自建设部标准定额研究所编写的《建设项目经济评价参数研究》（2006）第五部分"建设项目财务分析评价参数测算方法研究"。

表 7-3 所列 33 个行业的 β 系数值是以 1994～1999 年国内生产总值 GDP 增长率和行业增加值增长率，分别代表市场或整个国民经济的平均收益率和行业的平均收益率测算出来的。

表 7-3　　　　　　　　　　　我国 33 个行业的 β 系数值

序号	行　业	β 系数值
1	煤炭采选业	0.67
2	石油和天然气开采业	2.24
3	黑色金属矿采选业	0.31
4	有色金属矿采选业	1.24
5	食品加工业	0.60
6	食品制造业	0.86
7	饮料制造业	1.24
8	烟草加工业	1.23
9	纺织业	0.28
10	服装及其他纤维制品制造	0.58
11	皮革毛皮羽绒及其制品业	0.96
12	木材加工及竹藤棕草制品业	0.67
13	家具制造业	0.60
14	造纸及纸制品业	1.59
15	印刷业记录媒介的复制	0.58
16	文教体育用品制造业	1.13
17	石油加工及炼焦业	1.46
18	化学原料及制品制造业	1.14
19	医药制造业	1.44
20	化学纤维制造业	1.93
21	橡胶制品业	0.51
22	塑料制品业	0.86
23	非金属矿物制品业	0.28
24	有色金属冶炼及压延加工业	1.20

序号	行 业	β系数值
25	金属制品业	0.35
26	普通机械制造业	0.44
27	专用设备制造业	0.29
28	交通运输设备制造业	0.98
29	电器机械及器材制造业	1.14
30	电子及通信设备制造业	2.97
31	仪器仪表文化办公用机械	0.56
32	电力蒸汽热水生产供应业	2.73
33	自来水的生产和供应业	2.07

（二）我国 15 家海外上市公司的 β 系数值

本部分内容摘自国务院国有资产监督管理委员会业绩考核局、毕博管理咨询有限公司编写的《企业价值创造之路》（2005）。

表 7-4 列示的是部分海外上市的中国公司的 β 系数值。

表 7-4   部分海外上市的中国公司的β系数值

上市公司名称	β系数值	上市公司名称	β系数值
中国石油	0.98	华电集团	1.09
中国石化	1.13	中国东方航空	1.62
中国海洋石油	0.85	中国南方航空	1.84
鞍山钢铁	1.54	中国移动	1.37
马鞍山钢铁	1.51	中国联通	1.79
中国铝业	1.88	中国电信集团	1.42
大唐电信	1.33	中粮集团	1.12
华能集团	1.17		

（三）美国 10 只普通股股票的 β 系数值

本部分内容摘自（英）理查德 A.布雷利、（美）斯图尔特 C.迈尔斯编写的《公司财务原理》。

表 7-5 列示的是 1996 年 8 月～2001 年 7 月部分美国普通股的 β 系数值（其中，亚马逊股票是 1997 年 6 月～2001 年 7 月）。

表 7-5   部分美国普通股的 β 系数值

股票名称	β系数值	股票名称	β系数值
亚马逊	3.25	通用电车	1.18
波音	0.56	通用汽车	0.91
可口可乐	0.74	麦当劳	0.68
戴尔计算机	2.21	辉瑞	0.71
埃克森-美孚	0.40	锐步	0.69

第二节　财务分析评价指标的选择

在投资项目的财务分析评价中，应在选定财务基准收益率判定标准的基础上，计算有关财务指标，进行财务现金流量的分析和评价。

一、财务盈利能力评价指标

财务盈利能力的评价指标分为动态指标和静态指标。动态指标包括财务净现值和财务内部收益率，静态指标包括项目投资回收期、总投资收益率和权益资本净利润率。评价时可根据项目的特点及评价的目的、要求选用。

（一）财务净现值（FNPV）

1. 财务净现值的含义

财务净现值是指按设定的折现率 i_c 将项目计算期内各年的净现金流量折现到建设期初的现值之和，其计算公式为

$$FNPV(i_c) = \sum_{t=0}^{n}(C_I - C_O)_t(1+i_c)^{-t} \tag{7-12}$$

式中　C_I——现金流入量；

　　　C_O——现金流出量；

$(C_I - C_O)_t$——第 t 期的净现金流量；

　　　i_c——设定的折现率，通常选用财务基准收益率；

　　　n——计算期年数。

按设定的折现率计算的财务净现值，反映项目在满足了按设定折现率要求的盈利之外，获得的超额盈利的现值。

按分析范围和对象不同，财务净现值有项目投资财务净现值，资本金财务净现值和各方投资财务净现值。但为简化计算，在财务分析评价中一般只计算项目投资财务净现值。

2. 折现率 i_c 的选取

计算财务净现值时，正确选取折现率至关重要。当折现率变化时，财务净现值也发生变化。提高折现率可使财务净现值减少，降低折现率可使财务净现值增加。

3. 财务净现值的判别依据

财务净现值等于或者大于零，表明其盈利能力能够满足基准收益率的要求，项目在财务上可考虑接受。

4. 项目投资财务净现值的计算方法

项目投资财务净现值一般通过计算机软件中配置的财务函数计算；若需人工计算，可根据项目投资现金流量表中的净现金流量数值按式（7-12）进行计算。

【例7-1】某项目投资所得税后净现金流量如表7-6所示，设定的项目投资所得税后财务基准收益率为10%，计算项目投资所得税后财务净现值，并评价该项目在财务上是否可以接受。

表 7-6　　　　　　　　　　　项目投资所得税后净现金流量　　　　　　　　　　单位：万元

年份（年末）	0	1	2	3	4	5
净现金流量	−3000	672	840	840	840	1140
折现系数	1	0.9091	0.8264	0.7513	0.6830	0.6209

【解】 $FNPV(i_c = 10\%) = -3000 + 672 \times 0.9091 + 840 \times 0.8264 + 840 \times 0.7513$

$$+ 840 \times 0.6830 + 1140 \times 0.6209 = 217.7（万元）$$

该项目所得税后财务净现值为 217.7 万元，大于零，表明其盈利能力能够满足要求，该项目在财务上可考虑接受。

5. 财务净现值指标的优缺点

财务净现值指标考虑了资本的时间价值，又考察了项目在整个计算期内的全部情况，并且直接以货币额表示项目投资的收益水平；但需要正确选取和确定折现率。

（二）财务内部收益率（FIRR）

1. 财务内部收益率的含义

财务内部收益率是指能使项目计算期内各年净现金流量的现值累计等于零时的折现率，反映项目所占用资本的盈利率。财务内部收益率的表达式为

$$\sum_{t=0}^{n}(C_I - C_O)_t (1 + FIRR)^{-t} = 0 \qquad (7\text{-}13)$$

按分析范围和对象不同，财务内部收益率有项目投资财务内部收益率、权益资金财务内部收益率和各方投资财务内部收益率，它们都依据式（7-13）计算，只是所采用的现金流入和现金流出不同。

2. 财务内部收益率的计算方法

财务内部收益率一般通过计算机软件中配置的财务函数计算；若需人工计算，可根据现金流量表中的净现金流量数值采用人工试算法计算。

人工计算财务内部收益率的步骤如下：

第一步：首先估计和选择两个适当的折现率 i_1 和 i_2，且 $i_1 < i_2$。然后分别计算净财务现值 $FNPV(i_1)$ 和 $FNPV(i_2)$，并使得 $FNPV(i_1) > 0$ 和 $FNPV(i_2) < 0$，这样，财务内部收益率，即累计净现值为零时的折现率必然是在 i_1 与 i_2 之间，即 $i_1 < FIRR < i_2$。

第二步：采用线性内插法计算财务内部收益率。内插公式为

$$FIRR = i_1 + \frac{FNPV(i_1)}{FNPV(i_1) + FNPV(i_2)} \times (i_2 - i_1) \qquad (7\text{-}14)$$

式中　i_1——试算用的较低折现率；

$\quad\quad i_2$——试算用的较高折现率；

$FNPV(i_1)$——用较低折现率计算的财务净现值（应为正值）；

$FNPV(i_2)$——用较高折现率计算的财务净现值（应为负值）。

为了减少误差，通常试算用的两个折现率之差 $(i_2 - i_1)$ 以 2% 及以下为宜，最大不应超过 5%。

【例7-2】 某项目投资所得税后净现金流量如表 7-7 所示，采用人工试算法计算该项目投资所得税后财务内部收益率。

表 7-7　　　　　　　　　　项目投资所得税后净现金流量　　　　　　　人民币单位：万元

年份（年末）	0	1	2	3	4	5
净现金流量	−3000	640	800	800	800	1100

【解】 第一步：估计和选择两个适当的折现率，较低的折现率为 10%，较高的折现率为 12%。

第二步：采用线性内插法计算项目投资所得税后财务内部收益率。

查现值系数表，10%，0～5 年期的复利现值系数为 1、0.9091、0.8264、0.7513、0.6830、0.6209。

$$FNPV(i_1) = -3000 + 640 \times 0.9091 + 800 \times 0.8264 + 800 \times 0.7513 + 800 \times 0.6830$$
$$+ 1100 \times 0.6209 = 73.4 （万元）$$

查现值系数表，12%，0～5 年期的复利现值系数为 1、0.8929、0.7972、0.7118、0.6355、0.5674。

$$FNPV(i_2) = -3000 + 640 \times 0.8929 + 800 \times 0.7972 + 800 \times 0.7118 + 800 \times 0.6335$$
$$+ 1100 \times 0.5674 = -88.8 （万元）$$

$$FIRR = 10\% + \frac{73.4}{73.4 + 88.8} \times (12\% - 10\%) = 10.9\%$$

该项目投资所得税后财务内部收益率为 10.9%。

3. 财务内部收益率的判别基准

财务内部收益率高于等于设定的财务基准收益率（最低可接受收益率），表明其盈利能力能够满足要求，项目在财务上可考虑接受。

4. 财务内部收益率指标的优缺点

财务内部收益率指标考虑了资金的时间价值，又考察了项目在整个计算期内的全部情况，而且还可以由项目的现金流量直接计算求得；但财务内部收益率指标不适用于只有现金流入或只有现金流出的项目，对于项目在整个计算期内的净现金流量序列的符号正负变化多次的非常规项目有多解现象（会产生多个财务内部收益率的计算结果）。举例说明如下：

【例 7-3】 某项目的项目投资所得税后净现金流量如表 7-8 所示，该项目在折现率为–50% 和 15.2% 时都可使 $FNPV = 0$。

表 7-8　　　　　　　　　　项目投资所得税后净现金流量　　　　　　　　　单位：万元

年份（年末）	0	1	2	3	4	5	6
净现金流量	–1000	800	150	150	150	150	–150

【解】
$$FNPV = -1000 + \frac{800}{0.50} + \frac{150}{(0.50)^2} + \frac{150}{(0.50)^3} + \frac{150}{(0.50)^4} + \frac{150}{(0.50)^5} - \frac{150}{(0.50)^6} = 0$$

$$FNPV = -1000 + \frac{800}{1.152} + \frac{150}{(1.152)^2} + \frac{150}{(1.152)^3} + \frac{150}{(1.152)^4} + \frac{150}{(1.152)^5} - \frac{150}{(1.152)^6} = 0$$

该项目在折现率为–50% 和 15.2% 时都可使 $FNPV = 0$。换句话说，该项目有–50% 和 15.2% 这两个财务内部收益率计算结果。

（三）项目投资回收期（P_t）

1. 项目投资回收期的含义

项目投资回收期是指以项目的净收益回收项目投资所需要的时间，一般以年为单位。投资回收期宜从项目建设的开始年初起算，若从项目投产开始年初起算，应予以特别注明。投资回收期的表达式为

$$\sum_{t=0}^{P_t}(C_{\mathrm{I}}-C_{\mathrm{O}})_t=0 \qquad (7\text{-}15)$$

投资回收期短，表明项目投资回收快，抗风险能力强。风险性是由于项目存在不确定性而发生的，不确定性带来的风险随着时间的延长而增加。因此，项目投资回收期越短，项目的风险越小。

2. 项目投资回收期的计算

项目投资回收期可借助项目投资现金流量表计算。项目投资现金流量表中累计净现金流量由负值变为零时的时点，即为项目投资回收期，其计算公式为

$$P_t=T-1+\frac{第(T-1)年的累计净现金流量的绝对值}{第T年的净现金流量} \qquad (7\text{-}16)$$

式中 T——各年累计净现金流量首次为正值或零的年数。

3. 投资回收期的判别基准

投资回收期短于等于设定的基准投资回收期，表明投资回收速度符合要求。基准投资回收期的取值可根据投资者的要求确定。

4. 投资回收期指标的优缺点

投资回收期指标计算简便，但没有考虑资金时间价值，且忽略了回收投资以后项目的费用与效益。因此，只能作为辅助指标。

【例7-4】 某公司拟建项目有A、B两个建设方案可供选择，两个方案的项目投资所得税后净现金流量见表7-9，采用投资回收期指标，比选这两个建设方案。

表7-9 项目投资所得税后净现金流量 单位：万元

年份（年末）	0	1	2	3	4	5	6
A方案净现金流量	−1000	250	300	300	300	300	400
B方案净现金流量	−1000	120	240	320	400	480	660

【解】 A方案的累计净现金流量计算见表7-10。

表7-10 A方案的累计净现金流量计算 单位：万元

年份（年末）	0	1	2	3	4	5	6
A方案净现金流量	−1000	250	300	300	300	300	400
累计净现金流量	−1000	−750	−450	−150	150	450	850

$$A方案的所得税后项目投资回收期=4-1+\frac{150}{300}=3.5（年）$$

B方案的累计净现金流量计算见表7-11。

表7-11 B方案的累计净现金流量计算 单位：万元

年份（年末）	0	1	2	3	4	5	6
B方案净现金流量	−1000	120	240	360	400	480	660
累计净现金流量	−1000	−880	−640	−280	120	600	1260

$$B方案的所得税后项目投资回收期 = 4 - 1 + \frac{280}{400} = 3.7（年）$$

A方案所得税后项目投资回收期为3.5年，B方案所得税后项目投资回收期为3.7年；如果依据投资回收期指标进行决策，应该选择A方案。

【例7-5】　使用【例7-4】A、B两个建设方案的净现金流量数据，设定项目投资财务基准率为12%，采用财务净现值指标，比选这两个建设个方案。

【解】　A方案的项目投资所得税后财务净现值 $= -1000 + 250 \times 0.8929 + 300 \times 0.7972 + 300$
$$\times 0.7118 + 300 \times 0.6355 + 300 \times 0.5674$$
$$+ 400 \times 0.5066$$
$$= 239.4（万元）$$

B方案的项目投资所得税后财务净现值 $= -1000 + 120 \times 0.8929 + 240 \times 0.7972 + 360 \times 0.7118$
$$+ 400 \times 0.6355 + 480 \times 0.5674 + 660 \times 0.5066$$
$$= 415.6（万元）$$

A方案项目投资所得税后财务净现值为239.4万元，B方案项目投资所得税后财务净现值为415.6万元，依据财务净现值指标进行决策，应该选择B方案。

【例7-4】和【例7-5】表明，采用不同的评价指标进行建设方案选择，可能得出不同的结论。投资回收期指标没有考虑资金时间价值，而且忽略了回收投资以后项目的净收益；财务净现值指标既考虑了资金的时间价值，又考察了项目在整个计算期内的全部情况。因此，财务净现值指标是项目财务分析评价的主要指标，而投资回收期只能作为辅助指标。

（四）总投资收益率（ROI）

1. 总投资收益率的含义

总投资收益率表示项目总投资的盈利水平，是指项目达到设计能力后正常年份的年息税前利润或运营期内年平均息税前利润与项目总投资的比率。总投资收益率的计算公式为

$$总投资收益率 = \frac{年息税前利润}{项目总投资} \times 100\% \tag{7-17}$$

其中　　　　　息税前利润 = 利润总额 + 支付的全部利息

$$= 营业收入 - 营业税金及附加 - 经营成本 - 折旧和摊销 \tag{7-18}$$

2. 计算总投资收益率所依据的报表

计算总投资收益率所依据的报表有项目总投资使用计划与资金筹措表和利润与利润分配表。从项目总投资使用计划与资金筹措表提取项目总投资数据，从利润与利润分配表提取息税前利润数据。

3. 总投资收益率的判别基准

总投资收益率高于等于设定的基准总投资收益率，表明用总投资收益率表示的盈利能力能够满足要求。基准总投资收益率的取值可根据投资者的要求设定。

（五）资本金净利润率（ROE）

1. 资本金净利润率的含义

资本金净利润率表示资本金的盈利水平，是指项目达到设计能力后正常年份的年净利润或运营期内的年平均净利润与资本金的比率。资本金净利润率的计算公式为

$$资本金净利润率 = \frac{年净利润}{资本金} \times 100\% \qquad (7\text{-}19)$$

2. 计算资本金净利润率所依据的报表

计算资本金净利润率所依据的报表有资本金现金流量表和利润与利润分配表。从资本金现金流量表提取资本金数据，从利润与利润分配表提取净利润数据。

3. 资本金净利润率的判别基准

资本金净利润率高于等于同行业的净资产收益率（权益净利率）参考值或设定的基准资本金净利润率，表明用资本金净利润率表示的盈利能力能够满足要求。基准资本金净利润率的取值可根据投资者的要求设定。

二、融资主体债务清偿能力评价指标

融资主体债务清偿能力评价指标包括利息备付率、偿债备付率和资产负债率。评价时可根据项目的特点及评价的目的、要求选用。

（一）利息备付率 (*ICR*)

1. 利息备付率的含义

利息备付率是指在债务偿还期内的各年息税前利润与当年应付利息的比值，它从付息资金来源的充裕性角度反映融资主体偿付债务利息的能力，其计算公式为

$$利息备付率 = \frac{息税前利润}{应付利息} \qquad (7\text{-}20)$$

利息备付率高，表明利息偿付的保障程度高，融资主体偿付债务利息的能力强。

2. 计算利息备付率的要求及所依据的报表

利息备付率应分年计算，分别计算债务偿还期内各年的利息备付率。

计算利息备付率所依据的报表主要有总成本费用表和利润与利润分配表。从总成本费用表提取应付利息数据，从利润与利润分配表提取息税前利润数据。

3. 利息备付率的判别依据

对于正常经营的企业，利息备付率至少应当大于 1，一般不宜低于 2，并应结合债权人的要求确定。利息备付率小于 1，表示没有足够资金支付利息。

（二）偿债备付率 (*DSCR*)

1. 偿债备付率的含义

偿债备付率是指在债务偿还期内，各年可用于计算还本付息的资金与当年应还本付息额的比值，它从偿债资金来源的充裕性角度反映融资主体偿付债务本息的能力。可用于计算还本付息的资金是指息税折旧摊销前利润，息税前利润加折旧和摊销，用 EBITDA 表示，减去所得税后的余额，当年应还本付息额包括还本金额和计入总成本费用的全部利息。偿债备付率的计算公式为

$$偿债备付率 = \frac{息税折旧摊销前利润 - 所得税}{应还本付息额} \qquad (7\text{-}21)$$

如果项目在运营期间发生维持运营的投资费用，可用于计算还本付息的资金中应扣除维持运营投资。

偿债备付率高，表明偿付债务本息的保障程度高，融资主体偿付债务本息的能力强。

2. 计算偿债备付率的要求及所依据的报表

偿债备付率应分年计算，分别计算债务偿还期内各年的利息备付率。

计算偿债备付率所依据的报表主要有总成本费用表、借款还本付息计划表和利润与利润分配表。从总成本费用表提取应付利息数据，从借款还本付息计划表提取应偿还本金数据。如果借款还本付息计划表包括了流动资金借款的还本付息数据，则应还本付息额数据可从该表提取。从利润与利润分配表提取息税折旧摊销前利润和所得税数据。

3. 偿债备付率的判别依据

偿债备付率至少应当大于1，一般不宜低于1.3，并应结合债权人的要求确定。偿债备付率小于1，表示可用于计算还本付息的资金不足以偿付当年应偿还的债务本息。

（三）资产负债率(LOAR)

1. 资产负债率的含义

资产负债率是指企业某个时点（如各年年末）负债总额与资产总额的比率，其计算公式为

$$资产负债率 = \frac{负债总额}{资产总额} \times 100\%　　　　　　　　　（7-22）$$

资产负债率反映企业总资产中有多少是通过负债得来的，是评价企业负债水平和债务清偿能力的综合指标。

2. 计算资产负债率的要求及所依据的报表

在项目财务分析评价中，在长期债务还清后，可不再计算资产负债率。

计算资产负债率所依据的报表是资产负债表，负债总额和资产总额数据均可从资产负债表中提取。

3. 资产负债率的判别依据

适度的资产负债率，既能表明企业投资人、债权人的风险较小，又能表明企业经营安全、稳健、有效，具有较强的融资能力。过高的资产负债率表明企业财务风险太大，过低的资产负债率则表明企业对财务杠杆利用不够。对资产负债率的具体判断，应结合债权人的要求、经济运营状况、行业发展趋势、企业所处竞争环境等具体条件判定。

第三节　财务现金流量分析的主要内容

一、盈利能力分析

盈利能力分析是项目财务分析评价的主要内容之一，包括动态现金流量分析和静态分析（非折现盈利能力分析）两部分，在编制现金流量表和利润表的基础上，计算财务内部收益率、财务净现值、投资回收期、总投资收益率、资本金净收益率等指标。其中财务内部收益率、财务净现值为项目的主要盈利性指标，其他指标根据项目的特点及财务分析评价的目的、要求等选用。

现金流量分析分为三个层次，一是项目投资现金流量分析，二是项目资本金（或自有资金）现金流量分析，三是投资各方现金流量分析，各层次分析都应编制相应的现金流量表，并计算相应的评价指标。

（一）项目全部投资现金流量分析

项目投资现金流量分析，是针对项目基本方案进行的现金流量分析，也称为全部投资现金流量分析。属于融资前盈利能力分析，它是在不考虑融资条件下进行的融资前分析（before funding analysis），是从项目投资总获利能力的角度，考察项目方案设计的合理性。全部投资

现金流量分析不仅是息前且是从税后角度进行的分析，考察融资前所得税后的评价指标。投资项目财务现金流量表中的所得税应根据息税前利润（*EBIT*）乘以所得税率计算，称为调整所得税。融资前息税后现金流量分析结果，可作为项目投资决策的依据和融资方案研究的基础。

1. 全部投资现金流量表

项目投资现金流量分析在财务收支，即现金流入与流出预测的基础上，通过编制全部投资现金流量表进行分析。

现金流入主要包括营业（服务）收入（必要时还可包括补贴收入）；计算期的最后一年，还包括回收固定资产余值（该固定资产余值不含建设期利息）、回收流动资金。

现金流出主要包括建设投资、流动资金、经营成本、营业税金及附加、维持运营投资、融资前所得税。

$$\begin{aligned}
\text{净现金流量（营运期）} &= \text{现金流入} - \text{现金流出} = \text{营业（服务）收入} - (\text{经营成本}\\
&\quad + \text{营业税金及附加} + \text{维持运营投资} + \text{融资前所得税})\\
&= (\text{经营成本} + \text{折旧及摊销} + \text{利息} + \text{利润}) - \text{经营成本}\\
&\quad + \text{营业税金及附加} + \text{维持运营投资} + \text{融资前所得税})\\
&= \text{折旧及摊销} + \text{利息} + \text{利润}
\end{aligned} \tag{7-23}$$

$$\text{营业（服务）收入} = \text{经营成本} + \text{折旧及摊销} + \text{利息} + \text{利润} \tag{7-24}$$

其中：融资前所得税应根据不受利息因素影响的息税前利润（*EBIT*）乘以所得税税率计算，称为调整所得税。

2. 评价指标使用的几点说明

（1）净现值、内部收益率及投资回收期公式中采用 $\sum\limits_{t=0}^{n}$ 还是 $\sum\limits_{t=1}^{n}$ 的说明。项目评价中现金流量的期数往往按年计，也即现金流量表按年编制。每年的现金流入或现金流出按年末发生计。现值是指计算期内各年年末的净现金流量折现到建设起点，即第 1 年初的时点值，或称零点，也即 $t=0$ 时的数值，无论是公式中采用 $\sum\limits_{t=0}^{n}$ 还是 $\sum\limits_{t=1}^{n}$ 都是如此。因此只要各年现金流量发生的时点和数值相同，无论采用哪种写法，计算的净现值都是相同的。由《建设项目经济评价方法与参数》（第一版）开始选择了 $\sum\limits_{t=1}^{n}$ 的形式，这与工程经济书籍中的 $\sum\limits_{t=0}^{n}$ 的形式并不矛盾。因为在工程技术经济相关书籍中的资金时间价值的等值换算公式中，$t=0$ 表示现金流量图的起点，该点发生的现金流量即为现值 *P*。为了进行现值、终值和年值之间的等值换算，必须从 $t=0$ 开始，$t=0$ 相当于项目评价中的零点。相对来说，现金流量和表格设置零点较为方便，便于显示投资起点或之前发生的现金流，提供现值或净现值放置的空间等。

应该注意的是：在项目评价中，当在建设起点（即零点）处有现金流量发生时，计算净现值时该流量的折现系数应该取为 1，即 $(1+i)^{-0}=1$。如果该现金流量较小，在误差允许范围内，往往也可简化处理，即按其发生 1 年末来进行折现。应用软件 EXCEL 在计算净现值 (*NPV*) 时，从时点 1 开始，其结果要加上不折现的零点的现金流，但在计算内部收益率 (*IRR*) 时要包括进零时点的现金流。

（2）项目全部投资内部收益率应取息前税后指标。所谓盈利能力是针对利益主体而言的，财务盈利能力分析的主体当然是投资者。经营性项目对投资者的回报只能是税后的。融资前全部投资收益率的常用判据是加权平均资金成本 WACC 或最低希望收益率 MARR。

（二）项目资本金现金流量分析

项目资本金现金流量分析是融资后分析（after funding analysis），用于分析判断项目方案在考虑融资条件下的合理性，通过编制项目资本金现金流量表计算财务内部收益率、财务净现值等指标，分析项目资本金的获利能力。在市场经济条件下，对项目整体获利能力进行判断的基础上，项目资本金盈利能力指标是投资者最终决定投资的最重要指标，也是比较和取舍融资方案的重要依据。

1. 项目资本金现金流量表

现金流入包括营业收入（必要时还可包括补贴收入）、期末回收固定资产余值及流动资金。

现金流出主要包括建设投资和流动资金中的项目资本金（权益资金）、经营成本、营业税金及附加、还本付息和所得税、维持运营投资。该所得税应等同于利润和利润分配表中的所得税，而区别于项目投资现金流量表中的调整所得税。

净现金流量包括项目（企业）在缴税和还本付息之后所剩余的收益（含投资者应分得的利润），也即企业的净收益，是投资者的权益性收益。

2. 项目资本金现金流量分析

按照我国财务分析方法的要求，一般可以只计算项目资本金财务内部收益率一个指标，其表达式和计算方法同项目投资财务内部收益率，只是所依据的表格和净现金流量的内涵不同，判断的基准参数也不同。

项目资本金财务内部收益率的基准参数应体现项目发起人（代表项目所有权益投资者）对投资获利的最低期望值（最低可接受收益率 MARR）或资本金资本成本。当项目资本金财务内部收益率大于等于该最低可接受收益率或资本金资本成本时，说明在该融资方案下，项目资金获利水平超过或达到了要求，该投融资方案是可以接受的。

（三）投资各方现金流量分析

对于某些项目，为了考察投资各方的具体受益，还需要编制从投资各方角度评价的现金流量表，计算相应的财务内部收益率等指标。

投资各方现金流量表中的现金流入和现金流出科目需根据项目具体情况和投资各方因项目发生的收入和支出情况选择填列。依据该表计算的投资各方财务内部收益率指标，其表达式和计算方法与项目投资财务内部收益率相同，只是所依据的表格和净现金流量内涵不同，判断的基准参数也不同，比如对投资获利的最低期望值（最低可接受收益率）或资本金资本成本存在不同。

投资各方财务内部收益率是一个相对次要的指标。在按股本比例分配利润和分担亏损和风险的原则下，投资各方的利益一般是均等的，可不计算投资各方财务内部收益率。只有投资各方有股权之外的不对等的利益分配时，投资各方的收益率才会有差异，比如其中一方有技术转让方面的收益，或一方有租赁设施的收益，或一方有土地使用权受益的情况。另外，不按比例出资进行分配的合作经营项目，投资各方的收益率也可能有差异。计算投资各方的财务内部收益率可以看出各方受益的非均衡性是否在一个合理的水平上，有助于促成投资各方在合作谈判中达成平等互利的协议。

二、利润及利润分配分析

利润及利润分配分析，是对项目实施后财务主体在经营期内取得的收益、成本费用、税费支付以及收益分配的全过程进行分析。评价企业运用折旧、税收及股利分配等财税政策的合理性。

这项分析是通过编制项目实施后财务主体的利润及利润分配表进行的，该表反映企业一定时期的利润总额，以及企业实现利润分配情况的财务报表。利润及利润分配分析属于项目融资后分析，在项目评价中有四个重要作用：一是进行盈利性分析，计算静态盈利指标；二是分析项目利润总额；三是计算所得税，净利润及息税前利润及息税折旧摊销前利润；四是为偿债能力分析编制财务计划现金流量表和资产负债表提供依据。核心内容是计算所得税。

（一）利润总额及净利润

（1）利润总额是项目本期取得的全部利润之和，即

$$利润总额=营业利润+投资收益+营业外收入+补贴收入-营业外支出$$
$$+以前年度损益调整 \tag{7-25}$$

其中 $$营业利润=主营业务利润+其他业务利润-管理费用-财务费用 \tag{7-26}$$

（2）净利润是指扣除所得税后的利润，是企业最终的财务成果

$$净利润=利润总额-所得税 \tag{7-27}$$

（二）息税前利润及息税折旧摊销前利润

（1）息税前利润是不考虑债务与税收的情况下，企业本期取得的利润

$$息税前利润（EBIT）=净利润+财务费用+所得税 \tag{7-28}$$

（2）息税折旧摊销前利润是企业本期取得的经营利润，用于分析折旧政策对企业利润的影响

$$息税折旧摊销前利润=息税前利润+折旧及摊销 \tag{7-29}$$

（三）利润分配

按企业财务通则有关规定，除法律、行政法规另有规定外，企业年度净利润按照以下顺序分配：

（1）弥补以前年度亏损。

（2）提取10%法定公积金。法定公积金累计额达到注册资本50%以后，可以不再提取。

（3）提取任意公积金。任意公积金提取比例由投资者决议。

（4）向投资者分配利润。企业以前年度未分配的利润，并入本年度利润，在充分考虑现金流量状况后，向投资者分配。属于各级人民政府及其部门、机构出资的企业，应当将应付国有利润上缴财政。

国有企业可以将任意公积金与法定公积金合并提取。股份有限公司依法回购后暂未转让或者注销的股份，不得参与利润分配；以回购股份对经营者及其他职工实施股权激励的，在拟订利润分配方案时，应当预留回购股份所需利润。企业弥补以前年度亏损和提取盈余公积后，当年没有可分配的利润时，不得向投资者分配利润，但法律、行政法规另有规定的除外。

（四）股利分配

股利分配是指在公司赚得的利润中，有多少作为股利发放给股东，有多少留在公司作为再投资。企业应当按照《中华人民共和国公司法》的原则，向投资者分配利润。企业以前年度未分配的利润，可以并入本年度利润一并进行分配。企业需要拿出多大比例的净利润用于向投资者分配利润，除了要有足够的累计盈余外，还要考虑企业盈余的稳定性、投资机会、债务需要和举债能力等因素，需要重点考虑企业的现金流量状况。

三、偿债能力分析与财务生存能力分析

债务清偿能力分析是分析项目财务主体计算期内是否有足够的现金流量，按照贷款期限、还本付息方式偿还项目的债务资金。核心是计算项目计算期现金流量的缺口。

（一）偿债能力分析

债务清偿能力分析的过程，重点是编制项目实施后企业的财务计划现金流量表，该表是反映企业在项目计算期各年经营、投资及筹资活动所产生现金流量的财务报表，在此基础上进行现金流量规划。

通过分析项目计算期内基于财务主体完整的现金流量，如投资活动的现金流量，包括项目建设投资、营运资金投入、资产变现收益、期末资产回收等引起的现金流量；筹资活动的现金流量，包括各种权益资金、债务资金的筹措、借款还本付息、股本分红等引起的现金流量；经营活动的现金流量，包括销售及营业收入、经营成本支出、所得税支出等引起的各种现金流量，报表的最后结果是计算出各年的净现金流量和累计净现金流量，用以评价企业取得和运用现金的能力，确定企业支付利息、股利和到期债务的能力，应特别关注企业对拟建项目借款的偿付能力。

（二）财务生存能力分析

企业（或项目公司）赖以生存并可持续运行的基本条件是：计算期内各年经营、投资及筹资活动中所产生现金流入与流出应保持平衡。财务生存能力（可持续性）分析，重点是分析计算财务计划现金流量表各年净现金流量和累计净现金流量的余缺。在经营期中取得的现金流入除满足经营活动所需的现金流出外，还应有一定余量的净现金流量，用于偿还贷款、股利分配及再投资，各年净现金流量或累计净现金流量仍大于等于零，说明企业具有财务生存能力并具有可持续性。分析中允许个别年份净现金流量或累计净现金流量出现负值，但出现负值的年份不宜过多，数值不宜过大，否则企业难以生存与发展。

当现金流量出现短缺时，应区别经营性项目与非经营性项目的具体情况，选择短期负债、补贴资金或财税优惠政策来维持运营，也可通过调整项目经营、投资和筹资等财务方案从根本上保证具有财务可持续性。

（三）资产负债结构分析

资本结构是企业各种长期资金的构成和比例关系，主要包括资产负债结构、权益资金结构、负债结构等。基本的比例关系是权益资金与债务资金的比例。资本结构合理性，反映了负债比率和企业价值及资金成本之间的关系，即在一定条件下使项目实施后企业加权平均资金成本最低、企业价值（净现值）最大化，认为此状态下的长期债务与权益资本的比例具有合理性。

1. 特点与作用

资本结构的合理性涉及项目投资、筹资、经营等方面；在计算期内资本结构呈动态变化；不同的行业以及同一行业的不同企业的资本结构存在差异，没有一个公认的、量化的比例标准。资本结构合理性分析是财务可持续分析的重要内容，通过对资本结构的分析，综合评价项目筹资方案的合理性，判别项目财务风险的大小。

2. 资产负债分析

资本结构合理性分析，可利用资产负债表，进行资产负债比例、长期债务与权益资本的比例分析，来判断企业负担长期债务能力。

资产负债表是反映项目实施后企业计算期各年年末时点资产、负债和所有者权益构成情况的财务报表。根据该表的数据来计算资产负债率，用于分析企业总资产中有多少是通过负债得来的，是评价企业负债水平的综合财务比率。适度的资产负债率既能表明企业投资人、债权人的风险较小，又能表明企业经营安全、稳健、有效，具有较强的进一步融资能力。

3. 最佳融资结构的财务分析

对于市场竞争机制比较完善，并且已经建立现代企业制度的企业，尤其是上市公司的投资项目，在进行项目投资决策中，可以进一步从财务管理的角度，通过每股盈余分析、企业价值分析、采用杠杆系数分析方法进行融资风险分析等，分析融资结构合理性。

第八章

项目财务方案的比选分析

投资项目或方案比选是寻求合理技术经济方案的必要手段，是工程项目财务分析的重要组成部分。项目在可行性研究过程中，在各项主要经济和技术决策时，如建设规模、产品方案、工艺流程、主要设备选择、原材料和燃料供应方式、厂址选择、平面布置以及建设方案的确定等，应根据实际情况提出可供筛选的方案，并对若干种工程技术方案进行经济计算，结合其他因素进行详细论证比较后，进行多方案的比选和择优。

第一节　项目（方案）比选概述

一、项目及方案的分类

投资项目或方案比选的过程中，可根据投资项目或方案之间关系、寿命期长短、资金是否受到限制即投资规模的不同进行分类。通常按项目或方案相互之间的经济关系，可分为独立项目或方案和相关项目或方案，后者又可分为互斥项目或方案和互补项目或方案。为了叙述上的方便，分别称为独立项目、互斥方案和互补方案。

（一）独立项目

独立项目是指在经济上互不相关的项目，即接受或放弃某个项目，并不影响其他项目的取舍。如在企业预算中，需要更换一台数控车床、买一台设备、建一栋厂房等，由于采取某项决策并不排斥采取其他决策，这类问题就属于在相互独立的方案中进行选择的问题。独立方案组合的选择可以采用净现值法、投资回收期法、投资收益率法。

（二）互斥方案

互斥方案是指同一项目的各个方案彼此可以相互代替。因此，方案具有排他性，采纳方案组中的某一方案，就会自动排斥这组方案中的其他方案。比如在技术改造中，企业可以选择引进美国生产线，也可以选择国产生产线，这是互斥方案之间进行选择的问题。

（三）互补方案

互补方案是执行一个方案会增加另一个方案的效益，方案之间有时也会出现经济上的互补性。经济上互补而又对称的方案可以结合在一起作为一个"综合体"来考虑。它们之间相互依存的关系可能是对称的，也可能是不对称的。例如，建造一座建筑物 A 和增加一个空调系统 B，建筑物 A 本身是有用的，增加空调系统 B 后使建筑物 A 更有用，但不能说采用方案 B 也包括方案 A。又如，在一个商业网点周围建立一个大型停车场，可以促进该商业点的繁荣，而停车场本身并不是以商业点为前提的，这两个项目方案就是互补方案。

二、方案比选的内容及原则

（一）比选内容

技术方案经济方面的比较是技术政策、发展战略、规划的制定和项目评价的重要内容。

在投资项目评价中，各项主要经济与技术决策均应在对各种技术上可行的方案进行技术经济对比分析计算，并结合其他因素详细论证、比较后作出抉择。因此，工程方案比较和择优是项目评价的核心内容。

方案经济比较只回答各备选方案中哪个方案经济上最优，不回答各方案或最优方案经济上是否可行的问题。显然，即使某项目在经济上是完全不可行的，但在技术上可行的若干个技术方案也可以通过方案比选找出一个相对最优的方案。虽然采用这个相对最优方案，该项目经济上也是不可行的。相反，若某项目采用某一技术方案在经济上是可行的，并不能说明该技术方案是该项目在经济上最优的方案。由此可见，方案比选是研究各方案的相对效果，而项目评价是研究项目绝对效果。

在工程技术方案的财务分析中经常遇到一个项目众多方案的比较和选择问题。由于技术进步，为实现某种目标会形成众多的工程技术方案，这些方案或是采用不同的技术工艺和设备，或是不同的规模和坐落位置，或是利用不同的原料和半成品等。当这些方案在技术上都可行，经济上也合理时，财务分析的任务就是从中选择最好的方案。有限的方案中并不一定包含着客观上是最优的方案，但只要形成尽可能多的方案以及在形成方案的过程中尽可能地有意识地运用各种技术、财务、经济、社会等多方面的信息，在综合权衡的基础上进行比较和择优，则所选的方案就可认为是近似于最优的方案。

并不是任何方案之间都可以直接进行比较。不同方案产出的质量和数量、产出的时间、费用的大小及发生的时间和方案的寿命期都不尽相同。对这些方案的综合比选就需要进行一定的技术处理，并选择适当的判别标准。

（二）项目方案比选的原则

项目或方案比选可按各个方案所含的全部因素（相同因素和不同因素），计算各方案的全部效益和成本费用，进行全面的对比；也可仅就不同因素，计算相对效益和成本费用，进行局部的对比。要特别注意各个方案间基本条件的可比性，遵循效益和费用计算口径对应一致的原则。必要时应考虑相关联的外部效益和费用。

方案比选还应遵循增量原则，计算现金流量的差额，将两个方案的比选问题转化为一个方案的评价问题，选择正确的评价指标。

第二节　项目方案比选方法

一、增量分析法

增量分析法的原理比较简单，一般情况用投资大的方案减去投资小的方案，计算投资增量现金流，应用增量分析指标评价，确定一个基准贴现率，判断投资大的方案比投资小的方案所增加的投资是否值得。在不受资金约束的情况下，一般可采用差额投资内部收益率法、净现值法或年值法；当有明显的资金限制时，一般宜采用净现值率法。

（一）增量投资净现值、年值及净现值率法

1. 净现值法

将分别计算的各备选方案的净现值进行比较，以净现值较大的方案为优。

若已知投资方案 j 的计算期为 N，净现金流量为 $F_{jt}(t=0, 1, 2, \cdots, N)$，净现值 $PW(i)$ 或 $NPV(i)$ 的计算公式为

$$PW(i) = \sum_{t=0}^{N} F_{jt}(P/F,i,t) = \sum_{t=0}^{N} F_{jt}(1+i)^{-t} \tag{8-1}$$

或

$$NPV(i) = \sum_{t=0}^{n} (C_I - C_O)_t (1+i)^{-t} \tag{8-2}$$

2. 年值法

将分别计算的各备选方案净收益的等额年值（AW）进行比较，以年值较大的方案为优，年值的计算公式为

$$AW = \left[\sum_{t=0}^{n} (S - I - C' + S_v + W)_t (P/F,i_c,t) \right] (A/P,i_c,n) \tag{8-3}$$

式中　　S ——年销售收入；

　　　　I ——年全部投资（包括固定资产投资和营运资金）；

　　　　C' ——年经营费用；

　　　　S_v ——计算期末回收的固定资产余值；

　　　　W ——计算期末回收的流动资金；

$(P/F,i_c,t)$ ——现值系数；

$(A/P,i_c,n)$ ——资金回收系数；

　　　　i_c ——设定的折现率；

　　　AW ——等额年值；

　　　　n ——计算期。

也可以将项目方案的净现金流量先折算成净现值，利用资金回收系折算得到年度等值 $AW(i)$，计算公式如下

$$AW(i)_j = PW(i)_j (A/P,i,N) = \left[\sum_{t=0}^{N} F_{jt}(1+i)^{-t} \right] \frac{i(1+i)^N}{i(1+i)^N - 1} \tag{8-4}$$

或把项目方案的净现金流量折算成将来值，用偿债基金系数折算得到年度等值 $AW(i)$，计算公式如下

$$AW(i)_j = FW(i)_j (A/F,i,N) = \left[\sum_{t=0}^{N} F_{jt}(1+i)^{N-t} \right] \frac{i}{i(1+i)^N - 1} \tag{8-5}$$

3. 净现值率法

净现值率（$NPVR$）是净现值与投资现值之比，其计算式为

$$NPVR = \frac{NPV}{I_p} \tag{8-6}$$

式中　　I_p——方案全部投资的现值。

净现值率是指该方案单位投资所获得的超额净效益，用净现值率进行方案比较时，以净现值率较大的方案为优。

（二）差额投资内部收益率法

差额投资内部收益率（ΔIRR）是指两个互斥方案的差额投资净现值等于零时的折现率。可应用于不同投资规模的方案的比选择优。其表达式为

$$\sum_{t=1}^{n} [(C_I - C_O)_2 - (C_I - C_O)_1]_t (1 - \Delta IRR)^{-t} = 0 \tag{8-7}$$

式中　$(C_I - C_O)_2$——投资大的方案的年净现金流量；

　　　$(C_I - C_O)_1$——投资小的方案的年净现金流量；

　　　　　ΔIRR——差额投资财务内部收益率；

　　　　　　n——计算期。

进行方案比较时，可按式（8-1）～式（8-7）计算差额投资内部收益率，并与财务基准收益率、i_c 进行对比，当 $\Delta IRR \geqslant i_c$ 时，以投资额大的方案为优。若 $\Delta IRR < i_c$，则投资小的方案为优。

二、最小费用和最低价格法

当两方案寿命期相同，效益相同或效益基本相同，难以具体进行货币量化时，为简化计算，可采用最小费用或最低价格法。

（一）费用现值比较法

计算各备选方案的费用现值（PC）并进行对比，以费用现值较低的方案为优。其计算公式为

$$PC = \sum_{t=0}^{n} (I + C' - S_v - W)_t (P/F, i, t) \qquad (8-8)$$

（二）年费用比较法

计算各备选方案的等额年费用（AC）并进行对比，以年费用较低的方案为优。其计算公式为

$$AC = \left[\sum_{t=0}^{n} (I + C' - S_v - W)_t (P/F, i, t) \right] (A/P, i, n) \qquad (8-9)$$

或

$$AC = PC(A/P, i, n) \qquad (8-10)$$

（三）最低价格法

对产品产量（服务）不同、产品价格（服务收费标准）又难以确定的备选方案，当其产品为单一产品或能折合为单一产品时，可采用最低价格（最低收费标准）法，分别计算各备选方案净现值等于零时的产品价格并进行比较，以产品价格较低的方案为优。最低价格（$P_{\min}$）可按式（8-11）计算

$$P_{\min} = \frac{\displaystyle\sum_{t=1}^{n} (I + C' - S_v - W)_t (P/F, i, t)}{\displaystyle\sum_{t=1}^{n} Q_t (P/F, i, t)} \qquad (8-11)$$

式中　Q_t——第 t 年的产品产量（或服务量）。

第三节　项目方案比选方法的应用

任何投资主体资金都受到来自资本市场资金供应两方面的限制：一是筹集数量；二是资本成本的约束。资本市场资金供应的资金额总是有限的，随着资金需求额的增加，筹资成本会不断提高，企业可接受的资金成本是有限的，而限制了企业投资方案的实施，企业必须通过各种投资方案比选，要求投资的收益率一定要大于资本成本率，企业的内部资金需要优化

配置，必须放弃收益率低于资本成本的方案。一般而言，每个项目方案都有其完整的功能，不可能由于资金的限制，将一个完整的项目拆分成若干个部分来执行。此外，除资本有限外，企业消耗的资源如土地资源、自然资源、能源动力、水资源、人力资源等都是有限制的。由于资源的限制不可能实施所有技术上可行的项目，必须选择技术上可行，经济上合理的方案。项目方案的比选应用，要结合具体情况选择适当的方法。

一、互斥方案比较方法的应用

（一）差额投资净现值法

【例 8-1】 方案 A 和 B 各年现金流量分别为（-1000，600，600）和（-1200，740，740）（单位：万元），试采用差额投资净现值法比较两个方案。

【解】 方案 B 比方案 A 多投资 200 万元，年收益多 140 万元，假定基准贴现率为 10%，两个方案的增量投资净现值为

$$PW_{B-A} = -200 + 140(P/A,10\%,2) = -200 + 140 \times 1.7355 = 42.97 > 0$$

说明方案 B 多用的 200 万元投资是有利的。因此，方案 B 优于方案 A。

若基准贴现率为 30%，则 PWA=-183.43，PWB=-192.90，均小于零，两个方案均不可取。但就比较而言

$$PW_{B-A} = -200 + 140(P/A,30\%,2) = -200 + 140 \times 1.361 = -9.46 < 0$$

此时方案 A 优于方案 B，选择方案 A 投资少，可将资金用于其他投资机会更有利。

（二）最小费用法

两个设备方案产出和使用寿命完全相同，但费用不同，其本质上是费用的比较问题。例如，方案 1 的初始（一次）投资 K_1 大于方案 2 的初始（一次）投资费用 K_2，即 $K_1 > K_2$，运营费用方案 1 小于方案 2，即 $C_1 < C_2$。初始投资和运营费用的支出时间不同，可采用增量分析方法，方案 1 比方案 2 多花投资为 K_1-K_2，方案 1 节省的运营费用 C_2-C_1 在规定的时间内回收回来，或者看方案 1 多花投资 K_1-K_2 是否能通过运营费用的节省 C_2-C_1 在预定的期限内达到要求的收益水平。

通过投资大的方案每年所节省的运营费用来回收相对增加的投资所需要的时间为增额投资回收期，计算式为

$$\Delta P_t = \frac{K_1 - K_2}{C_2 - C_1} \tag{8-12}$$

当 ΔP_t 小于规定的基准回收期 n_0 时，认为方案 2 比方案 1 优。

通过投资大的方案每年所节省的运营费用能否达到要求的收益率水平，可采用增量投资净现值或增量投资内部收益率等指标。

若选用增量投资年度等值判据，这个判据大于 0 时说明投资大的方案为优好，即

$$(C_1 - C_2) - (A/P,i_0,N)(K_2 - K_1) > 0 \tag{8-13}$$

整理式（8-13）得

$$C_2 + (A/P,i_0,N)K_2 < C_1 + (A/P,i_0,N)K_1 \tag{8-14}$$

式（8-14）左右两边的表达式分别为方案 1 和方案 2 的年度等值，由于上述现金流量均是方案的费用，一般称该年度等值为年度费用。

方案 2 优于方案 1，表明方案 2 的年度费用小于方案 1，反之亦然，即可以直接计算各

互斥方案的年度费用，哪个方案年度费用小，哪个方案就是较优的方案。方案 j 的第 t 年投资或运营费用采用统一的符号 C_{jt} 表示，则

$$\min(AC_j) = \min\left\{\left[\sum_{t=0}^{N} C_{jt}(1+i_0)^{-t}\right](A/P,i_0,N)\right\} \quad （8\text{-}15）$$

年度费用最小的方案就是最优的方案。

【例 8-2】 某公司需要一项设备，使用期 3 年，购买需要 80000 元，期末预计残值为 20000 元，而租赁该设备每年需花费 30000 元。假定基准收益率为 20%，问租赁和购买哪一方案更优？

【解】 计算各个方案的年度费用：

购买方案
$$AC_1 = 80000(A/P,20\%,3) - 20000(A/F,20\%,3)$$
$$= 80000 \times 0.4747 - 20000 \times 0.2747$$
$$= 32482$$

租赁方案 AC_2=30000。

计算结果表明：租赁方案年费用小于购买方案，应选择租赁方案。

【例 8-3】 互斥方案 A、B、C 的现金流量如表 8-1 所示，假定基准折现率 i_0=15%，试选出最优方案。

表 8-1   互斥方案 A、B、C 的现金流量   单位：万元

方案	0 年	1~10 年
A	−10000	2800
B	−16000	3800
C	−20000	5000

【解】 （1）净现值法。求出方案 A、B、C 的净现值

$$NPV = \sum_{t=0}^{n} (C_I - C_O)_t (1+i)^{-t}$$

$$NPV_A = 4053 （万元）$$

$$NPV_B = 3071 （万元）$$

$$NPV_C = 5094 （万元）$$

由于 $NPV_C > NPV_A > NPV_B$，C 方案为最优方案。

（2）净年值法。计算结果与净现值指标相同，$NPV_C > NPV_A > NPV_B$。

（3）内部收益率法。求出方案 A、B、C 的内部收益率

$$NPV(IRR) = \sum_{t=0}^{n} (C_O - C_I)_t (1+IRR)^{-t} = 0$$

$$IRR_A = 25\%$$

$$IRR_B = 19.9\%$$

$$IRR_C=21.9\%$$

由 $i_0=15\%$，$IRR_A>i_0$，$IRR_B>i_0$，$IRR_C>i_0$，三个方案内部收益率均大于基准收益率，但是无法确定哪个方案最优。

（4）增量投资内部收益率法。求方案 A、B，方案 A、C 的增量内部收益率

$$\sum_{t=0}^{n}(\Delta C_O-\Delta C_I)_t(1+IRR)^{-t}=0$$

$$\Delta IRR_{B-A}=10.6\%$$

$$\Delta IRR_{C-A}=17.7\%$$

由 $i_0=15\%$，$\Delta IRR_{B-A}<i_0$，根据判断准则，方案 B 应被否定，方案 A 应接受；$\Delta IRR_{C-A}>i_0$，根据判断准则，方案 A 应被否定，方案 C 应接受。综上，方案 C 是最优方案。

增量投资内部收益率 $\Delta IRR_{C-A}=17.7\%$ 的含义为：在方案 C 的投资总额中，与方案 A 投资总额相等的那部分投资获得与方案 A 相等的内部收益率 $IRR_A=25\%$，超过方案 A 投资总额的那部分投资获得的内部收益率为 $\Delta IRR_{C-A}=17.7\%$，ΔIRR_{C-A} 仍然大于基准折现率 $i_0=15\%$，所以方案 C 的盈利能力最大。

（5）最小费用法。求出方案 A、B、C 的最小费用，见表 8-2。

表 8-2　　　　　　　　　　　**方案 A、B、C 费用流量**　　　　　　　单位：万元人民币

方案	0 年	1～15 年
A	800	70
B	600	90
C	400	110

$$PC=\sum_{t=0}^{n}\left[C_{Ot}(P/F,i_0,t)\right]$$

$$PC_A=800+70（P/A,10\%,15）=1332（万元）$$

$$PC_B=600+90（P/A,10\%,15）=1285（万元）$$

$$PC_C=400+110（P/A,10\%,15）=1237（万元）$$

根据费用现值最小判断准则，$PC_A>PC_B>PC_C$，方案 C 最优。

$$AC=PC(A/P,i_0,t)$$

$$AC_A=70+800（A/P,10\%,15）=175（万元）$$

$$AC_B=90+600（A/P,10\%,15）=169（万元）$$

$$AC_C=110+400（A/P,10\%,15）=163（万元）$$

根据费用年值最小判断准则，$AC_A>AC_B>AC_C$，方案 C 最优。

（三）产出不同、寿命相同的互斥方案比较

为使产出不同、寿命相同方案之间可比，最常用的办法是用货币统一度量各方案的产出和费用，利用增量分析法进行分析比较。按投资大小将方案排队，首先选择投资最小的方案作为基准，然后分析追加投资在经济上是否合理。

【例 8-4】 现有三个互斥的投资方案（见表 8-3），试进行方案比较。

表 8-3 三个互斥方案的现金流量 单位：万元

方案	A_0	A_1	A_2	A_3
0	0	−6000	−13000	−10000
1～10	0	1500	3000	2000

【解】 第 1 步：先将方案按照初始投资的顺序排列，如表 8-4 所示。

表 8-4 按投资顺序排列的各方案现金流量 单位：万元

方案	A_0	A_1	A_3	A_2
0	0	−6000	−10000	−13000
1～10	0	1500	2000	3000

A_0 为不投资方案，即所谓不投资把资金投放在其他机会上，不投到本次所考虑的方案上。

第 2 步：选择初始方案投资最少的方案作为临时最优方案，本次选定不投资方案作为临时最优方案。

第 3 步：选择初始投资较高的方案作为比选方案，计算两个方案的现金流量之差。这里选择 A_1 作为比选方案，假定 $i_0 = 15\%$，计算所选定的评价指标

$$\Delta PW_{A_1 - A_0} = -6000 + 1500 \sum_{t=1}^{10} (1 + 15\%)^{-t} = 1525.15$$

$$\Delta IRR_{A_1 - A_0} = 21.4\%$$

则说明 A_1 方案优于方案 A_0，所以应把 A_1 作为临时最优方案。

第 4 步：重复上述步骤，直到确定最优方案。

现以 A_1 作为临时最优方案，将 A_3 作为比选方案，计算方案 A_3 和方案 A_1 两个现金流量的差额净现值或内部收益率

$$\Delta PW_{A_3 - A_1} = -4000 + 500 \sum_{t=1}^{10} (1 + 15\%)^{-t} = -1940.62$$

$$\Delta IRR_{A_3 - A_1} = 4.28\%$$

净现值为负，内部收益率小于 15%，说明方案 A_3 较差，将之舍弃，方案 A_1 仍为临时最优方案。再将 A_2 作为比选方案，计算方案 A_2 和方案 A_1 两个现金流量之差的净现值或内部收益率

$$\Delta PW_{A_2 - A_1} = -7000 + 1500 \sum_{t=1}^{10} (1 + 15\%)^{-t} = 528.15$$

$$\Delta IRR_{A_2 - A_1} = 16.95\%$$

由于净现值大于零，内部收益率大于 15%，所以 A_2 方案较优，即 A_2 为最优方案。

上述计算结果表明，采用增量投资净现值法和增量投资内部收益率法比较结论一致，即

按方案的净现值的大小直接比较也可以得到完全相同的结论，则

$$
\begin{aligned}
PW(i)_{\mathrm{B}} - PW(i)_{\mathrm{A}} &= \sum_{t=0}^{N} F_{\mathrm{B}_t}(1+i)^{-t} - \sum_{t=0}^{N} F_{\mathrm{A}_t}(1+i)^{-t} \\
&= F_{\mathrm{B}_0} + F_{\mathrm{A}_0} + F_{\mathrm{B}_1}(1+i)^{-1} + F_{\mathrm{A}_1}(1+i)^{-1} + \cdots + F_{\mathrm{B}_N}(1+i)^{-N} + F_{\mathrm{A}_N}(1+i)^{-N} \\
&= F_{\mathrm{B-A},0} - F_{\mathrm{B-A},1}(1+i)^{-1} + \cdots + F_{\mathrm{B-A},N}(1+i)^{-N} \\
&= \sum_{t=0}^{N} F_{\mathrm{B-A},t}(1+i)^{-t} \\
&= \Delta PW(i)_{\mathrm{B-A}}
\end{aligned}
$$

若 $\Delta PW(i)_{\mathrm{B-A}} > 0$，则有 $PW(i)_{\mathrm{B}} > PW(i)_{\mathrm{A}}$，反之亦然。

因此可以方便地直接用净现值的大小进行比较。

例如，表 8-2 中所列的 4 个方案，如取 $i=15\%$，各方案的净现值为

$$PW_{\mathrm{A}_0} = 0$$
$$PW_{\mathrm{A}_1} = -6000 + 1500(P/A,15\%,10) = 1528.15$$
$$PW_{\mathrm{A}_2} = -10000 + 2000(P/A,15\%,10) = 37.54$$
$$PW_{\mathrm{A}_3} = -13000 + 3000(P/A,15\%,10) = 2056.31$$

同样得出 A_2 为最优方案。

值得注意：不能直接使用内部收益率法进行比较。直接使用内部收益率会导致不一致的结论。

仍然采用上述例子，各个方案的内部收益率如下所示

$$i_{\mathrm{A}_0} = 15\%, \quad i_{\mathrm{A}_1} = 21.41\%$$
$$i_{\mathrm{A}_2} = 15.10\%, \quad i_{\mathrm{A}_3} = 19.04\%$$

A_1 方案的内部收益率最大，但该方案净现值并非最大。这是因为 $i_{\mathrm{A}_1} > i_{\mathrm{A}_2}$，并不一定有 $i_{\mathrm{A}_1-\mathrm{A}_2} > 15\%$（基准收益率）。以上各种方法比选结果如表 8-5 所示。

表 8-5   **按不同评价判据的排序**   单位：万元

排 序 判 据	方 案			
	A_0	A_1	A_3	A_2
净现金流量（0 年） （1～10 年末）	0 0	−6000 1500	−10000 2000	−13000 3000
按增量投资现值或收益率大小	4	2	3	1
按净现值大小（$i=15\%$）	0 4	1528.15 2	37.54 3	2056.31 1
按内部收益率大小	15.0% 4	21.41% 1	15.1% 3	19.04% 2

按内部收益率比选方案与在基准贴现率为 15%时，采用其他判据来评选方案的结论并不一致，这种不一致的情况可由图 8-1 说明，其中两个方案即表 8-3 中的方案 A_1 和 A_2。

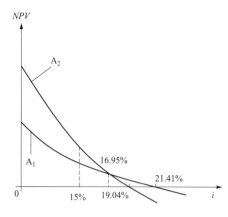

NPV

A_2

A_1

16.95%

21.41%

0

15%

19.04%

i

图 8-1 互斥方案比选结果的差异

方案 A_1 的内部收益率大于 A_2，但在 $i=15\%$ 处，A_2 的净现值大于 A_1。增量投资内部收益 $i_{A_1-A_2} = 16.95\%$，表示 $i=16.95\%$ 时，两个方案净现值相同。因此，基准收益率 $i_0 < i_{A_1-A_2}$ 时，方案 A_2 优于 A_1，与净现值或增量投资净现值等判据相一致。因此在方案比选时，若采用内部收益率指标，一定要用增量投资内部收益率，而不能直接比较内部收益率。

在互斥方案比较时，采用增量投资内部收益率判据要注意，应用初始投资大的方案的现金流量减初始投资小的方案的现金流量，以形成常规投资的现金流量形式，处理起来较为方便。虽然 $i_{A_1-A_2} = i_{A_2-A_1} = 16.95\%$，但判别的标准就不相同。如果用 A_2-A_1，那么 A_2 优于 A_1 的条件是 $i_{A_2-A_1} > i_0$（基准贴现率）。反之，若用 A_1-A_2 的现金流量，形成的是非常规投资形式，那么 A_1 优于 A_2 的条件是 $i_{A_1-A_2} > i_0$（基准贴现率）。

投资回收期指标不反映项目在投资回收期后的情况，也不能区别投资回收期相同但现金流量分布不同的方案，因此一般不采用投资回收期对方案进行比选。

（四）寿命期不等的方案比选

计算期不同的方案进行比较时，宜采用年值法或年费用比较法。如果要采用净现值法、差额投资内部收益率法、净现值率法、费用现值比较法或最低价格法，则需先对各备选方案的计算期和计算公式作适当处理（以各方案计算期的最小公倍数或各方案中最短的计算期作为比较方案的计算期）后再进行比较。多个方案进行比较时，要先按投资数额由小到大排序，再依次就相邻方案两两比较，从中选出最优方案。

1. 最小公倍数法

取各备选方案寿命的最小公倍数作为各方案的共同寿命，例如两个方案分别有 4 年、6 年的寿命期，最小公倍数就是 12 年，方案 1 实施 3 次，方案 2 反复实施 2 次。当最小公倍数较小时，这种重置的假设是合理的，当最小公倍数很大时，由于技术进步，这种假设就不符合实际。

【例 8-5】 两个方案 A 和 B，方案 A 初始投资费用为 3000 万元，经济寿命为 3 年，寿命期内年运行费比 B 多 300 万元，寿命期末无残值；方案 B 初始投资费用比方案 A 多 1000 万元，经济寿命为 4 年，寿命期末残值为 400 万元。基准贴现率为 15%，比较两个方案。

【解】 方案 A 寿命期为 3 年，方案 B 的寿命期为 4 年，最小公倍数为 12 年，所以方案 A 重置 4 次，方案 B 重置 3 次，现金流量如表 8-6 所示。

表 8-6　　　　　　　　　　　　　　　A 和 B 方案的现金流量　　　　　　　　　　　　单位：万元

年末	方案 A	方案 B
0	−3000	−4000
1	−300	
2	−300	

续表

年末	方案 A		方案 B	
3	−300	−3000		
4	−300		400	−4000
5	−300			
6	−300	−3000		
7	−300			
8	−300		400	−4000
9	−300	−3000		
10	−300			
11	−300			
12	−300		400	

采用净现值作为判据

$$PW_A = -3000 - 3000 \overset{P/F,15\%,3}{(0.6575)} - 3000 \overset{P/F,15\%,6}{(0.4323)} - 3000 \overset{P/F,15\%,9}{(0.2843)} - 300 \overset{P/F,15\%,12}{(5.4206)}$$
$$= -8748（万元）$$

$$PW_B = -4000 - 3600 \overset{P/F,15\%,3}{(0.5718)} - 3600 \overset{P/F,15\%,8}{(0.3269)} + 400 \overset{P/F,15\%,12}{(0.1869)}$$
$$= -7291（万元）$$

在 12 年的寿命期内方案 B 的费用现值（7291 万元）小于方案 A（8748 万元），因此方案 B 优于方案 A。

采用年度费用作为判据：

方案 A 第一次实施的年度费用

$$AC_A = 3000 \overset{A/P,15\%,3}{(0.4380)} + 300 = 1614（万元）$$

方案 A 第二次实施的年度费用

$$AC_A = 3000 \overset{A/P,15\%,3}{(0.4380)} + 300 = 1614（万元）$$

方案 A 第三次实施的年度费用

$$AC_A = 3000 \overset{A/P,15\%,3}{(0.4380)} + 300 = 1614（万元）$$

注意到方案 A 第二次、第三次实施的年度费用与第一次实施的值完全相同，因此没有必要计算第二次之后实施的值，只需计算一次实施即可。

方案 B 年度费用

$$AC_B = 4000 \overset{A/P,15\%,4}{(0.3503)} - 400 \overset{A/F,15\%,4}{(0,2003)} = 1321（万元）$$

由于方案 B 年度费用低于方案 A，所以方案 B 优于方案 A。

从上面的例子中可以看出用现值判据必须采用最小公倍数法，例如两个方案寿命期分别为 10 年、9 年，必须在共同的寿命期限 90 年内应用现值法，而采用年度等值判据，只需对方案的第一个寿命期的年度等值做比较，完全避开了寿命不等问题。

2. 研究期法（计算期）

研究期法是指对不等寿命的方案指定一个计划期作为各方案的共同寿命。研究期通常是所有竞争方案的最短寿命期，该方法假定在研究期末处理掉所有资产，因此必须估计残值。如果能够准确地估计残值，这一方法将比最小公倍数法更为合理。但通常估计各个方案资产将来的市场价值是困难的。变通的做法是计算最低残值，然后判断资产的市场价值是高于还是低于该最低残值，据此选择方案。

【例8-6】 资料同【例8-5】，请用研究期法进行比选。

【解】 选2年为研究期，假定残值为0

$$PW_A = -3000 - 300(1.6257) = -3488 （万元）$$

其中上标 $P/A,15\%,2$

$$PW_A = -4000 （万元）$$

确定B的残值 F

$$PW(15\%)_A = PW(15\%)_B$$
$$3488 = 4000 - F(P/F,15\%,2)$$
$$F = 677 （万元）$$

当B的残值比A的残值大677万元时，B比A可取。

二、项目方案的排序

在无约束条件下，一群独立项目的决策是比较容易的，这时项目评价要解决的问题，是项目评价指标能否达到某一评价标准的问题。因为对于经济上彼此独立的常规项目（即逐年净现金流量只有一次由负值变为正值的变化，且流入总额大于流出总额的项目），用净现值法、净现值率法、内部收益率法等任何一种方法进行评价的结论都是一致的。例如：某项目的 $FNPV(i_c)\geqslant0$、$FNPVR(i_c)\geqslant0$、$FIRR\geqslant i_c$，则该项目在财务上可以考虑接受。但是在若干可采用的独立项目中，如果有约束条件（比如受资金、各种资源等限制），只能从中选择一部分项目实施，就出现了资金合理分配问题，通常要通过项目排队（独立项目按优劣排序的最优组合）来优选项目。全部入选项目组的资金需要量与实际可提供量是不一致的。例如有三个投资方案，其现金流量如表8-7所示，假如企业仅有1200万元，很显然如果接受方案A，就必须放弃方案B和C；如接受B和C，就必然放弃A。

表8-7　　　　　　　　　　　　　资金限制时的方案比较　　　　　　　　　单位：万元

方案	0	1	2	3
A	−1000	400	400	400
B	−400	200	200	200
C	−700	320	320	320

由于项目的不可分性（即一个项目只能作为一个整体而被接受或放弃），使决策不能按项目 IRR 或 PW 从大到小顺序排列进行取舍。可用的方法主要有互斥组合法、线性规划法、净现值率法三种。

（一）互斥组合法

互斥组合法就是在资金有限的条件下，选择一组不突破资金限额而效益又最大的互斥组合投资项目作为分配资金的对象。当存在多个投资项目时，不论其相互关系如何，都可以把它们组成许多互斥组合，并按净现值、年度等值等指标计算各互斥组合的效益，在不突破资金限额的条件下，选取效益最大的一组投资项目作为分配资金的对象。其具体步骤是：

（1）形成所有各种可能的互斥方案组合，把所有的项目组合全部列举出来，每个组合都代表一个满足约束条件的相互排斥的项目组合中的一个方案；

（2）按各方案组合的投资从小到大排列起来；

（3）在总的初始投资小于投资限额的方案组合中，按互斥方案的比选原则选择最优的方案组合。

1. 独立项目的互斥组合

当项目 A、B、C 为独立项目时，可把它们转换构成表 8-8 所示的 8 种互斥组合。表中"1"与"0"分别表示某一互斥组合内是否包括某项目，"1"表示组合内有该项目，"0"表示无该项目。

表 8-8　　　　　　　　　　　　3 个独立项目的互斥组合

序号	组 合 方 案			组合内的方案
	A	B	C	
1	0	0	0	无
2	1	0	0	A
3	0	1	0	B
4	0	0	1	C
5	1	1	0	A、B
6	1	0	1	A、C
7	0	1	1	B、C
8	1	1	1	A、B、C

2. 互斥项目的互斥组合

若项目 A、B、C 为互斥项目，则它们可构成表 8-9 所示的 4 种互斥组合。

表 8-9　　　　　　　　　　　　3 个互斥项目的互斥组合

序 号	组 合 方 案			组合内的方案
	A	B	C	
1	0	0	0	无
2	1	0	0	A
3	0	1	0	B
4	0	0	1	C

3. 依存项目的互斥组合

若项目 A、B、C 之间 C 依存于 A 与 B，B 依存于 A，则它们可构成表 8-10 所示的 4 种互斥组合。

表 8-10　　　　　　　　　　　　3 个依存项目的互斥组合

序号	组合方案			组合内的方案
	A	B	C	
1	0	0	0	无
2	1	0	0	A
3	1	1	0	A、B
4	1	1	1	A、B、C

4. 多种关系项目的互斥组合

若项目 X、Y 为独立项目，X 由两个互斥项目 X_1 与 X_2 组成，Y 由两个互斥项目 Y_1 与 Y_2 组成，则它们可构成如表 8-11 所示的 9 种互斥组合。

表 8-11　　　　　　　　　　　多种关系项目的互斥组合

序号	X_1	X_2	Y_1	Y_2
1	0	0	0	0
2	1	0	0	0
3	0	1	0	0
4	0	0	1	0
5	0	0	0	1
6	1	0	1	0
7	1	0	0	1
8	0	1	1	0
9	0	1	0	1

又若 A_1、A_2、B_1、B_2、D 5 个项目中，A_1 与 A_2，B_1 与 B_2 互斥，B_1 与 B_2 依存于 A_2，D 依存于 B_1，则它们可构成表 8-12 所示 6 种互斥组合。

表 8-12　　　　　　　　　　　多种关系项目的互斥组合

序号	互斥组合					组合中的项目
	A_1	A_2	B_1	B_2	D	
1	0	0	0	0	0	无
2	1	0	0	0	0	A_1
3	0	1	0	0	0	A_2
4	0	1	1	0	0	A_2、B_1
5	0	1	0	1	0	A_2、B_2
6	0	1	1	0	1	A_2、B_1、D

可组成的互斥组合数 N 可用式（8-16）计算

$$N = \prod (M_j + 1) = (M_1 + 1)(M_2 + 1)\cdots(M_S + 1) \tag{8-16}$$

式中　S——独立项目数；

M_j——第 j 个独立项目组所包括的互斥项目数。

【例8-7】　有 A、B、C、D 四类独立项目，每类项目中又包括若干互斥项目。

A：A_1，A_2，A_3，A_4，A_5，A_6

B：B_1，B_2，B_3

C：C_1，C_2，C_3，C_4

D：D_1，D_2

求互斥组合数。

【解】　互斥组合个数

$$N = (6+1)(3+1)(4+1)(2+1) = 420 \, 个$$

对于表 8-8 中的三个相互独立的投资方案可以组合成如表 8-14 所示的 8 个相互排斥的方案组合。若投资限额为 1200 万元，则只能在 1、2、3、4、7 中选择一个方案。按净现值比较法，假定基准折现率 $i = 15\%$，由表 8-13 可知方案组合 7 最好，即由方案 B 和方案 C 的组合为最好。

表 8-13　　　　　　　　　　　　投 资 方 案 组 合　　　　　　　　　　　单位：万元

相互排斥的方案组合	组合方案			年 末				净现值 $i=15\%$
	X_A	X_B	X_C	0	1	2	3	
1	0	0	0	0	0	0	0	0
2	1	0	0	−1000	400	400	400	−87
3	0	1	0	−400	200	200	200	57
4	0	0	1	−700	320	320	320	31
5	1	1	0	−1400	600	600	600	—
6	1	0	1	−1700	720	720	720	—
7	0	1	1	−1100	520	520	520	87
8	1	1	1	−2100	920	920	920	

互斥组合法的优点是简单明了，但只适用于备选项目很少的情况。当备选项目增多时。互斥组合数目很多，计算工作量会很大。

（二）线性规划法

对于投资项目较多的资金分配问题，可以运用线性规划模型和计算机来解决。应用线性规划解决资金分配问题的数学模型如下：

设以净现值最大为目标，则其目标函数可表示为

$$\max Z = \sum_{j=1}^{n} PW_j x_j \tag{8-17}$$

式中　PW_j——第 j 个投资项目的净现值；

　　　x_j——决策变量，其取值为 1 或 0，x_j 取值为 1 表示第 j 个投资项目被接受，x_j 取

值为 0，表示第 j 个投资项目被舍弃（$j=1, 2, \cdots, n$）。

上述目标函数的约束条件分为两类：一类是资金限额；另一类是投资项目之间的相互关系。其表达式如下：

1. 资金约束条件

$$\sum_{j=1}^{n} I_j x_j \leqslant I \qquad (8\text{-}18)$$

式中 I ——允许的最大现金支出；

I_j ——第 j 个项目的现金支出（如投资额或年度经营支出）。

2. 项目相互关系约束条件

（1）若干项目间存在互斥关系，设其决策变量分别为 $x_1, x_2, \cdots x_n$，则

$$x_1 + x_2 + \cdots + x_n \leqslant 1 \qquad (8\text{-}19)$$

（2）若某一项目对另一项目有依存关系，设其决策变量分别为 x_1, x_2，则

$$x_1 \leqslant x_2 \qquad (8\text{-}20)$$

【例 8-8】 有 7 个方案，各个方案的收益现值、投资现值如表 8-14 所示，单位万元，假定资金总额为 100 万元，请选出最优的方案。

表 8-14　　　　　　　　　各个方案的收益现值、投资现值　　　　　　　　单位：万元

方案	收益现值	初始投资	净现值
1	300	60	240
2	90	60	30
3	80	20	60
4	48	40	8
5	34	18	16
6	20	10	10
7	16	2	14

【解】 根据式（8-12）、式（8-13）列出线性规划模型如下

$$\max Z = \sum_{j=1}^{n} PW_j x_j = x_1 + x_2 + x_3 + x_4 + x_5 + x_6 + x_7$$

$$60x_1 + 60x_2 + 20x_3 + 40x_4 + 18x_5 + 10x_6 + 2x_7 \leqslant 100$$

$$0 \leqslant x_j \leqslant 1$$

$$x_j = 0,1 \quad j = 1, 2, \cdots, 7$$

根据上述模型解出最优的方案是 7、1、3、5 的组合

方案 7、1、3、5 的净现值总和为

$$\sum PW = 14 + 240 + 60 + 16 = 330 \text{（万元）}$$

方案 7、1、3、5 的投资额总和为

$$\sum I = 2 + 60 + 20 + 18 = 100 \text{（万元）}$$

（三）净现值率法

净现值率法是一种在计划期资金限额内先选择净现值率大的投资项目，直到资金限额分

完为止的项目选择方法。其具体做法是把能满足最低期望盈利率的投资项目，按净现值率由大至小顺序排列，首先将资金分配给净现值率最大的项目，直到全部资金分完为止。净现值率法应用简单，一般能求得投资经济效益较大的项目组合，但不一定能得到效益最优的项目组合。

【例 8-9】 资料同【例 8-8】，请用净现值率法进行选择。

【解】 各个方案的净现值、净现值率计算见表 8-15。

表 8-15　　　　　　　　　　　　各个方案的净现值、净现值率　　　　　　　　　　　单位：万元

方案	收益现值	初始投资	净现值	净现值率
1	300	60	240	4
2	90	60	30	0.5
3	80	20	60	3
4	48	40	8	0.2
5	34	18	16	0.9
6	20	10	10	1
7	16	2	14	7

用净现值率法解出方案是 7、1、3、6。

方案 7、1、3、6 的净现值总和为

$$\sum PW = 14 + 240 + 60 + 10 = 324（万元）$$

方案 7、1、3、6 的投资总和

$$\sum I = 2 + 60 + 20 + 10 = 92（万元）$$

由【例 8-9】可知，采用净现值率排序是求最优方案的近似方法，并不一定能求出最佳组合。由于投资项目的不可分性，净现值率排序法不能保证现有资金充分利用，不能使净现值达到最大值。只有在当每个项目的初始投资相对于投资总限额相对较小或各方案投资额相差不大的情况或各入选方案投资累加额接近投资总限额时，才能得出较为可靠的结论。

三、设备更新方案比选

（一）设备更新方案比选考虑的因素

企业的设备由于有形磨损、无形磨损、生产能力不足等共同作用决定了设备合理的使用期限，即设备经济寿命期。基于市场需求及竞争、企业自身的财务状况等多种原因，企业需要持续生产，向用户提供优质产品或服务，促使企业必须不断地考虑技术进步及设备更新换代的问题，如现在使用的设备是否报废、进行扩能改造、升级换代或继续使用等。企业设备更新改造的决策需要进行技术经济论证。设备更新方案比较的基本原理和互斥方案的比较相同，由于设备更新主要取决于设备的经济寿命，同时受技术寿命的制约，在实际比较时，涉及旧设备的价值、沉没成本、年度费用等特殊问题的处理。

设备年度费用一般包括资金恢复费用和年度使用费两部分。资金恢复费用是指设备的原始费用扣除设备弃置不用时的估计残值（净残值）后分摊到设备使用各年上的费用。年度使用费是指设备的年度运行费（人工、燃料、动力、刀具、机油等消耗）和年度维修费。

设 AC 代表年度费用，P 代表设备的原始费用，E 代表年度使用费，MV_N 代表估计残值，N 代表服务年限。在不考虑时间价值情况下，计算公式为

$$AC_N = \frac{P - MV_N}{N} + \frac{\sum\limits_{t=1}^{N} E_t}{N} \qquad (8\text{-}21)$$

在考虑资金时间价值情况下，计算公式为

$$AC_N = \left[P + \sum_{t=1}^{N} E_t (P/F, i, t) - MV_N (P/F, i, N) \right] (A/P, i, N) \qquad (8\text{-}22)$$

在式（8-21）和式（8-22）中，如果使用年限为变量，通过计算年度费用，当年度费用为最小时的使用年限即为经济寿命。

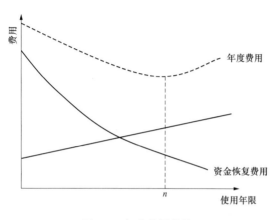

图 8-2　年度费用曲线

设备的资金恢复费用，随着使用年限的增长而逐渐变小，而年度使用费一般随使用年限的增长而变大，设备的年度费用曲线见图 8-2。

从图 8-2 可以看出在第 n 年的年度费用最小（图中 n 点），n 就是设备的经济寿命的年限。使用年限超过设备的经济寿命，设备的年度费用又将上升，所以设备使用到其经济寿命的年限更新最为经济。

（二）经济寿命期不同的设备更新

【例 8-10】 某企业现有固定资产账面净值 4 亿元，其中包括账面净值为 4000 万元的设备。由于工艺设备技术相对较落后，三废排放不达标，环保部门勒令治理，否则要求关停。经测算，设备市场价值为 1000 万元。与关停相比，继续维持生产仍有利可图。因此，技术部门提出两个解决方案。

方案 A：继续使用现有设备生产，但需花 5000 万元安装新的环保设备，以达到环保当部门要求的排放最低标准。同时，每年需要支出排污费和环保设备运行费约 1900 万元，预计可运行 6 年。

方案 B：引进新工艺和生产设备，以实现三废的零排放，估计投资 2.2 亿元（包括新设备购置安装及旧设备的拆除费用等），旧设备变卖后收回资金约 1000 万元，预计可运行 10 年。

假定两方案的产出相同，设备期末无残值，2.7 亿资产在两方案中各期的余值相同，企业期望收益率为 8%。采用年度费用最小法进行比选。

【解】 由于两方案使用寿命期不同，按年度费用法进行比较。在这两个方案中，都利用旧设备以外的，账面值为 2.7 亿元的固定资产，并没有提供其重估市场价值。按增量比较原则，在互斥方案比较时，这笔资产对两方案是相同的，可不予以考虑。方案 A 继续利用旧设备的机会成本应是其重估值 1000 万元。

方案 A 的年度费用

$$AC_A = 1900 + (5000 + 1000) \times (A/P, 8\%, 6)$$
$$= 1900 + 6000 \times 0.2613$$
$$= 3468 \text{（万元/年）}$$

方案 B 的年度费用

$$AC_B = 0 + 22000 \times (A/P, 8\%, 10)$$

$$=22000 \times 0.1490$$

$$=3278（万元/年）$$

计算结果表明，按费用比较，显然方案 B 较优。注意，旧设备的重估值（市场价值）1000万元应作为方案 A 的机会成本，不能作为方案 B 的收益，否则结论会相反。以上只是通过费用的比较决定方案的取舍，没有考虑清偿能力问题。清偿能力分析涉及太多原有企业的财务状况，一般不应作为方案取舍的依据。

（三）以经济寿命为依据的更新分析

为了使设备使用到最有利的年限，应以经济寿命为依据作更新方案比较。在分析比较中应注意不考虑沉没费用，求出各种设备的经济寿命，取经济寿命时年度费用小的方案为优。如果年度使用费和估计残值都是固定不变的，应选择尽可能长的经济寿命；如果年度使用费逐年增加而目前残值和未来残值相等，应选择尽可能短的经济寿命。

【例 8-11】 假定某工厂在 5 年前花 18000 元购置了一套环保设备。这套设备第一年使用费为 12500 元，之后每年增加 500 元。现在设计了一套新设备，其购置费用为 9000 元，第一年使用费为 10000 元，之后每年增加 1000 元。新设备的使用寿命估计为 12 年。由于这两套设备都是为这个企业专门设计制造的，其任何时候的残值都等于零。如果 $i=12\%$，该工厂对现有设备是否应进行更新。

【解】 （1）计算旧设备的经济寿命。旧设备目前的残值和未来的残值都为零，如果原设备再保留使用 N 年，那么旧设备年度使用费为

$$AC_N = [(P - MV)(A/P, 12\%, N) + MV \times 0.12]$$
$$+ [\sum (14500 + 500N)(P/F, 12\%, N)](A/P, 12\%, N)$$

可以看出旧设备的年度费用等于年度使用费，由于旧设备的年度使用费逐年增加，因而年度费用也逐年增加。由此可见，为了使年度费用达到最小，经济寿命必须尽可能取短的时间，即一年。旧设备保留使用一年，年度费用为 16000 元。

（2）计算新设备的经济寿命。新设备的经济寿命求解见表 8-16，可以看出新设备的经济寿命为 5 年。

表 8-16 设 备 的 经 济 寿 命 单位：元

n	资金恢复费用	年度使用费	年度费用
1	10080	10000	20080
2	5325	10472	15797
3	3748	10925	14673
4	2963	11359	14322
5	2497	11775	14272
6	2189	12172	14361

（3）年度费用比较。旧设备经济寿命 1 年，新设备经济寿命为 5 年时的年度费用为

旧设备 AC_1=15000 元/年

新设备 AC_5=14272 元/年

因此，现有设备应该更新。

【例 8-12】 某工厂 5 年前购入设备 A，预计寿命期还剩 3 年，设备 A 目前余值为 6000 元。若继续使用设备 A，各年年末余值和年使用费见表 8-17。

表 8-17   余额与使用费   单位：元

保留使用年数	年末余值	年使用费
1	4000	1700
2	3000	2800
3	2000	4700

现有一种较好的设备，原始费用为 20000 元，经济寿命为 12 年，12 年末的残值为 1000 元，年度使用费固定为 1200 元。如果基准收益率为 15%，试分析旧设备是否需要马上更换，并分析旧设备更换的最佳时间。

【解】 根据新旧设备经济寿命时的等值年度费用确定旧设备是否马上更换。

$$AC_{new} = (20000 - 1000) \times \overset{A/P,15\%,12}{(0.1845)} + 1000 \times 0.15 + 1200 = 4856 （元）$$

第 1 步，计算旧设备的经济寿命：

旧设备再保留使用 1 年

$$AC_{old} = (6000 - 4000) \times \overset{A/P,15\%,1}{(1.150)} + 4000 \times 0.15 + 1700 = 4600 （元）$$

旧设备再保留使用 2 年

$$AC_{old} = (6000 - 3000) \times \overset{A/P,15\%,2}{(0.6151)} + 3000 \times 0.15$$
$$+ [1700 \times \overset{P/F,15\%,1}{(0.8696)} + 2800 \times \overset{P/F,15\%,2}{(0.7562)}] \times \overset{A/P,15\%,2}{(0.6151)}$$
$$= 4507 （元）$$

旧设备再保留使用 3 年

$$AC = 4980 元$$

旧设备的经济寿命为 1 年，经济寿命时的等值年度费用 $AC_{old} = 4600$ 元，由于新设备经济寿命时的等值年度费用 $AC_{new} = 4856$ 元，可见旧设备不需要马上更换。

第 2 步，研究何时更换最好

假如采用下列做法：

马上更新旧设备

$$AC_{new} = 4856 元$$

旧设备再保留使用一年

$$AC_{old} = 4600 元 < AC_{new} = 4856 元$$

旧设备再保留使用两年

$$AC_{old} = 4507 元 < AC_{new} = 4856 元$$

旧设备再保留使用三年

$$AC = 4980元 > AC_{new} = 4856元$$

经计算，旧设备保留使用两年后更换为优。

这个结论不一定合理，值得进一步分析，因为这里只说明使用旧设备两年比马上更新较为经济，但并不能排除这样的可能性，即使用旧设备一年后更新设备比使用旧设备两年后更新设备更经济。正确的做法应该是逐年进行比较，即计算各年旧设备的年度费用与新设备的年度费用并进行比较。

第3步，逐年进行比较

马上更换旧设备

$$AC_{new} = 4856元$$

旧设备使用一年的年度费用

$$AC_{old} = 4600元 < 4856元$$

旧设备使用第二年的年度费用

$$AC = (4000 - 3000) \times (\overset{A/P,15\%,1}{1.150}) + 3000 \times 0.15 + 2800 = 4400元 < 4856元$$

旧设备使用第三年的年度费用

$$AC = (3000 - 2000) \times (\overset{A/P,15\%,1}{1.150}) + 2000 \times 0.15 + 4700 = 6150元 > 4856元$$

因此旧设备使用两年后就应该更换。

（四）以经济寿命为依据的所得税前后更新对比分析

所得税是企业一项重要的现金流出，因此需要研究所得税对设备更新决策的影响，计算新旧设备的税后现金流量。影响税后现金流量的因素有三个，即经营费用、设备折旧费对所得税的影响、旧设备市场价值与账面价值的差额。如市场价值大于账面价值，其差额应计为营业外收入，增加应纳税所得额；如市场价值小于账面价值，其差额应计为营业外支出，减少应纳税所得额，从而带来所得税金的节约。在税后更新分析中应考虑以下几点：更新与不更新是两个互斥方案，要客观地比较。如不更新的所得税减少是一种机会成本；所得税前后的现金流都是增量的概念。

【例8-13】某公司3年前购入一台设备，采用直线法折旧，设备两年后需大修，大修成本为30万元。现在考虑是否需要更新，新设备购置费用为85万元，按年数总和法计提折旧。所得税率为25%，税后基准收益率为6%，其他有关资料见表8-18。

表8-18　　　　　　　　　　　　用于税后分析的数据　　　　　　　　　　单位：元

项　　目	旧设备	新设备
原价	1800000	850000
规定残值	180000	85000
折旧年限	6	4
已用年限	3	—
年使用费用	85000	26000
目前变现价值	340000	—
预期报废残值	72000	120000

分别进行税前和税后更新比较。

【解】 均以计算期为 4 年比较净现值以决定方案的取舍。

第 1 步，继续使用旧设备净现金流量计算。

（1）折旧的计算

$$年折旧额 = \frac{1800000 - 18000}{6} = 270000 \text{（元）}$$

（2）0 年末应纳税所得额的计算

$$旧设备处置收入(损失) = 目前变现价值 - 账面价值$$

$$账面价值 = 1800000 - 270000 \times 3 = 990000 \text{（元）}$$

$$旧设备处置收入 = 340000 - 990000 = -650000 \text{（损失）}$$

但是由于保留旧设备，因此放弃扣减所得税的机会，所以应纳税所得额增加 650000 元，放弃了抵扣所得税 162500 元的机会。

（3）第 4 年末旧设备处置的所得税计算

$$第4年末旧设备处置收入 = 72000 - 180000 = -108000 \text{（元）}$$

$$第4年末所得税 = -108000 \times 25\% = -27000 \text{（元）（少缴）}$$

税后净现金流量等于税前净现金流量减去所得税。

旧设备的税前和税后净现金流量计算结果见表 8-19。

表 8-19 旧设备税前、税后净现金流量 单位：元

年末	税前净现金流量	折旧	应纳税所得额	所得税	税后净现金流量
0	-340000		650000	162500	-502500
1	-85000	270000	-355000	-88750	3750
2	-385000	270000	-655000	-163750	-221250
3	-85000	270000	-355000	-88750	3750
4	-85000	0	-85000	-21250	-63750
4	72000		-108000	-27000	99000

第 2 步，新设备净现金流量计算

（1）折旧的计算

$$第一年折旧额 = (850000 - 85000) \times \frac{4}{1+2+3+4} = 306000 \text{（元）}$$

$$第二年折旧额 = (850000 - 85000) \times \frac{3}{1+2+3+4} = 229500 \text{（元）}$$

$$第三年折旧额 = (850000 - 85000) \times \frac{2}{1+2+3+4} = 153000 \text{（元）}$$

$$第四年折旧额 = (850000 - 85000) \times \frac{1}{1+2+3+4} = 76500 \text{（元）}$$

（2）第 4 年末旧设备处置的所得税计算

第四年末旧设备处置收入 = 120000 - 85000 = 35000 （元）

第四年末所得税 = 35000 × 25% = 8750 （元）

税后净现金流量等于税前净现金流量减去所得税。

新设备税前和税后净现金流量计算见表 8-20。

表 8-20　　　　　　　　　**新设备税前、税后净现金流量**　　　　　　　　单位：元

年末	税前净现金流量	折旧	应纳税所得额	所得税	税后净现金流量
0	−850000		0	0	−850000
1	−26000	306000	−332000	−83000	57000
2	−26000	229500	−255500	−63875	37875
3	−26000	153000	−179000	−44750	18750
4	−26000	76500	−102500	−25625	−375
4	120000		35000	8750	111250

（3）费用现值比较。根据税后净现金流量计算的新旧设备的净现值如下

$$PW_{old} = -502500 + 3750(P/F,6\%,1) - 221250(P/F,6\%,2)$$
$$+ 3750(P/F,6\%,3) + (-63750 + 99000)(P/F,6\%,4)$$
$$= -664804$$
$$PW_{new} = -850000 + 57000(P/F,6\%,1) + 37875(P/F,6\%,2)$$
$$+ 18750(P/F,6\%,3) + (-375 + 111250)(P/F,6\%,4)$$
$$= -658952$$

根据税后计算，继续使用旧设备的费用现值为 664804 元，更新设备的费用现值为 658952 元，应更新设备。

（五）设备租赁与购买方案的选择

1. 设备租赁的类型

租赁是指在约定的期间内出租人将资产使用权让与承租人，以获取租金的协议。融资租赁和经营租赁是租赁最常见的两种方式。根据国际会计准则定义，一项融资租赁交易指的是出租人将随附于某一项资产所有权的全部风险与报酬都实质性的转移给承租人的租赁交易。融资租赁的特征为租赁资产的所有权与使用权分离，融资与融物相结合。

设备租赁是设备的使用者向设备所有者（如租赁公司）租赁，并按合同付给一定的租金，在租赁期内享有使用权，而不变更设备所有权的一种交换形式。设备租赁对承租者和租赁公司均有好处。承租者可以减少资金占用，有利于设备的管理和保养，提高设备的利用率，加快设备更新，降低投资风险。出租者游离于合理使用资产，提高设备利用率，扩大设备销路，享受税赋和加速折旧等优惠。因此，设备租赁被广泛采用。

2. 租赁和购买的比选

对使用者来说，是采用购置设备或是采用租赁设备应取决于这两种方案在经济上的比较，其比较的原则和方法与一般的互斥投资方案并无实质上的差别。

采用设备租赁方案，没有资金恢复费用，租赁费可以直接进入成本，其净现金流量为

$$净现金流量 = 销售收入 - 经营成本 - 租赁费$$
$$- 所得税税率 \times (销售收入 - 经营成本 - 租赁费)$$

（8-23）

在相同条件下的购置设备方案为

$$净现金流量 = 销售收入 - 经营成本 - 设备购置费（已发生）$$
$$- 所得税税率×（销售收入 - 经营成本 - 折旧）$$

（8-24）

从式（8-23）和式（8-24）可以看出，当租赁费等于资金恢复费用时，两者区别仅在于税金的大小。经营性租赁的租赁费全部抵扣所得税。融资性租赁的费用由两部分组成，即初始直接费（律师费、公证费和手续费等）和资产本身价值。前者可作为成本，一次性抵扣所得税；后者作为固定资产主要通过折旧分期抵扣所得税。其中承租方固定资产入账价值取出租方的账面价值和双方协议两者较低者，以此作为承租方提取折旧的原值。当协议价高于账面价时，其差额作为未确认融资费用一次计入成本或分期摊销抵扣所得税。

【例8-14】 企业生产需要设备 A，购买费用为 150000 元，寿命期 10 年，期末无残值。若租赁该设备，每年租金为 25000 元。两个方案运行费用均为每年 10000 元。企业所得税率为 25%，采用直线折旧，假定基准收益率为 10%。试对两个方案进行比选。

【解】 若采用租赁方案，所得税金少付

$$25\%×（25000-15000）=2500（元/年）$$

按年度费用比较

$$AC_A = 150000×(A/P,10\%,10) + 10000 = 34412元$$
$$AC_B = 25000 + 10000 - 2500 = 32500元$$

显然，从企业角度宜采用租赁方案。

第九章

公司融资及企业重组项目财务分析

公司融资项目的财务分析评价，涉及拟建项目与原有企业资产、经营活动的关系，其评价内容及侧重点应反映其相应特点。企业重组项目涉及资本运营的相关内容，属于公司融资项目的范畴，应结合资本运作项目的特点开展财务分析评价，包括企业重组财务方案设计、并购对象企业估值、并购整合方案及财务盈利能力、债务清偿能力、财务可持续性等方面的分析评价，是投资项目财务分析需要关注的热点问题。

第一节　公司融资项目财务分析

一、公司融资项目财务分析评价的对象及特点

（一）财务分析评价边界与财务主体

在市场经济条件下，对投资项目进行财务分析评价，首先要界定财务分析评价的边界与财务主体。根据我国现行《企业财务通则》的规定，投资项目财务分析评价的边界应是以产权归属为基础的拟建项目法人组织所涉及的范围。按《中华人民共和国民法通则》规定，法人组织包括企业法人和机关、事业单位和社会团体法人。《中华人民共和国公司法》中所界定的企业法人，是指在中国境内设立的有限责任公司和股份有限公司，其中有限责任公司包括国有独资公司。

当投资项目是在现有企业内进行，不再组建新的企业法人，现有企业为项目进行投融资，项目属于公司整体的一部分，称为公司融资项目（既有法人项目），现有企业法人是项目的财务主体。公司的投资者包括国内现有企事业法人、各级政府及外商。

公司融资也称企业融资，是以现有公司为基础开展融资活动，进行投资决策，承担投资风险和决策责任。以这种融资方式筹集的债务资金虽然实际上是用于项目建设，但债务人是现有公司，即以现有企业自身的信用条件为基础，通过银行贷款、发行债券等方式，筹集资金用于企业的项目投资。债权人不仅可以对拟建项目的资产进行债务追索，而且还能对公司的全部资产进行追索。

公司融资项目所涉及的企业可能分为多个层次。不管是企业集团还是跨地区的大型公司，其内部都存在着分属不同级别的若干企业，彼此之间相互关联。这种关联可能是以产权归属为纽带，也可能仅仅是比较密切的业务往来。在分析项目财务效益时，首先要明确是哪个企业来具体承担拟建项目的投资建设和融资责任。在多层次的企业结构中，还要分析各级企业的关联关系，分析清楚由哪一级企业作为拟建项目的财务主体，具体负责投资、融资及清偿债务责任等。原则上，公司融资项目（既有法人项目）进行财务评价的对象是项目所依托的"企业"，是指能够包容项目的独立法人。如果上一级企业负有清偿债务的责任（如以抵

押、担保等方式承担责任），那么清偿能力分析还有必要向上一层延伸。

公司融资项目（既有法人项目）有大有小，小至单位设备更新，大至企业总体改造。在项目评价实际工作中，项目和企业的范围划分会存在不同。企业的范围是很明确的，项目的范围应由项目评价人员根据项目的具体情况进行界定。当项目范围是企业整体时，项目范围与企业范围一致，项目的现金流量就是企业整体的现金流量；当项目范围是企业某一局部时，项目范围与企业范围不一致，则此时项目的现金流量仅是企业现金流量整体的一部分。

在市场经济条件下，公司融资项目（既有法人项目）与传统的企业技改项目的概念不完全一致。我国过去的项目管理体制框架下，将建设项目划分为基本建设项目和技术改造项目，这是按照项目的建设内容和工程技术方案属性进行划分的。公司融资项目和项目融资项目是按照项目的融资特点及财务属性进行划分的。对于公司融资项目，即可能是公司承担的新建项目，也可能是技术改造项目。

（二）公司融资项目财务分析评价的主要特点

公司融资项目如产业升级、扩大生产能力、产品更新换代、引进先进技术、更新设备等项目，几乎所有工程项目都会在不同程度上利用了现有公司的资源与资产，现有公司需要为拟建建设筹集资金。一般情况下，项目的建设与企业生产运营同步进行，有些项目建设和工程改造还会涉及原有设备停工停产等。因此拟建项目的财务收支与公司的财务收支往往相互渗透。在财务分析评价中，除遵循新设法人项目评价的一般原则外，还应考虑以下特点：

（1）重视评价企业经营和财务现状。

（2）财务收支预测应严格遵循有无对比分析的原则。

（3）项目的盈利能力分析，原则上只进行项目"增量"投资现金流量融资前税后分析，"增量"投资财务净现值和"增量"投资财务内部收益率是项目投资决策的主要依据。

（4）项目的清偿能力分析，不仅考虑项目的还款能力，而且还应考虑财务主体对项目长期债务的偿还能力，财务分析的边界需要从项目扩展至企业范围。

（5）公司提出的拟建项目筹资方案是否可行，需要研究本次筹资对企业资本结构及现有投资者的影响。既要分析本次筹集权益资金后，对企业资产负债率及加权平均资金成本的影响，也要分析对现有投资者持有股权比例、控制力、今后可分配的利润等方面的影响。

（三）"有项目"和"无项目"的现金流量

1. 企业不同投资活动的现金流量

应根据企业不同类型的投资活动，预测"有项目"和"无项目"的企业财务现金流量，以便按照有无对比增量分析的原则对拟建项目投资的现金流量进行分析。

（1）绿地投资，就是建立新企业的投资。对于这种情况，融资后的项目现金流量和"有项目"企业现金流量是同样的流量。这是从企业流量推算项目现金流量最简单的情况。

（2）纯粹扩建。这种投资扩大了企业的经营规模，但不影响企业的现有生产经营活动。在工业部门，增添同现有厂房无关的新厂房就属于这种类型的项目。这也是从企业流量推算项目现金流量的较简单的情况。遇到这种情况，从企业"无项目"现金流量中减去"有项目"现金流量实际上是从分析中"去掉"已有的厂房，使得拟建新厂房的分析类似于"绿地"投资项目的分析。当项目对企业其他部分无影响或影响很小时，项目现金流量可以从项目自身的投资建设所引起的现金收支中推算出来。

（3）纯粹现有资产重置。此类投资指由于企业的现有资产已经磨损无法再用，或者由于无形贬值而必须更换时进行的投资。在这种情况下，由于企业的"无项目"现金流量难以识别，所以项目现金流量的推算就非常困难。"无项目"可能出现的几种情况：①企业关停；②维护费用非常高，但又必须像以前那样继续经营；③浪费了大量原材料和能源生产低水平的产品或服务；④前述三种情况的组合。

（4）提高产量的资产重置。设备重置通常要比维修老设备更能提高经营效率，但局部重置却往往不能根本上解决效率低下的问题。在"无项目"企业现金流量推算方面，这种情况与现有资产的纯粹重置类似，对"无项目"未来现金流量的估算比较困难。

（5）提高质量的资产重置。一般情况下，更新了资产也就同时提高了产品或服务的质量。对于此类投资的现金流量分析，需要综合运用各种方法对市场未来进行预测，往往难度很大，因为老设备"无项目"现金流量的推算就已经非常困难。

（6）提高产品市场适应能力的资产重置。这种情况类似于提高质量的资产重组，但是常常带来"有项目"分析固有的不确定性。设备更新固然可以提高产品的市场适应能力，但不一定能够提高产量或生产标准化产品。在这种情况下，项目的设计就必须面对未来的不确定性，而且"有项目"和"无项目"现金流量的推算都非常困难。

（7）资产改造。这种情况是指为了继续取得原有企业或原有项目的收益而重建、改造或修理企业的固定资产。对于"纯粹改造"，新项目的目标是重建实现原有项目目标的能力。可以把改造项目看作是前面讨论的各种"更新"类型投资的特殊情况。近些年来，改造型的项目变得越来越重要。

2. 企业改造类投资项目现金流量分析需要重点关注的问题

企业改造项目可能是在项目工程遭受意料之外的损坏后进行，也可能在宏观经济环境发生变化后改造维护不善和磨损的设备，还有可能对老项目进行重建。在这类项目的现金流量分析中，由于用来对资产进行改造的新增投资同生产预期的项目产品所需要的"沉没成本"相比数额很小，使得该类项目投入的新增资金有很高的收益率。这类项目所需要的新增投资的财务分析要比诸如绿地投资等的计算要困难一些，主要原因在于：①要分析参与本项目的企业的财务状况；②同该改造项目有关的政策因素分析。对于这类项目的现金流量分析，应特别关注以下问题：

（1）本项目的企业财务状况。对改造的需求和项目企业财务现状之间往往相关性极强。在进行项目可行性分析时，确定这两个现象之间的因果关系非常有用。在某些情况下，项目企业财力不足是由于需要改造，而对改造的需求可能来自外在力量（如缺少外汇、缺少备件等）。应当在同意项目计划之前先查明引起改造需求的因素，而妥当的项目计划应当保证这些因素以后不会缩短改造之后企业的寿命。在其他一些情况下，改造的必要性起因于企业财务实力不足。此时，项目计划还应当涉及如何解决企业的财务问题。有时可以通过再注入资本金的办法来解决资金短缺的问题，有时也可能需要调整价格等政策。

（2）同该改造项目有关的政策分析。定价和其他政策往往是导致企业财力不足的原因之一，而财力不足的企业经常需要改造。企业的财务问题和在改造中必须经常处理的政策问题常常紧密地联系在一起。在某些情况下，管理不善和效率低下是企业面临财务问题的主要原因，所以可能需要采取更深远的办法，包括修改政策、调整任命与监督企业管理团队的相关程序。

（3）新增投资和全部投资的分析。分析人员经常会遇到这种情况，改造的效益值得另行增加投资，但是这些收益却不足以抵消"沉没成本"加上新增成本之和。

利用增量效益和增量成本分析有可能得出"如果根据它们的完全成本，则改造项目毫无意义、不值得上"的结论。在这种情况下，除了正常的企业分析、技术分析之外，一般还要进行两个分析：一是根据该改造项目的新增效益和成本计算收益率；二是根据沉没成本与新增成本之和以及新增效益计算收益率。如果两个分析都未得出超过基准收益率的内部收益率，就会围绕着为该改造项目融资是否有意义而展开冗长的讨论。

（4）财务政策的影响。经济学家关注的是未来的资源流，然而企业的债务可能与资源流无关。这些债务可能既与增量流有关，也与收回以前"沉没的成本"有关。与项目分析同时进行的企业分析应当考虑到这一点。分析人员还应记住，依据一个改造项目"沉没成本"的财务影响所做的决策不但能影响其他改造项目，也能影响财务政策，有时甚至能影响整个国家的财政政策。

（5）偏向与次优问题。在增量分析中，值得关注的问题是现在所做的决策会产生什么影响，这个"决策"将决定在这个分析中哪些因素将被分离出来成为"沉没"因素。换而言之，这是一个如何界定决策界限的问题。具体来说，就是当我们决定要进行一项对外界的干预行动时，我们愿意承担多少由此产生的后果。改造项目要比绿地项目或纯粹扩建项目更能迫使我们更现实地看待能影响到该项目的更深层次的问题。

（四）企业经营现状的财务分析

"相关企业"可以定义为对于拟建项目的成功有重要关系的企业。在项目评价中应对所有影响项目实施的重要企业进行分析，包括：①负责实施项目的企业（如实施电力项目的电力公司）；②预计为项目提供关键投入的企业；③大量购买或销售项目产品的企业；④预计为项目有关企业提供资金的金融机构（农村信用社、贷款银行等）。

对于拟建项目的成功有重要关系的任何实体都应当加以分析，分析的目的是判定该企业或实体在财务、技术或管理上是否有能力承担项目计划中希望其发挥的作用。

公司融资项目（既有法人项目）的财务分析评价应首先对企业经营现状和财务现状进行分析与评估，应从企业理财的角度，找出企业相关财务问题，论证拟建项目建设的必要性，这是为拟建项目设计合理财务方案的重要的基础性工作。企业经营和财务现状的评估，应结合企业的发展战略，企业的资信等级，分析企业3～5年资产负债表、损益表和现金流量表，以及财务报告等资料，根据拟建项目的需要，有选择地从以下方面进行评估：

（1）企业资本结构分析，主要包括企业的资金成本、资产负债结构、权益资金结构、负债结构的比例、内外资借贷的比例等。主要分析长期负债与权益资金的比例；分析企业净收益的质量、取得和运用现金的能力、对长期贷款的偿债能力。

（2）资产现状分析，主要包括流动资产的构成及可利用的情况；固定资产、无形资产和其他资产的原值、净值及可供利用的情况；在建项目规模、建设进度、用款与还款计划等情况。

（3）生产（服务）现状分析，主要包括现有产品（服务）、生产能力与实际产（服务）量、产品（服务）性能、质量、价格，主要销售（服务）对象和销售（服务）方式，国内外市场占有率和竞争能力等。

（4）成本费用现状分析，主要包括经营成本费用和总成本费用构成、主要原材料和燃料动力消耗、劳动力构成及工资标准等合理性分析；制造费用和期间费用的构成是否符合财会制度的规定等；制造成本与同行业、国内外现状的差距；原材料和燃料供应渠道是否畅通、价格变化的趋势等。

（5）企业对外投资状况分析，主要包括对外投资的资产构成、收益分配及投资回收等情况。

（6）可供项目利用资源分析，企业投资项目都会不同程度地利用企业现有资源，应确认企业可为拟建项目提供的人力、土地及资金资源等，具体包括营运资金、现有固定资产、公用工程及公用资源、企业管理系统等。

二、拟建项目财务现金流量的预测

由于公司融资项目（既有法人项目）的财务收支与现有企业的财务收支有着不同程度的关联，因此财务分析评价所涉及的财务收支数据类型有多种，其中有调查、统计、设计、预测等基本手段得到的数据，也有通过计算得到的数据。为便于操作，按照财务分析评价的逻辑关系，将众多数据归纳为以下五种类型，并阐述可供操作的计算方法。

1．五种类型数据

（1）现状数据。反映项目实施前的财务收支现状，是单一的状态值。在选用现状数据时，一般可采用项目实施前一年（或项目编制前一年）的数值。如果由于经济环境等外部原因，这一年的数值不具代表性，也可采用有代表性年份的数值，或近几年数据的平均值。

（2）"无项目"数据。是在不实施项目的情况下，在现状基础上，考虑计算期内企业财务收支的变化趋势，通过预测得出的数值序列。

（3）"有项目"数据。从理论上看，是项目实施之后的企业总量财务收支，是经设计、预测而得出的数值序列。

（4）新增数据。是用"有项目"财务收支减去现状财务收支后得到的差额。

（5）增量数据。是用"有项目"财务收支减去"无项目"财务收支后得到的差额，即"增量"数据。

有无项目的净效益对比见图9-1～图9-7。

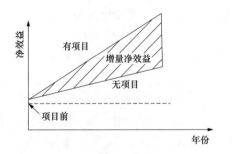

图9-1　有项目和无项目净效益均增长

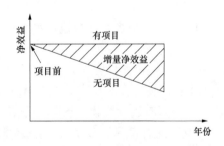

图9-2　无项目净效益下降，有项目净效益不变

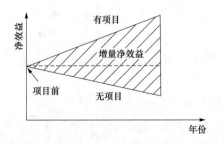

图9-3　无项目净效益下降，有项目净效益上升

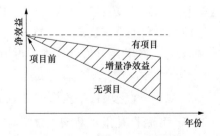

图9-4　无项目和有项目净效益均下降

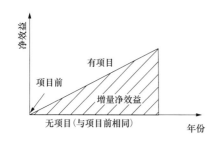

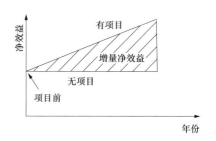

图 9-5 无项目净效益为零，有项目净效益增加　　图 9-6 无项目净效益不变，有项目净效益上升

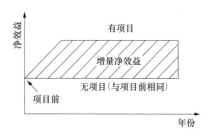

图 9-7 有项目和无项目净效益都不变

2. 财务收支数据取值范围

（1）盈利能力分析。公司融资项目的具体情况是多样化的，但是增量分析是对企业总体而言的。对于某些项目，必须把"有项目"数据"无项目"数据都分别罗列出来，相减后得到增量数据，才能计算增量指标。但多数项目则可以直接判断增量，这种情况下的项目盈利性分析就简化了很多。只要能够直接判断增量，项目的范围总是可以限定于企业的某一个局部，从而有效简化项目分析工作。只有在必须通过有无对比才能计算增量的情况下，才不得不把项目的范围划至整个企业。

（2）清偿债务能力分析。在偿债能力分析中，对企业原有资产（价值）需要分为可供利用和不再利用（拆除、变卖或闲置）两部分，在偿债能力分析时剔除不再利用的资产，则有

$$\text{"有项目"投资} = \text{新增投资} + \text{可供利用资产（价值）} \tag{9-1}$$

用于清偿能力分析的"有项目"数据是项目实施之后的企业总量财务收支，一般需要做拟建项目与企业的财务合并报表取得数据。

以下举例示范"有项目"与"无项目"投资计算方法，演示如何区分"有项目"与"无项目"投资、"增量"投资与"新增"投资。

【例 9-1】 某公司现有固定资产净值 3 亿元，公司在 2010 年按环保部门的要求进行污水治理，以避免对其进行罚款。企业拟投资 0.5 亿元进行治理，同时根据公司发展战略，在 2010 年投资 2 亿元进行产品升级换代（包括环境治理费 0.5 亿元及设备拆除费），需拆除旧设备 15 台，其净值约 0.3 亿元，变卖后收回资金 0.08 亿元，试计算用于盈利能力分析的"增量"投资和用于偿债能力分析的"新增"投资、"有项目"投资。

【解】 （1）"无项目"是指 2010 年不投资产品升级换代，只对现状进行治理（可称方案 A），投资中利用原有资产为 2.78 亿元，其中 2.7 亿为账面净值，0.08 亿元为重估 15 台设备（不拆除，继续利用）机会成本；再追加为维持现状的治理投资 0.5 亿元。因此该方案投资（占用资金）为

$$\text{"无项目"投资} = 3.0 - 0.3 + 0.08 + 0.5 = 2.78 + 0.5 = 3.28 \text{（亿元）}$$

（2）"有项目"是指"新增"投资对产品升级换代（可称方案 B），投资 2.0 亿，加上利用原有资产价值 2.7 亿元，共计 4.70 亿元，即

"有项目"投资=2+（3.0-0.3）=4.7（亿元）

按现行会计制度，变卖资产的净收入（0.08 亿元）计入当期损益的营业外收入。

（3）对互斥方案 A 与 B 进行比选，"增量"投资（B-A）为 4.7-3.28=1.42（亿元），与增量收益组成增量现金流量，计算盈利性指标，判别是维持现状（但满足环保要求）方案 A，还是投资 2 亿元，进行产品升级换代方案 B。

（4）如果（3）中产品升级换代方案 B 为优，则财务可持续性（清偿能力）分析的投资支出为 4.70 亿元；如果 A 为优，则财务可持续性（清偿能力）分析的投资支出为 3.28 亿元。

三、拟建项目的财务盈利能力分析

（一）项目增量投资现金流量分析

1. 全部"增量"投资现金流量分析

公司融资项目（既有法人项目）的盈利能力分析强调"有项目"和"无项目"对比分析，计算增量现金流，编制项目"增量"投资现金流量表，计算增量指标，以增量分析的结果作为投资决策的依据。项目融资前分析的重点是从息前且税后角度进行分析，考察融资前所得税后的增量投资评价指标。增量投资现金流量表中的所得税应根据息税前利润（EBIT）乘以所得税率计算，称为调整所得税。融资前税后增量现金流量分析结果，可作为初步投资决策的依据和融资方案研究的基础。财务基准折现率一般采用公司的目标财务折现率。

应强调"增量"指标是投资决策依据。对于在公司融资项目（既有法人项目）的盈利能力分析中要不要计算项目实施后企业的总量评价指标，一直有较大争议。企业以前的投资是本项目实施之前已经发生的成本，属于"沉没成本"（sunk cost），由于沉没成本是在过去发生的，它并不因摒弃或接受某个项目的决策而改变，因此对拟建项目的投资决策不应造成影响，拟建项目投资决策应以增量指标作为依据。在任何情况下都没有必要计算总量盈利能力指标。

2. 编制"增量"投资现金流量表

"增量"现金流入包括营业（服务）收入、计算期末回收固定资产余值（该固定资产余值不含建设期利息）及流动资金。

"增量"现金流出包括建设投资、流动资金、经营成本、营业税金及附加、维持运营投资，融资前所得税。

"增量"净现金流量为

$$\text{"增量"净现金流量（营运期）= "增量"现金流入 - "增量"现金流出} \qquad (9-2)$$

3. 计算"增量"评价指标

依据全部增量投资现金流量表计算项目"增量"投资财务净现值（$\Delta FNPV$）和"增量"投资财务内部收益率（$\Delta FIRR$），这两项指标通常被认为是主要指标。

各指标的含义、计算和判断简述如下：

（1）"增量"投资财务净现值。项目"增量"投资财务净现值是指按设定的折现率 i_c 计算的项目计算期内各年"增量"净现金流量的现值之和。计算公式为

$$\Delta FNPV = \sum_{t=0}^{n} (\Delta C_I - \Delta C_O)_t (1 + i_c)^{-t} \qquad (9-3)$$

式中　　ΔC_I ——现金流入；

　　　　ΔC_O ——现金流出；

$(\Delta C_I - \Delta C_O)_t$ ——第 t 年的净现金流量；

  n ——计算期年数；

  i_c ——设定的折现率，通常可选用财务内部收益率的基准值（最低可接受收益率 $MARR$）。

项目"增量"投资财务净现值是考察项目盈利能力的绝对量指标，它反映项目在满足按设定折现率要求的盈利之外所能获得的超额盈利的现值。项目"增量"投资财务净现值等于或大于零，表明项目的盈利能力达到或超过了设定折现率所要求的盈利水平，该项目财务效益可以被接受。

（2）项目"增量"投资财务内部收益率。项目"增量"投资财务内部收益率是指能使项目在整个计算期内各年净现金流量现值累计等于零时的折现率，是考察项目盈利能力的相对量指标。其表达式为

$$\sum_{t=0}^{n}(\Delta C_I - \Delta C_O)_t (1 + \Delta FIRR)^{-t} = 0 \qquad (9\text{-}4)$$

式中 $\Delta FIRR$——增量投资财务内部收益率。

将求得的项目投资增量财务内部收益率与设定的基准参数（ i_c ）进行比较，当 $\Delta FIRR \geqslant i_c$ 时，即认为项目增量投资的盈利性能够满足要求，该项目财务效益可以被接受。

（二）项目增量自有资金现金流量分析

公司融资项目，盈利能力分析只进行融资前所得税后"增量"投资现金流量分析即可满足投资决策，没有必要进行融资后增量资本金现金流量分析、增量利润分析和投资各方增量现金流量分析。如果进行资本金现金流量分析，也应改为增量自有资金现金流量分析更为贴切，是否需要进行这项分析应根据项目具体情况来确定。原因在于，公司融资项目关于增量自有资金分析较为复杂的，融资后增量自有资金现金流量分析，还需要考虑无项目的资金筹措方案、资本金的来源，以及长期投资的还本付息等，相当复杂。如计算融资后增量总投资收益率、增量资本金净利润率，还需要编制增量投资利润表，这些指标没有太大的实际意义。

四、清偿能力与财务生存能力分析

采用公司融资的项目，债务人是现有企业，由现有企业法人承担项目的债务偿还，因此在还贷分析中，应统筹安排企业原有长期债务和拟建项目债务的偿还。由于在不同的融资方式下，项目与企业的范围不完全一致，需要确认项目与企业总量现金流量的区别，将债务清偿能力分析的研究范围从项目扩展至企业。

（一）有关财务报表的编制

公司融资项目偿债能力分析需要编制利润及利润分配表、财务计划现金流量表及资产负债表，表格科目的设置与项目融资项目一致。

注意区别以下两种情况：

（1）当项目范围即企业整体时，偿还债务的资金来源，仅依靠项目本身产生的现金流量，即企业总现金流量，两者一致。编制"有项目"的利润及利润分配表、财务计划现金流量表及资产负债表。

（2）当项目范围仅是企业某一局部时，偿还债务的资金来源，不仅依靠项目本身产生的现金流量，还应考虑项目实施后企业的原有债务和本项目债务与总现金流量综合还贷能力的平衡。项目财务和企业财务是同一本账，所以项目盈利应该先用于企业补亏，然后交所得税，税后余额才能用于还贷，往往需要编制项目与企业的财务合并报表，即用合并的利润及利润

分配表、财务计划现金流量表及资产负债表，进行偿债能力分析。

在很多情况下，财务合并报表也可简单处理，计算企业可用于还贷资金时，不必一一去预测销售收入及各项资金、成本、费用等，只需调查统计企业近年来的利润和折旧数额，从偏于保守的立场去外推、预测其趋势，即可得到企业原有生产系统在项目计算期内能够提供的还贷资金数额，计算中同时应注意处理企业原来的长期负债。如果企业的现状是盈利的，项目实施后盈利减少，这说明项目本身并不盈利，而且要消耗企业原有资源。由于公司融资项目（既有法人项目）目标的多样性，所以完全可能出现这种情况，如治理污染、改善劳动条件、减轻劳动强度等类型的项目。这时已无必要去分析项目的清偿能力，可直接进行企业的借款偿债能力分析。反映债务清偿能力的评价指标包括利息备付率（ICR）和偿债备付率（DSCR）。

（二）财务生存能力分析

企业或项目公司赖以生存并维持财务可持续性的基本条件，是计算期内各年经营、投资及筹资活动中所产生现金流入与流出应保持平衡。财务生存能力（可持续性）分析，重点是分析计算财务计划现金流量表各年净现金流量和累计净现金流量的余缺。

在经营期中取得的现金流入除满足经营活动所需的现金流出外，还应有一定余量的净现金流量用于偿还贷款、股利分配及再投资，各年净现金流量或累计净现金流量仍大于等于零，说明企业具有财务生存能力并具有财务可持续性。分析中允许个别年份净现金流量或累计净现金流量出现负值，但出现负值的年份不宜过多，数值不宜过大，否则企业难以生存和发展。

当现金流量出现短缺时，应区别经营性项目与非经营性项目的具体情况，选择短期负债、补贴资金或财税优惠政策来维持运营，也可通过调整项目经营、投资和筹资等财务方案从根本上来保证财务的可持续性。

第二节　企业重组项目的财务评价

在完善市场经济体系及深化投资体制改革的进程中，企业的兼并重组力度将加大，企业重组项目可行性研究工作任重道远。企业重组财务分析是企业投资和融资决策的重要依据，加强企业重组投资项目财务分析评价的理论方法研究势在必行。本节从企业重组可行性研究投资和筹资决策分析的角度，提出企业重组投资项目财务分析评价的基本框架，以便为企业重组决策服务。

一、企业重组的特点及变化趋势

企业重组是指投资者或投资者授权经营者以企业战略目标为导向，以长期资产和其他资源为对象，以控制权的转移为核心，进行资源的重新组合和优化配置行为。具体地说，企业重组是通过企业改制、产权转让、合并、分立、托管、破产处置等方式进行企业组织的再造，包括企业资产结构、债务结构和资本结构的调整优化，是对企业原有的各类资源要素（包括企业本身），按照市场经济规律实施的重新组合。《企业财务通则》所称的企业重组，不包括因关闭、破产而进行的清算。

（一）企业重组的作用

（1）企业重组是我国由传统经济体制转向市场经济体制的重要推动力量，对于我国经济结构和布局的战略性调整起着重要作用。

（2）企业重组有利于盘活存量资产，打破行业壁垒，根据市场需求调整产品结构和产业结构，促进生产要素和社会资源优化配置。

（3）企业重组将加快建立现代企业制度的进程，促进政企分开，产权清晰，权责明确，实现科学管理，有利于增强企业活力，提高资产质量、盈利能力和竞争力，为培育有国际竞争力的大公司和企业集团提供条件。

（4）企业重组是应对市场竞争的有效方式，优势企业为了在竞争中处于更有利的地位，采取重组方式实现强强联合，增强企业实力；处于劣势的企业为了摆脱竞争劣势，以重组为手段摆脱困境。

（5）企业重组可以利用高新技术和先进适用技术改造传统产业，可以使企业逐步逼近和掌握核心技术，为企业的持续发展提供源源不断的动力。企业重组可以加快技术改造和技术创新。

（二）企业重组的发展趋势

企业重组在西方已有百年的历史，自20世纪90年代以来，世界掀起了第五次也是历史上最大的重组浪潮，该并购重组浪潮的交易额创下了前所未有的高峰。截至2000年底，兼并交易已经连续9年一直处于增长状态。从2001年起，这种增长开始出现惊人的倒退。美国的第五次并购浪潮在1999年达到顶点，2002年降到低谷，并迎来了第六次并购重组浪潮。美国的并购潮与欧洲、亚洲并购潮一起，构成了全球化背景下的全球并购潮。

从世界范围看，企业重组更注重战略性和长远利益，跨国并购已成为国际投资的主要方式，在国际市场竞争中谋求经济可持续发展，是跨国并购的首要战略动力，跨国公司用巨额资金发起实施并购改组，是经济全球化最显著的特点之一。

我国改革开放以来，企业为建立现代企业制度，通过兼并收购、重组上市、关闭破产等多种形式进行企业重组，涌现了一批具有较强竞争力的大公司、大集团。与此同时国有企业股份制改革加快，并带动了大批国有中小企业、外资企业和民营企业参与国有企业改组，经济效益显著提高。在企业重组过程中优胜劣汰，一些长期亏损、资不抵债的企业和资源枯竭矿山退出市场，使我国经济布局和结构在企业重组中得到调整优化。近几年来，我国并购交易额增长速度较快，已成为亚太地区并购交易快速增长的国家之一。

企业重组近年来出现一些新的特点和发展趋势，重组的企业强强联手、跨国重组、扩张和收缩并举、重组与日常经营并举、资本重组与组织重组并举。同时，企业重组的方式逐渐多样化，包括协议转让、拍卖、资产剥离与置换、分立、回购、吸收合并、破产重组、托管等。可以预见，我国在完善社会主市场经济体系及深化经济体制改革的进程中，通过市场作用和宏观引导，企业为发展规模经济，实现规模效益，将进一步打破行业、地区、所有制界限，改制改造及企业重组的力度将加大。

（三）企业重组类型

企业重组主要包括改制、产权转让、合并、分立、托管等五种方式。

1. 改制

改制是改革企业体制的简称，是将企业从适应计划经济体制需要的传统企业制度，改建成为适应社会主义市场经济体制需要的现代企业制度。企业改制的核心是经营机制的转变和企业制度的创新，其实质是调整生产关系以适应生产力发展的需要。

现代企业制度作为一种新的企业制度，能够最大限度地发展和解放生产力，其基本内容包括以下方面：

第一，产权清晰、权责明确的企业法人制度。实行现代企业制度，投资者所有权与法人财产权相分离。投资者所有权在一定条件下表现为投资者拥有股权，即以股东身份依法享有资产收益、选择管理者、参与重大决策以及转让股权等权力。法人财产权表现为企业依法享有法人财产占有权、使用权、收益和处分权，以独立的财产对自己的经营活动负责。实行现代企业制度的企业，应当拥有全部法人财产权，并以此享有民事权利，承担民事责任，依法自主经营、自负盈亏，对投资者承担资本保值增值的责任。

第二，政企分开的国有资产监管和营运体制。政企分开就是政府的社会经济管理职能和国有资产所有者职能分开。企业中的国有资产坚持国家所有，由中央政府和地方政府分别代表国家履行出资人职责，享有所有者权益，权利、义务和责任相统一。企业与政府机构不再存在行政隶属关系，企业不再套用行政级别。

第三，形式多样的企业组织制度。现代企业组织制度的核心是企业财产组织形式。按照市场经济的要求，企业组织形式不是以所有制形式划分的，而是按照财产的组织形式和所承担的法律责任划分的。按财产组织形式划分，企业组织形式通常有独资企业、合伙企业和公司企业。独资企业和合伙企业属自然人企业，投资者承担无限责任；公司企业属法人企业，包括有限责任公司和股份有限公司，投资者以出资额为限承担有限责任。国有独资公司是有限责任公司的一种形式，不同于个人独资企业。公司企业是现代企业组织制度的主要法律形式。

第四，科学的企业管理制度。这是现代企业制度的重要内容，包括企业内部组织领导体制、企业人力资源管理制度、企业内部收入分配制度、企业财务管理制度、企业会计制度、企业民主管理体制等，并要发挥党组织的政治核心作用。

2. 产权转让

即两个以上产权主体就企业的全部或部分产权进行有偿转让的行为。企业产权转让有许多方式，如内部转让、对外转让；协议转让、竞价拍卖、招标转让；整体转让、分割转让；重组转让、先破后售等。

3. 合并

企业合并是指将两个或者两个以上单独的企业合并形成一个报告主体的交易或事项。企业合并可分为同一控制下的企业合并和非同一控制下的企业合并。合并方式分为控股合并、吸收合并和新设合并。企业合并通常是通过兼并和收购（简称并购）来实现。

兼并是指一家企业购买取得其他企业的产权，使其他企业丧失法人资格或改变法人实体，并取得这些企业决策控制权的经济行为。从这个意义上讲，兼并等同于吸收合并。

收购是指一家企业购买另一家企业的部分或全部资产、股权，以获得对该企业的控制权。收购的经济实质是取得控制权。收购的对象一般有股权和资产两种。股权收购是指一家企业购买另一家企业的股权，以实现对被收购企业控制的交易。收购企业支付对价的形式包括股权支付、非股权支付或两者的结合。而资产收购则是指一家企业购买另一家企业实质经营性资产的交易，它仅仅是一般的买卖行为，收购方无需承担被收购方的债务。

4. 分立

即一个企业分成两个或者两个以上企业的经济行为，包括新设分立和派生分立两种方式。新设分立是企业将其全部财产分割后，新设两个或两个以上企业的行为。新设分立后，新企业存续，进行工商登记后取得法人资格；原企业则消亡，其法人资格被取消。派生分立是企业以其财产的一部分设立另一企业的行为。派生分立后，派生的新企业进行工商登记取得法人资格；原企业存续，但原企业有可能因派生出新企业而减少权益资本，当减少注册资本时，应当办理变更注册资本的手续。

5. 托管

即企业投资者（委托人）通过契约的形式，在一定条件和一定期限内，将企业法人财产的部分或全部委托给具有较强经营管理能力，并能够承担相应经营风险的法人（受托人）去有偿经营，以实现一定目标。

与其他企业重组方式相比，企业托管具有以下特点：一是不涉及产权变动，体现的是一种财产委托代理关系；二是体现一种以信用为基础的托管关系；三是通常具有过渡性。

由于具备这些特点，企业托管往往具有自身优点和作用，主要体现在：第一，受托人不需要支付大量资金取得委托人的资产，可以靠自己拥有的经营管理能力去经营托管企业；第二，程序相对简单，对委托企业产权清晰程度的要求相对较低；第三，企业托管使受托人与委托人之间相互制约，形成外部约束力，避免了企业内部人控制现象；第四，企业托管是有期限的，而且可以根据形势变化终止托管协议，比其他重组方式具有更大的调整余地，降低了委托人和受托人双方的风险。

二、企业重组投资项目财务分析评价的内容及方法

企业重组项目的财务分析，应根据企业重组的类型，即改制、产权转让、合并、分立、托管等，分析发生企业重组原因及各方动因，并在此基础上进行财务分析。

（一）重组企业财务现状分析

企业重组类型不同，企业现状分析所涉及的分析对象也不同，如企业改制中涉及股权或产权转让的，企业现状分析既要分析股权或产权转让方的状况，也要分析股权或产权受让方的状况；又如合并，既要分析本企业的状况又要分析目标企业的状况等。重组企业现状分析包括以下内容：

（1）财务状况，包括资本结构、债务结构、企业资产构成、融资能力和偿债能力分析。

（2）经营状况，包括主要产品营销情况、销售收入与成本、税收、盈利水平、企业所处行业地位、竞争对手、品牌商誉、行业发展趋势、市场格局与前景。

（3）企业占有的资源、能源消耗及对环境的影响。

（4）企业管理状况，包括企业组织机构、员工构成、薪酬水平等。

（5）企业进行合并重组决策，应分析目标公司的资源潜能和管理现状，明确双方企业管理资源的互补性，充分估计重组方在现有基础上能否对被重组企业实施有效的管理投入、制度创新和管理创新。重组决策中应特别关注整合与营运成本能否达到最低。

（6）重组企业资产评估。企业重组中涉及企业资产债务的处理、产权或股权交易等具体问题，必须对企业价值或资产价值进行估值，否则无论哪种类型企业重组的财务分析评价都难于进行，重组企业的资产评估是财务分析评价的重要依据。因此，企业重组单位，应根据有关法律、法规的规定，由投资者选择并委托有资质的资产评估机构进行资产评估。资产评估方法主要是三种，即成本法、市场法和收益法。无形资产、机器设备、不动产和企业价值等不同类型资产评估在方法应用中各有侧重。企业价值评估包括企业整体价值、股东全部权益价值或部分权益价值分析与估算。

（二）企业重组方案设计

根据企业重组的目标，对不同类型企业重组的债权、债务处置及股权设置、产权界定等是企业重组投资项目的核心内容。

1. 企业重组债务的处置方案

（1）企业债务重组的内涵。债务重组是在债务人发生财务困难的情况下，债权人按照其与债务人达成的协议或者法院的裁定作出让步的事项。

（2）企业债务重组的相关规定。企业重组都面临债务处置的问题。重组企业应当与债权人充分协商，制订债务处置或承继方案，原则上要按照债务随业务和资产走的原则进行债务处置或承接。根据《中华人民共和国公司法》的规定，公司合并时，合并各方的债权、债务应当由合并后存续的公司或者新设的公司承继；公司分立前的债务由分立后的公司承担连带责任，但公司在分立前与债权人就债务清偿达成的书面协议另有约定的除外。进行企业重组，无论是采取合并、分立，还是其他具体方式，都不可避免地涉及重组企业的职工安置问题。因此，在进行企业重组过程中，要求对重组企业制订职工安置方案。

对国有企业的重组，根据《企业国有产权转让管理暂行办法》（国务院国资委 财政部令第 3 号）的规定，企业国有产权转让方案中应当载明转让标的企业涉及的债权债务，包括拖欠职工债务的处理方案。财政部《企业公司制改建有关国有资本管理与财务处理的暂行规定》（财企〔2002〕313 号）还明确要求，改建企业清理核实的各项债权债务，应当按照以下要求确定债权债务承继关系：一是企业实行整体改建，应当由公司制企业承继原企业的全部债权债务；二是企业实行分立式改建，应当由分立的各方承继原企业的相关债权债务；三是企业实行合并式改建，应当由合并后的企业承继合并前各方的全部债权债务。

（3）企业债务重组的会计处理。债务重组的方式主要包括：①以资产清偿债务；②将债务转为资本；③修改其他债务条件，如减少债务本金、减少债务利息等，不包括①和②两种方式；④以上三种方式的组合等。

不同债务重组方式下的会计处理方式略有差异。以非现金资产清偿债务为例，对于债务人而言，应当将重组债务的账面价值与转让的非现金资产公允价值之间的差额，计入当期损益；对于债权人而言，应当对受让的非现金资产按其公允价值入账，重组债券的账面余额与受让的非现金资产的公允价值之间的差额，比照《企业会计准则》规定处理。

（4）企业债务重组的税务处理。企业债务重组的税务处理包含一般性税务处理和特殊性税务处理。

企业重组，除符合《关于企业重组业务企业所得税处理若干问题的通知》（财税〔2009〕59 号）规定适用特殊性税务处理规定的以外，按以下规定进行税务处理：

第一，以非货币资产清偿债务，应当分解为转让相关货币性资产、按非货币性资产公允价值清偿债务两项业务，确认相关资产的所得或损失。

第二，发生债权转股权的，应当分解为债务清偿和股权投资两项业务，确认有关债务清偿所得或损失。

第三，债务人应当按照支付的债务清偿额低于债务计税基础的差额，确认债务重组所得；债权人应当按照收到的债务清偿额低于债权计税基础的差额，确认债务重组损失。

第四，债务人的相关所得税纳税事项原则上保持不变。

以国家发布的相关文件为指导，针对不同的税种进行相应的处理。在印花税处理方面，财政部、国家税务总局于 2003 年 12 月 8 日发布《关于企业改制过程中有关印花税政策的通知》（财税〔2003〕183 号），规定企业债权转股权新增加的资金按规定贴花。在增值税处理方面，《增值税暂行条例实施细则》规定企业在债务重组中，使用货物来抵偿债务应当视同销售货物，缴纳增值税。在土地增值税处理方面，《土地增值税暂行条例实施细则》规定，企业在债务重组中，使用国有土地使用权、地上建筑物及其附着物抵偿债务应视为有偿转让国有土地使用权、地上建筑物及其附着物，应当缴纳土地增值税。

2. 拟订股权设置方案和资本重组方案

（1）股权设置的内涵。股权设置是企业重组的重要环节，是在产权界定的基础上，根据企业重组的要求，按照投资主体的所有制性质设置国家股、法人股、个人股和外资股。股权设置不仅影响企业的资本结构，而且决定企业未来的法人治理结构，其涉及的核心工作是原企业的净资产折股。

（2）股权设置及资本重组的相关规定。企业资本重组实施方案是企业重组的基础。在企业资本重组实施方案的基础上，可行性研究报告财务分析评价应根据国务院办公厅转发的《关于规范国有企业改制工作的意见》（国办发〔2003〕96 号）指出的国有企业改制，包括转让国有控股、参股企业国有股权或者通过增资扩股来提高非国有股的比例等要求，制定改制的财务方案。

按照财政部《企业公司制改建有关国有资本管理与财务处理的暂行规定》（财企〔2002〕313 号），企业实行公司制改建的股权设置方案，应当由国有资本持有单位制定；在存在两个或者两个以上国有资本持有单位的情况下，应当由具有控制权的国有资本持有单位会同其他的国有资本持有单位协商制定。股权设置方案应当载明以下内容：

1）股本总数及其股权结构；

2）国有资本折股以及股份认购；

3）股份转让条件及其定价；

4）其他规定。

企业采取新设或者吸收方式进行合并重组的，企业合并前的各项资产、债务以及经营业务，由合并后的企业承继，并应当明确合并后企业的产权关系以及各投资者的出资比例。企业合并的资产税收处理应当符合国家有关税法的规定，合并后净资产超出注册资本的部分，作为资本公积；少于注册资本的部分，应当变更注册资本或者由投资者补足出资。对资不抵债的企业以承担债务方式合并的，合并方应当制定企业重整措施，按照合并方案履行偿还债务责任，整合财务资源。

企业采取分立方式进行重组，应当明晰分立后的企业产权关系。企业划分各项资产、债务以及经营业务，应当按照业务相关性或者资产相关性原则制订分割方案。对不能分割的整体资产，在评估机构评估价值的基础上，经分立各方协商，由拥有整体资产的一方给予他方适当经济补偿，并将有关结果作为财务分析的依据。

（3）股权设置及资本重组的税务处理。财政部、国家税务总局《关于企业重组业务企业所得税处理若干问题的通知》（财税〔2009〕59 号）指出，企业重组包括企业法律形式改变、债务重组、股权收购、资产收购、合并和分立等。企业股权收购重组交易，除符合特殊税务处理规定的以外，按以下规定进行税务处理：

第一，被收购方应确认股权、资产转让所得或损失。

第二，收购方取得股权或资产的计税基础应以公允价值为基础确定。

第三，被收购企业的相关所得税事项原则上保持不变。

（三）企业重组中国有资源的财务处理

1. 土地使用权管理的规定

根据《国有企业改革中划拨土地使用权管理暂行规定》（原国家土地管理局令〔1998〕第 8 号）、国土资源部《关于加强土地资产管理促进国有企业改革和发展的若干意见》（国土资发〔1999〕433 号）的规定，国有企业重组时，经土地行政主管部门批准，可以采用不同的土地资产处置方式和管理政策。

（1）在涉及国家安全的领域和对国家长期发展具有战略意义的高新技术开发领域，国有企业可继续以划拨方式使用土地。

（2）对于自然垄断的行业、提供重要公共产品和服务的行业，以及支柱产业和高新技术产业中的重要骨干企业，根据企业改革和发展的需要，主要采用授权经营和国家作价出资（入股）方式配置土地，国家以作价转为国家资本金或股本金的方式，向集团公司或企业注入土地资产。

（3）对于一般竞争性行业，应坚持以出让、租赁等方式配置土地。非国有资本购买、兼并、参股原国有企业时，可将企业原划拨土地评估作价后同其他国有资产一并转为国有股，逐步通过股权转让变现；也可分割出与企业净负债额相当的土地转为出让土地，参与企业整体拍卖和兼并。剩余土地，购买方或兼并方有优先受让权和承租权。

（4）对承担国家计划内重点技术改造项目的国有企业，原划拨土地可继续以划拨方式使用，也可以作价出资（入股）方式向企业注入土地资产。

（5）对其他采用成熟技术进行产品更新和技术改造的国有企业，可将原使用的划拨土地按出让方式处置，土地收益可暂留企业作为应付账款，全额用于技术改造，并参照技改贷款方式进行管理。

2. 企业重组中土地资产的处理

国家土地资产如何处置，是企业重组中必须解决的问题。根据国家有关法律法规和政策规定，结合企业重组的实际情况，在企业重组中，土地资产的处理主要有以下几种方式：

（1）划拨。国有企业重组过程中，经国家批准可在不超过 5 年的期限内继续保留划拨用地。采取划拨方式使用的土地，企业可以不纳入企业资产管理，但应当按规定用途使用，并设立备查账簿登记。对于根据财政部、原国家土地管理局、原国家国有资产管理局《关于认真抓紧做好清产核资中土地清查估价工作的紧急通知》（财清〔1995〕14 号），企业通过清产核资，按照土地估价确认价值的 50% 入账的，继续按照原有规定执行，不需账务调整。

（2）作价入股。在土地估价的基础上，经批准将国有土地使用权作价投资的，应缴纳的土地出让金应当与其他国有净资产一并折股，相应增加重组后企业的国有股份。这部分国有股份，应当由企业重组前的国有资本持有单位或者主管财政机关确认的单位持有。

（3）出让。在实际操作中，根据持有单位的不同，出让方式存在两种不同的形式。一是由重组前的原企业向国家缴纳土地出让金，取得一定年限的国有土地使用权，由该企业以土地使用权向重组后的新企业投资入股；二是由重组后的新企业直接向国家缴纳土地出让金，取得一定年限的土地使用权，土地使用权由使用的企业作为无形资产管理。

（4）租赁。国有企业重组为非国有企业，企业原划拨土地使用权除采取出让方式处置外，也可以采取租赁方式处置。租赁使用土地，由企业按照不低于银行同期贷款利率的水平支付租金，并在租赁合同中约定。

3. 其他国有资源的处理

根据《矿产资源法》《海域使用管理法》等法律、行政法规的规定，国家实行探矿权、采矿权、海域等资源有偿取得的制度。此外，还有一些特许经营权，如高速公路边上的广告经营权、药品经营权等特许经营权，也属于国有资源范畴，需实行有偿使用。对于这些可以依法转让的国有资源，企业进行重组时，比照土地使用权处置的方式进行处理。

（四）企业重组成本费用与投资估算

企业重组包括一系列工作，其重组成本不只是一个财务成本概念，而是由此发生的一系列代价的总和。这些成本既包括重组工作完成的成本，也包括重组完成以后的整合成本；既包括重组发生的有形成本，也包括重组发生的无形成本。具体来说，企业重组应该分析的成本项目有：

1. 债务成本

承接债务所支付的费用，必须为未来的债务逐期支付本息；借入抵押借款偿付的本息，租赁要支付租金。

2. 交易成本

产权交易价格，咨询费、律师费、佣金等。包括重组过程中所发生的搜寻、策划、谈判、文本制定、资产评估、法律鉴定、公证等中介费用，发行股票还要支付申请费、承销费等。

3. 整合与经营成本

重组企业不仅应关注重组短期的完成成本，还应预测重组后为使被重组企业健康发展而需支付的长期营运成本。这些成本包括：

（1）整合改制成本。取得对目标企业的控制权后，必然需要进行重组或整合，小则调整人事结构，改善经营方式，大则整合经营战略和产业结构，重建销售网络等。

（2）建立新的董事会和经理班子、安置冗余人员、剥离非经营性资产、进行人员培训等有关费用；更名成本，包括重新注册费、工商管理费、土地转让手续费、公告费等。

（3）注入资金的成本。并购公司要向目标公司注入优质资产、拨付启动资金或开办费等。

（4）重组后对目标企业的投资，包括对目标企业改造、改组等。

针对企业重组方式的不同，重组成本采用的会计政策也各有差异。以企业合并为例，同一控制下的企业合并中，合并方为进行企业合并发生的各项直接相关费用，包括审计费用、评估费用、法律服务费用等，应当于发生时计入当期损益。为企业合并发行的债券或承担其他债务支付的手续费、佣金等，应当计入所发行债券及其他债务的初始计量金额。企业合并中发行权益性证券发生的手续费、佣金等费用，应当抵减权益性证券溢价收入，溢价收入不足冲减的，冲减留存收益。非同一控制下的企业合并中，购买方在购买日对作为企业合并对价付出的资产、发生或承担的负债应当按照公允价值计量，公允价值与其账面价值的差额，计入当期损益。

（五）企业重组项目盈利能力分析

企业重组项目盈利能力分析，应根据重组类型，分析重组后目标企业的现金流量。编制全部投资现金流量表（融资前税后）、权益资金现金流量表、投资各方现金流量分析，计算财务内部收益率、财务净现值等指标。

企业并购项目财务分析主要关注下列问题：①并购价格的确定；②并购成本预测；③并购后对企业、投资者的影响；④并购实现方式，如现金购买、股票置换或其他方式等。

（1）目标企业的估价，准确预测目标企业并购后的现金流量是并购分析的关键问题，因为它直接影响到目标企业的价值和并购价格的确定。确定目标企业的价值首先需要预测并购后的现金流量，以及适用于预计现金流量的贴现率即资本成本。

（2）现金流折现分析。在应用现金流折现方法（DCF）时，需要具备两个关键因素：

1）预测报表，预测由于兼并引起的预期权益现金流的增加；

2）折现率，或资本成本，用于计算预计现金流。

准确预测兼并后的现金流是应用 DCF 方法中最重要的任务。如果是纯财务合并

（financial merger），即不存在协同效应，那么兼并后现金流的增加量就是目标公司的预期现金流。如果是经营合并（operational merger），即两个公司的经营融为一体，那么预测未来现金流就很困难。

（3）并购企业支付给被并购企业股东的并购价格可以采用现金、并购企业的股票、承担被并购企业债务等方式。支付方式的确定也是并购项目财务分析中的一个重要问题，将产生以下四方面影响：

1）并购后企业的资本结构。如果并购企业以现金购买目标企业，其流动资产减少，长期资产增加，使流动资产在总资产中的比例降低，从而影响到资产的流动性，甚至可能影响企业正常的生产经营。

2）被并购企业的股东从将来的并购相关收益中获利的能力。如果并购企业以举债方式取得目标企业的权益，其资产增加的同时负债也随之增加，从而使所有者权益的比例下降，负债的增加还将使财务费用增加，加重企业的偿债负担。

3）并购企业和目标企业股东的税务处理。对目标企业股东的支付方式影响到股东个人的税收负担。如果并购企业以现金支付并购价格，目标企业的股东必须在交易完成时就其资本收益纳税。而如果采用股票置换的方式进行并购，目标股东只有将收到的并购企业的股票抛出时才会实现资本收益并纳税。所以，在其他条件相同的条件下，股东喜欢非应税收购，因为它能推迟确认资本收益和纳税。另外，持有并购企业股票的目标企业的股东还将从并购后实现的价值中受益。对于并购企业来说，如果其支付的并购价格大于目标企业的账面价值，资产增加，并对新增价值计提折旧或进行摊销，从而降低并购后企业的税收负担。

4）并购企业所遵循的管理规定。在股票置换并购方式中，并购企业发行股票必须经过证券监督管理部门的审查和批准，复杂的程序和较长的审批时间给予目标企业的管理当局充裕的时间实施防御策略。

（六）重组对企业财务影响分析

重点研究本次重组对企业偿债能力、资本结构及现有投资者的影响，如对现有投资者持有股权比例、控制力、今后可分配的利润等方面的影响。

1. 利润及利润分配分析

是对企业重组实施后财务主体在经营期内取得的收益、税费支付以及收益分配的全过程进行分析。这项分析是通过编制项目实施后财务主体的利润及利润分配表进行的。评价企业运用折旧、税收及股利分配等财税政策的合理性。

2. 债务清偿能力分析

债务清偿能力分析的过程，重点是编制企业重组实施后企业的财务计划现金流量表，用于反映企业在项目计算期各年经营、投资及筹资活动所产生现金流量，在此基础上进行现金流量规划，计算反映债务清偿能力的各项财务比率，如利息备付率（ICR）和偿债备付率（$DSCR$）。

3. 资本结构合理性分析

可编制重组后的资产负债表，进行资产负债比例、长期债务与权益资本的比例分析，判断企业负担长期债务能力。资产负债表是反映重组后实施后企业计算期各年年末时点资产、负债和所有者权益构成情况的财务报表。根据该表的数据来计算资产负债率。资产负债率（$LOAR$）是项目实施后企业在计算期各年年末负债总额（TL）与资产总额（TA）的财务比率，是评价企业负债水平的综合财务比率。适度的资产负债率既表明企业投资人和债权人的风险较小，又能表明企业经营安全、稳健、有效，具有较强的融资能力。

4. 最佳融资结构的财务分析

对于市场竞争机制比较完善，并且已经建立现代企业制度的企业，尤其是上市公司的投资项目，在企业重组投资决策中，可以进一步从财务管理的角度，通过每股盈余分析、企业价值分析、采用杠杆系数分析方法进行融资风险分析等，分析融资结构合理性。

（七）企业重组不确定性与风险分析

1. 不确定性分析

与一般投资项目分析的内容相同，包括敏感性分析、临界点分析等。

2. 重组风险分析

除采用一般的概率分析外，还应注重融资风险分析、经营风险分析、政策风险分析和市场风险分析等；重点应分析资本结构的合理性，并充分考虑重组项目的不可预见成本。

（1）营运风险。是指企业完成重组后，新企业因规模过于庞大而产生规模不经济，甚至使整个集团的经营业绩都被并购进来的企业所拖累。

（2）信息风险。信息在重组中非常重要，真实与及时的信息可以大大提高重组企业行动的成功率。但重组中因贸然行动而失败的案例不少，这就是"信息不对称"的结果。

（3）融资风险。企业重组需要大量资金，所以重组决策会同时对企业资金规模和资金结构产生重大影响，融资风险具体包括资金是否可以保证需要、融资方式是否适应重组方案、现金支付是否会影响企业正常的生产经营，还贷偿债风险。

（4）法律风险。各国关于重组的法律法规存在差异，因法律法规规定而增加成本，将提高重组难度。

（5）体制风险。在我国企业资本经营过程中，相当一部分企业的重组行为是由政府部门强行撮合而实现的。企业重组需要政府的支持和引导，但重组行为是企业基于市场竞争而自主选择的发展战略，是一种市场化行为。政府依靠行政手段进行企业重组不仅背离市场原则，难以达到预期效果，而且还会给重组企业带来体制风险。

三、重组目标企业财务分析案例

（一）目标企业并购价值分析

【例 9-2】 H 是一个大型技术公司，计划采用并购方式迅速扩大经营规模，并在初步调查后将 A 公司确定为目标企业。A 公司现在的负债比例为 30%，H 公司计划成功并购后，将 A 公司的债务提高到 40%。H 公司和 A 公司的税率均为 40%。预测现金流量见表 9-1。

本例价值评估考虑的是权益的价值，而不是评估整体价值。首先，目标公司 A 不再作为独立的实体经营（是子公司），而成为购买公司的资产组合的一部分。因此，在分析时必须考虑经营方式的变化对企业价值的影响。其次，估计的目标是评估目标公司的权益，因为 H 公司（母公司）是从所有者而不是债权人手中购买公司。因此，尽管是 "评估公司的价值"，而焦点集中在评估权益的价值，而不是评估整体价值。

1. A 公司被并购后的现金流量分析

根据 A 公司的经营状况及其技术咨询服务的市场占有率，考虑到并购后的协同效应，预测 A 公司被并购后的现金流量如表 9-1 所示。

| 表 9-1 | A 公司被并购后经营期现金流量预测 | | | | 单位：万元 |

表 9-1　A 公司被并购后经营期现金流量预测　　单位：万元

序号	项　　目	2005 年	2006 年	2007 年	2008 年	2009 年
1	营业收入	11200	13000	15200	18000	20000
2	经营成本	9500	10900	12400	14400	16000
3	折旧	850	850	950	980	1000
4	息税前利润	850	1250	1850	2620	3000
5	利息①	300	400	500	600	600
6	税前利润	550	850	1350	2020	2400
7	所得税（40%）	220	340	540	808	960
8	净利润	330	510	810	1212	1440
9	加：折旧	850	850	950	980	1000
10	现金流量	1180	1360	1760	2192	2440
11	减：A 公司留存收益②	500	500	800	1000	1300
12	加：终止价值③					17914
13	H 公司可得的现金流量④	680	860	960	1192	19054

① 利息是根据 A 公司的现有负债和将债务比例提高到 40% 而增加的负债，以及并购后在维持 40% 负债的目标资本结构的前提下为扩张筹资所需增加的债务之和估计的。

② 并购后 A 公司的一部分现金流量将留存，用于公司的资产重置和扩张，其余的现金流量属于 A 公司。

③ 预计 A 公司在 2020 年以后的现金流量按照 10% 的比例增加，2020 年以后的所有现金流量在 2020 年年底的价值根据固定增长模型估计为 17914 万元，即 $V_{2020} = \dfrac{(2440-1300)\times(1+10\%)}{17\%-10\%} = 17914$ （万元），其中权益成本 17% 为估计值。

④ H 公司并购 A 公司后预计可以取得的净现金流量。这部分现金流量可以用于向 H 公司的股东发放股利，为 H 公司的其他部门和子公司的扩张提供资金等。

对现金流量的影响：

（1）与典型的资本预算不同，并购分析中预测现金流量时通常将利息费用考虑进来，其原因是：①并购企业一般负担目标企业的债务；②并购经常使用负债进行部分筹资；③目标企业在以后的扩张中还会举借新债。合理反映并购负债的最简单的方法是在预测现金流量时考虑每年的预计利息支出。

（2）并购完成后，A 公司的一些资产将报废，且 H 公司计划扩大 A 公司的规模，所以 A 公司必须留存一部分权益资本用于再投资，这部分不能转到 A 公司的现金流量的留存额列示在表 9-1 的第 11 行。

（3）表 9-1 中预测了 A 公司五年的现金流量，但 H 公司可能对 A 公司进行无限期经营，所以根据 2020 年的现金流量，利用持续增长模型估计 2020 年以后的全部现金流量，作为终止价值列示在表 9-1 的第 12 行。

2. 估计贴现率

表 9-1 中最后一行的净现金流量属于 H 公司的股东权益，所以应使用权益资本成本作为贴现率，且使用的权益资金成本必须体现表中净现金流量的风险，符合条件的只能是 A 公司

的权益资金成本，而不是 H 公司或者并购后的权益资金成本。

和资本预算现金流量的风险分析相同，H 公司将对现金流量进行风险分析。在这种情况下，假定 A 是上市公司，可以直接评价其市场风险。假定 A 公司并购前的 β 系数是 1.29，它反映的是并购前 30%的债务比例，而并购后的负债将增加到 40%。仍然可以使用 Hamada 等式估计杠杆变化对 β 系数的影响。首先计算 A 公司负债为零时的 β 系数

$$b_{\mathrm{U}} = \frac{b_{\mathrm{L}}}{1+(1-T)(D/E)} = \frac{1.29}{1+(1-40\%)\times(30\%/70\%)} = \frac{1.29}{1.26} = 1.02$$

接下来计算 A 公司负债为 40%时的 β 系数

$$b_{\mathrm{L}} = b_{\mathrm{U}} \times [1+(1-T)(D/E)] = 1.02 \times [1+(1-40\%)\times(40\%/60\%)]$$
$$= 1.02 \times 1.4 = 1.43$$

最后，根据资本资产定价模型计算 H 公司并购后的权益资金成本。如果无风险报酬率是 10%，市场风险报酬率为 5%，则 K_{S} 计算为

$$K_{\mathrm{S}} = K_{\mathrm{RF}} + (K_{\mathrm{M}} - K_{\mathrm{RF}})b$$
$$= 10\% + 5\% \times 1.43 \approx 17\%$$

3. 计算目标企业的价值

B 公司对 A 公司的价值等于归属 A 公司的现金流量按照 18.2%贴现的现值

$$V = \frac{680}{1+17\%} + \frac{860}{(1+17\%)^2} + \frac{960}{(1+17\%)^3} + \frac{1192}{(1+17\%)^4} + \frac{19054}{(1+17\%)^5}$$

$$\approx 11136 （万元）$$

所以，A 公司对 H 公司的价值是 11136 万元。

4. 并购价格的确定

按上述分析，A 公司对 H 公司的价值是 11136 万元，是 H 公司能够支付的最高并购价格。如果 H 公司的出价高于这一价格，其股东将蒙受损失；反之，如果并购价格较低，如 10136 万元，H 公司的股东将因并购而获利 1000 万元。

再看 A 公司，其 1000 万股股票的现行市价为每股 8.25 元，说明公司独立经营的价值为 8250 万元。如果以高于 8250 万元的价格被并购，公司的股东将受益。反之，则蒙受损失。

8250 万和 11136 万之间的差额 2886 万元，表示本次并购将产生的协同效应收益。以下是并购中应注意的几个问题：

（1）如果没有协同效应收益，最高并购价格将等于目标企业现在的价值。协同效应收益越大，目标企业的现价和并购企业可以支付的最高价格之间的差额越大，并购成功的可能性越大。

（2）如何分配协同效应收益在并购分析中是至关重要的，并购双方都想尽可能多得利益。在本例中，如果 A 公司的管理团队知道 H 公司可以支付的最高价格，它将提出接近 11136 万元的要价，而 H 公司将尽可能以接近 8250 万元的价格并购 A 公司。

（3）在 8250 万和 11136 万之间，实际并购价格的确定取决于许多因素，包括 H 公司并购的支付方式、双方的谈判技巧，最重要的是基本经济状况所决定的双方的议价形势。为了说明最后一点，假定 A 公司拥有一些先进技术或者许多公司都想要的特殊资产，当 H 公司准备并购 A 公司时，许多其他公司也可能计划对 A 公司进行并购，在这种情况下，最后的成交价格将接近、甚至超过 11136 万元。另外，如果只有 H 公司或少数几个公司将 A 公司作为目标公司，实际并购价格可能远远小于 11136 万元。目标公司并购价格示意见图 9-8。

（二）并购对企业收益的影响分析

【例 9-3】　H 企业计划以发行股票方式收购 A 企业，并购时双方相关财务资料见表 9-2。

表 9-2　　　　　　　　　　　　双 方 相 关 财 务 资 料

项　　目	H 企业	A 企业
净利润	1200 万元	400 万元
普通股股数	550 万股	250 万股
每股收益	2 元	1.25 元
每股市价	32 元	15 元
市盈率	16 倍	12 倍

（1）若 A 企业同意其股票每股作价 16 元由 H 企业以其股票相交换，则交换比率为 16/32=0.5，H 企业需发行 250×0.5=125 万股股票才能交换 A 企业所有股份。

（2）现假设两企业并购后收益不变，则并购后存续 H 企业的利润等于原 H、A 企业利润之和，即为 1200+400=1600 万元，并购后总股本为 675 万股，因而每股收益为

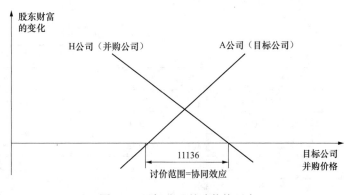

图 9-8　目标公司并购价格示意

1400/675=2.37 元。由此，H 企业实施并购后每股收益将提高 2.37－（1200/550）=0.19 元。但原 A 企业股东的每股收益却有所降低，因其 A 企业股票每股相当于并购后 H 企业股票的 0.5 股，所以其原持有股票的每股收益仅相当于 0.5×2.37=1.185 元,较原来降低了 1.25－1.185=0.065 元。A 企业股票的作价若不是 16 元而是 25 元，则这时的交换比率为 25/32=0.78 股。企业全部股票需发行新股 250×0.78=195 万股，H 企业的每股收益将为 1600/（550+195）=2.15 元。在这种情况下，H 企业的每股收益降低，而原 A 企业股东的每股收益为 0.78×2.15=1.667 元，较并购前有所提高。

（3）由此可以推出 H 企业每股收益保持不变的股票交换比率。H、A 两企业合并后收益能力不变，设股票交换率为 R，则

$$并购后A企业的每股收益 = 并购前H企业的每股收益 = 2元$$

$$1600/（550+250R）=2$$

$$R=［（1600/2）－550］/250=1$$

由此求得 $R=1$，即 H 企业对 A 企业的每股股票作价 1×32=32 元。

（三）企业并购对股票市场价值的影响分析

【例 9-4】　并购过程中，每股市价的交换比是谈判的重点。公开上市的股票，其价格反映了众多投资者对该企业内在价值的判断。因此，股价可反映企业的获利能力、股利、企业风险、资本结构、资产价值及其他与评价有关的因素。股票市价的交换比率为被并购企业每股作价除以被并购企业每股市价。这个比率若大于 1，表示并购对被并购企业有利，企业因

被并购而获利；若该比率小于 1，表明被并购企业因此而遭受损失。

（1）假设 X 企业股价为 30 元，Y 企业股价为 15 元。若 X 企业提议以其半股交换 Y 企业一股，则此时股价交换比率为（30×0.5）/15=1。这表明 X、Y 两家企业的股票以市价一比一的比例对换。

（2）假如存续企业的股票能稳定在每股 30 元的水平，就该股票市场价值而言，并购双方的股东在并购后都未受到任何损失，但这将对并购企业缺乏吸引力。因此，并购企业常提议收购价格高于其并购目标在拟议收购当时的每股市价。

（3）例中，X 企业可能提议以 0.667 股换取一股，即以每股 20 元作为当时的市场价格。实际上，只要并购企业提议的价格超过被并购企业当时的市场价格，并购企业的股东就可能在每股市价方面获得好处，因为两家企业的市盈率存在差距。假定两企业财务资料列于表 9-3 中。

表 9-3 两企业相关财务资料

项　　目	X 企业	Y 企业	X 并购 Y
净收益	700 万元	340 万元	1040 万元
股数	450 万股	250 万股	616.75 万股
每股收益	1.5 元	1.2 元	1.686 元
每股市价	30 元	15 元	33.726 元
市盈率	20 倍	12.5 倍	20 倍

（4）若 Y 企业每股作价 20 元，即 X 企业每 0.667 股换取 Y 企业 1 股，则并购 Y 企业股票的市价交换比率为（30×0.667）/15=1.333。

显然，此交易使 Y 企业股东在股价方面获得收益，因为并购作价高于其股票市价。同时，X 企业的股东也能获得好处，因为若其股票每股市盈率维持于 20 倍，而在其他条件不变的情况下，并购后 X 企业每股市价将升至 33.726 元。计算如下：

每股收益   1040/（450+250×0.667）=1.686

每股市价   20×1.686=33.726

（5）市场交换比率还有助于被并购企业对不同并购企业的出价进行测算、评价并决策。假定 X、Y 两家企业均有意购入 S 企业全部普通股实现并购。S 企业目前每股市价 13 元，X、Y 两企业的报价分别为：

X 企业：愿以其 0.45 股普通股（目前市价 25 元）加 0.2 股优先股股份（目前市价 16 元）。

Y 企业：愿以其 0.4 股普通股（目前市价 20 元）加 7.5 元现金。

若不考虑现金股利和所得税因素。两者各自的股票市场价值交换比率为：

X 企业   （0.45×25+0.2×16）/13=1.11

Y 企业   （0.4×20+7.5）/13=1.19

所以，Y 企业的报价对 S 企业更有利，S 企业选择由 Y 企业进行并购。

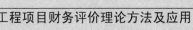
第十章

公益事业及基础设施项目财务分析

公益事业及基础设施项目具有明显的公益性及公共服务特征，是政府部门必须深度参与的领域。同时，随着公共基础设施领域市场化改革的推进，需要打破公共部门垄断格局，吸引民营资本参与项目的投融资建设及运营。对于实行市场化运作的公益事业及基础设施项目，各参与主体的诉求不同，存在公共利益与商业利益的协调等复杂问题，从而使得这类项目的财务评价必须符合其行业特征及运营模式的特殊要求，以便为这类项目的可行性研究和投资决策提供可靠依据。

第一节　公益事业及基础设施项目运营及收费模式

一、公益事业与基础设施项目财务分析的特点

（一）公益事业与基础设施项目财务分析的作用

这里所述公益性与基础设施项目是旨在实现社会目标和环境目标，为社会公众提供产品或服务的经营性与非经营性项目。经营性项目包括城市公用工程（供水、供热及煤气、污水垃圾处理）、交通、水利项目等。非经营性项目包括社会公益事业项目（如教育项目、医疗卫生保健项目）、环境保护与污染治理项目及其他公用基础设施项目（如市政道路、农村道路）等。这些项目经济上的显著特点是为社会提供服务和使用功能，项目的收费标准或票价水平受到政府调控，或不收取费用或只收取少量费用。

由于建设这类项目的目的是服务于社会，进行财务分析的目的不是为投资决策提供依据，而是为了考察项目的财务状况，了解是盈利还是亏损，以便采取措施使其能维持运营，更好地发挥其社会公共服务功能。另外，很多非经营性项目的财务分析实质上是在进行方案的费用比选，以使所选择方案能在满足项目目标的前提下，花费费用最少。

（二）经营性公益事业与基础设施项目财务分析要点

1. 合理确定服务收费价格

服务收费价格是指向服务对象提供单位服务收取的服务费用，需分析其合理性。分析方法一般是将预测的服务收费价格与消费者承受能力和支付愿意以及政府发布的指导价格进行对比，也可与类似项目对比。

有时需要在维持项目正常运营的前提下，采取倒推服务收费价格的方式，同时分析消费者支付能力。

2. 重点分析财务收支平衡

对于有营业收入的项目，财务分析的内容应根据收入抵补支出的不同程度，区别对待。通常营业收入补偿费用的顺序是支付运营维护成本、缴纳流转税、偿还借款利息、计提折旧

和偿还借款本金。可分为以下三种情况:

(1)营业收入不足以补偿运营维护成本的项目。没有营业收入,或者虽有营业收入,但不足以补偿运营维护成本的项目,应估算收入和成本费用,通过两者差额来估算运营期各年需要政府给予补贴的数额,进行财务生存能力分析,并分析政府长期提供财政补贴的可行性。对有债务资金的项目,还应结合借款偿还要求进行财务生存能力分析。

(2)运营短期内收入不足以补偿全部运营维护成本的项目。有些项目在短期内收入不足以补偿全部运营维护成本,但随着时间推移,通过价格(收费)水平的逐步提高,不仅可以补偿运营维护成本、缴纳流转税、偿还借款利息、计提折旧、偿还借款本金,还有可能产生盈余。因此对这类需要政府在短期内给予补贴、以维持运营的项目,只需要进行偿债能力分析(如有借款时)和财务生存能力分析,推算运营前期各年所需的财政补贴数额,分析政府在有限时间内提供财政补贴的可行性。

(3)营业收入补偿运营维护成本且有一定盈利能力的项目。随着投资体制的不断改革,在上述类型项目中,有的已转化为盈利性项目,既有收费机制和营业收入,采用市场化运作,其财务收益能够回收投资和补偿运营维护成本,并有一定盈利能力。

营业收入在补偿项目运营维护成本、缴纳流转税、偿还借款利息、计提折旧、偿还借款本金还有盈余,表明项目在财务上有盈余能力和生存能力,其财务分析内容可与一般项目基本相同。

3. 融资渠道的选择

根据政府投资条例要求,对于公益性与基础设施项目,其资金筹措方案应重点研究政府资金介入的必要性,以及投入的金额,是否可以进行市场化运作,以尽可能降低政府性资金的投入,提高政府投资效率,降低或分散投资风险。根据项目的具体情况可选择以下筹资方式:

(1)对法律法规未禁入的基础设施、公用事业及其他行业项目,应尽可能拓宽项目融资渠道,吸收社会资本进行投资,还可充分利用政府提供的特许经营制度,或通过项目经营权或产权转让等方式筹集资金。

(2)对预期收益稳定的基础设施项目,应积极争取国家的支持,经批准通过公开发行股票、可转换债券等方式筹集建设资金,符合条件的企业发行项目建设债券,有实力的企业通过海外上市、吸收外资入股等形式从国际资本市场融资。

(3)涉及政府垄断资源开发利用、需要统一规划布局的项目,政府在确定发展建设规划后,可向社会公开招标选定项目业主。

二、经营性公益事业与基础设施项目特许经营模式的选择

特许经营模式是指政府为了提供公共基础设施、社会福利及相关服务与民营企业实体之间所做的一种安排。这种模式不同于一般意义上的民营化。后者除了私人拥有外,其运作主要受制于市场机制和政府一般性的规制(regulation);特许经营则不同,合作各方的责任、风险和回报主要受制于特许出(受)让合约(concession agreement)。政府在这种模式下还承担不同程度的责任,如提供土地和其他资源的供应,同时对项目实施必要的监控。其实质是让公共部门和非公共部门各自承担所擅长的事务和风险,充分利用市场配置资源的效率,同时又保证公共利益不受损失。

(一)特许经营的适用性

公共项目能否采用特许经营模式很大程度上取决于项目设施的数量、技术复杂性、收费的难易程度以及项目边界的清晰程度等因素。公共项目需要的资本投资越多、技术的专业化程度越高、收费越容易、地方性越强，那么民间资本介入的程度就可越高。我国特许经营模式主要用于电力、供水、污水处理、收费公路以及供气等公用项目。尤其值得注意的是，特许经营的模式已开始向学校、医院、地铁甚至监狱等设施推广，由民营项目公司融资建设，提供硬件服务，由公共部门运行。

（二）特许经营的典型模式

在特许经营模式下，公共基础设施的建设可以采用多种模型，如表 10-1 所示。特许经营模式存在的基础是特许经营协议和所有权的归属。下面具体介绍各种模式的特点。

1. 建设-运营-转移（BOT），建设-运营-拥有-转移（BOOT）

由项目所在国政府或所属机构为项目的建设和经营提供一种特许经营协议（concession agreement），本国公司或者外国公司作为项目的投资者和经营者负责安排融资。项目的投资者和经营者负责开发、建设项目，并在特许经营期内经营项目获取商业利润；在项目特许经营期末根据协议由项目所在国政府或所属机构支付一定量资金（或无偿）从项目的投资者和经营者手中取得项目。

2. 建设-转移-运营（BTO）

政府与民营企业签订协议，由民营企业负责基础设施的融资和建设，完工后将设施转移给政府。然后，政府把该项基础设施租赁给该民营企业，由其负责基础设施的运营，获取商业利润。在此模式中，不存在基础设施公共产权问题。还有一种与此类似的模型，称为建设-回购（BT），即由民营企业在特许经营协议下完成投融资和项目建设，然后由政府回购。

表 10-1　　　　　　　　　　特许经营模式在各种情况下的运用

设施类型	适用的模型
新建设施	建设-运营-转移（BOT），建设-运营-拥有-转移（BOOT）
	建设-转移-运营（BTO）
	建设-拥有-运营（BOO）
对已有设施的扩建	租赁-建设-运营（LBO）
	购买-建设-运营（BBO）
	扩建后经营整体工程并转移（wraparound addition）
已有设施	转移-运营-移交（TOT）
	服务协议（service contract）
	运营和维护协议（operate-maintenance contract）

3. 建设-拥有-运营（BOO）

在该模型下，由民营企业负责公共基础设施的融资、建设，并拥有该项设施，对其进行永久性经营。

4. 租赁-建设-运营（LBO）

政府与民营企业签订长期的租赁协议，由民营企业租赁已经存在的基础设施，向政府交纳一定的租赁费用，并在已有设施的基础上凭借自己的资金融资能力对基础设施进行扩建，并负责其运营和维护，获取商业利润。在该模式中，整体基础设施的所有权属于政府，因而不存在公共产权问题。

5. 购买-建设-运营（BBO）

政府将原有的公共基础设施出售给民营企业，由民营企业负责对该基础设施进行改、扩建，并拥有永久性经营权。

6. 扩建后经营整体工程并转移（wraparound addition）

政府与民间企业签订协议，由民间企业负责对已有的公共基础设施进行改扩建，并负责建设过程中的融资。完工后由民营企业在一定的特许期内负责对整体公共基础设施进行经营和维护，并获得商业利润。在该模式下，民营企业可以对扩建的部分拥有所有权，因而会影响到基础设施的公共产权问题。

7. 转移-运营-移交（TOT）

将已建好的基础设施项目移交给特许经营者运营，经营期满后再移交给政府公共部门。

8. 服务协议（service contract）

对一些特殊的公共基础设施，政府可以把服务发包给民营企业。政府公共部门仍需对设施的运营和维护负责，承担项目的融资风险。这种协议的时间一般短于5年。

9. 运营和维护协议（operate & maintenance contract）

政府与民营企业签订运营和维护协议，由民营企业负责对基础设施进行运营和维护，投资项目的财务投资人获取商业利润。在该协议下，民营企业承担基础设施运行和维护过程中的全部责任，但不承担投融资风险。该模式的目的就是通过引入民营企业，提高基础设施的运营效率和服务质量。

无论是采取何种具体模式，公共部门和民间投资者（企业）双方的目标和利害关系是有冲突的。而这类项目都不具有来自消费者和竞争者的市场充分制约，特许经营协议就成为这种制约的重要补充。由于特许经营期限较长（一般多在20年以上），不确定性也就在所难免。通过公开、公平和公正的竞争，选定最好的特许经营受让企业，形成公私双方双赢的特许经营协议是实现这类模式的关键。以某供水项目的BOT为例，双方面对的敏感问题罗列于表10-2。这些问题都得在协议中提出明确的界定，一旦日后出现纠纷要列明违约处分和仲裁办法。

表 10-2　　　　　　　　　　供水项目 BOT 协议的敏感问题

序号	问题	公共部门（水务当局）	民间投资者（受让企业）
1	最终目标	提供生产和生活用水	取得投资回报
2	水价	符合价格法	不低于"合理报酬"价格
3	供水量	按需供应	满负荷运行
4	特许期限	不能太长	尽可能长，以收回投资
5	水质	达到或超过标准	成本不能太高
6	投入要素涨价	希望企业消化	通过水价弥补
7	结束时转移	完好的设施	继续控制项目
8	汇率风险	企业承担	政府承担
9	项目融资	企业自行解决	要求政府担保或贴息

（三）特许经营的优点和存在的问题

1. 特许经营的可能优点

（1）节约成本，共享风险。作为合作方的民营机构可以通过达到规模经济、技术创新、秉性管理、激励机制等方法，有效降低项目的成本。公共项目的风险包括成本失控、无法达到预订服务目标、无法达到环保要求或其他法规的规定，或者项目收入无法收回投资成本等。在原有政府"通包"的情况下，风险完全由政府来承担，而通过特许经营可以吸引民营机构一起来分担这些风险。任何成功的特许经营项目都应对项目每一种可能的风险进行明确界定，并在政府和民营机构之间进行合理分配。因此，完善的协调平衡应能够确保在风险合理分配的基础上实现最佳经济效益和资金价值，项目参与方能够充分管理上述风险，并在提高经营业绩的同时将成本降至最低，参与各方只承担其最擅长管理的风险和责任。

（2）筹集资金，促进公共设施的发展。采取特许经营可以加快公共基础设施的发展，否则单靠财政和政府负债建设就可能推迟建设，从而影响经济社会的发展。加速基础设施的发展，还会带来两个潜在的好处，是避免了未来人力、物力成本上升的风险，另一个也是最重要的影响在于，可以促进国家经济的增长。基础设施与经济发展是相辅相成的，拥有高质量基础设施的国家或地区往往能吸引到更多的外来投资，从而促进经济的发展。反之，经济发展又能为基础设施提供更好的财力基础，形成一个良性循环。

（3）项目执行更有效率。由于引入专业化的民营企业，使得特许经营项目比传统的公共项目更具专业水平和创新动力，并具有更高的效率，从而减少项目的成本和建设时间，提高项目的运作质量。众多专业的承办商、工程师、咨询师、金融家、律师和其他专业人士集合起来，参与一个项目，将有助于提高技术转移和技术交换的水平，从而提高项目执行的效率。

2. 特许经营存在的风险和障碍

特许经营不是灵丹妙药，如果运用不当，也有一定的风险。政府相关管理部门必须对这些潜在的风险有充分的了解并做好预防措施。

（1）政府对项目失去控制。在一些特许经营的运作模式中，民营机构从设计、建造到运营管理都是主要的承担者，政府对项目的控制主要体现在政府和民营机构的一揽子特许经营合约中。在现实操作中，如果合约条款不全面不完善，或者民营机构缺乏诚信和道德，蓄意欺骗政府部门，就有可能发生政府对公共项目短期或长期失去控制的局面。因此，在特许经营中，政府必须在合约条款中对控制项目服务标准等内容予以严格规定。

（2）公共利益可能受到损害。民营企业的利益在于保证自己的投资回报率，这可能与公共利益相矛盾，比如环境污染问题。假如特许经营的合约条款设计不合理，有可能引起整个项目的服务质量或经营效率的降低。比如，地方政府在设计收费方式和比例时设计标准不当，使民营机构感到在该项目中没有达到原来设想的收益率甚至亏损，其运作项目的积极性必然大打折扣，并将直接影响到项目的服务水平和经营效率，损害到公共利益。

（3）政府的隐性债务问题。特许经营在技术上有可能存在许多问题，比如很难在项目开始之初准确估计需求量、收费标准、通货膨胀率、汇率等，进而影响对收入的估计。这会产生两个不好的后果：一是特许经营权受让者可能无法用足够的收入来补偿成本，更不可能赢利；二是政府为了吸引民间的受让方，往往出让商业利益好的项目，并提供一定投资回报的保证。这样，有利可图的项目授予民营企业，而没有财务效益的项目留给政府，使政府的现金流陷入困境。在政府官员任期制的体制下，过多的利益转让有可能陷入更严重的财政债务危机，在这个过程中难免出现寻租和腐败的可能性。

（4）政府担保问题。为了减少和消除未来不确定现金流的风险，在一些特许经营模式中，政府可能以财务担保的方式承担一部分项目风险，比如税收优惠、债务分担、收益保证、竞争限制等。这样做的后果可能扭曲自由市场的效果和效率。民营部门之所以比公有部门更有效率，就在于它处于一个激烈竞争的市场环境中。如果政府给私有发展商提供补助、担保和竞争的保护，那么就很难想象这些效率还能实现。例如印度在英国统治时期建造铁路，政府保证最低的投资回报率，比如5%，结果引起了所谓的"地下交易"，投资者们不再对工程情况进行必要的监督管理，致使项目失败。

本来政府采用特许经营的方式就是考虑到把融资、建造和运营的财务风险转移到更适合承担它们的民营投资者身上，但是如果反过来政府又对民营部门投资者在特许经营项目上的成功做担保，那么这个风险又重新回到了政府身上。正因为如此，我国对保证固定回报的投资项目予以清理，要求以合理收益分配的形式取代固定投资回报模式。

（5）创新问题。特许经营所被赋予的期望是：由各行业专家组成的多个机构作为项目的参与者，必定会带来有效率的设计。然而研究发现，在很多案例中，往往是一个保守的设计方案被最终采纳了，原因在于特许经营权获得者为减少风险和降低成本所致。有创新的想法只有在能为项目带来长期的经济利益时才会被采纳。项目参与者人数众多，使得项目方案设计必须迎合所有人的喜好，而这必然使设计过程耗时过长并趋于保守。

另一个问题是对项目结束后的技术转移很少有或根本没有保证，因为项目公司不大会花大力气来对项目转交后承担运营和维修的职员进行技术培训。他们更愿意和其子公司或是技术突出的公司合作，而不是与当地公司合作，因为前者可使他们获得更多的财务利益。因而，在项目结束后，社会公众能享受到技术创新的好处可能缺乏必要的保证，受民营企业或外商的牵制。

（6）法制建设问题。我国现行法律法规尚不够完善，缺乏规范化的合同文本。很多特许经营受让公司用公路、水费和电费收费权质押获取银行贷款，这些都涉及合法性问题。因此，如果未来我国基础设施建设要利用BOT模式融资，那么就迫切需要制定相关的发展政策、实施规划和具体程序，涉及整个项目的全过程，还需要一个规范化的合同文本。没有这些配套的法律环境和技术支持，BOT模式具体操作起来难度很大。在我国，特许经营的法治建设工作刚刚开始。2014年国务院印发《关于创新重点领域投融资机制鼓励社会投资的指导意见》，提出进一步放开市场准入、创新投资运营机制、推进投资主体多元化、完善价格形成机制、创新投融资方式等一系列政策措施。为鼓励和引导社会投资，增强公共产品供给能力、提高供给效率，国家发展改革委印发实施《关于开展政府和社会资本合作的指导意见》及通用合同指南，大力推进PPP模式。另外，开展了对《关于鼓励和引导民间投资健康发展的若干意见》配套实施细则贯彻落实情况的第三方评估，为政府决策提供重要支撑。2015年国家发展和改革委员会、财政部、住房和城乡建设部、交通运输部、水利部、中国人民银行共同发布《基础设施和公用事业特许经营管理办法》，有效推动了特许经营制度建设。

第二节　政府投资项目财务方案的制定和评价

一、政府投资

（一）政府投资概念

从投资主体角度看，政府投资指"政府作为投资主体所进行的投资"，政府投资的概念可以从狭义和广义两个层次来理解。狭义的政府投资应限于为弥补市场失灵，由政府出资投放于具有一定经营性的基础设施项目、自然垄断项目、资源开发项目以及高新技术产业项目等，这些项目要么投资额大，投资周期长，投资风险大，一般民间资本做不了或不愿做，要么是民间资本愿做但做不好。政府投资于这些项目，虽不以盈利为主要目的，但它们都属于经营性项目，政府投资要追求一定的保值增值和投资效益，政府不做就会对消费者利益造成较大损害，这些项目原则上不适合民间投资。广义的政府投资应理解为，在狭义政府投资基础上再加上政府支出投放于非经营性的公共物品、公共办公设施、公益性项目等，如国防、医疗、卫生、城市公共设施、环境治理、公、检、法、司等政权机关建设项目。政府投资于这些项目旨在提高社会效益，都不以营利为目的，它们都属于非营利性项目，这些政府投资主要是为社会营造一个安全、稳定、便利的公共条件，以保证社会持续、稳定、健康发展。

政府投资资金，包括各级政府的预算内资金、国家批准的各种专项建设基金、土地批租收入、地方政府按规定收取的各种费用及其他预算外资金等。

（二）政府投资的适用范围

（1）政府投资主要用于关系国家安全和市场不能有效配置资源、需要政府支持的经济和社会领域。主要包括：

1）公益性和公共基础设施投资项目；

2）保护和改善生态环境的投资项目；

3）促进欠发达地区的经济和社会发展的投资项目；

4）推进科技进步和高新技术产业化的投资项目；

5）符合国家有关规定的其他项目。

（2）能够由社会投资建设的项目，尽可能利用社会资金建设。

（3）中央政府投资除本级政权等建设外，主要安排跨地区、跨流域以及对经济和社会发展全局有重大影响的项目。

（三）公益性项目市场化运作的条件

公益性项目能否采用市场化运作，很大程度上取决于其投资的公用物品和服务的特性，因此有必要对其差异情况做出分析，表10-3主要从设施规模、技术复杂性、收费的难易程度、生产或消费的规模四个方面进行研究。

表10-3　　　　　　　　　　　　公用物品和服务的特性

项目	设施数	技术复杂性	收费的难易程度	生产或消费的规模
教育	2	4	2	1～4
健康	2	5	2	4
国防	2	3～5	1	1
社会安全	1	3	1	2～5
司法	1	4	1	4
文化	2	3	4	4
交通运输				
航空	2	5	5	4
道路	5	3	4	4

项目	设施数	技术复杂性	收费的难易程度	生产或消费的规模
铁路	4	4	5	3
水路	2	2	5	3
海运	3	3	5	4
城市运输	4	4	2	5
通信	5	5	5	2～5
电力	5	4	5	2～5
水供应	5	4	5	5
卫生	5	4	1	5
路灯	5	2	1	5
娱乐	4	2	4	5
邮政	1	2	5	3～5
宗教	2	4	2	2～5
科研	2	5	1	5

注 参见 Jean-Yves Perrot & Gautier Chatelus (2000): *Financing of Major Infrastructure and Public Service Projects: Public-Private Partnership, Presses de l'ecole nationale des onts et chaussees*。其中 1 分表示指标值最低，5 分表示指标值最高。

（1）从设施数量上看，道路运输、城市交通、通信、电力、路灯、水和卫生设施等项目比教育、健康、国防、社会安全、科研、司法等数量大，因此这些设施更适于采用公私合作形式。

（2）从技术复杂性上看，路灯、公园和开阔地、邮政等服务主要依靠成熟技术；医疗健康、航空运输、通信和科研则需要更为复杂的、更新更快的技术；水处理等项目则需要稳定和相对成熟的技术。基于私人部门的技术优势，对需要高技术的领域，更适合私人部门介入。

（3）从收费的难易程度上看，基于消费的一般性公共服务收费（如水供应、通信、电力、铁路等）要比纯公用品（如国防、路灯、卫生服务等）更为容易。当然，随着技术的不断进步，收费的可行性也得到不断提高。一般来说，收费越容易，私人部门介入的程度越高。

（4）从生产和消费的规模上看，各项目有所不同。某些项目（如国防或科研）是全国或全世界范围的；而其他项目（如路灯、卫生、水供应、城市运输等）则被局限于一定的区域范围之内。如果一个项目的地方性越强，那么引入民间资本的可能性越大，这是由民间资本的地方性和区域性特征决定的。

总之，只要项目需要的资本投资越多、技术越复杂、收费越容易、地方性越强，那么民间资本介入的程度就越高。特许经营模式适用于投资额大、建设周期长、回收见效慢的项目。在国外，特许经营结构原先主要用于大型交通基建项目，包括公路、轨道交通、城市公交、海港和机场等。近年来，特许经营结构也开始用于电力、供水、污水处理以及供气等公用项目。尤其值得注意的是，特许经营的模式已开始向学校、医院、地铁甚至监狱等设施推广，由民营项目公司融资建设，提供硬件服务，由公共部门运行。和传统的 BOT 不同的是，由政府（公共部门）按硬件服务的质量向项目公司付费而不是直接向最终消费者收费，这样既可保证公用事业公益性服务和社会目标的实现，又可把商业性的事务让给民营企业。

二、民营资本对公益性项目的参与

（一）民营部门参与的可能性

政府投资项目有很多是公共基础设施和公用事业项目，相当部分是提供公用物品（或准公用物品），提供这些物品的很多厂商本身也具有自然垄断的属性，传统的做法是由政府在这一市场失灵的领域提供并直接经营这种产品或服务。公用物品和公共服务的提供（provision）和生产（production）可以相对分离。政府要提供的物品或服务可以通过政府采购和招标的方式，由民营部门生产。

然而，在现实社会中，纯粹的公用物品相当少，大部分是带有不同程度公用性的准公用物品。同时由于技术的进步，使得一些公用物品的排他成为可能，并使自然垄断属性行业也不断出现市场竞争的可能性。日益增多的大量证据表明：通过市场导向的资源配置，公共部门的效率低于民营部门。因此，民营部门不仅生产公用物品，还有可能参与公共项目的投资、运行和管理。这种趋势已成为带有世界性的潮流。人们把民间参与公共基础设施建设和公共事务管理的模式统称为公私合作（public private partnership，PPP）。就政府投资的建设项目而言，民间主要通过特许经营方式（concession transfer）参与投资建设或运行，是 PPP 的主要形式。

在政府投资项目中，引入社会资本或民间资本，适度刺激民营投资的积极性，一方面可减轻政府投资面临的资金压力，另一方面可利用民营投资的经营管理经验，提高效率。出于这些考虑，我国政府积极倡导和鼓励民营资本对公益性项目的参与。因此，在考虑政府投资项目方案选择和实施时要考虑民间参与的可能性和具体的形式，并在此基础上进行财务分析，以保证项目各投资主体和利益主体有财务上的生存能力和获利的可能性。

（二）特许经营项目财务分析特点

如果政府投资项目采取特许经营模式，项目的财务分析就要按特定的模式框架进行。例如，在 BOT 模式下，项目清偿能力和全部投资盈利能力分析的主体就是特许受让公司（项目公司）；项目的计算期要与受让期保持一致，也就不存在期末资产回收的现金流入。如果是 BOO 模式，则与一般盈利性项目的财务分析没有实质性的区别。如果是 BTO 模式，建造和运行就可能是不同的受让主体，就有必要对这些主体分别进行财务分析。总之，财务分析应建立在受让协议规定的基础之上。作为政府也要进行现金流分析，进行民间资本参与的程度和模式的比较，避免国有资产的流失和过重的政府隐性债务。

三、政府投资资金的注入方式及对财务分析的要求

政府投资资金按项目安排，根据资金来源、项目性质和调控需要，分别采取直接投资、资本金注入、投资补助和贴息等方式。政府投资资金的注入方式及资金数额与投资项目的审批有关。

（一）直接投资

直接投资是国家对非经营性项目的直接投入。按照《企业财务通则》2010 版的规定，企业取得的各类财政资金，属于国家直接投资的，应当增加国家资本，对于超过注册资本的投资，则增加国有资本公积。采取直接投资方式的政府投资项目，是非经营性项目，在

经济上的显著特点是为社会提供的服务和使用功能不收取费用或只收少量费用。对这类项目进行财务分析的目的是为了考察项目的财务状况，以便采取措施使其能维持运营，发挥功能；同时也是为了进行方案比选，在满足项目目标的前提下，选择花费较少、收费较低的项目方案。

（1）全部使用政府直接投资的非经营性项目，主要应分析项目的现金流入和流出（需要编制财务计划现金流量表，分析财务收支是否能够平衡，考察政府的财政实力。具体又可分为：

1）无营业收入的非经营性项目，通常需要政府长期补贴才能维持运营，要在估算运营期运营成本的基础上，估算每年需要政府补贴的数额，分析、研究政府提供补贴的方式，确保项目运营的财务可持续性。

2）有运营收入、但收入不足以弥补运营期运营成本的非经营性项目，应在估算运营期运营收入和运营成本的基础上，计算每年运营成本与营业收入的差额，据此估算需要政府补贴的数额。

（2）对非经营性项目可采用以下指标来分析投资、运营成本及服务收费的合理性，进行项目方案的比选。

1）单位功能（或者单位使用效益）投资。是指建设一个单位使用功能所需的投资，如医院项目每张病床的投资、学校项目每个就学学生的投资、办公用房每个工作人员占用面积的投资等，则

$$单位功能（或者单位使用效益）投资 = \frac{建设投资}{设计服务能力或设施规模} \qquad (10\text{-}1)$$

进行方案比选时，在功能相同的情况下，一般以单位投资较少的方案为优。

2）单位功能运营成本。是指项目的年运营成本与年服务总量之比，如污水处理厂项目处理每吨污水的运营成本，则

$$单位功能运营成本 = \frac{年运营成本}{年服务总量} \qquad (10\text{-}2)$$

年服务总量指拟建项目建设规模所设定的年服务量。

3）服务收费价格。这项指标是指向服务对象提供每单位服务收取的服务费用，用以评价收费的合理性。一般是将预测的服务收费价格与消费者承受能力和支付意愿，以及政府发布的指导价格进行对比。

（二）资本金注入

资本金注入是国家对项目的有偿投入。采取资本金注入方式的政府投资项目，为经营性项目。政府作为项目出资人要确定出资人代表。以资本金注入方式投入的政府投资资金，应视为项目的权益资金。按照《企业财务通则》的规定，企业取得的各类财政资金，属于资本金注入的，应当增加国家资本，对于超过注册资本的投资，则增加国有资本公积。

采取资本金注入方式的政府投资项目，在全面分析项目的财务盈利能力、财务可持续性以及融资主体的债务清偿能力的同时，还应对资本金的盈利能力进行分析，预测项目对投资者的价值贡献。如果项目存在股权之外的不对等收益时，还应进行各方投资的现金流量分析，判断其收益差别是否合理。

（三）投资补助和贴息

（1）中央预算内投资补助是指国家对符合条件的企业投资项目给予的投资资金补助。对于投资补助资金的性质，有关的规定有：

1）投资补助资金是国家对项目的无偿投入。

2）对经营性建设项目的投资补助作为资本公积管理。项目单位同意增资扩股的情况下，可以作为国家资本金管理。

3）企业取得的各类财政资金，属于投资补助的，增加资本公积或者实收资本。国家拨款时对权属有规定的，按规定执行；没有规定的，由全体投资者共同享有（《企业财务通则》2010年）。

（2）中央预算内贴息是指国家对符合条件，使用了中长期贷款的投资项目给予的贷款利息补贴。贴息资金是国家对项目的无偿投入，应分别按以下情况进行处理：①在建项目冲减工程成本（即冲减建设期利息）；②竣工项目冲减财务费用（即冲减运营期建设投资借款利息）。

按照《企业财务通则》的规定，企业取得的各类财政资金，属于贷款贴息的，作为企业收益处理。

（3）申请中央预算内投资补助或贴息资金的投资项目，应报送资金申请报告。

按有关规定应报国务院或国家发展改革委审批、核准的项目，可在报送可行性研究报告或项目申请书时一并提出资金申请，不再单独报送资金申请报告；也可在项目经审批或核准同意后，根据国家投资补助、贴息的政策要求，另行报送资金申请报告。

按照规定应当由地方政府审批的政府投资项目，应当在可行性研究报告或者初步设计批准后提出资金申请报告。按有关规定应由地方政府核准或备案的企业投资项目，应在核准或备案后提出资金申请报告。

（4）使用投资补助和贴息资金的经营性项目，其财务分析与一般经营性项目的财务分析基本相同，即应全面分析项目的财务盈利能力、财务可持续性，融资主体的债务清偿能力，评价项目的财务可接受性。

四、政府投资项目财务生存能力分析

（一）政府投资项目的债务清偿能力

政府投资项目也是在市场经济环境下建设和运行的。因此，在实际的市场价格、补贴和税收环境下预测项目财务上的清偿能力，分析对投资参与者的吸引能力，据以判定项目财务上的可行性和生存能力是必要的。有很多政府投资的项目，其效益和费用主要由财务上的现金流量予以体现。这时，项目可先作财务分析，在此基础上，按经济分析的要求对现金流量做必要的调整，得出经济分析的效益和费用流。另有一些公用项目或非盈利性项目则可先进行经济分析，再作财务清偿能力分析，而盈利能力分析可以不做或简化。财务分析还可以对项目的各投资主体和利益主体分别进行损益分析，从而调动和协调他们的积极性，使政府投资项目得以顺利实施。

所有政府投资项目都要从项目主体的角度分析项目财务可持续性（liquidity），验证资金供应和周转是否充足，以避免项目因资金不足而无法启动或中断。这种分析是在原"资金来源和应用表"的基础上进行的，见表10-4。该表的现金流量应按现时价格计算。判断标准是各期的累计资金盈余要大于零。

（二）政府现金流（government cash flow）分析

政府建设项目财务分析还有一个目标就是要考察项目的建设和运行对政府的收入和支出的影响。这种分析完全是从政府角度，既包括预算内也包括预算外，必要时还可以从中央政府和相关的若干个地方政府的角度分别进行分析。

表 10-4 　　　　　　　　用于财务计划的现金流量表　　　　　　　　单位：万元

序号	项　　目	合计	计算期				
			1	2	3	…	n
1	现金流入						
1.1	销售（营业、服务）收入						
1.2	长期借款						
1.3	短期借款						
1.4	发行债券						
1.5	项目权益投资出资						
1.6	政府拨款						
1.7	政府补贴						
1.8	捐赠						
	…						
1.9	其他						
2	现金流出						
2.1	经营成本						
2.2	城市维护建设税及教育费附加						
2.3	增值税						
2.4	所得税						
2.5	建设投资（不含建设期利息）						
2.6	净营运资金						
2.7	各种利息支出						
2.8	偿还债务本金						
2.9	分配股利或利润						
2.10	其他						
3	净现金盈余（1-2）						
4	累计净现金盈余						

注　资金来源和应用表也称为用于财务计划的现金流量表，其资金来源（现金流入）一律从销售（服务收费，没有收费的为零）算起，而不从利润总额算起，因为有很多项目是非营利性的。一般在建设期末和运行期初资金较为紧张，时间间隔可以短一些，计算期限也可以短于投资现金流量的计算期。

政府除了作为权益投资者的身份参与投资和回收外，还可以通过税收和补贴，有时也作为债权的中介，对项目收益和费用进行调节。一般项目的政府现金流量见表 10-5。

从政府现金流量表可以看出政府对项目的财政支持力度，也可以从累计盈余看出政府回收支出的速度。这张表的数值应该用现时价格，以便与债务偿还等口径一致。但是，这样做的困难是要估计今后相当长时间的通货膨胀率。因此建议项目建设期按估计的通货膨胀率价格上浮，待建设期结束项目开始运行时，按这时的时点不再上浮（即用该时刻实价估算）。

表 10-5 　　　　　　　　　　　政 府 现 金 流 量 表 　　　　　　　　　　单位：万元

序号	项　　目	合计	计算期				
			1	2	3	…	n
1.1	境外金融机构对项目的贷款收入						
1.2	项目对境外和国有银行的还本付息和其他费用收入						
1.3	政府作为出资人的股利上缴收入						
1.4	各种税、费收入						
1.5	其他现金流入						
2	现金流出						
2.1	对境外金融机构的还本付息和其他费用						
2.2	政府对项目（法人）的贷款支出						
2.3	政府作为出资人的权益投资支出						
2.4	其他支出（包括补贴、培训和项目外的各种配套设施等）						
3	当期盈余（赤字）（1-2）						
4	累计盈余（赤字）（Σ3）						

注　1. 表中现金流入和流出的前两项（1.1、1.2；2.1、2.2）表示政府参与项目融资有可能产生的收入和支出。境外融资机构一般先贷给政府或通过政府再转贷给项目（或统借统还）。贷款的费用、金额、币种和期限都会有差异，政府为此有可能承担费用（给项目以补贴），也有可能获得盈余。国有银行的贷款也可以看作政府的支出，项目的还本付息可以看作政府的收入，其中政府的贴息（对项目的补贴）可以从中得到反映。

　　　2. 流入和流出的第三项（1.3 和 2.3）表示政府作为项目的出资人的支出和回报。在我国，政府通常以有政府背景的投资公司名义投资，其回报一部分用于公司的开支，大部分应视作政府的收入。

　　　3. 由项目引起的税收增量，显然是政府的收入，除了前述的与项目有关的销售税金、增值税和企业所得税和经营成本中的各种税收收入外，还应包括由项目产生的个人所得税（职工工资所得和投资者的股利所得等）和项目主要投入物的进口税；国有企业经营收入；相应的，流出的补贴中包括政府对项目投入产出物的价格补贴以及与项目有关但又不属项目范围的各种培训、宣传和配套费用等。

第十一章

跨国投资项目财务分析

跨国投资以对外直接投资的方式向东道国扩张，通过直接控制其在各东道国的企业和分支机构以适应其在国际市场从事生产经营活动的要求，以扩大其在世界市场所占份额。跨国公司跨越了不同的文化、政治及经济界限，跨国投资项目涉及不同的国家及地区，市场、法律及政策环境不同，利率、汇率及国际市场价格的变化对项目投资财务分析评价产生多方面的影响。投资决策应考虑跨国投资的相关特点，并在财务分析中予以考虑。

第一节　跨国投资与国际筹资

一、跨国公司投资

根据联合国"跨国公司行动准则政府间工作组"提出的定义，跨国公司是一个由经济实体构成的工商企业，主要特征包括：①由一系列企业在两个或两个以上的国家开展经营活动；②这些企业推行总公司的全球战略，并且共担风险、共享资源；③这些企业在一个共同控制体系下开展经营活动。该控制体系以股权、合同或其他安排为依据。跨国公司是在一定程度上通过集中控制、在两个或两个以上的国家从事跨国界生产经营活动的经济实体。对外直接投资（foreign direct investment，FDI）是指跨国公司在一个或数个国家通过直接投资设厂、建立原材料基地或销售渠道等实物性资产的投资手段以获取一定收益的活动。中外合资经营项目是跨国公司项目的主要表现形式。

（一）跨国企业直接投资的动因

（1）开拓新市场。公司的产品在国内市场上达到饱和后，只能到国外市场上寻求新的增长机会；企业将视野移向海外，开辟新的海外市场并占领海外市场，据此提高产品销售量，降低成本，充分发挥有利的经营杠杆作用，提高企业的生产效率和盈利能力，从而实现规模经济效益。

（2）保证原材料供应。企业为保证能源与原材料持续供应，在世界各地拥有多个工厂供应同一种原材料或产品，可以确保企业生产经营活动的正常运转，在世界各地都有附属公司。

（3）寻求新技术。没有一个国家和企业能够在所有的技术方面都保持领先优势，公司应在全球范围内寻求领先的、更为科学的技术方案。

（4）降低成本。降低成本是公司海外经营的一个重要原因。许多国内生产成本较高的公司纷纷将其生产线转移到劳动力和原材料成本较低的地方。我国过去30多年能够吸引外资的条件之一就是低廉的劳动力成本。例如，奔驰和宝马由于在德国的生产成本高，便在我国建立了装配车间。

（5）多元化经营。通过建立世界范围的生产企业和市场，企业可以减缓其中任一国家的不利经济变化造成的冲击。

（6）避免政治障碍和管理规定的限制。为了保护国内企业，减少贸易逆差，政府对于进口产品可能通过征收高额关税，或者实行许可证制度等，人为设置障碍。为了避免这种情况，企业可以直接到国外办厂，在国外生产产品。例如，日本汽车公司到美国生产汽车的主要动因就是绕开美国的进口配额。

（二）跨国企业直接投资项目类型

跨国企业直接投资项目主要分为新建项目和企业并购项目。

1. 新建项目

新建（greenfield investment）项目包括新建独资海外子公司和与当地人合资新建合营企业两种方式。

（1）新建独资海外子公司是由母公司全资投入与经营，并根据东道国法律在当地注册登记的独立法人。海外子公司具有拥有东道国"国籍"和独立法人资格、享受东道国当地政府给予的税收减免等优惠、受到的经营限制较少等特点。

（2）合营企业又分为股权式合营和契约式合营两类。其中，股权式合营企业又称合资企业，是外国投资者与当地企业以现金、厂房设备、知识产权、管理技能、土地等形式在东道国共同投资、共同管理、共担风险、共享利润的法人实体，在东道国注册并受东道国法律的保护和管理。合资企业主要采取有限责任公司和股份有限公司两种组织形式。契约式合营企业，又称合作经营企业，其特点在于以合同而非股权的形式构成合作各方的权利与义务的基础。

2. 企业并购

并购是指通过收购或兼并的方式对东道国现有企业的投资，可进一步区分为新设合并（consolidation）和吸收合并（merger）两种方式。

新设合并是指参与合并的公司全部消失，而后成立一家新公司，该新公司接管各个被合并公司的全部资产并承担其全部债务和责任。吸收合并则指将一家或几家公司并入一家续存公司中，该续存公司接管被合并公司的全部资产和业务并承担其全部债务和责任。并购投资的特点是：速度快，可直接获得新的市场份额及便于取得自己所缺乏的经营资源或技术，但同时也具有难于了解被并购企业的全面真实情况、难于正确估计被并购企业的价值以及并购的成功率低等缺点。

（三）跨国公司投资用汇

由于跨国公司的国际投资及投资收益都是以外币表示的，当外币相对于本国货币贬值时，跨国公司将蒙受损失。因此跨国公司投资必须重视如何规避汇率风险。

1. 外汇

外汇是指一国持有的以外币表示并可以用作国际清偿的支付手段和资产，包括：①外国货币，包括纸币和铸币；②外币支付凭证，包括票据、银行存款凭证、邮政储蓄凭证等；③外币有价证券，包括政府债券、公司债券、股票等；④特别提款权、欧洲货币单位（欧元）；⑤其他外汇资产。

2. 外汇汇率

外汇汇率又称汇价，是指一国货币单位兑换另一国货币单位的比率，是一种货币用另一种货币表示的价格。折算两个国家的货币，要先确定以哪个国家的货币为标准，由于标准不同，外汇汇率有两种标价方法，即直接标价法和间接标价法。

（1）直接标价法。直接标价法是标明一定单位（一个单位或 100 个单位）的外国货币可以兑换一定数额本国货币的标价方法。除美国和英国采用间接标价法外（在美国，美元对英镑的汇率仍采用直接标价法），世界上大部分国家都采用直接标价法。在直接标价法下，外国货币的数额固定不变，本国货币的数额随着外国货币或本国货币币值的变化而变化。如果一定数额的外国货币可以兑换的本国货币的数额增加，即汇率提高，说明本国货币贬值。反之，如果一定数额的外国货币可以兑换的本国货币的数额减少，即汇率降低，表明本国货币升值。

（2）间接标价法。间接标价法是指标明一定单位的本国货币可以兑换一定数额外国货币的外汇汇率标价方法。在间接标价法下，本国货币的数额固定不变，外国货币的数额随本国货币和外国货币币值的变化而变化。如果一定数额的本国货币可以兑换的外国货币的数额增加，即汇率提高，说明本国货币升值。反之，如果一定数额的本国货币可以兑换的外国货币的数额减少，即汇率降低，表明本国货币贬值。

3. 影响外汇汇率的因素

在汇率的变动中，一国货币有时升值，有时贬值。外汇市场上汇率的变动，主要受以下因素的影响：

（1）贸易收支。商品和劳务进出口的变化对汇率有着重要影响。例如，美国进口商从英国进口商品时必须以美元兑换成英镑付款，而英国进口商必须以美元购买美国的商品。如果美国从英国进口的商品价值大于对英国的出口额，即为贸易逆差，则对英镑的需求将大于美元需求，这将提高英镑对美元的比价，称美元贬值，英镑升值。反之，若为贸易顺差，则本国的货币升值。

（2）利率。利率，尤其是短期利率，对汇率的影响较大。在其他条件相同的情况下，国际投资者一般抛售利率较低国家的证券，将投资转移到利率较高的国家。例如，如果英国的利率比美国的利率高，美国的公司、银行甚至个人将抛出美元而买进英镑，然后用英镑购买收益较高的英国证券。这种行为将抬高英镑的价格。所以，较高的利率会吸引短期资金的流入，提高本国货币的价值；反之，低利率会使资金流出，造成本国货币贬值。

（3）通货膨胀。两个国家的相对通货膨胀率直接影响到货币本身代表的实际价值和购买力，从而对汇率有着重要影响。例如，如果美国的通货膨胀率为 5%，欧元区的通货膨胀率为 10%，欧元相对于美元就要贬值。因为汇率应反映两个地区相同的购买力，通货膨胀率高，说明货币的实际购买力下降，为加以弥补，就要降低汇率。所以，通货膨胀加剧一般会使本国货币贬值，汇率降低。

（4）政府政策。现实世界中的国际贸易和汇率并不是完全开放的。政府设置关税、限额和其他进出口限制影响了商品和劳务的自由流动，从而使汇率不能完全反映各国货币的购买力。另外，政府政策也会对通货膨胀和利率这些影响汇率的因素产生重大影响。

二、跨国公司投资项目的特征

跨国公司投资项目是企业国际化与金融市场一体化的产物，以对外直接投资的方式向东道国扩张，迅速渗透到东道国市场，并通过直接控制其在各东道国的企业和分支机构以适应其在全世界范围内从事生产经营活动的要求，从而不断扩大它在世界市场所占的市场份额。跨国公司跨越了不同的文化、政治及经济界限，国际情势改变所导致利率、汇率、商品价格等因素的变动对跨国公司的经营产生很大影响。汇率的变动、市场的不完全性以及多层次代理等因素的影响使跨国公司投资项目不同于一般的国内投资项目。由于跨国公司是投资项目的载体，其公司特征体现了投资项目特征。

（一）跨国公司组织及其投资战略

跨国公司总部作为最高决策和最终控制中心，执行集中决策、统一控制、分级管理、相互协调的职能，并在跨国公司内部实行一体化管理。跨国公司作为跨国界的集团公司，是现代企业制度的最高组织形式。跨国公司面对更为复杂的环境、法令及道德规范方面的限制，受传统与习俗的影响，不同国家在法律的制定与执行方面，各有不同的做法。

跨国公司通过对外直接投资等方式组建起一个由母公司、子公司、孙公司等构成的多层次企业。一方面，跨国公司整体作为一个经济实体，其管理者是公司董事会的代理人，必须以股东财富最大化为财务管理目标；另一方面，跨国公司同时又是一个出资者，以对外直接投资等方式形成了众多分支机构。跨国公司董事会、公司管理当局、（子）公司、孙公司等之间往往形成多层次的委托代理关系。由于跨国公司规模大且分散于各国，跨国公司的代理成本往往高于一般公司。

跨国公司的投资战略是从全球角度出发，制定公司全球性战略目标，并实施全球性战略部署。以全球市场为目标，将世界作为公司经营活动的舞台。根据世界经济的发展状况，在世界范围内寻求利润最大化的全球市场的份额和世界经济地位。跨国公司的一体化生产体系实际上是企业内部的分工在国际范围内的再现，并通过母公司与国外附属公司之间以及各附属公司之间的内部交易得以实现和正常运作。协调国外各附属公司的经营活动，一般需要从全球环境的竞争态势出发，将跨国公司所属各机构、各部门视为一个整体，确定符合整体最大利益的总目标及相应的方针、策略和方法。

（二）跨国投资的融资特点

世界经济一体化进程不断向前推进的同时，世界各国的市场尚存在较大的不完全性，包括不完全的商品市场、不完全的要素市场以及政府对市场的干预等。市场的不完全性，使跨国公司筹措资金的机遇与风险并存。

1. 全球范围内筹措资金

国际金融市场的快速发展和金融工具的不断创新给跨国公司带来更多的机会和风险。货币期货、期权等金融工具的出现使跨国公司在全球范围内筹措资金的风险不断增大。货币市场和资本市场全球一体化进程的进一步发展为跨国公司带来了可以利用和发挥的机会和优势。投资者可以通过国际资本市场进行分散投资组合，以此降低系统风险和融资成本。

2. 跨国公司融资渠道多元方式

跨国公司拥有国际资本市场、东道国金融市场、母公司所在国资金市场以及跨国公司内部的资金调度等多元融资渠道方式，从而使其资金融通具有渠道多、筹资方灵活、融资选择余地大而广的特征，但各国政府各样的行政干预以及社会、经济、技术等方面的原因使得国际资本市场不断细分。各国资本的供求状况不同，获取资本的难易程度不同，从而使得不同来源资本的成本和风险各不相同。不同来源的资本其政府补贴、税负等也不同，从而为跨国公司实现总体融资成本最小化的战略目标提供了良好的机会。

（三）跨国公司经营及投资风险

跨国公司的经营特征是国际化、多样化、内部化和全球化。为了发挥经营优势以及降低风险，跨国公司一般在统一的指挥下建立一体化生产体系，无论是横向或纵向，其产品必定趋于多样化。不完全的商品市场和不完全的技术劳动力市场，为跨国公司充分发挥其所拥有的区位优势、所有权优势以及内部化优势创造了条件，同时也为跨国公司在全球范围内获取超额利润和竞争优势提供了更多的机会。跨国公司的经营与财务活动涉及许多国家，而各国的政治、经济情况不同，货币软硬不同，税率和利率不同。这种不均衡的世界环境给跨国公司提供了多种多样的选择机会。

跨国公司的全球化经营，在使其选择机会增加的同时，其所面临的国际政治、经济环境的各种风险因素也大为增加。由于各国的经济、政治、法律、社会、文化环境不同，这种环境的差异给跨国公司的经营活动带来的影响和风险也不相同。跨国公司投资决策时，不但要熟悉和考虑母公司本国的环境因素，而且需要深入了解所涉及国家的相关情况，并充分考虑和关注国际形势及相关国家的政治、经济、文化和法律等政策和制度方面的重大变化，如各国利率的高低、汇率的变化、外汇管制政策等。这些因素对跨国公司的盈利水平和财务状况都有可能产生直接的甚至是重大的影响。国际投资中不可避免地存在着风险，在进行投资决策时首先要对风险因素进行分析。国际投资面临的风险主要有外汇风险、政治风险和汇回限制三类。

1. 外汇风险

外汇风险是指由于各国货币汇率的变动，使以外币计价的资产或负债价值发生不确定改变，从而使所有者蒙受经济损失的风险。由于跨国公司的各国投资都是以外币表示的，当外币相对本国货币贬值时，其以外币计价的资产价值会随之缩水，从而使跨国公司蒙受损失。

浮动汇率制度下汇率的动荡不稳增加了跨国公司的经营风险，从世界经济的实际情况来看，汇率的动荡不稳对所有从事国际生产、国际贸易和国际金融活动的跨国公司、贸易企业、跨国银行及其他金融机构都有着深远的影响，使它们面临着各种程度不同的，有时甚至是生死攸关的外汇风险。汇率的波动给跨国公司经营带来了挑战和压力，使跨国经营企业要承受汇率变动所带来的交易风险、经济风险、换算风险等不同形式的外汇风险。因此，如何规避汇率风险显然是跨国公司必须解决的重要问题。

2. 政治风险

政治风险是指投资所在地的政府所采取的减少公司投资价值的行为，这些行为包括国家征用且不给予补偿，通过高税率、限制价格或者较紧的货币政策减少母公司投资的价值。

3. 汇回限制

汇回限制属于一种特殊的政治风险。一些国家的政府可能限制流回母公司的现金流量，比如对于子公司支付给母公司的现金股利金额规定了上限，如公司利润或净值的一定比例，或者在一定时期内，不准汇出股利。折旧现金流量通常不准汇回。做出这种限制的目的是迫使母公司将全部或部分利润再投资于当地。这些限制对国际投资决策的影响主要表现在两个方面：一是增加了投资的风险，母公司被迫将收益进行再投资将使投资资金在更长的时期内承担政治风险和外汇风险；二是与现金流量相关，母公司不能用无法汇回国内的现金流量向其股东发放股利也不能将这些现金流量投资于预期收益更高的其他国家。所以，对母公司来说，国际投资项目财务评价采用的相关现金流量是子公司可以合法支付给母公司的现金流量。

三、跨国投资的国际筹资

跨国投资与单一的国内企业投资相比有着更多的资金来源渠道，除公司内部提供的资金外，还有来源于母公司和子公司所在国的资金以及其他第三国或第三方提供的资金。

（一）国际筹资主要渠道

1. 国外金融机构贷款

国外金融机构贷款是指一国借款人向国外金融机构借入的资金，按借款期限可分为短期借款和中长期借款。由于跨国公司需要的资金数额巨大，一家金融机构通常很难单独承担。所以，对于数额巨大的中长期贷款往往由一家银行牵头，邀请数家银行和其他金融机构参加，组成银团安排资金。

国际金融机构是国外贷款的主要提供者。国际金融机构按其参与国家的多少和业务范围的大小，可分为全球性国际金融机构和地区性国际金融机构。全球性国际金融机构主要有国际货币基金组织、世界银行及其下属的国际开发协会和国际融资公司。地区性的国际金融机构主要包括亚洲开发银行、美洲开发银行等。

2. 欧洲美元贷款

欧洲美元是指存放在美国以外银行的美元。欧洲美元虽然因产生于欧洲而得名，但实际上指的是存放在美国以外的世界各地的美元。欧洲美元与美国美元所处的地理位置不同，不受美国货币权威机构的控制，不执行美国的有关金融法规，所以两者的贷款利率有差异，跨国公司可以据此降低筹资成本。另外，欧洲美元贷款可以使借贷双方免于本国对货币的管制。这样，跨国公司可以利用这些美元贷款进行筹资。不过，欧洲美元市场主要是短期市场，大部分贷款的期限不超过一年。

美元是最主要的国际货币，欧元、瑞士法郎、日本日元和其他货币也有部分存放在各自的国外，这些欧洲货币与欧洲美元类似。

3. 发行国际债券

借款人在国外金融市场上发行的债券称为国际债券，主要包括外国债券和欧洲债券。外国债券是指借款人在国外债券市场上发行的，以发行所在国的货币标明面值的债券，如中国企业在美国发行的美元债券。欧洲债券是指借款人在本国外发行的不是以发行所在国的货币标明面值的债券，如福特公司在德国发行的美元债券。一半以上的欧洲债券以美元为面值，其余的主要以日元、欧元为面值。欧洲债券起源于欧洲，实际上却是国际性的，可以向世界各地的投资者发行。除跨国公司外，国际金融机构和政府也是欧洲债券的主要发行者。

4. 发行国际股票

国际股票是指一国企业在国际金融市场上发行的股票，如中国的企业在纽约证券市场发行的股票。在国际市场发行股票的原因是多方面的，例如，非美国企业在美国发行股票可以比国内有着更广泛的资本来源；美国公司到国外发行股票是为了为国外经营创造一个权益资本市场。大的跨国公司有时在多个国家同时发行股票，如加拿大的 Alcan Aluminum 就曾同时在加拿大、欧洲和美国发行新股。发行后的股票可以在交易所上市交易，大的跨国公司的股票可能在多个国际交易所上市，如可口可乐公司的股票同时在包括纽约证券交易所在内的六家美国证券交易所、四家瑞典证券交易所和德国的法兰克福证券交易所进行交易。

跨国公司发行国际股票能够迅速筹集外汇资金，提高企业信誉，树立良好的形象。但跨国公司在所在国发行股票往往要受到多种限制，不仅包括公司法方面的限制，还要受当地证券法或上市条例的限制。为了避免这些麻烦，跨国公司可以在美国发行美国预托凭证进行权益筹资。

（二）跨国筹资应注意的问题

国际筹资方式的多样性增加了筹资的复杂性。筹资方必须进行充分细致的研究，尽可能做到以较低的资本成本取得风险较小的资金。为此，跨国公司必须分析和评价外汇是否管制、资金提供者所在国的通货膨胀、国际收支、政治风险、是否有税收优惠、筹资成本等因素。

1. 防范外汇风险

跨国公司通过国际金融市场和国际金融机构筹资，不可避免地会涉及不同的货币单位，从而存在着外汇风险。由于国际收支状况、通货膨胀、利率、经济发展水平等因素的不确定性，汇率不断发生变化，从而给国际融资企业的外币筹资带来汇率风险。例如，一美国企业取得日元借款1亿日元，期限1年，借款日的汇率为1美元=100日元（为简单起见，不考虑利息）。则美国企业的借款相当于美元100000000/100=1000000美元。假定一年后的汇率成为1美元=95日元，美国企业的美元还本额将为100000000/95=1052632美元，多支出52632美元。

2. 关注资金来源地管制

管制包括外汇管制、进出口管制和信贷管制等。外汇管制是指政府对外汇买卖、外汇汇率和国际结算进行的限制，这种限制造成外汇买卖困难、外汇汇率不合理，从而影响到外币融资。进出口管制对外币筹资也有着一定的影响。比如一中国企业在美国发行股票筹资，股利需以美元发放，所以企业应增加美元出口创汇收入。但如果美国政府对该企业生产的产品的进口实行限额制度，使企业的美元收入不足以发放股利，企业将不得不买进美元用以支付，这将使企业承担汇率风险。信贷管制是指国际贷款人对债务人财务状况的限制。国际贷款人对债务人财务状况的要求比较严格，以保证贷款的安全性。

3. 降低筹资成本

跨国公司的筹资渠道比较广泛。由于各个国家的资本市场不完全相同，筹资条件存在着明显差异，跨国公司可以利用这些差异降低筹资的成本，减少财务风险。另外，跨国公司在选择筹资来源时也应特别注意资金的提供者。比如，同样是贷款，国际商业银行的利率一般比较高，而世界银行等全球性和地区性国际金融机构和一些政府提供的贷款较为优惠。

第二节 跨国投资项目的财务分析

一、跨国投资项目财务分析的特点及具体要求

国际投资决策与国内投资决策有许多共同之处，它们所运用的基本原则和方法是相同的。但由于国际投资环境比较复杂，从而使国际投资决策也较为复杂。首先，国际投资的现金流量更加难以预测，大部分跨国公司在东道国建立一个独立的子公司，母公司的现金流量是来自子公司的现金股利和特许权使用费；其次，这些现金流量必须转换成母公司的货币，所以面临汇率波动的风险；第三，外国和本国政府通常都对股利或特许权使用费征税，而且，外国政府可能限制流向母公司的现金流量；第四，国际投资项目的资本成本与国内项目可能不同。

（一）跨国投资项目的财务分析特点

跨国投资项目的财务分析评价，其原理及方法类似于国内投资项目的财务分析评价。跨国投资项目的财务分析评价问题，实质是投资项目财务分析评价的一般原理和方法如何结合跨国经营与国际法制环境进行具体应用的问题。

由于跨国投资项目处于其他国家，其社会经济环境与国内不同，涉及的可变性因素更多，情况更加复杂，因而其财务分析评价也就具有其自身的特殊性。与国内投资项目的财务分析

评价相比，具有以下特征：

1. 跨国投资项目评价主体

跨国投资项目涉及两个评价主体的问题：首先是以跨国投资在国外形成的子公司为财务主体的财务分析评价；其次以母公司为主体进行的财务分析评价。后者是从总公司的角度分析和评价跨国投资对母公司所做的贡献。

（1）以子公司为主体的评价。跨国投资在国外形成的子公司是按东道国法律组建的独立经济实体，由于受税制、外汇管制、汇率变动、跨国公司内部的财务结算制度以及出口替代等因素的影响，以子公司为财务主体，对投资项目本身建成投产后能否取得相应的财务效益，独立地进行财务分析评价是必不可少的。跨国投资项目有可能获得特定的筹资机会，如在当地借款或在不完全金融市场上发行证券等，子公司的财务分析评价既要进行盈利能力分析，同时还应进行偿债能力分析。

（2）以母公司为主体的评价。跨国公司及其股东作为投资者，考虑跨国投资项目未来获得的现金流量现值，必然要从总公司的角度分析在国外创建子公司对公司整体收益的影响。因此，跨国公司往往以母公司为财务分析评价主体，从全局出发对跨国投资项目进行财务分析评价，分析对公司整体所做贡献的大小，并以此作为项目取舍的主要依据。因此还需要以母公司为主体进行的财务分析评价。如果母公司为跨国投资项目贷款，以母公司为主体进行的财务分析评价也应包括盈利能力分析和偿债能力分析。

2. 外汇汇率变动对财务收支的影响

跨国投资涉及不同国家、地区的多种货币体系，在各自的资金市场上会形成不同的利率、不同的通货膨胀率并具有不同的增减变动情况。不同货币之间汇率的增减变动，在很大程度上受到相关货币的利率和通货膨胀率增减变动的影响。因此，跨国投资项目的财务分析评价，必须考虑各国不同的通货膨胀率水平及预期的外汇汇率变动对项目投资、财务收支的影响，以及由此而引起的公司现金流量的变动。

3. 税制、外汇管制及进出口管制的影响

跨国生产经营涉及不同国家和地区的不同税制。这些国家和地区的税率（关税、所得税等）高低不同，并具有不同的增减变动情况。同时，跨国生产经营还涉及不同的外汇管制、进出口管制等因素，这些管制的政策可能具有不同的变动趋向。因此，跨国投资项目的实际现金流量受现金汇回母公司的形式如利息、本金、管理费、股利等的影响，同时也受当地政府干预程度及金融市场财务功能的影响。

资本预算对企业提出的一项基本要求是，必须准确地辨认投资项目所产生的净现金流量及其可汇回总公司的现金流量部分。只有可汇回的净现金流量才是最终归属于跨国公司股东的，因而也就构成了投资项目财务分析评价的基础。

4. 现金流量的分类

投资项目的现金流量将受许多复杂的企业特定优势（所有权和内部化优势）和子公司区位优势因素影响，这些现金流量产生于企业内部，处于不同地理位置的子公司及组织单位（部门）。根据现金流量各构成要素的来源，现金流量可分为以下几类：

（1）项目现金流。不论投资项目位于什么地方，也不管其筹资方式怎样，都应根据投资项目本身的财务边界，独立地预计的现金流量，包括由销售收入及经营性成本形成的现金流量。

（2）由项目所在地的子公司产生的现金流量。例如，当地人工工资及子公司中雇用当地管理人员的支出等成本因素。

（3）跨国投资产生的现金流量的变动额。这些现金流量是由项目对其本身及跨国公司其他部门的影响所产生的，其产生不取决于项目本身的特性及项目所在国的区位，一般通过跨国公司的全球税负或资金头寸的调整来实现，因而往往产生于投资项目所在国以外的其他子公司。

（4）前述三类现金流量中可汇回总公司的（或因项目的存在而给总公司带来的）现金流量。

（5）各现金流量来源所形成的总公司净现金流量之和。它们是归属于股东的现金流量，因而也是投资项目财务分析评价的基础。

（二）跨国投资项目现金流量构成及其计算

正确区分投资项目本身的现金流量和母公司的现金流量，是正确分析和评价跨国投资项目和总公司投资财务效益的前提。

1. 初始投资估算

（1）跨国投资项目的建设投资，是由总公司提供的现金、设备、机器和其他资产组成，一般以总公司所在国的货币单位表示，如母公司提供的以母公司所在国货币计算的固定资产等。

（2）东道国金融机构提供的以东道国货币计价的初始投资，即垫支的"运转资本"。为了汇总计算原始投资总额，这部分贷款要按即期汇率计算。

（3）"冻结资金"的使用问题。即在拟建子公司的所在国原有一笔属于总公司的资金被冻结，不能换成自由外汇汇回总公司时，母公司因在该国组建子公司，使该笔被冻结的资金即可解冻并可为子公司所使用，则应从初始投资中扣减"冻结资金"。

如该项资金别无他用，即"机会成本"等于零，则可按其"面值"从初始投资额中扣减。如该项资金还有其他用途，例如出租给他人使用并取得一定的租金收入，则应以此类收入作为使用原"冻结资金"的机会成本，将之计入原始投资额中。其基本做法是：将这项租金收入按投资项目预计的寿命期换算为现值，从解冻资产的面值中扣减；再以其余额作为从原始投资额中的扣减数。这部分解冻资金应换算为总公司所在国的货币单位表示。

2. 项目可汇回的税后现金流量

（1）投资于国外子公司的建设项目，建成投产以后，在生产经营中形成的现金流入包括子公司直接在其所在国销售产品形成的销售收入、子公司对所在国以外的第三国销售产品形成的销售收入。所形成的现金流入一般以当地的货币单位表示。

（2）子公司在生产经营中所形成的可汇回总公司的现金流量能否视为总公司的现金流入，则取决于子公司所在国的法律制度。

当子公司所在国政府对此无特殊限制时，可以自由汇出，则子公司所实现的净现金流量即构成项目的可汇回的现金流量，可视为总公司的现金流入，按全额计算；当子公司所在国政府的法律对外国利润的汇出制定了某些限制性条款时，则基于法律规定而不能汇出的部分，应从子公司实现的净现金流量中扣减。从总公司角度看，可汇回的现金流量只能按子公司所在国政府法律允许的可汇出数额计算，可视为总公司的现金流入。在计算 NPV 等财务评价指标时应按某种标准将其换算为总公司所在国的货币单位表示。

（3）计算经营现金流量面临的另一个问题是出口替代问题。国外子公司的设立，可能取代跨国公司总公司某一项目的原有出口额，因此，必须计算投资项目对公司整体的实际增量现金流量，公司间交易尽量以公平价值反映。所以，在计算可汇回总公司的现金流量时，应在上述现金流量的基础上，扣减由于公司取代原总公司对子公司所在国及所在国以外的第三国的产品出口，从而使总公司丧失部分市场，并因此丧失原先可以实现的利润。经过调整后的净额，就构成可汇回总公司的现金流量，方可视为子公司对总公司的实际贡献。

3. 正常借款形成的税收节约额

项目建成投产后，子公司经营活动所需周转使用的"营运资本"，通常是由公司所在国银行提供的贷款。如果子公司所在国银行不提供贷款，就要由总公司提供所需资金，由此增加了总公司的借贷压力。子公司因使用总公司的借贷就应支付相应的利息，此类借款的利息按总公司所在国当期市场利率计算，由此而相应地形成的税金节约额也就构成了总公司的现金流入的组成部分，应按相应的折现率计算其现值。

如果企业确有借款能力，那么无论企业在该投资项目上是否充分利用其借款能力，都以企业实际的借款能力计算确定的应享受的税收节约额，并将其视为该投资项目的收益。因此，该税收节约额应根据企业借款能力，参考最优资本结构计算确定，利率应为国内金融市场的借款利率。例如，某企业的海外投资项目总额为 960 万美元，企业以最优财务结构 50%进行举债融资，那么项目的借款能力即为 480 万美元（960 万美元×50%）。无论企业在该投资项目的实际借款是否大于或小于 480 万美元，每年由此而形成的税收节约额均为 480 万美元借款能力所应产生的利息支出可以给企业带来的相应的税收节约额。本例中，即使企业仅借 200 万美元，那么剩余的 280 万美元借款能力可以用于其他项目，因而可以从其他项目得到相应的税收节约额，以弥补本项目所丧失的税收节约额。

4. 子公司所在国提供的优惠借款

子公司所在国政府为鼓励国外投资依法提供的种种优惠待遇，大多数会自动地在项目的现金流量中得到反映，而不必单独进行调整。由于"优惠的财务安排"而对总公司形成的利息上的节约额，可视为总公司的一种收益。这种由于公司所在国银行为项目建成投产后需周转使用的"营运资本"提供的优惠借款而形成的优惠数，可根据用子公司东道国货币单位表示的借款面额与该项借款以后逐期偿还数，按总公司所在国利率换算为现值之和的差额来计算。其中，该项借款以后逐期偿还数按总公司需负担的利率进行折现。

5. 内部资金转移所确定的现金流量

跨国公司通常根据企业总体税收情况，通过内部资金转移的方式实施使跨国公司系统内部整体税负减少和递延的政策，或根据公司现金头寸情况，利用内部转移价格实现公司内部的资金转移。这种利用内部转移价格形成的子公司项目公司的额外资金转移，无论其目的是为了额外资金转移，还是税负降低，都表现为跨国公司对外直接投资的净现金流量的增加。但是，转让价格产生的额外资金转移或税负降低面临着较大的不确定性，因而应选用较高的折现率进行折现。通常情况下，只有在根据初始投资、可汇出现金流量以及优惠贷款三个因素计算确定的调整后现值（APV）小于零时，亦即拟建项目仍不具可行性时，才需作额外资金转移和税负降低的调整。

6. 项目终值的估计

跨国投资项目的终值的处理方法与国内投资项目有所不同，其处理方法有以下几种：

（1）如果子公司所在国政府规定，投资项目在经过一定年限后，所在国政府只支付一个象征性的代价，便可将该项目收为所在国所有。则 APV 的计算可以不考虑项目终值的调整问题。

（2）将项目的预算期终了以后尚可经营的年份视为正常的继续经营期，并假定预算终止年形成的净现金流量将在以后尚可经营的年份继续发生。那么，可用"年金法"按子公司所在国的利率将预算期终止以后尚可继续经营的年份的各年所产生的净现金流量换算为预期终止时的年金现值，作为项目的终值，并以它作为"转让价格"，将项目的所有权转让给当地投资者。

（3）不将项目的预算期终了以后的年份看作是正常的继续经营期，而是把项目预算期的终值看作是项目转入"清理"时的价值，从而把项目估计到预算期终点时的"可变现价值（清理价值）"作为项目的终值，并以它作为"转让价格"，将项目的所有权转让给当地投资者。

二、跨国投资项目财务分析评价方法的应用

（一）跨国投资项目财务分析评价指标的选择

"净现值"（NPV）和"内部收益率"（IRR）作为投资项目的财务分析评价基本指标，对国内投资项目和跨国投资项目都是通用的。净现值的基本原理是：将投资项目的预计现金流量按某一基准贴现率折现，通常以公司加权平均资本成本作为基准贴现率。基本假定是各个投资项目的财务结构和经营风险水平是相同的。但是，在国际投资中，由于筹资行为与投资项目密切联系，子公司由于各种原因可能拥有不同于母公司的独立的财务结构，因此，不加区别地运用母公司的加权平均资本成本对跨国投资项目的现金流量进行贴现，显然是不适宜的。所以，以总公司为主体对跨国投资项目进行财务分析评价，必须将"净现值"指标改造为"调整后现值"（adjusted present value，APV）指标，才能更好地适应跨国投资项目的特点要求。调整后现值法具有以下主要特点：

（1）按不同类别的现金流量分别进行折现，而不是对所有的现金流量统一进行折现。

（2）同（1）相联系，对不同类别的现金流量可区别不同情况采用不同的折现率进行折现，而不是按一个统一的折现率进行折现。

（二）跨国投资项目财务分析案例

【例11-1】 甲公司（制造企业）通过其设在英国的生产厂将所生产的产品销往整个欧洲和北美洲（美国和加拿大）。现有生产能力，甲公司每年对美国市场提供 260000lb 的产品难于满足市场需求，在一定程度上限制了设在波士顿的销售部向美国西部市场的拓展。甲公司拟在美国单独设厂生产，才可满足整个美国市场和加拿大市场的需求。

（1）甲公司估计加拿大市场年需求量为 220000lb，美国市场初期需求量为 740000lb，以后每年按5%的增长率发展。美国生产厂可以替代英国生产厂向美国和加拿大提供产品。

（2）甲公司目前向北美出口每磅产品可实现利润3英镑。美国厂一旦投入营运，甲公司预期最初每磅可以定价7.7美元，这个价格可以实现营业利润4.40美元/lb。产品价格和营业成本随美国物价变动而变动。

（3）未来几年美国通货膨胀率预计为3%。在英国，长期通货膨胀率预计为5%，现行即期汇率为$1.50/£1.00。甲公司认为，PPP是预测远期汇率的最佳手段。

（4）工厂建设成本预计 9000000 美元，甲公司计划有效利用负债与权益筹集该资金。甲公司北美销售部可将其经营累积的 500000 美元资金作为该项目建设成本的部分资金来源。英国与美国之间公司边际税率为35%。所累积的资金在政府给予特殊税收优惠政策的销售初期时赚取利润，应按20%的边际税率课税。如果汇回英国，将按35%的边际税率课税，但在美国缴纳的税金可以从国外已交税金中抵免。

（5）甲公司新增借款能力 1200000 英镑，新厂所在地政府愿意以 7.75%的年利率提供5

年期贷款 3000000 美元，贷款本金在贷款期内分期等额偿还。甲公司对是通过发行当地债券还是发行欧元债券筹集所需的余额负债犹豫不定，但肯定可以按 10%的年利率借到英镑，也可以按 9.5%的年利率借到美元。

（6）美国税收当局允许甲公司按 5 年对新厂计提折旧。甲公司预计全部权益的资本成本为 15%。甲公司并不期望得到任何税收优惠。英国与美国的所得税税率都为 35%，所以可以不考虑转移定价策略的影响。

（7）子公司所在国政府规定，投资项目在经过一定年限后，所在国政府只支付一个象征性的代价，便可将该项目收为所在国所有。则 APV 的计算可以不考虑项目终值的调整问题。

分析甲公司应否在美国建设新厂。

【解】　根据以上基本资料，可以采用下列步骤来计算该投资项目的 APV。计算步骤如下（为了使计算简单清晰将美元均以万美元表示）：

（1）预测未来 5 年的汇率。根据购买力平价理论预测英镑对美元的汇率变化。由于现行汇率（以美元表示）为 \$/£=1.50/1.00，由题意可知 $i_£ = 5\%$，$i_\$ = 3\%$，计算如下

$$(1+i_\$)/(1+i_£) = F/e_0$$
$$F = e_0(1+i_\$)/(1+i_£) = 1.5 \times (1+3\%)^t/(1+5\%)^t$$

因此预测未来 5 年的汇率见表 11-1。

表 11-1　　　　　　　　　　　　　　预测未来 5 年的汇率

第 n 年	0	1	2	3	4	5
\$/£	1.5000	1.4714	1.4434	1.4159	1.3889	1.3625

（2）计算直接销售所形成的现金流量。

1）由题意可知，第一年公司的销售量为 220000+740000=960000lb，以后每年按 5%的速度增长，因此各年销售量为 $960000(1+5\%)^{t-1}$。

2）第一年单位产品利润为 4.4 美元/lb，每年的通货膨胀率为 3%，因此各年的正常贡献利润为 $\$4.4(1+3\%)^{t-1}$。

直接销售所形成的现金流量计算见表 11-2。

表 11-2　　　　　　　　　　直接销售所形成的现金流量计算表　　　　　　　　　单位：万美元

项目名称	0	1	2	3	4	5
产量（lb）		960000	1008000	1058400	1111320	1166886
销售形成的现金流量		422	457	494	534	578

（3）计算替代出口所丧失的现金流量。由于公司原来在英国的年销售量为 260000lb。公司原出口产品的单位产品利润为 3 英镑，英国的通货膨胀率为 5%。因此，以后各年出口替代所丧失单位产品贡献为£3$(1+5\%)^t$。出口替代所丧失的现金流量计算见表 11-3。

（4）计算确定销售所形成的现金流量及其现值。根据以上计算结果，即可计算确定销售所形成的现金流量及其现值，如表 11-4 所示。

表 11-3 出口替代所丧失的现金流量计算表 单位：万美元

项目名称	0	1	2	3	4	5
原出口销售量（lb）		260000	260000	260000	260000	260000
利润（英镑）		78	82	86	90	95
汇率	1.50	1.4714	1.4434	1.4159	1.3889	1.3625
替代出口所丧失的现金流量（美元）		115	118	122	125	129

表 11-4 销售的现金流量及其现值计算表 单位：万美元

项目名称	0	1	2	3	4	5	合计
销售形成的现金流量		422	457	494	534	578	
替代出口所丧失的现金流量（美元）		115	118	122	125	129	
现金流量（A-B）（美元）		308	339	372	409	449	
税后现金流量（A-B）(1-0.35)		200	220	242	266	292	
(P/F, 15%, n)		0.8695	0.7561	0.6575	0.5717	0.4971	
现值		174	166	159	152	145	796

由表 11-4 可以得出，销售所形成的现金流量的现值为 796 万美元。

（5）计算确定折旧所形成的税收节约额及其现值。根据题意，投资项目按直线折旧法计提折旧。因此，年折旧额为 $D_t = 900/5 = 180$ 美元，结合相应的汇率和税率，即可计算确定税收节约额及其现值，如表 11-5 所示。

表 11-5 折旧所形成的税收节约额及其现值计算表 单位：万美元

项目名称	0	1	2	3	4	5	合计
年折旧额		180	180	180	180	180	
税收节约额35%		63	63	63	63	63	
(P/F, 9.50%, n)		0.91324	0.83401	0.76165	0.69557	0.63523	
现值（美元）		58	53	48	44	40	242

由表 11-5 可以得出，折旧所形成的税收节约额的现值为 242 美元。

（6）计算借款逐年偿还金额及其现值。详见表 11-6。

表 11-6 借款逐年偿还金额及其现值计算表 单位：万美元

项目名称	0	1	2	3	4	5	合计
年本金偿付额（美元）		60	60	60	60	60	
利息（美元）7.75%		23.25	18.6	13.95	9.3	4.65	
还本付息之和（美元）		83.25	78.6	73.95	69.3	64.65	
(P/F, 9.50%, n)		0.91324	0.83401	0.76165	0.69557	0.63523	
现值（美元）		76	66	56	48	41	287
税收节约额（1-35%）		27	23	20	17	14	101

由表 11-6 可以得出，借款逐年偿还数的现值为 287 美元，优惠财务安排所形成的税收节约额的现值为 101 美元。

（7）计算确定正常借款所形成的税收节约额及其现值。如前所述，如果企业确有借款能力，那么无论企业在该投资项目是否充分利用其借款能力，每年都以企业正常借款能力（参照最优资本结构计算确定）来计算利息支出所形成的税收节约额，利率应为国内金融市场的借款利率。

公司最优负债比例

$$£120×1.5/900=\$180/900×100\%=20\%$$

由于项目的负债比例为

$$300/900×100\%=33.3\%$$

因此，与由项目形成的借款能力相联系的税收节约比例为：20%/33%=60%；$180/300=60%。

由于正常借款能力占企业负债总额的 60%，因此正常借款能力的利息支出可按负债利息支出的 60% 计算确定，并据此确定其相应的税收节约额及其现值，如表 11-7 所示。

表 11-7　　　　　　　　　正常借款税收节约额及其现值计算表　　　　　　　　单位：万美元

项目名称	0	1	2	3	4	5	合计
利息		23.25	18.6	13.95	9.3	4.65	
税收节约百分比		0.6	0.6	0.6	0.6	0.6	
所得税率		0.35	0.35	0.35	0.35	0.35	
税收节约额（美元）		5	4	3	2	1	
$(P/F, 8\%, n)$		0.91324	0.83401	0.76165	0.69557	0.63523	
现值（美元）		4	3	2	1	1	12

正常借款所形成的税收节约额的现值为 12 美元。

（8）计算投资项目的 APV。由题意可知，用美元表示的项目原始投资额为 900 美元。
而解冻资金（限制汇回资金）为

$$50×(1-0.2)×(0.35-0.2)=6 \text{ 美元}$$

投资项目的 APV 计算见表 11-8。

表 11-8　　　　　　　　　　　投资项目的 APV 计算表　　　　　　　　　　单位：万美元

序号	项目名称	0	1	2	3	4	5	合计
1	现金流入现值	6	262	245	229	214	200	1157
1.1	销售收入		174	166	159	152	145	796
1.2	折旧抵税		58	53	48	44	40	242
1.3	还本付息抵税		27	23	20	17	14	101
1.4	正常借款利息抵税		4	3	2	1	1	12
1.5	解冻资金	6						6

续表

序号	项目名称	0	1	2	3	4	5	合计
2	现金流出现值	900						900
	累计净现值	−894	262	245	229	214	200	257

APV 计算结果为 257 万美元，*APV*>0 可以在美国创建子公司。

【例 11-2】 美国 USI 公司拟在 H 国建立一个子公司生产电子测试仪器。

（1）USI 在美国适用的所得税率为 50%，而在 H 国的税率只有 20%；但 H 国政府规定只有在清算或转让投资时，投入的资本才能离境。这样，回收的折旧现金流量只有到子公司终止时才能收回。

（2）子公司发放的股利不能超过投入资本的 20%。项目终了，所有的再投资收益都可流回母公司。

（3）USI 公司初始投入与 1200 万美元相当的 6000 万比索，全部用于厂房建设及设备购置。由于电子行业的技术变化较快，USI 的分析仅限于五年，预计五年后子公司资产的市价为 3000 万比索。根据 USI 公司与 H 国政府的协议，子公司可以按照其收入的 10%向母公司支付特许权使用费。预计经营活动产生的现金流量见表 11-9。

表 11-9　　　　　　　　　预计年末流入 USI 母公司的现金流量　　　　　　　单位：百万比索

序号	项 目 名 称	1	2	3	4	5
1	收入	80	95	110	130	150
2	经营成本	38	41	48	60	70
3	折旧	20	20	20	20	20
4	特许权使用费（收入的 10%）	8	9.5	11	13	15
5	税前收益	14	24.5	31	37	45
6	H 国所得税（20%）	2.8	3.1	3.5	3.8	3.6
7	净收益	11.2	12.4	14	15.2	14.4
8	汇回的股利（最高 10.00）	8	10	10	10	10
9	股利的美国所得税	3	3.75	3.75	3.75	3.75
10	税后股利	8.2	8.65	10.25	11.45	10.65
11	特许权使用费（收入的 10%）	8	9.5	11	13	15
12	特许权使用费的美国所得税（50%）	4	4.75	5.5	6.5	7.5
13	税后特许权使用费	4	4.75	5.5	6.5	7.5
	净现金流量	12.2	13.4	15.75	17.95	18.15

注　1. 子公司发放的股利最高不能超过投入资本的 20%。

2. 汇回的股利在美国应缴的所得税的计算公式为 $\dfrac{\text{汇回的股利}}{1-\text{H国所得税税率}}\times(\text{美国的所得税税率}-\text{H国的所得税税率})$。

以第 1 年为例，母公司收到的子公司的股利在美国的应纳税额为 10/（1−20%）×（50%−20%）=3.75。

回收折旧现金流量在子公司清算时才能汇回，在此之前必须在当地进行再投资。由于没有合适的工程投资机会，回收折旧现金流量将投资于年利率为 8%的 H 国政府债券，债券的利息收入在流回母公司时再纳税。项目终了时，可以收回的折旧现金流量的计算见表 11-10。

表 11-10		收回的折旧现金流量	单位：百万比索
年份	折旧额	复利系数 $(1+8\%)^{(5-i)}$	5 年的终止价值
1	20	1.3605	27.21
2	20	1.2597	25.19
3	20	1.1664	23.33
4	20	1.0800	21.60
5	20	1.0000	20.00
合计	100		117.33
减折旧			100.00
应税收益			17.33
A 国所得税（20%）			3.47
A 国税后回收折旧现金流量			13.87
美国所得税（50%）			5.20
美国税后回收折旧现金流量			8.67

注　i 表示年份，取值为 1、2、3、4、5。

假定超过股利支付限制的经营利润投资于 8%的政府债券，其税后现金流量的计算见表 11-11。

表 11-11		限制流出的经营利润	单位：百万比索
年份	限制流出的利润	复利系数 $(1+8\%)^{(5-i)}$	5 年的终止价值
1	0	1.3605	0.00
2	2.40	1.2597	3.02
3	4.00	1.1664	4.67
4	5.20	1.0800	5.62
5	4.40	1.0000	4.40
合计	16		17.70
减投资			16.00
应税收益			1.70
A 国所得税（20%）			0.34
A 国税后现金流量			17.36
美国所得税（50%）			6.51
美国税后现金流量			10.85

限制流出的利润应补缴所得税 16.00/（1-20%）×（50%-20%）=6.00。利息收益也必须按 30%纳税（1.7×30%），两者之和为 6+0.51=6.51。

最后将表 11-9～表 11-11 中计算的现金流量由比索转换成美元，美元通货膨胀率为 3%，投资的资金成本为 12%，计算该项投资的净现值见表 11-12。

结论：由于净现值为正，即 *NPV*（*i*=12%）时为 2.2 万美元，投资方案可行。

表 11-12　　　　　　　　　　预计净现值表　　　　　单位：百万比索、百万美元

序号	项 目 名 称	0	1	2	3	4	5
1	初始投资（比索）	−60					
2	经营现金流量（比索）		12.2	13.4	15.75	17.95	18.15
3	折旧现金流量（比索）						8.67
4	限制流出的利润（比索）						10.85
5	终止价值（比索）						30
6	净现金流量（比索）		12.2	13.4	15.75	17.95	67.67
7	预计汇率	5	5.15	5.30	5.46	5.63	5.80
8	净现金流量（美元）	−12	2.37	2.53	1.99	3.19	11.67
9	资金成本为12%时的净现值（美元）	−12	2.12	2.01	1.42	2.03	6.62
	累计净现值		−9.88	−7.87	−6.45	−4.43	2.20

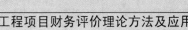
第十二章

土地及房地产开发项目财务分析

土地及房地产开发项目的财务分析评价，涉及土地的取得和使用问题。我国实行建设用地国家所有及集体所有制度，具有特殊的土地管理政策法规及制度体系，并对拟建项目的财务分析评价产生影响。本章讲述土地及房地产开发项目财务分析应该关注的相关政策法律规定，以及财务分析评价的内容及方法，并结合产业园区项目进行案例示范研究。

第一节　土地开发项目财务分析

一、土地开发及其主要特征

（一）土地及房地产开发的基本内涵

根据《中华人民共和国房地产管理法》的规定，房地产开发是指在依法取得国有土地使用权的土地上进行基础设施、房屋建设的行为。所以，任何法人或自然人通过出让或划拨方式取得国有土地使用权后进行基础设施、房屋建设的行为都属于房地产开发。随着我国经济体制改革、城市发展及政府职能转变，对城市土地开发从法律和制度上进行规范，实施规范的城市土地开发，并将房地产联动开发分为城市土地开发与房产（房地产）开发。规范的城市土地开发项目与房产开发项目在法律程序、开发原则及财务目标等方面具有明显差异，因此应遵循土地开发与房产开发财务收支各自的特点进行财务分析。

1. 城市土地开发

（1）规范的城市土地开发在土地出让或划拨之前进行，强调以社会、经济及环境效益统一为目标，其产品是具备一定的基础设施可用于进行房屋建设的土地，即熟地。

（2）城市土地开发一般只涉及集体土地所有权向国有土地所有权转变，土地使用权不发生转移。

（3）开发主体分为两种情况：一是以政府为主导，由土地储备机构作为主体，即市、县国土资源管理部门进行开发，并负责筹措开发资金；二是由政府通过招标选定的开发企业作为开发主体，由开发企业负责开发资金的筹措。由于土地开发具有准公共品的性质，且资金需求量大，政府对开发活动提供贷款贴息、土地开发专项基金等方式予以支持。

2. 房地产开发

房地产开发在土地出让或划拨之后进行。通常在市、县国土资源管理部门完成城市土地开发后，以出让或划拨方式将国有土地使用权让予一定的法人或自然人，由受让人再进行房地产开发，房地产开发则涉及国有土地使用权的让予。房地产开发的产品通常是房屋，开发主体是房地产开发企业，以营利为目的，追求商业利润的最大化是其主要目标。房地产开发由开发企业负责筹资。

（二）土地管理及用地政策

1. 土地所有制

《中华人民共和国宪法》（简称《宪法》）、《中华人民共和国物权法》（简称《物权法》）和《中华人民共和国土地管理法》（简称《土地管理法》）规定了中国现行土地所有制的性质、形式和不同形式的土地所有制的适用规范以及土地的使用、管理制度。

（1）国有土地。全民所有制的土地被称为国家所有土地，简称国有土地，其所有权由国务院代表国家行使。《土地管理法》第二条规定："全民所有，即国家所有土地的所有权由国务院代表国家行使。"

（2）集体土地。农村和城市郊区的土地一般属于农民集体所有，即除法律规定属于国家所有的以外，属于农民集体所有。《土地管理法》第十条规定："农民集体所有的土地依法属于村农民集体所有的，由村集体经济组织或者村民委员会经营、管理。"《宪法》第十条规定："农村和城市郊区的土地，除由法律规定属于国家所有的以外，属于集体所有；宅基地和自留地、自留山，也属于集体所有。"《宪法》第九条规定："矿藏、水流、森林、山岭、草原、荒地、滩涂等自然资源，都属于国家所有，即全民所有；由法律规定属于集体所有的森林和山岭、草原、荒地、滩涂除外。"

2. 土地管理的基本制度

（1）国家实行土地有偿有限期使用制度。《土地管理法》第二条规定："国家依法实行国有土地有偿使用制度。但是，国家在法律规定的范围内划拨国有土地使用权的除外。"《中华人民共和国城镇国有土地使用权出让和转让暂行条例》第八条规定："土地使用权出让是指国家以土地所有者的身份将土地使用权在一定年限内让与土地使用者，并由土地使用者向国家支付土地使用权出让金的行为。"

（2）国家实行土地用途管制制度。根据土地利用总体规划，将土地用途分为农用地、建设用地和未利用土地。土地用途管制的核心是不能随意改变农用地的用途。农用地转用须经有批准权的人民政府核准。控制建设用地总量，严格限制农用地转为建设用地。

（3）国家实行耕地保护制度。《物权法》规定，国家对耕地实行特殊保护，严格限制农用地转为建设用地，控制建设用地总量。耕地主要是指种植农作物的土地，包括新开垦荒地、轮歇地、草田轮作地；以种植农作物为主间有零星果树、桑树或其他树木的土地；耕种 3 年以上的滩地和滩涂等。

3. 城镇土地使用制度改革

我国城镇土地使用制度改革有一个发展过程。这个发展过程突出表现在五个方面：征收土地使用费；开展土地使用权有偿出让和转让；制定地方性土地使用权有偿出让、转让法规；修改宪法和土地管理法；制定全国性的土地使用权出让和转让条例。

我国城镇土地使用制度经过改革探索，找到了一种既能维护土地公有制，又有利于市场经济运行的制度。这种土地使用制度，是在不改变城市土地国有的条件下，采取拍卖、招标、协议、挂牌等方式将土地使用权有偿、有限期地出让给土地使用者；土地使用者的土地使用权在使用年限内可以转让、出租、抵押或者用于其他经济活动，其合法权益受国家法律保护；需要继续使用的，经批准，期限可以延长，同时按当时市场情况补交地价款。

4. 建设用地制度与政策

（1）建设用地的概念。根据土地利用总体规划，土地按照用途分为农用地、建设用地和未利用地。建设用地是指用于建造建筑物、构筑物的土地，包括城乡住宅和公共设施用地、工矿用地、交通水利设施用地、旅游用地、军事设施用地等。

（2）建设用地供应。建设用地供应是指国家将土地使用权提供给建设单位使用的过程。根据我国现行的有关法律法规规定，我国建设用地的供应方式主要有有偿使用和行政划拨两大类。有偿方式又分为土地使用权出让、土地使用权作价出资入股与土地使用权租赁三种。出让可按形式不同分为拍卖、招标、挂牌和协议出让。

我国正加快建立城乡统一的建设用地市场，在符合规划和用途管制前提下，允许农村集体经营建设用地出让、租赁、入股，实行与国有土地同等入市、同权同价。同时，改革农村宅基地制度，选择若干试点，慎重稳妥推进农民住房财产权抵押、担保、转让。

（3）建设用地使用权二级市场。土地使用权的出让市场是土地一级市场，土地使用权转让、租赁和抵押则是土地二级市场。根据《城镇国有土地使用权出让和转让暂行条例》的规定，土地使用权转让市场是指土地使用权人将剩余年限的土地使用权让与其他土地使用者而形成的市场。土地使用权租赁是指土地使用者作为出租人将土地使用权出租给承租人使用，由承租人向出租人支付租金的行为。土地使用权抵押是土地抵押人以其合法的土地使用权以不转移占有的方式向抵押权人提供债务履行担保的行为。

（三）土地使用权的取得

1. 土地使用权

土地使用权分为两类：一类是土地所有人对自己拥有的土地所享有的使用权，称为所有权能的使用权，又称为所有人的使用权；另一类是非土地所有权人对土地享有的权利，称为与所有权相分离的使用权，或者称为非所有人的使用权。前者并不是独立的权利，只是所有权的一项权能；后者是一种独立的民事权利，是与所有权有关但独立于所有权的一种财产权利。现实中的土地使用权通常指的是最后一种权利。

土地使用权具有占有、使用、收益和处分四项权能，具体如下：

（1）占有，指使用人对土地实行控制或支配的权利，它是产生使用权的前提和基础。

（2）使用，指对土地的利用和运用的权利。使用必须依照法律和合同的规定进行。比如，企业使用土地是利用土地进行生产经营。因此，企业不得擅自把土地改作他用，也不得征而不用。

（3）收益，指使用人享有使用土地利益的权利，即它是基于使用土地而取得的经济收入。使用人占有土地，取得使用权，其目的就是经营土地，以获得一定的利益。

（4）处分，这里的处分不同于所有权人的处分。拥有使用权的非所有权人无权决定土地的最终命运，它只能依照法律和合同的规定转让土地使用权。所以，这里处分权是指使用人依照法律和合同的规定转让土地使用权的权利。

2. 土地使用权出让

土地使用权出让，是指国家以土地所有者的身份将土地使用权在一定年限内让与土地使用者，并由土地使用者向国家支付土地使用权出让金的行为。

土地使用权出让金是指通过有偿有限期出让方式取得土地使用权的受让者，按照合同规定的期限，一次性或者分期提前支付的整个使用期间的地租的总和。

土地使用权出让的含义包括：

（1）土地使用权出让，也称批租或土地一级市场，由国家垄断，任何单位和个人不得出让土地使用权。

（2）经出让取得土地使用权的单位和个人，拥有使用权，在使用土地期限内对土地具有占有、使用、收益、处分权；土地使用权可以进入市场，可以进行转让、出租、抵押等经营活动，但地下埋藏物归国家所有。

（3）土地使用者只有向国家支付了全部土地使用权出让金后，才能申请土地使用权登记，领取权属证书。

（4）集体土地不经征收不得出让，除允许集体土地流转外。

（5）土地使用权出让是国家以土地所有者的身份与土地使用者之间关于权利义务的经济关系，具有平等、自愿、有偿、有期限的特点。

根据 1995 年的《中华人民共和国城市房地产管理法》（2009 年第二次修改）和 2002 年国土资源部发布的《招标拍卖挂牌出让国有土地使用权的规定》，国有土地使用权的出让方式有协议出让、招标出让、拍卖出让、挂牌出让四种。

（1）协议出让，是指市、县国土资源管理部门以协议方式将国有土地使用权在一定年限内出让给土地使用者，由土地使用者支付土地使用权出让金的行为。协议出让的程序一般为用地申请、协议方案编制、底价确认、报批、协商、公示、签约登记。

（2）国有土地招标出让，是指市、县国土资源管理部门发布招标公告或者发出投标邀请书，邀请特定或者不特定的法人、自然人和其他组织参加国有土地使用权投标，根据投标结果确定土地使用者的行为。招标出让的程序一般为前期准备、招标文件编制、发布招标公告、投标申请与资格审查、投标、开标、评标、定标、中标及后续工作。

（3）国有土地拍卖出让，是指市、县国土资源管理部门发布拍卖公告，由竞买人在指定时间、地点进行公开竞价，根据出价结果确定土地使用者的行为。拍卖出让的程序一般为前期准备、拍卖文件编制、发布拍卖公告、竞拍申请与资格审查、举办拍卖会、签约及后续工作。

（4）国有土地挂牌出让，是指市、县国土资源管理部门发布挂牌公告，按公告规定的期限将拟出让宗地的交易条件在指定的土地交易场所挂牌公布，接受竞买人的报价申请并更新挂牌价格，根据挂牌期限截止时的出价结果或现场竞价结果确定土地使用者的行为。挂牌出让的程序一般为前期准备、挂牌文件编制、发布挂牌公告、竞拍申请与资格审查、公布挂牌信息、报价、挂牌截止、现场竞价、签约及后续工作。

3. 土地使用权转让

土地使用权转让的概念有广义和狭义之分，广义的土地使用权转让指土地使用权发生转移的行为，包括出让和划拨，也包括以出让或划拨取得土地使用权后的再转让。狭义的土地使用权的转让仅指通过出让方式取得国有土地使用权的土地使用者通过买卖、赠予或其他合法方式将土地使用权再转移的行为。由土地使用权转让形成的土地市场属于土地二级市场，是平等的民事主体之间发生的民事法律关系。

4. 土地使用权出租

土地使用权出租，是指土地使用者作为出租人，将土地使用权随同地上建筑物、其他附着物出租给承租人使用，由承租人向出租人支付租金的行为。出租应当签订租赁合同，租赁合同不得违背国家法律、法规和土地使用权出让合同的规定。

5. 土地使用权抵押

土地使用权的抵押，是指土地使用权人以不转移土地占有的方式，将其合法拥有的土地使用权作为债权担保，在债务人不履行债务时，债权人有权依法处分该土地使用权，并从处分所获价款中优先受偿。土地使用权抵押是以不转移占有的方式而设立的担保物权，它与所担保的债权形成主从关系。另外，土地使用权的担保具有公示性、对抗性、绝对性和排他性。

土地使用权可以抵押。土地使用权抵押时，其地上建筑物、其他附着物随之抵押。地上建筑物、其他附着物抵押时，其使用范围内的土地使用权随之抵押。这是由房地产实体不分离的原则决定的。

抵押人到期未能履行债务或者在抵押合同期间内宣告破产、解散的，抵押权人有权依照抵押合同的规定处分抵押财产，并从中优先受偿。

6. 土地使用权收回与终止

国家收回土地使用权有多种原因，主要包括使用期限届满、提前收回、没收等。

土地使用权终止存在于两种情况，一种是土地使用权因土地灭失而终止，比如地震、水患、塌陷等；还有一种是土地使用权因土地使用者的抛弃而终止。

（四）土地储备及土地开发

土地储备开发是政府在土地出让或划拨前对土地进行整理投资、开发的过程，这是一个复杂的系统过程，涉及政府、原土地使用者、土地开发者、房产开发者、土地与房产开发产品的消费者等众多角色。这些角色在城市土地开发中，有着共同的利益，有着共同的任务，也有着各自不同的目的和利益；通过发挥各自不同的资源优势和专业优势，优势互补，最终实现城市土地资源开发社会、环境与经济效益的统一。

在土地储备开发过程中，市、县级政府直接审批土地开发计划，直接管理土地储备开发的是市、县国土资源管理部门，直接实施土地储备开发的是市、县国土资源管理部门下属的土地储备机构。显然，土地储备开发主要是一种政府行为，而不是一种纯粹的商业行为。在具体实施土地储备开发过程中，采用市场化运作方式，通过招投标方式确定开发企业，由开发企业承担征地、拆迁、市政基础设施建设等。作为开发企业的房地产企业只是土地储备开发项目的承包商，对所开发的土地既没有所有权也没有使用权，只有开发权。

土地储备开发的基本程序可划分为准备工作阶段、行政审批阶段、项目实施与交付阶段三个阶段。

1. 准备工作阶段

按照工作顺序，准备阶段又可划分为土地储备开发计划编制与审批、土地储备开发实施方案编制与审查、土地储备开发实施主体确定、土地储备开发项目投资分析、参与项目竞争五个细分阶段。其中，前三个阶段由政府主导，后两个阶段由社会企业主导。

2. 行政审批阶段

按照工作顺序，行政审批阶段的内容包括项目立项申请、建设用地预审、投资核准、专业评价（包括环境影响评价、交通评价、文物保护意见、林木处理意见等）、市政配套与管线综合意见、规划意见书办理、项目立项核准（或备案）、征地拆迁批准。

3. 项目实施与交付阶段

按照工作顺序，项目实施与交付阶段包括征地、拆迁、安置建设、市政建设、储备开发验收、储存或入市。

（五）土地开发后的经营管理

大型的土地开发项目往往有数平方公里甚至数十平方千米的范围，在整个区域的开发建设完成后，一般都形成一个功能相对完善的城市区域。必须运用现代城市经营管理手段对区域进行有效的经营和管理。因此，在土地开发过程中就应研究并提出项目建成后的经营管理方案，建立起开发区域的经营管理体系。在开发区域建设完成后，最终土地开发企业在解决好开发区域的经营与管理体系后，完全退出开发区域。经营管理体系包括：

（1）政府根据区域特点，依法行使政府职能，包括公安、交通、消防、工商、税务、城管、卫生防疫等政府管理；市政道路、大型绿地、路灯一般交由政府主管部门管理。

（2）开发区域的自来水、燃气、热力、电力、通信等市政公用行业的产品，一般在土地开发完成后交由专业公司经营管理。

（3）开发区域业主委员会（业主由二级地块使用权人组成），对开发区公共物业、景观环境、旅游商务、文化娱乐等区内事务等，委托专业化公司实施企业化运作。

二、城市土地开发项目的财务分析评价

（一）土地开发投资财务分析评价的主要特征

1. 项目的财务目标

土地储备开发财务管理的最根本目标是土地本身价值最大化。在这里，土地的价值不能仅仅理解为经济价值，更主要的是其社会价值。土地是稀缺资源，它的供给是有限的。它既是公共品，又是商品，具有双重属性。从政府和社会角度来说，土地储备开发的根本目标是保证有限的土地资源得到最充分、有效的利用，最大限度地满足城市社会经济的发展、环境改善和人民生活水平不断提高的需要，实现经济效益、社会效益与环境效益的最大化。从开发企业角度来说，土地储备开发主体财务管理的最终目标是在实现政府、社会和公民社会、经济和环境效益目标的前提下，实现企业价值最大化，也就是通过生产经营活动使企业本身的价值，包括企业现有价值和企业未来的获利能力实现最大化。

2. 项目的财务特点

（1）资金需求量大，周期长。土地储备开发所需资金量很大，少则几千万，多则几个亿，甚至几十个亿。土地储备开发，从征地拆迁到施工开发达到转让条件，所需时间往往很长，少则两年，长则三五年，甚至更长；分阶段投入。在大多数情况下，土地储备开发的资金是随着开发的深入分阶段逐步投入的，而不是一次性全部投入；回收期长。即使土地已经开发完成并开始转让，在许多情况下，到最终全部收回资金，也需要较长时间，有的也长达几年。

（2）筹资任务重，难度大。土地储备开发需要投入的资金量很大，而资金周转速度慢、周期长的特点，又使大量资金被长期占用在土地上，难以在短期内通过提高资金周转速度来缓解资金压力，进一步加重了筹资的任务。对于开发企业而言，与普通房地产开发不同的是，土地储备开发所形成的熟地，土地储备开发主体并不具有使用权，无法用于抵押，使开发企业筹资难度加大。

（3）对于土地储备开发主体，所涉及的财务关系非常复杂，包括与政府、投资者、债权人、二级开发商、被动迁的单位与居民、施工企业以及相关设施承租人等的资金往来关系。

（4）土地开发的法律法规体系包括城市土地法律制度、城市规划法律制度、建设工程管理法律制度、土地开发投融资法律制度等内容。

3. 财务分析评价的内容

土地储备开发项目财务分析评价中盈利能力分析、偿债能力分析与财务可持续分析等内容和基本财务报表与一般项目一致。土地开发项目应结合其特点按期编制转让收入、经营税

金及附加估算表，投资计划与资金筹措表，土地储备开发成本估算表。

（二）土地储备开发项目投资估算

土地储备开发成本是项目决策、筹资、成本管理、制定土地出让底价的依据。因此，土地储备开发项目成本估算，是土地储备开发项目前期工作中的重要内容。不同的土地储备开发项目，开发内容不同，项目的开发成本会相差很大。主要构成如下：

1. 项目前期费用

（1）立项报告、可研报告、土地储备开发实施方案等的编制及项目前期的各种咨询费；

（2）委托编制修建性详细规则区域内的管线综合等规划方案费；

（3）工程勘察（文勘、地勘等）、测绘、订桩费；

（4）工程环境影响评价费；

（5）交通影响评价费；

（6）地震影响评价费；

（7）地价评估费用；

（8）工程设计费及施工图审查费；

（9）招标代理费、招标服务费；

（10）工程保险费。

2. 征地拆迁费用

根据该区域被征用前不同用地性质相应发生不同的征地费用。这部分费用是整个土地储备开发成本中最主要的部分，占较高的比例。

（1）征地补偿费用。征地单位支付的征地补偿费，包括土地补偿费和安置补助费。涉及青苗和其他附着物，还应当向所有权人支付青苗补偿费和其他土地附着物补偿费。青苗是指尚未收割的农作物，其他土地附着物包括房屋、水井、道路、管线、水渠等建筑物、构筑物及林木和其他经济作物等。

（2）拆迁补偿费用。拆迁费用需经过入户调查、费用评估，来确定被拆迁区域的拆迁补偿费用。

（3）房屋拆迁评估费，按补偿价款金额的1%~1.5%向征用拆迁单位收取评估费。

（4）拆除工程费用，拆除工程造价应按照工程实际估算工程量，并套用相关估算指标或概算定额，充分考虑渣土运输等因素。

（5）古树保护及文物古建修护等费用。

（6）其他，指根据国家或地方政府要求在征地拆迁过程中还需发生的各种费用，如新增城市用地费等。

3. 公共区域市政基础设施建设费用

本部分费用是指在土地储备开发区域内，各二级开发地块红线范围外的公共区域的市政费用。这是土地储备开发成本中的重要组成部分，应在不同阶段根据控制性详细规划，或修建性详细规划、初步设计图纸、施工图纸等文件，参考相应工程的估算指标，或概算定额、预算定额，来确定相关费用。主要包括以下工程项目：

（1）场地平整费用及为二级开发单位提供施工临时供水、供电设施、临时道路的铺设及维护费用。

（2）区域内永久性道路、桥梁建设费用。

（3）市政管线建设费用，包括雨水、污水、中水、上水、电力、天然气、电信、热力等。

（4）市政场站建设费用，场站包括雨水泵房、燃气调压站、热力站、开闭站、区域中水站、区域中水站、区域管理中央监控室及涉及城市安全的公共设施等，其建设费用视规划情况而定。

（5）配套公共设施建设费用，包括区域内的交通智能化系统、公共标识指示系统、安防监控系统、公共卫生设施、公共卫生间及垃圾收集转运站、其他设施，如消防站、派出所、邮局等。

4. 区域内公共环境景观建设费用（略）

5. 公共配套设施建设费用

包括市政管理用房建设费用；机动车停车场（库）、非机动车停车设施建设费用；规划中其他须纳入土地储备开发成本的配套设施建设费用。

6. 工程建设其他费用

（1）工程监理费。

（2）竣工图编制费。

（3）建设期区域管理费用，包括安保、环境保洁、临时绿化、美化等费用。这部分费用在项目初期很难估算。不同的土地储备开发项目建设区域的面积、基本状况、区域周边的环境一经确定后，即可以明确每年需要多少保安、保洁人员进行公共区域的管理，需要做多少面积的临时绿化，整个区域的建设期多少年等，再据以测算相应费用。

（4）竣工后移交管理单位前的维护管理费用。

（5）后评价费用，指在土地储备开发工作完成后，由土地储备开发主体组织，委托专业咨询公司从经济效益、社会效益出发对整个土地储备开发项目和开发过程进行公正、客观的评价。该费用可参考有关工程咨询的收费标准测算。

（6）其他，指其他归属项目前期及其他费用的项目。比如，委托代建的项目还会发生"代建工程管理费"等。

7. 管理费

指土地储备开发主体在土地储备开发全过程中所发生的管理费，包括土地储备开发的建设期和代政府进行土地出让的销售期。该费用应根据项目的具体情况和土地储备开发企业的管理水平、资源投入情况等进行核算。

8. 财务费用

企业不同的资本结构和融资能力，决定了不同的融资方案。因此，融资渠道、金额和期限也会完全不同，其融资成本应视具体情况分别测算。

9. 销售费用

包括土地储备开发主体为提升开发区域的土地价值，吸引二级开发商和最终用户，完成土地出让任务，尽快收回开发成本而进行的策划、推广活动，和因此发生的各种广告、宣传费用等。

目前政府对土地储备开发的销售费用提取比例没有专门规定，而市场中二级开发的销售经验不适用于土地储备开发的销售，这就需要企业根据项目的土地出让计划分别测算，也可以按预计销售收入的1%计取。

10. 应纳税费

土地储备开发涉及的应纳税种主要有营业税、城市建设维护税、教育费附加、所得税、印花税、进口设备关税等。

11．不可预见费

包括基本预备费和涨价预备费，不同阶段的测算精度不同，以直接成本为基数，适当计取一定比例。

（三）资金筹措方案分析

1．项目资本金

由于土地储备开发主要是政府行为，它不同于普通的房地产开发，开发资金需获得政策的支持。

（1）财政拨款，从财政预算中拨出一定数量的资金，作为启动资金，推动土地储备开发的进行。

（2）财政贷款，政府从财政周转资金中拨出一定量的资金，贷给土地储备机构，用于土地储备开发，待土地出让后再偿还给财政，以支持土地储备开发的进行。

（3）转移支付的土地出让收入或收益，政府将通过招、拍、挂方式出让土地的一部分收入或收益划拨给土地储备机构，用作土地储备开发资金。

（4）土地出让溢价的再分配，对于经过储备开发后的"熟地"在招、拍、挂过程中产生的土地溢价部分，由政府与土地储备开发主体之间按一定比例分配或以政府再投入形式返还到项目上给予资金支持，资金可以封闭运作，专户管理。

（5）储备土地出租收入或经营收益，土地储备机构在储备开发完成后，通过对土地的出租，取得的储备土地使用权有偿使用收入，或者通过对土地的适度经营取得储备土地经营收益，留给土地储备机构作为土地储备开发的资金。

（6）政府债券资金，政府通过发行土地开发债券或者城市建设债券等政府债券，筹集社会闲置资金，用于土地储备开发。

（7）贴息政策，由于土地储备开发设计一般为政府主导，开发的目的是为了完善城市功能，改善市政环境，调用城市资源。为加快土地开发项目的资金周转，降低土地储备开发的成本，尤其针对专业园区，为高科技企业降低进驻园区的门槛，地方财政部门和园区建设的管理部门应适当给予贴息，减少土地储备开发的资金成本。

（8）贷款方式上的支持，银行贷款要求企业采取抵押方式，作为专门从事土地储备开发的企业，对开发的土地没有使用权。因此，需要政府将土地在开发期间，给予开发企业有期限的开发权，让开发企业可以将土地抵押给银行获得贷款。

（9）政府投入部分开发资金，在土地储备开发过程中，有些开发内容可以由政府资金先期投入，如开发地块红线外大市政建设资金，代征的道路和代征绿化带的资金，从而减少土地储备开发主体资金的压力。

（10）其他政策性支持，除了上述方式外，可通过其他方式对土地储备开发进行政策支持，以保证土地储备开发的资金需求。

2．债务资金

（1）金融机构直接贷款。土地储备机构与金融机构签订借款合同，并承担相应的责任与义务。

（2）担保贷款。储备开发主体与金融机构签订借款合同，并承担相应的责任与义务；由土地储备机构或者由其委托的担保机构提供担保。

（3）抵押贷款。储备开发主体以自有资金抵押或信誉担保与金融机构签订借款合同，并承担相应的责任与义务。

资金周转过程：金融机构以直接贷款、担保或抵押贷款方式，将资金贷给储备开发主体，用于土地储备开发；土地开发完成后，通过招、拍、挂方式，将熟地转让给二级开发企业，二级开发企业将土地转让款一部分支付给储备开发主体，用于弥补储备开发主体的开发成本并取得一定收益，储备开发单位将借款偿还给金融机构，并支付利息，从而解除土地储备机构的责任。

（四）土地储备开发收入与利润分配

1. 土地储备开发主体收入

（1）营业收入是指企业在开发经营活动中，由于销售开发产品（熟地）或提供劳务等取得的收入，它是企业经济活动中所产生的收益。

土地储备开发主体是对特定土地，统一组织进行征地、农转用、拆迁和市政道路等基础设施建设，将国有土地从生地变为熟地，再按政府规定程序协助政府进行土地出让。因此，土地储备开发主体主营业务收入为土地开发收入。

（2）其他业务收入，主要包括土地储备开发售后服务收入、无形资产使用费收入、固定资产出租收入、招投标书销售收入等企业除从事主营业务外因开展非经营性、兼营业务所产生的收入。

2. 土地储备开发主体的期间费用

土地储备开发主体的期间费用，包括管理费用、运营费用和财务费用，发生后直接计入当期损益。

（1）管理费用，是指企业行政管理部门为组织和管理经营活动而发生的各项费用。具体包括公司经费（包括公司总部管理人员工资、奖金、职工福利费、差旅费、办公费、折旧费、修理费、低值易耗品摊销以及其他公司经费）、工会经费、职工教育经费、劳动保险费、待业保险费、董事会费、咨询费、审计费、诉讼费、印花费、土地使用费、土地损失补偿费、技术转让费、技术开发费、无形资产的摊销、开办费、业务招待费、坏账损失、存货盘亏、毁损和报废（减盘盈）损失、计提的存货跌价准备、其他管理费用等。

（2）运营费用，是指企业在开发经营过程中为销售而发生的各项费用，包括广告宣传费、展览费、销售机构人员工资、福利费、业务费等运营费用。

（3）财务费用。根据《基本建设贷款财政贴息资金管理办法》，土地储备开发主体收到财政贴息资金后，分两种情况进行账务处理：在建项目应作冲减工程成本处理；竣工项目作冲减财务费用处理。

3. 土地储备开发主体利润

土地储备开发主体的利润总额包括营业利润、投资净收益、营业外收支净额和补贴收入四部分。

（1）营业利润。营业利润包括主营业务利润和其他业务利润。

主营业务利润是指企业从事土地储备开发所实现的利润。它在数量上等于主营业务收入净额减去主营业务成本和主营业务税金及附加后的余额。

其他业务利润是指企业因从事土地储备开发以外的其他业务所实现的利润。企业的其他业务减去其他业务支出后的差额，即为其他业务利润。

（2）投资净收益。投资净收益是指企业对外投资取得的投资收益减去投资损失后的净额。

投资收益包括对外投资应享有的利润和股利、债券利息、投资到期收回或中途转让取得款项高于账面价值的差额，以及按照权益法核算的股权投资在被投资单位减少的净资产中所拥有的数额等。

（3）利润总额。根据以上所列内容，利润的计算公式如下

$$利润总额=营业利润+投资净收益 \tag{12-1}$$
$$营业利润=主营业务利润+其他业务利润–营业费用–管理费用–财务费用 \tag{12-2}$$
$$主营业务利润=主营业务收入–主营业务成本–主营业务税金及附加 \tag{12-3}$$
$$其他业务利润=其他业务收入–其他业务支出 \tag{12-4}$$
$$净利润=利润总额–所得税 \tag{12-5}$$

土地储备开发主体实现的净利润，除国家另有规定外，应按照以下顺序进行分配。

（4）弥补以前年度的亏损。企业当年发生的亏损，可以在下一年度用税前利润弥补。下一年度利润不足弥补时，可以在 5 年内用实现的税前利润延续弥补；连续 5 年未补足的亏损，则应用税后利润弥补。

（5）提取法定盈余公积。法定盈余公积应按照税后利润扣除弥补以前年度亏损后的 10%提取。当法定盈余公积达到注册资本 50%时，可不再提取。

（6）提取任意公积金。任意公积金提取比例由投资者决议。

（7）向投资者分配利润。企业实现的净利润在扣除上述分配后，再加上以前年度未分配的利润，即为可供投资者分配的利润，可以按比例向投资者进行分配。

可供投资者分配的利润，经过上述分配后，为未分配利润，在资产负债表的所有者权益项目中单独反映。未分配利润可留待以后年度进行分配。

4．土地开发收益的分配政策

在土地储备开发中，开发主体投入资金，进行土地的开发，在开发过程中会发生征地费、拆迁费、市政基础设施费、环境及配套设施建设费、前期规划设计费、财务成本、管理费等，所有这些费用支出构成土地储备开发成本；在开发完成后，通过招、拍、挂向土地二级开发企业转让"熟地"。"熟地"出让底价包括毛地价（土地出让金、四源费和大市政费）和土地储备开发成本，"熟地"招、拍、挂的最后成交价减去政府收益部分为土地储备开发主体的收入。

从土地储备开发实施的整体来说，土地储备开发收益，需要在不同主体之间进行分配。这种分配可以分为两个层次：第一个层次，是在政府和开发企业之间的土地储备开发收益分配；第二个层次，是在开发企业内部，将土地开发利润，按利润分配的一般程序和方法进行分配。

要进行收益分配，就涉及收益分配政策。所谓收益分配政策是指收益在不同主体和不同流向之进行分配所遵循的原则和比例关系。收益分配政策直接关系到相关主体的利益及其未来发展的潜力，需要在充分考虑相关因素基础上作出合理的安排。

第二节　房地产开发项目的财务分析

房地产开发项目的财务分析评价是遵循国家现行的房地产法律法规及财税制度，采用市场价格，预测项目财务的收入与支出，从房地产开发企业的角度，分析项目的盈利能力，财务主体的还债能力及财务可持续性，为房地产开发商进行投资决策提供依据，也可为金融机

构审查贷款提供依据。

一、房地产开发项目的类型及特点

（一）房地产开发项目的分类

对房地产开发项目进行分类的标准很多，不用的分类标准会导致不同的分类结果。

1. 按照用途分类

（1）居住用途的房地产开发项目，指各类住宅，包括普通住宅、高档公寓、别墅等；

（2）商业用途的房地产开发项目，包括酒店、商场、购物中心、商业店铺、超级市场、批发市场等；

（3）办公用途的房地产开发项目，包括商务办公楼（写字楼）等；

（4）旅馆用途的房地产开发项目，包括饭店、酒店、宾馆、度假村、旅店、招待所等；

（5）餐饮用途的房地产开发项目，包括酒楼、美食城、餐馆、快餐店等；

（6）娱乐用途的房地产开发项目，包括游乐场、娱乐城、康乐中心、俱乐部、影剧院等；

（7）工业用途的房地产开发项目，包括厂房、研发用地、仓储物业等；

（8）农业用途的房地产开发项目，包括生态旅游农业展示场及其附属服务设施；

（9）特殊用途的房地产开发项目，包括飞机场、加油站、高尔夫球场、停车楼等；

（10）土地开发项目，是指在生地或毛地上进行"三通一平"（通水、通电、通路、土地平整）等，将其开发成为建设熟地的房地产项目。

2. 按是否产生收益来分类

（1）收益性房地产开发项目，包括酒店、商务办公楼、出租住房、旅馆、餐馆、影剧院、游乐场、加油站、厂房、农地等；

（2）非收益性房地产开发项目，包括自住房、政府办公楼、宗教、军事等特殊用途房地产。

3. 按照经营使用方式分类

可分为自用型房地产项目、营业型房地产项目、出租型房地产项目、出售型房地产项目。

4. 按开发程度分类

可分为土地项目（包括生地、毛地、熟地）、在建工程和建成后物业项目（含土地）。

（二）房地产开发项目开发经营特点

由于房地产本身的特点，使得房地产开发项目和其他商品的经营相比，具有了许多不同点。

1. 开发经营符合建设规划

房地产企业开发的产品具有固定性、建设周期长、投资数额大等特点，对市容市貌、环境卫生、群众生活影响极大，房地产项目开发与经营必须根据城市总体规划进行。

2. 房地产开发项目开发经营活动的复杂性

房地产开发项目开发经营活动的复杂性体现在两个方面：

（1）活动协调的复杂性。由于房地产业的关联产业较多，项目的开发经营活动需要将众多的资源进行优化组合，这必然使项目开发经营活动涉及大量的参与单位、利益相关者和管理部门，从而使得项目开发经营活动所需要协调的关系、程序极为复杂。

（2）项目操作的复杂性。房地产开发项目的开发经营包括生产、流通和消费三个基本环节，每个环节都包含许多工作内容，每项工作都具有较强的专业性，需要由专业人员完成，而且每一个项目所面对的个别因素、市场因素、宏观环境等各项影响因素均不相同。这些问题必然使得房地产开发项目的开发与经营操作起来较为复杂，这就需要房地产开发经营主体针对具体情况，认真地进行综合分析，统筹安排，制定完善的开发经营方案。

3. 房地产开发项目开发经营的区域性

房地产开发项目的位置固定性决定了项目开发经营市场是一个区域性的市场，而不是一个完全的、统一的市场。从宏观层面来看，房地产开发项目开发的地域性主要表现在投资地区的社会经济发展水平、城市化水平、国民收入状况、历史文化背景以及房地产政策等特征对项目的影响。这些特征的不同导致各地区房地产开发项目的投资环境、开发类型结构、市场需求状况、消费结构和消费行为存在明显差异。从微观层面来看，房地产开发项目所处的区位决定了交通、基础设施配套、环境、升值潜力等很多重要因素。同时其自身的自然条件、规划设计条件等个体因素与区位因素相结合，会对房地产开发项目的效益产生决定性的影响。

4. 房地产开发经营活动的长期性

房地产开发从投入资本到资本回收，需要集中大量的资金和劳动力，通过多种资源的综合利用最终形成产品，因此整个过程往往需要较长的时间。一般来说，普通的开发项目需要2～3 年，规模稍大的综合性项目需要 4～5 年，而一些成片开发的大型项目需要的时间则更长。同样，房地产经营活动从投资到持续经营收回成本、盈利则需要更长的周期。

5. 房地产开发经营活动的资金密集性

房地产商品价值较大，其开发经营活动需要投入大量的资金，资金链是房地产开发经营主体的生命线。加之房地产开发经营活动具有长期性的特点，会对房地产开发经营产生高额的财务成本。因此，房地产开发与经营业是一个资金密集型行业，很多房地产开发经营企业倒闭多是因为资金链的断裂。

6. 房地产开发经营活动的高收益性和高风险性

由于人口的增加、经济的发展，人们对房地产的需求日益增加，而房地产供给受到土地资源稀缺性的约束。长期来看，房地产价格总体呈上升趋势，房地产价格与通货膨胀率正相关，与存款利率负相关。在通货膨胀时期，货币贬值，为了吸引储户储蓄，银行被迫提高利率。由于房地产价格与存款利率负相关，此时的房地产价格将处于一个相对较低的水平，人们可以用较低价格买入。而随着通货膨胀加剧，市场流动性更为充裕，大量资金涌入房地产业等行业，从而推高房地产的价格。同时由于房地产价格存在着"价格黏性"，即价格不能随着总需求的变化而迅速变化，其结果便使得房地产成为大量资金的"避风港"。由此可见，房地产商品具有很强的保值增值性。这就意味着房地产开发经营活动具有很高的投资回报性。但是，由于房地产开发经营环节多、周期长，不确定因素较多，加之高财务杠杆的运用，使得房地产开发经营活动具有高风险性。

7. 房地产开发经营活动的政策性

房地产业的特点、地位和作用决定了房地产开发经营受政策的影响强。房地产业是国民经济的基础产业和支柱产业，直接关系到国计民生等重大问题，因此国家对房地产业、房地产市场、房地产经营主体及其活动给予了加倍的关注，通过制定一系列法律法规和政策，规范房地产业的发展、房地产市场秩序，以及规范房地产开发经营活动。此外，房地产开发经营活动必须在国家法律法规许可的框架下进行，国家的每一项相关政策都会对房地产经营活动产生重大的甚至是毁灭性的影响。因此，房地产开发经营活动具有很强的政策性。

（三）房地产开发项目运作程序

房地产开发项目的基本程序可划分为投资决策阶段、前期工作阶段、项目管理阶段、经营与物业服务阶段四个阶段。

1. 投资决策阶段

投资决策是整个开发过程中最为重要的一环，是项目成败的关键。房地产开发项目投资决策过程是指在房地产开发投资决策中，提出问题、分析问题和解决问题的过程。主要包括投资机会选择和投资分析决策两个步骤。

2. 前期工作阶段

前期工作阶段包括土地使用权获取、专业评价与项目核准、规划设计报批以及合作单位选择。

（1）土地使用权的获取方式目前主要有参与土地出让竞争、在建项目收购、入股项目公司三种。

（2）在获取土地使用权后，按照国家规定，需要编写项目申请报告，向投资主管部门申请项目核准。为了减少投资项目对环境破坏的风险，对项目还需进行环境影响评价。为了防止投资项目未来对区域交通产生超负荷压力，部分大城市要求房地产开发项目必须进行交通影响评价。对于在土地储备开发阶段已进行过环境影响评价、交通影响评价等专业评价的项目，在房地产开发环节是否需再次进行此方面的专业评价，则需根据具体情况确定。

（3）投资项目通过各类专业评价和项目核准后，即进入了规划设计报批环节。在此环节，最重要的工作是办理建设用地规划许可证、建设工程规划许可证和建筑工程施工许可证。

（4）合作单位的选择在前期工作阶段是跳跃式进行的，是不连贯的，包括规划设计阶段的规划设计单位选择，在申请建设工程施工许可证前的施工方、监理方选择，在施工前的材料供应商、设备供应商选择等。

3. 项目管理阶段

项目管理阶段是从项目正式施工到竣工使用之间的过程。它是将开发过程涉及的人力、材料、机械设备、资金等资源聚集在一个特定的空间与时间点上的施工生产活动。项目建设一旦开始，就意味着在选定的开发地点，以在特定时间段上分布的特定成本来开发建设一栋或一组特定的建筑物。此时，对有些问题的处理就不像前面那些过程那样具有弹性，尤其对许多小项目而言，一旦签署了承包合同，就几乎不再有变动的机会。

项目管理阶段包括建设施工阶段和竣工验收阶段。

（1）建设施工阶段的主要任务是"三控两管一协调"，即成本控制、进度控制、质量控制；合同管理、安全管理；全面的组织协调。

（2）竣工验收一般分为三个阶段，即自检阶段（也称为预验收）、初步验收阶段、正式全部验收阶段。

4. 经营与物业服务阶段

经营与物业服务阶段并不是承接于项目管理阶段之后，而是与项目管理阶段有部分时间上的重叠，如商品房的预售、开盘前的推广等活动。经营与物业管理阶段的工作内容由两大部分组成，包括房地产营销和物业服务。

（1）房地产开发项目通常的经营方式主要有出售、出租、自营以及多种经营方式的某种组合。对于开发经营方式的选择，主要取决于项目利润最大化和对开发项目现金流量进行合理安排的要求。房地产营销策略则取决于房地产项目的经营方式、市场状况。

（2）物业服务是房地产开发经营的延续与完善，主要任务是保证入住者方便、安全地使用物业及配套设施，能为其提供一系列生活服务，并通过建筑物的维修与保养、机电设备和公共设施的维护与管理、小区内的治安保卫及清洁绿化来保证物业的使用寿命及价值，同时力求实现物业的保值、增值。另外，还要对业主提供专项及特约服务，并进行物业的经营等。

二、房地产开发项目财务分析评价的主要内容

（一）投资构成与资金筹措

1. 投资构成

房地产开发项目投资包括开发建设投资和经营资金。

开发建设投资是指在开发期内完成房地产产品开发建设所需投入的各项成本费用，主要包括土地费用、前期工程费、基础设施建设费、建筑安装工程费、公共配套设施建设费、开发间接费、管理费用、财务费用、销售费用、开发期税费、其他费用以及不可预见费等。其中，其他费用包括临时用地费和临时建设费、工程造价咨询费、总承包管理费、合同公证费、施工执照费、工程质量监督费、工程监理费、竣工图编制费、工程保险费等。

经营资金，是指房地产开发企业用于日常经营的周转资金，主要是指有自营业务的周转资金。

开发建设投资在开发建设过程中形成以出售或出租为目的的开发产品成本和以自营自用为目的的固定资产及其他资产，包含房地产开发机构本身的资产，分为固定资产、无形资产及其他资产。固定资产包括房地产开发企业办公用房、机器设备和运输设备，以及自营业务需用的商业和服务用房等；无形资产主要指土地所有权（不包括商品房、出租房所占用的土地费用）等；其他资产主要包括房地产开发企业的开办费和租入固定资产的改良支出等。主要内容与一般建设投资项目相同。

房地产项目投资估算中应考虑项目所负担的与房地产投资有关的各种税金和地方政府或有关部门征收的费用。主要包括土地使用税、市政支管线分摊费、供电贴费、用电权费、绿化建设费、电话初装费、分散建设市政公用设施建设费等。在一些大中型城市，这部分税费在房地产项目投资费用中占较大比重。各项税费应根据当地有关法规标准估算。

房地产项目投资估算应考虑适当的不可预见费用。

2. 资金筹措

资金筹措计划主要是根据房地产项目对资金的需求以及投资、成本与费用的使用计划，来安排资金的来源和相应的数量。房地产开发项目投资的资金来源有四部分：一是投资者投入的资金，即本金（自有资金，含资本金及资本溢价）；二是借入的资金（银行贷款，按期限分可有长期、短期之分；按用途分则有自营资产投资借款、房地产开发产品投资借款及经营资金借款）；三是其他收入，指接受捐赠等，这种可能性比较少；四是商品房预售收入、出租房预租收入及其他等。确定收款方式时应考虑房地产交易的付款习惯和惯例，以及分期付款的期数和各期付款的比例。

房地产项目应根据可能的建设进度和将会发生的实际付款时间和金额编制资金使用计划表。在房地产项目可行性研究阶段，计算期可取年、半年、季甚至月为单位，资金使用计划应按期编制。编制资金使用计划应考虑各种投资款项的付款特点，要考虑预收款、欠付款、预付定金以及按工程进度中间结算付款等方式对编制资金使用计划的影响。

（二）经营收入估算

1. 经营收入

房地产项目的收入主要包括房地产产品的销售收入、租金收入、土地转让收入（以上统

称租售收入)、配套设施销售收入和自营收入。

(1) 租售收入等于可供租售的房地产数量乘以单位租售价格。应注意可出售面积比例的变化对销售收入的影响；空置期(项目竣工后暂时找不到租户的时间)和出租率对租金收入的影响；以及由于规划设计的原因导致不能售出面积比例的增大对销售收入的影响。

(2) 自营收入是指开发企业以开发完成后的房地产为其进行商业和服务业等经营活动的载体，通过综合性的自营方式得到的收入。在进行自营收入估算时，应充分考虑目前已有的商业和服务业设施对房地产项目建成后的影响，以及未来商业、服务业市场可能发生的变化对房地产项目的影响。

2. 租售价格

租售价格应根据房地产项目的特点确定，一般应选择在位置、规模、功能和档次等方面可比的交易实例，通过对其成交价格的分析与修正，最终得到房地产项目的租售价格。

确定租售价格要与开发商市场营销策略相一致，在考虑政治、经济、社会等宏观环境对项目租售价格影响的同时，还应对房地产市场供求状况进行分析，考虑已建成的、正在建设的以及潜在的竞争项目对房地产项目租售价格的影响。

3. 出售出租自营计划

房地产项目应在项目策划方案的基础上，制订切实可行的出售、出租、自营等计划(简称租售计划)。租售计划应遵守政府有关房地产租售和经营的规定，并与开发商的投资策略相结合。房地产项目租售计划包括拟租售的房地产类型、时间和相应的数量、租售价格、租售收入及收款方式。租售房地产的类型和相应的数量，应在房地产项目可供租售的房地产类型、数量的基础上确定，并要考虑租售期内房地产市场可能发生的变化对租售数量的影响。

(三) 经营成本及成本费用估算

成本、费用开支范围是指国家对企业发生的支出，允许其在成本费用中列支的范围，通常以国家法律、法规、制度等形式予以明确。房地产企业与开发经营有关的各项支出都应当按照规定计入企业的成本费用。成本费用可分为两部分：一为开发产品成本，包括土地征用及拆迁补偿费、前期工程费、建筑安装工程费、基础设施费、公共配套设施费以及开发间接费用；二为期间费用，包括管理费用、财务费用和营业费用。

1. 房地产开发成本项目构成

(1) 土地使用权转让费，指因房地产开发而支付的土地使用权转让费。

(2) 前期工程费，指土地房屋开发前期发生的包括规划、设计、项目可行性研究等费用。

(3) 建筑安装工程费，包括企业以出包方式支付给承包单位的建筑安装工程费和以自营方式发生的建筑安装工程费。

(4) 基础设施费，指土地房屋开发工程中发生的小区内道路、供水、供电、供气、排污、排洪、通信、照明、环卫、绿化等工程发生的支出。

(5) 公共配套设施费，指开发小区发生的可计入土地房屋开发成本，不能有偿转让的公共配套设施发生的支出。如锅炉房、配电房、派出所、幼儿园、自行车棚、消防设施、健身器材及设施、公厕等。

(6) 开发间接费用，指企业所属直接组织、管理开发项目发生的费用，包括工资、职工福利费、折旧费、修理费、办公费、水电费、劳动保护费、周转房摊销费、借款利息支出等。

2．房地产企业计入成本费用的支出

根据国家现行政策规定，房地产企业计入成本费用的支出为：

（1）土地使用权转让费。

（2）可行性研究、勘察设计、测绘、"三通一平"等支出。

（3）自营建筑安装消耗的主要材料、结构件、周转材料、低值易耗品等费用。

（4）固定资产的折旧费、修理费、租赁费。

（5）应计入成本费用的职工薪酬、工会经费和职工教育经费。

（6）发包建筑安装工程支付的工程价款。

（7）坏账损失、存货跌价损失，财产和运输保险费，契约合同公证费和鉴定费。

（8）劳动保护费、劳动保险费。

（9）差旅费、办公费、低值易耗品摊销等费用。

（10）房产税、车船使用税、土地使用税、印花税。

（11）技术开发费、技术转让费、无形资产摊销费、业务招待费。

（12）广告费、售后服务费等。

企业必须按照国家规定，划清所有支出是否计入成本费用。如果违反税法等规定，会给企业造成经济损失。

3．经营成本及费用

经营成本对商品房、出租房项目而言，是指房地产产品销售、出租时，将开发产品成本按照国家有关财务和会计制度的要求结转的成本，如土地转让成本、出租土地经营成本、商品房销售成本、出租房经营成本。对自营项目而言，则同一般投资项目，即经营成本等于总成本减去折旧、摊销和利息支出。

为了遵循经营成本与经营收入相匹配的原则，对于分期收款的商品房销售成本可按其当期经营收入占全部经营收入的比率，计算当期应结转的经营成本。

4．成本费用的明细内容

（1）房地产项目土地费用。房地产项目土地费用，是指为取得房地产项目用地而发生的费用。房地产项目取得土地有多种方式，所发生的费用各不相同，主要有划拨或征用土地的土地征用拆迁费、出让土地的土地出让价款、转让土地的土地转让费、租用土地的土地租用费、股东投资入股土地的投资折价等。

1）土地征用拆迁费。土地征用拆迁费分为农村土地征用拆迁费和城镇土地拆迁费。农村土地征用拆迁费主要包括土地补偿费、青苗补偿费、地上附着物补偿费、安置补助费、新菜地开发建设基金、征地管理费、耕地占用税、拆迁费、其他费用。城镇土地拆迁费主要包括地上建筑物、构筑物、附着物补偿费，搬家费，临时搬迁安置费，周转房摊销以及对于原用地单位停产、停业补偿费，拆迁管理费和拆迁服务费等。

2）土地出让地价款。土地出让地价款，是指国家以土地所有者的身份将土地使用权在一定年限内让予土地使用者，并由土地使用者向国家支付土地使用权出让金和根据土地原有状况需要支付的拆迁补偿费、安置费、城市基础设施建设费或征地费等。如，以出让方式取得城市熟地土地使用权，土地出让地价款由土地出让金加上拆迁补偿费和城市基础设施建设费构成。

土地出让地价款的数额由土地所在城市、地区、地段、土地的用途以及使用条件、合同条件等许多方面的因素决定。许多城市对土地制定了基准地价，具体宗地的土地出让价款要在基准地价的基础上加以适当调整确定。

3）土地转让费。土地转让费是指土地受让方向土地转让方支付土地使用权的转让费。依法通过土地出让或转让方式取得的土地使用权可以转让给其他合法使用者。土地使用权转让时，地上建筑物及其他附着物的所有权随之转让。

4）土地租用费。土地租用费是指土地租用方向土地出租方支付的费用。以租用方式取得土地使用权可以减少项目开发的初期投资，但在房地产项目开发中较为少见。

5）土地投资折价。房地产项目土地使用权可以来自房地产项目的一个或多个投资者的直接投资。在这种情况下，不需要筹集现金用于支付土地使用权的获取费用，但一般需要对土地使用权评估作价。

（2）房地产项目前期工程费主要包括项目前期规划、设计、可行性研究，水文、地质勘测，以及"三通一平"等阶段的费用支出。

项目规划、设计、可行性研究所需费用支出一般可按项目总投资的一定百分比估算，也可按估计的工作量乘以正常工日费估算。项目水文、地质勘测所需费用支出根据工作量估算。土地开发中"三通一平"工程费用根据实际工作量估算。

（3）基础设施建设费。基础设施建设是指建筑物 2m 以外和项目用地规划红线以内的各种管线和道路工程，其费用包括供水、供电、供气、排污、绿化、道路、路灯、环卫设施等建设费用，以及各项设施与市政设施干线、干管、干道的接口费用。一般按实际工程量估算。

（4）建筑安装工程费，是指建造房屋建筑物所发生的建筑工程费用、设备采购费用和安装工程费用等。在可行性研究阶段，建筑安装工程费用估算可以采用单元估算法、单位指标估算法、工程量近似框算法、概算指标估算法、概预算定额法，也可以根据类似工程经验进行估算。具体估算方法的选择应视资料的可取性和费用支出的情况而定。

当房地产项目包括多个单项工程时，应对各个单项工程分别估算建筑安装工程费用。

（5）公共配套设施费，是指居住小区内为居民服务配套建设的各种非营利性的公共配套设施（又称公建设施）的建设费用，主要包括居委会、派出所、托儿所、幼儿园、公共厕所、停车场等。一般按规划指标和实际工程量估算。

（6）开发间接费用，是指房地产开发企业所属独立核算单位在开发现场组织管理所发生的各项费用。主要包括工资、福利费、折旧费、修理费、办公费、水电费、劳动保护费、周转房摊销和其他费用等。

当开发企业不设立现场机构，由开发企业定期或不定期派人到开发现场组织开发建设活动时，所发生的费用可直接计入开发企业的管理费用。

（7）管理费用，是指房地产开发企业的管理部门为组织和管理房地产项目的开发经营活动而发生的各项费用。主要包括管理人员工资、职工福利费、办公费、差旅费、折旧费、修理费、工会经费、职工教育经费、劳动保险费、待业保险费、董事会费、咨询费、审计费、诉讼费、排污费、绿化费、房地产税、车船使用税、土地使用税、技术转让费、技术开发费、无形资产摊销、开办费摊销、业务招待费、坏账损失、存货盘亏、毁损和报废损失以及其他管理费用。

如果房地产开发企业同时开发若干房地产项目，管理费用应在各个项目间合理分摊。

（8）财务费用，是指房地产开发企业为筹集资金而发生的各项费用。主要包括贷款和债券的利息、金融机构手续费、代理费、外汇汇兑净损失以及其他财务费用。

（9）销售费用，是指房地产开发企业在销售房地产产品过程中发生的各项费用，以及专设销售机构的各项费用。主要包括销售人员工资、福利费、差旅费、销售机构的折旧费、修理费、物料消耗、广告费、宣传费、代销手续费、销售服务费及预售许可证申领费等。

（10）修理费用，是指以出租或自营方式获得收益的房地产项目在经营期间发生的物料消耗和维修费等。

（四）财务分析评价

房地产项目财务分析评价中盈利能力分析、偿债能力分析与财务可持续分析等内容，基本财务报表与一般项目一致。房地产项目应结合其特点按期编制销售收入、租金收入和自营收入、税金及附加估算表，投资计划与资金筹措表，建筑安装成本估算表，根据需要计算相关财务评价指标。

第三节　某产业园开发项目财务分析案例

A 设计产业园是位于北京的某房地产开发项目，其业态包括 IC 设计总部区、IC 设计孵化区、IC 设计服务区、商业、停车库等。项目总建筑面积 21.9376 万 m^2，地上建筑面积 14.9376 万 m^2，地下建筑面积 7.00 万 m^2。设计产业园建安工程费用 117576.84 万元，室外建安工程费用 5627.18 万元，工程费用总计 123204.02 万元。

项目目前已完成市场分析、项目定位、建设规模、场址选择和建设条件、建设方案、节能节水方案、环境保护分析、劳动安全卫生与消防设计、招标方案设计等工作，需要对其进行财务分析评价。

一、实施进度计划

（一）工程实施期

项目实施期共 42 个月，起止年限为 2014 年 9 月～2018 年 2 月，包括前期工作、项目准备、工程实施和竣工验收四个阶段。前期工作阶段从 2014 年 9 月开始，至 2015 年 2 月结束；项目准备阶段从 2015 年 3 月开始，至 2015 年 11 月结束；项目建设阶段从 2015 年 12 月开始建设，至 2018 年 1 月试运营结束。竣工验收阶段为 2018 年 1～2 月。

（二）实施进度安排

前期工作阶段（6 个月）：具体工作包括功能需求初步研究、调研、功能需求深入研究、市政配套方案、环境影响评价、取得土地、勘察招标及勘探、完善可行性研究报告及项目申请书并报政府核准等。

项目准备阶段（9 个月）：勘察设计工作包括设计招标、优化设计方案、场地勘探、初步设计、施工图设计等。施工及监理招标和相关规划许可证的办理工作包括施工及监理招标、申领建设工程规划许可证、申领建设工程施工许可证等。

工程建设阶段（29 个月）：项目施工工作包括办理设备招标及采购、地基基础施工及验收、主体结构施工及验收、建筑装饰装修、给排水及采暖施工、建筑电气施工、通信网络布线施工、通风空调安装、电梯安装、室外道路、绿化、地下管线等。

竣工验收阶段（2 个月）：竣工验收工作包括消防、环保、卫生、规划等部门的专项验收、建设单位联合验收、竣工备案、资料移交、结算审核等。

（三）实施进度计划表

根据项目进展情况，拟订实施进度计划见表 12-1。

表 12-1

项目实施进度计划表

序号	项目实施工作	2014				2015												2016												2017												2018							
		9	10	11	12	1	2	3	4	5	6	7	8	9	10	11	12	1	2	3	4	5	6	7	8	9	10	11	12	1	2	3	4	5	6	7	8	9	10	11	12	1	2	3	4	5	6	7	8
1	可行性研究		━																																														
2	取得土地				━																																												
3	项目核准							━																																									
4	方案设计									━																																							
5	施工图设计与审查															━																																	
6	施工准备																━																																
7	工程主体施工																		━	━	━	━	━	━	━	━	━	━	━	━	━	━	━	━	━	━	━	━	━										
8	设备购置及安装																		━	━	━	━	━	━	━	━	━	━	━	━	━	━	━	━	━	━	━	━	━	━									
9	室内精装修																							━	━	━	━	━																					
10	室外工程																											━	━	━																			
11	竣工验收																														━											━							

二、投资估算与资金筹措

（一）编制依据

（1）《建设项目经济评价方法与参数》（第三版）；

（2）《建设项目总投资及其他费用项目组成规定》；

（3）《建设项目投资估算编审规程》（CECA/GC 1—2007）；

（4）《建设工程设计文件编制深度规定》（2008 版）；

（5）《北京市建设工程概算定额》（2004 版）；

（6）其他有关取费标准、造价指标和价格信息文件及资料。

（二）估算范围

本项目投资估算包括 A 设计产业园及用地红线范围内的室外工程。

（三）估算方法

（1）建筑安装工程费用采用概算指标估算法；

（2）设备购置费用采用分项详细估算法；

（3）安装工程费用采用指标估算法或比例系数法；

（4）工程建设其他费用根据取费标准采用指标估算法或比例系数法；

（5）预备费采用指标估算法。

（四）工程费用

根据《建设项目经济评价方法与参数》（第三版）规定，工程费用由后勤综合服务楼（建筑工程费、设备购置费和安装工程费用）建安工程费和室外工程费用组成。

A 设计产业园建安工程费用 117576.84 万元，室外建安工程费用 5627.18 万元，工程费用总计 123204.02 万元。

1. IC 设计总部区

（1）土建工程。包括建筑散水以内主体及地下工程，主体结构包含基础、主体结构、内外墙体、屋面、保温、防水、降水、护坡等主体工程，外装修包含外墙装饰面层（玻璃幕墙、干挂石材幕墙、面砖、涂料）、外门窗、雨棚、散水台阶、入口等外立面装饰。

（2）机电工程。包括建筑物 2m 以内的机电工程，不含室外管网工程费。给排水、水消防部分包含室内给水系统、室内排水系统、消火栓系统、自动喷洒系统等。空调通风、防排烟包含集中空调、多联体空调、分体空调、防排烟、管道及附件等，电源工程包含高低压配电及发电机组等（不含外市电引入费用）。电气工程包含从低压配电柜出线端至末端配电箱间的配电电缆、配电母线、电缆桥架、控制电缆；末端配电箱；末端配电箱到设备的动力管线、照明管线；开关插座、照明灯具；防雷接地工程；电能能耗管理系统。电气消防包含消防报警及联动控制系统及电气火灾报警系统。电梯包含客梯、货梯及梯内装饰等。

（3）智能化系统。包括综合布线、入侵报警、出入口控制系统、视频监控系统、车库管理系统、建筑设备监控系统、广播系统、一卡通系统、智能照明系统、信息显示系统、智能化系统集成。

（4）室内装修。包括室内墙柱面、楼地面、吊顶等，包括家具购置。

IC 设计总部区建安工程费用明细见表 12-2。

2. IC 设计孵化区

包括土建工程、机电工程、智能化系统、室内装修等费用。估算结果见表 12-3。

表 12-2   IC 设计总部区建安工程费用明细

序号	项目名称	建筑面积（m²）	单价（元/m²）	合价（万元）
一	工程费用	69376.00	5900.00	40931.84
1	建筑工程	69376.00	2800.00	19425.28
1.1	地基与基础	69376.00	0.00	0.00
1.2	主体结构	69376.00	2000.00	13875.20
1.3	室外装修	69376.00	800.00	5550.08
2	装饰工程	69376.00	2000.00	13875.20
3	机电设备及安装工程	69376.00	1100.00	7631.36
3.1	建筑电气	69376.00	150.00	1040.64
3.2	管道工程	69376.00	350.00	2428.16
3.3	通风工程	69376.00	185.00	1283.46
3.4	建筑节能	69376.00	175.00	1214.08
3.5	电梯	69376.00	40.00	277.50
3.6	建筑智能化工程	69376.00	200.00	1387.52

表 12-3   IC 设计孵化区建安工程费用明细

序号	项目名称	建筑面积（m²）	单价（元/m²）	合价（万元）
一	工程费用	50000.00	6100.00	30500.00
1	建筑工程	50000.00	2800.00	14000.00
1.1	地基与基础	50000.00	0.00	0.00
1.2	主体结构	50000.00	2000.00	10000.00
1.3	室外装修	50000.00	800.00	4000.00
2	装饰工程	50000.00	2200.00	11000.00
3	机电设备及安装工程	50000.00	1100.00	5500.00
3.1	建筑电气	50000.00	150.00	750.00
3.2	管道工程	50000.00	350.00	1750.00
3.3	通风工程	50000.00	185.00	925.00
3.4	建筑节能	50000.00	175.00	875.00
3.5	电梯	50000.00	40.00	200.00
3.6	建筑智能化工程	50000.00	200.00	1000.00

3. IC 设计服务区

包括土建工程、机电工程、智能化系统、室内装修等费用。估算结果见表 12-4。

表 12-4   IC 设计服务区建安工程费用明细

序号	项目名称	建筑面积（m²）	单价（元/m²）	合价（万元）
一	工程费用	30000.00	5500.00	16500.00
1	建筑工程	30000.00	2800.00	8400.00
1.1	地基与基础	30000.00	0.00	0.00
1.2	主体结构	30000.00	2000.00	6000.00

序号	项目名称	建筑面积（m²）	单价（元/m²）	合价（万元）
1.3	室外装修	30000.00	800.00	2400.00
2	装饰工程	30000.00	1500.00	4500.00
3	机电设备及安装工程	30000.00	1200.00	3600.00
3.1	建筑电气	30000.00	150.00	450.00
3.2	管道工程	30000.00	350.00	1050.00
3.3	通风工程	30000.00	185.00	555.00
3.4	建筑节能	30000.00	175.00	525.00
3.5	电梯	30000.00	40.00	120.00
3.6	建筑智能化工程	30000.00	300.00	900.00

4. 配套商业

包括土建工程、机电工程、智能化系统、室内装修等费用。估算结果见表 12-5。

表 12-5　　　　　　　　　　配套商业建安工程费用明细

序号	项目名称	建筑面积（m²）	单价（元/m²）	合价（万元）
一	工程费用	35000.00	4400.00	15400.00
1	建筑工程	35000.00	2800.00	9800.00
1.1	地基与基础	35000.00	800.00	2800.00
1.2	主体结构	35000.00	2000.00	7000.00
1.3	室外装修	35000.00	0.00	0.00
2	装饰工程	35000.00	500.00	1750.00
3	机电设备及安装工程	35000.00	1100.00	3850.00
3.1	建筑电气	35000.00	150.00	525.00
3.2	管道工程	35000.00	350.00	1225.00
3.3	通风工程	35000.00	185.00	647.50
3.4	建筑节能	35000.00	175.00	612.50
3.5	电梯	35000.00	40.00	140.00
3.6	建筑智能化工程	35000.00	200.00	700.00

5. 地下车库

包括土建工程、机电工程、智能化系统、室内装修等费用。估算结果见表 12-6。

表 12-6　　　　　　　　　　地下车库建安工程费用明细

序号	项目名称	建筑面积（m²）	单价（元/m²）	合价（万元）
一	工程费用	35000.00	4070.00	14245.00
1	建筑工程	35000.00	2800.00	9800.00
1.1	地基与基础	35000.00	800.00	2800.00
1.2	主体结构	35000.00	2000.00	7000.00
1.3	室外装修	35000.00	0.00	0.00

续表

序号	项目名称	建筑面积（m²）	单价（元/m²）	合价（万元）
2	装饰工程	35000.00	400.00	1400.00
3	机电设备及安装工程	35000.00	870.00	3045.00
3.1	建筑电气	35000.00	150.00	525.00
3.2	管道工程	35000.00	150.00	525.00
3.3	通风工程	35000.00	185.00	647.50
3.4	建筑节能	35000.00	175.00	612.50
3.5	电梯	35000.00	10.00	35.00
3.6	建筑智能化工程	35000.00	200.00	700.00

6. 室外工程

室外工程估算范围包括红线内给排水工程、供电工程、采暖工程、通信工程等基础设施，道路广场和绿化。估算结果见表12-7。

表12-7　　　　　　　　　　　　室 外 工 程 费 用 估 算

序号	项目名称	占地面积（m²）	单价（元/m²）	合价（万元）
一	工程费用	59800	941.00	5627.18
1	室外设施	59800	200.00	1196.00
1.1	道路	59800	150.00	897.00
1.2	土石方	59800	50.00	299.00
2	附属建筑及室外环境	59800	200.00	1196.00
2.1	附属建筑	59800	80.00	478.40
2.2	室外环境	59800	120.00	717.60
3	室外安装	59800	541.00	3235.18
3.1	给水	59800	100.00	598.00
3.2	雨污水	59800	120.00	717.60
3.3	供热	59800	90.00	538.20
3.4	燃气	59800	50.00	299.00
3.5	电气	59800	136.00	813.28
3.6	通信	59800	45.00	269.10
3.7	供冷	59800	0.00	0.00

（五）工程建设其他费用

根据北京市工程建设其他费用规定，工程建设其他费用包括土地费用、建设管理费、可行性研究费、勘察设计费、项目前期费用、招标代理费、城市基础设施配套费、场地准备及临时设施费等相关费用。A设计产业园工程建设其他费用为207752.72万元。

（六）预备费

预备费包括基本预备费和涨价预备费。基本预备费以工程费用和工程建设其他费用之和乘以预备费费率计算。本项目涨价预备费按3%计取。基本预备费费率按5%计取。A设计产业园预备费为26972.97万元。

（七）建设投资

A 设计产业园建设投资 357929.72 万元，其中工程费用 123204.02 万元，工程建设其他费用 207752.72 万元，预备费 26972.97 万元。建设投资预估见表 12-8。

表 12-8
建 设 投 资 估 算

序号	工程和费用名称	估算费用（万元）					工程量/取费		技术经济指标		备注
		建筑工程费	设备购置费	安装工程费	其他费用	合计	单位	数量	造价指标（单位工程造价/取费比率）	比例（%）	
一	工程费用	96342.48	772.50	26089.04	—	123204.02	m²	219376.00	5616.11	34.42	
1	建安工程费用	93950.48	772.50	22853.86	—	117576.84	m²	219376.00	5359.60	32.85	北京市 2004 年建设工程概算定额
	IC 设计总部区	33300.48	277.50	7353.86		40931.84	m²	69376.00	5900.00	11.44	北京市 2004 年建设工程概算定额
	IC 设计孵化区	25000.00	200.00	5300.00		30500.00	m²	50000.00	6100.00	8.52	北京市 2004 年建设工程概算定额
	IC 设计服务区	12900.00	120.00	3480.00		16500.00	m²	30000.00	5500.00	4.61	北京市 2004 年建设工程概算定额
	配套商业	11550.00	140.00	3710.00		15400.00	m²	35000.00	4400.00	4.30	北京市 2004 年建设工程概算定额
	停车库	11200.00	35.00	3010.00		14245.00	m²	35000.00	4070.00	3.98	北京市 2004 年建设工程概算定额
2	基础配套设施费用	2392.00		3235.18		5627.18	m²	59800.00	941.00	1.57	北京市 2004 年建设工程概算定额
3	公共配套设施费用					—	m²	219376.00	—	0.00	
二	工程建设其他费用				207752.72	207752.72	m²	219376.00	9470.17	58.04	
1	建设用地费				198089.79	198089.79	亩	89.70	2208.36	55.34	暂按土地市场挂牌底价
	开发补偿费及土地出让金				192226.87	192226.87	m²	149376.00	12000.00	53.71	
	契税			5862.92	5766.81	5766.81	万元	192226.87	3.00%	1.61	
	印花税				96.11	5959.03	万元	192226.87	0.05%	1.66	

续表

序号	工程和费用名称	估算费用（万元）					工程量/取费		技术经济指标		备注
		建筑工程费	设备购置费	安装工程费	其他费用	合计	单位	数量	造价指标（单位工程造价/取费比率）	比例（%）	
2	前期工程费				3157.28	3157.28	m²	219376.00	143.92	0.88	发改价格（2014）1573号，市场价格
2.1	项目前期咨询费用				335.00	335.00	m²	219376.00	15.27	0.09	发改价格（2014）1573号，市场价格
	可行性研究报告编制费用				100.00	100.00	万元	357929.72	0.03	0.03	发改价格（2014）1573号，市场价格
	项目申请报告编制费用				50.00	50.00	万元	357929.72	0.01%	0.01	发改价格（2014）1573号，市场价格
	节能评估报告编制费用				50.00	50.00	万元	357929.72	0.01%	0.01	发改价格（2014）1573号，市场价格
	环境影响评价报告编制费用				35.00	35.00	万元	357929.72	0.01%	0.01	发改价格（2014）1573号，市场价格
	水土保持方案编制费用				20.00	20.00	万元	357929.72	0.01%	0.01	发改价格（2014）1573号，市场价格
	交通影响评价报告编制费用				20.00	20.00	万元	357929.72	0.01%	0.01	发改价格（2014）1573号，市场价格
	地震安全评价报告编制费用				60.00	60.00	万元	357929.72	0.02%	0.02	发改价格（2014）1573号，市场价格
2.2	勘察设计费				2468.45	2468.45	m²	219376.00	112.52	0.69	发改价格（2014）1573号，市场价格
	工程勘察费用				150.00	150.00	万元	357929.72	0.04%	0.04	发改价格（2014）1573号，市场价格
	勘察成果审查费用				15.00	15.00	万元	357929.72	0.00%	0.00	发改价格（2014）1573号，市场价格
	工程设计费用				2193.76	2193.76	万元	357929.72	0.61%	0.61	发改价格（2014）1573号，市场价格
	施工图审查费用				109.69	109.69	万元	357929.72	0.03%	0.03	发改价格（2014）1573号，市场价格

续表

序号	工程和费用名称	估算费用（万元）					工程量取费		技术经济指标		备注
		建筑工程费	设备购置费	安装工程费	其他费用	合计	单位	数量	造价指标（单位工程造价/取费比率）	比例（%）	
2.3	工程招标代理费				125.00	125.00	m²	219376.00	5.70	0.03	发改价格（2014）1573号，市场价格
	设计招标代理费用				20.00	20.00	万元	357929.72	0.01%	0.01	发改价格（2014）1573号，市场价格
	监理招标代理费用				20.00	20.00	万元	357929.72	0.01%	0.01	发改价格（2014）1573号，市场价格
	施工招标代理费用				60.00	60.00	万元	357929.72	0.02%	0.02	发改价格（2014）1573号，市场价格
	设备招标代理费用				25.00	25.00	万元	357929.72	0.01%	0.01	发改价格（2014）1573号，市场价格
2.4	工程招标交易服务费				28.84	28.84	m²	219376.00	1.31	0.01	京价（收）字（2003）第196号
	设计招标交易服务费				2.19	2.19	万元	2193.76	0.10%	0.00	京发改（2004）737号
	监理招标交易服务费				0.88	0.88	万元	877.50	0.10%	0.00	京价（收）字（1999）第042号
	施工招标交易服务费				25.00	25.00	万元	123204.02	0.10%	0.01	京价（收）字（1999）第042号
	设备招标交易服务费				0.77	0.77	万元	772.50	0.10%	0.00	
2.5	场地准备及临时设施费用				123.20	123.20	万元	123204.02	0.10%	0.03	按工程费用的1‰计
2.6	报批报建费用				76.78	76.78	m²	219376.00	3.50	0.02	类似项目3.5元/m²
3	开发间接费				6505.66	6505.66	m²	219376.00	296.55	1.82	
3.1	建设管理费				2936.93	2936.93	m²	219376.00	133.88	0.82	
	建设单位管理费				985.63	985.63	万元	123204.02	0.80%	0.28	财建（2002）394号
	工程监理费				877.50	877.50	万元	357929.72	0.25%	0.25	发改价格（2014）1573号，市场价格

续表

序号	工程和费用名称	估算费用（万元）					工程量取费			技术经济指标		备注
		建筑工程费	设备购置费	安装工程费	其他费用	合计	单位	数量	造价指标（单位工程造价/取费比率）	比例（%）	
	全过程造价咨询费用				1073.79	1073.79	万元	357929.72	0.30%	0.30	发改价格（2014）1573号，市场价格
3.2	技术咨询费用				273.20	273.20	m²	219376.00	12.45	0.08	发改价格（2014）1573号，市场价格
	水土保持监测费用				30.00	30.00	万元	357929.72	0.01%	0.01	发改价格（2014）1574号，市场价格
	环境监测费用				20.00	20.00	万元	357929.72	0.01%	0.01	发改价格（2014）1574号，市场价格
	研究试验费				123.20	123.20	万元	123204.02	0.10%	0.03	按工程费用的1‰计
	特种设备安全监督检验费用				100.00	100.00	m²	219376.00	4.56	0.03	发改价格（2014）1574号，市场价格
3.3	政府规费				2987.52	2987.52	m²	219376.00	136.18	0.83	
	白蚁防治费				—	—	t	76781.60	—	0.00	先征后返，不计入投资
	散装水泥专项基金				—	—	m²	219376.00	—	0.00	先征后返，不计入投资
	新型墙体材料专项费用				2987.52	2987.52	万元	149376.00	200	0.83	京计投资字 [2002] 1792号
	城市基础设施配套费				308.01	308.01	万元	123204.02	0.25%	0.09	按工程费用的2.5‰计
3.4	工程保险费					26972.97	m²	219376.00	1, 229.53	7.54	
三	预备费					16547.84	万元	330956.74	5.00%	4.62	工程费用的5%
1	基本预备费					10425.14	万元	347504.58	3.00%	2.91	物价上涨系数按3%
2	涨价预备费					357929.72	m²	219376.00	16, 315.81	100.00	
四	建设投资										

（八）成本分摊

A 设计产业园按建安成本分 IC 设计总部区、IC 设计孵化区、IC 设计服务区、商业、停车库五种业态划分成本。成本分摊见表 12-9。

表 12-9　　　　　　　　　　　　　A 设计产业园成本分摊　　　　　　　　　　　　单位：万元

序号	项目	总投资	IC 设计总部区		IC 设计孵化区		IC 设计服务区		配套商业		停车库	
			成本分摊	单方成本	成本分摊	单方成本	成本分摊	单方成本	成本分摊	单方成本	成本分摊	单方成本
1	取得土地使用权费用	198090	68961	9940	51385	10277	27799	9266	25945	7413	24000	6857
2	房地产开发成本	132867	46255	6667	34466	6893	18646	6215	17403	4972	16097	4599
2.1	土地征用及拆迁补偿费	—	—	—	—	—	—	—	—	—	—	—
2.2	前期工程费	3157	1099	158	819	164	443	148	414	118	383	109
2.3	建筑安装工程费	117577	40932	5900	30500	6100	16500	5500	15400	4400	14245	4070
2.4	基础设施建设费	5627	1959	282	1460	292	790	263	737	211	682	195
2.5	公共配套设施费	—	—	—	—	—	—	—	—	—	—	—
2.6	开发间接费	6506	2265	326	1688	338	913	304	852	243	788	225
3	不可预见费	26973	9390	1354	6997	1399	3785	1262	3533	1009	3268	934
	建设投资	357930	124606	17961	92849	18570	50230	16743	46881	13395	43365	12390
4	建设期利息	49097	17092	2464	12736	2547	6890	2297	6431	1837	5948	1700
5	流动资金	—	—	—	—	—	—	—	—	—	—	—
	总投资	407027	141698	20425	105585	21117	57120	19040	53312	15232	49313	14089

（九）年度投资计划

根据建设进度计划项目分三年投资建设，各年度投资计划和建设期利息详见表 12-10。

表 12-10　　　　　　　　　　　　A 设计产业园年度投资计划

序号	项目	合计	计算期		
			1	2	3
	分年计划（%）	100.00	64.27	17.86	17.86
1	建设投资（万元）	357930	230058	63936	63936
1.1	取得土地（万元）	198090	198090	—	—
1.2	其他建设投资（万元）	159840	31968	63936	63936
2	建设期利息（万元）	49097	19668	17907	11521
3	流动资金（万元）	—	—	—	—
4	项目总投资（万元）	407027	249726	81843	75457

（十）资金筹措方案

1. 融资组织形式

本项目融资以项目公司为组织形式，以项目土地和建筑物为担保物进行融资。

2. 资本金筹措

资本金为建设投资的 30%，全部由自有资金投入。

3. 债务资金筹措

债务资金暂确定为银行借款，资金成本为年利率 8%。项目借款期 8 年，宽限期 3 年，只付息不还本金，借款期后五年还本付息。

三、财务评价

本项目的财务分析评价，是依据国家有关部门颁布的工程项目经济评价参数和方法，结合项目所属文化创意产业的特殊情况，采用动态分析评价模式对项目未来生产运营效益进行预测评价。依据报告前述章节提供的建设内容、建设规模、建设方案及投资与资金筹措等数据对项目进行整体财务评价，对项目整体运营成本费用及经营收入进行合理测算，分析本项目的盈利能力、偿债能力及财务生存能力。

项目财务评价选取财务内部收益率（IRR）、财务净现值（NPV）、投资回收期以及投资利润率等指标。

（一）评价参数

1. 基础数据

（1）计算期。项目财务评价的计算期包括建设期和运营期，建设期根据项目建设进度计划确定为 3 年，运营期根据项目特点参照项目的合理经济寿命确定为 17 年，确定计算期为20 年。

（2）税率。

1）增值税。按照国家有关规定税率计算。

2）房产税。根据《中华人民共和国房产税暂行条例》的规定，房产税依照房产原值一次减除 10%～30% 后的余值计算缴纳。依照房产余值计算缴纳的，房产税税率取 1.2%；依照房产租金收入计算缴纳的，税率取 12%。

a）出售房屋。根据《国家税务总局关于房产税城镇土地使用税有关政策规定的通知》（国税发〔2003〕89 号）规定，房地产开发企业开发的商品房征免房产税。鉴于房地产开发企业开发的商品房在出售前，对房地产开发企业而言是一种产品，因此对房地产开发企业建造的商品房，在售出前不征收房产税；但对售出前房地产开发企业已使用或出租、出借的商品房应按规定征收房产税。

b）出租房屋。本项目出租部分按照房产租金收入缴纳房产税，税率为 12%。

c）项目自营。本项目自营部分按照房产余值缴纳房产税，税率为 1.2%。房产余值依照房产原值一次减除 20% 后的余值计算缴纳。

3）土地增值税。根据《中华人民共和国土地增值税暂行条例》的规定，转让国有土地使用权、地上的建筑物及其附着物（简称转让房地产）取得收入的单位和个人，为土地增值税的纳税义务人（简称纳税人），应当缴纳土地增值税。

土地增值税按照纳税人转让房地产所取得的增值额和税率计算征收。纳税人转让房地产所取得的收入减去规定扣除项目金额后的余额为增值额。纳税人转让房地产所取得的收入，包括货币收入、实物收入和其他收入。计算增值额的扣除项目有：取得土地使用权所支付的金额；开发土地的成本、费用；新建房及配套设施的成本、费用，或者旧房及建筑物的评估价格；与转让房地产有关的税金；财政部门规定的其他扣除项目。土地增值税实行四级超率累进税率：增值额未超过扣除项目金额 50%的部分，税率为 30%；增值额超过扣除项目金额 50%、未超过扣除项目金额 100%的部分，税率为 40%；增值额超过扣除项目金额 100%、未超过扣除项目金额 200%的部分，税率为 50%；增值额超过扣除项目金额 200%的部分，税率为 60%。

根据《中华人民共和国土地增值税暂行条例实施细则》的规定，计算增值额的扣除项目，具体为：

a）取得土地使用权所支付的金额，是指纳税人为取得土地使用权所支付的地价款和按国家统一规定交纳的有关费用。

b）开发土地和新建房及配套设施（简称房地产开发）的成本，是指纳税人房地产开发项目实际发生的成本（简称房地产开发成本），包括土地征用及拆迁补偿费、前期工程费、建筑安装工程费、基础设施费、公共配套设施费、开发间接费用。

土地征用及拆迁补偿费，包括土地征用费、耕地占用税、劳动力安置费及有关地上、地下附着物拆迁补偿的净支出、安置动迁用房支出等。

前期工程费，包括规划、设计、项目可行性研究和水文、地质、勘察、测绘、"三通一平"等支出。

建筑安装工程费，是指以出包方式支付给承包单位的建筑安装工程费，以自营方式发生的建筑安装工程费。

基础设施费，包括开发小区内道路、供水、供电、供气、排污、排洪、通信、照明、环卫、绿化等工程发生的支出。

公共配套设施费，包括不能有偿转让的开发小区内公共配套设施发生的支出。

开发间接费用，是指直接组织、管理开发项目发生的费用，包括工资、职工福利费、折旧费、修理费、办公费、水电费、劳动保护费、周转房摊销等。

c）开发土地和新建房及配套设施的费用（简称房地产开发费用），是指与房地产开发项目有关的销售费用、管理费用、财务费用。

财务费用中的利息支出，凡能够按转让房地产项目计算分摊并提供金融机构证明的，允许据实扣除，但最高不能超过按商业银行同类同期贷款利率计算的金额。其他房地产开发费用，按相关规定计算的金额之和的百分之五以内计算扣除。

凡不能按转让房地产项目计算分摊利息支出或不能提供金融机构证明的，房地产开发费用按相关规定计算的金额之和的百分之十以内计算扣除。具体扣除比例，由当地政府规定。

d）旧房及建筑物的评估价格，是指在转让已使用的房屋及建筑物时，由政府批准设立的房地产评估机构评定的重置成本价乘以成新度折扣率后的价格。评估价格须经当地税务机关确认。

e）与转让房地产有关的税金，是指在转让房地产时缴纳的营业税、城市维护建设税、印花税。因转让房地产交纳的教育费附加，也可视同税金予以扣除。

（3）利率。

1）长期借款利率。根据债权人的要求，长期借款利率按照年利率 8%计算。

2）短期借款利率。根据贷款银行的要求，短期借款利率按照银行一年期利率 8%计算。

3）流动借款利率。根据贷款银行的要求，流动借款利率按照银行一年期利率 8%计算。

（4）折旧。房屋建筑折旧年限按 30 年折旧，残值为 5%，机械设备折旧年限按 15 年折旧。

（5）摊销。土地摊销按土地使用权年限 50 年摊销，其他无形资产按 5 年摊销。

2. 评价指标基准值

财务基准收益率，融资前税前为 8%，项目资本金税后为 8%；总投资收益率，不低于 20%；资本金净利润率，不低于 15%；偿债备付率，最低为 1.3；利息备付率，最低为 2.0；资产负债率，为 35%～65%；流动比率，为 1.0～2.0；速动比率，为 0.6～1.2。

（二）营业收入估算

1. 销售收入

根据对项目周边房地产场的分析和本项目特点综合确定 IC 设计总部区销售价格为 35000 元/m²，IC 设计服务区销售价格为 35000 元/m²，配套商业销售价格为 35000 元/m²，见表 12-11。

表 12-11　　　　　　　　　　周边项目销售价格调研

序号	项目名称	CF 科技园-云中心	BD·C-Center
1	位置	南侧	北侧
2	占地面积	53.66hm²	5.97 hm²
3	建筑面积	低密度 84 万 m²	11.7 万 m²
4	销售价格	均价 30000 元/m²	均价 28000 元/m²

2. 出租收入

根据对项目周边房地产场的分析和本项目特点综合确定 IC 设计孵化区按 2.5 元/（m²·天）的租金价格出租，IC 设计服务区按 3.5 元/（m²·天）的租金价格出租，地下车库按 0.8 元/（m²·天）的租金价格出租，见表 12-12。

表 12-12　　　　　　　　　　项 目 周 边 租 金 调 查

序号	项目名称	租金 [元/（m²·天）]	物业费 [元/（m²·月）]	综合租金 [元/（m²·天）]
1	A	2.8	12	3.2
2	B	2.8	12	3.2
3	C	2.8	6	3
4	D	2.6	0	2.6
5	E	3.5	8	3.77
6	F	2.8	12	3.2

根据数据统计北京市自 2006～2013 年租金上涨一倍，年均租金增长率约 9% 左右，在财务计算时本项目租金按年均增长 9% 计算。

3. 自营收入

本项目不考虑自营收入。

（三）成本费用估算

1. 销售成本费用

包括管理费用和销售费用。管理费用按销售收入的 3% 计算，销售费用按销售收入的 5% 计算。

2. 出租成本费用

出租成本按租金的 10%计算，成本主要包括人员工资及福利费，推广费用、营销和管理费用等。详见总成本费用表及其附表，出租用房的水、电、气等生活消耗费用由租户承担。

3. 自营成本费用

不考虑自营成本费用。

（四）财务评价指标计算

1. 盈利能力分析

（1）内部收益率（IRR）。财务内部收益率是衡量项目在财务上是否可行的主要评价指标，是项目在计算期内，各年净现金流量现值累计等于零时的折现率。一般地，IRR 大于行业基准折现率，表明项目财务上可行。由项目全部资金现金流量表计算得到：本项目全部投资财务内部收益率（所得税后）为 8.89%，项目财务盈利能力可行。

（2）财务净现值（NPV）。财务净现值是项目按其行业基准收益率，将项目计算期各年的净现金流量折现到建设期初的现值之和，其数值越大，项目的获利水平就越高。本项目 i_c=8%时全部投资税后财务净现值为 13329.08 万元，$FNPV>0$，项目财务盈利能力可行。

（3）投资回收期（P_t）。投资回收期或投资还本年限，是以项目的净收益抵偿全部投资（包括固定资产投资和流动资金）所需要的时间，用财务现金流量表中累计净现金流量计算，求出的投资回收期与行业的基准投资回收期比较，是反映项目财务投资回收能力的重要指标。本项目全部投资回收期（税后）为 12.88 年（建设期 3 年）。

综上所述，本项目财务内部收益率为 8.89%，大于拟定的财务内部基准收益率 8%，财务净现值为 13329.08 万元。上述指标说明项目建设后运营的盈利能力能够满足基本要求，说明项目财务盈利能力可行。

2. 偿债能力分析

利息备付率为−16.15%～−375.54%，偿债备付率为−5.16%～27.82%。项目偿债能力不符合评价要求。

3. 财务可持续性分析

计算期内财务计划现金流量表中，累计盈余资金自第 4～13 年全部为负，项目财务可持续性较差，最大资金缺口在第 8 年，约为−68370.36 万元，需要短期借款方能维持日常运营。

（五）财务评价结论

根据上述评价指标计算结果，本项目财务盈利能力可行，债务清偿能力较弱，项目财务可持续性较差。

四、结论和建议

（一）结论

（1）A 设计产业园是基于国家战略安全、IC 产业发展的需要提出建设的，对国家及区域经济发展具有重要意义。因此建设是必要的、迫切的。

（2）A 设计产业园包括 IC 设计总部区、IC 设计孵化区、IC 设计服务区、商业、停车库等。项目总建筑面积 21.9376 万 m^2，地上建筑面积 14.9376 万 m^2，地下建筑面积 7.00 万 m^2。建设内容和规模合理。

（3）A 设计产业园在整体规划、平面布局、单体建筑、结构、给排水、暖通、电气等方面均符合"安全、适用、耐久、环保、节能"的原则，建设方案可行。

315

（4）本项目实施期预计 42 个月，计划起止年限为 2014 年 9 月～2018 年 2 月，包括前期工作、项目准备、工程实施和竣工验收四个阶段。前期工作阶段从 2014 年 9 月开始，至 2015 年 2 月结束；项目准备阶段从 2015 年 3 月开始，至 2015 年 11 月结束；项目建设阶段从 2015 年 12 月开始建设，至 2018 年 1 月试运营结束。竣工验收阶段为 2018 年 1～2 月。建设工期符合国家和当地有关工期定额的要求。

（5）A 设计产业园总投资 407026.56 万元。建设投资 357929.72 万元，其中工程费用 123204.02 万元，工程建设其他费用 207752.72 万元，预备费 26972.97 万元。建设期利息 49096.84 万元。投资估算经济合理。

（6）根据国发〔2009〕27 号文，资金比例最低为 30%。本项目资本金比例为 30%，满足国发〔2009〕27 号文关于项目资金比例的要求。

（7）本项目财务内部收益率为 8.89%，大于拟定的财务内部基准收益率 8%。财务净现值为 13329.08 万元，表明项目建设后运营的盈利能力能够满足基本要求，项目建设的财务盈利能力可行。利息备付率为–16.15%～–375.54%，偿债备付率为–5.16%～27.82%。项目偿债能力不符合评价要求。计算期内财务计划现金流量表中，累计盈余资金自第 4～13 年全部为负，项目财务可持续性较差，最大资金缺口在第 8 年，约为–68370.36 万元，需要短期借款方能维持日常运营。

综上，本项目建设条件基本具备，建设方案可行，建设资金落实，整体效益较好，经济可行。本项目建设是必要的、迫切的和可行的。但需要政府给予土地方面的优惠政策、建设专项资金补贴、经营资金补贴，以满足财务要求。

（二）建议

（1）返还建设期相关税费。返还施工单位营业税、土地契税和印花税、城市基础设施配套费，合计占建设投资的 3.68%。

（2）降低土地费用。楼面地价降为 10000 元/m²，土地费用从 192226.87 万元降为 162351.67 万元。

（3）减免运营期税费。减免运营期营业税、土地增值税、房产税合计 76324.00 万元。

（4）入园企业相关优惠政策。在国家相关税收减免政策下加大减免力度、符合有关政策的人才落户及其子女入学等。

（5）小微企业孵化和中小企业扶持。对符合条件的小微创业企业减免房租，提供专业孵化培育服务；对发展中的中小企业在市场和融资方面给予帮助。

（6）建议与政府相关部门加强沟通，尽快完成项目审批核准等前期工作，并依据核准文件开展项目前期的各项准备工作。

（7）与国土部门沟通增加出售比例，或打造更有盈利能力的运营模式，增加项目财务可行性。

（8）由于本项目计划建设工期较短，建设内容较复杂，项目建设单位要加强实施阶段各项管理，做好工程各项招标组织工作，发挥好设计、监理单位的作用，控制好工程质量、工期和造价，使项目建成后早日投入正常运营，达到项目建设预期目标。

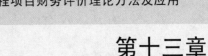

第十三章

期权价值及其在财务分析中的应用

期权理论与实践是 20 世纪 70 年代以来金融、投资领域的一项新发展。近年来，期权理论和估价方法的研究已成为投资决策和企业理财理论方法研究的重要组成部分。相关理论方法最先应用于金融领域，随后被广泛应用于投资领域。很多项目投资决策具有期权特征，引入期权价值理论有助于全面分析项目的投资价值，为投资决策提供有用信息，丰富投资项目财务分析评价理论及方法体系。

第一节　期　权　及　其　估　价

一、期权的基本内涵

（一）期权的定义

期权是指一种合约，该合约赋予持有人在某一特定日期或该日之前的任何时间以固定价格购进或售出一种资产的权利。期权合约至少涉及购买人和出售人两方。获得期权的一方称为期权购买人，成为期权持有人；出售期权的一方称为期权出售人。期权赋予持有人做某件事的权利，但他不承担必须履行的义务，可以选择执行或者不执行该权利。

期权合约不同于远期合约和期货合约。在远期和期货合约中，双方的权利和义务是对等的，投资人不需要向对方支付任何费用；但投资人购买期权合约必须支付期权费，作为不承担义务的代价。

期权的"标的资产"是指选择购买或售出的资产。期权购买人和出售人双方约定的期权到期的那一天称为"到期日"。在期权合约中约定的、期权持有人据以购进或售出标的资产的固定价格，称为"执行价格"。

（二）看涨期权和看跌期权

（1）看涨期权是指期权赋予持有人在到期日或到期日之前，以固定价格购买标的资产的权利。

期权的购买成本称为期权费（或期权成本），是指期权购买人为获得在对自己有利时执行期权的权利，所必须支付的费用。

看涨期权到期日价值为

$$看涨期权到期日价值=Max（标的资产的市场价格-执行价格，0）\qquad（13-1）$$

式（13-1）表明：如果标的资产的市场价格高于执行价格，会执行期权，看涨期权价值等于标的资产的市场价格减去执行价格；如果标的资产的市场价格低于执行价格，不会执行期权，看涨期权价值等于零；到期日价值为上述两者中较大的一个。

看涨期权净损益为

$$看涨期权净损益=看涨期权到期日价值-期权费\qquad（13-2）$$

（2）看跌期权是指期权赋予持有人在到期日或到期日之前，以固定价格出售标的资产的权利。

看跌期权到期日价值为

$$\text{看跌期权到期日价值} = \text{Max（执行价格-标的资产的市场价格，0）} \tag{13-3}$$

式（13-3）表明：如果标的资产的市场价格低于执行价格，会执行期权，看跌期权价值等于执行价格减去标的资产的市场价格；如果标的资产的市场价格高于执行价格，不会执行期权，看跌期权价值等于零；到期日价值为上述两者中较大的一个。

看跌期权净损益为

$$\text{看跌期权净损益} = \text{看跌期权到期日价值-期权费} \tag{13-4}$$

（三）期权价值的影响因素

（1）期权价值由期权的内在价值和期权的时间溢价构成。

1）期权的内在价值是指期权立即执行产生的经济价值。内在价值的大小，取决于期权标的资产的现行市价与期权执行价格的高低。

对于看涨期权，标的资产的现行市价高于执行价格时，立即执行期权能够给持有人带来净收入，其内在价值为现行市价与执行价格的差额（$S_0 - X$）。如果标的资产的现行市价等于或低于执行价格时，立即执行期权不会给持有人带来收入，持有人也不会去执行期权，此时看涨期权的内在价值为零。

对于看跌期权，标的资产的现行市价低于执行价格时，立即执行期权能够给持有人带来净收入，其内在价值为执行价格与现行市价的差额（$X - S_0$）。如果标的资产的现行市价等于或高于执行价格时，立即执行期权不会给持有人带来收入，持有人也不会去执行期权，此时看跌期权的内在价值为零。

2）期权的时间溢价是指期权价值超过内在价值的部分。期权的时间溢价是一种等待的价值。期权购买方愿意支付超出内在价值的溢价，是寄希望于标的资产的市场价格变化可以增加期权的价值。在其他条件不变的情况下，离到期时间越远，标的资产市场价格波动的可能性越大，期权的时间溢价也就越大。

（2）影响期权价值的主要因素有标的资产的市场价格、执行价格、到期期限、标的资产市场价格波动率、无风险利率和预期红利。

1）标的资产市场价格。如果其他因素不变，随着标的资产市场价格的上升，看涨期权的价值也上升，而看跌期权的价值却下降。

2）执行价格。如果其他因素不变，看涨期权的执行价格越高，其价值越低；看跌期权的执行价格越高，其价值也越高。

3）到期期限（距离到期日前剩余的时间）。按照期权执行时间分为欧式期权和美式期权。期权只能在到期日执行的，称为欧式期权。期权可以在到期日或到期日之前的任何时间执行的，称为美式期权。对于欧式期权，较长的到期期限不一定能增加期权价值。对于美式期权，较长的到期期限能增加看涨期权价值。

4）标的资产市场价格波动率。标的资产市场价格波动率是指标的资产市场价格的不确定性，通常用标准差衡量。波动率越大，标的资产市场价格上升或下降的机会越大。对于看涨期权持有人，标的资产市场价格上升可以获利，标的资产市场价格下降时最大损失以期权费为限；对于看跌期权持有人，标的资产市场价格下降可以获利，标的资产市场价格上升时最大损失以期权费为限。因此，标的资产市场价格波动率增加会使期权价值增加。

5）无风险利率。假设标的资产市场价格不变，高利率会导致执行价格的现值降低，从而增加看涨期权的价值，降低看跌期权的价值。

6）期权有效期内预计发放的红利。红利的发放会引起标的资产市场价格降低，从而导致看涨期权价值下降和看跌期权价值上升。

二、期权价值估价原理

（一）期权估价原理

1．复制原理

复制原理的基本思路是：构建一个普通股投资与借款的适当组合，建立一个期权等价物，使得无论股价如何变动，该投资组合的损益都与期权相同，构建该投资组合的成本就等于期权的价值。

【例 13-1】 假设甲公司的股票现在的市价为 30 元，有 1 股以该股票为标的资产的看涨期权，执行价格是 31.25 元，到期时间是 6 个月。到期日股价有上升 25% 或下降 20% 两种可能。6 个月的无风险期利率为 2%。试构建一个投资组合，包括购进适量的股票和借入必要的款项，使得该投资组合 6 个月后的价值与购进该看涨期权相等。

【解】 构建该投资组合的过程：

（1）确定到期日可能的股票价格。假设股票当前价格为 S_0，未来变化有上升后股价 S_u 和下降后股价 S_d 两种可能。$S_u = u \times S_0$，u 称为股价上升乘数；$S_d = d \times S_0$，d 称为股价下降乘数。用二叉树图形表示的股价分布如图 13-1 所示。本例数据：$S_0 = 30$ 元，$u = 1.25$，$d = 0.80$。

（2）确定看涨期权到期日价值。根据本例数据，执行价格 $X = 31.25$ 元，看涨期权到期日价值如图 13-2 所示。

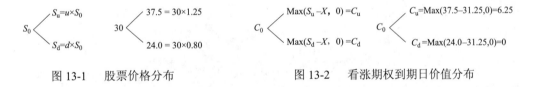

图 13-1 股票价格分布　　　　　　图 13-2 看涨期权到期日价值分布

（3）建立对冲组合。已知看涨期权到期日价值有两种可能：股价上升时为 6.25 元，股价下降时为 0。已知 6 个月的无风险期利率为 2%。复制一个股票与借款的投资组合，使之到期日的价值与看涨期权价值相同。该投资组合为购买 0.463 股的股票，同时以 2% 的利率借入 10.89 元。如表 13-1 所示。

表 13-1	投资组合的收入	单位：元人民币
股票到期日价格	37.5	24.0
投资组合中股票到期日收入	37.5×0.463=17.36	24.0×0.463=11.11
–投资组合中借款本息和偿还	–10.89 借 1.02=–11.11	–11.11
到期日投资组合收入	6.25	0

组合投资成本=购买股票支出–借款=30×0.463–10.89=3（元）

因此，该看涨期权的价值是 3 元（如图 13-3 所示）。

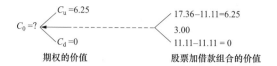

图 13-3   看涨期权价值

从【例 13-1】可见，为复制一份期权所需要股票数量，需要使用套期保值比率（或称对冲比率、期权的德尔塔系数，以 H 表示），其计算公式为

$$H = \frac{C_u - C_d}{S_u - S_d} = \frac{C_u - C_d}{S_0 \times (u - d)}$$（13-5）

可以通过【例 13-1】加以验证

$$H = \frac{C_u - C_d}{S_0 \times (u - d)} = \frac{6.25 - 0}{30 \times (1.25 - 0.8)} = 0.463$$

2. 风险中性原理

风险中性原理是指，假设投资者对待风险的态度是中性的，所有证券的预期收益率都应当是无风险利率。风险中性的投资者不需要额外的收益补偿其承担的风险。在风险中性的假设下，期权收益率为

期望收益率=上升概率×上升时收益率+下降概率×下降时收益率   （13-6）

假设股票不分发红利，股票价格的上升百分比就是股票投资的收益率。因此

期望收益率=上升概率×股价上升百分比+下降概率×股价下降百分比   （13-7）

根据这个原理，只要先求出期权执行日的期望值，然后用无风险利率折现，就可以获得期权的现值。

可以通过【例 13-1】加以验证

期望收益率=2%=上升概率×25%+下降概率×（-20%）

2%=上升概率×25%+（1-上升概率）×（-20%）

$$上升概率 = \frac{0.02 - (-0.20)}{0.25 - (-0.20)} = \frac{0.22}{0.45} = 0.4889$$

下降概率=1-0.4889=0.5111

看涨期权 6 个月到期日的期望价值=0.4889×6.25+0.5111×0=3.06（元）

看涨期权的现值=3.06/1.02=3（元）

（二）二叉树期权定价模型

1. 单期二叉树期权定价模型

（1）二叉树期权定价模型的假设。二叉树期权定价模型建立在以下假设的基础上：①市场投资没有交易成本；②投资者都是价格的接受者；③允许完全使用卖空所得款项；④允许以无风险利率借入或贷出款项；⑤未来标的资产的价格将是两种可能值中的一个。

（2）单期二叉树模型的推导。二叉树模型的推导，首先要构建一个投资组合：①一定数量的股票多头头寸；②该股票的看涨期权的空头头寸。股票的数量要使头寸足以抵御标的资产价格在到期日的波动风险，即该投资组合能实现完全套期保值，产生无风险利率。

设：S_0 为股票现行价格；u 为股价上升乘数；d 为股价下降乘数；r 为无风险利率；C_0

为看涨期权现行价格；C_u 为股价上升时期权的到期日价值；C_d 为股价下降时期权的到期日价值；X 为看涨期权执行价格；H 为套期保值比率。

推导过程如下

$$初始投资=股票投资-期权现值=HS_0-C_0 \tag{13-8}$$

$$投资到期日终值=(HS_0-C_0)\times(1+r) \tag{13-9}$$

无论股价上升或是下降，投资组合的价值都一样。现采用股价上升的价值，即股票出售收入减去期权买方执行期权的支出

$$投资组合到期日价值=uHS_0-C_u \tag{13-10}$$

令投资到期日终值等于投资组合到期日价值，则

$$(HS_0-C_0)(1+r)=uHS_0-C_u \tag{13-11}$$

化简

$$C_0 = HS_0 - \frac{uHS_0 - C_u}{1+r} \tag{13-12}$$

由于

$$H = \frac{C_u - C_d}{S_0(u-d)} \tag{13-13}$$

将其代入式（13-12）并化简，得出单期二叉树模型

$$C_0 = \left(\frac{1+r-d}{u-d}\right) \times \frac{C_u}{1+r} + \left(\frac{u-1-r}{u-d}\right) \times \frac{C_d}{1+r} \tag{13-14}$$

根据式（13-14）可以直接计算【例 13-1】的看涨期权现值

$$C_0 = \frac{1+2\%-0.8}{1.25-0.8} \times \frac{6.25}{1+2\%} + \frac{1.25-1-2\%}{1.25-0.8} \times \frac{0}{1+2\%} = \frac{0.22}{0.45} \times \frac{6.25}{1.02} = 3（元）$$

2. 两期二叉树期权定价模型

两期二叉树期权定价模型是单期二叉树期权定价模型的两次应用。

【例 13-2】　使用【例 13-1】的数据，把 6 个月的时间分为两期，每期 3 个月。变动以后的数据如下：甲公司的股票现在的市价为 30 元，看涨期权的执行价格为 31.25 元，每期股价有两种可能：上升 17.08%，或者下降 14.59%。无风险期利率为每 3 个月 1%。

两期二叉树的一般表达式如图 13-4 所示。将【例 13-2】数据代入后如图 13-5 所示。

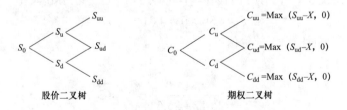

图 13-4　两期二叉树期权定价模型（一）

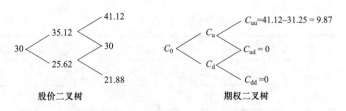

图 13-5　两期二叉树期权定价模型（二）

图 13-4 中，C_{uu} 为股票两个时期都上升的期权价值；C_{ud} 为股票一个时期上升，另一个时期下降的期权价值；C_{dd} 为股票两个时期都下降的期权价值。

根据 C_{uu} 和 C_{ud} 计算 C_u 的价值，根据 C_{ud} 和 C_{dd} 计算 C_d 的价值；然后，再根据 C_u 和 C_d 计算 C_0 的价值。从后向前推算。

（1）计算 C_u 的价值。

1）复制组合定价

$$H = \frac{9.87 - 0}{41.12 - 30} = 0.8876$$

投资组合收入的计算如表 13-2 所示。

表 13-2	投 资 组 合 的 收 入	单位：元人民币
股票到期日（6 个月）价格	41.12	30
投资组合中股票到期日收入	41.12×0.8876=36.50	30×0.8876=26.63
−投资组合中借款本息和偿还	−26.36×1.01=26.63	−26.63
到期日投资组合收入	9.87	0

3 个月到期日股票上升价格是 35.12 元，则

$$C_u=投资组合成本=购买股票支出-借款$$
$$=35.12 \times 0.8876-26.36=4.81（元）$$

由于 C_{ud} 和 C_{dd} 的值均为零，所以 C_d 的值也为零。

2）风险中性定价

$$期望收益率=1\%=上升概率 \times 17.08\%+（1-上升概率）\times（-14.59\%）$$

$$上升概率 = \frac{0.01-(-0.1459)}{0.1708-(-0.1459)} = \frac{0.1559}{0.3167} = 0.4923$$

$$下降概率=1-0.4923=0.5077$$

看涨期权 6 个月到期日的期望值=0.4923×9.87+0.5077×0=4.86（元）

$$C_u=4.86/1.01=4.81（元）$$

（2）根据 C_u 和 C_d 计算 C_0 的价值。

1）复制组合定价

$$H = \frac{4.81 - 0}{35.12 - 25.62} = 0.5063$$

投资组合收入的计算如表 13-3 所示。

表 13-3	投 资 组 合 的 收 入	单位：元人民币
股票到期日（3 个月）价格	35.12	25.62
投资组合中股票到期日收入	35.12×0.5063=17.78	25.62×0.5063=12.97
−投资组合中借款本息和偿还	−12.84×1.01=−12.97	−12.97
到期日投资组合收入	4.81	0

$$C_0=投资组合成本=购买股票支出-借款$$
$$=30×0.5063-12.84≈2.35（元）$$

2）风险中性定价

$$C_0=0.4923×4.81÷1.01≈2.35（元）$$

（3）用二叉树模型计算公式计算

$$C_u=\left(\frac{1+r-d}{u-d}\right)×\frac{C_{uu}}{1+r}+\left(\frac{u-1-r}{u-d}\right)×\frac{C_{ud}}{1+r}$$

$$=\frac{1+1\%-0.8541}{1.1708-0.8541}×\frac{9.87}{1+1\%}+\frac{1.1708-1-1\%}{1.1708-0.8541}×\frac{0}{1+1\%}$$

$$=\frac{0.1559}{0.3167}×\frac{9.87}{1.01}=4.81（元）$$

$$C_d=0$$

$$C_0=\frac{0.1559}{0.3167}×\frac{4.81}{1.01}≈2.35（元）$$

（三）布莱克-斯科尔斯期权定价模型

1. 布莱克-斯科尔斯模型的假设

布莱克-斯科尔斯模型建立在以下假设的基础上：

（1）在期权寿命期内，股票不发放股利；

（2）股票或期权的买卖没有交易成本；

（3）在有效期内无风险利率是已知的、不变的；

（4）任何证券购买者能以无风险利率借得任何数量的资金；

（5）存在股票卖空机制；

（6）股票价格遵循几何布朗运动，连续随机游走；

（7）证券交易是连续发生的。

2. 布莱克-斯科尔斯模型的计算公式

布莱克-斯科尔斯模型包括三个公式

$$C_0=S_0[N(d_1)]-Xe^{r_et}[N(d_2)]$$
$$=S_0[N(d_1)]-PV(X)[N(d_2)] \tag{13-15}$$

$$d_1=\frac{\ln(S_0/X)+[r_e+(\sigma^2/2)]t}{\sigma\sqrt{t}}$$

$$=\frac{\ln[S_0/PV(X)]}{\sigma\sqrt{t}}+\frac{\sigma\sqrt{t}}{2} \tag{13-16}$$

$$d_2=d_1-\sigma\sqrt{t} \tag{13-17}$$

式中　$N(d)$——标准正态分布中离差小于 d 的概率；

　　　e^{r_et}——连续复利终值；

　　　r_e——无风险利率；

　　　t——期权到期日前的时间，年；

$\ln(S_0/X)$——S_0/X 的自然对数；

　　　σ^2——股票收益率的方差；

σ ——股票收益率的标准差。

【例 13-3】 使用【例 13-1】的数据，甲公司的股票现在的市价为 30 元，看涨期权的执行价格为 31.25 元，期权到期日前的时间是 6 个月，无风险年利率为 4%，股票收益率的方差为 0.0995。

采用布莱克-斯科尔斯模型计算看涨期权

$$d_1 = \frac{\ln(30/31.25) + [4\% + (0.0995/2)] \times 0.5}{0.3154\sqrt{0.5}} = \frac{-0.0408 + 0.0897}{0.3154 \times 0.7071} = \frac{0.0489}{0.223} = 0.2193$$

$$d_2 = 0.2193 - 0.3154 \times 0.7071 = -0.0037$$

$$N(d_1) = 0.5868$$

$$N(d_2) = N(-0.0037) = 1 - N(+0.0037) = 1 - 0.5015 = 0.4985$$

$$C_0 = 30 \times 0.5868 - 31.25 \times e^{-4\% \times 0.5} \times 0.4985 = 17.60 - 31.25 \times 0.9802 \times 0.4985$$
$$= 2.33 \approx 2.35 \text{ （元）}$$

计算结果与采用两期二叉树模型计算的结果基本相同。

第二节　实物期权及其价值计算

一、实物期权的概念及分类

（一）实物期权的概念

"实物期权"一词是由美国麻省理工学院斯隆管理学院的教授斯图尔特·迈尔斯（Stewart C. Myers）在 1977 年首先提出的。要了解实物期权，必须要对金融期权有所了解。股票期权最先于 1973 年在美国各交易所交易。目前世界各地的交易所都有期权品种的交易。期权标的资产很多，包括股票、股票指数、外汇、债务工具、商品和期货合约。看涨期权和看跌期权多头收益如图 13-6 所示。

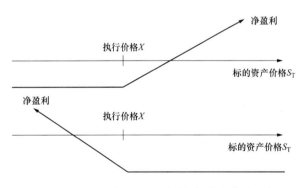

图 13-6　看涨期权多头和看跌期权多头收益示意

同样，在项目的投资过程中，投资者往往具有灵活性。他们可以根据市场的变化，决定项目的投资时间、规模、方式等，甚至干脆终止项目的继续进行。项目投资过程中的这种灵活性被称为经营柔性。经营柔性的存在使得投资者在投资过程中具有某种相机的选择权，而无相应的义务。

正是由于这种相机的选择权利和金融期权的特点很相似，因此金融期权定价的思想和分析方法就被应用于投资项目的价值评估中。

下面举例说明实物期权。假设有一个项目如石油勘探一旦投产便产生一笔无法收回的支出，未来现金流取决于石油的价格以及进一步的开采投入，具有不确定性。但是该项目却可以完全不按照原有的开采计划进行。当石油价格低于变动成本 C_V 时，可以暂停开采；当价格上升时，可重新投入开采。这种因管理而产生的灵活决策就如同一个金融期权，从而形成了现金流上的不对称性。在条件好的时候产生正的现金流入，在条件差的时候将损失控制在最小范围内，在此例中最大的损失为前期投入的固定成本 C_f。当项目的现金流结构与金融期权相同时，就可以用期权定价理论对投资项目进行评估。投资项目的期权解释如图 13-7 所示。

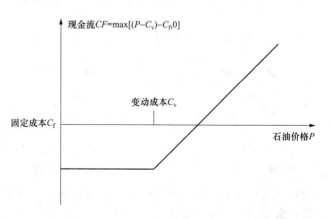

图 13-7 投资项目现金流的期权解释

综上所述，实物期权（real options）简单来说就是期权思想在实物投资范围之内的应用。现金流贴现法的根本缺陷在于它以静止和孤立的观点对待投资决策。然而，事实上决策可能允许延迟进行，而且项目往往可以按照时间的先后顺序分解为多个相互联系的子项目的组合。与此相对应，决策往往是分阶段进行的，每个子项目代表决策的一个阶段。在每一个决策点（即每个子项目的起始时刻），根据以前各阶段决策的实际结果和当时所掌握的其他有关信息，决策者面临着新的选择，即对应着一个期权。所以，一个投资项目可以看成是由一个或者多个期权所组成的集合，它们分别出现在项目规划、设计、建设以及营运的整个寿命期内的不同阶段。由于这些期权的标的资产是项目所对应的设备、土地等实物资产，我们称其为实物期权，以区别以金融资产为标的物的金融期权。

投资于实物资产，经常可以增加投资人的选择权，这种未来可以采取某种投资行动的权利（而非义务）是有价值的，这种有价值的选择权，被称为实物期权。在实物期权有效期内，投资者拥有根据新情况扩大或缩小、推迟或提前以及放弃项目投资等的选择权。

实物期权法既是项目决策中的一种灵活的定量分析方法，也是实物资产定价的有效方法。实物期权法是对折现现金流量法的一种发展和完善，在不确定性项目的投资决策中，实物期权法弥补了折现现金流量法的不足，投资者和管理层可以灵活地根据当时的市场变化做出投资调整。

实物期权法中有两个因素有利于增加投资项目的价值。一是未来现金流量较大的波动性并不意味着更大的损失。因为损失至多就是初始的投资，而期权特性使我们能得到现金流量向上变动的部分；二是决策时间的延长能增加项目的价值，因为在此期间如果有不利因素出现我们可以放弃该项目，如果有有利因素出现就可以实施该项目。

实物期权不同于金融期权，因为实物资产有许多不同于金融资产的特点，在实物资产中往往有多项期权交互影响，因此实物期权的评价比金融期权评价更为复杂。期权价值一般受六个因素的影响，表 13-4 列出了这六个因素在金融期权和实物期权中的含义的比较。

表 13-4 金融期权和实物期权各因素含义的比较

期权因素	金融期权	实物期权
标的资产	股票等金融资产	投资项目等实物资产
1. 标的资产的市场价格（S）	股票的当前价格	投资项目的当前价值，即项目预期现金流量的现值
2. 执行价格（X）	股票期权的执行价格	投资项目的成本，即完成投资项目所需的全部投资费用的现值

期权因素	金融期权	实物期权
3. 标的资产市场价格波动幅度（σ）	股价波动的标准差	投资方案价值的不确定性，即预期现金流量的标准差
4. 距离到期日前剩余时间（T）	股票期权到期日前的剩余时间	投资机会存在的时间
5. 无风险利率（r）	无风险利率	无风险利率
6. 标的资产价值漏损	股票期权持有期的红利	期权有效期内流失的价值

实物期权隐含在投资项目中，有的项目期权价值小，有的项目期权价值大，这取决于项目不确定性的大小，不确定性越大则期权价值越大。一般认为，实物期权只有在具备一定条件时才具有价值，这些条件包括：①项目存在不确定性；②不确定性驱动项目的价值；③投资者或管理层具有灵活性。

（二）实物期权的分类

运用实物期权进行投资项目评价的第一步是确认项目中所包含的各种期权以及赋予决策者的权力。Amram 和 Kulatilaka 在《实物期权—不确定性环境下的战略投资管理》书中把项目中所包含的实物期权分为等待投资期权（waiting-to-invest option）、增长期权（growth option）、柔性期权（flexibility option）、退出期权（exit option）、学习型期权（learning option）；雷星晖、羊利锋等根据投资动机将实物期权分为学习期权、增长期权、保险期权三类，根据具体实施情况将实物期权又分为等待期权、分期投资期权、放弃期权、扩张期权、紧缩期权、转换期权和创新期权等 7 类；廖理和汪毅慧把实物期权分为灵活性期权和成长性期权两类，其中又把灵活性期权分为延迟期权、弃置期权、转换期权、规模变更期权。综合以上分类方法，把实物期权分为以下几类：

1. 延迟期权

指赋予公司或决策者推迟一段时间对项目进行投资的权利。延迟期权使得决策者在推迟的这段时间里可以观察市场的变化。当市场情况变得对自己有利的时候再进行投资，如果届时市场情况仍未好转，公司可以放弃该项目。例如某房地产商几年前在城郊购买了一块土地，当时这一地段并不吸引人，于是该公司决定等待，将土地储备起来。直到城市铁路发展规划基本明确以后，认为开发时机已经成熟，才着手进行。购买土地时自然拥有了推迟期权，可以选择合适的时机投资开发。投资的不可逆性使得推迟投资的能力非常重要。具有推迟期权的典型行业除了房地产开发外，还有自然资源开采行业。

2. 退出期权

投资项目一经启动，就自然拥有了放弃期权。如果市场条件严重衰退，并且预计长期不会好转，而维持成本过高，则管理者会选择永久放弃现在的经营，实现设备和其他资产在二手市场上再出售的价值，或投入其他项目以获取更高的效率。例如某次新开通的列车，运行一段时间后，发现上座率一直很低，并且多数乘客不能全程乘坐，只有春运期间才会满员，而每次列车运行耗费巨大。这种情况下，铁路局就不得不考虑执行放弃期权，停运该次列车，只在春运期间加开。

3. 转换期权

指在设备可以生产多种产品时，管理层可以在不同成本的原料和能源之间选择成本最低的，在不同售价的产品之间选择市场售价最高的，以获取最大的利润。当关闭一个产品的生产相当于执行一个美式看跌期权，而启动另一个产品的生产相当于执行一个美式看涨期权。变换期权出现在任何需求呈小批量或多变的货物，如日用电器、玩具、特种纸、机器零件、汽车等，或是依赖于不可控制的原料供给的行业，例如，发电厂在建厂时刻意建成煤与天然气均可作燃料的模式，那么在煤的价格上涨时，便可选择天然气进行替换。

4. 规模变更期权

指在项目已经开始运行后，如果市场情况比期望的要好，投资者可以进一步扩大投资或加速对资源的利用；如果市场情况比期望的要坏，投资者也可以通过缩减生产规模的办法来减少损失，甚至在一定的情况下暂时停止生产或对资源的利用。其典型行业是自然资源行业、周期性行业、时尚服饰、消费电器、商业房地产等。例如海湾国家在石油价格居高时大量开采，而市场价格偏低时则联合限产以阻止价格的滑落。大型零售商崇光和百盛在起初都只有一座商业楼，它们的管理者决定根据第一座楼的经营状况和客流量来判断是否需要扩大规模。

5. 柔性期权

指由于销售存在巨大的不确定性，为了保持一定的生产柔性，同时建设两个以上的生产线。尽管只建一个生产线所需要的建设成本和运营费用相对较低，但多个生产线可以赋予企业根据具体形势转换生产线的期权。

6. 成长性期权

成长性期权是一种特殊的期权，它侧重于评价企业长期发展战略，看重的是企业提高未来生产能力或竞争力的机会或可能性，其价值通常体现在企业一系列后续投资机会的价值，即依赖于它所能产生的新的选择机会的价值和实现这种价值的可能性。因此成长性期权往往被作为复合期权（compound option）来研究。一般来说，成长性期权往往具有较大的投入、较高的风险，直接的收益很小甚至没有，但它却与企业的战略规划紧密结合，与企业长远的发展息息相关。其中最典型的是科技研发（R&D）。在高科技领域，竞争异常残酷，谁先开发出新的功能，谁先突破现有的技术局限，谁就占领了市场先机。为此常常需要耗资巨大，前瞻数年进行高度不确定的研发，投资者所看重的就是研发所具有的成长期权。此外还有战略兼并行为、跨国进入新市场等都需要在决策时考虑成长期权的价值。

二、实物期权的价值计算

（一）扩张期权的含义和分析方法

扩张期权是投资领域常见的实物期权。例如，企业研究开发新产品，先进行少量生产，以后根据市场需求状况再决定是否扩大规模；再如，采矿企业投资于采矿权以获得开采的选择权；再如，房地产企业投资于土地使用权，以后根据市场需求状况再确定分期建设规模。这些企业如果今天不投资，就会失去未来扩张的选择权。

下面举例说明扩张期权的分析方法。

【例13-4】　某公司拟对一种新开发的产品进行战略性投资，并拟分期建设。如果不建一期项目，将不可能在未来扩建二期项目。一期项目投产后，如果市场前景良好，就可以决策扩建二期项目。因此，一期项目能够为未来扩大规模提供选择权。一期项目在第0年末投入建设投资，各年按需要投入或回收流动资金（固定资产余值忽略不计），公司确定的财务基准收益率为12%，各年具体数据见表13-5。

表 13-5 一期项目现金流量预测 单位：万元

时间（年末）	0	1	2	3	4	5
税后经营现金流量		200	300	560	280	120
流动资金增加		160	80	208	−224	−224
建设投资	1000					
净现金流量	−1000	40	220	352	504	344
折现系数（折现率12%）	1.0000	0.8929	0.7972	0.7118	0.6355	0.5674
净现值	−1000	35.7	175.4	250.6	320.3	195.2
项目净现值合计	−22.8					

一期项目折现现金流量分析结果，项目净现值为−22.8 万元，表明没有达到公司确定的财务基准收益率的要求，但是如果将实物期权的价值计算进去，就会得出不同的结论。计算实物期权价值的有关数据如下：

（1）二期项目是否扩建必须在第 3 年年末根据市场需求状况确定，即这是一项到期时间为 3 年的期权。

（2）二期项目将按第一期项目规模的 200%扩建，在第 3 年末投入建设投资 2000 万元，按无风险年利率 4%折现到第 0 年年末为 1778 万元。它是看涨期权的执行价格。

（3）预计未来税后经营现金流量和回收流动资金的现值（第 3 年年末数值）为 1954.4 万元。按财务基准收益率 12%折现到第 0 年年末为 1391.1 万元。它是看涨期权标的资产的当前价格。

（4）各年具体数据见表 13-6。

表 13-6 二期项目现金流量预测 单位：万元

时间（年末）	0	3	4	5	6	7	8
税后经营现金流量			400	600	1120	560	240
流动资金增加			320	160	416	−448	−448
以上两项的净现金流量			80	440	704	1008	688
折现系数（折现率12%）			0.8929	0.7972	0.7118	0.6355	0.5674
以上两项的净现值	1391.1	1954.3	71.4	350.8	501.1	640.6	390.4
建设投资（折现率4%）							
建设投资的净现值	1778.0	2000.0					
		−45.7					

（5）参照类似公司收益的标准差，确定项目现金流量的标准差为 30%。

采用布莱克-斯科尔斯期权定价模型，计算过程如下

$$d_1 = \frac{\ln[S_0/PV(X)]}{\sigma\sqrt{t}} + \frac{\sigma\sqrt{t}}{2} = \frac{\ln(1391.1/1778.0)}{0.3\times\sqrt{3}} + \frac{0.3\times\sqrt{3}}{2}$$

$$= \frac{\ln 0.7824}{0.5196} + \frac{0.5196}{2} = \frac{-0.2454}{0.5196} + 0.2598 = -0.4723 + 0.2598 = 0.2125$$

$$d_2 = d_1 - \sigma\sqrt{t} = 0.2125 - 0.3 \times \sqrt{3} = 0.2125 - 0.5196 = -0.3071$$

$$N(d_1) = 0.5842$$

$$N(d_2) = N(-0.3071) = 1 - N(+0.3071) = 1 - 0.6206 = 0.3794$$

$$C_0 = S_0[N(d_1)] - PV(X)[N(d_2)] = 1391.1 \times 0.5842 - 1778 \times 0.3794$$

$$= 812.7 - 674.6 = 138.1 \text{（万元）}$$

计算结果，该扩张期权的价值是 138.1 万元。因此，包括期权价值在内的一期项目的净现值为 115.3 万元（138.1–22.8），表明投资该项目是值得的。

（二）时机选择期权的含义和分析方法

从时机选择角度分析，任何投资项目都具有期权的性质。如果一个项目在时间上不能推迟，必须立即投资或者放弃，那么它就是到期的看涨期权。项目的投资成本是期权的执行价格，项目未来现金流量的现值是期权标的资产的现行价格。如果该现值大于投资成本，该项目净现值就是看涨期权的价值；如果该现值小于投资成本，看涨期权不被执行，投资者就放弃该项投资。

如果一个项目在时间上可以推迟，那么它就是未到期的看涨期权。假设某个项目允许在一年内（不得超过一年）建设，且预测项目具有正的净现值，那么立即投资并不一定是最佳的选择，对于市场前景不确定的项目，也许应该等待，以进一步获取市场信息。

下面举例说明时机选择期权的分析方法。

【例 13-5】　某公司拟投资生产一种新产品，预计需要投资 1200 万元，每年的税后现金流量平均为 150 万元（永续年金）。在市场需求旺盛时，每年的税后现金流量可达到 187.5 万元（上升 25%）；在市场需求低迷时，每年的税后现金流量可下降到 120 万元（下降 20%）；含有风险的报酬率为 12%，无风险报酬率为 4%。

如果现在就决定投资，可获得收益 50 万元。

$$\text{项目净现值} = \frac{150}{12\%} - 1200 = 50 \text{（万元）}$$

如果推迟一年再决定是否投资，可获得的期权价值是多少？

利用二叉树期权定价方法进行期权分析的步骤如下：

1. 计算项目价值

$$\text{项目价值} = \frac{\text{永续现金流量}}{\text{折现率}}$$

$$\text{市场需求旺盛时项目价值} = \frac{187.5}{12\%} = 1562.5 \text{（万元）}$$

$$\text{市场需求低迷时项目价值} = \frac{120}{12\%} = 1000 \text{（万元）}$$

2. 确定第 1 年年末期权价值

$$\text{市场需求旺盛时期权价值} = 1562.5 - 1200 = 362.5 \text{（万元）}$$

市场需求低迷时项目价值为 1000 万元，低于项目投资 1200 万元。放弃项目，期权价值为零。

3. 根据风险中性原理计算市场需求旺盛的概率

如果第 1 年的市场需求旺盛，该项目可获得 187.5 万元的净现金流。一年后项目的价值将为 1562.5 万元，于是

$$市场需求旺盛时收益率 = \frac{187.5 + 1562.5}{1200} - 1 = 45.83\%$$

如果第 1 年的市场需求低迷，该项目可获得 120 万元的净现金流。一年后项目的价值将为 1000 万元，于是

$$市场需求低迷时收益率 = \frac{120 + 1000}{1200} - 1 = -6.67\%$$

无风险利率 4%=需求旺盛的概率×45.83%+（1-需求旺盛的概率）×（-6.67%）

$$市场需求旺盛的概率 = \frac{4\% - (-6.67\%)}{45.83\% - (-6.67\%)} = 0.2032$$

4. 计算期权价值

期权到期日价值=0.2032×362.5+（1-0.2032）×0=73.66（万元）

期权现值=73.66/1.04=70.83（万元）

5. 判断是否应该推迟投资

如果立即投资该项目，可以获得净现值 50 万元；如果等待一年再决定是否投资，期权的现值为 70.83 万元。等待将失去 50 万元的收益，但却持有了 70.83 万元的选择权。因此，应该等待，以进一步获取市场信息，再决定是否投资。

（三）放弃期权的含义和分析方法

在投资前期对项目进行财务分析评价时，通常根据项目的具体情况设定一个项目计算期（即项目的寿命周期），并且假设项目会一直运营到计算期末。但在投资实践中，在项目运营过程中，如果产品市场销售不佳，项目实际产生的净现金流量大大低于预期，投资者或管理层就要研究是否应该终止项目。

一个项目，只要继续经营的价值大于资产的清算价值，就可以继续运营下去。如果清算价值大于继续经营价值，就应该终止运营。如果在项目前期研究中，我们能事先识别并估计放弃期权的价值，对项目进行更全面的财务分析评价，就可以减少决策失误。

放弃期权是一项看跌期权，其标的资产的价值是项目继续经营价值，而执行价格是项目的清算价值。

下面举例说明放弃期权的分析方法。

【例 13-6】 某公司拟投资生产一种新产品，预计需要投资 1500 万元，可形成固定资产原值 1200 万元。按当前的价格，项目将带来每年 800 万元的收入，同时需支付 500 万元的成本和税金，税后净现金流量为 300 万元。为简化计算，设年产量不变，销售价格预计年递增率为 8%，但不稳定，年标准差为 22.3%。成本和税金则稳定在 500 万元不变（实际上，成本与税金也将逐年增长，销售价格年递增率高于 8%），销售收入按含有风险的报酬率 12%折现，成本与税金以及计算期末的固定资产余值按无风险报酬率 4%折现。

项目第 1 年年末至第 5 年年末的固定资产余值分别为 984 万元、768 万元、522 万元、336 万元和 120 万元。

1. 计算项目的净现值

放弃期权分析的第一步是计算标的资产的价值，即不包含期权价值的项目价值。用折现现金流量法计算的项目净现值为-37 万元（详见表 13-7）。如果不考虑期权价值，项目在财务上是不可行的。

表 13-7 　　　　　　　　　　项 目 净 现 值 计 算 　　　　　　　　　单位：万元

时间（年末）	0	1	2	3	4	5
收入		864	933	1008	1088	1175
折现系数（折现率12%）		0.8929	0.7972	0.7118	0.6355	0.5674
各年收入现值		771	744	717	691	667
收入现值合计	3590					
成本和税金支出		500	500	500	500	500
折现系数（折现率4%）		0.9615	0.9246	0.8890	0.8548	0.8219
各年成本和税金支出现值		481	462	445	427	411
成本和税金支出现值合计	−2226					
项目投资	−1500					
回收固定资产余值						120
固定资产余值现值	99					
项目净现值	−37					

2. 构造二叉树

（1）确定上升乘数和下降乘数

$$u = e^{\sigma\sqrt{t}} = e^{0.223\times\sqrt{1}} = 1.25$$

$$d = \frac{1}{u} = \frac{1}{1.25} = 0.8$$

（2）构造销售收入二叉树。按当前价格，销售收入为 800 万元，则

第 1 年价格上升时收入=800×1.25=1000

第 1 年价格下降时收入=800×0.8=640

以后各年的二叉树以此类推，如图 13-8 所示。

（3）构造营业现金流量二叉树。由于每年的成本和税金支出为 500 万元，在销售收入二叉树各节点减去 500 万元，可以得出营业现金流量二叉树，如图 13-9 所示。

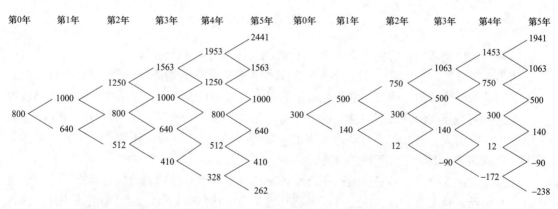

图 13-8　销售收入二叉树　　　　　　　　图 13-9　营业现金流量二叉树

（4）确定上升概率和下降概率

期望收益率（无风险收益率）=上升概率×上升百分比+下降概率×下降百分比 4%

$$=上升概率×25\%+下降概率×（-20\%）$$

$$上升概率（P）= \frac{4\%-（-20\%）}{25\%-（-20\%）} = \frac{24\%}{45\%} = 0.5333$$

下降概率（1-P）=1-上升概率=1-0.5333=0.4667

（5）根据营业现金流量二叉树计算未修正的项目价值。首先确定第5年末各节点未修正的项目价值，由于项目在第5年末终止，无论哪一个节点，其价值均为120万元。

然后计算第4年末项目价值，顺序为先上后下。最上边的节点的价值取决于第5年的上升和下降的现金流量，包括第5年的营业现金流量和第5年末的固定资产余值

第4年末项目价值=［P×（第5年上升的营业现金流量+第5年期末价值）+（1-P）

$$×第5年下降的营业现金流量+第5年期末价值）] /（1+r）$$

$$=［0.5333×（1941+120）+0.4667×（1063+120）] /（1+4\%）$$

$$=1588（万元）$$

以此类推，计算第4年末其他各节点的项目价值。

以此倒推，计算第3年末、第2年末、第1年末以及0年末的项目价值，详见图13-10。图内括号外数字为各节点营业现金流量，括号内加黑数字为各节点项目价值。

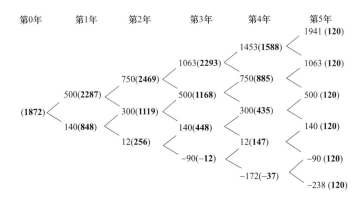

图 13-10 未修正的项目价值二叉树

（6）确定修正后项目价值。第5年末价值均为120万元，不必修正。

从第4年开始，自上而下，检查各节点项目价值是否低于同期清算价值（固定资产余值），凡低于同期清算价值的，清算比继续经营更为有利，应该放弃项目，以清算价值替代项目价值二叉树相应节点的价值。需要修正的节点有：第4年下方两个节点的147万元和-37万元应修正为336万元，第3年下方两个节点的448万元和-12万元应修正为522万元，第2年最下方节点的256万元应修正为768万元。

在修正上述5个节点项目价值的基础上，重新计算各节点的项目价值，计算顺序仍然是从后向前倒推，从上而下，依次进行，并将计算结果替代原有数值，最后得出该项目价值在0年末的项目现值为1993万元，详见图13-11。

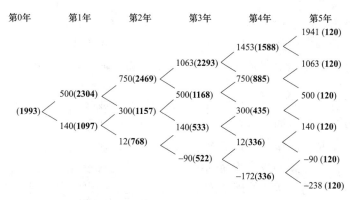

图 13-11　修正后的项目价值二叉树

3. 评估项目价值，确定放弃策略

该项目包含期权价值在内的项目现值为 1993 万元，项目投资为 1500 万元，项目净现值为 493 万元，则

$$1993-1500=493（万元）$$

该项目未包含期权价值在内的项目净现值为 –37 万元，包含期权价值在内的项目净现值为 493 万元，放弃期权的价值为 530 万元，则

$$493-（-37）=530（万元）$$

因此，该项目在财务上是可行的。但是，如果年销售收入下降到 512 万元及以下时，经营现金流量将下降到 12 万元及以下，项目的清算价值将大于继续经营价值，此时应该放弃项目，进行清算。

第三节　期权价值理论在财务分析评价中的应用

一、传统折现现金流量方法的不足

随着知识经济的来临，不确定性越来越成为企业投资决策时面临的常态问题，企业的增长也依赖于在不确定性条件下的投资决策。管理者意识到，在投资管理过程中，需要依据环境的变化，不断调整自己的投资方向和计划。现行主要的投资决策工具，即现金流贴现法，和企业管理者的认识之间存在巨大的鸿沟，它并不能很好地解决不确定性的问题。现金流贴现方法这种尴尬的处境源于它自身三个无法解决的问题，即主观性、机械性和非连贯性。

（一）主观性

传统财务分析评价要求对未来的现金流进行预测，揉入了大量决策者的主观看法。管理者经常将预测作为现实，但是进一步考虑，会发现许多问题：现金流的预测是由支持项目的乐观者估计的，还是由反对项目的悲观者估计的；项目增长率和利润假设的前提是否客观；项目贴现率的选择依据是什么，它们是否合理。事实上，许多管理者意识到了这些问题，并且对现金流的预测进行一定程度的调整，但其他人仍认为，这些分析调整是分析者的主观看法。总而言之，现金流的估计是一个主观性非常强的过程。

（二）机械性

传统财务分析评价方法是固定不变的。它假设项目投资在开始就是固定的，项目投资不能推迟，所有投资在期初或某一时刻必然发生。这些工具同时还假设，只要投资已实际发生，项目在投资期内就将持续运行，不存在中途取消或者调整的可能。事实上，当投资项目运行了一段时间以后，管理者们就会发现，市场环境发生了意想不到的变化，必须重新审视原来的投资方案。这些投资管理上所必需的灵活性，使得现金流贴现方法的分析变得一文不值。

（三）非连贯性

传统财务分析评价方法是非连贯性的。这是因为在对或有投资进行定价的时候，现金流贴现法在对贴现率的选择方面，没有一个适合的标准。例如，在一个可以放弃的项目之中，如果市场情况发展不利，决策者决定放弃进一步的投资，那么就不会有进一步的风险存在；反之，如果决策者决定继续投资，将面临风险。对这种或有投资进行决策的时候，采用单独的一个贴现率是行不通的，传统的现金流贴现的方法无法提出对这个问题的解决办法。

正是由于管理者所希望的和现行决策工具所能做到的之间存在巨大的鸿沟，使得管理者们倾向于不使用定量分析、不使用这种工具来进行投资分析，而是依靠所谓的"管理天才"和"战略目光"，对投资项目进行判断。

二、实物期权方法与传统现金流量方法的关系

作为项目投资的评价方法，实物期权方法与NPV法等现金流量折现方法有不同的特点。

（一）动态的思维方式

不但投资产生的现金流是确定的，管理者的行为也是僵硬的。净现值法认为投资是可逆的，如果市场条件比预期的差，可以用某种方式不投资并收回成本；同时它还认为投资是不可延缓的，现在如果不投资，将来就没有机会了。实物期权方法着眼于描述实际投资中的真实情况，从动态的角度考虑问题。管理者不但要决策是否投资，而且还要在投资后进行项目管理，根据变化的情况趋利避害。

（二）NPV对风险贴现率的确定问题

净现值法用贴现率来体现风险，通常是采用风险程度类似的投资可能获得的预期收益率作为折现率。理论上讲它反映了该项目的系统风险，但事实上却很难度量。实际操作中常用加权平均资金成本（WACC）替代折现率取值标准，而WACC只有在公司各项目风险差异不大时才是很好的近似，大多数情况下并不准确。研究表明，现实中的决策者往往有意识地将临界利率定在WACC的3～4倍。而期权本身就产生于风险环境，没有风险也就没有期权，并且其价值随风险的增加而增加。期权理论已经能够较为成功地在定价期权时把握风险的因素，把投资视为期权将从更理性的角度强调风险的角色，从而能更准确地定价投资机会。

（三）NPV法忽视选择权价值

NPV法惧怕风险，不确定性愈高，其贴现率愈高，从而使项目价值愈低。相反，实物期权理论却认为，不确定性是有价值的，不确定性愈高，其投资机会的价值也就愈高，而NPV法忽视了这个价值。因此，从实物期权的角度看，一项投资的价值应该是

$$扩展NPV = 静态的NPV (Static\ NPV) + 期权价值(Option\ Value) \tag{13-18}$$

例如：某公司考虑一项技术研发（R&D）项目，需投入100万元进行研究工作，时间约需3年，3年后如果研究成功，需再投入1.2亿元进行生产与市场开拓，投资后预计未来市场有3种状况，因此公司在当年年底能分别以等概率获得1.4亿元、1.2亿元和0.88亿元的净收入，假定公司采用的折现率为10%。如果以NPV法评估该项目，应该予以拒绝。因为

$$NPV =[(1.4+1.2+0.88)/3-1.2]/1.1^3 - 0.01 = -0.04（亿元）<0$$

但是，在该研发项目中，实际上是蕴含了一个使公司在3年后获得新的市场机会的增长

型期权，所以在评估该项目价值时应该加上该期权的价值。假定项目价值的变动率为20%，无风险折现率为5%，则投资所得价值的现值为$[(1.4+1.2+0.88)/3]/1.1^3 = 0.8715$（亿元），执行价（后续投资额）为1.2亿元。应用Black-Scholes公式可计算得期权的价值为0.1044亿元，则

$$扩展的 NPV = -0.04+0.1044=0.0644（亿元）>0$$

该研发项目是有价值的，不应该予以拒绝。

三、投资项目财务评价中的实物期权分析框架

（一）建立评价框架

在运用实物期权思想对投资进行评价的时候，实物期权思想把一个投资项目看成是由一个或者多个期权所组成的集合。这样，评估的对象就由投资项目变为了实物期权，项目评价问题就相应转化为实物期权的定价问题。但是，在对实物期权进行定价之前，如何识别投资项目是否含有实物期权以及含有怎样的实物期权就变得异常重要。因为这些都是对实物期权进行定价的前期必要的工作。另外，同一个投资项目如果含有不同的实物期权，这些不同的实物期权具有怎样性质，它们之间怎样互相影响，也是对投资项目进行准确定价的前提。

1. 投资项目性质的确定

可以根据项目中所包含灵活性的性质差异，对各种项目进行分类，并基于分类探讨不同类项目与不同类实物期权的对应关系以及价值构成。根据前面的分析，按分类方法的不同，将项目分成以下几类：第一，按照项目决策时效性的不同，分为承诺项目和机会项目；第二，按照项目相关性的不同，可将投资项目划分为多阶段项目和相关项目；第三，按照项目共享程度不同，又可以将投资项目分成独占性项目和竞争性项目。

2. 实物期权的识别

在对投资项目的性质有了认识之后，就应该对投资项目所含有的实物期权的性质进行识别。一般来说，应该从以下三个方面来刻画实物期权的基本特征，而这三个方面的特征是与上面不同类型的投资项目相对应的：第一，所有权特征，即该实物期权是独占性期权还是共享期权，两者分别对应于独占性投资项目和竞争性投资项目；第二，复合性特征，即该实物期权是简单期权还是复杂期权，前者对应于只有一个不确定性来源的投资项目，后者对应于具有多个不确定性来源的投资项目；第三，期限性特征，即该实物期权是到期的还是可延期的，两者分别对应于承诺项目和机会项目，反映了投资决策的紧迫性程度。

3. 识别不确定性因素

不确定性贯穿于企业决策和资本预算的过程之中，所以认识不确定性是首要解决的问题。一般来说，不确定性因素识别如图13-12所示。

（二）项目实物期权的设计图

在现实生活中，一些投资项目方案都是不具有实物期权的。但是，许多项目在仔细考虑了企业的资源范围和项目特点之后，实物期权是可以设计出来的，或者可以增加实物期权价值的。通常做法是：首先计算项目的实物期权价值；其次进行实物期权再设计，具体做法是回到初始的应用框架上，看看是否可能通过投资阶段的增加或者模块数目的增加创造出更多的实物期权、是否可能通过柔性设计增加项目实物期权价值、是否能够更加积极的预先影响结果、是否存在具有相同性能的其他投资方案等。一般经过几次这样的反复后，可以大大增加投资项目的价值。

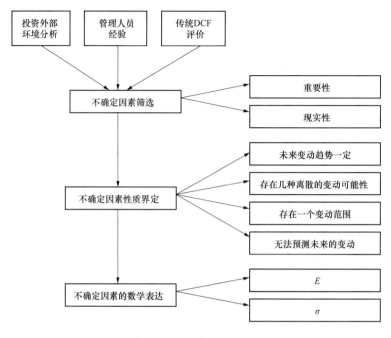

图 13-12 不确定因素识别

实践研究表明，这样的反复和项目再设计是非常有必要的，我们将重点对项目实物期权再设计的方法进行讨论。下面将介绍几种主要的实物期权设计的思路框架，以供进行投资项目财务分析评价时参考。

1. 单元化投资设计

单元化投资设计的主要思想是把整个投资过程分段，每一段成为一个独立的单元。每一个单元既可以是一个独立的投资项目，也可以是一个投资项目中多个阶段的其中一个。单元与单元之间在时间上相连，并且存在着紧密的联系。在上一个单元执行完毕之后，下一个单元开始之前，决策者就拥有分阶段投资型实物期权。

例如，通用汽车打算在上海投产建立一个年产 8 万辆（这里数据均是假设的）的生产线，但是出于对产品市场需求量的顾虑，通用汽车打算把投资分成三个独立而又互相联系的模块来进行设计。首先，投资建立年产 3 万辆汽车，而又具备产量扩充潜力的一条生产线。如果这 3 万辆汽车市场销量看好，通用汽车在第三年将加大投资力度，扩展生产线至年产 5 万辆。如果 5 万辆汽车继续产销两旺，通用汽车将继续增加投资，完成目标年产 8 万辆生产线的建立。可见，单元化投资设计，帮助通用汽车大大降低了可能承受的风险。

2. 规模变更投资设计

规模变更投资设计的主要思想是企业在投资之前，考虑通过少量事前投资，获得关于产品储量（如石油开采）、产品市场需求、竞争者可能策略等信息，来减少投资过程中可能遇到的不确定性。这些事前少量的投资，正是信息的价值。

例如，长虹公司开发出一种创造性的、新的家电产品，但是在准备投资建立专门生产该产品的时候遇到了困难。由于不知道市场对该产品的反映，厂家无法预测出该产品的需求量，因此无法确定建立工厂的产量。长虹公司打算利用规模变更投资的思想设计自己的投资策略。公司首先选定一个具有代表性的区域，进行该产品的投放，来观察当地消费者对产品的反映。

在进行了一个月的投放试验之后，该公司可以根据在该市场上获得的新信息，以决定新建工厂的规模，甚至是停止该产品的推广。显然，通过规模变更投资设计之后，公司获得了规模变更实物期权，从而大大减少了市场不确定性，降低决策失误的风险。

3. 灵活性投资设计

灵活性投资设计的主要思想是把灵活性应用到初始的项目投资策略设计之中，这种灵活性既可以表现为灵活的生产设备使得可以轻而易举地在原材料或者产品之间转换，也可以表现为生产线上的快速模式转换。

例如，某投资者发现在北京进行丝绸服装或者羽绒衣的生产非常有市场，因此他打算在北京建立一个生产厂。但是，他遇到了一个难题：难以在生产这两种产品的生产线之间进行选择。羽绒衣在冬季是销售的旺季，而丝绸在夏季是销售的旺季，无论建立哪种产品的组装厂，都会出现大约半年的淡季，使生产线处于闲置状态之中，大大增加营运成本。该投资者打算对自己的投资进行柔性设计，因此他打算花更多的钱，建立一个可以在生产丝绸服装和羽绒衣之间进行转换的生产线。那么，在冬春两个季度，进行羽绒衣的生产；在夏秋两个季度，进行丝绸服装的生产。可见，柔性投资设计为投资项目带来了柔性期权，使得该企业可以充分利用丝绸和羽绒旺季的好处，大大提高企业的投资效益。

（三）实物期权的计算

实物期权的计算方法是使用实物期权进行投资项目评价的核心问题，只有精确的评估实物期权的价值，决策者才有依据进行决策。但是，众所周知，期权定价的基础是无套利定价原则。根据该原则，人们可以通过标的证券与无风险债券的组合，复制一个期权的收益特征。由于金融期权的标的资产为上市交易的证券，这一原则至少在理论上是成立的。但是，对于实物期权来说，作为其标的物的实物资产一般是不可交易的，因此也就不存在套利的可能，更加谈不上复制的问题。那么，期权定价的模型要经过怎样的调整，才能用来估价产生于实物资产中的期权呢？这种方法在实物资产应用中的实际效果又是如何呢？很明显，答案是肯定的，原因如下：

一是因为企业投资决策的目标在于使企业价值最大化，故项目评价的出发点在于考虑项目对企业市场价值的贡献，即如果项目上市交易，会给企业市场价值带来多大的增量。这样一来，只要在资本市场上寻找一个与待评价项目具有相同风险特征的可交易证券，即所谓的孪生证券（twin security），就可用该证券与无风险债券的组合，复制出实物期权的收益特征。

二是因为期权定价方法的基本框架能够很好地揭示实物资产中所蕴含的风险的本质。在实物资产投资决策中，决策者面临的风险有些来自市场因素，但其余风险却来自与外界无关的非市场风险。将金融期权定价推广应用于战略投资机会的评价，在估价中综合了市场风险和非市场风险的双重影响。

前文中重点介绍了布莱克-舒尔斯模型和二项树模型两种，因为这两种计算方法不仅简单易用，而且几乎可以对所有各种类型实物期权价值进行计算。

（四）敏感性分析

在传统的投资项目评价中，敏感性分析是非常重要的一环，因为通过敏感性分析，我们可以了解投资项目中主要内外部风险产生原因，以及这些变量变动对投资项目价值变动的影响程度。同样，在实物期权应用中，敏感性分析依旧是必须的，因为通过影响实物期权各因素的敏感性分析，可以揭示出对实物期权价值影响最大的因素和最大风险。

1. 常用变量的敏感性分析

由于布莱克-舒尔斯公式的计算仅仅需要五个基本输入变量，即标的资产的当前价值 A、投资成本 X、无风险收益率 r、到期时间 T、标的资产的波动率 σ。因此对布莱克-舒尔斯公式的敏感性分析也主要集中在这几个变量中，即分别考察这五个输入变量的变化对实物期权价值大小的影响程度。

同样，可以定义这五种变量的敏感性系数如下

$$M_{\mathrm{A}} = \frac{\Delta V/V}{\Delta A/A}, \quad M_{\mathrm{X}} = \frac{\Delta V/V}{\Delta X/X}, \quad M_{\mathrm{r}} = \frac{\Delta V/V}{\Delta r/r}, \quad M_{\mathrm{T}} = \frac{\Delta V/V}{\Delta T/T}, \quad M_{\sigma} = \frac{\Delta V/V}{\Delta\sigma/\sigma}$$

同样，对于二项树模型来说，影响二项树展开和回归计算价值的主要变量也只有 A、u、d、p、r、t、X。然而，由于一般来说，u、d、p、r、t 满足以下关系

$$u = e^{\sigma}; \quad d = e^{-\sigma}, \quad p = \frac{e^{rT} - d}{u - d}$$

事实上，主要影响二项树模型的变量和影响布莱克-舒尔斯公式的变量是一样的，同样是 A、X、r、t（这里 t 是指二项树展开的时间间隔）和 σ 五个基本变量。因此对二项树模型的敏感性分析也是分别考察这五个输入变量的变化，对二项树模型的展开和回归价值计算的影响，最后对实物期权价值大小的影响程度。

2. 重要不确定性因素的敏感性分析

事实上，在许多情况下，投资者所关心的变量远远不止上述的五个基本变量，仅仅进行常用基本变量的敏感性分析显然是力度不够的。因此，需要对可能造成较大影响的因素进行敏感性分析。例如，房地产公司决定是否开采一块土地的时候，该地段在市场上的价格、周围交通及其他辅助设施的规划等不确定性因素都是非常重要的，这些变量同样非常有必要进行敏感性分析。对变量进行敏感性分析一定要抓住重点，抓住几个对投资项目价值影响最大的不确定性因素。

（1）布莱克-舒尔斯公式。在运用布莱克-舒尔斯公式对项目实物期权价值进行计算的时候，由于布莱克-舒尔斯公式的计算仅仅需要五个基本输入变量，因此这些特殊重要的不确定性因素对实物期权价值的影响，都是通过对这五个基本变量的影响来实现的。例如关于土地开采的例子中，该地段在市场上的价格、周围交通及其他辅助设施的规划等变量对实物期权的影响，是通过影响标的资产价值的现值 A 和变动率 σ 来实现的。对这些重要不确定性变量的敏感性分析，要遵循下面的传导机制：不确定性因素变动—基本变量的变动—实物期权价值变化。

也就是说，不确定性因素 K 的敏感性系数计算可以变为

$$M_{\mathrm{K}} = \frac{\Delta V/V}{\Delta L/L} \times \frac{\Delta L/L}{\Delta K/K} \tag{13-19}$$

式中 L——中间的传导基本变量。

（2）二项树模型。如果是使用二项树模型来对项目的实物期权价值进行计算，那么敏感性分析会灵活许多。原因主要有两个：

第一，二项树模型在展开的时候，可以依托于不同的不确定性因素进行展开。例如，学者 Simone Kelly 在文章《用二项树模型对矿产资源的 IPO 进行定价》中，二项树就是依托于矿产资源的价格来进行展开的。因此在进行敏感性分析的时候，对和矿产资源的价格相关的

各种变量进行敏感性分析就变得非常容易。同样，可以依托于矿产储量大小或者别的不确定性因素进行展开，来对实物期权价值进行计算。

第二，依托一种重要不确定性因素对二项树进行展开计算实物期权价值，然后在该二项树的基础上对另外一种重要的不确定性因素进行敏感性分析，可以在很大程度上解决两个不确定性因素之间相互影响问题。例如依托于矿产资源的价格展开计算二项树，然后对矿产储量进行敏感性分析，以考察矿产价格和矿产储量两种不确定性因素之间的相互影响。

（五）实物期权检查和项目评价

1. 实物期权价值的检查

实物期权价值的校正是一个非常复杂的研究课题。一般来说，对实物期权价值进行校正，需要考虑以下三个重要方面：

（1）调整各种价值损漏。在实际应用中，多数实物资产都存在价值损漏，这些损漏会影响到期权的价值和最优投资决策的时间。因此，需要结合各种价值损漏，对实物期权价值进行必要的调整。

实物资产的价值损漏一般来源于决策点之间出现的现金流和（或）持有收益率，必须进行处理。因为只有标的资产的持有者才能获得来源于标的资产的现金流和（或）持有收益率，而对标的资产合约的持有者来说无法获得，因此就会产生标的资产回报上的损漏。具体而言，损漏的来源包括：

1）包含现金流的实物资产。直接的正现金流量（如股利的分红、租金、利息、许可证收入、特许权收入）；直接的负现金流量（如储藏成本、税收、许可证费、特许权费、保险费、存货损耗等造成的损失）。

2）包含持有收益率的实物资产。如果能够低成本的存储商品，并且可以随时在现货市场上买卖，则对该商品的持有行为就具有价值，这种价值称为持有收益率（convenience value）。

（2）各种风险的影响。通过上面的叙述，了解到实物期权定价可以通过对市场上相同可交易性资产进行复制，利用套利的思想来获得。但是，由于实物标的资产的复杂性及其对实物期权定价的影响，使得市场中"一价定律"难以实现，出现了非精确复制的情况，产生了实物资产的定价误差。这种定价误差，也使得实物期权定价偏离了期权本来的价值。因此我们有必要研究有哪些因素让实物资产的动态复制变得困难起来，并进行必要的价值调整。

复制组合中的证券常常是高度的，而不是完全与期权价值相关。当非精确复制是由于产品质量、交割地点或者交割期权的差别引起的，这些引起复制误差的因素被称为基差风险。例如伦敦交割的飞行燃料期权可以由一个组合非精确地复制出来，这个组合包括采暖用油期货和纽约商品交易所的汽油期货。

1）非市场风险。实物期权具有的某些风险与在市面流通的证券无关，在金融市场中没有对这些风险进行定价的手段。例如，新技术开发失败的风险就是高科技公司所承担的非市场风险。在期权定价模型中，非市场风险的影响是可以量化的，但并不是根据流通证券进行的。

2）存在新的影响价值的因素。在对实物期权进行定价时，除了考虑标的资产市场价格、波动率、执行价格、时间以及无风险利率等5个基本因素以外，还要考虑其他一些特殊因素，如实物期权的共享程度、先占性程度以及竞争对手的策略等。

3）低流动性风险。由于实物资产流动性不高，实物资产在商品市场、产品市场和服务市场上的交易频率很小。由于期权定价的主要思想是套利，实物资产的低流动性使得套利可能性极小。同时，低流动性扩大了买卖价差，在建立和更新复制组合时可能引起市场价格的变动，这就增加了动态复制的成本，加大了复制误差。

（3）考虑行业特点的影响。上面两个方面论述的只是几种主要的引起误差的因素，当决策者在实践中对现实的投资项目进行估价的时候，还要考虑到现实项目所在的特殊行业的特点。例如，在对员工股票期权进行定价的时候，要充分考虑到该期权的特点，注意以下几个特殊因素的影响：

1）雇员们往往没有很好地进行分散化投资，这使得他们厌恶风险，并在期权最优执行日前便执行其期权。

2）在一些重要的时间段内，主要管理层成员不能执行期权，因为他们知道内幕。

3）税务方面的考虑也能改变期权的执行价格和最佳执行日。根据这些因素对期权定价模型进行调整之后，研究表明员工股票期权的实际价值低于标准期权定价模型所计算出来价值的50%。

2. 项目评价

实物期权价值可能仅仅是项目投资价值的一个部分。对于许多项目来说，对整个投资项目的评价，需要加入其他评价结果。因为不同类型的实物期权对投资项目价值的影响是不一样的，因此需要分开不同类型的实物期权进行考察，以便更准确地计算各种投资项目的价值。

（1）对于等待型实物期权来说，投资项目价值是在比较了项目马上执行产生的价值和等待型实物期权价值后，选择一个价值大的方案，来决定是马上进行项目的投资，还是等待一段时间后再上马。因此，可以用式（13-20）计算投资项目的总价值

$$投资项目价值=max（立刻进行的项目价值，等待型实物期权价值）\qquad（13-20）$$

对于放弃型实物期权来说，投资项目价值是在比较了继续进行项目和放弃实物期权的价值后，选择一个价值大的方案，从而决定是否立刻放弃项目的继续投资。

（2）对于增长型实物期权、分阶段投资实物期权、柔性实物期权和学习型实物期权来说，期权价值仅仅是投资项目总价值的一部分，其他评价方法，特别是传统的折现现金流量（DCF）评价方法计算出来的投资项目价值同样也是项目总价值的一个构成部分。这是因为这两种期权一般存在项目进行的第二阶段或者项目进行一段之后。可以用式（13-21）计算投资项目的总价值

$$投资项目价值=NPV+实物期权价值\qquad（13-21）$$

投资项目的评价，是以投资项目价值和 0 进行比较：如果投资项目价值大于 0，则可以考虑进行该项目投资；反之，则不进行投资。

（六）投资时机的选择

项目投资时机的选择在我国具有重要的现实意义。例如，很多地方政府急功近利，不关注投资的效率，过早建设支线高速公路或轨道交通，建成后交通量不足（甚至没有），造成资源的闲置。这些就是投资时机选择不当产生的后果。当然，其本质原因主要是不当的发展观和软预算约束。但是作为项目决策的财务分析，应对此给予关注。

还有一个形式上类同、但概念不同的是所谓"（投资决策）等待的期权价值"（option value of waiting）问题。有些项目的投资前景具有不确定性，而一旦投资又不可逆转。如某种特定

散装货物出口专用码头建设项目，一旦投资，就没有移作他用的可能。为避免错误决策的风险，有时要考虑是否推迟决策，以等待进一步的信息，再决定是否投资。Dixit 和 Pinddyck（1994）提出了这种等待期权价值的概念：通过推迟决策，以提高投资的期望效益，这种提高部分被称之为期权价值。这类同于为规避风险而保留锁定价格的购买或卖出的金融市场期权，因此也被称之为准期权价值（quasi option value，QOV）。可以用一个只有两阶段投资的例子来说明。考虑在国外购买一个矿石专用码头进口这种矿石，其年净效益目前为 B_0，今后则取决于这种矿石的下一年市场价格行情。行情好，则净效益为 $B_0(1+x)$；行情不好则净效益为 $B_0(1-x)$。设行情好的概率为 P，折现率为 i，投资为 K_0，并假设为项目永续。如不考虑推迟决策的期望净现值为

$$NPV_0 = B_0 + [PB_0(1+x) + (1-P)B_0(1-x)]/i - K_0 \qquad (13-22)$$

以具体数值（B_0=200 万美元，x=0.5，K_0=1600 万美元，i=0.1，P=0.5）代入，算得 NPV_0=600 万美元。如果考虑推迟一个阶段再作决策，以获取进一步的信息，有助于做出决策：行情不好就不投资，行情好就投资。行情好的概率为 P，那么推迟决策的期望净现值为

$$NPV_1 = P[B_0(1+x)/i - K_0/(1+i)] \qquad (13-23)$$

以同样的具体数值代入，有 NPV_1=772.5 万美元。那么，这个项目推迟决策的期权价值是 QOV=772.5-600=172.5 万美元。可以认为：支付这笔数目的期权价格以保留推迟购买（投资）的权利是值得的。

从以上简单的例子说明，这种期权价值是存在的，但必须具备以下条件：存在不确定性，推迟决策有望降低风险并改进决策。

四、实物期权付费的具体应用

（一）应用实物期权方法需注意的问题

实物期权作为近年来新兴的价值评估方法、战略分析框架和战略思想在我国拥有广阔的应用前景，但应充分注意到这一方法本身的局限性及其可能产生的问题。

1. 了解实物期权方法的不足之处并谨慎使用

金融期权定价模型发展至今尚不足 30 年，而实物期权还是一个很新的发展领域。目前，在其运用方面上还有很多不足，决策者必须对此予以充分的重视。不足之处有以下几点：

（1）模型过于复杂。实物期权的各种模型过于复杂，不能很好地被决策者所理解。对于决策者和管理者来说，理解高深的数学公式以及如何正确地应用实物期权的模型是一件困难的事情。前述布莱克—舒尔斯公式和二项树模型的应用，都需要大量、复杂的高等数学知识作为基础。然而，在实践中，真正懂得这些复杂数学方法的决策者和经理人是非常少的。以布莱克-舒尔斯公式这种形式简单，而且不是太难使用的计算方法来说，要决策者和经理人明白这个公式所蕴含的各种假设条件，并且在适当的时候应用和改变计算方法，也不是一件容易的事情。而在现实中，简单、直接的实物期权计算方法在连续时间模型中是非常少的。因此，Diane 和 George（1998）认为，如果要让这些期权计算方法被实际应用所接受，必须做到以下两点：①需要有一个专门对这些模型进行教育的课程，同时这些模型必须更加简单和容易理解；②提出和发展相应补充的方法和框架。

（2）前提条件不成立。建立实物期权模型需要很多前提条件，而这些条件在现实决策环境以及决策过程中经常是不成立或者从来都没有成立过的。实物期权计算模型和其他管理框

架一样，存在着各种各样的前提条件和假设条件。其中一些在上面的论述中已经提及，但是其中最重要的几个，需要认真进行考察和研究，因为这些前提条件对实物期权的计算价值有着重大的影响。有两个前提条件尤其需要注意：一是实物资产以及输入变量的计算困难；二是这些期权计算模型，至少在理论上，要求存在完美市场和无套利条件。

（3）因简化计算而影响应用范围。随着投资项目中实物期权数量的增加，以及这些期权相互之间影响复杂程度的加大，实物期权模型的建立以及计算可以变得异常复杂以及困难。在实际计算过程中，由于实物期权过于复杂，为了使实物期权更容易计算，通常附加一些前提条件。这样就极大地限制了实物期权的应用范围。Lander（1997）在仔细考察了各种实物期权的定价方法之后，总结出为了简化计算而做的假设条件主要有：在一段时间内只有一个实物期权的存在，实物期权之间没有重叠和影响；完美市场的假设，投资者均为风险中性或者风险可以完全分散；只有一个不确定性来源，如果有两个或者以上，当作一个来进行处理，又或者干脆忽略他们之间的影响，以及假设一段时间只有一个不确定性的存在；实物资产是一种可以交易的资产，价值可以从市场上轻易获得或者通过简单方法准确求得等。

2. 期权价值估计应准确，避免决策失误

NPV 方法会低估投资项目的价值，在讨论实物期权方法对于 NPV 方法的完善时，要防止从一个倾向走向另一个倾向，即不能过高的估计实物期权的价值，造成投资决策的失误而对企业发展造成不利影响。在现实中必须谨慎运用实物期权方法。

在我国，由于种种历史原因，企业往往热衷于夸大规模，以进入世界 500 强为目标，特别是国有企业有过强烈的扩大投资的冲动。结果导致大量重复建设，形成了企业在低水平上的恶性竞争，企业效益低下并因此造成了银行系统内大额的不良贷款，直接威胁到宏观经济的良性循环。在此背景下，引入实物期权后，因为期权价值的敏感性相对较高，对于某些价值因素的错误估计可能直接导致对期权价值的高估，从而导致错误的决策，使不合理的项目错误上马。因此，在应用实物期权方法进行投资决策时必须十分谨慎。

3. 合理应用实物期权，提高投资决策水平

实物期权方法不是作为一种替代方法出现的，其使用并不意味着传统的 NPV 方法不合理或是要被完全替代。实物期权是对投资分析方法的完善，是和传统方法如 NPV 方法相融合，从思想上把实物期权评价当作附加的分析方法应用在当前的评估系统中，而且作为存在于实物项目中的期权，应该重视在企业组织结构中，只有人员和技术的紧密结合才能实现实物期权的最大价值，这正是其不同于金融期权的重要方面。实物期权最终会提供一种释放深埋在投资中的价值的重要工具，许多人都知道这种价值的存在，最重要的工作就是如何让这些决策者们接受和使用实物期权的方法。

（二）应用举例

1. Black-Scholes 模型在投资决策中的具体应用

假设有新药研发项目，其期初需投资 11500 万元，项目寿命期为 4 年，各年预期产生的净现金流见表 13-8。

表 13-8 　　　　　　　　　　　　　拟建项目各年预期净现金流

时间（年）	0	1	2	3	4
新药项目净现金流	−11500	2500	5000	7500	2500

假设项目的风险调整贴现率 k 为 20%。不难计算，项目各期净现金流的现值为 11101.47 万元。所以该项目净现值为

$$NPV=11101.47-11500=-332.11（万元）$$

由传统的 NPV 分析方法，该项目应当被拒绝。但是企业投资该项目是为后续类似项目进行铺路。尽管项目本身的获利能力有限，但它的实施可以为其他类似新药接受市场检验及走向商业化提供机会，为企业积累宝贵的经验和开发新的市场创造条件。如果放弃该项目，这一成长机遇就会被竞争对手抢去。所以企业管理层认为，为了提高企业的市场竞争地位，有必要进行该新药项目的投资。

如果通过该项目成功实施，那么企业可以将其他类似新药运用于商业化生产，其规模将是该项目的 3 倍。即在第四年末，该企业可以进行新的一轮投资，数额为 3.45 亿元，该后续投资项目称为后续项目。为了计算的方便，后续项目每年预期可产生的净现金流均为之前项目相应年份现金流的 3 倍，见表 13-9。

表 13-9 后续项目预期净现金流量

年份（年末）	0	1	2	3	4
后续项目净现金流量	−34500	7500	15000	22500	7500

由此可以计算后续项目在第 4 年末的净现值为 −996.33 万元，折算到当前为 −480.49 万元。如此看来，商业化项目不应进行投资。

以上是传统评价方法，我们再用实物期权分析方法来评价这一新药项目的实际价值。由于该项目对应于一个企业增长期权，该期权是以后续项目为标的资产、执行价格为后续投资额、到期日为 4 年的欧式买权。可以用 Black-Scholes 期权定价模型为基础，求出该期权的近似价值。为应用期权定价公式，需要先估算以下参数：

第一，确定标的资产当前的价格。按 20% 的贴现率，在第 4 年末，商业化项目净现金流价值为 33304.40 万元，再将该价值贴现至当前，得到 $V=15186.81$ 万元。

第二，确定标的资产价格的波动率 σ。由投资组合理论可知，V 的波动率不会低于股票市场的平均波动率，因为股票市场平均波动率已经通过组合降低非系统风险。我们以股票市场的波动率作为 V 的波动率估计的下限。假定大于 30% 的 σ 是十分正常的估计值。在本例中，由于市场不确定性程度较高，估计 $\sigma=35\%$。

第三，假设无风险利率为 10%，已知执行价格 $X=345000$ 万元，到期日为 4 年，将上述参数代入布莱克-舒尔斯公式，得到该企业增长期权当前的价值估计值为 7092.70 万元，是该商业化项目的价值。

综合而言，新药项目的价值应当是 −332.11+7092.70=6760.5 万元。这一结果表明，虽然该项目的 NPV 为负，但它能为企业提供新的商业机会。考虑这个因素，该项目的投资对企业来说是有利可图的。

2. 实物期权二项树定价在投资决策中的应用

（1）延迟性实物期权投资决策。考虑房地产公司开发某楼盘的例子，该项目的有关资料是：所需投资为 12480 万元，生产可马上开始，也可以一年以后开始。如果产品被市场看好，项目寿命期内所产生的各期现金流贴现到第一年末的价值为 21600 万元；如果产品不被市场看好，则现金流价值只有 7200 万元。为使计算简化，假定市场趋好和市场变坏的概率均为

0.5。另外，根据该项目的风险大小，确定该项目适用的风险调整贴现率为20%。此外，无风险收益率为8%。

按照传统的 NPV 分析方法，不考虑管理层可以延迟一年做出决策的可能性，该项目所产生现金流的现值 $V=12000$ 万元（贴现率 k 为20%），项目的 $NPV=-480$ 万元。应拒绝投资该项目。

再用实物期权的方法进行分析。假设 V 服从单期的二项分布，即其当前值为12000万元，下期的可能值有两个，一是等于21600万元，相当于上涨因子 $u=1.8$；一是等于7200万元，相当于下跌因子 $d=0.6$。

当前时刻实物期权的价值记为 E，项目净现金流的现值为 V，孪生股票的价格为 S。显然，V 应当是 E 的一部分，反映出实物期权的内在价值。在一年后，V 可能有两种状态：一是以概率 q 变为 V^+，二是以概率 $1-q$ 变为 V^-。而且 V 和 S 有相同的上涨因子 u 和下跌因子 d。此外，假设无风险利率为 r，期初投资支出为 I。

可以按照构造金融期权二项树定价模型的同样思路，导出实物期权的二项树定价公式

$$E = [pE^+ + (1-p)E^-]/(1+r) \qquad (13\text{-}24)$$

其中

$$p = [(1+r)V - V^-]/(V^+ - V^-) \qquad (13\text{-}25)$$

这样，只要给出实物期权价值在期末的可能取值 E^+ 和 E^-，就可以利用式（13-24）得到其当前的价值 E。E^+ 和 E^- 分别为实物期权在第一期末的价值，它与实物期权的类型有关。

确定完以上相关条件后，来设计实物期权。对于上述投资项目，决策可以延迟一年做出，其他条件都不变。这样，该项目相当于一个以项目净现金流价值为标的资产、项目投资支出为执行价格、到期日为一年的买权。一年后，项目净现金流价值有两种可能状态，即 V^+ 和 V^-；同时，考虑到资金的机会成本，投资支出变为

$$I' = (1+r)I \qquad (13\text{-}26)$$

因此，E^+ 和 E^- 分别为

$$E^+ = \max(0, V^+ - I') \qquad (13\text{-}27)$$

$$E^- = \max(0, V^- - I') \qquad (13\text{-}28)$$

下面，用例子中提供的数据进行具体计算。由上所述，$I=12480$ 万元，$V^+=21600$ 万元，$V^-=7200$ 万元；$r=8\%$，$I'=(1+0.08)\times 12480 = 13478.4$ 万元。于是

$$p = [(1+r)V - V^-]/(V^+ - V^-) = 0.4$$

$$E^+ = \max(0, V^+ - I') = \max(0, 21600 - 13478.4) = 8121.6 \text{（万元）}$$

$$E^- = \max(0, V^- - I') = 0, 7200 - 13478.4) = 0$$

最后，得到该延迟期权当前的价值 E 为

$$E = [pE^+ + (1-p)E^-]/(1+r) = 3008 \text{（万元）}$$

将这一结果与传统的 NPV 分析方法的计算结果进行比较

项目价值=净现值（NPV）+期权价值

如前计算，该项目的 NPV 为-480万元，所以可延期决策权的价值为

期权价值=E-NPV=3488万元

在传统的 NPV 方法中，实物期权价值被传统的 NPV 方法忽略了。也就是说，如果考虑

到项目中包含的可延期决策这一灵活性。项目的价值是 3008 万元,因而是值得采纳的。

当然,这里也许会有这样的疑问。既然已知期末上述延迟实物期权价值的可能取值 E^+ 和 E^-,以及相应的概率 q 和 $1-q$,为什么不可以采取更直接的方法来计算其当前的价值。首先算出该期权期末价值的期望值,然后再将该期望价值贴现到当前时刻,即

$$E = [qE^+ + (1-q)E^-]/(1+k) \qquad (13\text{-}29)$$

这一做法实际上就是传统 NPV 方法的一种变形。按照这种方法来计算,上述延迟期权的价值为 $E=3384$ 万元。

不难看出,这种将实物期权期末价值直接贴现的方法是错误的,问题仍然出在传统 NPV 分析方法的最致命弱点上,即它总是使用同一个风险调整贴现率 k。事实上,在项目增加了可延迟决策这一灵活性以后,其风险也相应发生了变化,原来的风险调整贴现率已经不再适用。

(2)规模变更期权投资决策。假设对于上述投资项目,在第一年末企业可能通过追加 $I'=9600$ 万元的投资,使得项目的现金流价值增加一倍。当然,对于企业来讲,是否追加投资取决于该产品的市场需求状况,即这是一个权利,而并非义务或责任。因此,考虑到追加投资的选择,该项目就可以看成包含一个扩张期权,其标的资产是项目的现金流价值,执行价格是追加投资 I',到期日为一年。

显然,在第一年末,企业执行该扩张期权的条件是项目的现金流价值大于追加投资 I'。因此,届时该项目的价值等于项目本身的净现金流价值加上扩张期权的执行价值,即

$$E^+ = V^+ + \max(0, V^+ - I') = 21600 + \max(0, 21600 - 9600) = 33600 \text{(万元)}$$

$$E^- = V^- + \max(0, V^- - I') = 7200 + \max(0, 7200 - 9600) = 7200 \text{(万元)}$$

这就是说,如果市场看好,企业将追加投资,使项目规模扩大一倍;如果市场看淡,则维持原规模不变。将上述 E^+ 和 E^- 代入定价公式,得到该扩张期 V 当前的价值 E

$$E = [pE^+ + (1-p)E^-]/(1+r) - I = 6844.44 \text{(万元)}$$

因此,考虑到项目的可扩张性,项目的价值达到 6844.44 万元。这就是说,该项灵活性的价值为 6844.44-(-480)=7324.44 万元。

此外,该项目还可以在不同的假设条件分别计算退出期权、规模缩小期权等,这里不再赘述。

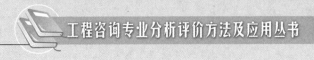

第十四章

财务不确定性及风险分析

在现实社会里，一个拟建项目的所有未来结果几乎都是未知的。因为项目所有的现金流量（销售收入、费用等）以及项目的寿命期限和资金成本等不但受控制变量（如企业的生产管理情况等）的制约，而且还受客观自然状态的影响（如市场需求和产品价格、市场的利率等）。因此，不确定性是所有项目固有的内在特性，只是这种不确定性的程度因项目的不同而有所差异。当偏离比较小时，可近似按确定性项目来处理，并用盈亏平衡分析和敏感性分析来研究项目的不确定性。但当偏离较大时，偶然性作用较大，需要用风险概率分析的方法来进一步进行预测。项目风险分析是通过对风险因素的识别，采用定性分析和定量分析的方法估计个别风险因素对项目的影响程度即发生的可能性，解释影响项目成败的关键风险因素，提出相应的风险对策，为投资决策服务。

第一节　不确定性与风险因素的识别

一、不确定性与项目风险

（一）不确定性与风险的来源

影响项目将来经济效果的不确定因素几乎是不可计数的，但以下四个方面是较为普遍的不确定性或风险的来源：

（1）对分析用的现金流估计不准确。现金流估计的精准度很难判断，不同类别的项目其估计的难度是不同的。由于市场需求量和价格较难把握，制造业项目产出现金流入就有较大的不确定性；而基础设施和公用事业需求的现金流入相对稳定，但在投资现金流出上可能有较大的不可预见的因素影响。

（2）宏观经济状况的变化。几乎所有项目的效果都受宏观经济环境变化的影响，而这种变化周期的规律越来越难以捉摸，特别是资源性、基础性项目对这种变化的敏感性较大。

（3）项目专用设备等实物形态。通用的设备、厂房和设施具有较广泛的适用性，其市场变现的价值也较高；而专用设备和设施就不具有这种柔性，一旦产品销售不畅，就有较大风险。

（4）项目计算期设定的长短。很多项目评价的判据和指标（如净现值和内部收益率）都取决于计算期的长短，而时间越久远，估计值与实际值的偏差就可能越大。因此，给定其他条件相同，投资项目设定的计算期越长，不确定性也越大。

（二）不确定性与风险的关系

在经济活动中，"风险"是一个被人们广泛运用的概念。风险与不确定性既有紧密的联系，又有区别。两者的关系可归纳为以下几个方面。

1. 不确定性是风险的起因

人们对未来事物认识的局限性，可获信息的不完备性以及未来事物本身的不确定性使得未来经济活动的实际结果偏离预期结果，这就形成了经济活动结果的不确定性，从而使经济活动的主体可能得到高于或低于预期的效益，甚至遭受一定的损失，导致经济活动"有风险"。

2. 不确定性与风险相伴而生

正是由于不确定性是风险的起因，不确定性与风险总是相伴而生。如果不是从定义上去刻意区分，往往会将他们混为一谈。即使从定义上刻意区分，实践中这两个名词也常混合使用。

3. 不确定性与风险的区别

不确定性可能体现在多个方面，如发生与否不确定，发生时间不确定，发生状况不确定，发生结果不确定，难以用定量的手段来衡量。而已知发生的可能性，就称为风险，风险可以采用定量分析的手段来衡量。

不确定性的结果可以高于预期，也可能低于预期，而普遍的认识是将结果可能低于预期，甚至遭受损失称为"有风险"。

4. 投资项目的不确定性与风险

在经济活动中，风险是不以人们意志为转移的客观存在，投资项目也不例外。尽管在投资项目的前期工作中已就项目产品市场、采用技术、设备、工程方案、环境保护、配套条件和投融资等方面做了详尽的研究，但由于预测结果的不确定性，项目经营的将来状况会与设想状况发生偏离，项目实施后的实际结果可能与预测的基本方案产生偏差，有可能使实际结果低于预期，项目因而有可能面临潜在的风险。

（三）不确定性分析与风险分析

与"不确定性"和"风险"的关系一样，不确定性分析与风险分析既有联系又有区别。"建设项目经济评价方法与参数"规定的不确定性分析包括敏感性分析、盈亏平衡分析和概率分析。严格地说，前两种分析应归于不确定性分析，概率分析则属于风险分析的范畴。

不确定性分析与风险分析的主要区别在于他们的分析内容、方法和作用不同。不确定性分析是对投资项目受不确定性因素的影响进行分析，并粗略地了解项目的抗风险能力；而风险分析则要采用概率分析的方法对投资项目的风险因素和风险程度进行识别和判断。

不确定性分析与风险分析之间也有一定的联系。众所周知，由敏感性分析可以得知影响项目效益的敏感因素和敏感程度，但不知这种影响发生的可能性，如需得知可能性，就必须借助于概率分析。但是敏感性分析所找出的敏感因素又可以作为概率分析风险因素的确定依据。

二、风险因素的识别

投资项目的风险是指由于一些不确定性因素的存在，导致项目实施后偏离预期结果而造成损失的可能性。项目风险分析是在市场风险、技术风险、资金风险和社会风险等分析的基础上，进一步综合分析识别拟建项目建设和生产运营过程中潜在的风险因素。风险因素的识别是风险分析的第一步，只有首先把项目风险因素全面揭示出来，才能进一步通过风险分析确定风险成败和发生的可能性，进而找出关键风险因素，判别风险程度，提出规避风险的对策，以降低风险损失。

（一）风险的种类

在对风险特征充分认识的基础上，识别项目潜在的风险和引起这些风险的具体风险因素，只有首先把项目主要的风险因素揭示出来，才能进一步通过风险分析确定损失程度和发生的可能性，进而找出关键风险因素，提出风险规避对策。

风险因素识别应注意借鉴历史经验，特别是后评价的经验。同时可运用"逆向思维"方法来审视项目，寻找可能导致项目"不可行"的因素，以充分揭示项目的风险来源。

投资项目可行性研究阶段涉及的风险因素较多，各行业和项目又不尽相同。风险识别要根据行业和项目的特点，采用适当的方法进行。

风险识别要采用分析和分解原则，把综合性的风险问题分解为多层次的风险因素。常用方法主要有系统分解法、流程图法、头脑风暴法和情景分析法等。在系统分解法中，最常用的是树型分析法。具体操作中，大多通过向专家调查的方式完成。投资项目可行性研究阶段常见的风险因素分析如下。

1. 市场风险

市场风险是竞争性项目常遇到的重要风险。它的损失主要表现在项目产品销路不畅，产品价格低迷等以致产量和销售收入达不到预期的目标。细分起来市场方面涉及的风险因素较多，可分层次予以识别。通常市场风险主要来自三个方面：一是市场供求总量的实际情况与预测值有偏差；二是项目产品缺乏市场竞争能力；三是实际价格与预测价格的偏差。这三方面可以作为市场风险因素的第二个层次，根据需要和可能，还可以将其依次展开分解为第三个层次，甚至是第四个层次。

对于市场供求总量的偏差，首先将其分为供方市场和需方市场，然后各自进一步分解为国内和国外。其风险可能来自区域因素、替代品的出现以及经济环境对购买力的影响等。

产品市场竞争力风险因素，又可细分为品种质量、生产成本以及竞争对手因素等。

价格偏差因素可分解为诸多影响国内价格和国际价格的因素，随项目和产品的不同可能有很大的不同。

市场风险因素树型分析法如图 14-1 所示。

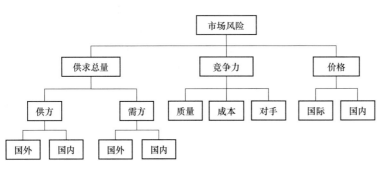

图 14-1　市场风险因素树型分析

2. 供应风险

对于外购原材料和燃料而言，主要是供应量和价格两个方面，特别是对于大宗原材料和燃料，这种影响更显重要。对于大宗原材料和燃料，运输条件的保障程度也可能是风险因素之一。

3. 技术风险

在可行性研究中，虽然对投资项目采用技术的先进性、可靠性和适用性进行了必要的论证分析，选定了认为合适的技术。但是，由于各种主观和客观原因，仍然可能发生预想不到的问题，使投资项目遭受风险损失。可行性研究阶段应考虑的技术方面的风险因素主要有：对技术的适用性和可靠性认识不足，投产运营后达不到生产能力、质量不过关或消耗指标偏高，特别是高新技术开发项目这方面的风险更大。对于引进国外二手设备的项目，设备的性能能否如愿是应认真分析的风险因素。另外，工艺技术与原料的匹配问题也是应考察的风险因素。

4. 资源风险

在可行性研究阶段，虽然对资源条件进行了评价，但由于影响资源供应可靠性的因素复杂，尤其是地下资源的开采，限于技术能力的局限性，对地下情况有可能认识不足，成为项目的风险源。

对于矿山、油气开采等资源开发项目来说，资源因素是个很重要的风险因素。在可行性研究阶段，矿山和油气开采等项目的设计规模，一般是根据国家资源储备管理机构核准的地质储量设计的，对于地质结构比较复杂的地区，加上受勘探的技术、时间和资金的限制，实际储量可能有较大的出入，致使矿山和油气开采等项目产量降低、开采成本过高或者寿命缩短，造成巨大的经济损失。

在水资源短缺地区建设项目，或者项目本身耗水量大，水资源风险因素应予重视。水资源风险因素细分起来可能有水资源勘察不明、气候不正常等因素的影响。对于农业灌溉项目还可能有水资源分配问题。

5. 工程地质风险

对于矿山、铁路、港口、水库以及部分加工业项目，工程地质情况十分重要。但限于技术水平有可能勘探不清，致使在项目的生产运营甚至施工中就出现问题，造成经济损失。因此在地质情况复杂的地区，应慎重对待工程地质风险因素。

6. 投资风险

投资项目的经济效益与投资大小密切相关。因此，投资方面的风险因素对项目至关重要。这方面的风险因素可以细分为由于工程量预计不足或设备材料价格上升导致投资估算不敷需要；由于计划不周或外部条件等因素导致建设工期拖延；外汇汇率不利变化导致投资增加等。这其中有人为因素也有客观因素，应予仔细识别。

7. 融资风险

投资项目的经济效益与项目的融资成本有关，凡影响融资成本的因素都应仔细识别。例如贷款利率升高或融资结构未能如愿等。资金来源的可靠性、充足性和及时性是否如愿，也是应予考虑的因素。

8. 配套条件风险

投资项目需要的外部配套设施，如供水排水，供电供气，公路铁路，港口码头以及上下游配套等，在可行性研究中虽都做了考虑，但实际上仍然可能存在外部配套设施没有如期落实的问题，致使投资项目不能发挥应有效益，从而带来风险。

9. 外部环境风险

对于某些项目，外部环境因素也是风险因素之一，包括自然环境、经济环境和社会环境因素的影响，个别项目还涉及政策因素和政治因素。

10. 其他风险因素

对于某些项目，还要考虑其特有的风险因素。例如，对于中外合资项目，要考虑合资对象的法人资格和资信问题，还有合作的协调性问题；对于农业投资项目，还要考虑因气候、土壤、水利等条件的变化对收成不利影响的风险因素等。

上面只是列举出投资项目可能存在的一些风险因素，但并非能涵盖所有投资项目的全部风险因素，也并非每个投资项目都同时存在这么多风险因素，而可能只是其中的几种，要根据项目具体情况予以识别。

（二）风险因素识别的原则和方法

1. 原则

（1）具有不确定性和可能造成损失是风险因素的基本特征，要从这个基本特征入手去识别风险因素；

（2）投资项目的不同阶段存在不同的风险因素，可行性研究阶段的风险分析应针对决策前研究涉及的风险因素进行；

（3）风险因素依行业和项目不同具有特殊性，因此风险因素的识别要注意针对性，强调具体项目具体分析；

（4）为了将风险因素识别清楚，必须层层剖析，尽可能深入到风险因素的最基本单元，以明确风险的根本来源；

（5）风险因素识别应注意借鉴历史经验，特别是后评价的经验。同时可运用"逆向思维"方法来审视项目，寻找可能导致项目"不可行"的因素，以充分揭示项目的风险来源。

2. 风险识别的方法

（1）专家调查法。这是识别风险的主要方法，是以专家为索取信息的主要对象，各领域的专家运用本专业的理论方法和丰富的实践经验，找出各种潜在的风险因素并对其后果做出分析与估算。

（2）故障树分析法（FTA 法）。是利用图解的形式，将大的故障分解成各种小故障，或对各种引起故障的原因进行分析。故障树经常用于直接经验较少的风险辨识。

（3）情景分析法。是一种能够分析引起关键因素及其影响程度的方法。可以采用图表或曲线等形式来描述当影响项目的某种因素出现各种变化时，整个项目情况的变化及其后果。

（4）筛选-监测-诊断的分析方法。筛选是依据某种程序将具有潜在危险的影响因素进行分类，选择的风险辨识过程；监测是对应于某种险情及其后果进行监测、记录和分析显示过程；诊断是根据症状或其后果与可能的起因等关系进行评价和诊断，找出可疑的起因并进行仔细检查。

第二节　财务不确定性及风险分析方法

一、不确定性分析方法

（一）盈亏平衡分析

1. 盈亏平衡分析的内容与作用

盈亏平衡分析是在一定的生产能力条件下，研究分析项目成本费用与收益平衡关系的一种方法。随着某些因素的变化，企业的盈利与亏损会存在转折点，这个转折点称为盈亏平衡点（BEP）。在这一点上，销售收入等于总成本费用，刚好盈亏平衡。盈亏平衡分析就是要找出盈亏平衡点，考察企业（或项目）对市场的适应能力和抗风险能力。

盈亏平衡点的表达形式有多种，可以用产量、产品售价、单位可变成本和年总固定成本等绝对量表示，也可以用某些相对值表示。项目评价中最常用的是以产量和生产能力利用率表示的盈亏平衡点。盈亏平衡点越低，表明企业适应市场变化的能力越大，抗风险能力越强。由于销售收入与销售量、销售成本与销售量之间存在着线性和非线性两种可能的关系，因此盈亏平衡分析分为线性盈亏平衡分析和非线性盈亏平衡分析。

2. 线性盈亏平衡分析

（1）线性盈亏平衡分析的前提条件。

1）产量等于销售量，即当年生产的产品当年销售出去；

2）产量变化，单位可变成本不变，从而总成本费用是产量的线性函数；

3）产量变化，产品售价不变，从而销售收入是销售量的线性函数；

4）只生产单一产品，或者生产多种产品，但可以换算为单一产品计算，即不同产品负荷率的变化是一致的。

（2）盈亏平衡点的计算。盈亏平衡点可以采用公式计算法求取，也可以采用图解法求取。

1）公式计算法。盈亏平衡点计算公式为

$$BEP(生产能力利用率) = \frac{年总固定成本}{年销售收入 - 年总可变成本 - 年销售税金与附加} \times 100\% \quad (14\text{-}1)$$

$$BEP(产量) = \frac{年总固定成本}{单位产品价格 - 单位产品可变成本 - 单位产品销售税金与附加}$$
$$= BEP(生产能力利用率) \times 设计生产能力 \quad (14\text{-}2)$$

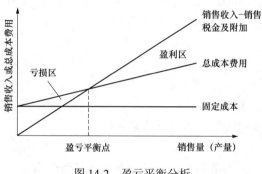

图 14-2 盈亏平衡分析

2）图解法。盈亏平衡点可以采用图解法求得，见图 14-2。

图 14-2 中销售收入线（如果销售收入和成本费用都是按含税价格计算的，还应减去增值税）与总成本费用线的交点即为盈亏平衡点，这一点所对应的产量即为 BEP（产量），也可换算为 BEP（生产能力利用率）。

3. 非线性盈亏平衡分析

在实际的项目管理活动中，经常会受到诸如政策变化、使用需求等环境变化的影响，从而使得销售收入、销售成本与销售量不呈线性关系。因此，在项目管理活动中需要利用非线性盈亏平衡分析来确定盈亏平衡点。非线性盈亏平衡分析一般使用公式计算法进行分析计算。

假设非线性销售收入函数与销售成本函数是关于年销量 x 的一元二次函数，表示为

$$F(x) = ax + bx^2$$
$$C(x) = C_F + cx + dx^2 \quad (14\text{-}3)$$

式中 a、b、c、d——常数。

根据盈亏平衡原理，在盈亏平衡点有 $F(x) = C(x)$，可以得出

$$E(x) = (b-d)x^2 + (a-c)x^2 - C_F = 0 \quad (14\text{-}4)$$

解此一元二次方程，得到两个解 x_1 和 x_2，即项目的两个盈亏平衡点。

另外，通过对 $E(x)$ 求导，可求得项目的最大盈利点，即

$$E'(x) = 2(b-d)x + (a-c) = 0 \quad (14\text{-}5)$$

式中 x——项目的利润达极值时的产量。但是有时盈利区和亏损区不易区分，所以求出的产量是否对应着利润最大还无法判别，必须通过二次微分加以判定。若

$$E''(x) = 2(b-d) < 0 \qquad\qquad (14\text{-}6)$$

则求得的产量就是利润最大时的产量，反之为亏损最大时的产量。

4. 盈亏平衡分析的要点

（1）盈亏平衡点应按项目达产年份的数据计算，不能按计算期内的平均值计算。由于盈亏平衡点表示的是在相对于设计能力下，达到多少产量或负荷率多少才能达到盈亏平衡，故必须按项目达产年份的销售收入和成本费用数据计算，如按计算期内的平均数据计算，就失去了意义。

（2）当各年数值不同时，最好按还款期间和还完借款以后的年份分别计算。即便在达产后的年份，由于固定成本中的利息各年不同，折旧费和摊销费也不是每年都相同，所以成本费用数值可能因年而异，具体按哪一年的数值计算盈亏平衡点，可以根据项目情况进行选择。一般而言，最好选择还款期间的第一个达产年和还完借款以后的年份分别计算，以便分别给出最高和最低的盈亏平衡点区间范围。

（二）敏感性分析

1. 敏感性分析的作用

敏感性分析是经济决策中常用的一种不确定分析方法，其目的是了解各种不确定性因素，为项目的正确决策提供依据。具体而言，其作用主要体现在以下几个方面：

（1）求解项目的风险水平；

（2）找出影响项目效果的主导因素；

（3）揭示敏感性因素可承受的变动幅度；

（4）比较分析各备选方案的风险水平，实现方案选优；

（5）预测项目变化的临界条件或临界数值，确定控制措施或寻求可替代方案。

2. 敏感性分析的内容、方法与步骤

敏感性分析的做法通常是改变一种或多种不确定因素的数值，计算其对项目效益指标的影响，通过计算敏感度系数和临界值，估计项目效益指标对它们的敏感程度，进而确定关键的敏感因素。通常将敏感性分析的结果汇总于敏感性分析表，也可通过绘制敏感性分析图显示各种因素的敏感程度并求得临界值。

敏感性分析包括单因素敏感性分析和多因素敏感性分析。单因素敏感性分析是指每次只改变一个因素的数值来进行分析，估算单个因素的变化对项目效益产生的影响；多因素分析则是同时改变两个或两个以上因素进行分析，估算多因素同时发生变化的影响。

敏感性分析一般只考虑不确定因素的不利变化对项目效益的影响。为了绘图的需要，也可考虑不确定因素的有利变化对项目效益的影响。

进行敏感性分析首先要选定待分析的不确定因素并确定其偏离基本情况的程度，在此情况下选定一种或多种项目效益指标并重新进行计算，然后计算敏感度系数和临界值或者绘制敏感性分析图求得临界值，并汇总敏感性分析的结果，最后对敏感性分析的结果进行分析并提出减轻不确定因素影响的措施。

（1）不确定因素的选取。所谓不确定因素是指那些在可行性研究和财务评价过程中涉及的对项目效益有一定影响的基本因素。敏感性分析不可能也不需要对项目涉及的全部因素都进行分析，而只是对那些可能对项目效益影响较大的重要的不确定因素进行分析。不确定因素的选取通常结合行业和项目特点根据经验判断，包括项目后评价的经验。

敏感性分析应考虑的因素主要包括建设投资、产出物价格、主要投入物价格、可变成本、生产负荷、建设期以及人民币汇率，根据项目的具体情况也可选择其他因素。

（2）不确定因素变化程度的确定。一般是选择不确定因素的百分数变化，习惯上选取10%；对于那些不便用百分数表示的因素，例如建设期，可采用延长一段时间表示，通常采用延长一年。

百分数的取值并不重要，因为敏感性分析的目的并不在于考察项目效益在某个具体的百分数变化下发生变化的具体数值，而只是借助它进一步计算敏感性分析指标，即敏感度系数和临界值。

（3）项目效益指标的选取。投资项目财务评价有一整套指标体系，敏感性分析可选定其中一个或几个主要指标进行。最基本的分析指标是内部收益率，根据项目的实际情况也可选择净现值或其他评价指标，必要时可同时针对两个或两个以上的指标进行敏感性分析。通常财务评价敏感性分析中必选的分析指标是项目财务内部收益率。

（4）敏感性分析的计算指标。

1）敏感度系数。敏感度系数是项目效益指标变化的百分率与不确定因素变化的百分率之比。敏感度系数高，表示项目效益对该不确定因素敏感程度高。计算公式如下

$$\text{某不确定因素敏感度系数} = \frac{\text{评价指标相对基本方案的变化率}}{\text{该不确定因素变化率}} \quad (14\text{-}7)$$

2）临界值。临界值是指不确定因素的极限变化，即该不确定因素使项目内部收益率等于基准收益率或净现值变为零时的变化百分率，当该不确定因素为费用科目时，即为其增加的百分率；当其为效益科目时为降低的百分率。临界点也可用该百分率对应的具体数值表示。当不确定因素的变化超过了临界值所表示的不确定因素的极限变化时，项目将由可行变为不可行。

临界值的高低与设定的基准收益率有关，对于同一个投资项目，随着设定基准收益率的提高，临界值就会变低（即临界值表示的不确定因素的极限变化变小）；而在一定的基准收益率下，临界值越低，说明该因素对项目效益指标影响越大，项目对该因素就越敏感。

可以通过敏感性分析图求得临界值的近似值，但由于项目效益指标的变化与不确定因素变化之间不是直线关系，有时误差较大，因此最好采用专用函数求解临界值。

（5）敏感性分析结果在项目决策分析与评价中的应用。应编制敏感性分析表将敏感性分析的结果进行汇总，也可绘制敏感性分析图。敏感性分析表应同时给出基本方案的指标数值、所考虑的不确定因素及其变化、在这些不确定因素变化的情况下项目效益指标的计算数值以及各不确定因素的敏感度系数和临界值。当针对某种不确定因素的敏感性指标不能被计算时，应采用文字描述的形式说明该不确定因素的影响。敏感性分析表的格式见表14-1。

表 14-1　　　　　　　　　　敏 感 性 分 析 表

序号	不确定因素	不确定因素变化率（%）	财务内部收益率	敏感度系数	临界值
	基本方案	0			
1	建设投资变化	+10			
		-10			
2	销售价格变化	+10			
		-10			

续表

序号	不确定因素	不确定因素变化率（%）	财务内部收益率	敏感度系数	临界值
3	原材料价格变化	+10			
		−10			
4	汇率变化	+10			
		−10			
5	负荷变化	+10			
		−10			

注　1. 表中的建设投资不含建设期利息。

　　2. 计算临界值的基准收益率应根据企业投资具体情况选定。

　　3. 表中临界值系采用专用函数计算。

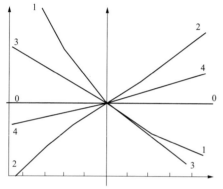

图 14-3　敏感性分析（以内部收益率作为评价指标）

0—基本方案；1—建设投资；2—市场价格；

3—原材料成本；4—生产负荷

敏感性分析一般可以采用图 14-3 表示。

1）单因素敏感性分析。单因素敏感性分析是每次只变动某一不确定性因素而假定其他因素均不发生变化，分别计算其对不确定性分析指标的影响。

下面以一个具体案例来介绍单因素敏感性分析方法的应用。某投资方案预计总投资为 1000 万元，年产量为 10 万台，产品价格为 30 元/台，年经营成本为 100 万元，寿命期为 10 年，届时设备残值为 60 万元，基准折现率为 8%，试就投资额、产品价格及方案寿命期进行敏感性分析。

以净现值作为财务评价指标，基准方案的净现值为

$$NPV_0 = -1000 + (10 \times 30 - 100)(P/A,8\%,10) + 60(P/F,8\%,10)$$
$$= 369.81（万元）$$

以净现值为指标分别就投资额、产品价格和寿命期三个不确定性因素作敏感性分析。

设投资额变化率为 x，分析投资额变化对方案净现值影响的计算公式为

$$NPV = -1000(1+x) + (10 \times 30 - 100)(P/A,8\%,10) + 60(P/F,8\%,10)$$

设产品价格变化率为 y，分析产品价格变化对方案净现值影响的计算公式为

$$NPV = -1000 + [10 \times 30(1+y) - 100](P/A,8\%,10) + 60(P/F,8\%,10)$$

设寿命期变化率为 z，分析寿命期变化对方案净现值影响的计算公式为

$$NPV = -1000 + (10 \times 30 - 100)[P/A,8\%,10(1+z)] + 60[P/F,8\%,10(1+z)]$$

对投资额、产品价格及寿命期逐一按在基准基础上变化 10%、15%、20%取值，所对应的方案净现值的变化结果如表 14-2 和图 14-4 所示。可以看出，在同样的变化率下，产品价格的变化对方案的净现值影响最大，其次是投资额的变化，寿命期的变化对方案的净现值影响最小。

表 14-2　　　　　　　　　　　　　　单因素的敏感性计算

变动率 敏感性因素	−20%	−15%	−10%	0	10%	15%	20%
投资额	569.81	519.81	469.81	369.81	269.81	219.81	169.81
产品价格	−32.80	67.85	168.51	369.81	571.11	671.76	772.41
寿命期	181.74	231.51	279.39	369.81	453.53	493.03	531.04

如果以 $NPV=0$ 作为方案是否可以接受的临界条件，通过计算临界值可以看出，当实际投资额超出预计投资额的 37.0%时，或者当产品价格下降到比预计价格低 18.4%时，或者方案寿命期比预计寿命期短 36.8%时，方案就变得不可接受。

根据上面的分析可知，对于本方案来说，产品价格是敏感性因素，应对未来产品价格进行更准确的测算。如果未来产品价格变化的可能性较大，则意味着这一方案的风险亦较大。

2）多因素敏感性分析。进行多因素敏感性分析的假定条件是：同时变动的因素互相独立。

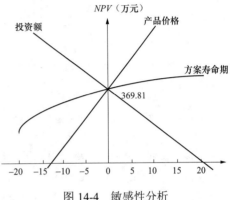

图 14-4　敏感性分析

一次改变一个因素的敏感性分析可以一次得到一条曲线——敏感性曲线，但当分析两个因素同时变化时的敏感性则可以得到敏感面。

下面以一个具体案例来介绍多因素敏感性分析方法的应用。某项目其固定资产投资为 170000 元，年销售收入（S）为 35000 元，年经营费用（C）为 3000 元，项目寿命期为 10 年，固定资产残值（S_V）为 20000 元。基准收益率（i_c）为 13%。试就最关键的两个因素，初始投资和年销售收入，对该项目的净现值进行双因素的敏感性分析。

设 X 表示初始投资变化的百分数，Y 表示同时改变的年销售收入的百分数，则

$$NPV(13\%) = -170000(1+X) + 35000(1+Y)(P/A,13\%,10) - 3000(P/A,13\%,10)$$
$$+ 20000(P/F,13\%,10)$$

如果 $NPV（13\%）≥0$，则该投资方案可盈利在 13%以上。

$NPV（13\%）≥0$，即 $9531.6 - 170000X + 189918.5Y ≥ 0$

化简得

$$Y ≥ -0.0502 + 0.8951X$$

把不等式绘于初始投资变化百分数 X 和年销售收入变化百分数 Y 的平面图上，则可以得到如图 14-5 所示的两个区域。斜线以上的区域，$NPV（13\%）>0$，斜线以下的区域，$NPV（13\%）<0$，显示了两因素允许同时变化的幅度。

从图 14-5 可以看出，项目对投资的增加相当敏感。投资增加和年销售收入减少时，项目 $NPV（13\%）≥0$ 的区域如图 14-5 中描黑的区域，即对应的区域是极狭窄的。

如果把同时发生变化的因素扩大到三个，则需列出三维的敏感性分析的数学表达式。但也可以采用降维的方法来简单地表示。

在对上述案例进行单因素敏感性分析后已知，敏感因素的排列顺序是年销售收入、初始

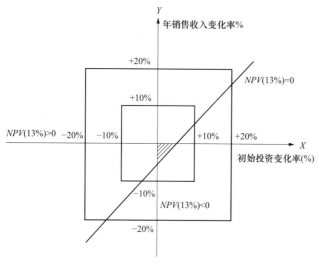

图 14-5　双因素敏感性分析

投资、年经营费用支出。试就年销售收入，初始投资和年经营费用三因素同时改变时对项目净现值的影响进行敏感性分析。

设 Z 表示年经营费用变化的百分数，从一般式

$$NPV(13\%) = -170000(1+X) + 35000(1+Y)(P/A,13\%,10) - 3000(1+Z)(P/A,13\%,10) + 20000(P/F,13\%,10)$$

出发，按上述案例中对双因素变化时的分析，可以得到：

当 $Z = 0.5$ 时， $Y \geqslant 0.8951X - 0.0073$

当 $Z = 1$ 时， $Y \geqslant 0.8951X + 0.0355$
当 $Z = -0.5$ 时， $Y \geqslant 0.8951X - 0.0930$
当 $Z = -1$ 时， $Y \geqslant 0.8951X - 0.1359$

图 14-6 表示了上述计算的结果。

由图 14-6 可知，对应不同经营费用以上的区域，NPV（13%）>0，以下的区域 NPV（13%）<0，显示了当经营费用以某个幅度变化时，其他两因素允许变动的幅度。

总之，通过敏感性分析，可以找出影响项目财务效益的关键因素，使项目评价人员将注意力集中于这些关键因素，必要时可对某些最敏感的关键因素重新预测和估算，并在此基础上重新进行经济评价，以减少投资的风险。

3. 敏感性分析应注重的问题

（1）哪些因素是最敏感的因素。可通过直观检测得知或观察其敏感度系数和临界值，敏感度系数高者或临界值低者为敏感因素。

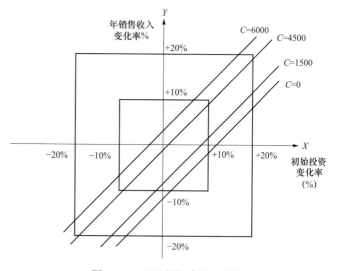

图 14-6　三因素敏感性分析图

（2）临界值所表示的不确定因素变化发生的可能性（定性分析）如何。结合经验进行判断，说明所考察的某种不确定因素有否可能发生临界值所表示的变化。

（3）提出敏感性分析的结论及建议。最后要对敏感性分析的结论进行归纳，指出最为敏感的一个或几个关键因素，粗略预测项目可能承担的风险，并为下一步的风险概率分析打下基础。对于不系统进行风险分析的项目，应根据敏感性分析结果提出相应的减轻不确定因素影响的措施，提请项目单位、投资者和有关各方在决策和实施中注意，以尽可能降低风险，

实现预期效益。

这些措施可分层次施行。一般可分为国家或地方政府、行业管理部门和项目（含投资者）三个层次。这些措施随项目的不同可能有很大的不同，举例如下：

项目一级可采取的措施：

1）加强项目前期工作、设计、采购和施工各环节的管理，尽可能降低投资；

2）与大宗原料的供应商签订长期合同，以保证质量和价格；

3）采取措施开拓市场，提高竞争能力。

部门一级可采取的措施：

1）根据产业政策提出某种形式的支持意见，甚至由此调整有关政策；

2）采取措施协调大宗原料的供应，使项目不成无米之炊。

国家和地方政府一级可采取的措施：

1）调整产业政策，支持该类项目；

2）减免税收，增加项目的生命力；

3）向项目提供投资，形成国家资本金。

4. 敏感性分析的不足

敏感性分析虽然可以找出项目效益对之敏感的不确定因素，并估计其对项目效益的影响程度，但却并不能得知这些影响发生的可能性有多大，这是敏感性分析最大的不足之处。

对于项目风险估计而言，仅回答有无风险和风险大小的问题是远远不够的。因为项目投资是一个持久的过程，一旦实施很难改变。为避免实施后遭受失败，必须在决策前做好各方面的分析。决策者必须对项目可能面临的风险有足够的估计，对风险发生的可能性心中有数，以便及时采取必要的措施规避风险。只有回答了风险发生的可能性大小问题，决策者才能获得全面的信息，最终做出正确的决策。而要回答这个问题，必须进行风险分析。

二、风险分析的一般方法

投资项目风险分析通常包括定性分析和定量分析，定量的风险分析亦称概率分析。项目评价中的概率分析是指通过对项目评价所采用的具有不确定性的经济变量，如产品或服务的销售量、销售价格、产品或服务成本、投资、建设工期等的调查，确定这些变量可能发生的状态及各种状态可能发生的概率或概率分布，项目评价指标 *IRR*、*NPV* 等的概率分布，进而确定项目偏离预期目标的程度和可能发生偏离的概率。通过概率分析，可以定量地确定项目从财务上可行转变为不可行的潜在可能性，从而判定项目的风险，为项目投资决策提供依据。

风险分析可采用的方法很多，可行性研究阶段根据项目具体情况和要求选用以下方法。

（一）专家评估法

专家评估法是以发函、开会或其他形式向专家调查，对项目风险因素及其风险程度进行评定，将多位专家的经验集中起来形成分析结论。为减少主观性和偶然性，专家人数一般不少于 10 位。具体操作上可请每位专家凭借经验独立对各类风险因素的风险程度做出判断，最后将每位专家的意见归集起来。

在运用这种方法时，可以根据专家经验，对所评价项目的了解程度、知识领域等，对专家评分的权威性确定一个适宜的权重。最后的风险度值为每位专家评定的风险总分乘以各自的权威性的权重值，所得积合计后再除以全部专家权威性的权重值的和。

将风险程度按灾难性风险、严重风险、较大风险、一般风险分类，并编制项目风险因素和风险程度分析表，如表 14-3 所示。

表 14-3　　　　　　　　　　　　　　　　风险因素和风险程度分析表

序号	风险因素名称	风险程度				说明
		灾难性	严重	较大	一般	
1	市场风险					
1.1	市场需求量					
1.2	竞争能力					
1.3	价格					
2	资源风险					
2.1	资源储量					
2.2	品位					
2.3	采选方式					
2.4	开拓工程量					
3	技术风险					
3.1	先进性					
3.2	适用性					
3.3	可靠性					
3.4	可得性					
4	工程风险					
4.1	工程地质					
4.2	水文地质					
4.3	工程量					
5	资金风险					
5.1	汇率					
5.2	利率					
5.3	资金来源中断					
5.4	资金供应不足					
6	外部协作条件风险					
6.1	交通运输					
6.2	供水					
6.3	供电					
7	社会风险					
8	其他风险					
8.1	政治条件变化					
8.2	经济条件变化					
8.3	政策变化					
8.4	…					

（二）风险因素取值评定法

风险因素取值评定法是估计风险因素的最乐观值、最悲观值和最可能值，计算期望值，将期望值的平均值与可行性研究中所采用的数值（简称可研采用值）相比较，求得两者的偏差值和偏差程度，据以判别风险程度。偏差值和偏差程度越大，风险程度越高。具体方法如表14-4所示。

表 14-4   风险因素取值评定表

专家号	最乐观值 A	最悲观值 B	最可能值 C	期望值 D D=〔(A)+4(C)+(B)〕/6
1				
2				
3				
…				
N				
期望平均值				
偏差值				
偏差程度				

注 1. 表中期望平均值=$\sum_{i=1}^{n}(D_i)/n$ （式中：i 为专家号；n 为专家人数）。

2. 表中偏差值=期望平均值−可研采用值；

3. 表中偏差程度=偏差值/可研采用值。

简单估计法只能就单个风险因素判别风险程度。欲知风险因素导致项目损失的概率和对项目效益的影响程度，必须进行概率分析。

三、风险概率分析方法

概率分析是运用概率论和数理统计原理，对风险因素的概率分布进行定量计算的分析方法。在项目财务分析中，风险分析是研究分析产品（服务）的销售量、销售价格、产品成本、投资、建设工期等风险变量可能出现的各种状态及概率分布，计算项目评价指标内部收益率 IRR、净现值 NPV 等的概率分布，以确定项目偏离预期指标的程度和发生偏离的概率，判定项目的风险程度，从而为项目投资决策提供依据。

概率分析的一般做法是，首先预测风险因素发生各种变化的概率，将风险因素作为自变量，预测其取值范围和概率分布，再将选定的评价指标作为因变量，测算评价指标的相应取值范围和概率分布，计算评价指标的数学期望值和项目成功或失败的概率。

概率分析的一般步骤为：

（1）选定一个或若干个评价指标，通常是将内部收益率、净现值等作为评价指标。

（2）选定需要进行概率分析的风险因素，通常有产品价格、销售量、主要原材料价格、投资额以及外汇汇率等。针对项目的不同情况，通过敏感性分析，选择最为敏感的因素作为概率分析的风险因素。

（3）预测风险因素变化的取值范围及概率分布。单因素概率分析，设定一个因素变化，其他因素均不变化，即只有一个自变量；多因素概率分析，设定多个因素同时变化，对多个自变量进行概率分析。

（4）根据测定的风险因素取值和概率分布，计算评价指标的相应取值和概率分布。

（5）计算评价指标的期望值和项目可接受的概率。

（6）分析计算结果，判断其可接受性，研究减轻和控制不利影响的措施。

（一）风险概率分布

风险因素概率分布的测定是概率分析的关键，也是概率分析的基础。例如，若将产品售价作为概率分析的风险因素，需要测定产品售价的可能区间和在可能区间内各价位发生的概率。

风险概率可分为主观概率和客观概率。主观概率是根据人们的经验凭主观推断获得的概率，可通过对有经验的专家调查获得或由评价人员的经验获得；客观概率是在基本条件不变的前提下，对类似事件进行多次观察和试验，统计每次观察和实验的结果和各种结果发生的概率。

1. 概率分布的类型

确定变量概率分布的步骤为：

（1）在项目适用的范围内，确定项目可能出现的状态，如果分析的变量是产品市场需求量（项目的销售量），则可能出现的状态有低销售量、中等销售量、高销售量或进一步细分为很低、低、中等、高、很高或销售量在某一数量范围内。

（2）确定可能发生的各种状态的概率或在一个状态区间内发生的概率。

项目评价中输入变量通常适用的概率分布可分为离散型概率分布和连续型概率分布。离散性概率分布是指当输入变量可能值是有限个数，称这种随机变量为离散型随机变量。前面所述产品市场需求可能出现低销售量、中等销售量、高销售量三种状态，即认为销售量是离散型随机变量。各种状态的概率取值之和等于 1，它适用于变量取值个数不多的输入变量。连续型概率分布是指当输入变量的取值充满一个区间，无法按一定次序一一列举出来时，这种随机变量称连续随机变量。例如前面所述市场需求量在某一数量范围内，无法按一定次序一一列举，列出区间内 a、b 两个数，则总还有无限多个数 x，$b>x>a$，这时的产品销售量就是一个连续型随机变量，它的概率分布用概率密度和分布函数表示。

2. 常用的连续概率分布类型

（1）正态分布。其特点是密度函数以均值为中心对称分布，如图 14-7，这是一种最常用的概率分布，其均值为 $\bar{x}$，方差为 σ，用 $N(\bar{x}, \sigma)$ 表示，当 $\bar{x}=0$，$\sigma=1$ 时称这种分布为标准正态分布，用 $N(0, 1)$ 表示，适用于描述一般经济变量的概率分布，如销售量、售价、产品成本等。

（2）三角形分布。其特点是密度数是由最悲观值、最大可能值和最乐观值构成的对称的或不对称的三角形（见图 14-8）。适用描述工期、投资等不对称分布的输入变量，也可用于描述产量、成本等对称分布的输入变量。

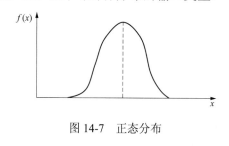

图 14-7 正态分布

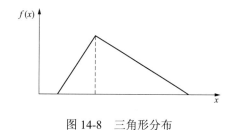

图 14-8 三角形分布

（3）β 分布。其特点是密度函数为在最大值两边不对称分布（见图 14-9），适用于描述工期等不对称分布的输入变量。

（4）阶梯分布。在不同的数值范围内，变量具有不同的概率，但在变量的变化界限内，变量为连续分布，如图 14-10 所示。

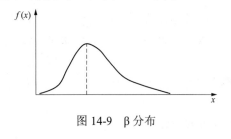

图 14-9　β 分布

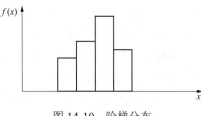

图 14-10　阶梯分布

（5）梯形分布。梯形分布是三角形分布的特例，在确定变量的乐观值和悲观值后，对最可能值却难以判定，只能确定一个最可能值的范围，这时可用梯形分布，如图 14-11 所示。

（6）描述每一区间分布的概率时，可用直线分布描述，如图 14-12 所示。

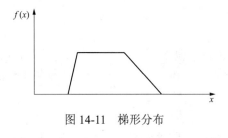

图 14-11　梯形分布

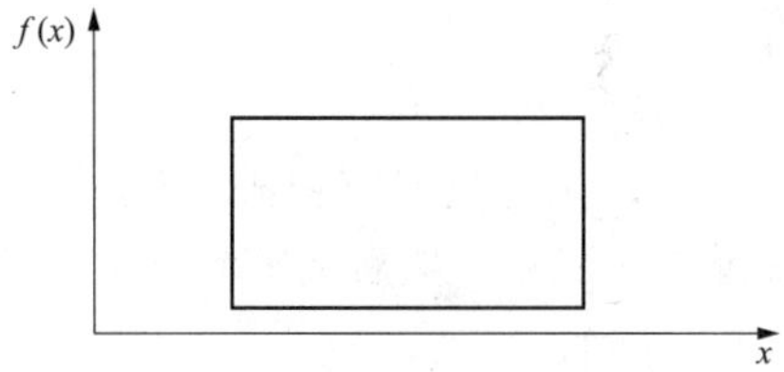

图 14-12　直线分布

（二）变量概率的确定方法

1. 理论分析法

由于项目评价中效益指标与输入变量（或风险因素）间的数量关系比较复杂，概率分析的理论计算法一般只适用于服从离散分布的输入与输出变量。

（1）假定输入变量之间是相互独立的，可以通过对每个输入变量各种状态取值的不同组合计算项目的内部收益率或净现值等指标。根据每个输入变量状态的组合计算得到的内部收益率或净现值的概率为每个输入变量所处状态的联合概率，即各输入变量所处状态发生概率的乘积。

若输入变量有 A，B，C，$\cdots$，N，则每个输入变量有状态

$$A_1, A_2, \cdots, A_{n_1}$$
$$B_1, B_2, \cdots, B_{n_2}$$
$$\vdots$$
$$N_1, N_2, \cdots, N_{n_n}$$

各种状态发生的概率

$$\sum_{i=1}^{n_1} P\{A_i\} = P\{A_1\} + P\{A_2\} + \cdots + P\{A_{n_1}\} = 1$$

$$\sum_{i=1}^{n_2} P\{B_i\} = 1$$

$$\vdots$$

$$\sum_{i=1}^{n_N} P\{N_i\} = 1$$

则各种状态组合的联合概率为 $P\{A_1\}P\{B_1\}\cdots P\{N_1\}$，$P\{A_2\}P\{B_2\}\cdots P\{N_2\}$，…，$P\{A_{n_1}\}$ $P\{B_{n_1}\}\cdots P\{N_{n_n}\}$，共有这种状态组合和相应的联合概率 $n_1\times n_2\times\cdots\times n_n$ 个。

（2）评价指标（净现值或内部收益率）由小到大进行顺序排列，列出相应的联合概率和从小到大的累计概率，并绘制评价指标为横轴，累计概率为纵轴的累计概率曲线。计算评价指标的期望值、方差、标准差和风险系数（$\sigma/\overline{x}$）。

（3）根据评价指标 $NPV=0$，$IRR=i_c$，由累计概率（或累计概率图）计算 $P\{NPV(i_c)<0\}$ 或 $P\{IRR<i_c\}$ 的累计概率，同时也可获得

$$P\{NPV(i_c)\geqslant 0\}=1-P\{NPV(i_c)<0\}$$
$$P\{IRR\geqslant i_c\}=1-P\{IRR<i_c\}$$

当输入变量数和每个变量可取的状态数（>3 个）较多时，这时状态组合数过多，一般不适于使用理论分析方法。若各输入变量之间不是独立，而存在相互关联时，也不适于使用这种方法。

2. 特尔菲法

特尔菲法是通过专家组独立填写变量可能的状态和概率分布，统计专家意见和意见分歧，并反馈给专家，然后专家独立填写意见，如此重复几轮进行，直至专家意见集中到满足要求为止的一种分析方法。

3. 历史数据推定法

调查收集历史数据或类似项目数据，进行统计分析，归纳出变量可能出现的状态及概率分布。

（三）概率树分析

1. 概率树分析方法

概率树分析是在构造概率树的基础上，计算项目净现值的期望值和净现值大于等于零的概率。

首先要构造概率树，理论上概率树分析适用于所有状态有限的离散变量，根据每个输入变量状态的组合计算项目评价指标。

若输入变量有 A，B，C，…，N，每个输入变量有状态 $A_1,A_2,\cdots,A_{m_1}$；$B_1,B_2,\cdots,B_{m_2}$；$N_1,N_2,\cdots,N_{m_m}$ 个，各种状态发生的概率为 $P(A_i),P(B_i),P(C_i),\cdots,P(N_i)$。则

$$\sum_{i=1}^{m_1}P\{A_i\}=P\{A_1\}+P\{A_2\}+\cdots+P\{A_{n_1}\}=1$$
$$\sum_{i=1}^{m_2}P\{B_i\}=1$$
$$\sum_{i=1}^{m_m}P\{N_i\}=1$$

共有状态组合 $m_1\times m_2\times m_3\times\cdots\times m_n$ 个，相应的各种状态组合的联合概率为 $P\{A_i\}P\{B_i\}\cdots P\{N_i\}$。

将所有风险变量的各种状态组合起来，分别计算每种组合状态下的评价指标及相应的概率，得到评价指标的概率分布，并统计出评价指标低于或高于基准值的累计概率，绘制以评价指标为横轴，累计概率为纵轴的累计概率曲线。计算评价指标的期望值、方差、标准差和

离散系数（$\sigma\sqrt{x}$）。

由于计算量随输入变量或状态的增加呈几何级增长，在实际中一般限制输入变量数不超过三个，每个变量状态数不超过三个，这样组合状态限制在 27 个内，以减少计算量。

2．概率树分析方法的应用

这里以一个具体案例来介绍概率树分析方法的应用。某一简单的更新改造小项目，初始投资为 1000 万元，第 1 和第 2 年末的净现金流量和发生的概率如图 14-13 所示，基准贴现率为 12%。求净现值的概率分布和特征值。

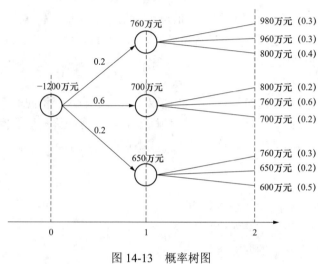

图 14-13　概率树图

净现值 PW 共有 9 种组合的可能，列表计算给出各种可能的数值及发生的概率，如表 14-5 所示。

表 14-5　　　　　　　　　　　现金流量及其概率统计特征　　　　　　　　　　　单位：万元

组合序号	净现金流			净现值 PW	概率	E[PW]	$(PW)^2$	$E[(PW)^2]$
	0	1	2					
1	−1200	760	980	260	0.06	15.59	67507	4050
2	−1200	760	960	244	0.06	14.63	59476	3569
3	−1200	760	800	116	0.08	9.31	13532	1083
4	−1200	700	800	63	0.12	7.53	3938	473
5	−1200	700	760	31	0.36	11.11	953	343
6	−1200	700	700	−17	0.12	−2.04	288	35
7	−1200	650	760	−14	0.06	−0.83	190	11
8	−1200	650	650	−101	0.04	−4.06	10296	412
9	−1200	650	600	−141	0.1	−14.13	19973	1997

该项目净现值的期望值

$$E[PW] = 37.12 \text{ 万元}$$

方差为

$$Var(PW) = E[(PW)^2] - (E[PW])^2 = 11972 - 37.12^2 = 10595 \text{（万元）}$$

标准差

$$\sigma = SD(PW) = \sqrt{Var(PW)} = \sqrt{10595} = 102.93 \text{（万元）}$$

从表14-5可以看出，净现值小于零有四个可能的值，分别位于组序号6、7、8和9。概率为

$$\Pr\{PW<0\} = 0.12 + 0.06 + 0.04 + 0.1 = 0.32$$

尽管只有32%的可能性使项目的净现值出现负值，其平均值也接近40万元，但标准差103万元，几乎是平均值的三倍，离散程度较大，表明项目风险较大。

（四）蒙特卡洛模拟法

1. 蒙特卡洛模拟步骤

蒙特卡洛模拟法，是用随机抽样的方法抽取一组满足输入变量的概率分布特征的数值，输入这组变量计算项目评价指标，通过多次抽样计算可获得评价指标的概率分布及累计概率分布、期望值、方差、标准差，计算项目可行或不可行的概率，从而估计项目投资所承担的风险。

蒙特卡洛模拟的步骤为：

（1）通过敏感性分析确定风险变量。

（2）构造风险变量的概率分布模型。

（3）为各输入风险变量抽取随机数。

（4）将抽得的随机数转化为各输入变量的抽样值。

（5）将抽样值组成一组项目评价基础数据。

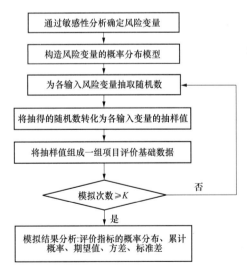

图14-14 蒙特卡洛模拟程序

（6）根据基础数据计算出评价指标值。

（7）整理模拟结果得到评价指标的期望值、方差、标准差和它的概率分布及累积概率，绘制累计概率图，计算项目可行或不可行的概率。

蒙特卡洛模拟步骤如图14-14所示。

2. 蒙特卡洛模拟法的应用

这里以一个具体例子进一步说明蒙特卡洛模拟分析方法的应用。某项目建设投资为10000万元，流动资金1000万元，项目两年建成，第三年投产，当年达产。不含增值税年销售收入为5000万元，经营成本2000万元，附加税及营业外支出每年50万元，项目计算期12年。项目要求达到的财务内部收益率为15%，求内部收益率低于15%的概率。

由于蒙特卡洛模拟方法的计算量非常大，必须借助计算机进行。本例通过手工计算模拟20次，主要是演示模拟过程。

（1）确定风险变量。通过敏感性分析，得知建设投资、产品销售收入、经营成本为主要

风险变量。流动资金需要量与经营成本线性相关，不作为独立的输入变量。

（2）构造概率分布模型。建设投资变化概率服从三角形分布，其悲观值为13000万元、最大可能值为10000万元、乐观值为9000万元；如图14-15所示。年销售收入服从期望值为5000万元、σ=300万元的正态分布。年经营成本服从期望值为2000万元、σ=100万元的正态分布。

建设投资变化服从三角形分布，其累计概率如表14-6所示。

表14-6　　　　　　　　　　　　投资额三角形分布累计概率

投资额	小于预定投资额的面积	累计概率
三角形面积 4000H×0.5=2000H		
9000	0	0
9250	250×0.25H×0.5	0.0156
9500	500×0.5H×0.5	0.0625
9750	750×0.75H×0.5	0.1406
10000	1000×H×0.5	0.25
10300	1000×0.5H+300×(H+0.8H) /2	0.3925
10600	500H+600×(H+0.8H) /2	0.52
10900	500H+900×(H+0.7H) /2	0.6325
11200	500H+1200×(H+0.6H) /2	0.73
11500	500H+1500×(H+0.5H) /2	0.8125
11800	500H+1800×(H+0.4H) /2	0.88
12100	500H+2100×(H+0.3H) /2	0.9325
12400	500H+2400×(H+0.2H) /2	0.97
12700	500H+2700×(H+0.1H) /2	0.9925
13000	500H+3000×H/2	1.000

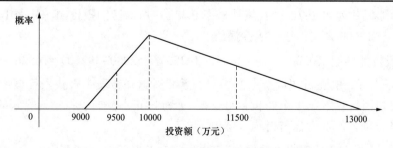

图14-15　投资三角形分布

（3）对投资、销售收入、经营成本分别抽取随机数，随机数可以由计算机产生，或从随机数值表中任意确定起始数后，顺序抽取。本例从随机数值表中抽取随机数。假定模拟次数定为k=20，从随机数值表中任意从不同地方抽取三个20个一组的随机数，如表14-7所示。

表 14-7 输入变量随机抽样取值

模拟顺序	投资		销售收入		经营成本	
	随机数	投资取值	随机数	收入取值	随机数	成本取值
1	48867	10526	06242	4540	66903	2043
2	32267	10153	84601	5306	31484	1952
3	27345	10049	51345	5010	61290	2029
4	55753	10700	09115	4600	72534	2057
5	93124	12093	65079	5116	39507	1973
6	98658	12621	88493	5360	66162	2042
7	68216	11053	04903	4503	63090	2033
8	17901	9838	26015	4910	48192	1995
9	88124	11807	65799	5122	42039	1980
10	83464	11598	04090	4478	36293	1965
11	91310	11989	27684	4822	56420	2016
12	32739	10162	39791	4922	92710	2145
13	07751	9548	79836	5251	47929	1995
14	55228	10686	63448	5103	43793	1982
15	89013	11858	43011	4947	09746	1870
16	51828	10596	09063	4599	18988	1912
17	59783	10808	21433	4762	09549	1869
18	80267	11464	04407	4489	56646	2017
19	82919	11574	38960	4916	17226	1905
20	77017	11346	19619	4744	68855	2049

（4）将抽得的随机数转化为各随机变量的抽样值。以第 1 组模拟随机变量的产生为例进行说明。

1）服从三角形分布的随机变量产生方法。根据随机数在累计概率表（表 14-7）中查取。投资的第 1 个随机数为 48867，查找累计概率 0.48867 所对应的投资额，从表 14-7 中查得投资额在 10300 与 10600 之间，通过线性插值

第 1 个投资抽样值=10300+300×（48867−39250）/（52000−39250）=10526（万元）

2）服从正态分布的随机变量产生方法。从标准正态分布表中查找累计概率与随机数相等的数值。例如销售收入第 1 个随机数 06242，查标准正态分布表得销售收入的随机离差在 −1.53 与 −1.54 之间，经线性插值得 −1.5348，则

第 1 个销售收入抽样值=5000−1.5348×300≈4540（万元）

同样，经营成本第一个随机数 66903 相应的随机变量离差为 0.4328，则

第一个经营成本的抽样值=2000+100×0.4328=2043（万元）

3）服从离散型分布的随机变量的抽样方法。本例中没有离散型随机变量。另举例如下，据专家调查获得的某种产品售价的概率分布如表 14-8 所示。

表 14-8　　　　　　　　　　　　　　产品售价的概率分布

售价（元）	105	115	125	135	145	155	平均	130.5
概率	0.05	0.15	0.25	0.35	0.15	0.05	合计	1.00
累计概率	0.05	0.2	0.45	0.80	0.95	1.00		

根据表 14-8 绘制累计概率如图 14-16 所示。

若抽取的随机数为 43252，从累计概率图纵坐标上找到累计概率为 0.43252，画一水平线与累计概率折线相交的交点的横坐标值 125 元，即是售价的抽样值。

（5）投资、销售收入、经营成本的各 20 个抽样值组成 20 组项目评价基础数据。

（6）根据 20 组项目评价基础数据，计算出 20 个项目评价指标值，即财务内部收益率。

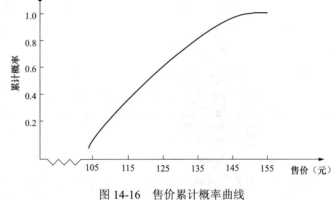

图 14-16　售价累计概率曲线

（7）模拟结果达到预定次数后，整理模拟结果按内部收益率从小到大排列并计算累计概率，如表 14-9 所示。

表 14-9　　　　　　　　　　　　蒙特卡洛模拟法累计概率计算表

模拟顺序	模拟结果		概率*（%）	累计概率（%）
	内部收益率（%）	净现值（15%）		
18	13.9	-487.46	5	5
10	14.05	-423.37	5	10
7	14.60	-173.12	5	15
11	15.78	364.58	5	20
1	15.83	346.23	5	25
4	15.89	377.41	5	30
20	15.99	443.56	5	35
16	17.48	1048.10	5	40
19	18.25	1502.52	5	45
15	18.26	1537.80	5	50
5	18.26	1572.00	5	55
9	18.56	1797.47	5	60
6	18.78	1793.74	5	65
17	18.84	1673.41	5	70
12	19.00	1667.60	5	75

模拟顺序	模拟结果		概率*（%）	累计概率（%）
	内部收益率（%）	净现值（15%）		
14	21.00	2632.16	5	80
8	21.09	2491.37	5	85
3	21.14	2564.63	5	90
2	34.11	3919.66	5	95
13	24.81	4022.47	5	100
期望值	18.78	1433.54		
方差	20.38			
离散系数	24.04			

* 每次模拟结果的概率=1/模拟次数。

从表14-9可知内部收益率低于15%的概率为15%，内部收益率高于15%的概率为85%。

（五）概率分析应注意的问题

1. 输入变量应该是相互独立的

一般而言，变量分解得越细，输入变量个数就越多，模拟结果的可靠性也就越高。变量分解程度低，变量个数少，模拟可靠性降低，但能较快获得模拟结果。对一个具体项目，确定输入变量分解程度时，与输入变量之间的相关性有关。变量分解过细将造成变量之间有相关性，例如产品销售收入与销售数量、销售价格有关，而销售数量与销售价格存在相关性。如果输入变量本来是相关的，模拟中视为独立的量进行抽样，就可能导致错误的结论。在模拟过程中若能确定一个变量与另一变量存在线性相关关系，那么就不再对这个变量进行随机抽样，而直接由与之相关的抽样值产生。但很多情况下难以获得变量之间的相关关系，可采用以下办法处理：

（1）限制输入变量的分解程度。例如不同产品虽有不同价格，如果产品结构不变可采用平均价格。如果销售量与销售价之间存在相关性，则可合并销量与价格两个变量，以销售收入作为一个变量。

（2）限制不确定变量个数。模拟中只选取对评价指标有重大影响的关键变量。

（3）进一步搜集有关信息，确定变量之间的相关性。

2. 蒙特卡洛法的模拟次数

理论上模拟次数越多越好，但实际上模拟次数过多不仅计算整理费时，且输入变量分布也不十分精确，模拟次数过多也无必要；但模拟次数过少，随机数的分布不均匀，会影响模拟结果的可靠性，一般以200～500次为宜。

第三节　风险对策研究

对于单个投资项目，通过对收益与风险的计量，若项目整体风险水平可被接受，则不必改变项目原定计划，而应集中注意力监视已识别出的风险，深入查找尚未显露的新风险，努力提高项目取得成功的可能性。对于各种具体风险应该进行严格检查，必要时采取措施加以规避。规避风险可从改变风险后果的性质、风险发生的概率或风险后果大小三方面提出多种策略。

一、风险等级与风险对策研究

（一）风险等级的划分

按照风险因素对投资项目影响程度的大小划分，风险等级可以分为一般风险、较大风险、严重风险和灾难性风险。

（1）一般风险。风险发生的可能性不大或即使发生造成的损失也较小，一般不影响项目的可行性。

（2）较大风险。风险发生的可能性较大，或者一旦发生造成的损失较大，但损失程度还在项目本身可以承受的范围之内。

（3）严重风险。有两种情况：一是风险发生的可能性大，而且一旦发生造成的损失也大，使项目由可行变为不可行；二是风险一旦发生造成的损失严重，但是发生的概率较小，只要采取足够的防范措施，项目仍可接受。

（4）灾难性风险。风险发生的可能性很大，一旦发生将产生灾难性后果。这类风险是项目无法接受的风险。

（二）风险对策研究的作用和要求

如前所述，投资项目可能面临各种各样的风险。为将风险损失控制在最小的范围内，促使项目获得成功，在项目的决策、实施和经营的全过程中实施风险管理是十分必要的。在投资项目周期的不同阶段，风险管理具有不同的内容。可行性研究阶段的风险对策研究是整个项目风险管理的重要组成部分。

投资项目的建设是一种大量耗费资源的经济活动，投资决策的失误将引起不可挽回的损失。在投资项目决策前的可行性研究中，不仅要了解项目可能面临的风险，且要提出针对性的风险对策，避免风险的发生或将风险损失降低至最小程度，才能有助于提高投资的安全性，促使项目获得成功。

可行性研究阶段的风险对策研究可为投资项目实施过程的风险监督与管理提供依据。

另外，风险对策研究的结果应及时反馈到可行性研究的各个方面，并据此修改部分数据或调整方案，进行项目方案的再设计。

（三）风险对策研究的要点

1. 风险对策研究应贯穿于投资项目财务分析的全过程

投资项目财务分析是一项复杂的系统工程，而风险因素又可能存在于技术、市场、工程、经济等各个方面。在正确识别出投资项目各方面的风险因素之后，应从方案设计上就采取规避防范风险的措施，才能防患于未然。因此风险对策研究应贯穿于财务分析的全过程。

2. 风险对策应具针对性

投资项目可能涉及各种各样的风险因素，且各个投资项目又不尽相同。风险对策研究应有很强的针对性，应结合行业特点，针对特定项目主要的或关键的风险因素提出必要的措施，将其影响降低至最小程度。

3. 风险对策应有可行性

财务分析中所进行的风险对策研究应立足于现实客观的基础之上，提出的风险对策应是切实可行的。所谓可行，不仅指技术上可行，且从财力、人力和物力方面也是可行的。

4. 风险对策必具经济性

规避防范风险是要付出代价的，如果提出的风险对策所花费的费用远大于可能造成的风险损失，该对策将毫无意义。在风险对策研究中应将规避防范风险措施所付出的代价与该风险可能造成的损失进行权衡，旨在寻求以最少的费用获取最大的风险效益。

5. 风险对策研究是项目有关各方的共同任务

风险对策研究不仅有助于避免决策失误而且是投资项目以后风险管理的基础，因此它应是投资项目有关各方的共同任务。项目发起人和投资者应积极参与和协助进行风险对策研究，并真正重视风险对策研究结果的应用。

二、风险规避方法

在预测主要风险因素和风险程度之后，根据不同风险提出相应的规避防范对策，力争将损失降到最低限度。

（一）风险规避对策

投资项目财务分析中可能采取的风险对策主要有以下几种。

1. 风险回避

风险回避是彻底规避风险的一种做法，即断绝风险的来源。它对投资项目财务分析而言，意味着提出彻底改变原方案甚至否决项目的建议。例如，风险分析显示产品市场存在严重风险，若采取回避风险的对策，应做出缓建（待市场变化后再予考虑）或放弃项目的建议。需要指出，回避风险对策意味着丧失项目可能获利的机会，因此只有当风险可能造成的损失相当严重或者采取措施防范风险代价昂贵，得不偿失的情况下，才采用风险回避对策。

2. 风险控制

对那些可驾驭和控制的风险，提出降低风险发生可能性和减少风险损失程度的措施。并从技术和经济相结合的角度论证其可行性与合理性。这种策略在很大程度上要看风险是已知风险、可测风险还是不可预测风险。

对于已知风险，可以在很大程度上加以控制，可以动用项目现有资源降低风险。例如，可以通过压缩关键工序的时间、加工或采取"快速跟进"来减轻项目进度风险。可预测风险或不可预测风险是项目团队很少或根本不能够控制的风险，因此有必要采取回避策略。例如，企业参与公共工程投资，其预算不在项目管理团队直接控制之中，则可能存在政府等其他投资者在项目进行当中削减项目预算的风险。在实施减轻风险策略时，最好将项目的每一个具体"风险"都减轻到可接受的水平。具体风险减轻了，项目整体失败的概率就会减少，成功的概率就会增加。实施减轻策略时，应设法将已识别的那些可预测或不可预测的风险变为已知风险。这样，项目管理团队就可以对其进行控制，动用项目的资源减轻风险。

3. 风险转移和分担

其目的不是降低风险发生的概率和不利后果的大小，而是借用合同或协议，在风险事故一旦发生时将损失的一部分转移到项目以外的第三方身上。实行这种策略要遵循两个原则：第一，必须让承担风险者得到相应的回报；第二，对于具体风险，谁最有能力管理就让谁承担。转移风险是将项目投资者承担的风险转移出去。风险转移可分为保险转移和非保险转移两种。保险转移是向保险公司投保，将项目风险损失转移给保险公司承担；非保险转移是将项目风险转移给项目其他相关方，如项目技术、设备、施工等可能存在风险，可在合同谈判中增加索赔性条款，将风险损失转移给合同对方承担。

转移风险主要有出售、发包、开脱责任合同、保险与担保四种方式。

（1）出售。通过买卖契约将风险转移给其他单位。例如，项目可以通过发行股票或债券筹集资金。股票或债券的认购者在取得项目的一部分所有权时，也同时承担了一部分风险。

（2）发包。发包就是通过从项目执行组织外部获得货物、工程或服务而把风险转移出去。发包可以在多种合同形式中选择。例如建设项目的施工合同按计价形式划分，有总价合同、单价合同和成本加酬金合同。

（3）开脱责任合同。在合同中列入开脱责任条款，要求对方在风险事故发生时，不要求项目班子本身承担责任。

（4）保险与担保。保险是转移风险常用的一种风险，项目班子只要向保险公司缴纳一定数额的保险费，当风险事故发生时就能获得保险公司的补偿，从而将风险转移给保险公司（实际上是转移给了所有向保险公司投保的人）。

4. 风险自担

风险自担是将风险损失留给拟建项目投资者自己承担。这适用于已知有风险存在，但可获高利甘愿冒险的项目，或者风险损失较小，可以自行处置解决。风险自担可以是主动的，也可以是被动的。由于在风险管理规划阶段已对一些风险有了准备，所以当风险事故发生时马上执行应急计划，这是主动接受。被动接受风险是指在风险事件造成的损失数额不大，不影响项目大局时，项目团队将损失列为项目的一种费用。费用增加了，项目的收益自然要受影响。自留风险是最省事的风险规避方法，在许多情况下也最省钱。当采取其他风险规避方法的费用超过风险事件造成的损失数额时，可采取自留风险的方法。

（二）风险应对措施

有些风险要求事先制订好预备措施。一旦项目实际进展情况与计划不同，就需动用预备措施。主要有费用、进度和技术三种预备措施。

（1）工程预备费。是一笔事先准备好的资金，用于补偿差错、疏漏及其他不确定性对项目费用估计精确性的影响。工程预备费在项目预算中要单独列出，不能分散到具体费用项目之下。否则，项目团队就会失去对支出的控制。另外，预算人员由于心中无数而在各个具体费用下盲目地预留余地是不允许的。盲目预留，一方面会由于项目预算估计过高而在投标中丢掉机会；另一方面会使不合理预留的部分以合法的名义白白地浪费。工程预备费一般分为基本预备费和涨价预备费两类。基本预备费用于补偿估价和实施过程中的不确定性；涨价预备费用于对付通货膨胀和价格波动。

（2）进度预备措施。对于项目进度方面的不确定性因素，项目各方一般不希望以延长时间的方式来解决。因此，就要设法制订出一个较紧凑的进度计划，争取项目在各方要求完成的日期前完成。从网络计划的观点来看，进度预备措施就是在关键路线上设置一段时差或浮动时间。项目工序不确定程度越高，任务越含糊，关键路线上的时差或浮动时间也应该越长。

（3）技术预备措施。技术预备措施专门用于应付项目的技术风险，它可以是一段时间或是一笔资金。当预想的情况未出现，并需要采取补救行动时才动用这笔资金或这段时间。工程预备费算和进度预备措施很可能用上，而技术预备措施很可能用不上。只有当不大可能发生的事件发生，需要采取补救行动时，才动用技术预备措施。

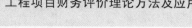

第十五章

企业财务报表分析

财务报表分析是以企业的财务报表和其他资料为依据，采用专门的分析工具和方法，从财务报表中寻找有用的信息，有效地寻求企业经营和财务状况变化的原因，从而对企业的财务状况、经营成果和现金流量进行综合评价的过程。投资项目财务报表分析是指在测算投资项目各项财务数据的基础上，根据国家现行财税制度和市场价格，从项目财务的角度出发，编制基本财务报表，计算评价指标，以考察项目公司的盈利能力、偿债能力及营运能力等，为判断投资项目的财务可行性提供补充信息。

第一节 财务报表分析的目的和方法

一、财务报表分析的目的

作为对公司理财活动进行观察控制的手段，财务报表分析能够以其令人信服的数据来判断公司的财务状况，从而掌握公司经济运行的命脉。财务报表分析的主要目的表现在以下方面。

（一）投资者

投资者最关注的是投资的内在风险和投资回报。投资者包括现有和潜在投资者。现有投资者作为企业永久性资本的出资者，自然要对投资风险和投资回报进行判断和估计。财务报表分析成为他们进行风险判断、选择投资决策方案的重要途径。现有投资者在决定是购买、持有还是转让对某一企业投资时，需要通过财务报表分析来了解企业的盈利能力、管理效率和投资回报率，以此判断企业的未来收益与风险水平。

（二）债权人

债权人最关注的是其提供给企业的资金是否安全，本金和利息是否能够按期如数收回。为此，他们需要通过财务报表分析了解企业的获利能力及现金流动性是否良好。短期债权人对企业现金流动性的关注甚于对获利能力的关心。

（三）政府管理部门

政府及相关管理机构既是财务报表编制规范的制定者，又是财务报表的使用者。税务管理部门需要确定企业的纳税所得额，最关注企业的销售和盈利水平；证券监管部门可能对公司的盈利能力和关联方交易感兴趣。

（四）审计监管部门

审计人员作为财务报表的鉴证者，要对财务报表的质量做出专业的判断和评价。为规避风险，审计人员最关心企业编制的财务报表是否遵守《会计准则》和《中华人民共和国公司法》的相关规定，财务报表是否具有可靠性和公允性等。

（五）企业经营者

企业管理人员最关注的是企业经营理财的各个方面，包括营运能力、偿债能力、盈利能力及未来的发展趋势等。他们作为受托责任人，肩负着受托经营管理的责任。受托责任的完成和履行情况最终要以财务报表及其分析来反映。为此，依据企业财务报表，要着重分析企业某一特定日期的资产、负债与所有者权益情况，某一特定经营期间经营业绩与现金流量方面的信息，及时发现问题，为企业可持续发展制定合理的策略和战略。

（六）企业职工

企业员工最关注的是企业为其所提供的就业机会及其稳定性、劳动报酬和职工福利等方面的信息。员工通常与企业存在着长久、持续的关系，是最直接的利益相关者，上述情况既直接影响着员工的切身利益，又与企业的债务结构及其盈利能力密切相关。因此，依据企业财务报表，需要关注和评价有关职工福利等方面的情况。例如，按照《企业财务会计报告条例》的规定，国有企业、国有控股或者占主导地位的企业，应当至少每年一次向本企业的职工代表大会公布财务会计报告。

（七）关联企业

业务关联企业最关注的是企业的信用状况。信用包括商业信用和财务信用，前者是指企业按时、按质完成各种交易行为，后者是指企业及时清算各种款项。企业从事生产经营活动，必然与其他企业发生业务联系，这些企业处于保护自身利益的需要，也关心往来企业的财务状况和经营状况。所以，他们也要对财务报表进行分析，通过财务报表分析，可以判断企业的支付能力和债务清偿情况，可以判明企业完成各类交易的好坏，并借以分析其形成的原因，评估企业的财务信用状况，从而追溯企业商业上的信用情况。

（八）社会公众

社会公众（包括企业潜在的投资者或债权人）最关注企业（特别是股份有限公司）的兴衰及发展情况。为此，他们要依据企业财务报表，着重分析企业目前及其未来发展等方面的资料。另外，企业的竞争对手也会千方百计地利用财务报表所提供的信息做出有针对性的生产经营决策。

二、财务报表分析的方法

财务报表分析是顺应实际需要而产生的。我国会计准则规定，会计信息应当满足国家宏观经济管理的需要，满足各有关方面了解企业财务状况和经营成果的需要，满足企业加强内部经营管理的需要，其特殊需要只能通过分析得以满足。由于一般的报表使用者不了解财务报表的编制规则，很难直接全面理解财务报表。因此，报表使用者应熟悉财务报表分析的基本方法。

（一）比较分析法

比较分析法是指将实际达到的数据同特定合计的各种标准相比较，从数量上确定其差异，并进行差异分析或趋势分析的一种方法。所谓差异分析是指通过差异揭示成绩或差距，做出评价，并找出产生差异的原因及其对差异的影响程度，为今后改进企业的经营管理指引方向的一种分析方法。所谓趋势分析法是根据企业连续数期的会计报表，比较各个有关项目的金额、增减方向和幅度，从而揭示当期财务状况和经营成果的增减变化及其发展趋势的一种方法。由于差异分析和趋势分析都是建立在比较的基础上，所以统称为比较分析法。

比较有绝对数比较和相对数比较两种形式：①绝对数比较，即利用财务报表中两个或两个以上的绝对数进行比较，以揭示其数量差异，比如企业去年的所有者权益总额为1500万元，今年的所有者权益总额为1900万元，则今年与去年的差异额为400万元；②相对数比较，即利用财务报表中有相关关系的数据的相对数进行对比，如将百分比、结构比重、比率等进行对比，以揭示相对数之间的差异，比如企业去年的成本利润率为25%，今年的成本利润率为20%，则今年与去年相比，成本利润率下降了5%。相对数比较是利用百分比进行比较分析。

（二）比率分析法

比率分析法是指同一财务报表的不同项目之间，或是不同财务报表的有关项目之间进行对比，从相对数上对企业的财务状况进行分析和考察，借以评价企业的财务状况和经营成果。

比率是相对数，用比率所得出的信息比较准确，而且往往利用一个或几个比率就可以独立地揭示和说明企业某一方面的财务状况和经营业绩，或者说明某一方面的能力。比如总资产报酬率可以揭示企业的总资产所取得的利润水平和能力，投资收益率也可以在一定程度上说明投资者的获利能力等。因此，比率分析法是最受欢迎和运用广泛的财务分析工具。

（三）百分比分析法

百分比分析法就是用百分率或相对数式子，表示同一时期各项财务指标内部结构。同一报表中的不同项目的百分率分析，可以反映出个体项目占总体项目的百分比，这种分析方法也称为结构分析、同形分析或比重分析。

同一报表中不同项目的结构分析的计算公式为

$$结构（比重）相对数 = \frac{部分}{整体} \times 100\%$$

例如，某工业企业2018年利润总额为3500万元，主营业务利润为2800万元，主营业务利润占利润总额的百分比是

$$主营业务利润占利润总额(\%) = (2800万元/3500万元) \times 100\%$$
$$= 80\%$$

反映该项目内各组成部分的比例关系，代表了企业某一方面的特征、属性或能力。这种结构百分比实际上是一种特殊形式的财务比率。它们同样排除了规模的影响，使不同比较对象之间建立起可比性。

（四）因素分析法

因素分析法又称为连环替代法，是指确定影响综合性指标的各项因素，按照一定顺序逐个用影响因素的实际数替换其基数，借此分析各项因素的影响程度的一种方法。

因素分析法的计算步骤：

（1）确定影响综合性指标的各项因素。

（2）确定各项影响因素的顺序（先数量后质量，先实物后价值，先主要后次要）。

（3）按照排列顺序，依次用影响因素的实际数替代基数。尚未替代过的因素，仍保持基期水平。有几项因素就替代几次。

（4）将每次替换后的综合性指标的计算结果与前一次替换后的计算结果相减，差额就是某一因素的影响程度。将各个因素的影响数值相加，其结果就是实际指标与基期指标之间的总影响差额。

第二节 会计报表的种类

按照《企业会计准则30号—财务报表列报》（2017）的要求，我国企业应当向外编报财

务报告，包括资产负债表、利润表、现金流量表三大会计报表。另外，还包括利润表的两张附表，即利润分配表和主营业务收支明细表，以及财务情况说明书。

一、资产负债表

（一）资产负债表概念及作用

资产负债表是反映企业在某一特定日期的财务状况的会计报表。它是以"资产=负债+所有者权益"会计方程式为理论依据，按照一定的分类标准和次序，把企业一定日期的资产、负债、所有者权益项目予以适当排列编制而成，又称作财务状况表或财务情况表。

资产负债表提供的财务信息，不仅为企业管理人员进行决策所必需，而且为投资者、债权人以及其他与企业有利害关系的集团和个人所利用。

资产负债表主要提供以下几个方面的财务信息：

（1）企业掌握的经济资源；

（2）企业负担的债务；

（3）企业的偿债能力；

（4）企业所有者享有的权益；

（5）企业未来的财务趋向。

通过资产负债表，可了解企业特定日的资产、负债、所有者权益的基本情况，分析和评价企业财务状况的好坏，以便做出决策。

（二）中国会计准则规定的资产负债表基本格式

在我国，资产负债表采用账户式结构，报表分左右两方，左方列示资产各项目，反映全部资产的分布及存在形态；右方列示负债和所有者权益各项目，反映全部负债和所有者权益的内容及构成情况。资产负债表的具体格式见表 15-1。

表 15-1 　　　　　　　　　　　　资产负债表基本格式

编制单位：　　　　　　　　　　　____年____月____日　　　　　　　　　　单位：元

资产	期末余额	年初余额	负债和所有者权益（或股东权益）	期末余额	年初余额
流动资产：			流动负债：		
货币资金			短期借款		
以公允价值计量且其变动计入当期损益的金融资产			以公允价值计量且其变动计入当期损益的金融负债		
衍生金融资产			衍生金融负债		
应收票据			应付票据		
应收账款			应付账款		
预付款项			预收款项		
应收利息			应付职工薪酬		
应收股利			应交税费		
其他应收款			应付利息		
存货			应付股利		
持有待售资产			其他应付款		

续表

资　　产	期末余额	年初余额	负债和所有者权益（或股东权益）	期末余额	年初余额
一年内到期的非流动资产			持有待售负债		
其他流动资产			一年内到期的非流动负债		
流动资产合计			其他流动负债		
非流动资产：			流动负债合计		
可供出售金融资产			非流动负债：		
持有至到期投资			长期借款		
长期应收款			应付债券		
长期股权投资			其中：优先股		
投资性房地产			永续债		
固定资产			长期应付款		
在建工程			专项应付款		
工程物资			预计负债		
固定资产清理			递延收益		
生产性生物资产			递延所得税负债		
油气资产			其他非流动负债		
无形资产			非流动负债合计		
开发支出			负债合计		
商誉			所有者权益（或股东权益）：		
长期待摊费用			实收资本（或股本）		
递延所得税资产			其他权益工具		
其他非流动资产			其中：优先股		
非流动资产合计			永续债		
			资本公积		
			减：库存股		
			其他综合收益		
			盈余公积		
			未分配利润		
			所有者权益（或股东权益）合计		
资产总计			负债和所有者权益（或股东权益）总计		

（三）资产负债表各科目的内容

1. 资产

资产是指企业所拥有或控制的能以货币计量的经济资源，包括各种财产、债权和其他权利。资产按流动性可以分为流动资产和非流动资产。

（1）流动资产。流动资产是指可以在一年内或超过一年的一个经营周期内变现、出售或耗用的资产。凡是可以在一个经营周期内变现、出售或耗用的资产都是流动资产。

1）货币资金。货币资金是指在企业的生产经营活动中，处于货币形态的那部分资金。货币资金是能立即动用的流动资产，在所有流动资产中最富有流动性。

货币资金一般包括现金、银行的活期存款、支票、本票、汇票和信用证等。

2）以公允价值计量且其变动计入当期损益的金融资产。以公允价值计量且其变动计入当期损益的金融资产是指各种能随时变现、持有时间不超过一年的有价证券以及不超过一年的其他投资。

企业用于短期投资的有价证券包括各种股票和债券。

股票是本企业作为投资者在其他股份有限公司投资入股并据以索取股息的凭证，也是本企业拥有投资企业股份的书面证明。

债券是债务人（即债券发行人）为了筹集资金，并承诺一定的利息和偿还期限而发给债权人的借债凭证，如国库券、国家重点建设债券、地方政府债券和企业融资债券。

3）衍生金融资产。企业衍生金融工具业务所形成的金融资产，应当在资产负债表资产项下"以公允价值计量且其变动计入当期损益的金融资产"项目和"应收票据"项目之间增设"衍生金融资产"项目，反映企业衍生工具形成资产的期末余额。

4）应收票据。应收票据是指企业在采用商业汇票结算的方式下，因销售产品等而收到的商业承兑汇票和银行承兑汇票。

5）应收账款。应收账款是企业因销售产品、材料、提供劳务等业务，应向购货单位或接受劳务单位收取的账款。在资产负债表上，应收账款列示为流动资产，其范围是指那些在一年内或超过一年的一个营业期内预计可以收回的应收销货款。不同的行业因其经营特点不同，应收账款的收回期可能有所不同，有的较短，只有一个月；有的则较长，可长达几年。所以，在决定应收账款是否归入流动资产时，应以一年或一个营业周期（视二者孰长）作为划分标准。凡是收回期在一年或一个营业周期以内的为流动资产；超过一年或一个营业周期的为非流动资产。

6）预付款项。预付款项是企业按照购货合同或者有关协议预支给供应者的定金或货款。

预付款项属于债权范围，具有资产性质，是企业的货币资金暂时被其他单位占用的部分，属于货币性资产。

7）应收利息。应收利息是指对当期应收而实际未收但已反映到银行收益中的利息。

8）应收股利。应收股利是指企业因股权投资而应收取的现金股利以及应收其他单位的利润，包括企业购入股票实际支付的款项中所包括的已宣告发放但尚未领取的现金股利和企业因对外投资应分得的现金股利或利润等，但不包括应收的股票股利。

9）其他应收款。其他应收款是指企业经常性购销业务之外的应收和暂付款项。

10）存货。存货是指企业在生产经营过程中为销售或者耗用而储备的各种资产，包括商品、半成品、产成品、在产品以及各类原材料、燃料、辅助材料等。

11）持有待售资产。持有待售资产反映资产负债表日划分为持有待售类别的非流动资产及划分为持有待售类别的处置组中的流动资产和非流动资产的期末账面价值。该项目应根据在资产类科目新设置的"持有待售资产"科目的期末余额，减去"持有待售资产减值准备"科目的期末余额后的金额填列。

12）一年内到期的非流动性资产。一年内到期的长期债券投资在一年内即可变现，需从长期投资中将其扣除，作为流动资产的增项。

13）其他流动资产。企业若还有除以上所述的流动资产项目外的流动资产，在资产负债表"其他流动资产"项目列示。其他流动资产按实际成本列示。

（2）非流动资产。流动资产以外的资产应归为非流动资产，并按其性质分类列示。

1）可供出售金融资产。反映企业持有的划分为可供出售金融资产的公允价值，包括划分为可供出售的股票投资、债券投资等金融资产。

2）持有至到期投资。反映企业持有的划分为持有至到期投资的证券。

3）长期应收款。反映企业持有的长期应收款的可回收金额，包括融资租赁产生的应收款项和提供劳务等产生的应收款项等。

4）长期股权投资。反映企业不准备在1年内（含1年）变现的各种股权性质的投资。

5）投资性房地产。反映企业持有的投资性房地产。

6）固定资产。又称经营用资产，是长期资产的一种。凡企业拥有的，使用年限在一年以上并且单位价值在规定的标准以上的劳动资料均属于固定资产。

7）在建工程。反映企业新建固定资产、改扩建固定资产和对固定资产进行大修理等所发生的实际支出。这些支出包括购入为工程准备的物资价款、自营工程领用工程物资、负担的职工工资、工程耗水与耗电、进行设备安装和修理、提供运输等劳务支出、工程所发生的试运转及其他支出等。

8）工程物资。反映企业为在建工程准备的各种物资的期末价值，包括工程用材料、尚未安装的设备以及为生产设备的工器具等。

9）固定资产清理。反映企业因出售、毁损、报废、对外投资、非货币性资产交换、债务重组等原因转入清理但尚未清理完毕的固定资产的账面价值，以及固定资产清理过程中所发生的清理费用和变价收入等各项金额的差额。

10）生产性生物资产。反映企业（农业）持有的生产性生物资产原价，其中企业（农业）包括种植业、畜牧养殖业、林业和水产业等。

11）油气资产。反映企业（石油天然气开采）持有的矿区权益和油气井及相关设施的原价。

12）无形资产。相对于有形资产而言，指企业长期使用虽没有实物形态，但却能给企业带来经济利益的资产，包括专利权、商标权、专有技术、著作权、土地使用权、特许经营权、商誉等。

13）开发支出。反映公司正在进行研究开发项目中满足资本化条件的支出。

14）商誉。反映企业外购商誉的实际价值。

15）长期待摊费用。反映企业尚未摊销的摊销期限在1年以上（不含1年）的各种费用。

16）递延所得税资产。反映企业已确认的可抵扣暂时性差异产生的递延所得税资产。

17）其他非流动资产。反映企业除以上资产以外的其他非流动资产。

2. 负债

负债是企业所承担、能以货币计量、将以资产或者劳务偿付的经济责任。负债按流动性可以分为流动负债和非流动负债。

（1）流动负债。指将在一年或超过一年的一个营业期内偿还的债务，包括短期借款、应付账款、应付票据、预收账款、应付工资、应交税金、应付利润、其他应付款、预提费用等。

1）短期借款。企业为了生产经营的需要，弥补流动资金的不足，而向银行或者其他金融机构借入的偿还期在一年之内的款项。

2）以公允价值计量且其变动计入当期损益的金融负债。反映企业承担的交易性金融负债的公允价值，包括企业持有以公允价值计量且其变动计入当期损益的金融负债和直接指定为以公允价值计量且其变动计入当期损益的金融负债。

3）衍生金融负债。企业衍生金融工具业务所形成的负债，应当在资产负债表负债项目下"以公允价值计量且其变动计入当期损益的金融负债"项目和"应付票据"项目之间增设"衍生金融负债"项目，反映企业衍生工具形成负债的期末余额。

4）应付票据。企业对外发生债务时所开出及承兑的商业汇票。

5）应付账款。企业因购买材料、物资和就接受劳务供应而应支付给供应单位的款项。应付账款的付款期一般在30~60天，因此不考虑货币的时间价值。

6）预收款项。企业对客户订货、工程项目预定以及劳务提供预约，在企业产品交货、工程完工验收和劳务提供之前，预先按全部账款的一定比例收取的款项。

7）应付职工薪酬。企业为获取职工提供的服务而给予各种形式的报酬以及其他相关支出，包括职工工资、奖金、津贴、补贴、职工福利费等。

8）应交税费。企业在一定时期内取得的营业收入和实现的利润，要按照规定向国家交纳各种税金。这些应交的税金，是按照权责发生制的原则预提计入相关科目的，在未交纳之前暂时停留在企业，形成一种负债。应交税费包括应交增值税、消费税、营业税以及其他应交税费。

9）应付利息。企业按照合同约定应支付的利息，包括吸收存款、分期付息到期还本的长期借款、企业债券等应支付的利息。

10）应付股利。企业经股东大会或类似机构审议批准分配的现金股利或利润。企业股东大会或类似机构审议批准的利润分配方案、宣告分派的现金股利或利润，在实际支付前，形成企业的负债。

11）其他应付款。企业除由于商品交易或劳务供应而产生的大额应付账款和预收账款以外的应付和暂收其他单位的款项均属于其他应付款项。一般包括应付租入固定资产和包装物的租金、职工未按期领取的工资、存入保证金、应付及暂收其他单位的款项、应付退休职工的统筹退休金、应付承包风险抵押金等。

12）持有待售负债。持有待售负债反映资产负债表日处置中与划分为持有待售类别的资产直接相关的负债的期末账面价值。该项目应根据在负债类科目新设置的"持有待售负债"科目的期末余额填列。

13）一年内到期的非流动负债。在编制资产负债表时，要注意查阅长期负债中有无自编制报表之日起，在一年内到期的长期负债。因这一部分长期负债需要在一年内偿还，因此要从长期负债中扣除，作为流动负债的增项。

14）其他流动负债。企业除以上流动负债以外的其他流动负债。

（2）非流动负债。流动负债以外的负债应归类为非流动负债，主要包括长期借款、应付债券、长期应付款、专项应付款、预计负债等。

1）长期借款。企业为了生产经营需要，向银行或其他金融机构借入的偿还期在一年以上的各种借款。向银行借入的长期借款主要有基建借款、固定资产更新改造借款、为开发新产品与新技术的专项更新改造借款、为开发新产品与新技术的专项借款等。

2）应付债券。应付债券一般指还款期在一年以上，为筹集长期资金而发行的书面凭证。

3）长期应付款。企业对其他单位所发生的付款期限在一年以上的结算债务，包括采用补偿贸易方式引进国外设备价款和应付融资租入固定资产租赁费等。

4）专项应付款。企业取得国家指定为资本性投入的并有专项或特定用途的款项，如属于工程项目的资本性拨款等。

5）预计负债。企业已预计尚未清偿的债务，包括对外提供担保、未决诉讼、产品质量保证等有可能产生的负债。

6）递延收益。

7）递延所得税负债。企业确认的递延所得税负债。

8）其他非流动负债。企业除以上非流动负债以外的其他非流动负债。

3. 所有者权益

所有者权益是企业投资者对企业净资产的所有权。在数量上，所有者权益等于企业的全部资产减去全部负债后的余额，即净资产的数额。

所有者权益一般包括实收资本、公积金、公益金、未分配利润四个部分。

（1）实收资本（或股本）。企业实际收到的、由国家及其他单位或个人投资的资本金。按照投资者的不同，可以分为国家资本金、法人资本金、个人资本金和外商资本金。

国家资本金是有权代表国家投资的政府部门或者机构以国有资产投入企业形成的资本金。法人资本金是其他法人单位以其依法可支配的资产投入企业形成的资本金。个人资本金是社会个人或者本企业内部职工以个人合法财产投入企业形成的资本金。外商资本金是外国投资者以及港、澳、台地区投资者投入企业所形成的资本金。

实收资本和注册资本密切相关。所谓注册资本是企业在设立时向工商管理部门申请登记的资本总额，是企业各所有者认缴的出资额之和，表示出资各方应承担的责任和拥有的权利。注册资本又是企业的法定资本，在企业经营期内不得减少；实收资本是投资各方实际缴入的资本。只有实际收到投资者缴入资本时，才能增加企业"实收资本"。注册资本只是在实收资本入账时作为备忘，不单独入账。企业创立时，投资者按协议认缴资本，如果规定一次缴足，则投入资本应等于注册资本；如果规定分期缴入资本，在最后一次缴足之前，投入资本少于认缴注册资本。

投资者投入企业资本金的方式有现金、实物、无形资产、土地使用权等。

（2）其他权益工具。反映企业发行的除普通股以外的，分类为权益工具的金融工具的账面价值。

（3）优先股。反映企业发行的分类为权益工具的优先股的账面价值。

（4）永续债。反映企业发行的分类为权益工具的永续债的账面价值。

（5）资本公积。反映企业资本公积的期末余额。资本公积金包括投资者实际缴付的出资额超出其注册资本金的溢价（如股份公司发行股票的溢价净收入等），接受捐赠资产，企业因分立、合并及变更投资时对财产价值进行重估产生的增值，资本汇率折算差额等。

（6）库存股。企业收购的尚未转让或注销的本公司股份金额。

（7）其他综合收益。其他综合收益是指企业根据其他会计准则规定未在当期损益中确认的各项利得和损失。

（8）盈余公积。盈余公积金又分为法定盈余公积金和任意盈余公积金。

盈余公积金是企业盈利形成的所有者权益，按规定可用于弥补亏损或转增资本金。

此外，企业应当根据实际情况在资产负债表中调整或增设相关项目，如高危行业企业按国家规定提取的安全生产费，应当在资产负债表所有者权益下"其他综合收益"项目和"盈余公积"项目之间增设"专项储备"项目，反映企业提取的安全生产费期末余额。

（9）未分配利润。企业盈余形成的所有者权益，是企业实现利润用于弥补亏损、交纳所得税、提取盈余公积金、支付投资者利润、交纳财政特种基金后的余额。

二、利润表

（一）利润表的概念和作用

利润表是反映企业一定时期（月度、季度、年度内）经营成果的会计报表。

"收入−费用=利润"方程式所包含的经济内容是利润表体项目形成的依据。收入项目包括各种收入，如产品销售收入及其他业务收入等。费用（成本类）项目包括各种费用、成本以及从收入中补偿的各种税金及附加，如产品销售成本、产品销售费用、产品销售税金及附加、管理费用、财务费用等。利润类项目如营业利润、投资收益、营业外收入、营业外支出、利润总额等。多步式利润表中还包括利润分配的科目，对损益表提供的利润总额的去向做进一步说明。利润分配是反映企业在一定的会计期间实现的利润分配情况或企业亏损的弥补情况、上缴税金以及期末未分配利润的结余情况。

根据利润表可掌握企业的获利状况。获利的多少，不仅是评价企业工作成绩的根据，而且是缴纳税金、分配利润、提取公积金和公益金的依据。根据损益表提供的盈利情况，还可预测企业的盈利趋势，成为企业进行经营决策的重要依据。

（二）我国会计准则规定的利润表基本格式

利润表基本格式见表15-2。

表 15-2　　　　　　　　　　　利润表基本格式

编制单位：　　　　　　　　　　　_____年_____月　　　　　　　　　　　单位：元

项　　目	本期金额	上期金额
一、营业收入		
减：营业成本		
税金及附加		
销售费用		
管理费用		
财务费用		
资产减值损失		
加：公允价值变动收益（损失以"−"号填列）		
投资收益（损失以"−"号填列）		
其中：对联营企业和合营企业的投资收益		

项　　目	本期金额	上期金额
资产处置收益（损失以"-"号填列）		
其他收益		
二、营业利润（亏损以"-"号填列）		
加：营业外收入		
减：营业外支出		
三、利润总额（亏损总额以"-"号填列）		
减：所得税费用		
四、净利润（净亏损以"-"号填列）		
（一）持续经营净利润（净亏损以"-"号填列）		
（二）终止经营净利润（净亏损以"-"号填列）		
五、其他综合收益的税后净额		
（一）以后不能重分类进损益的其他综合收益		
1．重新计量设定受益计划净负债或净资产的变动		
2．权益法下在被投资单位不能重分类进损益的其他综合收益中享有的份额		
…		
（二）以后将重分类进损益的其他综合收益		
1．权益法下在被投资单位以后将重分类进损益的其他综合收益中享有的份额		
2．可供出售金融资产公允价值变动损益		
3．持有至到期投资重分类为可供出售金融资产损益		
4．现金流量套期损益的有效部分		
5．外币财务报表折算差额		
…		
六、综合收益总额		
七、每股收益		
（一）基本每股收益		
（二）稀释每股收益		

（三）利润表各科目的内容

1．营业收入

反映公司经营主要业务和其他业务所确认的收入总额。

（1）减：

1）营业成本。反映公司经营主要业务和其他业务发生的实际成本总额。

2）营业税金及附加。反映公司经营业务应负担的营业税、消费税、城市维护建设税、资源税、土地增值税和教育费附加等。

3）销售费用。反映公司在销售商品过程中发生的包装费、广告费等费用和为销售本企业商品而专设的销售机构的职工薪酬、业务费等经营费用。

4）管理费用。反映公司为组织和管理生产经营发生的管理费用。

5）财务费用。反映公司筹集生产经营所需资金等而发生的筹资费用，包括利息支出（减利息收入）、汇兑损失（减汇兑收益）以及相关的手续费等。

6）资产减值损失。反映公司各项资产发生的减值损失。

（2）加：

1）公允价值变动收益。反映公司按照相关准则规定应当记入当期损益的资产或负债公允价值变动收益。

2）投资收益。反映公司以各种方式对外投资所取得的收益。

3）资产处置收益。反映企业出售划分为持有待售的非流动资产（金融工具、长期股权投资和投资性房地产除外）或处置时确认的处置利得或损失，以及处置未划分为持有待售的固定资产、在建工程、生产性生物资产及无形资产而产生的处置利得或损失。债务重组中因处置非流动资产产生的利得或损失和非货币性资产交换产生的利得或损失也包括在本项目内。该项目应根据在损益类科目设置的"资产处置损益"科目的发生额分析填列；如为处置损失，以"－"号填列。

4）其他收益。反映计入其他收益的政府补助等。该项目应根据在损益类科目设置的"其他收益"科目的发生额分析填列。

2. 营业利润

营业收入减去营业成本（主营业务成本、其他业务成本）、税金及附加、销售费用、管理费用、财务费用、资产减值损失，加上公允价值变动收益、投资收益，即为营业利润。

（1）加：营业外收入。反映企业发生的营业利润以外的收益，主要包括债务重组利得、与企业日常活动无关的政府补助、盘盈利得、捐赠利得等。该项目应根据"营业外收入"科目的发生额分析填列。

（2）减：营业外支出。反映企业发生的营业利润以外的支出，主要包括债务重组损失、公益性捐赠支出、非常损失、盘亏损失、非流动资产毁损报废损失等。该项目应根据"营业外支出"科目的发生额分析填列。

3. 利润总额

反映公司实现的利润总额。如为亏损总额，以"－"号填列。利润总额是产品的销售利润加投资净收益加营业外收入减营业外支出的余额。

减：所得税费用。反映公司根据所得税准则确认的应当从当期利润总额中扣除的所得税费用。

4. 净利润

反映公司实现的净利润。如为亏损，以"－"号填列。

（1）持续经营净利润。反映净利润中与持续经营相关的净利润，如为净亏损，以"－"号填列。

（2）终止经营净利润。反映与终止经营相关的净利润，如为净亏损，以"－"号填列。

5. 其他综合收益的税后净额

反映企业应当以扣除相关所得税影响后的净额在利润表上单独列示的各项其他综合收

益项目。

（1）以后不能重分类进损益的其他综合收益。

1）重新计量设定受益计划净负债或净资产的变动。根据《企业会计准则 第 9 号 职工薪酬》，有设定受益计划形式离职后福利的企业应当将重新计量设定受益计划净负债或净资产导致的变动计入其他综合收益，并且在后续会计期间不允许转回至损益。

2）权益法下在被投资单位不能重分类进损益的其他综合收益中享有的份额。根据《企业会计准则 第 2 号 长期股权投资》，投资方取得长期股权投资后，应当按照应享有或应分担的被投资单位其他综合收益的份额，确认其他综合收益，同时调整长期股权投资的账面价值。投资单位在确定应享有或应分担的被投资单位其他综合收益的份额时，该份额的性质取决于被投资单位的其他综合收益的性质，即如果被投资单位的其他综合收益属于"以后会计期间不能重分类进损益"类别，则投资方确认的份额也属于"以后会计期间不能重分类进损益"类别。

（2）权益法下在被投资单位以后将重分类进损益的其他综合收益中享有的份额。根据《企业会计准则 第 2 号 长期股权投资》，投资方取得长期股权投资后，应当按照应享有或应分担的被投资单位其他综合收益的份额，确认其他综合收益，同时调整长期股权投资的账面价值。如果被投资单位的其他综合收益属于"以后会计期间在满足规定条件时将重分类进损益"类别，则投资方确认的份额也属于"以后会计期间在满足规定条件时将重分类进损益"类别。

1）可供出售金融资产公允价值变动损益。根据《企业会计准则 第 22 号 金融工具确认和计量》，可供出售金融资产公允价值变动形成的利得或损失，除减值损失和外币货币性金融资产形成的汇兑差额外，应当直接计入所有者权益（其他综合收益），在该金融资产终止确认时转出，计入当期损益；根据金融工具确认和计量准则规定将持有至到期投资重分类为可供出售金融资产的，在重分类日，该投资的账面价值与其公允价值之间的差额计入所有者权益（其他综合收益），在该可供出售金融资产发生减值或终止确认时转出，计入当期损益。

2）现金流量套期损益的有效部分。根据《企业会计准则 第 24 号 套期保值》，现金流量套期利得或损失中属于有效套期的部分，应当直接确认为所有者权益（其他综合收益）；属于无效套期的部分，应当计入当期损益。

6. 综合收益总额（略）

7. 每股收益

根据《企业会计准则 第 19 号 外币折算》，企业对境外经营的财务报表进行折算时，应当将外币财务报表折算差额在资产负债表中所有者权益项目下单独列示（其他综合收益）；企业在处置境外经营时，应当将资产负债表中所有者权益项目下列示的、与该境外经营相关的外币报表折算差额，自所有者权益项目转入处置当期损益，部分处置境外经营的，应当按处置的比例计算处置部分的外币财务报表折算差额，转入处置当期损益。

（1）基本每股收益。应当根据《企业会计准则 第 34 号 每股收益》的规定计算的金额填列。

（2）稀释每股收益。应当根据《企业会计准则 第 34 号 每股收益》的规定计算的金额填列。

所有者权益变动情况按表 15-3 予以反映。

表 15-3

所有者权益变动表基本格式

编制单位：　　　　　　　　　　　　年度____　　　　　　　　　　　　　　单位：元

项目	本年金额									上年金额								
	实收资本（或股本）	其他权益工具			资本公积	减：库存股	其他综合收益	盈余公积	未分配利润	所有者权益合计	实收资本（或股本）	其他权益工具			资本公积	减：库存股	其他综合收益	盈余公积	未分配利润	所有者权益合计
		优先股	永续债	其他								优先股	永续债	其他						
一、上年末余额																				
加：会计政策变更																				
前期差错更正																				
其他																				
二、本年初余额																				
三、本年增减变动金额（减少以"-"号填列）																				
（一）综合收益总额																				
（二）所有者投入和减少资本																				
1. 所有者投入的普通股																				
2. 其他权益工具持有者投入资本																				
3. 股份支付计入所有者权益的金额																				
4. 其他																				
（三）利润分配																				
1. 提取盈余公积																				
2. 对所有者（或股东）的分配																				
3. 其他																				
（四）所有者权益内部结转																				
1. 资本公积转增资本（或股本）																				
2. 盈余公积转增资本（或股本）																				
3. 盈余公积弥补亏损																				
4. 其他																				
四、本年末余额																				

三、现金流量表

（一）现金流量表的概念和作用

现金流量表主要反映企业在一定会计期间现金和现金等价物流入和流出的报表，对预测企业创造未来现金收入的能力极为有用。现金流量表分为主表和附表两部分，通过现金流量表，可以对企业生产现金和现金等价物的能力进行评价，并可估量企业生成现金和现金等价物的时间和确定性。因而，它被投资者和债权人视为最为有用、最可信赖、对决策最有参考价值的财务报表。

现金是指企业库存现金以及可以随时用于支付的存款。不能随时用于支付的存款不属于现金。现金等价物是指企业持有的期限短、流动性强、易于转换为已知金额现金、价值变动风险很小的投资。期限短，一般是指从购买日起三个月内到期。企业应当根据具体情况，确定现金等价物的范围，一经确定不得随意变更。

现金流量表的作用，可以概括为以下方面：

（1）估量企业生产现金和现金等价物的能力；

（2）有助于报表使用者设计决策模型，以评价和比较不同企业未来现金流量的现值；

（3）财务报表使用者将现金流量表提供的信息与其他财务报表所提供的信息联系起来，可以得出企业净资产变动的信息；

（4）评价企业的财务结构（包括资产流动性和偿债能力）；

（5）评价企业对现金流量金额和其确定性的调整能力；

（6）由于避免了不同企业对同样的交易和事项采用不同的会计处理所造成的影响，现金流量表信息提高了企业所报告的经营业绩的可比性。现金流量信息的揭示方式是将企业当期的现金流量划分为经营活动、投资活动和融资活动三个来源，这就是现金流量表的主要内容。

（二）现金流量表的格式

现金流量表基本格式见表 15-4。

表 15-4   **现金流量表基本格式**

编制单位：   ____年____月   单位：元

	项　目	本期金额	上期金额
1	经营活动产生的现金流量：		
	销售商品、提供劳务收到的现金		
	收到的税费返还		
	收到其他与经营活动有关的现金		
	经营活动现金流入小计		
	购买商品、接受劳务支付的现金		
	支付给职工以及为职工支付的现金		
	支付的各项税费		
	支付其他与经营活动有关的现金		
	经营活动现金流出小计		
	经营活动产生的现金流量净额		
2	投资活动产生的现金流量：		

续表

	项　目	本期金额	上期金额
2	收回投资收到的现金		
	取得投资收益收到的现金		
	处置固定资产、无形资产和其他长期资产收回的现金净额		
	处置子公司及其他营业单位收到的现金净额		
	收到其他与投资活动有关的现金		
	投资活动现金流入小计		
	购建固定资产、无形资产和其他长期资产支付的现金		
	投资支付的现金		
	取得子公司及其他营业单位支付的现金净额		
	支付其他与投资活动有关的现金		
	投资活动现金流出小计		
	投资活动产生的现金流量净额		
3	筹资活动产生的现金流量：		
	吸收投资收到的现金		
	取得借款收到的现金		
	收到其他与筹资活动有关的现金		
	筹资活动现金流入小计		
	偿还债务支付的现金		
	分配股利、利润或偿付利息支付的现金		
	支付其他与筹资活动有关的现金		
	筹资活动现金流出小计		
	筹资活动产生的现金流量净额		
4	汇率变动对现金及现金等价物的影响		
5	现金及现金等价物净增加额		
	加：期初现金及现金等价物余额		
6	期末现金及现金等价物余额		

1. 经营活动产生的现金流量

（1）销售商品、提供劳务收到的现金。反映企业本期销售商品、提供劳务收到的现金，以及前期销售商品、提供劳务本期收到的现金（包括销售收入和应向购买者收取的增值税销项税额）和本期预收的款项，减去本期销售本期退回的商品和前期销售本期退回的商品支付的现金。

（2）收到的税费返还。反映企业收到返还的增值税、所得税、消费税、关税和教育费附加返还款等各种税费。

（3）收到其他与经营活动有关的现金。反映企业收到的罚款收入、经营租赁收到的租金等其他与经营活动有关的现金流入，金额较大的应当单独列示。

（4）购买商品、接受劳务支付的现金。反映企业本期购买商品、接受劳务实际支付的现金（包括增值税进项税额），以及本期支付前期购买商品、接受劳务的未付款项和本期预付款项，减去本期发生的购货退回收到的现金。

（5）支付给职工以及为职工支付的现金。反映企业本期实际支付给职工的工资、奖金、各种津贴和补贴等职工薪酬等。但应由在建工程、无形资产负担的职工薪酬以及支付的退休人员的职工薪酬除外。

（6）支付的各项税费。反映企业本期发生并支付的、本期支付以前各期发生的以及预交的教育费附加、矿产资源补偿费、印花税、房产税、土地增值税、车船使用税、增值税，计入固定资产价值、实际支付的耕地占用税、本期退回的增值税、所得税等除外。

（7）支付的其他与经营活动有关的现金。反映企业支付的罚款支出、差旅费、业务招待费、保险费、经营租赁支付的现金等其他与经营活动有关的现金流出，金额较大的应当单独列示。

（8）经营活动产生的现金流量净额。

2. 投资活动产生的现金流量

（1）收回投资收到的现金。反映企业出售、转让或到期收回除现金等价物以外的交易性金融资产、长期股权投资而收到的现金，以及收回长期债券投资本金而收到的现金，但长期债权投资收回的利息除外。

（2）取得投资收益收到的现金。反映企业因股权性投资而分得的现金股利，从子公司、联营企业或合营企业分回利润而收到的现金，以及因债权性投资而取得的现金利息收入，但股票股利除外。

（3）处置固定资产、无形资产和其他长期资产收回的现金净额。反映企业出售、报废固定资产、无形资产和其他长期资产所取得的现金（包括因资产毁损而收到的保险赔偿收入），减去为处置这些资产而支付的有关费用后的净额，但现金净额为负数的除外。

（4）处置子公司及其他营业单位收到的现金净额。反映企业处置子公司及其他营业单位所取得的现金减去相关处置费用后的净额。

（5）收到其他与投资活动有关的现金。反映企业除上述（1）～（4）各项目外收到的其他与投资活动有关的现金流入，金额较大的应当单独列示。

（6）购建固定资产、无形资产和其他长期资产支付的现金。反映企业购买、建造固定资产、取得无形资产和其他长期资产所支付的现金及增值税款、支付的应由在建工程和无形资产负担的职工薪酬现金支出，但为购建固定资产、无形资产和其他长期资产而发生的借款利息资本化部分、融资租入固定资产所支付的租赁费除外。

（7）投资支付的现金。企业所取得的除现金等价物以外的权益性投资和债权性投资所支付的现金以及支付的佣金、手续费等附加费用。

（8）取得子公司及其他营业单位支付的现金净额。反映企业购买子公司及其他营业单位购买出价中以现金支付的部分，减去子公司或其他营业单位持有的现金和现金等价物后的净额。

（9）支付其他与投资活动有关的现金。反映企业除上述（6）～（8）各项目外支付的其他与投资活动有关的现金流出，金额较大的应当单独列示。

3. 筹资活动产生的现金流量

（1）吸收投资收到的现金。反映企业以发行股票、债券等方式筹集资金实际收到的款项，减去直接支付给金融企业的佣金、手续费、宣传费、咨询费、印刷费等发行费用后的净额。

（2）取得借款收到的现金。反映企业举借各种短期、长期借款而收到的现金。

（3）偿还债务支付的现金。反映企业以现金偿还债务的本金。

（4）分配股利、利润或偿付利息支付的现金。反映企业实际支付的现金股利、支付给其他投资单位的利润或用现金支付的借款利息、债券利息。

（5）收到其他与筹资活动有关的现金。反映企业除上述（1）～（4）项目外，收到的其他与筹资活动有关的现金流入，价值较大的应当单独列示。

（6）支付其他与筹资活动有关的现金。反映企业除上述（1）～（4）项目外，支付的其他与筹资活动有关的现金流出，包括以发行股票、债券等方式筹集资金而由企业直接支付的审计和咨询费用、为购建固定资产而发生的借款利息资本化部分、融资租入固定资产所支付的租赁费、以分期付款方式购建固定资产以后各期支付的现金等。

4. 汇率变动对现金及现金等价物的影响

"汇率变动对现金及现金等价物的影响"项目，反映下列项目的差额：

（1）企业外币现金流量及境外子公司的现金流量折算为记账本位币时，所采用的现金流量发生日的即期汇率或按照系统合理的方法确定的、与现金流量发生日即期汇率近似的汇率折算的金额；

（2）"现金及现金等价物净增加额"中外币现金净增加额按期末汇率折算的金额。

（三）现金流量表附注的格式

现金流量表附注基本格式见表 15-5。

表 15-5　　　　　　　　　　　现金流量表附注基本格式

	补　充　资　料	本期金额	上期金额
1	将净利润调节为经营活动现金流量：		
	净利润		
	加：资产减值准备		
	固定资产折旧、油气资产折耗、生产性生物资产折旧		
	无形资产摊销		
	长期待摊费用摊销		
	处置固定资产、无形资产和其他长期资产的损失（收益以"－"号填列）		
	固定资产报废损失（收益以"－"号填列）		
	公允价值变动损失（收益以"－"号填列）		
	财务费用（收益以"－"号填列）		
	投资损失（收益以"－"号填列）		
	递延所得税资产减少（增加以"－"号填列）		
	递延所得税负债增加（减少以"－"号填列）		
	存货的减少（增加以"－"号填列）		
	经营性应收项目的减少（增加以"－"号填列）		
	经营性应付项目的增加（减少以"－"号填列）		

补充资料		本期金额	上期金额
	其他		
	经营活动产生的现金流量净额		
2	不涉及现金收支的重大投资和筹资活动：		
	债务转为资本		
	一年内到期的可转换公司债券		
	融资租入固定资产		
3	现金及现金等价物净变动情况：		
	现金的期末余额		
	减：现金的期初余额		
	加：现金等价物的期末余额		
	减：现金等价物的期初余额		
	现金及现金等价物净增加额		

1. 将净利润调节为经营活动现金流量

（1）资产减值准备。反映公司本期计提的坏账准备、存货跌价准备、长期股权投资减值准备、持有至到期投资减值准备、投资性房地产减值准备、固定资产减值准备、在建工程减值准备、无形资产减值准备、商誉减值准备等。

（2）固定资产折旧。反映公司本期计提的固定资产折旧。

（3）无形资产摊销和长期待摊费用摊销。反映公司本期计提的无形资产摊销、长期待摊费用摊销。

（4）处置固定资产、无形资产和其他长期资产的损失。反映公司本期处置固定资产、无形资产和其他长期资产发生的损益。

（5）公允价值变动损失。反映公司持有的交易性金融资产、金融负债以及采用公允价值计量模式的投资性房地产的公允价值变动损益。

（6）财务费用。反映公司利润表"财务费用"项目的金额。

（7）投资损失。反映公司利润表"投资收益"项目的金额。

（8）递延所得税资产减少。反映公司资产负债表"递延所得税资产减少"项目的期初余额与期末余额的差额。

（9）递延所得税负债增加。反映公司资产负债表"递延所得税负债增加"项目的期初余额与期末余额的差额。

（10）存货的减少。反映公司资产负债表"存货"项目的期初余额与期末余额的差额。

（11）经营性应收项目的减少。反映公司本期经营性应收项目（包括应收票据、应收账款、预付账款、长期应收款和其他应收款中与经营活动有关的部分，以及应收的增值税销项税额等）的期初余额与期末余额的差额。

（12）经营性应付项目的增加。反映公司本期经营性应付项目（包括应付票据、应付账款、预收账款、应付职工薪酬、应交税费、应付利息、应付股利、长期应付款和其他应付款中与经营活动有关的部分，以及应付的增值税进项税额等）的期初余额与期末余额的差额。

2. 不涉及现金收支的投资和筹资活动

反映企业一定期间内影响资产或负债但不形成该期现金收支的所有投资和筹资活动的信息：

（1）债务转为资本。反映公司本期转为资本的债务金额。

（2）一年内到期的可转换公司债券。反映公司一年内到期的可转换公司债券的本息。

（3）融资租入固定资产。反映公司本期融资租入固定资产的最低租赁付款额扣除应分期计入利息费用的未确认融资费用的净额。

3. 现金及现金等价物净增加额

与现金流量表中的"现金及现金等价物净增加额"项目的金额应当相等。

四、合并财务报表

（一）合并财务报表的概念

为了适应我国经济发展需要，进一步提高企业合并财务报表质量，《企业会计准则　第33号　合并财务报表》（2014年修订）对合并财务报表的编制和列报进行了详细规定。

合并财务报表，是指反映母公司和其全部子公司形成的企业集团整体财务状况、经营成果和现金流量的财务报表。其中，母公司是指控制一个或一个以上主体（含企业、被投资单位中可分割的部分，以及企业所控制的结构化主体等）的主体；子公司是指被母公司控制的主体。

（二）合并财务报表的组成部分

合并财务报表至少应当包括下列组成部分：

（1）合并资产负债表；

（2）合并利润表；

（3）合并现金流量表；

（4）合并所有者权益（或股东权益，下同）变动表；

（5）附注。

企业集团中期期末编制合并财务报表的，至少应当包括合并资产负债表、合并利润表、合并现金流量表和附注。母公司若为投资性主体，且不存在为其投资活动提供相关服务的子公司，则不应当编制合并财务报表，母公司以公允价值计量其对所有子公司的投资，且公允价值变动计入当期损益。

外币财务报表折算，适用《企业会计准则　第19号　外币折算》和《企业会计准则　第31号　现金流量表》的相关规定；子公司权益的披露，适用《企业会计准则　第41号　在其他主体中权益的披露》的相关规定。

（三）合并范围

合并财务报表的合并范围应当以控制为基础予以确定。

1. 控制的含义

控制，是指投资方拥有对被投资方的权力，通过参与被投资方的相关活动而享有可变回报，并且有能力运用对被投资方的权力影响其回报金额。

2. 相关事实和情况

相关活动，是指对被投资方的回报产生重大影响的活动。

被投资方的相关活动应当根据具体情况进行判断，通常包括商品或劳务的销售和购买、金融资产的管理、资产的购买和处置、研究与开发活动以及融资活动等。

投资方应当在综合考虑所有相关事实和情况的基础上对是否控制被投资方进行判断。一旦相关事实和情况的变化导致对控制定义所涉及的相关要素发生变化的，投资方应当进行重新评估。

相关事实和情况主要包括：

（1）被投资方的设立目的；

（2）被投资方的相关活动以及如何对相关活动作出决策；

（3）投资方享有的权利是否使其目前有能力主导被投资方的相关活动；

（4）投资方是否通过参与被投资方的相关活动而享有可变回报；

（5）投资方是否有能力运用对被投资方的权力影响其回报金额；

（6）投资方与其他方的关系。

3．是否拥有被投资方权力的判断

投资方享有现时权利使其目前有能力主导被投资方的相关活动，而不论其是否实际行使该权利，视为投资方拥有对被投资方的权力。两个或两个以上投资方分别享有能够单方面主导被投资方不同相关活动的现时权利的，能够主导对被投资方回报产生最重大影响的活动的一方拥有对被投资方的权力。

投资方在判断是否拥有对被投资方的权力时，应当仅考虑与被投资方相关的实质性权利，包括自身所享有的实质性权利以及其他方所享有的实质性权利。

实质性权利，是指持有人在对相关活动进行决策时有实际能力行使的可执行权利。判断一项权利是否为实质性权利，应当综合考虑所有相关因素，包括权利持有人行使该项权利是否存在财务、价格、条款、机制、信息、运营、法律法规等方面的障碍；当权利由多方持有或者行权需要多方同意时，是否存在实际可行的机制使得这些权利持有人在其愿意的情况下能够一致行权；权利持有人能否从行权中获利等。

某些情况下，其他方享有的实质性权利有可能阻止投资方对被投资方的控制。这种实质性权利既包括提出议案以供决策的主动性权利，也包括对已提出议案作出决策的被动性权利。

仅享有保护性权利的投资方不拥有对被投资方的权力。保护性权利是指仅为了保护权利持有人利益却没有赋予持有人对相关活动决策权的一项权利。保护性权利通常只能在被投资方发生根本性改变或某些例外情况发生时才能够行使，它既没有赋予其持有人对被投资方拥有权力，也不能阻止其他方对被投资方拥有权力。

除非有确凿证据表明其不能主导被投资方相关活动，下列情况表明投资方对被投资方拥有权力：

（1）投资方持有被投资方半数以上的表决权的。

（2）投资方持有被投资方半数或以下的表决权，但通过与其他表决权持有人之间的协议能够控制半数以上表决权的。

投资方持有被投资方半数或以下的表决权，但综合考虑下列事实和情况后，判断投资方持有的表决权足以使其目前有能力主导被投资方相关活动的,视为投资方对被投资方拥有权力：

1）投资方持有的表决权相对于其他投资方持有的表决权份额的大小，以及其他投资方持有表决权的分散程度。

2）投资方和其他投资方持有的被投资方的潜在表决权，如可转换公司债券、可执行认股权证等。

3）其他合同安排产生的权利。

4）被投资方以往的表决权行使情况等其他相关事实和情况。

当表决权不能对被投资方的回报产生重大影响时，如仅与被投资方的日常行政管理活动有关，并且被投资方的相关活动由合同安排所决定，投资方需要评估这些合同安排，以评价其享有的权利是否足够使其拥有对被投资方的权力。

某些情况下，投资方可能难以判断其享有的权利是否足以使其拥有对被投资方的权力。在这种情况下，投资方应当考虑其具有实际能力以单方面主导被投资方相关活动的证据，从而判断其是否拥有对被投资方的权力。投资方应考虑的因素包括但不限于下列事项：

1）投资方能否任命或批准被投资方的关键管理人员。

2）投资方能否出于其自身利益决定或否决被投资方的重大交易。

3）投资方能否掌控被投资方董事会等类似权力机构成员的任命程序，或者从其他表决权持有人手中获得代理权。

4）投资方与被投资方的关键管理人员或董事会等类似权力机构中的多数成员是否存在关联方关系。

投资方与被投资方之间存在某种特殊关系的，在评价投资方是否拥有对被投资方的权力时，应当适当考虑这种特殊关系的影响。特殊关系通常包括：被投资方的关键管理人员是投资方的现任或前任职工、被投资方的经营依赖于投资方、被投资方活动的重大部分有投资方参与其中或者是以投资方的名义进行、投资方自被投资方承担可变回报的风险或享有可变回报的收益远超过其持有的表决权或其他类似权利的比例等。

投资方自被投资方取得的回报可能随着被投资方业绩而变动的，视为享有可变回报。投资方应当基于合同安排的实质而非回报的法律形式对回报的可变性进行评价。

投资方在判断是否控制被投资方时，应当确定其自身是以主要责任人还是代理人的身份行使决策权，在其他方拥有决策权的情况下，还需要确定其他方是否以其代理人的身份代为行使决策权。代理人仅代表主要责任人行使决策权，不控制被投资方。投资方将被投资方相关活动的决策权委托给代理人的，应当将该决策权视为自身直接持有。

在确定决策者是否为代理人时，应当综合考虑该决策者与被投资方以及其他投资方之间的关系：

1）存在单独一方拥有实质性权利可以无条件罢免决策者的，该决策者为代理人。

2）除1）以外的情况下，应当综合考虑决策者对被投资方的决策权范围、其他方享有的实质性权利、决策者的薪酬水平、决策者因持有被投资方中的其他权益所承担可变回报的风险等相关因素进行判断。

投资方通常应当对是否控制被投资方整体进行判断。但极个别情况下，有确凿证据表明同时满足下列条件并且符合相关法律法规规定的，投资方应当将被投资方的一部分（简称"该部分"）视为被投资方可分割的部分（单独主体），进而判断是否控制该部分（单独主体）：

1）该部分的资产是偿付该部分负债或该部分其他权益的唯一来源，不能用于偿还该部分以外的被投资方的其他负债；

2）除与该部分相关的各方外，其他方不享有与该部分资产相关的权利，也不享有与该部分资产剩余现金流量相关的权利。

4. 投资性主体的判断

当母公司同时满足下列条件时，该母公司属于投资性主体：

（1）该公司是以向投资者提供投资管理服务为目的，从一个或多个投资者处获取资金；

（2）该公司的唯一经营目的，是通过资本增值、投资收益或两者兼有而让投资者获得回报；

（3）该公司按照公允价值对几乎所有投资的业绩进行考量和评价。

母公司属于投资性主体的，通常情况下应当符合下列所有特征：

1）拥有一个以上投资；

2）拥有一个以上投资者；

3）投资者不是该主体的关联方；

4）其所有者权益以股权或类似权益方式存在。

若母公司为投资性主体，则母公司应当仅将为其投资活动提供相关服务的子公司（如有）纳入合并范围并编制合并财务报表；其他子公司不应当予以合并，母公司对其他子公司的投资应当按照公允价值计量且其变动计入当期损益。

若投资性主体的母公司本身不是投资性主体，则应当将其控制的全部主体，包括那些通过投资性主体所间接控制的主体，纳入合并财务报表范围。

当母公司由非投资性主体转变为投资性主体时，除仅将为其投资活动提供相关服务的子公司纳入合并财务报表范围编制合并财务报表外，企业自转变日起对其他子公司不再予以合并，并参照《企业会计准则　第33号　合并财务报表》（2014年修订）第四十九条的规定，按照视同在转变日处置子公司但保留剩余股权的原则进行会计处理。

当母公司由投资性主体转变为非投资性主体时，应将原未纳入合并财务报表范围的子公司于转变日纳入合并财务报表范围，原未纳入合并财务报表范围的子公司在转变日的公允价值视同为购买的交易对价。

（四）合并程序

母公司应当统一子公司所采用的会计政策，使子公司采用的会计政策与母公司保持一致。子公司所采用的会计政策与母公司不一致的，应当按照母公司的会计政策对子公司财务报表进行必要的调整；或者要求子公司按照母公司的会计政策另行编报财务报表。

母公司应当统一子公司的会计期间，使子公司的会计期间与母公司保持一致。子公司的会计期间与母公司不一致的，应当按照母公司的会计期间对子公司财务报表进行调整；或者要求子公司按照母公司的会计期间另行编报财务报表。

母公司应当以自身和其子公司的财务报表为基础，根据其他有关资料，编制合并财务报表。母公司编制合并财务报表，应当将整个企业集团视为一个会计主体，依据相关企业会计准则的确认、计量和列报要求，按照统一的会计政策，反映企业集团整体财务状况、经营成果和现金流量。

（1）合并母公司与子公司的资产、负债、所有者权益、收入、费用和现金流等项目。

（2）抵销母公司对子公司的长期股权投资与母公司在子公司所有者权益中所享有的份额。

（3）抵销母公司与子公司、子公司相互之间发生的内部交易的影响。内部交易表明相关资产发生减值损失的，应当全额确认该部分损失。

（4）站在企业集团角度对特殊交易事项予以调整。

在编制合并财务报表时，子公司除了应当向母公司提供财务报表外，还应当向母公司提供下列有关资料：

　　1）采用的与母公司不一致的会计政策及其影响金额；

　　2）与母公司不一致的会计期间的说明；

　　3）与母公司、其他子公司之间发生的所有内部交易的相关资料；

　　4）所有者权益变动的有关资料；

　　5）编制合并财务报表所需要的其他资料。

（五）合并资产负债表

合并资产负债表应当以母公司和子公司的资产负债表为基础，在抵销母公司与子公司、子公司相互之间发生的内部交易对合并资产负债表的影响后，由母公司合并编制。

（1）母公司对子公司的长期股权投资与母公司在子公司所有者权益中所享有的份额应当相互抵销，同时抵销相应的长期股权投资减值准备。

子公司持有母公司的长期股权投资，应当视为企业集团的库存股，作为所有者权益的减项，在合合并资产负债表中所有者权益项目下以"减：库存股"项目列示。子公司相互之间持有的长期股权投资，应当比照母公司对子公司的股权投资的抵销方法，将长期股权投资与其对应的子公司所有者权益中所享有的份额相互抵销。

（2）母公司与子公司、子公司相互之间的债权与债务项目应当相互抵销，同时抵销相应的减值准备。

（3）母公司与子公司、子公司相互之间销售商品（或提供劳务，下同）或其他方式形成的存货、固定资产、工程物资、在建工程、无形资产等所包含的未实现内部销售损益应当抵销。

（4）母公司与子公司、子公司相互之间发生的其他内部交易对合并资产负债表的影响应当抵销。

（5）因抵销未实现内部销售损益导致合并资产负债表中资产、负债的账面价值与其在所属纳税主体的计税基础之间产生暂时性差异的，在合并资产负债表中应当确认递延所得税资产或递延所得税负债，同时调整合并利润表中的所得税费用，但与直接计入所有者权益的交易或事项及企业合并相关的递延所得税除外。

子公司所有者权益中不属于母公司的份额，应当作为少数股东权益，在合并资产负债表中所有者权益项目下以"少数股东权益"项目列示。

母公司在报告期内因同一控制下企业合并增加的子公司以及业务，编制合并资产负债表时，应当调整合并资产负债表的期初数，同时应当对比较报表的相关项目进行调整，视同合并后的报告主体自最终控制方开始控制时点起一直存在。因非同一控制下企业合并或其他方式增加的子公司以及业务，编制合并资产负债表时，不应当调整合并资产负债表的期初数。母公司在报告期内处置子公司以及业务，编制合并资产负债表时，不应当调整合并资产负债表的期初数。

（六）合并利润表

合并利润表应当以母公司和子公司的利润表为基础，在抵销母公司与子公司、子公司相互之间发生的内部交易对合并利润表的影响后，由母公司合并编制。

（1）母公司与子公司、子公司相互之间销售商品所产生的营业收入和营业成本应当抵销。

母公司与子公司、子公司相互之间销售商品，期末全部实现对外销售的，应当将购买方的营业成本与销售方的营业收入相互抵销。

母公司与子公司、子公司相互之间销售商品，期末未实现对外销售而形成存货、固定资产、工程物资、在建工程、无形资产等资产的，在抵销销售商品的营业成本和营业收入的同时，应当将各项资产所包含的未实现内部销售损益予以抵销。

（2）在对母公司与子公司、子公司相互之间销售商品形成的固定资产或无形资产所包含的未实现内部销售损益进行抵销的同时，也应当对固定资产的折旧额或无形资产的摊销额与未实现内部销售损益相关的部分进行抵销。

（3）母公司与子公司、子公司相互之间持有对方债券所产生的投资收益、利息收入及其他综合收益等，应当与其相对应的发行方利息费用相互抵销。

（4）母公司对子公司、子公司相互之间持有对方长期股权投资的投资收益应当抵销。

（5）母公司与子公司、子公司相互之间发生的其他内部交易对合并利润表的影响应当抵销。

子公司当期净损益中属于少数股东权益的份额，应当在合并利润表中净利润项目下以"少数股东损益"项目列示。子公司当期综合收益中属于少数股东权益的份额，应当在合并利润表中综合收益总额项目下以"归属于少数股东的综合收益总额"项目列示。

母公司向子公司出售资产所发生的未实现内部交易损益，应当全额抵销"归属于母公司所有者的净利润"。子公司向母公司出售资产所发生的未实现内部交易损益，应当按照母公司对该子公司的分配比例在"归属于母公司所有者的净利润"和"少数股东损益"之间分配抵销。子公司之间出售资产所发生的未实现内部交易损益，应当按照母公司对出售方子公司的分配比例在"归属于母公司所有者的净利润"和"少数股东损益"之间分配抵销。

子公司少数股东分担的当期亏损超过了少数股东在该子公司期初所有者权益中所享有的份额的，其余额仍应当冲减少数股东权益。

母公司在报告期内因同一控制下企业合并增加的子公司以及业务，应当将该子公司以及业务合并当期期初至报告期末的收入、费用、利润纳入合并利润表，同时应当对比较报表的相关项目进行调整，视同合并后的报告主体自最终控制方开始控制时点起一直存在。因非同一控制下企业合并或其他方式增加的子公司以及业务，应当将该子公司以及业务购买日至报告期末的收入、费用、利润纳入合并利润表。

母公司在报告期内处置子公司以及业务，应当将该子公司以及业务期初至处置日的收入、费用、利润纳入合并利润表。

（七）合并现金流量表

合并现金流量表应当以母公司和子公司的现金流量表为基础，在抵销母公司与子公司、子公司相互之间发生的内部交易对合并现金流量表的影响后，由母公司合并编制。

编制合并现金流量表应当符合下列要求：

（1）母公司与子公司、子公司相互之间当期以现金投资或收购股权增加的投资所产生的现金流量应当抵销。

（2）母公司与子公司、子公司相互之间当期取得投资收益、利息收入收到的现金，应当与分配股利、利润或偿付利息支付的现金相互抵销。

（3）母公司与子公司、子公司相互之间以现金结算债权与债务所产生的现金流量应当抵销。

（4）母公司与子公司、子公司相互之间当期销售商品所产生的现金流量应当抵销。

（5）母公司与子公司、子公司相互之间处置固定资产、无形资产和其他长期资产收回的现金净额，应当与购建固定资产、无形资产和其他长期资产支付的现金相互抵销。

（6）母公司与子公司、子公司相互之间当期发生的其他内部交易所产生的现金流量应当抵销。

合并现金流量表及其补充资料也可以根据合并资产负债表和合并利润表进行编制。

母公司在报告期内因同一控制下企业合并增加的子公司以及业务，应当将该子公司以及业务合并当期期初至报告期末的现金流量纳入合并现金流量表，同时应当对比较报表的相关项目进行调整，视同合并后的报告主体自最终控制方开始控制时点起一直存在。因非同一控制下企业合并增加的子公司以及业务，应当将该子公司购买日至报告期末的现金流量纳入合并现金流量表。

母公司在报告期内处置子公司以及业务，应当将该子公司以及业务期初至处置日的现金流量纳入合并现金流量表。

（八）合并所有者权益变动表

合并所有者权益变动表应当以母公司和子公司的所有者权益变动表为基础，在抵销母公司与子公司、子公司相互之间发生的内部交易对合并所有者权益变动表的影响后，由母公司合并编制。

（1）母公司对子公司的长期股权投资应当与母公司在子公司所有者权益中所享有的份额相互抵销。

（2）母公司对子公司、子公司相互之间持有对方长期股权投资的投资收益应当抵销。

（3）母公司与子公司、子公司相互之间发生的其他内部交易对所有者权益变动的影响应当抵销。

合并所有者权益变动表也可以根据合并资产负债表和合并利润表进行编制。有少数股东的，应当在合并所有者权益变动表中增加"少数股东权益"栏目，反映少数股东权益变动的情况。

（九）特殊交易的会计处理

母公司购买子公司少数股东拥有的子公司股权，在合并财务报表中，因购买少数股权新取得的长期股权投资与按照新增持股比例计算应享有子公司自购买日或合并日开始持续计算的净资产份额之间的差额，应当调整资本公积（资本溢价或股本溢价），资本公积不足冲减的，调整留存收益。

企业因追加投资等原因能够对非同一控制下的被投资方实施控制的，在合并财务报表中，对于购买日之前持有的被购买方的股权，应当按照该股权在购买日的公允价值进行重新计量，公允价值与其账面价值的差额计入当期投资收益；购买日之前持有的被购买方的股权涉及权益法核算下的其他综合收益等的，与其相关的其他综合收益等应当转为购买日所属当期收益。购买方应当在附注中披露其在购买日之前持有的被购买方的股权在购买日的公允价值、按照公允价值重新计量产生的相关利得或损失的金额。

母公司在不丧失控制权的情况下部分处置对子公司的长期股权投资，在合并财务报表中，处置价款与处置长期股权投资相对应享有子公司自购买日或合并日开始持续计算的净资产份额之间的差额，应当调整资本公积（资本溢价或股本溢价）。资本公积不足冲减的，调整留存收益。

企业因处置部分股权投资等原因丧失了对被投资方的控制权的，在编制合并财务报表时，对于剩余股权，应当按照其在丧失控制权日的公允价值进行重新计量。处置股权取得的对价与剩余股权公允价值之和，减去按原持股比例计算应享有原有子公司自购买日或合并日开始持续计算的净资产的份额之间的差额，计入丧失控制权当期的投资收益，同时冲减商誉。与原有子公司股权投资相关的其他综合收益等，应当在丧失控制权时转为当期投资收益。

企业通过多次交易分步处置对子公司股权投资直至丧失控制权的，如果处置对子公司股权投资直至丧失控制权的各项交易属于一揽子交易的，应当将各项交易作为一项处置子公司并丧失控制权的交易进行会计处理；但是，在丧失控制权之前每一次处置价款与处置投资对应的享有该子公司净资产份额的差额，在合并财务报表中应当确认为其他综合收益，在丧失控制权时一并转入丧失控制权当期的损益。

处置对子公司股权投资的各项交易的条款、条件以及经济影响符合下列一种或多种情况，通常表明应将多次交易事项作为一揽子交易进行会计处理：

（1）这些交易是同时或者在考虑了彼此影响的情况下订立的。

（2）这些交易整体才能达成一项完整的商业结果。

（3）一项交易的发生取决于其他至少一项交易的发生。

（4）一项交易单独考虑时是不经济的，但是和其他交易一并考虑时是经济的。

对于这里未列举的交易或者事项，如果站在企业集团合并财务报表角度的确认和计量结果与其所属的母公司或子公司的个别财务报表层面的确认和计量结果不一致的，则在编制合并财务报表时，也应当按照《企业会计准则　第 33 号　合并财务报表》（2014 年修订）第二十六条第二款第（四）项的规定，对其确认和计量结果予以相应调整。

第三节　财务比率分析

财务比率分析是指在相同会计期间或同一营运周期内，对公司盈利能力、营运能力、偿债能力等方面进行的相关财务指标分析。

一、盈利及运营能力分析

（一）盈利能力分析

公司盈利能力是指公司赚取利润的能力。盈利能力是公司财务分析的重要组成部分，也是评价公司经营管理水平的重要依据。

评价公司获利能力的指标很多，通常主要使用的有销售净利率、净资产收益率等。

1. 销售净利率

销售净利率是指净利润与主营业务收入的百分比。其计算公式为

$$销售净利率 = \frac{净利润}{销售收入} \times 100\% \tag{15-1}$$

通过销售净利率的分析，可以促进公司在扩大销售的同时，注意改进经营管理，提高盈利水平。

2. 净资产收益率

净资产收益率是指一定时期内公司的净利润与股东权益平均总额的比率。其计算公式为

$$净资产收益率 = \frac{净利润}{平均净资产} \times 100\% \tag{15-2}$$

其中
$$平均净资产 = \frac{年初净资产 + 年末净资产}{2}$$

净资产收益率反映公司所有者权益的投资净利率，具有很强的综合性。

3. 资产净利率

资产净利率是净利润与平均资产总额的百分比。计算公式为

$$资产净利率 = \frac{净利润}{平均资产总额} \times 100\%$$　　　　　　（15-3）

其中
$$平均资产总额 = \frac{年初资产总额 + 年末资产总额}{2}$$

该指标越高，表明资产的利用效率越高，说明公司在增加收入和节约资金使用等方面取得了良好的效果，否则相反。

（二）营运能力分析

公司的营运能力反映了公司资金周转状况，对此进行分析，可以了解公司的营业状况及经营管理水平。评价公司营运能力常用的财务比率有总资产周转率、存货周转率等。

1. 总资产周转率

总资产周转率是公司主营业务收入与资产平均总额的比率。计算公式为

$$总资产周转量 = \frac{销售收入}{资产平均总额}$$　　　　　　（15-4）

其中
$$资产平均总额 = \frac{期初资产总额 + 期末资产总额}{2}$$

该指标反映了资产总额的周转速度。周转越快，反映销售能力越强。公司可以通过薄利多销的办法，加速资产的周转，带来利润绝对额的增加。

2. 存货周转率

存货周转率是主营业务成本除以平均存货所得的比率，也称存货周转次数。如果用时间表示存货周转率就是存货周转天数。其计算公式为

$$存货周转率 = \frac{销售成本}{平均存货}$$　　　　　　（15-5）

销售成本应该为主营业务成本。

存货周转天数为

$$存货周转天数 = \frac{360}{存货周转率} = \frac{平均存货 \times 360}{销售成本}$$

存货周转速度越快，存货的占用水平越低，流动性越强，存货转化为现金或应收账款的速度越快。

3. 应收账款周转率

应收账款周转率是指一定时期内（如一年）应收账款转为现金的平均次数，它说明应收账款流动的速度。用时间表示的周转速度是应收账款周转天数，也称应收账款平均收现期。则

$$应收账款周转率 = \frac{销售收入}{平均应收账款}$$　　　　　　（15-6）

$$应收账款周转天数 = \frac{360}{应收账款周转率} = \frac{平均应收账款 \times 360}{销售收入}$$

应收账款周转率越高，平均收账期越短，说明应收账款的收回越快。否则，公司的营运资金会过多地呆滞在应收账款上，影响正常的资金周转。

二、偿债能力分析

偿债能力即企业偿还本身所欠债务的能力。一般来说，包括短期偿债能力指标和长期偿债能力指标。其主要包括长期偿债能力比率和短期偿债能力比率。

（一）长期偿债能力比率

1. 资产负债率

$$资产负债率 = \frac{负债总额}{资产总额} \times 100\% \tag{15-7}$$

资产负债率是衡量企业长期偿债能力的一个重要指标。从债权人角度看，该指标越小，企业偿债越有保障；从所有者和经营者的角度看，适当的负债是有益的，一般认为该指标为50%比较合适。

2. 利息保障倍数

$$利息保障倍数 = \frac{息税前利润总额}{利息支出} \tag{15-8}$$

利息保障倍数表明1元债务利息有多少倍的息税前收益作保障，它可以反映债务政策的风险大小。一般来说，该指标越高，长期偿债能力越强；反之，企业的偿债能力越差。

（二）短期偿债能力比率

1. 流动比率

流动比率是公司流动资产与流动负债的比率，即

$$流动比率 = \frac{流动资产}{流动负债}$$

该指标越高，说明公司偿还流动负债的能力越强。但是，过高的流动比率可能是公司滞留在流动资产上的资金过多，未能有效地加以利用，可能影响公司的获利能力。一般而言，流动比率在2:1左右比较合适。

2. 速动比率

速动比率即为速动资产除以流动负债的比值，速动资产是指从流动资产中扣除存货后剩余的部分，即

$$速动比率 = \frac{流动资产 - 存货}{流动负债} \tag{15-9}$$

通过速动比率来判断公司短期偿债能力比用流动比率进了一步，它撇开了变现力较差的存货。一般认为，速动比率为1:1时比较合适。速动比率越高，说明公司的短期偿债能力越强。

3. 现金流动负债比率

$$现金流动负债比率 = \frac{经营现金净流量}{流动负债} \times 100\% \tag{15-10}$$

式（15-10）中的"经营现金流量"通常使用现金流量表中的"经营活动产生的现金流量净额"。它代表企业产生现金的能力，扣除经营活动自身所需的现金流出后，即是可以用来偿

债的现金流量。从稳健角度出发，现金流动负债比率用于衡量企业偿债能力最为保险。一般来说，该指标越高，长期偿债能力越强。

三、可持续性分析

（一）可持续增长率

可持续增长率是指不增发新股并保持目前经营效率和财务政策条件下公司销售所能增长的最大比率。

可持续增长率的假设条件如下：

（1）公司目前的资金结构是一个目标结构，并且打算继续维持下去。

（2）公司目前的股利支付率是一个目标支付率，并且打算继续维持下去。

（3）不愿意或者不打算增发新股，债务是其唯一的外部筹资来源。

（4）公司的销售净利率将维持当前水平，并且可以涵盖负债的利息。

（5）公司的资产周转率将维持当前的水平。

在上述假设条件成立时，销售的实际增长率与可持续增长率相等。

虽然企业各年的财务比率总会有些变化，但上述假设基本上符合大多数公司的情况。大多数公司不能随时增发新股。有关统计资料显示，上市公司平均20年出售一次新股；我国上市公司增发新股有严格的审批程序，并且至少要间隔一定年限。改变经营效率（体现于资产周转率和销售净利率）和财务政策（体现于资产负债率和收益留存率），对于一个理智的公司来说是件非常重大的事情。当然，对于根本就没有明确的经营和财务政策的企业除外。

平衡增长的资产、负债和股东权益的关系如表15-6所示。

表 15-6　　　　　　　　　平衡增长的资产、负债和股东权益

年初资产 100 万元	年初负债 40 万元
	年初股东权益 60 万元
新增资产支持新增销售 10 万元	新增股东权益 6 万元
	新增负债 4 万元

可持续增长的思想，不是说企业的增长不可以高于或低于可持续增长率。问题在于管理人员必须事先预计并且解决公司超过可持续增长率之上的增长所导致的财务问题。超过部分的资金只有两个解决办法：提高资产收益率，或者改变财务政策。提高经营效率并非总是可行的，改变财务政策是有风险和极限的，因此超常增长只能是短期的。尽管企业的增长时快时慢，但从长期来看总是受到可持续增长率的制约。

（二）可持续增长率的计算

根据期初股东权益计算可持续增长率。限制销售增长的是资产，限制资产增长的是资金来源（包括负债和股东权益）。不改变经营效率和财务政策的情况下（即企业平衡增长），限制资产增长的是股东权益的增长率。因此可持续增长率的计算公式可推导如下

$$可持续增长率 = 股东权益增长率 = \frac{股东权益本期增加额}{期初股东权益} = \frac{本期净利润 \times 本期收益留存率}{期初股东权益}$$

$$= 期初权益资本净利率 \times 本期收益留存率 = \frac{本期净利润}{本期销售额} \times \frac{本期销售额}{期末总资产}$$

$$\times \frac{\text{期末总资产}}{\text{期初股东权益}} \times \text{本期收益留存率} = \text{销售净利率} \times \text{总资产周转率}$$

$$\times \text{期初权益总资产乘数} \times \text{收益留存率}$$

$$= ROE \times R / (1 - ROE / R) \quad\quad\quad (15\text{-}11)$$

式中　ROE——权益利润率；

　　　R——留存率。

应注意，这里的权益乘数是用期初权益计算的，而不是用期末权益计算的。

【例 15-1】　A 公司 2010～2014 年的主要财务数据如表 15-7 所示。

表 15-7　　　　　　　　　　　根据期初股东权益计算的可持续增长率

年度	2010 年	2011 年	2012 年	2013 年	2014 年
收入（万元）	1000.00	1150.00	1435.00	1352.46	1487.71
税后利润（万元）	50.00	57.5	75.00	67.62	74.39
股利（万元）	20.00	7.99	28.90	27.05	29.75
留存利润（万元）	30.00	49.51	46.1	40.57	44.63
股东权益（万元）	330.00	379.51	400.00	446.47	491.11
负债（万元）	60.00	68.99	150.00	80.99	89.10
负债及权益（万元）	390.00	448.50	550	527.46	580.21
可持续增长率的计算					
销售净利率（%）	5.00	5.00	5.20	5.00	5.00
销售额/总资产	2.5641	2.5641	2.61	2.5641	2.5641
总资产/期初股东权益	1.1818	1.1818	1.38	1.2995	1.2995
留存率	0.6	0.6	0.6	0.6	0.6
可持续增长率（%）	10.00	10.00	11.25	10.00	10.00

注　销售额/总资产、总资产/期初股东权益、留存率是计算得出的系数。

根据可持续增长率公式（期初股东权益）计算如下

可持续增长率(2010年) = 销售净利率 × 资产周转率 × 期初权益乘数 × 收益留存率

$$= 5.00\% \times 2.5641 \times 1.1818 \times 0.6 = 10.00\%$$

（三）可持续增长率与企业投资决策

可持续增长率的高低，取决于式（15-11）中的 4 项财务比率。销售净利率与资产周转率的乘积是资产净利率，它体现了企业运用资产获取收益的能力，取决于企业的综合实力。至于采用"薄利多销"还是"厚利少销"的方针，则是政策选择问题。收益留存率和权利乘数的高低是财务政策选择问题，取决于决策人对收益与风险的权衡。

在企业投资决策中，可以通过待分析项目的预测财务报表，计算式（15-11）的 4 项财务比率。待分析投资项目的 4 项财务比率销售净利率、资产周转率、权利乘数、收益留存率，其中任一比率大于企业原有的相同财务比率，都可以使项目的增长率大于企业原有的可持续增长率，继而使企业的增长满足企业内在的发展要求。

附录 A　中咨公司投资项目财务分析评价准则❶

1　总　　则

1.1　财务分析评价是投资项目机会研究、预可行性研究报告（项目建议书）和详细可行性研究的重要组成部分，是各类项目投资融资决策的主要依据。中国国际工程咨询公司（简称中咨公司）为了适应我国投融资体制深化改革的需要，满足政府部门、项目业主、投资机构、金融机构等项目参与主体决策咨询服务需求，制定本准则。

1.2　投资项目财务分析评价是在国家现行投资、财政、税收、金融、财务及会计管理体制下，运用政府公共理财和现代企业理财的理论与方法，采用市场价格预测投资项目的现金流量，从财务主体的角度分析项目的盈利能力、债务偿还能力、财务生存能力与可持续性。财务分析的结论是投资项目决策的重要依据。

本准则所称投资项目，是指企业为了生存与发展所进行的生产性长期投资项目。投资项目财务分析评价应包括下列内容：

（1）确定财务分析评价的边界与财务主体；

（2）选择财务分析评价的价格体系；

（3）确定主要财务分析评价参数；

（4）估算项目总投资及分年度投资需求；

（5）预测生产运营期财务收入与支出；

（6）提出投资使用计划与初步资金筹措方案；

（7）分析全部投资与资本金的盈利能力；

（8）分析利润及其分配的合理性；

（9）分析偿债能力与财务生存能力及其可持续性；

（10）分析资本结构合理性；

（11）不确定性分析与风险分析；

（12）撰写财务分析评价报告。

1.3　财务分析评价应遵循的原则

1.3.1　货币时间价值原则

货币的时间价值，是指货币随着时间的推移而发生的增值。货币时间价值原理，揭示不同时点上的资金之间的换算关系，是财务分析的基础。货币时间价值的主要表现形式是时间价值率，它是扣除风险报酬和通货膨胀因素后的平均资金利润率或平均报酬率。一般用利率、利息代表时间价值。

1.3.2　现金流量计算原则

现金流量分析是投融资决策的主要依据。应分析投资项目所引起的企业现金（或等价物）收入与现金支出增加的数量，包括现金流入量、现金流出量和净现金流量。

---

❶　本准则供中咨公司内部使用，并根据情况变化适时进行修改完善。相关内容仅供参考。

1.3.3 "有无对比"分析原则

"无项目"是指不对该项目进行投资时，在计算期内，与项目有关的资产、现金流出与流入的预计情况；"有项目"是指对该项目进行投资后，在计算期内，与项目有关的资产、现金流出与流入的预计情况。"有无对比"分析的差额部分，即增量现金流量，用于投资项目的盈利能力分析；"有项目"的现金流量，亦即新增现金流量加现有现金流量之和，用于投资项目的偿债能力分析。

1.3.4 收益与风险相权衡的原则

任何投资项目都是收益与风险并存，收益率的高低取决于投资的风险，风险越大要求的最低收益率越高。风险是预期结果的不确定性。收益与风险之间的权衡，实质上是特定项目的投资风险需要多高的收益率进行补偿。一般使用概率和数理统计的方法，估计风险发生的概率，计算期望收益率（折现率），权衡收益与风险利弊。

1.3.5 与现行财税制度符合性原则

财务分析评价中投资估算、运营收入、税费及成本费用等现金流量预测，必须符合国家现行财税制度和《企业会计准则》的有关规定，但应注意区别于企业日常生产经营活动的会计记账与纳税计量。主要区别是：现行税法与会计准则都是以权责发生制为基础计量收入与费用的，一般采用历史成本，而投资项目财务分析是以收付实现制为基础预测收入与费用的，允许对会计要素预测作适当简化处理。

1.3.6 动态分析与静态分析相结合，以动态分析为主的原则

动态分析是指利用资金时间价值的原理对现金流量进行折现分析。静态分析是指不考虑资金时间价值的非折现现金流量分析。资金时间价值是客观存在的，项目财务分析评价应以动态分析为主，静态分析为辅。

1.4 财务主体与财务分析边界的确认

财务分析评价应首先确认项目的财务主体、投资主体与融资主体以及项目的边界，合理确定项目的盈利能力分析和偿债能力分析范围，从而避免财务分析"就项目论项目"，扭曲分析的结论而误导项目投融资决策。

1.4.1 财务主体是指财务收支活动特定的经济单位或集团组织（企业法人）；投资主体是指从事投资活动的主体；融资主体是指进行融资活动，承担融资责任和风险的项目法人单位。

项目投融资呈多元化发展趋势，项目的财务主体并非必然是投资主体或融资主体。当项目具有多个投资主体时，其盈利能力分析，应根据投资者的要求，增加对投资各方的现金流量分析；当项目的融资主体是上一级企业负有清偿债务的责任（如以转贷、抵押、担保等方式承担责任），则清偿能力分析就有必要向上一层企业延伸。

1.4.2 按照《企业财务通则》的规定，投资项目的边界一般是以产权归属为纽带，以拟建项目的法律组织形式来界定的，当项目范围与企业范围一致时，盈利能力分析与偿债能力分析属同一范围。

1.4.3 多数企业融资项目，属于企业某局部的改扩建，项目范围与企业范围不一致。此时应进一步明确项目在企业组织机构中的地位，理清与企业资产关联的关系、与企业厂址的位置关系（同地或异地）及其财务核算关系，从而合理界定项目范围。按"有无对比"分析原则，"增量"盈利能力分析应在项目范围内进行，偿债能力分析应从项目扩展至企业范围内进行。

1.5 财务分析评价的内容及其深度要求

投资项目财务分析评价的内容及其深度要求与项目前期工作所处的阶段有关，与投资项目类型有关。

1.5.1 投资项目决策工作不同阶段的财务分析评价内容深度不同

项目规划、机会研究、初步可行性研究（预可行性研究）阶段的财务分析可适当简化。可行性研究阶段的财务分析，应系统分析计算项目的现金流出和流入情况，对项目的财务盈利能力、财务可持续性，融资主体的债务偿债能力，以及不确定性和风险概率等进行全面的分析，并通过多方案比选推荐较优方案。

1.5.2 投资项目具有多种分类形式，财务分析评价内容深度各有侧重

从资源配置机制角度，可分为完全市场项目、不完全市场项目和非市场项目；从企业的法律组织形式角度，可分为公司融资项目和新设法人项目融资项目，以及机关、事业单位和社会团体法人的新建或改扩建投资项目；从项目投资主体的角度，可分为企业投资项目、政府投资项目、政府和社会资本合作（PPP）；从经营目标角度，可分为经营性项目、准经营性项目和非经营性项目。

本准则选择以经营目标的项目分类形式为例，规范不同类型投资项目财务分析的内容与深度。

1.5.3 经营性项目、准经营性项目与非经营性项目

经营性项目，是指投资到社会生产领域从事生产经营活动的投资项目，包括两大类型：一是以盈利为目的完全市场竞争性项目；二是经营性基础设施、公用工程及资源开发等项目，其宗旨是为社会公众提供产品或服务，属于不完全市场竞争性项目。在企业的法律组织形式上可以是公司融资项目（改扩建）或新设法人项目融资项目（新建）；项目投资主体，可以是企业或政府，也可以是政府与社会或民间资本合作项目，或是外商投资项目。

经营性项目的投资将形成经营性固定资产、流动资产、无形资产及其他资产等，要求经营者承担资产保值、增值责任。

（1）以盈利为目的投资项目，属于完全市场竞争项目，其财务目标是：资金成本最低，资本结构合理，实现企业价值最大化。这类项目应按本准则第二条内容进行完整的财务分析。

（2）经营性基础设施、公用工程及资源开发等项目，属于不完全市场竞争项目。当经营收费能够完全覆盖投资成本费用，且有一定盈利能力的项目，称经营性项目；在财务分析中应参照现行法规，优先探讨自然垄断行业的投资项目实行特许经营的可能性，以减少政府投资。这类项目应进行完整的财务分析评价，并着重分析财政出资额、社会投资者合理回报。

（3）准经营性基础设施、公用工程及资源开发等项目，属于不完全市场竞争项目。当经营收费不足以覆盖投资成本费用时，称准经营性项目。在财务分析中除测算需要政府补贴的资金外，应优先考虑可通过政府授予特许经营权附加部分补贴或直接投资参股等措施，为投资者获得合理回报创造条件，选择合适的特许经营模式。这类项目应进行完整的财务分析评价，并着重分析财政补贴金额、社会投资者合理回报。

（4）非经营性项目，其显著特点是为社会提供的服务和使用功能，不收取费用或只收取少量费用，通过政府购买服务，为社会公众提供服务或产品，包括公益事业项目、基础设施项目和行政事业项目。这类项目投资将形成非经营性国有资产。主要是机关、事业单位及社会团体法人主持的改扩建或新建项目，属于非市场项目。

这类项目建设的目的是发挥其使用功能，服务于社会。由于缺乏"使用者付费"基础，主要依靠"政府付费"回收项目的投资成本，一般企业较少投资此类项目。财务分析应重点分析政府付费的合理性，考察项目的财务收支平衡状况，提出可行的维持运营措施。

1.6 质量标准、业务人员的素质要求

1.6.1 质量标准：投资项目财务分析应遵循中咨公司一贯倡导的"独立、公正、科学、可靠"的咨询理念。财务分析的内容深度，应结合项目特征、项目周期不同阶段、投融资方式及投资者要求，体现各种类型投资项目各有侧重，繁简各异的原则。通过多方案比较，选择可操作性强的财务方案，并审慎提出规避或减少投资风险的措施建议，为业主提供可持续运营的财务决策依据。

1.6.2 业务人员的素质要求：应具有良好的职业道德风范，在工作中应遵循中咨公司"敢言、多谋、善断"的咨询原则；掌握宏观经济学和微观经济学、财政学、投资学、金融学、税收及会计学的基本理论与方法；掌握有关财务分析常用法律法规；掌握本行业产业结构及发展趋势；项目所在地区发展战略规划；了解本行业产品（服务）生产工艺、工程技术特征；熟练运用计算机技术进行财务分析的操作程序。

1.7 准则的适用范围

本准则适用于公司承接的政府、企业、金融机构、投资公司、国内外投资者委托的各行业项目投资机会研究、可行性研究或投融资专题的财务分析评价。

2 资金时间价值及通货膨胀处理

投资项目建设与运营周期较长，财务效益影响因素很多，其中最为显著的是资金时间价值和通货膨胀，如果处理不当，将导致财务分析失真，以至造成投资决策失误。因此，在财务分析中必须正确处理不同时点的财务现金流量折算、价格选取及通货膨胀等问题。

2.1 现金流量

2.1.1 现金流量的构成

投资项目财务分析中的现金流量（cash flow），是指投资项目所引起现金（或等价物，下同）收入与现金支出增加的数量。这里的"现金"是广义的现金，不仅包括各种货币资金，还包括非货币资源变现价值。现金流量分为现金流入量、现金流出量和净现金流量。

（1）现金流入量（cash inflows），指在整个计算期内所发生的实际现金流入，即项目引起的企业现金收入的增加额。通常来自营业（销售）收入、固定资产残值或余值收入以及收回的营运资金。

（2）现金流出量（cash outflows），指在整个计算期内所发生的实际现金支出，即项目引起的企业现金支出增加额，通常用于支付建设投资、营运资金投入、税金及附加、经营成本及费用。

（3）净现金流量（net cash flow），指一定期间现金流入量与现金流出量的差额。流入量大于流出量时，其值为正；反之，其值为负。

2.1.2 现金流量与利润、折旧摊销、折耗的关系

1. 现金流量与利润

现金流量是根据收付实现制原则计算的一定时期现金流入和流出差额，而利润是按照企业财务会计制度的权责发生制原则计算确定的一定时期收入和成本的差额，两者之间既有联系，又有区别。

投资决策所依据的财务评价指标，如净现值和内部收益率，是根据项目现金流量计算的，而不是根据项目产生的利润进行计算。原因在于：

第一，投资项目具有长期性，需要考虑资金的时间价值，要将不同时点上的现金收入或支出折算到同一时点进行汇总和比较，而利润的计量遵循权责发生制原则，收入与费用的确认不考虑现金的实际收到和支出的时间。

第二，一些影响投资项目的现金流量在利润中得不到确认，例如，净营运资金的支出额或回收额等。

第三，在投资分析中，现金流动状况比盈亏状况更重要，一个项目能否维持下去，不取决于一定期间是否有利润，而取决于有没有足够的现金流用于各项支付。

2. 折旧摊销与折耗不属于现金流出

根据收付实现制原则，在投资项目计算期的现金流量分析中，折旧摊销与折耗并不构成现金流出，但是在估算利润总额和所得税时，它们是总成本费用的组成部分。从企业角度看，折旧只是一种会计处理，把以前已经发生的一次性支出（固定资产投资）在年度（或季度、月份）中进行分摊，用于核算与年（季、月）应缴付的所得税和可供分配的利润。在现金流量分析计算中，仅考虑项目建设投资时点的一次性支出，并记作项目的现金流出，而不考虑因循一定的会计政策所计算的折旧和摊销，这些会计核算的费用不属于当期会计时点所实际发生的现金流出，因此在财务现金流量分析中不作为财务现金支出。

2.2 资金的时间价值

2.2.1 资金时间价值内涵

（1）在商品经济条件下，资金是不断运动着的。资金的运动伴随着生产与交换的进行，生产与交换活动会给投资者带来利润，表现为资金的增值，资金的时间价值是资金经历一定时间的投资和再投资所增加的价值。资金的增值特性使资金具有时间价值，资金价值随着时间的推移不断增长。

（2）从消费者的角度看，资金时间价值体现为对推迟现时消费所应获得的补偿，推迟消费的时间越长，这种补偿也应越多。

（3）就整个社会经济体系而言，资金时间价值实质上是在没有风险和没有通货膨胀条件下的社会平均资金利润率；就投资决策而言，资金时间价值代表着项目的财务主体或投资者对现金延期支出和收入的时间偏好。

（4）资金时间价值可以用绝对数收益额来表示，也可以用相对数收益率来表示。通常以收益率来计量。这个收益率不包含风险价值和通货膨胀因素。购买政府债券（国库券）几乎没有风险，在通货膨胀率很低时，可以用政府债券利率来表示资金时间价值。

2.2.2 资金时间价值的计算

资金随时间推移而增值的过程与银行计息的复利计算过程相似，在投资项目的技术经济分析中对资金时间价值的计算，通常采用复利计算方法。

2.2.3 资金等值

资金等值是指资金的经济价值相等。由于资金具有时间价值，一定量的资金在不同时点上具有不同的价值，并且不同时点发生的绝对额不同的资金，有可能具有相等的经济价值。例如现在的 10000 元在收益率 5%的条件下，与一年后的 10500 元，虽然资金数额不相等，但其经济价值是相等的，是等值的。

影响资金等值的因素有三个，即资金数额、资金发生时间以及收益率。

2.2.4 资金时间价值的应用

资金时间价值在投资项目中主要应用于项目评价和比选投资项目方案的经济效益，根据项目或方案在寿命期（或计算期）内的净现金流量计算有关指标，确定项目或方案的取舍，如净现值、净年值、内部收益率、增量投资净现值、差额投资内部收益率等。

2.3 通货膨胀

2.3.1 通货膨胀的内涵

通货膨胀（inflation）是指货币发行量超过商品流通中的实际需要量而引起的货币贬值、物价普遍上涨的一种经济现象。它包含以下三个要点：

（1）通货膨胀是一种货币现象，它是和现代纸币制度紧密联系在一起的，是没有内在价值的纸币超量发行的结果，并非由货币因素引起的物价上涨并不能称之为通货膨胀。

（2）通货膨胀是一个总量概念，是指物价总水平的上涨，个别或部分商品价格水平上涨而物价总水平并没有上涨并不能算是通货膨胀。

（3）通货膨胀是物价总水平的持续性上涨，通常以年为单位来衡量，时间相对较长，而物价季节性、短期性、偶然性的一次上涨并不能当作通货膨胀。

（4）通货膨胀导致货币贬值。一般来说，通货膨胀导致货币贬值，进而引发物价总水平上涨，从而单位货币的购买力下降。与此相反，通货紧缩，货币升值，物价总水平下降，从而单位货币的购买力提高。普遍的通货膨胀会引起物价总水平的普遍上升，但不一定就会引起相对价格水平的变化。

2.3.2 通货膨胀率

通货膨胀率是货币超发部分与实际需要的货币量之比，用以反映通货膨胀、货币贬值的程度，而价格指数则是反映价格变动趋势和程度的相对数。

通货膨胀率可按式（2-1）计算

$$通货膨胀率 = \frac{现期物价水平 - 基期物价水平}{基期物价水平} \qquad (2-1)$$

其中，基期就是选定某年的物价水平作为一个参照，这样就可以把其他各期的物价水平通过与基期水平做一对比，从而衡量现今的通货膨胀水平。在实际工作中，一般不能直接计算出通货膨胀率，而是通过价格指数的增长率来间接表示。由于消费者价格是反映商品经过流通各环节形成的最终价格，反映了商品流通对货币的需要量，因此消费者价格指数是最能充分、全面反映通货膨胀率的价格指数。目前，世界各国基本上均用消费者价格指数（我国称居民消费价格指数），即 CPI 来反映通货膨胀的程度。我国目前使用的能够反映通货膨胀率的统计指标有：居民消费价格指数、社会商品零售价格指数和固定资产投资价格指数等，可根据项目实际情况选定。

2.4 通货膨胀对投资项目决策的影响

2.4.1 通货膨胀对财务价格的影响

在投资项目的财务分析评价中，要对项目整个计算期内的价格进行预测，涉及如何处理价格变动的问题，包括通货膨胀因素的处理（项目评价中一般不考虑通货紧缩的问题）。在整个计算期的若干年内，是采用同一个固定价格，还是采用变动价格以及变动价格如何测算，成为投资项目财务分析评价必须解决的重要问题。

1. 绝对价格与相对价格

通货膨胀直接影响产品价格的变动。市场价格可分为绝对价格和相对价格。

（1）绝对价格。绝对价格是指用货币单位表示的商品价格绝对水平。绝对价格变动一般体现为物价总水平的变化，即因货币贬值（通货膨胀）引起的所有商品价格的普遍上涨，或因货币升值（通货紧缩）引起的所有商品价格的普遍跌落。

（2）相对价格。相对价格是指商品间的价格比例关系。导致商品相对价格发生变化的因素很复杂，例如供应关系的变化、价格政策的变化、劳动生产率变化等都可能引起商品间比价的改变；或因消费水平变化、消费习惯改变、可替代产品的出现等引起供求关系发生变化，从而使供求均衡价格变化，引起商品间比价关系的改变等。

2. 基价、时价和真实价

财务分析评价涉及的计价体系有两种，即固定价格或不变价格体系、实际价或现时价格体系，它们涉及三种价格，即基价、真实价和现时价格（实际价）。

（1）基价（basis price）或基准价格。基价是指以基年价格水平表示的，不考虑其后价格变动的价格，也称固定价（constant price）。如采用基价，则项目计算期内各年价格都是相同的，就形成了财务分析的固定价格体系。一般选择评价工作进行的年份为基年，也有选择预计的开始建设年份作为基年。基价是确定项目涉及的各种货物预测价格的基础，也是估算建设投资的基础。

（2）时价（current price）或当时价格。时价是指投入物或产出物在各年的实际价格或当前价格。它同时包含了相对价格变动和绝对价格变动，以当时的价格水平表示。以基价为基础，按照预计的各种货物的价格上涨率（称为现时价格上涨率）可以分别求出它们在计算期内任何一年的现时价格。假定货物 A 的现时价格上涨率为 3%，则在基年的基价 100 元的基础上，第二年的现时价格应为 $[100 \times (1 + 3\%)]$，即 103 元。

设基价为 P_b，现时价格为 P_c，各年的现时价格上涨率为 $c_i, i = (1, 2, \cdots, n)$，$c_i$ 可以各年相同，也可以不同，则第 n 年的现时价格

$$P_{cn} = [P_b(1 + c_1)(1 + c_2) \cdots (1 + c_n)]$$

若各年 c_i 相同，$c_i = c$，则有

$$P_{cn} = [P_b(1 + c_i)^n] \tag{2-2}$$

（3）实价（real price）或真实价格。实价是以基年价格水平表示的，反映相对价格变化的真实价格（非实际价格）。可以由现时价格或实际价格中扣除通货膨胀因素影响来求得真实价格。如果通货膨胀率高于现时价格上涨率，货物的实价就可能低于现时价格。一般把实际价格的变化率，称为实价上涨率。只有当现时价格上涨率大于通货膨胀率时，该货物的实价上涨率才能大于 0，此时说明该货物价格上涨超过物价总水平的上涨。

设第 i 年的实价上涨率为 r_i，通货膨胀率为 f_i，各年的现时价格上涨率也相同，则有

$$r_i = \frac{1 + c_i}{1 + f_i} - 1 \tag{2-3}$$

如果货物间的相对价格保持不变，即实价上涨率为零，那么实价值就等于基价值，同时意味着各种货物的现时价格上涨率相同，也即各种货物的现时价格上涨率等于通货膨胀率。通货膨胀直接影响产品价格的变动。

2.5　通货膨胀在投资项目财务分析实际工作中的处理

2.5.1　财务计算价格的处理

1. 不变价格法

（1）这种方法假定通货膨胀对投入物和产出物各种价格均有同等程度的影响，因此对财

务评价结果的影响可认为能够相互抵消，在财务分析评价中忽略通货膨胀因素。上述分析表明，用不变价格和现时价格计算的所得税税前净现金流量和内部收益率，只有名义值的不同，并无实质性的差别，无论是否考虑通货膨胀因素，不会影响评价结论。在项目评价实际工作中，可以在计算期内采用基期价格作为不变价格。

（2）当通货膨胀率较高时，考虑到建设期只有支出，没有收入，为了应对建设期由于通货膨胀引起的投资差价，解决资金筹措和使用计划的安排问题，可在投资估算中增加一项价差预备费。至于相对价格的预期变化，则可在确定基期价格时予以考虑。同时，还可就项目产出物或某些投入物价格变化对评价指标的影响进行敏感性分析，供决策参考。同时需要强调，在通货膨胀较高的情况下，按不变价格计算的 IRR，应与贷款实际利率进行相比，而不应与贷款名义利率比较，以满足可比性的要求。此时投入物与产出物的价格均应预测到建设期末，以便在建设期各年考虑物价变动因素。

2. 简单现时价格法

简单现时价格法是假定通货膨胀对各种投入物和产出物的价格具有同等影响，并在计算期内各年均采用现时价格，以货币名义值计算拟建项目的净现金流量和内部收益率等评价指标。

3. 详细现时价格法

详细现时价格法假定通货膨胀对拟建项目的各种投入物和产出物产生不同的影响，要求分别预测各种投入物和产出物包括通货膨胀因素的现时价格，不同货物分别采用不同的通货膨胀率。一般要计算两套指标，即以货币名义值计算的财务评价指标和以剔除通货膨胀因素的实际值评价指标，并通常以实际值指标作为项目决策的判别依据。

在实际操作中，先计算名义值财务净现金流量，再计算实际值财务净现金流量，具体计算步骤是：

第一步：估算拟建项目各年的分项现金收支，包括初始投资、销售收入、经营成本、税金等。

第二步：估算各类货物价格变动的影响，对各年投入物和产出物的估算值，运用相应的价格指数（通货膨胀率）分别逐年计算考虑价格变动因素的数值。在实际工作中也可以进行粗略估算，即按初始投资、销售收入、经营成本几大类，估算其各自的价格指数逐年计算价格变动影响的数额。

第三步：逐年加总后得到各年的名义净现金流量，并计算名义值的各种财务评价指标；

第四步：用居民消费价格指数（CPI）对名义净现金流量进行逐年紧缩计算，求得每年的用基年实际值表示的净现金流量，并计算实际值的 IRR 等财务评价指标。

通货紧缩的计算公式为

$$NCF_t^r = NCF_t^n (1 + CPI)^{-t} \tag{2-4}$$

式中　NCF_t^r——第 t 年的实际净现金流量；

　　　NCF_t^n——第 t 年的名义净现金流量。

2.5.2　财务现金流量分析中的处理

1. 盈利能力分析

财务盈利能力分析原则上应采用实价进行计算。以实价为基础计算投资回收期、净现值和内部收益率等指标，可以便于投资者考察项目投资的实际回收能力和盈利能力。实价值（实际值）是剔除了通货膨胀影响的价值，消除了因考虑通货膨胀带来的"浮肿利润"，能够更真实地表示拟建项目投资的盈利能力，为投资决策提供可靠信息。

2. 清偿能力分析

清偿能力分析原则上应采用现时价格进行计算。按现时价格进行财务现金流量预测，编制损益表、资金来源与运用表及资产负债表，可以比较正确地描述计算期内各年当时的财务状况，以正确地进行清偿能力分析。

采用现时价格进行清偿能力分析，在投资估算中必须考虑包含因通货膨胀影响的价差预备费；同样，资金筹措总额中，也应包含这部分费用，在以后的借款偿还中也必须考虑这部分费用的偿还。因此，只有以既考虑相对价格变化，又考虑通货膨胀因素在内的现时价格值进行资金来源和运用的平衡分析，才能满足投资计划编制的要求，以满足借款清偿能力分析的需要。

3. 简化处理

对于价格变动因素，在进行项目财务盈利能力和债务清偿能力分析时，原则上应作不同处理。但为了简化计算，根据项目具体情况，两种分析也可采用一套预测价格，一套计算数据。即针对物价总水平的上涨因素，可以区别以下不同情况，分别进行不同的简化处理：

（1）建设期较短的项目，两种分析在建设期内各年均可采用现时价格，生产经营期内各年均采用以建设期末（生产期初）的现时价格为基价，并以此为基础，根据生产经营期内相对价格变化进行调整，作为投入物和产出物价格的估算依据。

（2）建设期较长，确实难以预测物价上涨指数的项目，两种分析在计算期内均可采用以基年（或建设期初）现时价格为基础，仅考虑相对价格变化，不考虑物价总水平上涨因素，并依此价格进行清偿能力分析。

3 投 资 估 算

投资分为生产资料投资和金融资产投资。本准则所指建设投资，是属于生产资料的投资。即投资者以远期经济或社会效益为目标，将货币及其等价物等流动性的资产转换成固定资产、无形资产及净营运资本且在使用这些资产过程中产生新的流动性资本，包括经营性、准经营性及非经营性建设项目的投资。

3.1 投资估算的特点及主要内容

建设投资具有分阶段计价的特点，即分为决策、设计、招投标、实施等阶段，不同阶段的计价要求有所区别，决策阶段编制投资估算、初步设计阶段编制概算、招投标阶段编制工程量清单、实施阶段编制施工图预算、施工阶段编制工程结算，竣工验收编制竣工决算。决策阶段的投资估算要确定建设项目投资总规模。

结合我国现行投资管理体制及国际通用做法，本准则界定项目总投资由固定资产投资和净营运资金构成。

（1）固定资产是指同时具有下列特征的有形资产：为生产商品、提供劳务、出租或经营管理而持有的；使用寿命超过一个会计年度。

（2）固定资产投资由建设投资和建设期利息构成。

1）建设投资是指在项目筹建与建设期间所花费的全部建设费用，包括工程费、工程建设其他费和预备费，其中：工程费用包括建筑工程费、设备购置费、工器具费及安装工程费；预备费用包括基本预备费和涨价预备费。

2）建设期利息也称资本化利息，是债务资金在建设期内发生并应计入固定资产原值的利息，包括借款（或债券）利息以及手续费、承诺费、管理费等其他融资费用。

（3）净营运资金是项目运营期内长期占用并周转使用的全部净营运资金，是流动资产减流动负债的净值。

3.2 投资估算的作用、编制依据及编制原则

3.2.1 投资估算的作用

（1）投资估算是建设项目现金流量预测的主要内容之一，它的作用是确定建设项目初始现金流出，为投资决策提供重要依据。

（2）投资规模将持续影响建设项目的财务效益，合理的资产规模，有利于实现拟建项目预期的财务目标。

（3）投资估算是建设项目资金筹措的依据。实施大型资本支出项目的企业必须根据投资估算提前安排好筹资计划，以确保在建设中能够获得所需资金。

（4）有效的投资估算既可以确定获取资产的时机，也可以提高购买资产的质量并能及时到位，否则会贻误投资机会。

3.2.2 投资估算编制依据

提高投资估算编制的质量，应高度重视编制依据的选择。通常情况主要编制依据有以下方面：

（1）拟建项目建设方案确定的各项工程建设内容及工程量；

（2）有关部门或行业制定的投资估算编制办法和估算指标；

（3）专业机构发布的工程造价计价法规及工程建设其他费用计算办法和取费标准；

（4）拟建项目所占用的各种资源的价格、需缴纳的税费、所采用的各种设备国内外市场价格、建筑工程材料、人工及机械台班的市场价格等；

（5）政府授权的统计机构发布的物价指数；

（6）企业融资项目财务主体的资产负债表和现金流量表。

3.2.3 投资估算应遵循的原则

投资估算应体现不同类型、不同行业项目的特点，在编制中应遵循下列原则：

（1）正确界定项目范围，投资估算的范围应与项目建设方案所涉及的范围、所确定的工程内容相一致；

（2）正确运用"有无对比"分析的方法，合理确定无项目情况下，企业维持简单再生产所需的投资；正确判断投资的机会成本和企业的沉没成本；

（3）当投资估算选用的概算指标与具体工程之间存在建设标准或建设条件差异时，应进行必要的调整；

（4）拟建项目建设期各年投资额应与项目的实施计划、建设进度保持一致；

（5）投资估算应贯穿于项目可行性研究的始终，并遵循稳妥而谨慎原则，不得人为提高或者降低估算标准，重复计算或者漏项少算；

（6）估算的准确度应能满足建设项目决策不同阶段的要求。可行性研究和项目评估阶段，误差率在±10%以内。

3.3 投资估算的编制方法

通常的操作程序是：首先估算建设投资；在计算经营成本及费用的基础上计算净营运资金；编制建设投资和净营运资金的使用计划及资金筹措计划，计算建设期利息同时编制全部投资用款计划；汇总项目总投资。

3.3.1　建设投资估算法

一般情况下建设投资是项目总投资的主体部分。根据项目前期工作各阶段方案设计深度的不同，分为简单估算法和详细估算法。

（1）简单估算法有单位生产能力估算法、生产能力指数法、比例估算法、系数估算法和指标估算法等。简单估算方法主要适用于投资机会研究。

（2）建设投资详细估算法分为三种类型：

第一类，是传统基本建设管理体制延续至今的初步设计总概算的编制方法。建设投资按费用性质及用途，划分为建筑工程费、设备购置费、安装工程费、工器具购置费、工程建设其他费用及预备费分别进行估算。

第二类，是按工程建设完工交付使用所形成资产的分类方法进行估算，或者按行业特点进行资产分类。建设投资分为固定资产、生物资产、油气资产、无形资产及其他资产投资，预备费分别进行估算。

第三类，是世界银行、国际咨询工程师联合会对项目的总建设成本所作的统一规定，即项目的总建设成本包括项目直接建设成本、项目间接建设成本、基本预备费和涨价预备费。

（3）建设投资构成的合理性分析：单位投资所产生的生产能力或产出量、单位生产能力（或使用效益）占用的投资，各项费用及其他费用占总投资比例，并与同行业类似项目进行比较，说明建设投资构成的合理性。

3.3.2　净营运资金的估算方法

净营运资金（也称流动资金）是建设项目初始资本支出的重要组成部分，是企业生产过程中的周转资金，分为永久性或临时性两种。根据企业产品（服务）的生产特征，永久性净营运资金是满足生产必需的最低周转资金，永远不脱离企业生产过程，是在项目经济寿命期结束时才回收的资金，是通过股本或长期债务来筹集。而临时性营运资金只根据生产或服务的临时需要增加的资金，通过短期债务来筹集。

净营运资金的估算方法，按行业或项目前期研究的不同阶段选用扩大指标估算法或分项详细估算法。分项详细估算法首先估算年经营成本费用，确定各科目年周转次数（365 天/最低周转天数），计算流动资产与流动负债，净营运资金等于流动资产减去流动负债的净值。

3.4　投资使用计划

3.4.1　依据项目建设进度安排资金使用计划

根据项目进度计划安排，粗略的安排可直接以建设投资为基数，乘以分年使用的百分比。在分年的建设投资额中，人民币与外汇的数额应分别列计。

3.4.2　债务资金的用款计划及建设期利息估算

建设期利息是建设期债务的资金成本，是指项目因借款（或发行债券）在建设期内发生的利息及相关成本，包括借款（或债券）利息、折价或溢价的摊销以及承诺费、发行费等辅助费用等。

建设期利息估算，需确定 4 个条件：建设投资规模及其分年投资计划；资本金和企业内部融资金额及其分年投入计划；债务资金的筹资方式及债务资金成本率；借贷资金计息方式，如按年、按季或按月计息等。

3.4.3　营运资金的使用计划

营运资金用款计划，应结合项目产品生产的特点，生产准备需要的时间进行安排，一般情况安排在建设期末，投产运营期前投入。

3.5 维持运营投资

维持运营投资是指运营期需要增加的维持运营的投资。该项投资不能计入建设投资，即不能计入初始固定资产投资。

3.5.1 重置成本

固定资产的后续支出，是指固定资产使用过程中发生的更新改造支出、修理费用等。后续支出的处理原则为：符合固定资产确认条件的，应当计入固定资产成本，同时将被替换部分的账面价值扣除；不符合固定资产确认条件的，应当计入当期损益。各种不同的投资（房屋、建筑工程设备、工艺设备、机械设备、运输设备等）的经济寿命周期不同。为了维持企业经营的运转，上述各项投资在适当的时候都要进行重置，而重置成本必须包括在可行性研究中。

3.5.2 修理费用

企业对固定资产进行定期检查发生的大修理费用，符合固定资产确认条件的部分，可以计入固定资产成本。不符合固定资产确认条件的应当费用化，计入当期损益。固定资产在定期大修理间隔期间，照提折旧。

3.5.3 追加投资

有些项目经济寿命周期很长，除了考虑固定资产的重置成本外，还需要估算运营期内由于产出（服务）量逐步增加，需要增加投资。这类追加投资按上述固定资产初始成本计量的方法估算。

4 财务收入预测与产品定价

投资项目财务收入的预测，是对项目建设成投产运营后，未来收入与收益的预期和测算，即生产运营期的现金流入，是财务预测的重要内容。

4.1 财务收入的预测

4.1.1 收入种类

（1）销售商品的销售收入，指从事加工产品的企业，销售产品、商业企业销售商品等取得的销售收入；提供劳务或服务收入，指从事建筑安装、交通运输、仓储租赁、咨询等服务性企业，提供各种劳务或服务取得的销售（劳务或服务）收入。

（2）让渡资产使用权的收入（仅限生产性企业，不考虑金融企业借贷款收入），是指企业转让无形资产（如商标权、专利权、专营权、软件、版权）等资产的使用权形成的使用费收入；企业对外出租资产收取的租金收入。

（3）政府补助收入，是企业从政府无偿取得货币性资产或非货币性资产。

（4）其他收入。企业融资项目，企业发生的不属于生产经营性活动，如企业改扩建时处置固定资产、无形资产等形成的现金流入虽不属于销售收入，但应当确认为营业外收入；企业发生的与经常性活动相关的其他活动，如工业企业对外出售不需用的原材料、利用闲置资金对外投资、对外转让无形资产使用权等所形成的经济利益的总流入也构成收入。

4.1.2 不计入销售收入的项目

（1）金融企业对外贷款形成的利息收入，以及同业之间发生往来形成的利息收入等，不计入生产企业的销售收入。

（2）企业对外进行债权投资收取的利息、进行股权投资取得的现金股利，也构成让渡资产使用权收入，但这些让渡使用权的收入分别参照金融企业、长期股权投资等相关会计准则进行处理。

4.1.3　估算方法

1. 销售收入估算

根据产品（服务）的生产规模、销售策略及产出物价格预测的结果，进行销售收入估算。

（1）一般采用直接计算法，在项目规划期内已确定的各年产品（服务）质量标准与产量的基础上，乘以单位产品（服务）的预测价格，即得到年销售收入。计算公式为

$$年销售（服务）收入 = 年销售产品（服务）数量 × 单位产品预测价格 \qquad (4-1)$$

在项目决策分析与评价中，销售收入的估算通常假定当年的产品（实际指商品，等于产品扣除自用量后的余额）当年全部销售，即当年商品量等于当年销售量。

（2）多种产品销售收入估算。对于生产多种产品和提供多项服务的项目，应分别估算各种产品及服务的销售收入。对那些不便于按详细的品种分类计算收入的项目，也可采取折算为标准产品的方法计算销售（服务）收入。

（3）销售收入分期估算。以分期收款方式销售货物的，按照合同约定确认收入；企业受托加工制造大型机械设备、船舶、飞机等，以及从事建筑、安装、装配工程业务或者提供劳务等，持续时间超过 12 个月的，按照年度内完工进度或者完成的工作量确认收入。

（4）生产（运营）负荷的确定。生产（运营）负荷（或称生产能力利用率），是指项目生产（运营）期各年产品（服务）产量达到设计能力的百分数。各种产品各年的生产量或商品量根据项目的生产计划进行确定，也可参照已建项目的经验，结合该项目的实际情况，粗略估计各年的生产（运营）负荷，以设计能力的百分数表示。

2. 让渡资产使用权收入的计算

使用费收入应当按照有关合同或协议约定的收费时间和方法计算确定。不同的使用费收入，收费时间和方法各不相同，有约定一次性收取一笔固定金额的，如一次收取 10 年的场地使用费；有约定在有效期内分期等额收取的，也有分期不等额收取的；还有按资产使用方每期销售额的百分比收取使用费等。

如果合同或协议规定一次性收取使用费，且不提供后续服务的，应当视同销售该项资产一次性所取得的收入；提供后续服务的或按约定分期收取使用费的，应在合同或协议规定的有效期内分期确认收入。

3. PPP 项目的付费机制

PPP 项目付费包括政府付费、使用者付费、可行性缺口补助三种模式。实践中，需要根据各方的合作预期和承受能力，结合项目所涉的行业、运作方式等实际情况，合理设置付费机制。

第一，政府付费（government payment）是指政府直接付费购买公共产品和服务。在政府付费机制下，政府可以依据项目设施的可用性、产品或服务的使用量以及质量向项目公司付费。政府付费是公用设施类和公共服务类项目中较为常用的付费机制。

第二，使用者付费（user charges）是指由最终消费用户直接付费购买公共产品和服务。项目公司直接从最终用户处收取费用，以回收项目的建设和运营成本并获得合理收益。高速公路、桥梁、地铁等公共交通项目以及供水、供热等公用设施项目通常采用使用者付费机制。

第三，可行性缺口补助（viability gap funding，VGF）是指使用者付费不足以满足项目公司成本回收和合理回报时，由政府给予项目公司一定的经济补助，以弥补使用者付费之外的

缺口部分。可行性缺口补助是在政府付费机制与使用者付费机制之外的一种折中选择。在我国实践中，可行性缺口补助的形式多种多样，具体可能包括土地划拨、投资入股、投资补助、优惠贷款、贷款贴息、放弃分红权、授予项目相关开发收益权等其中的一种或多种方式组合。

4. 政府补助

企业从政府直接取得的经济资源，包括货币性资产和非货币性资产，形成企业的收益，具有无偿性特征，一般不征税。

5. 其他收入

企业融资项目，企业发生的不属于生产经营性活动，如企业改扩建时处置固定资产、无形资产等形成的现金流入虽不属于销售收入，但应当确认为营业外收入；企业发生的与经常性活动相关的其他活动，如工业企业对外出售不需用的原材料、利用闲置资金对外投资、对外转让无形资产使用权等所形成的经济利益的总流入也构成收入。

4.1.4 财务收入估算应注意的问题

（1）销售收入估算，应遵循有无对比的原则，计算增量销售收入，即

$$增量年销售（服务）收入=“有项目”年销售产品（服务）收入$$
$$-“无项目”年销售产品（服务）收入 \quad (4-2)$$

对无项目情况下的销售收入进行预测，可能增加、减少或不变，计算范围与计算期应与"有项目"保持一致。项目融资项目"无项目"销售收入为零。

（2）投资项目销售收入预测以收付实现制为基础，以收到的现金作为确认收入依据；会计核算的销售收入以责权发生制为基础，凡是日常活动当期已经实现的收入，无论款项是否收付，都应当作为当期的收入。

（3）投资收入与项目资产负债及所有者权益的关系，销售收入作为现金流入导致企业资产增加或者负债减少，相应增加所有者权益，但与所有者投入资本无关。

4.2 产品定价

项目的产品既可能是商品，也可能是服务或劳务，统称项目产品。这里将投资项目分为两大类，一类是商业类投资项目，以获取商业利益为主要目的，投资主体多为私人部门，在我国还应包括大量的国有企业；另一类为公共产品或准公共产品投资项目，其投资主体主要为公共部门，将其归类为非商业性投资项目。

4.2.1 竞争性商品定价策略与方法

项目产品（服务）销售价格是测算项目销售收入的基础，也是考察项目产品竞争力的重要方面。价格预测中，应对影响价格形成和导致价格变化的各种因素进行分析，合理确定项目产品（服务）的销售价格。

1. 产品价格现状调查

国内市场价格价格变化过程及变化规律，最高价格和最低价格出现的时间和原因；国际市场价格（进口到岸价格和出口离岸价格），价格变化过程及变化规律，分析价格的合理性，有无垄断或倾销等情况；价格形成机制，产品价格是市场形成价格还是政府指导价格；市场竞争力分析，产品市场容量，国内外市场占有率，市场竞争的主要对手的生产、营销策略及其竞争力情况等。

2. 定价策略

产品特点、寿命周期、产品成本；国内外市场的供需情况、价格水平和变化趋势；分销渠

道；新的替代产品；法律法规政策变化；国内外税费、利率、汇率等变化，以及非贸易壁垒。

3. 定价目标

一般而言，销售（服务）定价目标可分为三种类型：利润导向型，短期或长期利润最大化目标；销量导向型，销量收入最大化目标，在保证一定利润水平的前提下，谋求销售收入的最大化；竞争导向型，在激烈竞争的市场上，企业为了适应竞争的需要而制定的目标。

4. 定价方法

（1）成本导向定价法：以营销产品的成本为主要依据制定价格的方法统称为成本导向定价法。

（2）需求导向定价法：是指根据市场需求状况和消费者对产品的感觉差异来确定价格的定价方法。

（3）竞争导向定价法：以市场上竞争者类似产品的价格作为本企业产品定价参照系的一种定价方法。

4.2.2 公共项目的定价原则与定价方法

公共项目建设和运营资金除了来源于各种融资渠道提供的资金外，还包括政府从项目受益人那里收取的费用。公共项目定价，通常理解为收费。公共项目的收费决策实质上是确定如何将项目成本在受益人与公共部门之间合理分摊的问题。

对公共项目收费需要考虑很多方面的因素，首先必须计算出项目各类参加者从项目中获得的净收益；其次要建立一个既能使政府从项目中获取适当部分，同时仍能够符合效率、收入分配和公平要求的收费体制。在规定项目的收费标准时，必须考虑到其他地区同类项目的收费标准以及收费成本、行政管理等问题。

1. 公共项目收费原则

（1）经济效率原则，使资源得到最佳分配，从而使项目对国民经济所提供的效益最大化；实现这一目标最好的方法是采用"效率价格"，即资源的价格等于其产生的边际效益。

（2）收入分配原则，即按国家的收入分配政策公平收费。

（3）国家积累原则，当项目有正效应时，从国家积累的角度，必要时不仅要回收项目的投资和运行成本，还要收回全部或部分盈余，为政府其他投资项目筹集资金。

（4）按受益原则和效率原则，使用者应该对项目所提供的产品或服务给予支付，并使边际支付意愿等于边际社会成本。

2. 公共项目定价（或收费）方法

对非商业性投资项目或者公共项目的定价，实质上属于公共产品定价问题，主要考虑三种公共产品定价方法：在理想环境下的最优定价，也即是边际成本定价；存在环境扭曲情况下的次优定价和合理报酬定价。

（1）边际成本定价。公共项目提供的是公共产品或服务，为使资源得到最有效的配置或者说为了项目产出最优化，必须以边际成本进行定价，即以项目产品需求曲线与边际成本曲线相交点所对应的价格作为项目产出物定价的依据，以保持价格与项目产出的边际成本和消费商品的边际效用相等。

（2）次优定价。由于垄断、外部性、商品税等因素的存在而扭曲的市场环境下，采用次优定价法，分为两种定价方法：

第一，成本分摊定价法，侧重从成本角度进行定价的思路，主要目的是要选择一定的标准将联合成本与分类成本在不同的产品或服务以及不同的消费者之间进行分摊。

第二，拉姆齐-布瓦特定价法，通常将存在收支平衡约束条件下的定价方法称为拉姆齐—布瓦特定价方法。认为价格偏离边际成本的程度与商品的需求弹性成反比。该方法强调通过考虑价格和需求弹性等因素，来确定利润为 0，实现财务收支平衡的定价水平。

（3）合理报酬定价法。合理报酬定价就是在一个合理报酬约束给定的条件下的一种公共项目定价方法，政府通常会通过限定项目实际投资的报酬率来对项目的利润进行限制，投资主体在限定内给项目产出定价。所谓合理报酬约束，简单地说，就是管制者将项目的报酬率限定在某一个合理的水平，即对投资报酬率设定一个上限和一个下限，不能太高也不能太低。

3．公共项目收费标准衡量

公共项目收费水平要利于其预定经济效率目标的实现以及项目的可持续性，因此在确定收费水平后，还需要测算一些指标来衡量项目收费标准的合理性，以确保项目的执行与政府政策的既定意图（例如公平）相一致。主要的衡量标准。

（1）成本回收指数。成本回收指数主要测算政府用于项目的支出中，有多大的比例将直接从受益人那里回收。成本回收指数是按照不变的市场价格计算的，即需要用资本的经济成本作为贴现率对支出和收入进行折算。计算公式为

$$成本回出指标 = \frac{该项目收费现值}{政府用于该项目支出的现值} \qquad (4\text{-}3)$$

（2）净效益回收指数。净效益回收指数主要测算项目的净效益有多少能够从受益人那里直接回收。净效益是指受益人扣除了为受益而付出的各种费用和要素的正常回报后所获得的净得益。计算公式为

$$净效益回收指数 = \frac{项目收费}{受益者从该项目获得的净收益} \qquad (4\text{-}4)$$

净效益回收指数不是贴现指标，而是利用项目某个成熟年份的预测值进行计算。通常用作公用项目收费标准的参考。当该指数=0 时，说明不收费；指数=1 时，说明全部净效益通过收费收回；指数>1 时受益者受损，不会参与项目。

（3）联合费用分摊。公共项目可能拥有多个目标和多个利益主体，这就有项目的费用（投资和运行费）合理分摊的问题。

建议这类项目的费用分摊用世界银行推荐的"可分成本-剩余效益法"。分摊的办法是按各种目标产生的剩余效益的大小进行分摊。

5 产品成本费用预测

5.1 投资项目财务分析评价中，产品成本费用预测与决策具有重要的作用，应受到政府、企业及社会投资各方广泛的关注。

（1）成本是产品（或提供劳务、服务）定价的基础，成本预测是否准确，直接影响产品定价的合理性，影响项目的盈利能力和偿债能力，影响项目利益相关者的财务决策，关系到项目运作的成败。

（2）在市场经济条件下，产品成本是衡量生产消耗补偿的尺度，投资项目必须以产品销售收入抵补产品生产过程中的各项支出，才能获得盈利。

（3）产品原材料消耗水平，劳动生产率的高低等，应通过生产成本反映出来，是衡量投资项目生产工艺先进性、设备选型合理性，运营组织管理设计方案科学性的综合性技术经济指标。

5.2　投资项目财务分析评价成本费用计算的依据

产品成本费用是指投资项目投产运营期，按预定生产目标生产一定种类、一定数量的产品（或提供劳务或服务）所发生的直接材料费用、燃料及动力、直接人工费用以及不能直接计入而按一定标准分配计入的各种间接费用的总和。

5.2.1　产品成本费用的特点

（1）企业正常生产经营过程中经济资源耗费的过程，即原材料或设备在耗用过程中，其原始购置成本随之归属于产出物，成为产出物的成本。这个产出物称为成本计算对象，它可以是一件产品或者一项服务。

（2）成本和费用的主要区别，即成本有特定的对象而费用没有特定对象。费用仅指为取得营业收入而发生的资产耗费，强调与特定会计期间收入配比的耗费，而不一定是特定产出物的耗费。

5.2.2　产品成本费用估算的基本要求

建设项目应严格执行国家规定的企业成本开支范围和费用开支标准；合理确定成本核算对象与估算方法；正确划分各项费用支出的界限；成本估算做好各项基础工作。

5.2.3　企业会计准则及产品会计制度设置的成本开支范围

（1）为制造产品而消耗的原材料、辅助材料、外购半成品和燃料的原价与运输、装卸、整理等费用；

（2）为制造产品而耗用的动力费；

（3）企业生产单位支出的职工薪酬，包括工资、奖金、津贴和补贴、福利费、社会保险等；

（4）生产用固定资产的折旧费用；

（5）企业生产单位因生产原因而发生的废品损失，以及季节性、修理期间的停工损失；

（6）企业生产单位为管理和组织生产而支付的办公费、取暖费、水电费、差旅费，以及运输费、保险费、设计制图费、实验检验费和劳动保护费等。

5.2.4　产品成本费用的分类

生产成本法是目前世界各国普遍采用的一种成本计算方法。根据项目财务分析中产品成本计算的要求，参照财务会计的成本分类方式，选取常用的两种：一种是遵循会计准则按照成本功能划分；另一种按照成本的经济用途与生产要素内容相结合的原则划分方法。

1．按成本功能分为制造成本和期间费用

制造成本，也称为生产成本，可以进一步分为直接制造成本和间接制造成本。直接制造成本是产品消耗的原材料、燃动力及人工成本等；间接制造成本是为生产产品而发生的间接费用，如固定资产折旧、生产制造过程的管理费，即制造费用。

期间费用，是指一定时期发生的与产品的制造没有直接关系的费用支出，具体包括配送费用、销售费用、管理费用、财务费用等。

总产品成本费用为

总产品成本费用=生产成本（制造成本）+期间费

$$
\begin{aligned}
&=直接材料费用+直接燃动力费+直接人工费用+制造费用\\
&\quad+管理费用+财务费用+销售费用
\end{aligned} \tag{5-1}
$$

2．按经济内容分为各生产费用要素

生产费用按经济内容分类通常称为费用要素，凡为生产产品和提供劳务而开支的货币资金以及消耗的各项实物资产，均称为费用要素，具体包括外购材料、外购燃料及动力、职工薪酬、折旧费及摊销费、利息支出、税金及其他费用等。

$$总产品成本费用=外购材料+外购燃料及动力+职工薪酬+其他费用$$
$$+折旧费及摊销费+利息支出 \tag{5-2}$$

其他费用指扣除制造费、管理费及销售费用中生产单位管理人员的薪酬、房屋建筑物、构筑物及机器设备折旧费、无形资产及其他资产摊销费后的各项费用之和。

5.3 财务分析中经营成本费用和总成本费用的估算

财务分析中产品成本费用估算包括经营成本费用、总产品成本费用的估算，以及可变成本和固定成本的估算。财务分析中产品成本费用的计算，根据项目产品生产的特点，选择生产成本法或生产费用要素法。

5.3.1 经营成本及费用估算

经营成本及费用是项目现金流量分析中所使用的特定概念，项目财务分析中将产品成本费用的构成以现金流量为主体来进行表达，但折旧（或折耗）及摊销费不构成项目的现金流出，财务费用属于融资成本，这四项费用与项目经营成本无关。即

$$总成本费用=经营成本及费用+折旧（或折耗）+摊销+财务费用 \tag{5-3}$$
$$经营成本及费用=直接材料费+直接燃动力费+直接人工费+修理费+其他费用$$
或 $$=外购材料费+外购燃料及动力费+职工薪酬++修理费+其他费用 \tag{5-4}$$

1. 经营成本及费用估算的简要过程

（1）外购原材料费。外购材料包括外购原料、外购材料和外构件。外购材料费为

$$外购材料费=外购原材料和外构件的年耗用量×单价 \tag{5-5}$$

式中：外购原材料及外构件的年耗用量或单位产品耗量应根据工艺技术方案确定；主要原材料和外构件的价格应采用市场预测价格，并应按到厂价格计算。对进口原材料，除估算到岸价外，需要估算进口环节的相关税费及国内运杂费。

外购原材料费估算一般应编制外购原材料费估算表。

（2）外购燃料及动力费。外购燃料一般包括煤、柴油、燃料油、液化石油气、天然气等，外购动力一般包括电、水、蒸汽等。外购燃料及动力费为

$$外购燃料及动力费=外购燃料及动力的年耗用量×单价 \tag{5-6}$$

式中：外购燃料及动力的年耗用量应全面包括生产工艺用量、公用和辅助工程用量及其他用量，其种类与消耗量根据工艺技术方案、公用和辅助工程方案确定；其单位价格采用市场预测价格。估算外购燃料及动力费一般应编制外购燃料及动力费估算表。

（3）职工薪酬。职工薪酬主要包括职工工资、奖金、津贴和补贴，以及医疗保险费、养老保险费、失业保险费、工伤保险费和生育保险费等社会保险费、住房公积金等。职工薪酬为

$$职工薪酬=项目职工定员总人数×每一员工年均薪酬 \tag{5-7}$$

式中：职工定员总人数是根据项目性质、行业特点、工艺方案等制定人力资源方案；每一员工年均薪酬按行业特点及项目所在地职工薪酬水平等因素确定，并考虑一定年限的工资上涨指数。按照人员类别和层次分别估算各类人员的数值时，应编制职工薪酬估算表。

（4）修理费。在项目财务分析中，修理费是指为保持固定资产的正常使用，在运营期内对其进行必要修理所发生的费用，结合项目的会计政策，当在成本费用中占有较大比重时需单独列项，否则可计在其他费中。修理费为

$$修理费=固定资产原值（扣除所含的建设期利息）×修理费费率 \qquad (5\text{-}8)$$

式中：修理费费率应依据不同行业、不同项目对修理费的需求选取。

（5）其他费用估算。其他费用包括其他制造费用、其他管理费用和其他营业费用，是分别扣除制造费、管理费及销售费用中职工薪酬、燃动力费、折旧费、修理费后的其余部分。其计算方法一般按比例法或工时法，具体计算方法从行业特点确定。估算时应考虑技术密集型项目和劳动密集型项目对费率或定额的不同要求；若技术使用费、研究开发费、城镇土地使用税等数额较大，可在其他费用中单独列项；其他销售费应考虑市场竞争不同、销售渠道开拓程度不同的项目产品对费率的不同要求。

2. 经营成本及费用估算应注意的问题

应遵循有无对比原则，计算增量经营成本及费用。需要对无项目情况下的经营成本及费用进行预测，可能增加、减少或不变，计算范围与计算期应与"有项目"保持一致。项目融资项目"无项目"经营成本及费用可视为零处理。增量年经营成本及费用为

$$增量年经营成本及费用="有项目"年经营成本及费用$$
$$-"无项目"年经营成本及费用 \qquad (5\text{-}9)$$

5.3.2　总产品成本费用估算

总产品成本费用的估算在经营成本及费用估算的基础上，加上折旧费、折耗费、摊销及财务费用。

1. 折旧费

固定资产在使用过程中会受到磨损（包括技术落后），其价值损失是通过计提折旧的方式予以补偿。折旧是指在固定资产使用寿命内，按照确定的方法对应计折旧额进行的系统分摊。

财务分析应根据固定资产的性质和使用情况，在税法允许的范围内，合理确定固定资产的折旧年限和预计净残值率，一经确定，不得随意变更。依据与固定资产有关的经济利益的预期实现方式，合理选择固定资产折旧方法。折旧方法有年限平均法、工作量法、双倍余额递减法和年数总和法。编制折旧费估算表。

2. 折耗费

折耗是为了补偿油气资产在生产过程中的价值损耗而提取的补偿费用。根据现行规定，折耗采用平均年限法，编制折耗费计算表。

3. 摊销费

项目初始建设投资或运营期追加投资建成交付使用后，对形成的无形资产和其他资产应合理摊销，摊销费计入总成本费用。财务分析中可将投资估算中的生产准备费、培训费、办公及生活家具购置费计入其他资产原值。项目应在税法允许的范围内，合理确定无形资产及其他资产的摊销年限，一经确定，不得随意变更。一般也采用直线法摊销，残值为零。

4. 财务费用

总产品成本费用中项目经营期的利息支出包括长期借款还本付息中的利息、流动资金借款利息和短期借款利息三部分。

5.3.3　可变成本及固定成本费用

根据成本费用与产量的关系可以将总产品成本费用分解为可变成本、固定成本和半可变（或半固定）成本。进行盈亏平衡分析时，需要通过产品产量、销售收入、总成本费用、固定成本、可变成本，计算分析量本利。

固定成本是指不随产品产量变化的各项成本费用，可变成本是指随产品产量增减而成正比例变化的各项成本费用。有些成本费用属于半可变（或半固定）成本，例如不能熄灭的工业炉的燃料费、工资、其他销售费用和流动资金利息等，不完全随产量变动而增减，还具有固定不变的性质，应根据项目特点进行合理分摊。

6 财务分析中的税费计算

财务分析的税费计算是项目现金流量计算重要内容之一。税费计算的依据是我国现行税法。财务分析涉及的主要税费包括增值税、消费税、关税、企业所得税、房产税、车船税、资源税、土地增值税、城镇土地使用税、城市维护建设税、车辆购置税、耕地占用税、船舶吨税和烟叶税。

6.1 增值税

按照我国增值税法的规定，增值税是在我国境内销售货物、进口货物、提供加工、修理修配劳务以及销售服务、无形资产或者不动产为依据而征收的一种流转税。采用增值税可以有效地防止商品在流转过程中的重复征税问题，并具备如下特点：实行税款抵扣制度，避免重复征税；按照税收中性原则，对增值税的征收采用单一比例税率，并实行价外税制度。

依据《增值税暂行条例》《增值税暂行条例实施细则》及《营业税改征增值税试点实施办法》的规定，在投资项目财务分析结合行业特点，正确把握以下内容：

（1）增值税的征税范围，包括一般规定和具体规定。

（2）一般纳税人和小规模纳税人的划分标准。

（3）增值税税率和征收率。

（4）一般计税方法应纳税额的计算：销项税额的计算及销售额的确定；进项税额的抵扣，允许抵扣和不允许抵扣进项税的规定。

（5）小规模纳税人应纳税额的计算。

（6）特殊业务与特殊经营行为的增值税的处理。

（7）进口货物征税范围及计算方法（海关代征）。

（8）出口货物、提供加工、修理修配劳务以及销售服务、无形资产退（免）税的政策：

1）适用增值税退（免）税政策，重点分析退（免）税政策使用的范围；退（免）税办法；退税率；退（免）税的计税依据；增值税免抵退税和免退税的计算方法；

2）适用增值税免税政策，重点关注适用范围和增值税的计算方法；

3）适用增值税征税政策，重点关注适用范围和计税方法。

（9）增值税收的优惠政策。

6.2 消费税

消费税是对特定的消费品和消费行为征收的一种税，征收的目的是引导消费、调节收入。其征收依据为《消费税暂行条例》和《消费税暂行条例实施细则》。财务分析人员应重点掌握本行业消费税计征的下列内容：

（1）征收范围及纳税义务人，在境内生产销售、委托加工、进口、批发及零售规定的消费品的单位和个人，以及国务院确定的销售规定的消费品的其他单位和个人，为消费税的纳税人。

（2）税目与税率。税目15个，即烟、酒及酒精、化妆品、贵重首饰及珠宝玉石、鞭炮、焰火、成品油、小汽车、摩托车、高尔夫球及球具、高档手表、游艇、木制一次性筷子、实

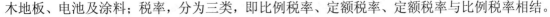

木地板、电池及涂料；税率，分为三类，即比例税率、定额税率、定额税率与比例税率相结。

（3）计征基本依据，分为从价、从量、从价从量复合计征三种。

（4）应纳税额的计算，生产销售环节应纳消费税的计算（直接对外销售和自产自用）；委托加工应税消费品应纳税额的计算；进口应税消费品应纳税额的计算；已纳税消费税扣除的计算。

（5）税额减征的规定，为保护生态环境，促进替代污染排放汽车的生产和消费，推进汽车工业技术进步，对生产销售达到低污染排放值的小轿车、越野车和小客车减征 30% 的消费税。

（6）出口应税消费品退（免）税，分为出口免税并退说、出口免税但不退税、出口不免税也不退税三种情况。

（7）出口应税消费品退税额的计算，外贸企业从生产企业购进应税消费品直接出口或受其他外贸企业委托代理出口应税消费品的应退消费税税款。

6.3 城市维护建设税、教育费附加和烟草税

（1）城市维护建设税，凡缴纳增值税、消费税单位和个人，都是城市维护建设税的纳税义务人。以纳税人实际缴纳的增值税、消费税为计税依据，分别与增值税、消费税同时缴纳。

（2）教育费附加，凡缴纳增值税、消费税单位和个人，均为教育费附加的纳费义务人。农业、乡镇企业，由乡镇人民政府征收农村教育事业附加，不再征收教育费附加。

（3）地方教育附加，国务院要求全面开征地方教育附加，征收标准为单位和个人实际缴纳的增值税和消费税税额的 2%。

（4）烟叶税，在境内收购烟叶的单位为烟叶税的纳税人。这里所称烟叶，是指晾晒烟叶、烤烟叶。烟叶税的应纳税额，按照纳税人收购烟叶的收购金额和规定的税率 20%（比例税率）计算。

6.4 关税

我国海关征收关税的法律依据是《进出口关税条例》和《海关进出口税则》等。投资项目的投入物或产出物涉及进出口货物时，财务分析人员需计算进出口关税，应掌握关税的下列内容：

（1）征税对象和纳税义务人，关税是海关依法对进出境货物、物品征收的一种税。进口货物的收货人、出口货物的发货人、进出境物品的所有人，是关税的纳税义务人。

（2）关税税率。

1）进口关税，税率进口关税分为最惠国税率、协定税率、特惠税率、普通税率、关税配额税率共五栏税率，一定时期内可实行暂定税率。计征办法，进口商品多数实行从价税，对部分产品实行从量税、复合税、滑准税。

2）出口关税，执行比例税率（20%～40%）。对部分出口货物实行暂定税率，出口暂定税率优先适用于出口税则中规定的出口税率。

3）特别关税，包括报复性关税、反倾销税与反补贴税、保障性关税。

（3）关税原产地规定，我国采用的原产地标准有两个：全部产地生产标准、实质性加工标准。

（4）关税完税价格，包括一般进口货物、特殊进口货物、出口货物完税价格以及运输及相关费用保险费计算。

（5）关税应纳税额的计算，包括从价税、从量税、复合税、滑准税应纳税额的计算。

（6）关税减免，关税减免分为法定减免、特定减免、临时减免三种，除法定减免外其他免税均由国务院规定。

6.5　船舶吨税

自我境外港口进入境内港口的船舶（简称应税船舶），应当依照条例缴纳船舶吨税（简称吨税）。吨税的税目、税率依照《吨税税目税率表》执行。吨税设置优惠税率和普通税率。吨税的应纳税额计算，吨税按照船舶净吨位和吨税执照期限征收。

6.6　资源税与土地增值税

6.6.1　资源税

资源税征税主要依据《资源税暂行条例》和《资源税暂行条例实施细则》等。

1. 纳税义务人

在我国境内及管辖海域开采应税资源的矿产品或者生产盐的单位和个人，为资源税的纳税义务人。

2. 税目及税率

税目及税率执行《资源税税目税率表》的征税范围，矿产品等级的划分，执行《几个主要品种的矿山资源等级表》。资源税的税目根据资源税应税产品和纳税人开采资源的行业特点设置。分为7大类及大类下分若干个子目，包括原油、天然气，原煤、其他非金属矿原矿、黑色金属矿原矿、有色金属原矿、盐（包括固体盐和液体盐等）。税率实施"级差调节"的原则，运用资源税对因资源储存状况、开采条件、资源优劣、地理位置等客观存在的差别而产生的资源级差收入，通过实施差别税额标准进行调节。

3. 应纳税额的计征

资源税的应纳税额，按照从价定率或者从量定额的办法，分别以应税产品的销售额乘以纳税人具体适用的比例税率或者以应税产品的销售数量乘以纳税人具体适用的定额税率计算。应注意销售额的确定特点：

（1）从价定率计征中，所称销售额，为纳税人销售应税产品向购买方收取的全部价款和价外费用，但不包括收取的增值税销项税额。纳税人以人民币以外的货币结算销售额的，应当折合成人民币计算。

（2）从量定额征收中，所称销售数量，包括纳税人开采或者生产应税产品的实际销售数量和视同销售的自用数量。

（3）应注意行业的特殊规定，如煤炭、原油、天然气资源税的政策调整；如：原煤和以未税原煤加工的洗选煤纳税额的计算区别、各地适用税率的区别。

6.6.2　土地增值税

我国土地增值税的征收依据是《土地增值税暂行条例》和《土地增值税暂行条例实施细则》。

1. 纳税义务人

对有偿转让国有土地使用权、地上的建筑物及其附着物并取得收入的单位和个人，为土地增值税的纳税义务人，应依照条例缴纳土地增值税。

2. 征税范围

土地增值税是对转让国有土地使用权；地上的建筑物及其附着物连同国有土地使用权一并转让的行为征税，包括存量房地产的买卖，不包括国有土地使用权出让所取得的收入。应注意区分不属于土地增值税征税范围，如以继承、赠予方式转让房地产的（不包括企业无偿捐赠的房地产）。

3. 税率

土地增值税实行四级超率累进税率。

4. 增值额的确定

土地增值税纳税人转让房地产所取得的收入减除规定的扣除项目金额后的余额为增值额。

（1）应税收入的确定。纳税人转让房地产取得的应税收入，应包括转让房地产的全部价款及有关的经济收益，包括货币收入、实物收入和其他收入。

（2）扣除项目的确定。税法准予纳税人从转让收入额减除的扣除项目包括：取得土地使用权所支付的金额；房地产开发成本；房地产开发费用；与转让房地产有关的税金；其他扣除项目；转让旧房的，旧房及建筑物的评估价格等。

5. 应纳税额的计算

计算土地增值税税额，可按增值额乘以适用的税率减去扣除项目金额乘以速算扣除系数的简便方法计算，具体计算按照《土地增值税暂行条例实施细则》的规定执行。

6. 税收减免

因国家建设需要依法征用、收回的房地产，免征土地增值税。因城市实施规划、国家建设的需要而搬迁，由纳税人自行转让原房地产的，比照有关规定免征土地增值税。

6.7　房产税、城镇土地使用税、契税、耕地占用税、车辆购置税和车船税

6.7.1　房产税、城镇土地使用税、契税

房产税是以房屋为征税对象，以房屋的计税余值或租金收入为计税依据，向房屋产权所有人征收的一种财产税。征税依据为《房产税暂行条例》。城镇土地使用税以城镇土地为征税对象，以纳税人实际占用的土地面积为计税依据，土地面积计量标准为每平方米。征税依据为《城镇土地使用税暂行条例》和《城镇土地使用税暂行条例细则》。契税是以在我国境内转移土地、房屋权属为征税对象，向产权承受人征收的一种财产税。征税依据为《契税征收条例》。

在投资项目财务分析中，房产税、城镇土地使用税、契税应据项目情况计算，并计入产品成本其他管理费中。这三种税收主要掌握征税范围、纳税义务人、计税依据、税率及应纳税额的计算及税收减免的优惠政策。

6.7.2　耕地占用税

占用耕地建房或者从事非农业建设的单位或者个人，为耕地占用税的纳税人。耕地占用税以纳税人实际占用的耕地面积为计税依据，按照规定的适用税额一次性征收。应纳税额按纳税人实际占用的耕地面积乘以规定的适用税额求得。

耕地指种植农业作物的土地，包括菜地、园地；占用鱼塘及其他农用土地建房或从事其他非农业建设，也视同占用耕地，必须依法征收耕地占用税。依据《耕地占用税暂行条例》和《耕地占用税暂行条例实施细则》计算。应重点分析纳税义务人、征税范围、税率、计税依据及应纳税额的计算及税收减免的优惠政策。

6.7.3　车辆购置税和车船税

1. 车辆购置税

在我国境内购置应税车辆的单位和个人，为车辆购置税的纳税人，应当依照条例缴纳车辆购置税。计税依据为《车辆购置税暂行条例》所附《车辆购置税征收范围表》。在投资项目财务分析中，车辆购置税随车辆购置费计入项目固定资产投资。

2. 车船税

车船税是指对在中国境内应依法到公安、交通、农业、渔业、军事等管理部门办理登记的车辆、船舶，根据其种类，按照规定的计税依据和年税额标准计算征收的一种财产税。计税依据为《车船税法》所附《车船税税目税额表》。在投资项目财务分析中，车船税应据项目情况计算，并计入产品成本其他管理费中。

6.8 企业所得税

我国依据《企业所得税法》和《企业所得税法实施条例》征收企业所得税。在投资项目财务分析中，本项税收应据项目情况计算，在利润分析中计算应纳税额。

6.8.1 纳税义务人

企业所得税的纳税义务人，是指在我国境内的企业和其他取得收入的组织（不包括个人独资企业和合伙企业）。企业所得税的纳税人分为居民企业和非居民企业。居民企业，是指依法在中国境内成立，或者依照外国（地区）法律成立但实际管理机构在中国境内的企业。这里的企业包括国有企业、集体企业、私营企业、联营企业、股份制企业、外商投资企业、外国企业以及有生产、经营所得和其他所得的其他组织。

非居民企业，是指依照外国（地区）法律成立且实际管理机构不在中国境内，但在中国境内设立机构、场所的，或者在中国境内未设立机构、场所，但有来源于中国境内所得的企业。

6.8.2 征税对象与税率

企业所得税的征税对象是企业的生产经营所得、其他所得和清算所得。

（1）居民企业应当就其来源于中国境内、境外的所得缴纳企业所得税。所得包括销售货物所得、提供劳务所得、转让财产所得、股息红利等权益性投资所得、利息所得、租金所得、特许权使用费所得、接受捐赠所得和其他所得。

（2）非居民企业在中国境内设立机构、场所的，应当就其所设机构、场所取得的来源于中国境内的所得，以及发生在中国境外但与其所设机构、场所有实际联系的所得，缴纳企业所得税。非居民企业在中国境内未设立机构、场所的，或者虽设立机构、场所但取得的所得与其所设机构、场所没有实际联系的，应当就其来源于中国境内的所得缴纳企业所得税。这里所称实际联系，是指非居民企业在中国境内设立的机构、场所拥有的据以取得所得的股权、债权，以及拥有、管理、控制据以取得所得的财产。

（3）税率。

1）基本税率为 25%。适用于居民企业和在中国境内设有机构、场所且所得与机构、场所有关联的非居民企业。

2）低税率为 20%。适用于在中国境内未设立机构、场所的，或者虽设立机构、场所但取得的所得与其所设机构、场所没有实际联系的非居民企业。

6.8.3 应纳税所得额的计算

应纳税所得额为企业每一纳税年度的收入总额，减除不征税收入、免税收入、准予扣除项目，以及允许弥补的以前年度亏损后的余额。在财务分析中应特别注意下列问题：

（1）收入总额；

（2）不征税收入和免税收入；

（3）准予扣除项目的范围与标准；

（4）亏损弥补；

（5）资产的税务处理；

（6）投资资产的税务处理；

（7）税法规定与会计规定差异的处理；

（8）企业重组的所得税处理。

6.8.4　企业所得税的优惠政策

税法规定的企业所得税的税收优惠方式包括免税、减税、加计扣除、加速折旧、减计收入、税额抵免等。

6.8.5　应纳税额的计算

1. 居民企业应纳税额的计算

居民企业应缴纳所得税额等于应纳税所得额乘以适用税率，基本计算公式为

$$应纳税额=应纳税所得额×适用税率-减免税额-抵免税额$$

在项目财务分析中，应纳税所得额的计算一般采用直接计算法

$$应纳税所得额=收入总额-不征税收入-免税收入-各项扣除金额$$
$$-允许弥补的以前年度亏损$$

2. 非居民企业应纳税额的计算

对于在中国境内未设立机构、场所的，或者虽设立机构、场所但取得的所得与其所设机构、场所没有实际联系的非居民企业的所得，按照下列方法计算应纳税所得额：

（1）股息、红利等权益性投资收益和利息、租金、特许权使用费所得，以收入全额为应纳税所得额；转让财产所得，以收入全额减除财产净值后的余额为应纳税所得额。

（2）对非居民企业在中国境内未设立机构、场所的，或者虽设立机构、场所但取得的所得与其所设机构、场所没有实际联系的所得应缴纳的所得税，实行源泉扣缴，以支付人为扣缴义务人。

7　盈利及偿债能力分析

7.1　基础数据与主要参数

7.1.1　项目计算期

项目财务分析评价的计算期是指为进行分析计算所设定的期限，包括建设期和运营期。建设期是指从项目资金正式投入开始到项目建成投产为止所需要的时间，应参照项目建设的合理工期并按照项目的建设进度计划合理确定。运营期又可分为投产期和达产期，投产期是指项目投入生产运营，但生产运营能力尚未完全达到设计能力的时间，达产期是指生产运营能力完全达到设计能力后的时间；运营期应根据项目特点参照项目的合理经济寿命确定。

7.1.2　财务基准收益率

财务基准收益率（i_c），又称最低可接受财务收益率，是判别财务内部收益率是否符合要求的基准值，是项目财务可接受性的主要判据。

（1）财务基准收益率在本质上体现了投资者对所投资项目占用资金的时间价值的判断及对项目风险的估计。

（2）项目投资财务内部收益率、资本金财务内部收益率和各方投资财务内部收益率可以有不同的取值。

1）项目投资财务基准收益率主要应依据项目加权平均资金成本和项目可能面临的风险确定。

2）资本金财务基准收益率的确定主要取决于行业投资收益水平以及投资者对资本收益的期望，并与投资者对风险的态度密切相关。

3）各方投资财务基准收益率的确定主要取决于投资各方对投资收益水平的期望值。

（3）确定财务基准收益率一般不考虑价格总水平变动因素。如果运营期的现金流量预测考虑了价格总水平变动因素，则确定的财务基准收益率也应考虑通货膨胀或通货紧缩因素的影响。

7.1.3 汇率、利率和通货膨胀率

汇率又称汇价、外汇牌价或外汇行市，即外汇的买卖价格，通常采用直接标价法和间接标价法进行标价。

利率指一定时期内利息与本金的比率，是决定利息多少的因素与衡量标准。利率作为资金的价格，利率水平最终由各种因素的综合影响所决定。如受产业平均利润水平、货币的供给与需求状况、经济发展状况、物价水平、利率管制政策、国际经济状况和货币政策的影响。

通货膨胀意指整体物价水平上升。一般性通货膨胀为货币之市值或购买力下降。通货膨胀对经济发展、收入分配、对外经济关系等均产生重要影响。

7.1.4 各种税费的比率

合理计算财务分析评价中涉及的增值税、营业税、资源税、消费税、所得税、城市维护建设税和教育费附加等各种税费，是正确计算项目财务现金流量的重要基础。各种税费、税率计算应合理、合法和可靠。

7.2 财务盈利能力分析

7.2.1 新增与增量现金流量的确认

财务盈利能力分析的基础是增量现金流量。增量现金流量是指财务主体采用某个项目和不采用某个项目在现金流量上的差别。预测增量现金流量应剔除沉没成本、关注机会成本并考虑关联效应。

财务盈利能力分析常用折现现金流量分析法。根据分析的范围和对象，可分为项目投资现金流量分析、资本金现金流量分析和各方投资现金流量分析。

1. 项目投资财务盈利能力分析

项目投资现金流量分析是在不考虑债务融资条件下，从整个项目全部投资的角度，确定其现金流入和现金流出，考察项目全部投资可获得的收益水平。进行项目投资现金流量分析应正确认识、处理以下各点：

（1）项目所得税后现金流量分析及税后评价指标用于判断项目对财务主体的价值贡献，是投资决策的依据。

（2）项目投资现金流量表中的"回收固定资产和无形资产余值"应剔除建设期利息因素。

（3）项目投资现金流量表中的"调整所得税"应以不受债务融资条件影响的息税前利润（EBIT）乘以所得税税率计算。

2. 资本金财务盈利能力分析

资本金现金流量分析是在确定融资方案的基础上，从投资者整体投入资本金的角度，确定其现金流入和现金流出，考察资本金可获得的收益水平。资本金现金流量分析及其评价指标是投资者投资决策的依据，也是财务主体进行融资决策的依据。

3. 各方投资财务盈利能力分析

各方投资现金流量分析是从各方投资的角度，确定其现金流入和现金流出，考察各方投

资的收益水平。当投资各方不按股本比例进行分配或有股权之外的不对等收益时，一般需要进行各方投资现金流量分析，判断各方投资的收益差别是否合理。

7.2.2 利润及利润分配分析

利润及利润分配分析，是对项目实施后财务主体在经营期内取得的收益、税费支付以及收益分配的全过程进行分析，评价企业运用折旧、税收及股利分配等财税政策的合理性。需要编制项目实施后财务主体的利润及利润分配表，以反映企业一定时期的利润总额，以及企业实现利润的分配情况。

1. 项目与企业总量收入与费用的确认

按照国家现行法律法规，企业收益分配均属企业法人行为，不宜以项目为单位进行核算。因此，利润及利润分配的分析范围需要从项目扩展至企业。在不同的融资方式下，项目与企业范围的界定不完全一致，需要确认项目与企业总量收入与费用。

2. 利润总额及净利润

（1）利润总额是企业本期取得的全部利润之和，即

$$利润总额=营业利润+投资收益+营业外收入+补贴收入-营业外支出$$
$$+以前年度损益调整$$

其中　　　　　营业利润=主营业务利润+其他业务利润-管理费用-财务费用

（2）净利润是指扣除所得税后的利润，是企业最终的财务成果，即

$$净利润=利润总额-所得税$$

3. 息税前利润及息税折旧摊销前利润

（1）息税前利润是不考虑债务与税收的情况下，企业本期取得的利润，即

$$息税前利润（EBIT）=净利润+财务费用+所得税$$

（2）息税折旧摊销前利润是企业本期取得的经营利润，即

$$息税折旧摊销前利润=息税前利润+折旧及摊销$$

4. 股利分配

股利分配关注在公司赚得的利润中，有多少作为股利发放给股东，有多少留在公司作为再投资。企业应当按照"同股同权、同股同利"的原则，向投资者分配利润。企业以前年度未分配的利润，可以并入本年度利润一并进行分配。企业需要拿出多大比例的净利润用于向投资者分配利润，除要有足够的累计盈余外，还要考虑企业盈余的稳定性、投资机会、债务需要和举债能力等因素，需要重点考虑企业的现金流量状况。

7.2.3 财务盈利能力的评价指标

财务盈利能力的评价指标分为动态指标和静态指标。动态指标包括财务净现值和财务内部收益率，静态指标包括项目投资回收期、总投资收益率和资本金净利润率。评价时可根据项目的特点及评价的目的、要求选用。

1. 财务净现值（$FNPV$）

财务净现值（$FNPV$）是指按照设定的折现率（i_c）将项目计算期内各年的净现金流量折现到建设期初的现值之和，其计算公式为

$$FNPV(i_c) = \sum_{t=0}^{n}(C_I - C_O)_t(1+i_c)^{-t} \tag{7-1}$$

式中　　C_I——现金流入量；

C_O ——现金流出量；

$(C_I - C_O)_t$ ——第 t 期的净现金流量；

i_c ——设定的折现率，通常选用财务基准收益率；

n ——计算期年数。

财务净现值等于或者大于零，表明其盈利能力能够满足要求，项目在财务上可考虑接受。财务分析评价中一般只计算项目投资财务净现值。

2. 财务内部收益率（ FIRR ）

财务内部收益率（ FIRR ）是指能使项目计算期内各年净现金流量的现值累计等于零时的折现率，其表达式为

$$\sum_{t=0}^{n}(C_I - C_O)_t(1+FIRR)^{-t} = 0 \tag{7-2}$$

财务内部收益率高于等于设定的财务基准收益率（最低可接受收益率），表明其盈利能力能够满足要求，项目在财务上可考虑接受。

3. 项目投资回收期（ P_t ）

项目投资回收期（ P_t ）是指以项目的净收益回收项目投资所需要的时间，其表达式为

$$\sum_{t=0}^{P_t}(C_I - C_O)_t = 0 \tag{7-3}$$

项目投资回收期的计算公式为

$$P_t = T - 1 + \frac{第(T-1)年的累计净现金流量的绝对值}{第T年的净现金流量} \tag{7-4}$$

式中　T——各年累计净现金流量首次为正值或零的年数。

投资回收期短，表明项目投资回收快，抗风险能力强。项目投资回收期短于等于设定的基准投资回收期，表明投资回收速度符合要求。

4. 总投资收益率（ ROI ）

总投资收益率（ ROI ）表示总投资的盈利水平，是指项目达到设计能力后正常年份的年息税前利润或运营期内年平均息税前利润与项目总投资的比率，其计算公式为

$$总投资收益率 = \frac{年息税前利润}{项目总投资} \times 100\% \tag{7-5}$$

总投资收益率高于等于设定的总投资基准收益率，表明用总投资收益率表示的盈利能力能够满足要求。

5. 资本金净利润率（ ROE ）

资本金净利润率（ ROE ）表示资本金的盈利水平，是指项目达到设计能力后正常年份的年净利润或运营期内的年平均净利润与资本金的比率，其计算公式为

$$资本金净利润率 = \frac{年净利润}{资本金} \times 100\% \tag{7-6}$$

资本金净利润率高于等于同行业的净资产收益率（权益净利率）参考值或设定的基准资本金净利润率，表明用资本金净利润率表示的盈利能力能够满足要求。

7.2.4　财务盈利能力分析表的编制

进行财务盈利能力分析应编制项目投资现金流量表、资本金现金流量表、各方投资现金

流量表（必要时）、利润与利润分配表。

7.3　实物期权分析

实物期权法是对折现现金流量法的一种补充和完善，在不确定性较大的投资项目中，投资者和项目管理层可以根据未来的市场变化运用实物期权恰当地做出投资调整。

实物期权隐含在投资项目中，有的项目期权价值小，有的项目期权价值大，这取决于项目不确定性的大小，不确定性越大则期权价值越大。一般认为，实物期权只有在具备一定条件时才具有价值，这些条件包括：①项目存在不确定性；②不确定性驱动项目的价值；③投资者或项目管理层具有管理实物期权价值的能力。

在投资领域最常见的实物期权有扩张期权、时机选择期权和放弃期权。应根据需要采用实物期权法对拟建项目的潜在盈利能力进行分析。

7.4　债务清偿能力分析

债务清偿能力分析是分析项目的财务主体在项目的计算期内是否有足够的现金流量，按照贷款期限、还本付息方式偿还项目的债务资金。

7.4.1　新增与总量投资、筹资及经营活动现金流量的确认

按照现行法律法规，只有企业法人才有资格代表投资项目筹集资金，包括权益与债务资金的筹措。债权人一般要求综合评估企业对拟建项目债务的偿还能力，而不仅是"项目"的偿债能力。由此，债务清偿能力分析的范围需要从项目扩展至企业，用于还贷的现金流量是企业在经营、投资及筹资活动中所产生的现金流量。在不同的融资方式下，项目与企业范围的界定不完全一致，需要确认项目与企业总量现金流量的区别。

（1）采用项目融资的项目，由新设项目公司承担项目的债务偿还，债务人是项目公司，偿还债务的资金来源仅依靠项目本身产生的现金流量，项目的现金流量即企业总现金流量，两者一致。

（2）采用公司融资的项目，由现有企业法人承担项目的债务偿还，债务人是现有企业。在还贷分析中，应统筹考虑企业原有长期债务和拟建项目债务的偿还，并注意区别以下两种情况：

1）当项目范围为企业整体时，偿还债务的资金来源，仅依靠项目本身产生的现金流量，项目的现金流量即企业总现金流量，两者一致。

2）当项目范围仅是企业某一局部时，偿还债务的资金来源，不仅依靠项目本身产生的现金流量，必须考虑项目实施后企业的总量现金流量，项目与企业总量现金流量则不一致。

7.4.2　财务计划现金流量分析

债务清偿能力分析的过程，重点是编制项目实施后的财务计划现金流量表，该表是反映项目计算期各年经营、投资及筹资活动所产生现金流量的财务报表，在此基础上进行现金流量规划。

通过分析项目计算期内基于财务主体完整的现金流量，如投资活动的现金流量，包括项目建设投资、资金投入、资产变现收益、期末资产回收等引起的现金流量；筹资活动的现金流量，包括各种权益资金、债务资金的筹措、借款还本付息、股本分红等引起的现金流量；经营活动的现金流量，包括销售及营业收入、经营成本支出、所得税支出等引起的各种现金流量，报表的最后结果是计算出各年的净现金流量和累计净现金流量，用以评价企业取得和运用现金的能力，确定企业支付利息、股利和到期债务的能力，应特别关注企业对拟建项目借款的偿付能力。

7.4.3　债务清偿能力的评价指标

反映债务清偿能力的各项财务比率计算公式如下：

1. 利息备付率（ICR）

利息备付率反映企业支付利息的能力，企业在借款偿还期内可用于支付利息的息税前利润（EBIT）与当期应付利息费用（PI）的比值，其计算公式为

$$利息备付率（ICR）=息税前利润（EBIT）/当期应付利息（PI）$$

$$息税前利润（EBIT）=净利润（RP）+利息费用（PI）+所得税$$

当期应付利息费用是指计入总成本费用的全部利息费用。

利息备付率应在借款偿还期内分年计算。利息备付率表示使用项目盈利偿付利息的保障比率，对于正常经营的企业，利息备付率 $ICR \geqslant 2$。利息备付率高，说明利息偿付的保证度大，偿债风险小；利息备付率低于1，表示没有足够资金支付利息，偿债风险很大。

2. 偿债备付率（DSCR）

偿债备付率是指项目在借款偿还期内，可用于还本付息的资金（EBITDA-TAX）与当期应还本付息金额（PD）的比值，即

$$偿债备付率（DSCR）=可用于还本付息的资金（EBITDA-TAX）/当期应还本付息金额（PD）$$

偿债备付率应在借款偿还期内分年计算。偿债备付率表示可用于还本付息的资金偿还借款本息的保障比率，正常情况应当大于1，且越高越好。当这一比率小于1时，表示当年可用于还本付息的资金不足以偿付当期债务。偿债备付率低，说明还本付息的资金不足，偿债风险大。

3. 资产负债率（LOAR）

资产负债率（LOAR）是项目实施后企业在计算期各年年末负债总额（TL）与资产总额（TA）的比率。计算公式如下

$$资产负债率（LOAR）=负债总额（TL）/资产总额（TA）\times 100\%$$

该指标反映企业总资产中有多少是通过负债得来的，是评价企业负债水平的综合财务比率。适度的资产负债率既能表明企业投资人、债权人的风险较小，又能表明企业经营安全、稳健、有效，具有较强的融资能力。

4. 借款偿还期

借款偿还期是指在有关贷款政策规定及项目具体财务条件下，项目投产后可用作还款的利润、折旧及其他收益额偿还固定资产投资借款本金和利息所需要的时间。需要估算借款偿还期时，计算公式如下

$$借款偿还期=借款偿还后开始出现盈余年份-开始借款年份$$
$$+当年借款/当年可用于还款的资金额$$

8 项 目 方 案 比 选

投资项目或方案比选是寻求合理技术经济方案的必要手段，是工程项目财务分析的重要组成部分。项目在可行性研究过程中，在各项主要经济和技术决策时，如建设规模、产品方案、工艺流程、主要设备选择、原材料和燃料供应方式、厂址选择、平面布置以及融资方案等，应根据实际情况提出可供筛选的方案，并对多方案进行经济财务计算，结合其他因素进行详细论证比较后，做出多方案的比选和择优。

8.1 项目（方案）的分类

投资项目或方案比选的过程中，可根据投资项目或方案之间关系、寿命期长短、资金是否受到限制即投资规模的不同进行分类。通常按项目或方案相互之间的经济关系，可分为独

立项目或方案和相关项目或方案，后者又可分为互斥项目或方案和互补项目或方案。投资项目备选方案由于受到资本、资源以及项目不可分等原因而形成互斥的关系，分别称为独立项目、互斥方案和互补方案。

8.1.1　独立项目

独立项目是指在经济上互不相关的项目，即接受或放弃某个项目，并不影响其他项目的取舍。独立方案组合的选择可以采用净现值法、投资回收期法、投资收益率法。

8.1.2　互斥方案

互斥方案是指同一项目的各个方案彼此可以相互代替。因此，方案具有排他性，采纳方案组中的某一方案，就会自动排斥这组方案中的其他方案。

8.1.3　互补方案

互补方案是执行一个方案会增加另一个方案的效益，方案之间会出现经济上互补。经济上互补而又对称的方案可以结合在一起作为一个"综合体"来考虑，它们之间相互依存的关系可能是对称的，也可能是不对称的。

8.2　项目或方案比选的内容

在工程技术方案的财务分析中需要关注项目多方案的比较和选择问题。由于技术进步，为实现某种目标会形成众多的工程技术方案，这些方案或是采用不同的技术工艺和设备，或是不同的规模和坐落位置，或是利用不同的原料和半成品等。当这些方案在技术上都是可行，经济上也合理时，财务分析的任务就是从中选择最好的方案。有限的方案中并不一定包含着客观上是最优的方案，但只要形成尽可能多的方案以及在形成方案的过程中尽可能地有意识地运用各种技术、财务、经济、社会等多方面的信息，在综合权衡的基础上进行比较和择优，则所选的方案就可认为是近似于最优的方案。

投资项目或方案可按各个方案所含的全部因素（相同因素和不同因素），计算各方案的全部财务效益和成本费用，进行全面的对比；也可仅就不同因素，计算相对财务效益和成本费用，进行局部的对比。

8.3　项目或方案比选的原则

首先要注意各个方案间基本条件具有可比性；遵循效益和成本费用计算口径对应一致的原则，必要时应考虑相关联的外部效益和费用；遵循增量原则，计算现金流量的差额。

8.4　项目或方案比选的方法

8.4.1　增量分析法

用投资大的方案减去投资小的方案，计算投资增量现金流，应用增量分析指标评价，确定一个基准贴现率，判断投资大的方案比投资小的方案所增加的投资是否值得。增量分析法将两个方案的比选问题转化为一个方案的评价问题。增量分析指标分两类四种，用这四种方法进行方案比较时，需注意其使用条件。在不受资金约束的情况下，一般可采用差额投资内部收益率法、净现值法或年值法；当有明显的资金限制时，一般宜采用净现值率法。

1. 增量投资净现值、年值及净现值率法

（1）净现值法。将分别计算的各备选方案的净现值进行比较，以净现值较大的方案为优。

（2）年值法。将分别计算的各备选方案净收益的等额年值（AW）进行比较，以年值较大的方案为优。

（3）净现值率法。净现值率（NPVR）是净现值与投资现值之比。用净现值率进行方案比较时，以净现值率较大的方案为优。

2. 差额投资内部收益率法

差额投资内部收益率（ΔIRR）是指两个互斥方案的差额投资净现值等于零时的折现率。可应用于不同投资规模的方案的比选择优。

8.4.2 最小费用法

当两方案寿命期相同，效益相同或效益基本相同，难以具体估算进行比较时，为简化计算，可采用最小费用法，包括费用现值比较法和年费用比较法。

1. 费用现值比较法（简称现值比较法）

计算各备选方案的费用现值（PC）并进行对比，以费用现值较低的方案为优。

2. 年费用比较法

计算各备选方案的等额年费用（AC）并进行对比，以年费用较低的方案为优。

8.4.3 最低价格（或最低收费标准）法

对产品产量（服务）不同、产品价格（服务收费标准）又难以确定的备选方案，当其产品为单一产品或能折合为单一产品时，可采用最低价格（最低收费标准）法，分别计算各备选方案净现值等于零时的产品价格并进行比较，以产品价格较低的方案为优。

8.4.4 项目排队和优选

在无约束条件下，一群独立项目的决策，是项目评价需要解决的问题，是项目评价指标能否达到某一评价标准的问题。因为对于经济上彼此独立的常规项目（即逐年净现金流量只有一次由负值变为正值的变化，且流入总额大于流出总额的项目），用净现值法、净现值率法、内部收益率法等任何一种方法进行评价的结论都是一致的。例如，某项目的 $FNPV(i_c) \geqslant 0$、$FNPVR(i_c) \geqslant 0$、$FIRR \geqslant i_c$，则该项目在财务上可以考虑接受。

当若干可采用的独立项目中，如果有约束条件（比如受资金、各种资源等限制），只能从中选择一部分项目实施，就出现了资金合理分配问题，通常要通过项目排队（独立项目按优劣排序的最优组合）来优选项目。

按照不同方案所含的全部因素（包括效益和费用两个方面）进行方案比较时，可视不同情况和具体条件，分别选用差额投资内部收益率法、净现值法、年值法或净现值率法。

8.4.5 方案比选方法应用中需注意的问题

（1）产出不同寿命相同的互斥方案比较，为使产出不同、寿命相同方案之间可比，最常用的办法是用货币统一度量各方案的产出和费用，利用增量分析法进行分析比较。按投资大小将方案排队，首先选择投资最小的方案作为基准，然后分析追加投资在经济上是否合理。

（2）寿命期不等的方案比选时，宜采用年值法或年费用比较法。如果要采用净现值法、差额投资内部收益率法、净现值率法、费用现值比较法或最低价格法，则需先对各备选方案的计算期和计算公式作适当处理（以各方案计算期的最小公倍数或各方案中最短的计算期作为比较方案的计算期）后再进行比较。多个方案进行比较时，要先按投资数额由小到大排序，再依次就相邻方案两两比较，从中选出最优方案。

8.5 设备更新方案比选

基于市场需求，市场竞争、企业自身的财务状况等多种原因，企业需要持续生产，向用户提供优质产品或服务，促使企业必须不断地考虑技术进步及设备更新换代的问题。企业设备更新改造的决策需要进行科学的技术经济论证。设备更新方案比较的基本原理和互斥方案的比较相同，由于设备更新主要取决于设备的经济寿命，同时受技术寿命的制约，在实际比较时，涉及因素较多会遇到一些特殊问题，如旧设备的价值、沉没成本、年度费用等。

8.5.1　以设备经济寿命为依据作更新方案的比较

设备的经济寿命长短，一般按年度费用表示，年度费用包括资金恢复费用和年度使用费两部分。资金恢复费用是指设备的原始费用扣除设备弃置不用时的估计残值（净残值）后分摊到设备使用各年上的费用。年度使用费是指设备的年度运行费（人工、燃料、动力、刀具、机油等消耗）和年度维修费。

8.5.2　以设备经济寿命为依据作更新方案的比较应注意的问题

应逐年进行比较，即计算各年旧设备的年度费用与新设备的年度费用并进行比较；所得税是企业一项重要的现金流出，因此需要研究所得税对设备更新决策的影响，计算新旧设备的税前税后现金流量。

8.6　设备租赁与购买方案的选择

对使用者来说，是采用购置设备或是采用租赁设备应取决于这两种方案在经济上的比较，其比较的原则和方法与一般的互斥投资方案并无实质上的差别。

采用设备租赁方案，没有资金恢复费用，租赁费可以直接进入成本，其净现金流量为

$$净现金流量=销售收入-经营成本-租赁费-所得税税率$$
$$\times(销售收入-经营成本-租赁费) \tag{8-1}$$

而在相同条件下的购置设备方案为

$$净现金流量=销售收入-经营成本-设备购置费（已发生）-所得税税率$$
$$\times(销售收入-经营成本-折旧) \tag{8-2}$$

当租赁费等于资金恢复费用时，区别仅在于税金的大小。租赁费全部抵扣所得税只限于经营性租赁。融资性租赁的费用由两部分组成，即初始直接费（律师费、公证费和手续费等）和资产本身价值。前者可作为成本，一次性抵扣所得税；后者作为固定资产主要通过折旧分期抵扣所得税。其中承租方固定资产入账价值取出租方的账面价值和双方协议两者较低者，以此作为承租方提取折旧的原值。当协议价高于账面价时，其差额作为未确认融资费用一次计入成本或分期摊销抵扣所得税。

9　公益性及基础设施项目的财务分析评价

9.1　经营性的公益事业及基础设施项目

经营性的公益事业及基础设施项目财务分析方法与经营性盈利项目有所不同，这些项目具有为社会提供公共服务的功能，收费标准的选取应考虑政府相关政策的限制。财务分析应根据收入抵补支出的程度，区别对待：

（1）项目营业收入在补偿经营成本、偿还借款利息、提取折旧、缴纳流转税、偿还借款本金后尚有盈余，表明项目在财务上有盈利能力和生存能力，其财务分析方法与一般经营性项目基本相同。

（2）对一定时期内项目收入不足以补偿全部成本费用，可实现其设定的补偿经营成本、偿还借款利息、提取折旧、缴纳流转税、偿还借款本金的目标，并在中长期预计产生资金盈余的项目，可只进行偿债能力分析和财务生存能力分析。由于在项目运营前期需要政府给予一定的投资补助，以维持经营，因此应估算各年所需的政府补贴金额，分析政府在一定时期

是否具备财政补贴的能力。

（3）对项目收入不足以补偿全部成本费用，一般不计算项目的财务内部收益率、财务净现值、投资回收期等盈利能力指标，只需对投资、收入和成本费用等进行估算，只编制财务计划现金流量表，主要考察项目财务生存能力。对有债务资金的项目，还应结合借款偿还要求进行财务生存能力分析。由于在项目运营期需要政府给予政策和资金的支持，以维持经营，因此应估算各年所需的政府补贴金额，分析政府在一定时期是否具备财政补贴的能力。

9.2 非经营性项目的财务分析评价

9.2.1 非经营性项目不以商业经营为目的，一般没有经营收入，或者象征性地收取部分使用费。这类公益性项目本身不以盈利为目的，也不具备偿还银行贷款的能力，财务分析评价主要关注其财务可持续性，对其财务计划现金流量进行分析测算，不需要进行项目投资的财务盈利能力和贷款清偿能力分析。

9.2.2 非经营性项目一般以非盈利性的事业单位、政府部门或其附属机关作为其项目法人单位。这类项目具备可持续性的基本条件是：计算期内各年运营、投资及筹资活动中所产生现金流入与流出应保持平衡。财务可持续性应重点分析计算财务计划现金流量表各年净现金流量和累计净现金流量的余缺。项目运营期取得的现金流入应能满足项目运营活动所需的现金流出，各年净现金流量或累计净现金流量应保持大于等于零。分析中允许个别年份净现金流量或累计净现金流量出现负值，但出现负值的年份不宜过多，数值不宜过大。当现金流量出现短缺时，应选择短期负债、增加补贴资金或财税优惠政策来维持运营，也可通过调整项目经营、投资和筹资等财务方案来保证项目具备财务可持续性。

9.2.3 非经营性项目维持其建设期和运营期现金流量平衡的现金流入，应主要来源于财政资金投入和各种政策性补助。应结合项目经济费用效益分析或费用效果分析的有关结果，通过方案优化，选择全寿命周期费用最省且满足项目功能目标要求的项目方案，为项目的财务可持续性创造条件。

9.2.4 为了增强非经营性项目的财务可持续性，有些项目可根据实际情况对使用者进行适当收费。收费本身不是为了向项目的直接使用者回收项目全部建设投资及运营成本，而是为了兼顾效率和社会公平等目标，因此取费标准应综合考虑成本费用及使用者支付意愿等多种因素，应分析收费水平的合理性。

10 投资项目的财务不确定性及风险分析

10.1 不确定性分析

10.1.1 盈亏平衡分析

盈亏平衡分析是在一定的生产能力条件下，研究分析项目成本费用与收益平衡关系的一种方法。随着特定因素的变化，企业的盈利与亏损会存在转折点，这个转折点称为盈亏平衡点（BEP）。在这一点上，销售收入等于总成本费用，刚好盈亏平衡。盈亏平衡分析就是要找出盈亏平衡点，考察企业（或项目）对市场的适应能力和抗风险能力。盈亏平衡点的表达形式有多种，可以用产量、产品售价、单位可变成本和年总固定成本等绝对量表示，也可以用指标相对值表示。盈亏平衡分析分为线性盈亏平衡分析和非线性盈亏平衡分析。

1. 线性盈亏平衡分析

盈亏平衡点（BEP）计算公式

$$BER(生产能力利用率) = \frac{年总固定成本}{年销售收入 - 年总变动成本 - 税金及附加} \times 100\%$$

2. 非线性盈亏平衡分析

在实际的项目管理活动中，经常会受到诸如政策变化、使用需求等环境变化的影响，使得销售收入、销售成本与销售量不呈线性关系。

假设非线性销售收入函数与销售成本函数是关于年销量 x 的一元二次函数，表示为

$$F(x) = ax + bx^2$$
$$C(x) = C_F + cx + dx^2$$

式中　a、b、c、d——常数。

根据盈亏平衡原理，在盈亏平衡点有 $F(x) = C(x)$，可以得出

$$E(x) = (b - d)x^2 + (a - c)x^2 - C_F$$

解此一元二次方程，得到两个解 x_1 和 x_2，即项目的两个盈亏平衡点。

另外，通过对 $E(x)$ 求导，可求得项目的最大盈利点，即

$$E'(x) = 2(b - d)x + (a - c) = 0$$

式中　x——项目的利润达极值时的产量。但是有时盈利区和亏损区不易区分，所以求出的产量是否对应着利润最大还无法判别，必须通过二次微分加以判定，若

$$E''(x) = 2(b - d) < 0$$

则求得的产量就是利润最大时的产量，反之为亏损最大时的产量。

10.1.2　敏感性分析

1. 敏感性分析的作用

敏感性分析是经济决策中常用的一种不确定分析方法，其目的是了解各种不确定性因素，为项目的正确决策提供依据。具体而言，其作用主要体现在以下几个方面：

（1）求解项目的风险水平；

（2）找出影响项目效果的主导因素；

（3）揭示敏感性因素可承受的变动幅度；

（4）比较分析各备选方案的风险水平，实现方案选优；

（5）预测项目变化的临界条件或临界数值，确定控制措施或寻求可替代方案。

2. 敏感性分析的内容、方法与步骤

敏感性分析的做法通常是改变一种或多种不确定因素的数值，计算其对项目效益指标的影响，通过计算敏感度系数和临界值，估计项目效益指标对其敏感程度，进而确定关键的敏感因素。通常将敏感性分析的结果汇总于敏感性分析表，也可通过绘制敏感性分析图显示各种因素的敏感程度并求得临界值。

敏感性分析包括单因素敏感性分析和多因素敏感性分析。单因素敏感性分析是指每次只改变一个因素的数值来进行分析，估算单个因素的变化对项目效益产生的影响；多因素分析则是同时改变两个或两个以上因素进行分析，估算多因素同时发生变化的影响。

（1）不确定因素的选取。所谓不确定因素系指那些在财务分析和财务评价过程中涉及的对项目效益有一定影响的基本因素。包括建设投资、产出物价格、主要投入物价格、可变成本、生产负荷、建设期以及人民币汇率，根据项目的具体情况也可选择其他因素。

（2）不确定因素变化程度的确定。一般是选择不确定因素的百分数变化，习惯上选取±10%；对于那些不便用百分数表示的因素，例如建设期，可采用延长一段时间表示，通常采用延长一年。

百分数的取值并不重要。因为敏感性分析的目的是借助它进一步计算敏感性分析指标，即敏感度系数和临界值。

（3）项目效益指标的选取。投资项目财务分析有一整套指标体系，敏感性分析可选定其中一个或几个主要指标进行。通常敏感性分析中必选的分析指标是项目财务内部收益率或财务净现值。

（4）敏感性分析的计算指标。

1）敏感度系数。敏感度系数是项目效益指标变化的百分率与不确定因素变化的百分率之比。敏感度系数高，表示项目效益对该不确定因素敏感程度高。计算公式如下

$$某不确定因素敏感度系数 = \frac{评价指标相对基本方案的变化率}{该不确定因素变化率}$$

2）临界值。临界值是指不确定因素的极限变化，即该不确定因素使项目内部收益率等于基准收益率或净现值变为零时的变化百分率，当该不确定因素为费用科目时，即为其增加的百分率；当其为效益科目时为降低的百分率。临界点也可用该百分率对应的具体数值表示。当不确定因素的变化超过了临界值所表示的不确定因素的极限变化时，项目将由可行变为不可行。

临界值的高低与设定的基准收益率有关，对于同一个投资项目，随着设定基准收益率的提高，临界值就会变低（即临界值表示的不确定因素的极限变化变小）；而在一定的基准收益率下，临界值越低，说明该因素对项目效益指标影响越大，项目对该因素就越敏感。

可以通过敏感性分析图求得临界值的近似值，但由于项目效益指标的变化与不确定因素变化之间不是直线关系，有时误差较大，因此最好采用专用函数求解临界值。

3. 敏感性分析应注重的问题

（1）哪些因素是最敏感的因素。可通过直观检测得知或观其敏感度系数和临界值，敏感度系数高者或临界值低者为敏感因素。

（2）临界值所表示的不确定因素变化发生的可能性。结合经验进行判断，说明所考察的某种不确定因素有否可能发生临界值所表示的变化。

（3）提出敏感性分析的结论及建议。最后要对敏感性分析的结论进行归纳，指出最为敏感的一个或几个关键因素，粗略预测项目可能承担的风险，并为下一步的风险分析打下基础。对于不系统进行风险分析的项目，应根据敏感性分析结果提出相应的减轻不确定因素影响的措施，提请项目单位、投资者和有关各方在决策和实施中注意，以尽可能降低风险，实现预期效益。

10.2 风险分析方法

10.2.1 专家评估法

专家评估法是以发函、开会或其他形式向专家调查，对项目风险因素及其风险程度进行评定，将多位专家的经验集中起来形成分析结论。为减少主观性和偶然性，专家人数一般不少于 10 位。具体操作上可请每位专家凭借经验独立对各类风险因素的风险程度做出判断，最后将每位专家的意见归集起来。

在运用这种方法时，可以根据专家经验，对所评价项目的了解程度、知识领域等，对专家评分的权威性确定一个适宜的权重。最后的风险度值为每位专家评定的风险总分乘以各自的权重值，合计后再除以全部专家权重值的和。

将风险程度按灾难性风险、严重风险、较大风险、一般风险分类，编制项目风险因素和风险程度分析表。

10.2.2　风险因素取值评定法

风险因素取值评定法是估计风险因素的最乐观值、最悲观值和最可能值，计算期望值，将期望值的平均值与财务分析中所采用的数值相比较，求得两者的偏差值和偏差程度，据以判别风险程度。偏差值和偏差程度越大，风险程度越高。

10.2.3　风险概率分析方法

1.　概率分析的一般做法

（1）概率分析是运用概率论和数理统计，对风险因素的概率分布进行定量计算的分析方法。在项目财务分析中，风险分析是研究分析产品（服务）的销售量、销售价格、产品成本、投资、建设工期等风险变量可能出现的各种状态及概率分布，计算项目评价指标内部收益率（IRR）、净现值（NPV）等的概率分布，以确定项目偏离预期指标的程度和发生偏离的概率，判定项目的风险程度，从而为项目投资决策提供依据。

（2）概率分析的一般做法是，首先预测风险因素发生各种变化的概率，将风险因素作为自变量，预测其取值范围和概率分布，再将选定的评价指标作为因变量，测算评价指标的相应取值范围和概率分布，计算评价指标的数学期望值和项目成功或失败的概率。

（3）风险概率可分为主观概率和客观概率。主观概率是根据人们的经验凭主观推断获得的概率，可通过对有经验的专家调查获得或由评价人员的经验获得。客观概率是在基本条件不变的前提下，对类似事件进行多次观察和试验，统计每次观察和实验的结果和各种结果发生的概率。

2.　概率分析的一般步骤

（1）选定一个或几个评价指标，通常是将内部收益率、净现值等作为评价指标。

（2）选定需要进行概率分析的风险因素，通常有产品价格、销售量、主要原材料价格、投资额以及外汇汇率等。针对项目的不同情况，通过敏感性分析，选择最为敏感的因素作为概率分析的风险因素。

（3）预测风险因素变化的取值范围及概率分布。单因素概率分析，设定一个因素变化，其他因素均不变化，即只有一个自变量；多因素概率分析，设定多个因素同时变化，对多个自变量进行概率分析。

（4）根据测定的风险因素取值和概率分布，计算评价指标的相应取值和概率分布。风险因素概率分布的测定是概率分析的关键，也是概率分析的基础。

（5）计算评价指标的期望值、方差、标准差、风险系数（$\sigma/\bar{x}$）和项目可接受的概率。

（6）分析计算结果，判断其可接受性，研究减轻和控制不利影响的措施。

10.2.4　概率树分析

概率树分析是在构造概率树的基础上，计算项目净现值的期望值和净现值大于等于零的概率。

首先要构造概率树，理论上概率树分析适用于所有状态有限的离散变量，根据每个输入变量状态的组合计算项目评价指标。

若输入变量有 A，B，C，$\cdots$，N，每个输入变量有状态 $A_1, A_2, \cdots, A_{m_1}$；$B_1, B_2, \cdots, B_{m_2}$；$N_1, N_2, \cdots, N_{m_m}$ 个，各种状态发生的概率为 $P(A_i), P(B_i), P(C_i), \cdots, P(N_i)$，则

$$\sum_{i=1}^{m_1} P\{A_i\} = P\{A_1\} + P\{A_2\} + \cdots + P\{A_{n_1}\} = 1$$

$$\sum_{i=1}^{m_2} P\{B_i\} = 1$$

$$\sum_{i=1}^{m_m} P\{N_i\} = 1$$

共有状态组合 $m_1 \times m_2 \times m_3 \times \cdots \times m_n$ 个，相应的各种状态组合的联合概率为 $P\{A_i\} P\{B_i\} \cdots P\{N_i\}$。

将所有风险变量的各种状态组合起来，分别计算每种组合状态下的评价指标及相应的概率，得到评价指标的概率分布，并统计出评价指标低于或高于基准值的累计概率，绘制以评价指标为横轴，累计概率为纵轴的累计概率曲线。计算评价指标的期望值、方差、标准差和离散系数（$\sigma\sqrt{x}$）。

10.2.5　蒙特卡洛模拟法

用随机抽样的方法抽取一组满足输入变量的概率分布特征的数值，输入这组变量计算项目评价指标，通过多次抽样计算可获得评价指标的概率分布及累计概率分布、期望值、方差、标准差，计算项目可行或不可行的概率，从而估计项目投资所承担的风险。

蒙特卡洛模拟的步骤为：

（1）通过敏感性分析，确定风险变量。

（2）构造风险变量的概率分布模型。

（3）为各输入风险变量抽取随机数。

（4）将抽得的随机数转化为各输入变量的抽样值。

（5）将抽样值组成一组项目评价基础数据。

（6）根据基础数据计算出评价指标值。

（7）整理模拟结果得到评价指标的期望值、方差、标准差及其概率分布和累积概率，绘制累计概率图，计算项目可行或不可行的概率。

蒙特卡洛模拟概率分析应注意：输入变量应该是相互独立的；蒙特卡洛法的模拟次数，理论上模拟次数越多越好，但实际上模拟次数过多不仅计算整理费时，且输入变量分布也不十分精确，模拟次数过多也无必要。模拟次数过少，随机数的分布不均匀，会影响模拟结果的可靠性，一般以 200～500 为宜。

10.3　财务风险对策研究

对于单个投资项目，通过对收益与风险的计量，若项目整体风险水平可被接受，则不必改变项目原定计划，而应集中精力监测已识别出的风险，深入查找尚未披露的新风险，努力提高项目取得成功的可能性。对于各种具体风险应该进行严格检查，必要时采取措施加以规避。规避风险，可从改变风险后果的性质、风险发生的概率或风险后果大小三方面提出多种策略。

附 投资项目财务分析评价报表格式要求

主要报表 1   项目投资现金流量表   单位：万元

序号	项 目	合计	计 算 期					
			1	2	3	4	…	n
1	现金流入							
1.1	营业收入（不含销项税）							
1.2	运营性补贴收入							
1.3	销项税							
1.4	回收固定资产和无形资产余值							
1.5	回收流动资金							
2	现金流出							
2.1	初始建设投资（含进项税）							
2.2	运营期再投资							
2.3	流动资金							
2.4	经营成本							
2.5	税金及附加							
2.6	进项税							
2.7	增值税							
3	调整所得税							
4	所得税后净现金流量（3–5）							
5	累计所得税后净现金流量							

计算指标：

项目投资所得税后财务内部收益率（%）：

项目投资所得税后财务净现值（万元）（$i_c=$ %）：

项目投资所得税后投资回收期（年）：

注 1. 本表反映在不考虑债务融资条件下的项目全部投资所产生的现金流入、现金流出和净现金流量，用于计算项目投资所得税后财务内部收益率、财务净现值、投资回收期等指标。

    2. 本表中的"回收固定资产和无形资产余值"应剔除建设期利息因素。

    3. 本表中的"调整所得税"应以不受债务融资条件影响的息税前利润（EBIT）乘以所得税税率计算。

    4. 当项目无形资产的摊销年限超过项目运营期年限时，将产生无形资产余值。

    5. 如果项目在计算期第 1 年年初（即第 0 年年末）发生现金流量，应在本表计算期内增列 0 年。

    6. 如果营业收入和经营成本采用含增值税价格，现金流出项中应增列"增值税"。

主要报表 2　　　　　　　　　　　**资本金现金流量表**　　　　　　　　单位：万元

序号	项　目	合计	计　算　期					
			1	2	3	4	…	n
1	现金流入							
1.1	营业收入（不含销项税）							
1.2	运营性补贴收入							
1.3	销项税							
1.3.1	回收固定资产和无形资产余值							
1.3.2	回收流动资金							
2	现金流出							
2.1	资本金							
2.2	借款本金偿还							
2.3	借款利息支付							
2.4	经营成本							
2.5	税金及附加							
2.6	进项税							
2.7	增值税							
2.8	所得税							
2.9	运营期再投资							
3	净现金流量（1–2）							
	计算指标：							
	资本金财务内部收益率（%）：							

注　1. 本表反映在确定融资方案的基础上的投资者整体权益投资所产生的现金流入、现金流出和净现金流量，用于计算资本金财务内部收益率。

2. 运营性补贴收入是指为维持项目运营，项目取得的各类政府补助。

3. 当项目无形资产的摊销年限超过项目运营期年限时，将产生无形资产余值。

4. 如果项目在计算期第 1 年年初（即第 0 年年末）发生现金流量，应在本表计算期内增列 0 年。

5. 如果营业收入和经营成本采用含增值税价格，现金流出项中应增列"增值税"。

主要报表 3　　　　　　　　　　　**各方投资现金流量表**　　　　　　　　单位：万元

序号	项　目	合计	计　算　期					
			1	2	3	4	…	n
1	现金流入							
1.1	实分利润							
1.2	资产处置分配							
1.3	租赁费收入							
1.4	技术转让或使用收入							
1.5	其他现金流入							

续表

序号	项 目	合计	计 算 期					
			1	2	3	4	…	n
2	现金流出							
2.1	实缴资本							
2.2	租赁资产支出							
2.3	其他现金流出							
3	净现金流量（1-2）							
	计算指标：							
	各方投资财务内部收益率（%）：							

注 1. 本表反映合资企业或合作企业各方投资所产生的现金流入、现金流出和净现金流量，用于计算各方投资财务内部收益率。

2. 当投资各方不按股本比例进行分配或有股权之外的不对等收益时，需要分别编制本表。

3. 资产处置分配是指对有明确合营期限的项目，在期满时对资产余值按股权比例或约定比例的分配，资产余值包括回收的固定资产和无形资产余值、流动资金、余留折旧摊销和余留盈余公积金。

4. 租赁费收入是指投资者中的一方将自己的资产租赁给项目使用所获得的收入，此时应将租赁资产价值相应列为租赁资产支出。

5. 技术转让或使用收入是指投资者中的一方将拥有的专利或专有技术转让或允许合营项目使用所获得的收入。

6. 本表中现金流入和现金流出科目（即表中项目栏内容）可根据项目具体情况调整。

7. 如果项目在计算期第 1 年年初（即第 0 年年末）发生现金流量，应在本表计算期内增列 0 年。

主要报表 4   **财务计划现金流量表**   单位：万元

序号	项 目	合计	计 算 期					
			1	2	3	4	…	n
1	经营活动净现金流量（1.1-1.2）							
1.1	现金流入							
1.1.1	营业收入							
1.1.2	增值税销项税额							
1.1.3	运营性补贴收入							
1.1.4	其他现金流入							
1.2	现金流出							
1.2.1	经营成本							
1.2.2	增值税进项税额							
1.2.3	税金及附加							
1.2.4	增值税							
1.2.5	所得税							
1.2.6	其他现金流出							
2	投资活动净现金流量（2.1-2.2）							
2.1	现金流入							

续表

序号	项 目	合计	计 算 期					
			1	2	3	4	…	*n*
2.2	现金流出							
2.2.1	初始建设投资							
2.2.2	运营期再投资							
2.2.3	流动资金							
2.2.4	其他现金流出							
3	筹资活动净现金流量（3.1–3.2）							
3.1	现金流入							
3.1.1	资本金投入							
3.1.2	建设投资借款							
3.1.3	流动资金借款							
3.1.4	债券							
3.1.5	短期借款							
3.1.6	其他现金流入							
3.2	现金流出							
3.2.1	各种利息支出							
3.2.2	偿还债务本金							
3.2.3	应付利润（股利分配）							
3.2.4	其他现金流出							
4	净现金流量（1+2+3）							
5	累计盈余资金							

注　1. 本表反映项目计算期内各年经营活动、投资活动、筹资活动所产生的现金流入、现金流出和净现金流量，用于考察资金平衡和余缺情况、计算累计盈余资金。

　　2. 对于新建项目，本表投资活动的现金流入为零。

　　3. 如果项目在计算期第 1 年年初（即第 0 年年末）发生现金流量，应在本表计算期内增列 0 年。

主要报表 5　　　　　　　　　　**利润与利润分配表**　　　　　　　　单位：万元

序号	项 目	合计	计 算 期					
			1	2	3	4	…	*n*
1	营业收入							
2	营业税金及附加							
3	总成本费用							
4	运营性补贴收入							
5	利润总额（1–2–3+4）							
6	弥补以前年度亏损							
7	应纳税所得额（5–6）							

序号	项目	合计	计算期					
			1	2	3	4	…	n
8	所得税							
9	净利润（5−8）							
10	年初未分配利润							
11	可供分配的利润（9+10）							
12	提取法定盈余公积							
13	可供投资者分配的利润（11−12）							
14	应付优先股股利							
15	提取任意盈余公积							
16	应付普通股股利							
16.1	其中：　方							
16.2	方							
17	未分配利润（13−14−15−16）							
附：	息税前利润（$EBIT$）							
	息税折旧摊销前利润（$EBITDA$）							

注　1. 本表反映项目计算期内各年营业收入、总成本费用、利润总额、所得税、净利润及利润分配情况，可用于计算总投资收益率、资本金净利润率等指标。

　　2. 本表第 14～15 项可根据项目具体情况选择填列。

主要报表 6　　　　　　　　　　　资 产 负 债 表　　　　　　　单位：万元

序号	项目	合计	计算期					
			1	2	3	4	…	n
1	资产							
1.1	流动资产总额							
1.1.1	货币资金							
1.1.2	应收账款							
1.1.3	预付账款							
1.1.4	存货							
1.1.5	其他（含固定资产及不动产进项税）							
1.2	在建工程							
1.3	固定资产净值							
1.4	无形及其他资产净值							
2	负债及所有者权益（2.4+2.5）							
2.1	流动负债总额							
2.1.1	短期借款							
2.1.2	应付账款							

序号	项　　目	合计	计　算　期					
			1	2	3	4	…	*n*
2.1.3	预收账款							
2.1.4	其他（含应交税金）							
2.2	建设投资借款							
2.3	流动资金借款							
2.4	负债小计（2.1+2.2+2.3）							
2.5	所有者权益							
2.5.1	资本金							
2.5.2	资本公积							
2.5.3	累计盈余公积							
2.5.4	累计未分配利润							
	计算指标： 资产负债率（%）							

注　1. 本表反映项目计算期内各年年末的资产、负债和所有者权益的增减变化情况，用于计算资产负债率。

　　2. 本表中"货币资金"包括流动资金估算表中的"现金"和财务计划现金流量表中的"累计盈余资金"。

　　3. 如果项目在计算期第1年年初（即第0年年末）发生现金流量，应在本表计算期内增列0年。

主要报表7　　　　　　　　**借款还本付息计划表**　　　　　　单位：万元

序号	项　　目	合计	计　算　期					
			1	2	3	4	…	*n*
1	借款 1							
1.1	期初借款余额							
1.2	当期还本付息							
1.2.1	其中：还本							
1.2.2	付息							
1.3	期末借款余额							
2	借款 2							
2.1	期初借款余额							
2.2	当期还本付息							
2.2.1	其中：还本							
2.2.2	付息							
2.3	期末借款余额							
3	债券							
3.1	期初债务余额							
3.2	当期还本付息							
3.2.1	其中：还本							

续表

序号	项 目	合计	计 算 期					
			1	2	3	4	…	n
3.2.2	付息							
3.3	期末债务余额							
4	借款和债券合计							
4.1	期初余额							
4.2	当期还本付息							
4.2.1	其中：还本							
4.2.2	付息							
4.3	期末余额							
	计算指标：							
	利息备付率（%）：							
	偿债备付率（%）：							

注 1. 本表反映项目计算期内各年借款（债券）本金偿还和利息支付情况，用于计算利息备付率、偿债备付率等指标。

2. 本表应从融资主体角度编制，对于既有法人融资项目，应全面反映拟建项目及既有法人原有债务的还本付息情况。

3. 表内借款应包括建设投资借款和流动资金借款。

2. 财务分析评价辅助报表

辅助报表 1-1　　　　　　　　**初始建设投资估算表（概算法）**　　　　人民币单位：万元

序号	工程或费用名称	建筑工程费	设备购置费	安装工程费	其他费用	合计	其中：外币	比例（%）
1	工程费用							
1.1	主体工程							
1.1.1	×××							
	…							
1.2	辅助工程							
1.2.1	×××							
	…							
1.3	公用工程							
	×××							
	…							
1.4	服务性工程							
	×××							
	…							
1.5	厂外工程							
	×××							

序号	工程或费用名称	建筑工程费	设备购置费	安装工程费	其他费用	合计	其中：外币	比例（%）
	...							
1.6	×××							
	...							
2	工程建设其他费用							
2.1	×××							
	...							
3	预备费							
3.1	基本预备费							
3.2	涨价预备费							
4	初始建设投资合计							
	比例（%）							100

注　1. 本表中"工程或费用名称"可根据不同行业的要求调整。

　　2. 本表中"比例"分别指各主要科目的费用（包括横向和纵向）占初始建设投资的比例。

辅助报表 1-2　　　　　　　**初始建设投资估算表（形成资产法）**　　　人民币单位：万元

序号	工程或费用名称	建筑工程费	设备购置费	安装工程费	其他费用	合计	其中：外币	比例（%）
1	固定资产费用							
1.1	工程费用							
1.1.1	×××							
1.1.2	×××							
1.1.3	×××							
	...							
1.2	固定资产其他费用							
1.2.1	×××							
1.2.2	×××							
1.2.3	×××							
	...							
2	无形资产费用							
2.1	×××							
	...							
3	其他资产费用							
3.1	×××							
	...							
4	预备费							

续表

序号	工程或费用名称	建筑工程费	设备购置费	安装工程费	其他费用	合计	其中：外币	比例（%）
4.1	基本预备费							
4.2	涨价预备费							
5	初始建设投资合计							
	比例（%）							100

注 1. 本表中"工程或费用名称"可根据不同行业的要求调整。

  2. 本表中"比例"分别指各主要科目的费用（包括横向和纵向）占初始建设投资的比例。

辅助报表 2　　　　　　　　流 动 资 金 估 算 表　　　　　　单位：万元

序号	项　目	最低周转天数	周转次数	计　算　期					
				1	2	3	4	…	n
1	流动资产								
1.1	应收账款								
1.2	存货								
1.2.1	原材料								
	×××								
	…								
1.2.2	燃料								
	×××								
	…								
1.2.3	在产品								
1.2.4	产成品								
1.3	现金								
1.4	预付账款								
2	流动负债								
2.1	应付账款								
2.2	预收账款								
3	流动资金（1–2）								
4	流动资金当年增加额								

注 1. 本表中所列项目可根据不同行业要求调整。

  2. 如拟建项目不可能发生预付账款和预收账款，可不列此两项。

  3. 如发生外币流动资金，应另行估算并折合为人民币，将其包含在本表数额内。

  4. 如项目的原材料、燃料采用不含增值税价格，估算流动资金时应注意将进项税额包含在原材料、燃料和经营成本中。

辅助报表 3　　　　　　**项目总投资使用计划与资金筹措表**　　　　人民币单位：万元

序号	项　目	合计			1			…		
		人民币	外币	小计	人民币	外币	小计	人民币	外币	小计
1	项目总投资									
1.1	初始建设投资									
1.2	建设期利息									
1.3	流动资金									
2	资金筹措									
2.1	资本金									
2.1.1	用于初始建设投资									
	××方									
	…									
2.1.2	用于流动资金									
	××方									
	…									
2.1.3	用于建设期利息									
	××方									
	…									
2.2	债务资金									
2.2.1	用于初始建设投资									
	××借款									
	××债券									
	…									
2.2.2	用于建设期利息									
	××借款									
	××债券									
	…									
2.2.3	用于流动资金									
	××借款									
	××债券									
	…									
2.3	其他资金									
	×××									
	…									

辅助报表 4　　　　　　　**营业收入、城市维护建设税及附加**　　　　　　单位：万元

序号	项　　目	合计	计 算 期					
			1	2	3	4	...	n
1	营业收入							
1.1	产品 A 营业收入							
	单价							
	数量							
	销项税额							
1.2	产品 B 营业收入							
	单价							
	数量							
	销项税额							
	......							
2	税金及附加							
2.1	城市维护建设税							
2.2	消费税							
2.3	资源税							
2.4	城市维护建设税							
2.5	教育费附加							
2.6	地方教育费附加							

注　1. 根据行业或产品的不同可增减相应税种科目。

　　2. 对于营业收入和成本支出采用不含增值税价格的项目，本表中"增值税"数据用于计算城市维护建设税和教育费附加。

辅助报表 5　　　　　　　　　**总成本费用估算表**　　　　　　　单位：万元

序号	项　　目	合计	计 算 期					
			1	2	3	4	...	n
1	外购原材料费							
2	外购燃料及动力费							
3	职工薪酬							
4	修理费							
5	其他费用							
5.1	其他制造费用							
5.2	其他营业费用							
5.3	其他管理费用							
6	经营成本（1+2+3+4+5）							
7	折旧费							
8	摊销费							

续表

序号	项 目	合计	计 算 期					
			1	2	3	4	…	n
9	利息支出							
10	总成本费用合计（6+7+8+9）							
	其中：可变成本							
	固定成本							

注 若其他管理费用中的技术使用费、研究开发费、城镇土地使用税等数额较大，可在其他费用中单独列项。

辅助报表 5-1　　　　　　　　　　**外购原材料费及进项税费**　　　　　　单位：万元

序号	项 目	单位	1	2	…	n
		运营负荷	0%	0%	0%	0%
1	外购原材料费					
1.1	A		0	0	0	0
	单价	元				
	数量					
	进项税额	17%				
1.2	B					
	单价	元				
	数量					
	进项税额	6%				
1.3						
	单价	元				
	数量	t				
	进项税额	17%				
1.4	D					
	单价	元				
	数量					
	进项税额	17%				
1.5	外购原材料费、辅料费合计	元				
	其中：进口原材料费	元				
	进项税额					

辅助报表 5-2　　　　　　　　　　**外购燃动力费及进项税费**　　　　　　单位：万元

序号	项 目	单位	1	2	…	n
1	燃料费					
1.1	煤					
	单价	元				

续表

序号	项　目	单位	1	2	⋯	n
	数量	t				
	进项税额	0%				
1.2	重油					
	单价	元				
	数量	t				
	进项税额	0%				
2	动力费					
2.1	电					
	单价	元				
	数量	万 kWh				
	进项税额	17%				
2.2	水					
	单价	元				
	数量	万 t				
	进项税额	6%				
3	其他燃料动力费	万元				
	进项税额	17%				
4	外购燃料和动力费合计					
5	进项税额合计					

辅助报表 5-3　　　　　　**职　工　薪　酬**　　　　　　单位：万元

序号	项　目	年序				
1	工人					
	人数					
	人均年工资	元				
2	技术人员					
	人数					
	人均年工资	元				
3	管理人员					
	人数					
	人均年工资	元				
4	工资或薪酬总额					
5	福利费	0%				
6	工资上涨费					
	合计					

辅助报表 5-4　　　　　　　　修　理　费　　　　　　　　单位：万元

序号	项　目					
1	固定资产原值（扣利息）					
2	提取比率					
3	修理费					

辅助报表 5-5　　　　　　　　其　他　费　用　　　　　　　　单位：万元

序号	项　目					
1	其他制造费用					
	计算基数					
	提取比率					
2	其他管理费					
	计算基数					
	提取比率					
3	其他营业费					
	计算基数					
	提取比率					
	其他费用合计					

辅助报表 5-6　　　　　　　　固定资产折旧费估算表　　　　　　　　单位：万元

序号	项　目	折旧年限	合计	计算期 1	2	3	4	…	n
1	建筑物、构筑物								
	原值								
	当年折旧费								
	净值								
2	机器设备								
	原值								
	当年折旧费								
	净值								
	…								
3	合计								
	原值								
	当年折旧费								
	净值								

注　1. 对于改扩建项目，应将新增和利用原有固定资产分别列出，并分别计算折旧费。

　　2. 运营期内发生的再投资应列入投入年份，并计算折旧费。

辅助报表 5-7   **无形资产和其他资产摊销估算表**   单位：万元

序号	项　目	摊销年限	合计	计　算　期					
				1	2	3	4	⋯	n
1	无形资产								
	原值								
	当年摊销费								
	净值								
2	其他资产								
	原值								
	当年摊销费								
	净值								
3	合计								
	原值								
	当年摊销费								
	净值								

辅助报表 6   **增 值 税 计 算 表**   单位：万元

序号	项　目	合计	1	2	⋯	n
1	增值税计算					
1.1	产出销项税额					
1.2	运营投入进项税额					
1.3	运营增值税					
1.4	固定资产及不动产进项税额					
1.5	待抵扣固定资产及不动产进项税额					
1.6	可抵扣固定资产及不动产进项税额					
1.7	实交增值税					
2	政府补贴计算					
2.1	运营补贴收入					
2.2	其他补贴收入					
2.3	财政补贴合计					
2.4	增值税返还					
2.5	其他					

附录 B 某钢铁项目财务评价案例❶

某钢厂是 A 公司在 X 国投资建设的一个钢铁项目。项目将分两期建设，I 期年生产规模 400 万 t 板坯，产品全部出口，I 期工程将考虑 II 期所需的部分公辅设施。II 期工程完成后，设计产能提高至年产 700 万 t。投资项目通过资源的长期投入来获取利润。股东和贷款人通过把金融资源转换成固定资产以获得未来价值。不同的股东和贷款人的预期收益和风险承受能力是完全不同的，因此，须对不确定条件下的未来收益进行分析评价，依据分析的结果可决定是否实施该投资项目或其提供资金。财务评价的结论必须清晰和标准，以便项目各方都可以获取信息并针对所考虑的项目得出各自的结论。本案例演示投资项目财务分析的基本思路及操作过程。

一、财务评价的主要内容

（一）投资者关注

当项目的融资结构不同时，项目投资者所关注的问题也相应不同。一般来说，投资者关注的内容主要包括：①加快资金到位或者贷款协议签订的进度。这关系到能否及时抓住市场机遇；②加权平均资金成本的降低。投资者都希望以尽可能低的财务成本来实施项目。要达到此目的，可能需要牺牲其他的优先选项，如资金的到位进度；③股权投入的最小化。这通常源于自有资金的缺乏；④担保承诺的最小化。此目标的实现通常要以较高的权益投入和资金到位的延迟为代价；⑤货币风险的最小化。当项目涉及外汇收支时，投资者会希望将外汇波动的风险降至最低；⑥项目现金流与负债清偿的匹配。如项目的建设周期很长或达产时间较长时，投资者会面临偿债问题，投资者就需要找到适合的财务结构来匹配项目现金流的限制；⑦项目风险的降低。如在高风险国家投资时，投资者可能优先关注如何将主权风险保费降到最小。

此外，如果有两个或两个以上投资者共同投资一个项目时，则需综合考虑上述关注内容。

典型的投资者关注内容见表 1。

表 1　　　　　　　　　典型的投资者关注内容

投资者关注点	方法
尽快获得贷款协议	寻求成功的经营策略
加权平均资金成本最低	寻求最低成本的资金来源
权益承诺最小化	利用融资渠道提高融资效率
担保承诺最小化	构造有限追索权
货币风险最小化	寻求国内贷款与国外借款的适当平衡
项目现金流与负债偿还相匹配	订立适当的贷款条款（宽限期/偿还期）
降低项目风险	经营模式与保险的恰当结合

❶ 本案例为某国际工程咨询机构为某钢铁项目所进行的财务评价，该研究工作完成于 2006 年，相关分析思路可供中国工程咨询专家参考借鉴。

本项目投资者的关注内容如表 2 所示。

表 2　　　　　　　　　　　　　　本项目的关注内容

投资者关注点	重要性	注　释
尽快获得贷款协议	高	项目业主已决定在 2006 年旱季开工；因此，业主会优先考虑加快资金到位时间
加权平均资金成本最低	中	项目大多债务融资来源于官方贷款机构，因此在修改常规贷款条款和条件的余地有限
权益承诺最小化	低	项目业主制定的项目实施进度表要求在建设初期投入较高的启动权益资金，这限制了项目杠杆融资作用的发挥
担保承诺最小化	中	尽管拟定的项目实施进度计划使得项目融资方案变得较困难，但如果无法在 2006 年旱季开工，业主有较大兴趣研究融资方案的可能性
货币（汇率）风险最小化	低	作为一个出口导向型项目，拟建工厂拥有规避汇率风险的功能
产生的现金流与负债偿还匹配	高	因为项目的实施需较长时间，并且一个综合型钢厂的达产过程非常复杂，所以该项目的融资应建立在相对较长期间的宽限期基础上
降低项目风险	低	当地贷款与境外出口贷款资金的结合减轻了对降低项目风险的要求

（二）公众利益

从公众利益来看，投资应有效利用稀有资源，并尽可能地对地方发展和国家发展做出贡献。因此，当地政府通常支持那些满足环境需要和经济发展要求的投资项目。

尽管对于项目的成功来说这种优惠并不是必不可少的，该钢厂项目得到了政府的支持，并在一定程度上依赖于政府优惠政策。项目业主积极寻求不同形式的支持，特别是研究减少项目建设期税收负担的可能性。

（三）投资决策

可以假设，全投资内部收益率达到 12% 是项目业主评估项目价值的最低要求。然而，更为实际的做法是用杠杆融资的自由现金流量来评估项目的获利能力。后一种评价方法完全取决于项目的资金结构，项目的资金结构又依赖于合同策略。

表 3 的经营模式矩阵图描述了它们之间的关系，在表中，"列"表示可供选择的融资方式，"行"表示可供选择的合同策略。标有"√"符号标志的单元格表示最有可能的方案。

表 3　　　　　　　　　　　　　　经 营 模 式 矩 阵

项目	股本	买方信贷	卖方信贷	项目融资	设备租赁
机构内寻求最低价	√	√			
EPC 总承包交钥匙工程	√	√		√	√
以目标价格赊欠		√			
建设-经营-转让（BOT）			√		
建设-拥有-经营-转让（BOOT）			√		
建设-运行-租赁（BOL）					√
建设-运营-拥有/外部供应			√		

按照表 3 矩阵，一部分工程将外包给 BOO 投资者，它们将对这部分工程独立融资。对于钢厂项目的自有工厂来说，主要工程将以总承包交钥匙工程方式签订合同，同时一些设备和辅助设施将作为单个设备加服务的方式购买。无论何种情况，资金都将以买方信贷方式筹集。

（四）会计制度

投资财务模型符合国际普遍接受的财务报表准则，特别是符合美国通用会计准则（USGAAP）和国际会计准则（IAS），以及 X 国通用会计准则。

根据 X 国通用会计准则要求，需设立金额为净值 20% 的强制储备金账户，以及报告资金来源与应用，这是 X 国会计制度一种典型的报告格式。为满足国际财务报表制度，需报告自由现金流量（但 X 国通用会计准则对此未做强制要求）。

（五）项目投入产出定价

根据联合国和世界银行的惯例，收入和成本现金流按当天美元等价不变购买力预测。这种对项目投入和产出的评价方法与钢铁工业价格形成机制一致，即在竞争市场上，产品和原材料的市场价格由供需关系来决定。在项目评价中，利用实际现金流量可以回避所选择币种（美元）的长期通货膨胀率预测的困难。

另一种选择是在项目现金流中考虑预测的通货膨胀因素，即使用"名义现金流"。这种方法更适用于项目收入由长期固定价格合同来决定的状况，如电力购买协议或特许经营协议。为抵消 X 国货币对美元的长期汇率波动效应，假设当地货币的年均通货膨胀率为 5.0%。这种假设理论上可由宏观经济理论和过去十年间 X 国汇率变化的历史数据所验证。

（六）规划周期和项目生命周期

投资评价的周期 20 年，其中包括项目实施期，预计贴现率一直为 12%。

二、成本估算

（一）I 期工程

项目的盈利能力依赖于它运营中的现金成本结构。该成本结构考虑产品的投入成本，并由此来确定出产品的定价。

该成本结构如表 4～表 16 所示。

表 4 营 运 支 出 价 目

营运支出价目表	单位	成本 美元/单位	税额 美元/单位	总计 美元/单位
炼焦煤	t	82.37	0.00	82.37
喷吹煤粉	t	69.52	0.00	69.52
焦粉	t	0.00	0.00	0.00
无烟煤	t	69.52	0.00	69.52
烧结料	t	27.73	3.78	31.51
高炉球团	t	49.66	0.00	49.66
块矿	t	35.00	4.77	39.78
废钢				
–收购	t	165.62	0.00	165.62

营运支出价目表	单位	成本 美元/单位	税额 美元/单位	总计 美元/单位
–回收（处理）	t	13.82	0.00	13.82
石灰石	t	29.69	4.05	33.74
生石灰	t	84.89	6.88	91.77
石英岩	t	14.00	0.00	14.00
白云石	t	35.76	4.88	40.63
轻烧白云石	t	98.78	8.78	107.55
炉渣处理	t	13.22	0.00	13.22
石灰粉	kg	0.08	0.01	0.09
萤石	kg	0.13	0.00	0.13
硅铁合金	kg	0.77	0.00	0.77
锰铁合金	kg	0.63	0.00	0.63
高碳铬铁	kg	0.77	0.00	0.77
铝	kg	1.70	0.00	1.70
脱硫镁 90	kg	2.30	0.00	2.30
洗油	kg	0.21	0.00	0.21
硫酸（93%）	kg	0.08	0.00	0.08
苛性钠（40%氢氧化钠）	kg	0.13	0.00	0.13
脱硫醌钴铁类	kg	36.14	0.00	36.14
铁聚合物	kg	0.30	0.00	0.30
碳酸钠	kg	0.12	0.00	0.12
联氨（40%）	kg	0.36	0.00	0.36
十二水磷酸钠	kg	0.18	0.00	0.18
水	m³	0.35	0.00	0.35
电力	kWh	0.03	0.00	0.03
氮	m³（标况）	0.01	0.00	0.01
氧	m³（标况）	0.02	0.00	0.02
氩	m³（标况）	0.25	0.00	0.25
结晶器铜板	kg	6.02	0.00	6.02
耐火材料（高炉）	kg	0.58	0.00	0.58
耐火材料（转炉）	kg	0.82	0.00	0.82
耐火材料（连铸机）	kg	0.58	0.00	0.58
耐火材料（脱硫）	kg	0.58	0.00	0.58
泥炮用泥	kg	1.20	0.00	1.20
覆盖渣	kg	0.08	0.00	0.08

营运支出价目表	单位	成本 美元/单位	税额 美元/单位	总计 美元/单位
结晶器保护渣	kg	1.00	0.00	1.00
润滑脂（烧结厂）	kg	1.62	0.00	1.62
铸造用润滑脂	kg	1.62	0.00	1.62
燃料	liters	0.42	0.00	0.42

表 5　　　　　　　　　　　　　　焦炭生产成本

焦化厂	单位	单位/ t焦炭	美元/ 单位	美元/ t焦炭	单位/ t板坯	美元/ t板坯
炼焦煤（高炉）	t	1.2412	82.375	102.246	0.345	28.444
炼焦煤（煤粉）	t	0.0921	82.375	7.587	0.026	2.111
洗油	kg	1.3280	0.206	0.274	0.369	0.076
硫酸（93%）	kg	9.1600	0.080	0.733	2.548	0.204
苛性钠（40%氢氧化钠）	kg	3.0720	0.125	0.384	0.855	0.107
脱硫醌钴铁类	kg	0.0110	36.144	0.398	0.003	0.111
铁聚合物	kg	0.6100	0.300	0.183	0.170	0.051
碳酸钠	kg	1.9080	0.115	0.219	0.531	0.061
联氨（40%）	kg	0.0850	0.360	0.031	0.024	0.009
十二水磷酸钠	kg	0.8400	0.180	0.151	0.234	0.042
水	m³	3.4206	0.347	1.188	0.952	0.330
电力	kWh	57.4996	0.029	1.647	15.996	0.458
氮	m³（标况）	13.6310	0.014	0.191	3.792	0.053
直接人工	m·h	0.3639	7.969	2.900	0.101	0.807
维护				1.213		0.338
小计：焦炭*				119.344		33.201

* 部分为烧结厂用焦粉，部分为炼铁厂用焦炭。

表 6　　　　　　　　　　　　　　烧结矿生产成本

烧结厂	单位	单位/ t烧结矿料	美元/ 单位	美元/ t烧结矿	单位/ t板坯	美元/ t板坯
烧结料	t	0.822	31.514	25.894	0.846	26.647
石灰石	kg	83.445	0.034	2.815	85.872	2.897
生石灰	kg	18.111	0.092	1.662	18.638	1.710
硅石	kg	36.111	0.014	0.506	37.162	0.520
白云石	kg	54.889	0.041	2.230	56.486	2.295
无烟煤	t	0.036	69.516	2.489	0.037	2.561
焦粉	t	0.019	119.344	2.229	0.019	2.293

续表

烧结厂	单位	单位/ t 烧结矿料	美元/ 单位	美元/ t 烧结矿	单位/ t 板坯	美元/ t 板坯
电力	kWh	40.239	0.029	1.153	41.409	1.186
水	m³	0.204	0.347	0.071	0.210	0.073
氮	m³（标况）	0.000	0.014	0.000	0.000	0.000
润滑脂	kg	0.003	1.615	0.005	0.003	0.005
直接人工	m·h	0.030	8.100	0.244	0.031	0.251
维护				0.187		0.192
小计：烧结矿				39.484		40.633

表 7　　　　　　　铁 水 生 产 成 本

炼铁厂	单位	单位/ t 铁水	美元/ 单位	美元/ t 铁水	单位/ t 板坯	美元/ t 板坯
烧结矿	t	1.107	39.484	43.726	1.029	40.633
高炉球团	t	0.316	49.661	15.713	0.294	14.602
块矿	t	0.158	39.778	6.293	0.147	5.848
砾石	kg	8.700	0.014	0.122	8.085	0.113
焦炭	t	0.279	119.344	33.260	0.259	30.908
喷吹煤粉	t	0.220	69.516	15.294	0.204	14.212
氧	m³（标况）	51.674	0.021	1.075	48.019	0.999
电力	kWh	138.000	0.029	3.953	128.239	3.673
氮	m³（标况）	30.640	0.014	0.429	28.473	0.399
水	m³	0.875	0.347	0.304	0.813	0.282
耐火材料（高炉）	kg	1.429	0.580	0.829	1.328	0.770
泥炮用泥	kg	0.300	1.200	0.360	0.279	0.335
直接人工	m·h	0.089	8.382	0.750	0.083	0.696
保养				0.587		0.545
小计：铁水				122.693		114.015

表 8　　　　　　　钢 水 生 产 成 本

炼钢厂	单位	单位/ t 钢水	美元/ 单位	美元/ t 铁水	单位/ t 板坯	美元/ t 板坯
铁水	t	0.901	122.693	110.511	0.929	114.015
废钢						
—收购	t	0.147	165.618	24.296	0.151	25.066
—回收（处理）	t	0.030	13.820	0.415	0.031	0.429
—回收	t	0.006	0.000	0.000	0.006	0.000
铁矿石（块矿）	t	0.010	39.778	0.398	0.010	0.410

续表

炼钢厂	单位	单位/t 钢水	美元/单位	美元/t 铁水	单位/t 板坯	美元/t 板坯
活性石灰	kg	35.000	0.092	3.212	36.110	3.314
石灰粉	kg	1.491	0.092	0.137	1.539	0.141
轻烧白云石	kg	28.000	0.108	3.011	28.888	3.107
萤石	kg	1.000	0.132	0.132	1.032	0.136
硅铁合金	kg	3.470	0.775	2.688	3.580	2.773
锰铁合金	kg	6.250	0.625	3.906	6.448	4.030
高碳铬铁	kg	0.000	0.770	0.000	0.000	0.000
铝	kg	1.000	1.701	1.701	1.032	1.755
脱硫镁 90	kg	0.373	2.300	0.857	0.385	0.885
氩	m³（标况）	1.279	0.245	0.314	1.320	0.324
氮	m³（标况）	32.952	0.014	0.461	33.997	0.476
氧	m³（标况）	56.043	0.021	1.166	57.820	1.203
水	m³（标况）	0.586	0.347	0.204	0.605	0.210
电力	kWh	33.974	0.029	0.973	35.052	1.004
耐火材料（转炉）	kg	3.078	0.820	2.524	3.175	2.604
耐火材料（脱硫）	kg	0.204	0.580	0.118	0.211	0.122
炉渣处理	t	0.105	13.222	1.390	0.108	1.434
维护				0.601		0.620
直接人工	m·h	0.131	8.291	1.086	0.135	1.120
小计：钢水				160.100		165.177

表9 板坯生产成本（连铸机）

板坯铸造车间	单位	单位/t 板坯	美元/单位	美元/t 板坯	单位/t 板坯	美元/t 板坯
钢水	t	1.032	160.100	165.177	1.032	165.177
氮	m³（标况）	0.080	0.014	0.001	0.080	0.001
氩	m³（标况）	0.386	0.245	0.095	0.386	0.095
氧	m³（标况）	1.957	0.021	0.041	1.957	0.041
水	m³	0.699	0.347	0.243	0.699	0.243
电力	kWh	30.000	0.029	0.859	30.000	0.859
覆盖渣	kg	0.500	0.079	0.040	0.500	0.040
结晶器保护渣	kg	0.600	1.000	0.600	0.600	0.600
耐火材料（连铸机）	kg	1.340	0.580	0.777	1.340	0.777
结晶器铜板	kg	0.050	6.024	0.301	0.050	0.301
铸造用润滑脂	kg	0.024	1.615	0.039	0.024	0.039

续表

板坯铸造车间	单位	单位/ t 板坯	美元/ 单位	美元/ t 板坯	单位/ t 板坯	美元/ t 板坯
直接人工	m·h	0.159	8.495	1.347	0.159	1.347
保养				0.597		0.597
小计：板坯				170.116		170.116

表 10　　　　　　　　　　附属公辅设施成本

附属公辅设施*	单位	单位/t 板坯	美元/单位	美元/t 板坯
人工	m·h	0.818	7.463	6.101
维护				0.804
水	m³	0.708	0.347	0.246
电力	kWh	27.221	0.029	0.780
柴油	liters	1.000	0.420	0.420
润滑剂	kg	0.150	1.615	0.242
小计				8.593

*　包括散料处理、煤气储罐及压气设备、主变压器、供水及污水处理厂、电厂配套设施、单一项目、IT 及通信系统等。

表 11　　　　　　　　　　附属公辅设施成本

间接成本	美元/t 板坯
管理、培训、保险、差旅等费用	8.205

表 12　　　　　　　　板坯生产成本（工厂部分）

板坯生产成本（美元/t）	186.91

表 13　　　　　　　　板 坯 的 港 口 费 用

港口费用	单位	单位/年	美元/t*	美元/年	美元/ t 板坯
煤	t	2510050	4.63	11633741	2.837
石灰石、白云石	t	1189153	6.55	7783140	1.898
铁合金、氟石、脱硫镁 M90	t	41116	12.06	496053	0.121
高炉水渣	t	952500	4.28	4079535	0.995
南港口废钢	t	220530	34.14	7529592	1.836
伊塔基港口废钢	t	400000	16.46	6583317	1.606
板坯	t	4100000	6.59	26999845	6.585
港口费用合计		9413349		65105224	15.88

*　包括服务税、社会保障税等。

表 14　　　　　　　　板坯生产成本（离岸价）

板坯离生产成本（美元/t）	202.79

463

表 15   板坯生产成本（离岸价）

副产品收入	单位	单位/年	美元/单位*	美元/年	美元/t板坯
焦油	t	52873	104.80	5541103	1.351
芳香烃类	t	15105	249.05	3761900	0.918
硫酸铵	t	12836	148.03	1900053	0.463
焦炉煤气	GJ	3924277	2.29	8991539	2.193
硫	t	3659	26.20	95866	0.023
高炉水渣（不包括港口费用）	t	952500	11.95	11386566	2.777
转炉炉渣	t	338159	2.99	1010622	0.246
副产品所得合计				32687650	7.973

* 不包括 0.38%临时金融流通税（CPMF）。

表 16   板坯生产成本（离岸价减副产品所得）

钢板生产成本减副产品所得（美元/t）	194.82

（二）Ⅱ期工程

Ⅱ期工程扩建后营运支出估计见表 17。

表 17   Ⅱ期工程扩建后营运支出估算

现金成本参数	平均成本（美元/t）
焦炭生产	115.91
烧结矿生产	37.86
铁水生产	118.71
钢水生产	151.03
板坯生产	160.22
附属设备及系统	8.19
间接成本	5.83
港口费用	11.97
生产现金成本离岸价	186.21
副产品及气体销售所得	7.52
生产现金成本离岸价减去副产品所得	178.69

从表 17 看出，Ⅱ期工程建设后的营运支出要比Ⅰ期工程低得多。Ⅰ期工程板坯生产的平均成本为离岸价 202.79 美元，而Ⅱ期工程建设后仅为 186.21 美元。这种差别变化主要是因为原材料价格略有下降（按 2011～2026 年的价格预测平均值估算），进口废钢量减少，以及间接成本和港口费用的下降。进口的废钢将部分由铁水以及块矿取代。Ⅱ期工程建设后，高炉的产量将增加一倍，但板坯产量仅提高 83%。因此，将有更多的铁水可供使用。

三、项目融资

X 国的金融系统由各种金融机构组成，包括商业银行（含私人银行）、存贷款协会、发展和投资银行、信用融资和投资（金融）公司、保险公司以及股票和证券经纪公司。这些金融机构，不仅有政府控制的，也有私人控制的。

本部分将尽量以简洁的方式说明金融行业可以利用的资金来源，特别是对采矿和钢铁业。

（一）国家发展银行

该银行是一家联邦政府独资的上市公司，是该国最重要的长期融资的来源，主要为企业发展提供长期融资的主要联邦发展机构，除致力于国家社会发展外，同样关注促进国际经济发展的其他方面。它的业务战略集中在行业重组、发展基础设施、管理私有化项目、支持对外贸易、保护环境，以及提高农业和服务业的竞争力。此外，还支持教育与健康、家庭农业、基本卫生事业以及公共交通等方面的社会投资。当地和国外的公司都可以得到该银行的信用额度。

国家发展银行主要靠当地资源筹集资金，国际借贷则作为其辅助资金来源。银行的主要资金来源包括以往营运的收益、从当地和国际资本市场以及跨国金融机构筹集资金、工人扶助基金的款项。工人扶助基金的资金来源包括私有及国有公司的收入、联邦及各州市的收入，以及由非盈利组织所支付的工资。

银行通过上述途径筹集资金，而不依靠政府的预算补贴。

国家发展银行也通过传统金融市场的交易（银行贷款及在国外金融市场发行债券），以及向国际信贷机构和政府组织贷款进行国外融资。政府不对金融市场的运营进行担保，但若贷款由世界银行和泛美发展银行等国际金融机构发出，则政府将遵守相关担保要求。在众多信贷机关和机构中，国家发展银行是当地最大的借贷机构。

国家发展银行可为包括在当地注册外国公司在内的所有私有公司提供投资融资。该银行的业务活动包括：①产品出口，劳务输出；②购买并租赁新的机器和设备；③土建工程项目和安装；④旨在改善技术水平、质量、生产率的项目，包括培训、信息技术、能源以及环境控制；⑤对现有设施的改善。

根据不同的行业、公司规模及地理位置，银行提供不同的融资条件。

根据国家发展银行规定，钢铁厂属于"大型企业"（公司的年营业收入超过 2000 万美元）。该银行可为项目提供以下方式的融资支持：①A 贷款企业融资；②B 贷款设备融资；③C 贷款参与项目投资。

1. A 贷款

A 贷款为"企业融资"的简称，用于给企业提供所需的固定资产投资以及流动资金贷款。它适用于超过约 330 万美元的融资。以下项目的融资可以申请 A 贷款：①土建工程；②工程设计与服务，如工程管理、采购等；③安装工程（机械、电气及其他）；④与固定资产投资有关的流动资金（不超过所提供的总固定资产投资的 15%）；⑤设备（满足 B 贷款规定）；⑥以当地货币所发生的各种费用，包括税收、运输费、港口费用以及其他；⑦环境保护和节能费用；⑧培训、社会/经济基础设施及其他。

为申请贷款，企业必须完成并递交初步申请表，以得到所谓的"银行优先权"。该优先权能够保证企业得到银行所支持的资金。通常，从递交初步申请表到获得"银行优先权"这一过程需要 30～60 天的时间。

为保证得到资金，接下来的步骤就是提供预可行性研究和银行报告，这些材料要根据银行所提供的指南编写，并应在得到银行优先权后不迟于 90 天内递交。

银行将分析递交的报告和投资可行性研究，并将它们提交给银行董事会审批。同时，银行将与项目主办人研究与讨论所提供的担保。如果认为可以支持该项目，银行董事会将批准该项目。

贷款合同签署后，银行将开始实际支付资金。通常，整个过程从递交可行性研究报告到启动实际支付程序将耗时大约4～6个月，有些项目将耗费更长时间。

A 贷款的基本情况如下：

（1）利率为

$$利率=融资成本+银行报酬$$

式中：融资成本是指银行筹集资金的成本，可能是以下内容中一项或几项的组合：

1）长期贷款利率（TJLP）。TJLP 是 X 国政府在国内外所发行债券的名义收益率的加权平均值（用美元表示）。国家中央银行按照国家货币委员会的规定定期调整 TJLP 值。近年来的 TJLP 值变化见表18。

表18　　　　　　　　　　　　TJLP 值 变 化 情 况

2005 年 1～3 月	9.75%
2004 年 10～12 月	9.75%
2004 年 7～9 月	9.75%
2004 年 4～6 月	9.75%
2004 年 1～3 月	10.00%
2003 年 10～12 月	11.00%

2）银行货币单位加上货币篮子（currency basket）收费。银行货币单位是基于银行货币篮子的平均成本。货币篮子是银行所有的外币债务。货币篮子的成本是根据适用于银行外币债务的费率、收费和税收计算的。每个季度将对该成本进行调整。在某些情况下，必须强制使用货币篮子。特别是对于本钢铁项目，30%的财务成本由货币篮子构成。

3）美元伦敦同业拆借利率（LIBOR rate）。通常适用 FAT 基金融资的项目（例如，某项目其产量的相当大部分是定位于出口市场）。

4）美元+CEE。CEE（银行外债篮子的美元等价成本）的计算是根据外币债务所有利率的平均加权成本等价折算成美元，以及银行要承担的费用，加上把资金汇往国外的税收费用。

5）银行报酬是银行的运作费用。根据银行的费用分类，"大型企业"的融资年费率为3%～4.5%。费率的差别与公司规模、所处区域发展的状况以及其他银行的优先权有关。

对本钢铁项目而言，可能适用表19所列的情况。

表19　　　　　　　　　　　　银行报酬及风险情况

基本报酬 (1)	有关项目及业主的特点（2）			信贷风险费用 (3)	银行总费用 (1+2+3)
	规模	优先权	厂址		
2%	大企业　　1%	-0.5%*	-1.0%	1.5%	3.0%

* 钢铁未包含在银行的"优先权"内，对于包含在优先行业内的项目，优先权为-0.5%。

借款人一般不能选择所适用的融资成本类型。例如，FAT 的资金通常是为面向出口市场的项目保留的，其报酬是伦敦同业拆借利率加价差。

（2）贷款条件。贷款条件原则上由项目的偿还能力决定，但是通常是：

1）宽限期，工厂开工后最多 6 个月；

2）本金偿还，宽限期结束后最多 8 年；

3）偿还周期，每个月偿还本金和利息。

在国际竞争性设备招标以及在一些特殊情况下，如果项目偿还能力有限，偿还期可以延长到 10 年或更长的时间。

（3）费用。银行收取费用情况见表 20。

表 20　　　　　　　　　　　　　　　银行收取费用情况

研究手续费	所要求融资额的 0.2%
信用储备手续费	30 天或不到 30 天为 0.1%
变更手续费	为使合同变更生效所签订的法律文书每件收取一定的费用

（4）利息资本化。对建设期间的利息，A 贷款可以将其资本化。在有效期内（从融资合同签字到偿还分期付款的首期之间）仅收取每年 6% 的利率。TJLP 超过 6% 的部分将被资本化，即将利息算入本金中，并在分期偿还期间支付。

（5）融资额度。一般来说，A 贷款提供的资金最多为所支持项目总资金的 50%。

根据银行的标准：优先行业和优先项目目标（+15%）、以及特殊地域（+5%），其融资比例将提高。对包含机器和设备的项目，以及对大型企业而言，融资比例最高可达 80%。

在银行给予优先权之前，A 贷款融资仅考虑用于最多 6 个月的现场准备和预投资。

2. B 贷款

B 贷款由国家发展银行的一个独立机构实施，主要负责促进设备和生产资料制造业发展和现代化进程。该机构通过长期融资的形式为设备的买方或卖方/制造方提供资金以促进发展。B 贷款的另一个主要业务对象为对外贸易。按照国家发展银行的进出口战略，B 贷款在支持当地设备出口中发挥了关键的作用。通过巨大的金融代理机构网络，B 贷款的业务几乎覆盖了国内机械和设备生产的所有企业。

B 贷款仅仅为国内生产商所直接销售的新设备融资。对想得到 B 贷款融资的设备购买商而言，设备制造商必须是 B 贷款预先认可的企业，并被列在授权供应商名单中。

原则上，B 贷款并不为安装所用的材料、管道、线路、钢结构、钣金（容器等）以及类似项目提供融资。但是 B 贷款可以为成套"系统"融资，比如浮选车间或选矿设备。因为成套"系统"通常在一定程度上包括不能单独融资的项目（钢结构、管道、容器等）。因此，最终仍然有可能为这些项目提供融资。如果工程设计和安装包括在"系统"的价格总额中，并且不单独支付的话，它们也可以享受到类似的待遇。

如果由国家发展银行贷款，在没有代理行参加的情况下，B 贷款融资条件的规定和 A 贷款基本相似。

（1）利率

利率=融资成本+银行报酬+代理机构差价

式中：融资成本，如 A 贷款中说明的一样，有 TJLP、UMBNES 或 LIBOR；银行报酬，对于大型企业而言，报酬为 2.5%～4%，取决于项目所处的地理位置、其他银行优先权以及国际公开招标。

银行报酬及中介调节费见表 21。

表 21 银行报酬及中介调节费

基本报酬（1）	有关项目及业主的特点（2）			中介调解费（3）	银行总报酬（1+2+3）
	规模	优先权	位置		
2%	大企业 1.5%	−0.5%	−1.0%	1.0%	3.5%

代理机构差价由客户和代理机构协商确定。

（2）贷款期限。对于最高达 330 万美元左右的贷款，总贷款期限最长可达 60 个月。对于更大数额的贷款，原则上贷款期限由项目的偿还能力确定。但通常：

1）工厂开工后，宽限期最长可达六个月。

2）在宽限期结束后，本金偿还的最长期限可达 8 年。在国际竞争性设备招标以及在一些特殊情况下，如果项目偿还能力有限，偿还期可以延长到 10 年或更长的时间。

（3）费用。与 A 贷款相同。

（4）利率资本化。B 贷款的程序与 A 贷款相似。

（5）融资额度。如果设备的国产化指标（根据 B 贷款的计算）大于等于 60%，B 贷款将最多提供所支持项目总价值的 80%。如果国产化指标小于 60%，B 贷款将最多提供设备国产部分价值的 80%。

（6）国产化指标。根据 B 贷款的定义，国产化指标的计算公式如下

$$NI = \frac{L}{L+F}$$

式中　L——在制造商工厂中，不含地税的当地所供应部分的价值，等价于《国际贸易术语解释通则》的出厂价格；

　　　F——"内陆"设备的进口部分价值，包括运费、港口费用和进口关税，不包括国内税，比如工业制成品税（IPI），出口可减免商品流通服务税（ICMS）和其他，等价于《国际贸易术语解释通则》的成本、保险费加运费，加上进口税。

如果设施包括几件不同的设备，则采用平均指标。

（7）国际公开招标。这属于 B 贷款所定义的特殊情况。其基本前提条件如下：

1）国产化指标，根据 B 贷款的定义，必须大于等于 60%；

2）除了国内生产商外，招标必须包括至少一名国外供应商；

3）国外供应商必须提供外部融资额度，以支持其投标。

如果以上条件得到满足，B 贷款将采取如下程序：

1）B 贷款将提供与外部融资机构所提供期限相匹配的期限。偿还期限可以超过 8 年，最多 10 年；

2）B 贷款最多可以为 100% 的货物价值提供资金（实际中，所提供的资金很少超过 80%）。

公司规模资格：银行制定了以下公司规模的分类，并将在提供融资的决策过程中使用这一分类：

1）微型公司：年营业额最高 40 万美元。

2）小公司：年营业额大于 40 万美元，最高至 350 万美元。

3）中型公司：年营业额为 350 万～2000 万美元。

4）大型公司：年营业额超过 2000 万美元。

如果所涉及的公司由另一公司所控股或为集团公司的一部分，则采用合并营业额。

3. C 贷款

C 贷款由国家发展银行完全控股的一家公司实施，主要致力于通过购买股票或可转换债券为本国公司提供资本融资。C 贷款的主要目标是：

1）加强本国公司的资产和融资结构；

2）通过合并和收购重组产业部门，以提高竞争力；

3）支持私人资金投资于基础设施；

4）发展资本市场，鼓励公司上市，促进公司股票的流动性，使这些市场成为私人公司筹集资金的重要工具。

C 贷款可以直接参与股票认购-私募，或在公开发行中间接参与股票认购-承售股票或可转换债券。C 贷款所持有的私人公司的股票总是暂时的，平均 5 年，并且是持有量少，最高到总资本的 33%，大多数情况下持有优先股。

对于可转换债券，C 贷款一般基于 TJLP 收取利息加上 2%～6%的差价，差价取决于所支持项目的规模和类型。

除了 A 贷款、B 贷款以及 C 贷款，国家发展银行还为国内和国际机构的放款提供银行担保。担保的条款，比如限额，所需要的担保品以及银行所收取的费用，取决于谈判。

4. 小结

本章目的并不在于描述国家发展银行所能提供的项目支持。因为国家发展银行的规定经常变化，所以，也不应把本部分看成是国家发展银行的标准和程序指南。这里只是试图提供适用于钢铁项目特殊情况的有关条款的总的概述。

在宽限期，银行通常允许部分利息资本化。宽限期内的利息一般按季度支付，而在偿还本金期间则按月支付。如果使用 TJLP，则采用季度支付基本差价和风险差价的规定。TJLP 最高年利息可达 6%，任何超过 6%的部分将被资本化。在偿还本金期间，本金和利息都按月支付。

在正常情况下，国家发展银行（A 贷款、B 贷款、C 贷款等）对项目的投资不得超过总额的 50%，在特殊情况下不能超过 80%（例如在北部、东北以及中西部地区），但很少达到这种投资比例。

如果发生某些情况，例如板坯的国际价格超过某一预先设定的水平，银行通常会要求收取额外费用，或者以提高利息的方式参与。

国家发展银行所要求的抵押物要根据不同的案例确定。通常，实际担保品的价值是所要求担保物价值的 120%～140%。一般要求企业担保，但是在融资额小于等于 60%时，可以接受"项目融资"。

（二）私人银行融资

私人投资银行在企业融资中扮演着重要的角色。与国家发展银行等政府机构相比，私人银行提供的信贷的费用要高得多。但是，这些私人银行已经成为短期应急和中期贷款的重要资金来源。

为了给新的和现有的企业提供参股基金，大型私人银行已经成立了投资公司。而且，养老基金也可以为有前景的项目提供资金。

（三）债券

无论是可兑换还是不可兑换债券作为中期和长期的资金来源都已经得到广泛使用。

（四）海外融资

从国际金融市场上筹集外币贷款是公司重要的资金来源。由国家中央银行负责监管并控制向公司的直接贷款（不管有没有金融机构的介入）或与国内银行的联合贷款。在后一种情况下，贷款期限通常为 180 天～5 年。因为相对国际资金提供者而言，国内银行必须承担国家和客户信用风险，故其贷款成本一般要比直接贷款高。

（五）地方资金

地方融资的比例很有限。例如，有专门致力于本地区工业和农业项目的投资基金，但基金利用效率很高，所剩不多，无法指望其支持本钢铁项目。

（六）官方出口信贷机构资金

官方出口信贷机构提供的特别信贷额度能获得政府的正式支持，旨在促进对各国的出口，该信贷额度要服从经济合作与发展组织（OECD）框架内的一套申请和偿还规则。

参与 OECD 官方出口信贷资金的国家有澳大利亚、奥地利、比利时、加拿大、捷克、丹麦、芬兰、法国、德国、希腊、匈牙利、冰岛、爱尔兰、意大利、日本、卢森堡、墨西哥、荷兰、新西兰、挪威、波兰、葡萄牙、韩国、斯洛伐克、西班牙、瑞典、瑞士、土耳其、英国、美国。可以提供以下的支持形式：

（1）出口信贷担保或保险（保险范围）；

（2）融资支持；

（3）以上的任何组合。

（七）其他融资方式

值得考虑的其他融资方式有：

1. 通过国外供应商信贷获得的贷款

一般由其各自国家的银行担保（例如美国进出口银行、日本国际协力银行）。

美国进出口银行为美国官方出口信贷机构，支持资信可靠的国际购买商购买美国货物以及服务。该银行可以承担私人银行不能或不愿意接受的国家和信贷风险。在某些情况下，美国进出口银行同样向购买商提供直接贷款。

因为美国是 OECD 的成员，所以美国进出口银行应遵守《官方支持出口信贷协议—出口信贷机构（ECA）》规定的一般条款。在用现金支付至少 15% 的合同价值后，美国进出口银行最高可提供合同价值 85%（取决于美国在其中所占的份额）的资金支持。

优势：

（1）购买美国生产资料和服务的购买商可以从商业贷款机构获得融资；

（2）借方和贷方可以谈判浮动利率；

（3）当地费用以及符合条件的项目费用；

（4）比如辅助服务（例如金融、法律和技术咨询费用）也可以获得融资；

（5）贷款可以以美元或选择的国外货币作为币种。

美国进出口银行的贷款担保包含 100% 的贷款本金和应计利息，还款时间为中期（最高 5 年）和长期（7 年），这通常由交易规模决定。在某些情况下，美国进出口银行向国际购买商发放直接贷款。首付款要求和贷款担保的首付款相同。但直接贷款为基于美国政府债券的固定利率。

美国进出口银行同样通过结构化金融交易为项目的施工和运营提供担保和直接贷款，包括使用项目现金流来偿还贷款的有限追索项目融资。

共同融资：美国进出口银行与国外出口信贷同行紧密合作建立共同的融资安排。在这种结构下，美国进出口银行为交易中的美国部分担保，而国外出口信贷机构则支持各自部分。

次级主权：美国进出口银行次级主权措施允许地方政府为购买美国货物和服务担任借方或担保方。合格的次级主权主体必须由国际认可的信用评级机构评定，并符合美国进出口银行的信用标准。这减少了发展中市场对主权担保的需求。

日本国际协力银行提供贷款以及担保，主要致力于促进日本产品出口并支持日本在海外的经济活动。日本是 OECD 成员，因此应遵守 ECA 规则。

德国投资开发银行（DEG-KFW）为欧洲最大的开发金融机构之一，为长期项目及公司提供融资服务。该银行可以为私营公司在发展中国家和转型中国家进行融资和结构性投资提供服务。该银行的投资遍及国民经济的各个领域，如农业、基建、制造业、服务业等，不仅促进了这些行业的持续发展，也为银行本身带来丰厚的利润。迄今为止该银行已经与 1100 多家公司进行过合作。德国投资开发银行致力于促进发展中国家和转型中国家私有企业的成立与发展，与此同时也为当地经济的持续增长奠定基础，并使当地人民的生活水平不断得到提高。

德国投资开发银行所提供的金融产品包括股权资本、中间融资、长期贷款、担保、为项目设计提供协助、金融设计、风险管理。德国是 OECD 的成员，因此德国投资发展银行必须遵守该组织制定的 ECA 条款规定。

2. 其他可能的融资渠道

本钢铁项目 II 期工程也可以使用另外两种融资方式：在项目当地和国外金融机构的支持下，发行海外商业票据。将与公司股份相应的美国存股证（ADR）在纽约股市进行自由交易。存股证需在美国证券管理委员会进行登记。

（八）板坯未来产量和远期销售的证券化

在这种情况下，设备供应商或项目产品销售方保证在预先确定的时间期限内（x 年）将一部分远期板坯产量销售给有信用的买方。销售合同将调控销售方和最终购买商之间货物的转移。

通过谈判确定板坯的最低价格和板坯期货交易合同期间的票面价值。期货交易价格的暂定指标采用沿用已久的参考价格指数，比如《金属导报》《金属周刊》等。

销售方、"发行方""托管人"以及"服务商"同样要通过谈判签署协议。后三者的功能一般由金融机构（银行）实现。发行方一般是银行所建立的专门部门，其业务就是发行由板坯销售的远期收入作为支持的证券。服务商的角色是作为证券的管理者。托管人是代表证券持有人的利益行事，其职责在于确保按规则支付利息，并在到期日最终支付本金。

银行将使用来自证券的销售收益来贴现板坯销售合同。银行将向销售方预付板坯销售合同总价值的一部分，并且规定债务偿还的条款（宽限期，利息等）。显然，该债务的最终到期日和销售方与购买商之间板坯销售合同的最终截止日是一致的。银行可能要求钢厂项目与/或其股东提供额外的担保。

因为不存在板坯销售的终端市场，为调控未知价格的期货交易，通常采用以下程序之一进行操作：

（1）先采用某一参考价格，例如由《金属导报》所发布的某钢种的价格，类似欧洲北方港口的离岸价加运费价格。

（2）购买商在销售生效日承担不可撤销的义务，按照预先制定的参考价格接受并购买板坯。

（3）在销售生效日，销售商应有权调查市场，检查是否能找到高于查考价格的更高报价。如果有更高报价，购买商应有权满足与销售商签订的更优惠的条款（"优先拒绝权"）。

（4）如果购买商决定不使用优先拒绝权，销售商可以自由将板坯销售给出价最高的一方。在这种情况下，销售方须要向购买方支付预先确定的罚金。

作为债权管理回收人和托管人，银行将基于卖方的负债而代收利息和债务本金，并向债券持有人支付利息。银行从买方代收板材销售款，在实现前面所提及的各种支付后，将剩余的销售款转给卖方。如条件成熟，银行将向债券持有人支付债券本金。该委托账户必须在非卖方或买方国家的银行开立，该银行所处国家风险水平较低。为使风险报酬降至最低的缓和措施，对委托账户将设立要求。

基于以上目的，可考虑以下两种类型的预售合同："获取或支付合约"（take-or-pay）或"获取和支付合约"（take-and-pay）。

1. 获取或支付合约

以最低价格获得固定数量产品或服务而做出的未来周期性支付的无条件合约义务。该义务是不可撤销的，或在所涉及各方均同意的情况下方可撤销。须注意的是，进行最低数额的支付是无条件的，不论产品是否真正地被交付。该义务的无条件性质是绝对的，不限于设施完全损毁、天灾、不可抗力等。"获取或支付合约"的义务人（板坯的买方）能通过在供应商不能完成任务的状况下接管项目来保护自己的权利。这种接管是以义务人（买方）承担向银行支付债务或债务余额为前提的。

2. 获取和支付合约

"获取和支付合约"与"获取或支付合约"最重要的不同在于，在"获取和支付合约"下，支付义务只在产品被交付时发生。通常，这种类型的合约对借款人有较少的影响力。然而，如果当其他条件满足，如有可靠的经营者与业主、完工和履约保险等，对借款人来说，上述组合可形成可接受的担保效果。

3. 卖权和支付合约

该合约尽管与上述讨论过的担保问题没有直接联系，但对钢厂项目这个案例来说，还是有所参考的。"卖权和支付合约"（put-and-pay contracts）或"供货和支付合约"（supply-and-pay）都是为保证项目原材料和能源的长期供应，而由原材料和能源供应商按照预定的价格与业主签署的供货合约，以满足生产的成本目标。在此合约下，供应商必须交付货物或向买方支付从其他可选择来源渠道获得该原材料产生的差价。

（九）项目融资

项目融资是指某一特定经济实体进行融资的行为。贷款方愿意参与融资过程，因为该经济实体还款时，其现金流量及收益即为贷款方提供了资金来源。此外，贷款方也同意该经济实体以其资产作为贷款的抵押。

OECD 的官方支持出口信贷协议为项目融资提供了专门的指引大纲。

在项目融资过程中，必须遵循的标准包括：

（1）涉及新建项目投资的项目以及出口交易的融资必须由独立的项目公司，即专门的公司负责；

（2）项目合伙人，即股东、出口商、债权人、分包商必须以共同可接受的方式合理分担风险。必须提供充足的股本；

（3）在整个还款期，项目的现金流量必须充足，以支付成本和偿债；

（4）借贷方必须从项目收益中首先扣除营运成本和债务；

（5）必须以资产方式为项目的收益/资产提供担保（转让、抵押、收益账户等）；

（6）不得为相关项目提供政治上的还款担保；

（7）项目完成后，不能向项目业主进行追索，或只能进行有限的追索。

四、财务评价

（一）评价方法

对投资项目进行财务评价，其目的在于确定：

（1）项目公司创造财富的能力是否足以还本付息，以及为股东的投资带来财务回报；

（2）项目公司创造财富的能力是否足以应对施工和运营绩效的情况变化，以及市场和金融状况的变化。

投资评价的基础是项目公司的现金流量价值。根据联合国及世界银行的指南，收入和费用的现金流量预测以美元现时价格不变购买力计算。

这种预测方法与钢铁工业的定价机制是一致的，即产品和原材料的市场价格由竞争市场的供需变动情况而决定。使用"实际"现金流量，就可以更容易地对项目评估所选用货币（美元）的长期通胀情况进行预测。

另外一种选择是将通胀预测包括在现金流量中，所得出的结果就是"名义"现金流量。但这种方法比较适用于以长期的固定价合同决定项目收入的情况，比如购电协议（PPA）或公共特许的情况。

项目评估所使用的货币为美元，通胀率将与美国消费者物价指数挂钩，并由项目业主的财务顾问进行预测，预测长期年均通胀率为 2.0%。从长远看，为减少当地货币与美元汇率波动的影响，建议将当地货币的长期年均通胀率定为 5.0%。

硬通货的长期通胀率预期可以抵消汇率变动的影响，因此不必对汇率进行估算。这一假定是基于金融理论中核心的"无套利利润原则（no-arbitrage-profit principle）"而做出的。不管各种货币之间的购买力平价关系如何变动，长期而言，通胀率都是决定汇率的主要因素。

对投资项目的财务评价主要基于以下三种不同的现金流量：

（1）全部投资现金流：假定项目资金全部来源于业主股本。虽然不代表真实情况，但此现金流有助于将该项目的价值与金融市场状况隔离开。用项目本身获取的收益（自由现金流）来衡量投资价值。

（2）杠杆融资现金流：考虑了现行金融市场的普遍状况，模拟项目的实际实施方案。由项目本身获取的收益（自由现金流）来衡量投资价值。

（3）股权投资现金流：也指股息现金流。与上述情况相反，此方式模拟的价值是以偿还给投资者/业主的股息。

（二）基本参数

表 22 对本项目的一些基本参数进行了汇总。

表 22   **财 务 评 价 基 本 参 数**

情况假设	单位	数据
含税的建设投资	百万美元	2733.6
负债股本比率		56~44
项目业主股本	百万美元	1534.3
板坯加权平均价格（包括溢价产品）	美元/t（离岸价）	320.27
国内通胀		5.0%
硬通货币通货膨胀		2.0%

注   所有美元价值指 2005 年的购买力平价。

（三）融资方式

本项目的融资方式遵循项目业主财务顾问的融资指导原则。

使用现有的融资来源，负债与股本的比率约为 44:56，相当于在项目实施期间，股东的出资约为 15.343 亿美元。

假设债务融资是基于有完全追索权的结构融资，由国家发展银行提供当地融资，由商业银行提供海外融资，主权险向出口信贷机构（ECA）的投保政治险来承保。

尽管本国出口信用保险机构有可能提供至少 5 亿美元，但未得到有关信贷条款和条件。因此，海外出口信贷的模型将按 OECD 的各项条款建立。OECD 包括所有欧盟国家以及日本、美国和韩国，其出口信贷条款定义严谨，并且确定为所有 OECD 成员国的基准。实际上，项目财务顾问预计本国出口信用保险机构的条款将非常接近经合发组织。

如果项目业主提出的实施进度计划与有限或无追索权结构的债务融资之间存在不协调性，将假设采用完全追索权结构的债务融资条件。此外，由于很难签订长期板坯销售和原料供应协议，也给项目融资方案的实现带来了困难。

当然，也有可能建立有限追索权的融资方案。这将要求该项目在完全追索权的基础上实施，一旦项目投产，并证明其有现金流的生成能力，贷款银行也许会在更大的程度上承担项目风险。但是，必须假设项目是在完全追索权的情况下实施，本项目的财务评价也必须遵循此方法。因此，没有规定专门的还本付息准备金账户。

项目的资金使用和来源情况汇总见表 23。

表 23   **项目资金使用和来源表**

使用		来源			
项目	支出	出口信贷机构	发展银行 B 贷款	发展银行 A 贷款	股本
主要设备 EPC	2393.2	524.6	349.6	279.4	1534.3
出口信贷机构信用保险金	48.2	—	—	—	
开工所需流动资金	95.5	—	—	36.9	
试运营费用	149.8	—	—	—	

续表

使用		来源			
项目	支出	出口信贷机构	发展银行 B 贷款	发展银行 A 贷款	股本
建设期间利息支付	33.4	—	—	—	
建设期间银行和法律费用	4.7	—	—	—	
小计	2724.8	524.6	349.6	316.2	1534.0
建设期间资本化利息	8.8	—	4.8	4.0	
建设投资总计	2733.6	524.6	674.6		1534.3
	100.0%	19.2%	24.7%		56.1%

项目融资条件汇总见表 24。

表 24　　　　　　　　　　　　　**债务融资条款汇总**

条款	国家发展银行		经合组织 出口信贷机构
	B 贷款	A 贷款	
宽限期	3 年	3 年	2 年半
本金偿付期	7 年	9 年	9 年半
期限合计	10 年	12 年	12 年
利息偿付频率	每季度（宽限期） 每月（偿付期）	每季度（宽限期） 每月（偿付期）	每半年
本金偿付频率	每月	每月	每半年
本金偿付模式	等额分期	等额分期	等额分期
基础利率	长期贷款利率 TJLP	长期贷款利率 TJLP	以美元计的长期国际 商业参考利率
利率性质	浮动	浮动	固定
利率变动幅度	3.0%	3.5%	0.2%
贷款调整	70%的本币 30%的货币篮子	70%的本币 30%的货币篮子	—
扣除利息收入所得税	—	—	15%（利息总额）
利息资本化	6%的长期贷款利率资本化	6%的长期贷款利率资本化	无
信贷保险费	—	—	9.2%
信用风险保险资本化	—	—	无
承诺费	0.100%	0.100%	0.200%
预付费用	—	—	—
管理费	—	—	—
项目投资风险	24.6%		19.2%
总融资成本 （计算后）	3.61%每年 （美元实价）	3.97%每年 （美元实价）	4.45%每年 （美元实价）

以实际美元价格计算，相应的年借款加权平均资金成本预计为 4.08%。

（四）Ⅰ期工程财务评价

投资项目商业模型是项目根据预计的销售和成本结构，对股东获取价值能力进行的一种模拟。商业模型的开发应符合项目所在国通用会计准则、美国通用会计准则以及国际会计标准。

本项目商业模型详细描述了20年评价期间的每月交易情况。项目的商业成本结构模型则包括固定成本、可变成本和间接成本的组合。

1. 投资进度

如前所述，如果项目业主选择在融资到位前开始实施项目，将需要 6.532 亿美元的预付股本，如图 1 和图 2 所示。

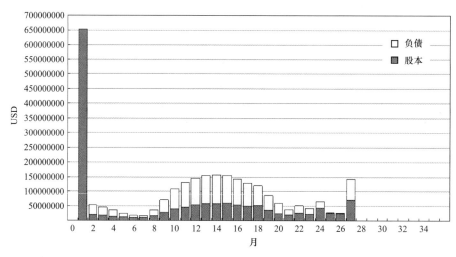

图 1　按资金来源划分的每月投资进度（2005 年美元价）

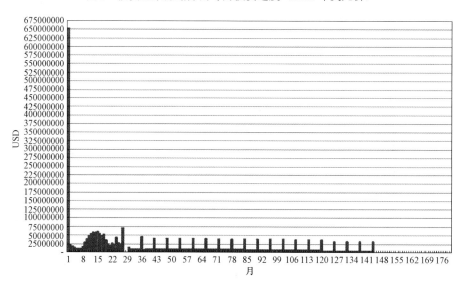

图 2　项目实施和贷款偿付期间的现金流出（2005 年美元价）

与项目整个寿命周期中每月的债务偿还支出相比，这样高的预付股本就显得特别突出。项目实施期间，承付的股本可以看作是最多到第 27 个月，而债务偿还要持续到第 144 个月。

出口信贷机构（ECA）的本金偿付以及利息费用可以清晰地确定为每半年一次的现金流出，而国家发展银行的贷款则为每月偿还模式。

图 3 描述了资金从贷款拨付到贷款偿付期间未还款部分的变化情况。它也表示每一种贷款额度的借款额。

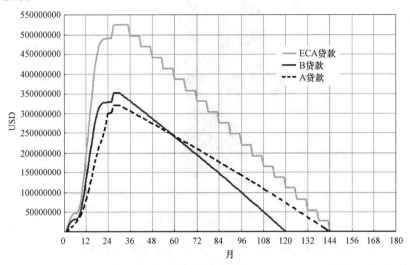

图 3　未偿还贷款余额的变化情况（2005 年美元价）

2. 现金成本

根据初步测算，板坯生产平均现金成本（直到 2026 年）见表 25 和图 4。

表 25　　　　　　　　　　平均生产现金成本（2005 年美元价）

生产现金成本明细	美元/t
铁矿石	47.51
煤	47.33
废钢	25.49
服务（港口/渣处理）	17.31
熔剂	14.83
直接劳动力	10.32
合金	9.44
公司间接成本	8.21
电能	7.96
其他易耗品/材料	5.12
耐火材料	4.27
空气产品	3.59
补充水	1.38
小计	202.77
扣除副产品销售	（7.97）
总计	194.80

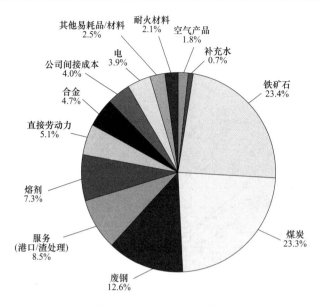

图 4　生产现金成本明细

据预测，本钢铁项目属于全球 30%的最低生产成本钢厂的范围内。

在投资项目的评价期内，工厂的主要绩效预测见表 26。

表 26　　　　　　　　没有扣除副产品收入的主要绩效（2005 年美元价）

现金成本参数	平均成本（美元/t）
焦炭生产	119.34
烧结生产	39.48
铁水生产	122.69
钢水生产	160.10
板坯生产	170.12
辅助厂/系统	8.59
间接成本	8.20
港口费	15.87

现金盈亏平衡的概念对于本项目非常重要。现金盈亏平衡是衡量生产成本的一种方法。不像生产现金成本，现金盈亏平衡要包括工厂的全部成本，如市场营销和财务成本。现金盈亏平衡的出发点是指项目公司刚好收回成本、偿还债务而没有任何净利润时的最低销售价格。项目每年现金盈亏平衡见图 5。

如果产品价格始终不低于现金盈亏平衡价格，则项目应始终能够保持偿付能力，并能为投资者提供回报。正如以上所描述的那样，随着项目公司债务的不断偿还，现金盈亏平衡价格将迅速降低。

图 6 所示为上述运营成本的详细描述。

在图 7 中，预测现金盈亏平衡与销售收入有关。销售收入的变化源于板坯市场价格的周期性变化。

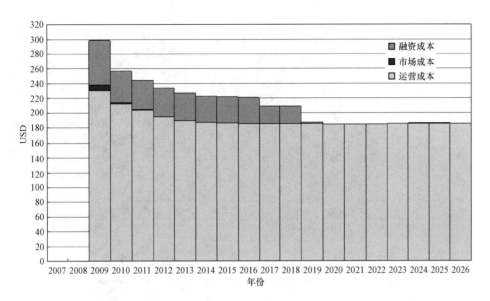

图 5　项目每年现金盈亏平衡（2005 年美元）

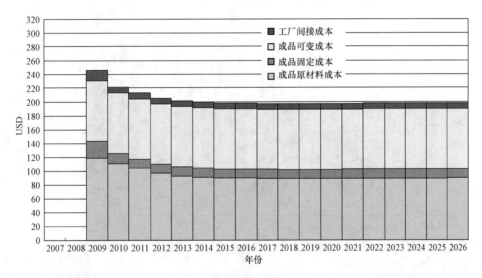

图 6　生产现金成本的年度走势（2005 年美元价）

值得注意的是，在图 7 中，2010 年的现金盈亏平衡点仍相对较高，而预测板坯价格会下降。在工厂运营的早期，这种巧合会严重削弱项目的还本付息能力，如图 8 所示。

通过对最低偿债覆盖率（DSCR）的计算，可确定该项目偿债能力。如果 DSCR>1，则意味着该项目所产生的自由资金比偿债务所需的更多，因此可保持偿债能力。

按照惯例，DSCR 的最低基准值 1.2，表示项目在偿债能力上具有最低 20% 的"安全裕量"。

有时候说明项目所生成的"安全裕量"的绝对数额（美元）也是很有意义的，这一绝对尺度是能生成的现金流与债务总额之间的差额。

在图 9 中，黑色部分代表了项目公司每年偿还债务后的盈余现金。值得注意的是，与其他年份相比，项目在 2010 年差点没有达到收支平衡。

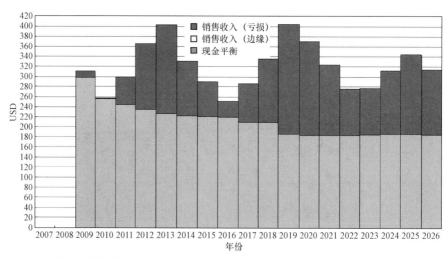

图 7　销售收入和总生产成本之间的差别（2005 年美元价）

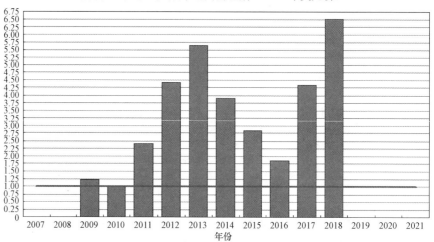

图 8　每年偿债覆盖率

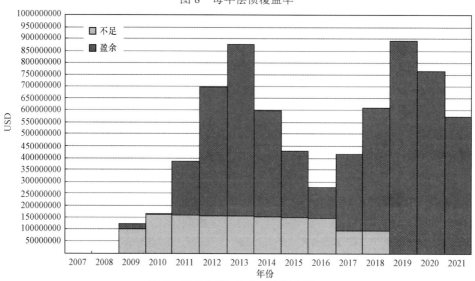

图 9　债务总额（2005 年美元价）

3. 最低预期资本回收率和加权平均资金成本

从可行性研究开始,项目业主就要使用每年12%的折现率来计算资金成本的折现现金流,相应地使用该折现率计算财务净现值。

然而,项目业主的财务顾问根据项目当地的实际情况,经过风险调整后,计算出适用于当地钢铁工业的股本最低预期资本回收率。以美元名义价值计算,该风险调整率为10.70%。考虑到每年2.0%的美元通货膨胀率假定,通过 Fisher 公式,将其转化为与其相当的股本最低预期资本回收率8.53%。Fisher 公式表示为

$$(1+i_{my}) = (1+i_{sj}) \times (1+通胀率)$$

式中　i——利率。

上述 8.53%的年回收率是衡量股权投资现金流吸引力的标准,作为投资股本和支付给项目业主的股息。

假定所计算的平均债务成本为每年 4.08%,则项目的加权平均资本成本($WACC$)可通过下述资本资产定价模型公式计算

$$WACC = \left(\frac{D}{D+E}\right) \times i_{zw} + \left(\frac{E}{D+E}\right) \times i_{gb}$$

式中　D——债务数额;

　　　E——股本数额;

　　　i_{zw}——借贷成本;

　　　i_{gb}——股本资本成本,或所定义的最低回报率。

按美元实价计算,该项目的 $WACC$ 为每年6.58%。此 $WACC$ 比率可作为杠杆融资内部收益率的比较参考。

4. 财务分析

根据以前描述的商业模型假设,图 10 给出了相应的现金流。正如所料,由于没有融资成本,完全股本现金流在运营期间会产生较高的收入,但在建设期则需要很高的资金投入。

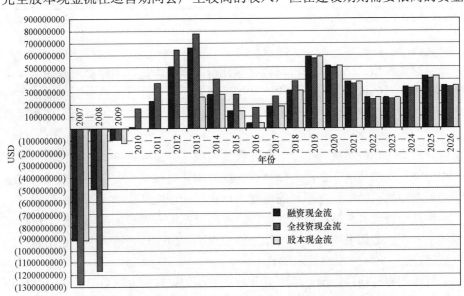

图 10　项目自由现金流（2004 年美元价）（2006 年为第一年）

股东现金流滞后于杠杆融资现金流，因为只有消除了账面亏损以后，才可以向股东支付股息。在项目评价期的后期，偿还债务以后，所有现金流将变成一样。

表 27 是根据 20 年的现金流加上每年贴现 12% 的非增长永久年金（美元不变价计算的）计算得出的。

表 27 　　　　　　　　　　　**项目主要财务数据-I 期工程**

主要财务数据		
资本支出总计	2733611584 美元	（±10%精度）
债务	43.9%	
股本	56.1%	
项目业主总股本	1534317255 美元	
项目业主的贷款担保	1436537236 美元	（数量级估算）
美元长期通货膨胀估计	2.00%	每年
本国货币长期通货膨胀估计	5.00%	每年
借贷资本加权平均成本	4.08%	每年，美元实价
全部投资现金流内部收益率	12.73%	每年，美元实价
杠杆融资现金流内部收益率	15.91%	每年，美元实价
股权投资现金流内部收益率	11.51%	每年，美元实价
最低偿债覆盖率（DSCR）	1.03	
净现值（折现率12%）	594967569 美元	杠杆融资现金流
平均生产现金成本	194.80	美元/t
现金盈亏平衡	298.11	美元/t
加权平均板坯销售价	320.27	美元/t
平均净利润	110.73	美元/t
平均息税折旧摊销前利润（EBITDA）	40.59%	在总销售收入方面

5. 敏感性分析

确定性的财务模型，比如用于本项目财务评价的模型，是以"预测"而非"决定"为基础的。这类评价工具的目标通常是寻找"最优"的解决方案，以向投资者提供最大的回报。然而，在大型工程项目评价中，这种重要的方法最好是能与研究范围更加广泛的评价工具配合使用。

敏感性分析方法是依靠统计模拟对商业模型的稳定性进行评价。一个稳定的商业模型应在未来各种可能发生的情况下都能运作自如。稳定的商业模型不一定在未来任何可能发生的情况下都是最理想的，但即使在不利的情况下，它也应该能产生令人满意的结果。

对于本钢铁项目而言，通过敏感性分析，对项目抵御未来变化风险的能力进行可靠的评价显得尤其重要，因为如果项目"平均"来说会盈利，但在某些情况下，还是有可能无法偿还债务以至破产。

这点从对两个假定项目的预期净现值分布直方图的比较中可以看出。假设净现值为负时表示项目破产，从图 11 可以得知，实线代表的项目尽管预期（平均）收益较高，但其破产的可能性也比较大。

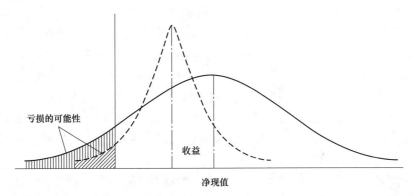

图 11   项目的理论稳定性-预期收益与亏损概率

由此看来，图 11 中虚线代表的项目更加"稳定"。必须指出的是，虚线项目比较稳定，并不意味着它比实线项目更为优越。事实上，尽管实线项目破产的可能性较大，但实线项目不仅有较高的预期收益，而且还更可能产生极高的回报。在决定项目的优劣时，关键在于投资者的"风险欲"如何。

利用敏感性分析，可以在最大程度上对项目抵御变动风险的能力进行评价，对每个输入变量的基准情况加以考虑，从而就对未来产生影响的输入变量生成一个平均值函数，而不确定的情况则由与输入变量相关的概率分布加以表示。

接下来可利用上述数据对输入变量的一系列情况，以及所得的相应输出变量（比如内部收益率 IRR 和净现值 NPV）加以模拟。而对各种情况进行分析时，可采用分析基本方案时所用的同一模型。

模拟所得的结果可用于两方面。首先，可确定输入变量的概率分布，以使项目业主能预知与经济效益相关的风险。

其次，通过评价所有输入变量的重要性，来"解释"输出变量，这样项目业主能预知输入变量的变化程度会对经济效益产生何种影响。作为第二方面应用的延伸，还可以检查输入变量或输入变量的子集，如何对输出变量进行解释。

主要的输入变量（或自变量）可包括：

（1）产品价格；

（2）主要工序厂 EPC 价格；

（3）铁矿石价格；

（4）煤价；

（5）外购废钢价格；

（6）利率（贸易参考利率、伦敦同业拆借利率及长期贷款利率）；

（7）美元和当地货币的通胀情况；

（8）其他主要的营运成本项目（石灰石和白云石产品、港口费用、直接人工工资、合金、电力以及补充水）。

上述各个变量都设定为对数正态随机变量，而各变量的两个参数（相关正态变量的平均偏差和标准偏差）则通过市场调查决定。

由于每个输入变量各年的概率分布不同，这些变量被设定为一个简单的自回归时间序列：在第 $t+1$ 年每个输入变量的值，是第 t 年的变量值乘以一个固定的"自回归系数" Φ，再加上一个随机冲量计算得出。而该随机冲量由建立在基准情况预测之上的系统项模型叠加而得。

相应地，每个输入变量的不确定性随着时间推移以已知的方式增加。假如 $\Phi=1$，则随机冲量将不断累积，使得不确定性的增加不受限制。这种情况可视为在一定范围内发生的十分保守的例子，因为预期可能过程包含了限制波动范围的市场因素。因此所得的输出变量范围将比预计的要大。假如 $\Phi<1$，则会令每个随机冲量产生抑制效果（与 Φ 的乘方成正比），这时相关过程趋向稳定，不确定性尽管较大，但受到限制。$\Phi=0.80$ 时，相关结果比较合理，与类似情况下实验所得出的数值一致。

根据预计的最有可能发生的情况，可对随机冲量的标准偏差值进行估算，就这点而言，可以将其作为样本路径加以分析：通过单步差异预测的样本标准偏差可以对随机冲量的标准偏差进行估算。由于这些最有可能发生的情况包含了某个系统项，因此相关的估算是比较保守的。因为如果不包括系统项的内容，所估算出的标准偏差就会比实际要大。

（1）计算输出变量的概率分布。在计算敏感性分析的首项结果（输出变量的概率分布）时，把基本方案作为各个输入变量的平均函数；而确定随机冲量时，先针对各年情况生成一个正态变量，将其用于所有输入变量的计算，即把基本正态变量与各个输入变量相应的正态标准偏差相乘，最终计算出随机冲量。

这一程序与对市场行为的预测是一致的，因为所有的输入变量都是正相关且强相关的。事实上，这一程序仅适用于板坯和原材料价格。对于利率和通胀率而言，不确定性是基值在 $-20\%\sim20\%$ 的独立范围内变动所得，呈均匀分布。

图 12 列出了对板坯价格进行 100 次模拟运行的样本结果－中线（黑色粗线）为基本方案。大部分的运行结果都集中在基本方案附近，但也有严重偏离的情况。这是模拟结果的特征之一。

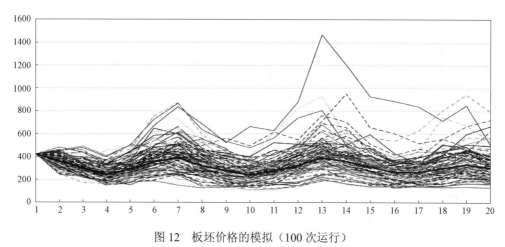

图 12　板坯价格的模拟（100 次运行）

对模拟数量进行计算，就可以通过合理的变化系数（估算的标准偏差与期望均值的比率）估算出内部收益率低于目标收益率（12%）的概率。通过对首批 20 次试运行的粗略估算，可以得知只需 1000 次运行就可得出所要求的准确度，而用计算机进行相关模拟需数小时。

下列结果根据 1000 次运行实验得出。

项目杠杆融资内部收益率的频率分布如图 13 所示。

项目	值
平均值	0.1902898
标准差	8.74×10^{-2}
方差	7.63×10^{-3}
偏差	0.2176582
峰值	3.255127
左 X	0.12
左 P	20.18%
右 X	0.2588
右 P	79.82%

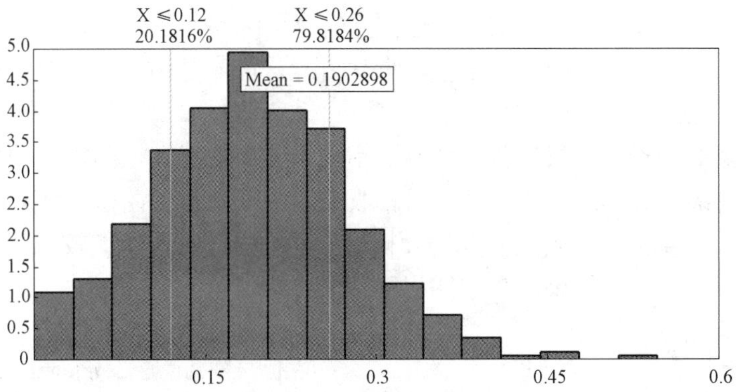

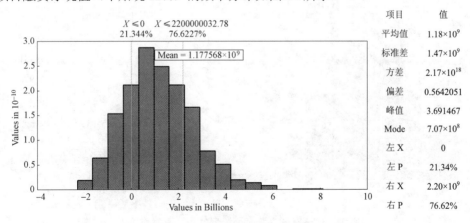

图 13　项目内部收益率的频率分布（杠杆融资）

从图 13 看出：

1）分布呈明显（0.218）的正偏态；

2）根据 Y 轴的刻度，曲线以下的数值为 1；

3）利用 6%的变动系数进行估算，内部收益率低于 12%的概率是 20.18%（这一概率低于 22.3%的置信度为 95%）；

4）所有结果为 *IRR*<0 的模拟都视为 *IRR*=0，从而使得 *IRR*=0 时出现峰值频率。事实上，相关结果应当散布于 *IRR*=0 的限度之下；

5）内部收益率的估算均值与基准情况有所差别，因为其中包含了分布偏态：产品和原材料价格的对数正态，以及从某一非线性（多项式）方程计算所得的内部收益率。

项目融资净现值（年贴现 12%）的频率分布如图 14 所示。

项目	值
平均值	1.18×10^{9}
标准差	1.47×10^{9}
方差	2.17×10^{18}
偏差	0.5642051
峰值	3.691467
Mode	7.07×10^{8}
左 X	0
左 P	21.34%
右 X	2.20×10^{9}
右 P	76.62%

图 14　项目净现值的频率分布（杠杆）

从图 14 看出：

1）净现值低于 0 的概率为 21.34%，通过对内部收益率的频率分布计算，这与内部收益率低于 12%的概率相等。相关差异可能是因为内部收益率的方程式简化造成的（即在所有情况下，永久年金都以 12%的利率贴现）。

2）因为板坯和原材料价格的净现值呈线性，预计净现值为近似正态。预计净现值的变动系数大约为 6%，95%情况下指向（10.4，13.2）亿美元的置信区间。

3）净现值的均值是 11.8 亿美元，明显大于基本方案值。这可能是因为分布偏态造成的（这一模式为 7.07 亿美元，更加接近基本方案值）。

图 15 和图 16 反映了全部投资和股权投资内部收益率频率分布情况。全部投资的平均内部收益率远低于杠杆融资内部收益率，而未能达到目标收益率的概率也要高得多（对于全部投资而言，概率是 31.5%）。与全部投资情况相比，股权投资平均内部收益率比较低，未能达到目标收益率的概率也比较高。这些结果均与预期相符。

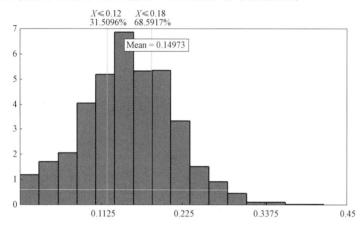

图 15　项目内部收益率的频率分布（全部投资）

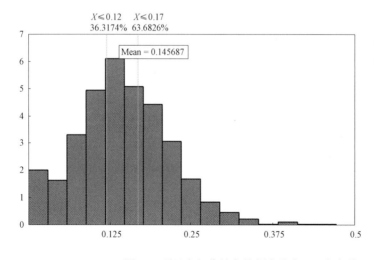

图 16　项目内部收益率的频率分布（股权投资）

图 17 和图 18 反映现金盈亏平衡和债务偿付比率的频率分布。

债务偿付比率低于 1.0 的概率是 53.8%，这一结果令人不安。

（2）估算输入变量对输出变量的影响。在计算敏感性分析的第二项结果（输入变量对净现值和内部收益率的影响）时，进行每次模拟时都随机更改基本方案的"静止水平"。对于每

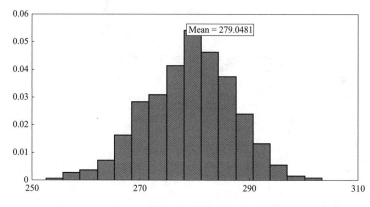

项目	值
平均值	279.0481
标准差	8.025163
方差	64.40324
偏差	−0.189521
峰值	2.970915
Mode	280.0675

图 17　项目现金盈亏平衡的频率分布

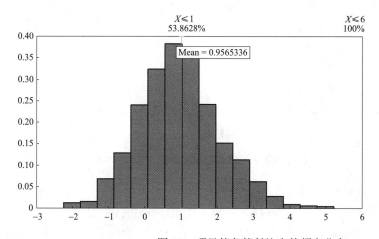

项目	值
平均值	0.956534
标准差	1.113845
方差	1.24065
偏差	0.292419
峰值	3.28402
Mode	1.324347
左 X	1.00
左 P	53.86%

图 18　项目债务偿付比率的频率分布

个输入变量都独立生成一个呈（1−a）～（1+a）均匀分布的随机变量（EPC 合同的 $a=10\%$，其他变量的 $a=20\%$）。基本方案各年的数值与该随机变量相乘，相应就会使得输入变量的基准水平产生变化，然后再通过新的基准水平计算现金流量和相应的投资标准（净现值、内部收益率等）。

　　之所以采用上述设计，而不用通常的因子设计，是因为这里所述的情况涉及大量的输入变量和因素(一个完全二级因子就需要进行 216 次模拟)，如果采用后者就会令计算十分复杂。

　　利用上面所得的结果可以对以下内容进行估算：各输入变量的主效应与输出变量（净现值、内部收益率）之间的相关系数；与各输入变量主效应相关的净现值和内部收益率的回归系数；以及单独使用输入变量主效应所得出的预测值，与每次运行计算所得净现值和内部收益率之间的相关系数的平方（称为 R^2）。

　　图 19 所示的飓风图反映了净现值回归的"标准化回归系数"。净现值均值的标准偏差是5780 万美元，$R^2=0.996$。

　　"飓风图"的基本原理是：

　　（1）X 和 Y 两个变量之间的相关系数（通常称为 ρ）是测量两者线性关系的标准。相关系数的范围为 -1～$+1$。如果 Y 是 X 的完全线性递增（递减）函数，则相关系数为 1（-1）。如果 Y 与 X 线性无关，则相关系数为 0。

　　（2）相关系数的绝对值高，表示可以由 X 的线性函数对 Y 进行预测。当使用 X 的数据对

Y进行预测，而不是在缺少 X 的数据情况下试图对 Y 进行预测时，相关系数的平方用于测量预测精度的相对增加值。

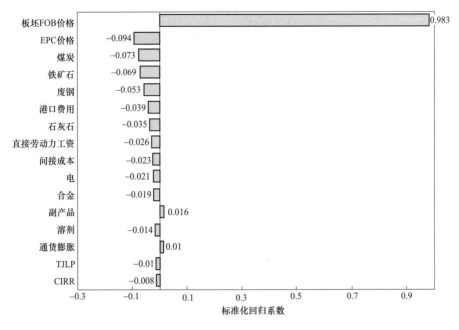

图 19 杠杆融资净现值敏感性飓风图

（3）这里用 Y 期望值的线性方程表示因变量（输出变量）Y 关于自变量（输入变量）X_1，X_2，…，X_p 的线性回归。用输入变量的值乘以相应的回归系数，再将各乘积相加，就得到 Y 的期望值。这样各个回归系数就可以测量由于相应输入变量的单位变动而产生 Y 的期望变动量。

（4）利用输入变量预测所得的 Y 的期望值也可视为一个随机变量。同样，线性回归与 Y 之间的相关度可以测量线性回归对 Y 的预测准确度如何。所显示的结果一般是相关系数的平方，称为"R^2"。R^2 的值较高（接近 1）时，就可以认为输入变量是输出变量很好的预测值-即输入变量能很好地"解释"输出变量。

（5）R^2 的值小于 1.0 时，可以认为输入与输出变量之间存在非完全的线性关系。输出变量可能是输入变量的函数，但该函数是非线性的。或者在回归分析中尚存在未包括的其他相关的变量。

（6）R^2=（$SQ-SQE$）/SQ（式中：SQ 为自变量就其均值的各偏差平方之和，而 SQE=因变量就自变量对其预测的各偏差平方之和）。因此，R^2 测量的是"已解释变异"（$SQ-SQE$）与"总变异"SQ 的比率。

（7）当自变量受其相应标准偏差正态化，同时因变量也就其均值受其标准偏差正态化时，所计算出的回归系数为标准化回归系数。

（8）如果输入变量是自变量（相关系数=0），而在 Y 和各输入变量间的相关系数和相应的回归系数间存在简单的关系：用 Y 的标准偏差与相应输入变量的标准偏差的比率，乘以相关系数，所得的乘积就是回归系数。在这种情况下，"标准化相关系数"就等同于相关系数。

所得的数值结果表明：

（1）回归结果为近似值：当 R^2 接近 1.0 时，几乎所有净现值的变化都可以用输入变量加以解释；

（2）迄今为止最重要的输入变量就是板坯价格。板坯价格以"商业等级碳离岸价"表示，并指定 0.983 的标准化回归系数。单独来看，EPC 合同价（成本）是第二重要的。然而，由于原材料价格（成本）也十分重要，因此其正态化总和才是第二位重要的因素。如所预期，所有成本因素都配有负值的标准化回归系数。

"飓风图"中所反映的结果可以与设计参数相结合，从而估算出输入变量 x 就其均值的变动 Δx 对净现值的影响。相关的影响以 ΔNPV 表示，可以计算如下

$$\Delta NPV = stb(x) \times [\Delta x / \sigma(x)] \times \sigma(NPV)$$

式中　$stb(x)$ ——输入变量 x 的系数的标准化回归（从飓风图得出）；

　　　$\sigma(x)$ —— x 的标准偏差；

$\sigma(NPV)$ ——净现值的标准偏差（由实验所得）。

由于 Δx 和 $\sigma(x)$ 的单位相同，因此两者的比率是非线性的。在当前情况下，出于设计需要，有些输入变量是一起考虑的。就多数的输入变量而言，各年的基准水平都不相同。选择哪个变量或哪种变量组合确定该正态化偏差并不重要，只要保持一致性即可：即用相同的变量组合和基准水平来表示 Δx 和 $\sigma(x)$。

如上所述，标准化回归系数与回归系数之间的关系是

$$回归系数 = b(x) = stb(x) \times \sigma(NPV) / \sigma(x)$$

输入变量 x 的值由 $\mu(x)$ 和 U 的乘积计算所得，其中 $\mu(x)$ 是 x 的均值，而 U 在 $(1-a)$ 和 $(1+a)$ 之间呈均匀分布。

回归方程和回归系数的值可以通过下列方法计算得出

$$NPV = \mu(NPV) + b(x_1)(x_1 - \mu_1) + b(x_2)(x_2 - \mu_2) + \cdots + b(x_{16})(x_{16} - \mu_{16})$$
$$= reg(x_1, x_2, \cdots x_{16})$$

式中　$b(x_i)$ ——自变量 x_i 的回归系数。

项目变量回归分析见表 28。

表 28　　　　　　　　　　项 目 变 量 回 归 分 析

i	变量（x_i）	μ_i	$\sigma(x_i)$	$stb(x_i)$	$b(x_i)$
1	商业等级碳的离岸价	278.92	32.21	0.983	0.00176
2	主要设备 EPC 价（平均百万美元）	543.41	31.37	−0.094	−0.000173
3	煤（到岸价）	73.59	8.50	−0.073	−0.0004964
4	铁矿石和球团	36.41	4.20	−0.069	−0.0009496
5	外购废钢	150.36	17.36	−0.053	−0.000176
6	港口费用	15.00	1.73	−0.039	−0.0013
7	石灰石和白云石产品	98.78	11.41	−0.035	−0.000177
8	直接人工工资（千美元）	352.72	40.73	−0.026	−0.0000369
9	间接成本（千美元）	33.84	3.91	−0.023	−0.000340
10	电力	0.029	0.0035	−0.021	−0.3468
11	合金	1.19	0.137	−0.019	−0.00802

i	变量（x_i）	μ_i	σ（x_i）	stb（x_i）	b（x_i）
12	副产品销售所得（千美元）	32.69	3.77	0.016	0.000245
13	耐火材料	0.66	0.076	−0.014	−0.0106
14	硬通货币通货膨胀	0.02	0.0023	0.010	0.251
15	长期贷款利率 TJLP	0.098	0.0113	−0.010	−0.0511
16	商业参考利率 CIRR	0.05	0.0058	−0.008	−0.0797

图 20 所示飓风图表示内部收益率的标准化回归系数。净现值就其均值的标准偏差是 0.0666，而 R^2=0.993。

对净现值的分析也适用于杠杆融资内部收益率。就内部收益率来看，在硬通货币通货膨胀情况下，气体产品是作为一个相关输入变量输入的。两者都不重要，这可能是由于随机效应造成的。

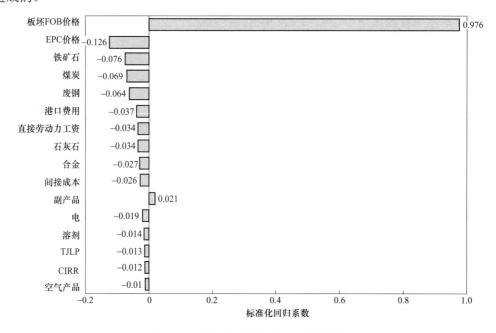

图 20　内部收益率飓风图（杠杆融资）

对内部收益率（全部投资）而言，σ（内部收益率）=0.0578，而 R^2=0.992，飓风图如图 21 所示。对杠杆融资内部收益率和净现值的分析在这里同样适用。在这种情况下，气体产品、补充水和国内通胀取代了硬通货币通货膨胀、长期贷款利率和商业参考利率。

对内部收益率（股权投资）而言，σ（内部收益率）=0.0578，而 R^2=0.994，飓风图如图 22 所示。上面的分析在这里也适用。国内通胀、硬通货币通货膨胀和长期贷款利率是作为相关的输入变量出现，但其重要性较小（分别排在第 13、15、16 位）。

（3）敏感性分析结论。项目不能达到目标收益率的概率约为 21%。

为更好地控制这一风险，项目业主必须特别注意产品的价格，因为这是对财务结果进行解释的最重要的输入变量。由于产品价格的波动大多不受投资者的控制，因此必须转而注意控制主要设备 EPC 价格（第二重要）、原材料的价格（第 3、4、5、7、9 位）、港口费用（第 6 位）和直接人工工资（第 8 位）。

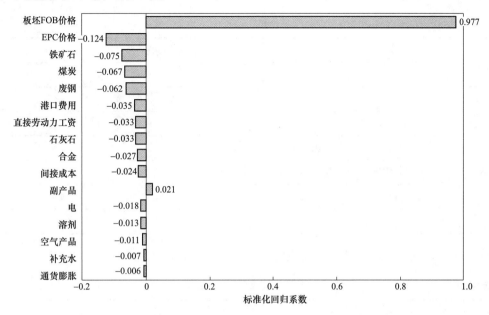

图 21　内部收益率飓风图（全部投资）

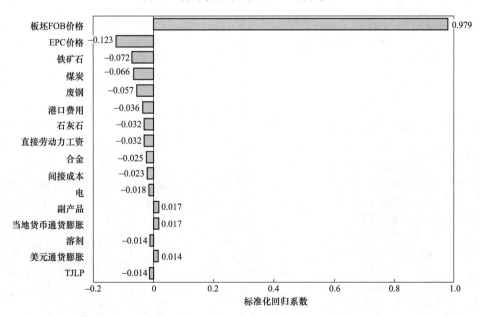

图 22　内部收益率飓风图（股权投资）

税费并非统计敏感性分析的对象，但其重要性是显而易见的，这从定性考虑和对其他情况的研究中可以看出。

（五）Ⅱ期扩建工程财务评价

Ⅱ期扩建的资本支出是根据已知的Ⅰ期价格而估算和推断的。从这个意义上讲，Ⅱ期扩建投资的财务评价不同于Ⅰ期工程的投资评价。实际上，与Ⅱ期工程有关的设备和服务招标等基本设计工作都还没做。因此，关于投资估算的预期精度，尚没有任何确定的说法。表 29 所列为投资总额的估算。

表 29   II 期扩建工程投资估算

投 资 内 容	投资额（百万美元）
主要工序厂 EPC 预算（除税净额）	1061.42
项目实施管理	42.50
项目实施的设计	15.50
试运营成本	11.30
开工所需流动资金	75.17
EPC 税	237.05
总计	1442.94

主要工序厂的设计、采购和建设投资（除税净额）估算见表 30。

表 30   II 期扩建 EPC 工程估算

EPC 投资内容	除税净额（百万美元）
主要工序厂	
焦化	216.88
烧结	128.24
炼铁	293.60
炼钢	81.00
板坯铸造	113.72
小计	833.44
辅助厂和系统	
料场	41.24
煤气罐/增压机	42.84
配电系统	14.55
水/污水处理厂	5.98
配套设施	70.27
单项工程	9.80
IT/电信系统	4.28
小计	188.97
现场准备	9.22
土方工程	3.80
临时设施	13.02
小计	26.00
不可预见费	
总计	1061.42
单位投资［美元/（t·年）］	312

关于 II 期扩建的进度安排，新的生产设施要在 I 期工程投产两年后开始正式运营。预计

II 期扩建需要 27 个月。因此，II 期扩建的供货合同应在 I 期运营开始前 3 个月前生效。这个进度安排意味着 II 期扩建工程的采购应开始于 I 期安装工程的高峰期。

这种时间范围的选择是非同寻常的，因为：

（1）如果项目业主为吸取 I 期工程的建设经验，委托 I 期项目管理团队进行 II 期扩建，那么正在进行的 I 期工程将不可避免地妨碍 II 期扩建的采购流程；

（2）一般来说，已经建立起良好生产质量记录、消费者市场和持续/稳定现金流的运营公司的项目扩建要比新建公司容易获得更好的融资条件。

所以，如果钢厂在 I 期工程尚未达到额定生产水平，且其偿债能力尚未得到证实之前，就将 II 期扩建工程发包，那么融资条件不会有吸引力。如果 I 期实施进度没有偏差，则 II 期工程可能的最早开工日期在 2009 年的年初。

如上所述，本项目在 I 期完工前，尚未进入运营状态的实施后期阶段就寻求 II 期扩建的资金，将会陷入负债累累的境地。因此，II 期的财务评价仅考虑完全基于股本资金的扩建。

表 31 估算了 II 期实施完成后，也就是生产能力达到 700 万 t/年时，项目的生产现金成本（除去融资成本的净值）。

表 31　　　　　　　　　　年产量 700 万 t 时的生产现金成本估算

生产现金成本估算	平均成本（美元/t）
焦炭	115.91
烧结	37.86
铁水	118.71
钢水	151.03
板坯	160.22
辅助厂/系统	8.19
间接成本	5.83
港口费	11.97

II 期工程完成后（700 万 t/年）的生产现金成本预计远远低于 I 期（400 万 t/年）。根据测算，I 期工程的平均生产成本为 194.80 美元/t（总成本 202.78 美元/t，再扣除副产品收益 7.97 美元/t）；II 期扩建完成后，平均生产成本降为 178.69 美元/t（总成本 186.21 美元/t，再扣除副产品收益 7.52 美元/t）。差额主要源于外购废钢、水、电的单位消耗（每吨成品消耗）低，以及由更高的产量所摊销的单位产品港口费用和间接成本。

值得注意的是，对于 750 万 t/年的最终生产规模，炼铁能力将加倍，而板坯浇铸能力将增加 83%。因此，每吨成品有更多的铁水可用，每吨板坯需要的废钢较少。

II 期扩建被视为 I 期基础上的独立投资，因此，财务评价可按独立的增量进行评价，换言之，把 II 期扩建当成独立的投资项目，它有规定的投资成本，当钢厂产量从 400 万 t/年提高到 700 万 t/年时，将带来由产量差额确定的利润。

II 期扩建的经济和财务绩效如图 23 所示。

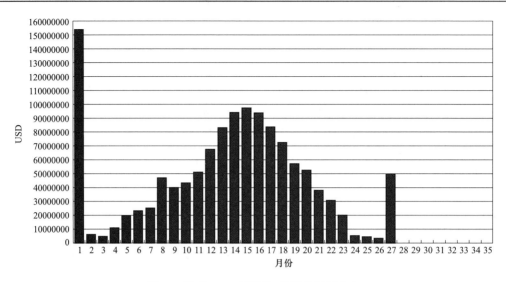

图 23　设备 EPC（Ⅱ期）估算的每月支出

根据市场预测，钢厂Ⅱ期扩建将在 2011 年开始运营时产生收益，那时主要原材料的价格将下降，而板坯价格将处于上升势头，如图 24 和图 25 所示。

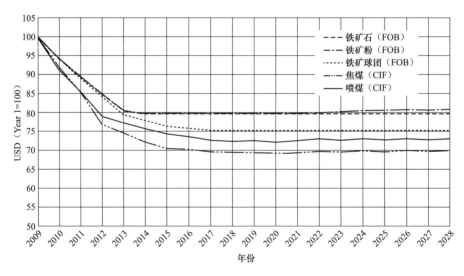

图 24　主要原材料预测价格的变化

这种市场趋势预测的组合效应反映在总销售收入上，工厂的营业额（总销售收入）与所销售产品的成本（现金生产成本）之间的差如图 26 所示。

图 27 对扩建工程的全部投资现金流进行了描述。

Ⅱ期工程经济和财务绩效评价得出，全部投资内部收益率为 23.54%（实价，不考虑通货膨胀）。用任何标准来衡量，都表示项目的财务绩效很好。

（六）结论与建议

本项目的财务评价被严格界定在项目公司的商业环境中。至于投资项目的其他价值，如给业主的全球战略所带来的或者给当地社会发展所做出的贡献没有进行评价。

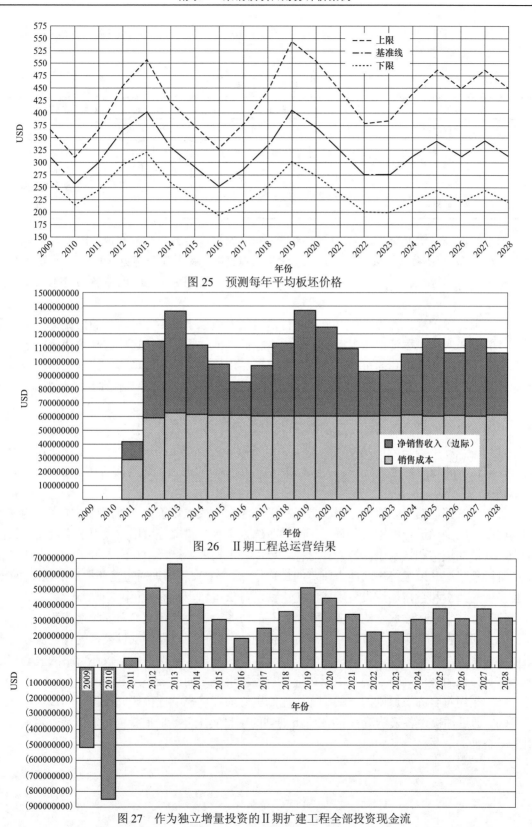

图 25 预测每年平均板坯价格

图 26 Ⅱ期工程总运营结果

图 27 作为独立增量投资的Ⅱ期扩建工程全部投资现金流

投资项目商业模型所做的评价表明，它符合国际工业普遍接受的基本标准，以及项目业主的项目绩效标准，具体见表32。

表32   项 目 财 务 绩 效

投资标准	行业惯例	业主基准	项目结果
杠杆融资现金流内部收益率	≥加权平均资本成本（每年6.58%）	≥每年12%	15.91%
股权投资现金流内部收益率	≥最低预期资本回收率（每年8.53%）	未规定	11.51%
杠杆融资现金流净现值	加权平均资本成本贴现率为正值	年折现率+12%	均为正值（两种折现率）
偿债覆盖率（DSCR）	≥1.2	未规定	1.03

唯一的例外是偿债覆盖率为1.03，这意味着，如果项目公司某时的现金刚好足以偿债，则它将处于破产边缘。虽然仅仅通过减少资产与负债比率就可以避免这种情况的发生，但项目业主仍应当寻求保护项目公司现金流的其他方式。而且，44:56 的债务与股本比率已经很小。

事实上，尽管项目就"平均"水平而言，盈利能力似乎较高，但较低的偿债覆盖率暴露了项目的重要弱点；尽管拟建工厂的生产成本较低，但如果市场低迷期与高额偿债期不幸巧合，则仍不足以承受不利的市场波动。如果对产品价格的预测变成现实，则这个问题会变得更加严重。在这种情况下，呈高度周期性的板坯价格趋势将不会与原料的价格趋势明显关联，因为后者的变化趋势总是更为平缓。

根据本研究结果，建议项目业主重新审核该项目，并采取以下行动：

（1）2005年6月生效的法令大大减少了投资方面的税费负担（这个事实未反映在目前的建设投资估算和投资财务评价中）。但是，项目业主仍应考虑项目运营期的其他税务框架，目的是确保购买铁矿石和熔剂中交纳的州增值税得到抵扣。

（2）研究其他的工艺流程，目的是提高工厂的生产成本竞争力。要提高工厂产生的燃气的利用率，减少对进口废钢的依赖。可能的备选方案有：将部分可用燃气用于直接还原铁的生产，并增加烧结和铁水生产能力。这样，可以将 I 期板坯产量增加到500万 t/年，或者在 I 期阶段就建造 II 期最终生产能力所需的焦化厂。这个方案将增加对直接还原厂的燃气供应，而且多余的焦炭和直接还原设备生成的热压铁块可供出口，从而获得附加收益。

（3）寻找合理运输成本的石灰石和白云石的资源，避免跨州交易而征收增值税。

（4）研究在运营第一年就建立一个价格机制的可能性，以保持项目公司的现金流。此方案可采取倒算净价格机制，在该机制中原料（铁矿石或煤）被调整成与板坯价格的波动相匹配。这种方法为偿债高峰期确立了原料价格与板坯价格之间的最小差额。

（5）采用符合赤道原则的方法，加快编制更好的环境影响评价研究报告。

（6）通过加快设备采购流程和/或将所规划的项目实施开始时间提前，来尽量改善项目的财务融资能力。

参 考 书 目

[1] 北京国家会计学院. 新企业所得税法与会计准则差异及分析 [M]. 北京：中国财政经济出版社，2009.

[2] 中国注册会计师协会. 税法 [M]. 北京：中国财政经济出版社，2017.

[3] 陈立，彭启发. 税法 [M]. 北京：清华大学出版社，2010.

[4] 国家税务总局教材编写组. 税收基础知识 [M]. 北京：中国财政经济出版社，2009.

[5] 杨爱义. 出口退税会计实务操作手册 [M]. 广州：广东经济出版社，2014.

[6] 段从军. 进出口税收和出口退税实务与案例 [M]. 北京：中国市场出版社，2016.

[7] 小企业会计准则编审委员会. 小企业会计准则讲解 [M]. 上海：立信会计出版社，2014.

[8] 全国税务师职业资格考试教材编写组. 财务与会计 [M]. 北京：中国税务出版社，2017.

[9] 中国注册会计师协会. 会计 [M]. 北京：中国财政经济出版社，2017.

[10] 财政部. 2018 年政府收支分类科目 [M]. 北京：中国财政经济出版社，2018.

[11] 企业会计准则编审委员会. 企业会计准则案例讲解 [M]. 上海：立信会计出版社，2015.

[12] 斯坦迪什·米查姆. 企业会计制度（2001）[M]. 北京：经济科学出版社，2001.

[13] 杨纪琬，夏冬林. 怎样阅读会计报表 [M]. 北京：经济科学出版社，2003.

[14] 财政部. 股份有限公司会计制度—会计科目和会计报表 [M]. 北京：中国财政经济出版社，1998.

[15] 小沃尔特·T. 哈里森，哈里森，钱磊. 财务会计：国际财务报告准则 [M]. 上海：上海人民出版社，2014.

[16] 徐金霞，徐景泰. 财政金融基础知识. 5 版. [M]. 北京：中国财政经济出版社，2017.

[17] 刘宁，戴大双. PPP/BOT 项目实务期权决策方法研究 [M]. 北京：科学技术文献出版社，2016.

[18] 王玉帅. 陈共《财政学》（第八版）学习指导书 [M]. 北京：中国人民大学出版社，2016.

[19] 通财人. 财政支出管理改革操作实务 [M]. 北京：中国财政经济出版社，2014.

[20] 陈共. 财政学. 8 版. [M]. 北京：中国人民大学出版社，2015.

[21] 张志超. 现代财政学原理 [M]. 天津：南开大学出版社，2003.

[22] 邢小强. 基于实物期权的新技术投资评估与决策研究 [M]. 北京：中国人民大学出版社，2014.

[23] 刘世坚，黄山，孙丕伟. 世说新语：刘世坚解读中国 PPP [M]. 北京：中国电力出版社，2017.

[24] 周兰萍. PPP 项目运作实务 [M]. 北京：法律出版社，2016.

[25] 财政部政府与社会资本合作中心. 政府和社会资本合作项目会计核算案例 [M]. 北京：中国商务出版社，2014.

[26] 财政部政府与社会资本合作中心. PPP 项目会计核算方法探讨 [M]. 北京：经济科学出版社，2015.

[27] 李忠富，杨晓冬. 工程经济学 [M]. 北京：科学出版社，2016.

[28] 李开孟. 工程项目融资评价理论方法及应用 [M]. 北京：中国电力出版社，2017.

[29] 杨少俊. 投融资知识 1000 问 [M]. 北京：中国金融出版社，2017.

[30] 辛连珠. PPP 项目会计与税收实务 [M]. 北京：中国财政经济出版社，2017.

[31] 联合国工业组织工业可行性研究编制手册 [M]. 建设部标准定额研究所，译. 北京：化学工业出版社，1992.

[32] 霍恒，吴国斌. 建设工程招标投标知识问答 [M]. 北京：机械工业出版社，2003.

［33］国家税务总局教材编写组. 法律基础知识［M］. 北京：中国税务出版社，2003.

［34］全国造价工程师执业资格考试培训教材编审委员会. 建设工程计价［M］. 北京：中国计划出版社，2014.

［35］全国造价工程师执业资格考试培训教材编审委员会. 建设工程造价管理［M］. 北京：中国计划出版社，2013.

［36］戚安邦. 工程项目全面造价管理［M］. 天津：南开大学出版社，2000.

［37］注册会计师全国统一考试辅导用书编写组. 公司战略与风险管理［M］. 北京：中国财政经济出版社，2017.

［38］全国咨询工程师（投资）职业资格考试参考教材编写委员会. 宏观经济政策与发展规划［M］. 北京：中国计划出版社，2015.

［39］全国咨询工程师（投资）职业资格考试参考教材编写委员会. 项目决策分析与评价［M］. 北京：中国计划出版社，2016.

［40］马少华. 机场卓越经营［M］. 北京：中国民航出版社，2005.

［41］乔治•卡德诺蒂. 航空运输盈利策略［M］. 北京：中国民航出版社，2004.

［42］王偶傥. 机场竞争与机场营销［M］. 北京：中国民航出版社，2005.

［43］马少华. 机场特许经营权［M］. 北京：中国商业出版社，2005.

［44］赵治纲. EVA 业绩考核理论与实务［M］. 北京：经济科学出版社，2009.

［45］吴敬琏，厉以宁，林毅夫，等. 读懂十三五［M］. 北京：中信出版集团，2016.

［46］走出去智库（CGGT）. 一带一路跨境投资实务［M］. 北京：机械工业出版社，2017.

［47］李燕. 新《预算法》释解与实务指导［M］. 北京：中国财政经济出版社，2015.

［48］李仙，刘勇. 五大理念领航中国［M］. 北京：中国计划出版社，2016.

［49］建设部. 房地产开发项目经济评价方法［M］. 北京：中国计划出版社，2000.

［50］法律出版社法规中心. 2017 中华人民共和国房地产法律法规全书［M］. 北京：中国法制出版社，2017.

［51］建设部标准定额研究所. 房地产开发项目经济评价案例［M］. 北京：中国计划出版社，2002.

［52］郎荣燊，裴国根. 投资学. 5 版.［M］. 北京：中国人民大学出版社，2017.

［53］荆新，王化成，刘俊彦. 财务管理学. 7 版.［M］. 北京：中国人民大学出版社，2015.

［54］王化成. 财务管理（第四版）［M］. 北京：中国人民大学出版社，2013.

［55］胡斌. 工程经济学［M］. 北京：清华大学出版社，2016.

［56］夏恩君. 技术经济学［M］. 北京：中国人民大学出版社，2013.

［57］邵颖红，黄渝祥，邢爱芳. 工程经济学. 5 版.［M］. 上海：同济大学出版社，2015.

［58］杨晔，杨大楷，方芳. 2016 中国投资发展报告［M］. 上海：上海财经大学出版社，2016.

［59］证券业从业人员一般从业资格考试辅导教材编委会. 金融市场基础知识［M］. 北京：中国财政经济出版社，2015.

［60］汪昌云，类承曜，谭松涛. 投资学［M］. 北京：中国人民大学出版社，2013.

［61］刘兴云. 财务管理学［M］. 北京：经济科学出版社，2002.

［62］黄达. 金融学. 3 版.［货币银行学（第五版）］精编版修订版［M］. 北京：中国人民大学出版社，2013.

［63］何小锋，黄嵩，刘秦. 资本市场运作教程. 3 版.［M］. 北京：中国发展出版社，2011.

［64］杜胜利. 企业经营业绩评价［M］. 北京：经济科学出版社，1999.

［65］财政部国库司，刘昆，甘藏春，等.《中华人民共和国政府采购法实施条例》释义［M］. 北京：中国财政经济出版社，2015.

[66] 王雍君. 城市投融资管理研究 [M]. 北京：经济科学出版社，2012.

[67] 罗仁坚. 交通基础设施投融资体制改革 [M]. 北京：人民交通出版社股份有限公司，2014.

[68] 张曾莲. 我国政府会计准则制定的动因、路径、内容与效果研究 [M]. 北京：经济科学出版社，2016.

[69] 财政部. 政府会计准则：基本准则 [M]. 上海：立信会计出版社，2015.

[70] 孙茂竹，于富生. 成本与管理会计 [M]. 北京：中国人民大学出版社，2013.

[71] 蒂姆·史密斯. 定价策略 [M]. 北京：中国人民大学出版社，2015.

[72] 翟建华. 价格理论与实务. 5 版. [M]. 大连：东北财经大学出版社，2016.

[73] 唐坤，郭思智. 成本会计理论与实务教程 [M]. 北京：中国财政经济出版社，2017.

[74] 财政部会计司. 企业产品成本核算制度（试行）讲解 [M]. 北京：中国财政经济出版社，2014.

[75] 余英敏，张新玲. 新企业产品成本会计实务 [M]. 北京：中国财政经济出版社，2014.

[76] 王以圣，田水娥，朱晓春. 水利水电建设项目经济评价及案例分析 [M]. 北京：中国水利水电出版社，2015.

[77] 住房和城乡建设部，国家发展和改革委员会. 铁路建设项目经济评价方法与参数 [M]. 北京：中国计划出版社，2012.

[78] 朱洪. 投资项目环境影响经济评价参数体系研究 [M]. 北京：中国计划出版社，2012.

[79] 住房和城乡建设部. 石油建设项目经济评价方法与参数 [M]. 北京：中国计划出版社，2010.

[80] 住房和城乡建设部. 市政公用设施建设项目后评价导则 [M]. 北京：中国计划出版社，2010.

[81] 住房和城乡建设部标准定额研究所. 风景名胜项目评价方法 [M]. 北京：中国计划出版社，2010.

[82] 住房和城乡建设部. 公共卫生建设项目经济评价方法与参数 [M]. 北京：中国计划出版社，2012.

[83] 交通部水运规划设计院. 水运建设项目评价手册 [M]. 北京：人民交通出版社，1996.

[84] 财政部. 2015 年政府收支分类科目 [M]. 北京：中国财政经济出版社，2014.

[85] 住房和城乡建设部. 煤炭建设项目经济评价方法与参数 [M]. 北京：中国计划出版社，2009.

[86] 住房和城乡建设部标准定额研究所，农业部工程建设服务中心. 农业建设项目经济评价方法 [M]. 北京：中国计划出版社，2010.

[87] 国家发展改革委，建设部. 建设项目经济评价方法与参数. 3 版. [M]. 北京：中国计划出版社，2008.

[88] 同济大学，建设部标准定额研究所. 政府投资项目经济评价方法与参数研究 [M]. 北京：中国计划出版社，2004.

[89] 住房和城乡建设部. 市政公用设施建设项目经济评价方法与参数 [M]. 北京：中国计划出版社，2008.

[90] 李明哲. 投资项目经济评价问答 [M]. 北京：中国计划出版社，2011.

[91] 建设部标准定额研究所. 建设项目经济评价案例 [M]. 北京：中国计划出版社，2006.

[92] 邵颖红，黄渝祥. 公共项目的经济评价与决策 [M]. 上海：同济大学出版社，2010.

[93] 财政部企业公司. 企业财务通则解读 [M]. 北京：中国财政经济出版社，2007.

[94] 陈燕，张健，杨旭中. 电力工程经济评价和电价. 2 版. [M]. 北京：中国电力出版社，2009.

[95] 全国投资建设项目管理师考试专家员会组织. 投资建设项目决策 [M]. 北京：中国计划出版社，2008.

[96] 全国咨询工程师（投资）职业资格考试参考教材编写委员会. 现代咨询方法与实务 [M]. 北京：中国计划出版社，2016.

[97] 国家计委投资司. 建设项目经济评价方法与参数实用手册 [M]. 北京：新华出版社，1990.

[98]《投资项目可行性研究指南》编写组. 投资项目可行性研究指南 [M]. 北京：中国电力出版社，2002.

[99] 李开孟，徐成彬. 企业投资项目可行性研究与核准申请 [M]. 北京：冶金工业出版社，2007.

［100］刘洪玉．房地产开发经营与管理［M］．北京：中国建筑工业出版社，2017.

［101］吕萍．房地产基本制度与政策［M］．北京：中国建筑工业出版社，2017.

［102］石建勋，李海英．企业并购与重组案例精选［M］．北京：清华大学出版社，2013.

［103］上海国家会计学院．企业并购与重组［M］．北京：经济科学出版社，2011.

［104］石建勋，郝凤霞．企业并购与资产重组：理论、案例与操作实务［M］．北京：清华大学出版社，2012.

［105］高金平．资产重组的会计与税务问题［M］．北京：中国财政经济出版社，2014.

［106］翟继光．企业并购法律-重点，难点及案例分析［M］．上海立信会计出版社，2016.

［107］王武龙．投资项目经济咨询评估指南［M］．北京：中国经济出版社，2000.

［108］斯科特·贝斯利，尤金 F·布里格姆．财务管理［M］．北京：机械工业出版社，2013.

［109］王振强．英国工程造价管理［M］．天津：南开大学出版社，2002.

［110］方建国．房地产投资与融资简明教程［M］．北京：清华大学出版社，2014.

［111］陈琳，谭建辉．房地产项目投资分析［M］．北京：清华大学出版社，2015.

［112］李燕华．房地产开发经营［M］．北京：清华大学出版社，2008.

［113］周小平，熊志刚．房地产开发与经营．2 版．［M］．北京：清华大学出版社，2014.

［114］艾伦·C·夏皮罗．跨国公司财务管理基础［M］．北京：中国人民大学出版社，2006.

［115］王允平，陈燕．跨国公司财务管理［M］．北京：首都经济贸易大学出版社，2016.

［116］胡亦明．跨国公司财务案例［M］．北京：中国财政经济出版社，2008.

［117］中国房地产估价师与房地产经纪人学会．房地产估价相关知识［M］．北京：中国建筑工业出版社，2005.

［118］杨春宝，王建宁．公司投融资模式流程完全操作指南．3 版［M］．北京：中国法制出版社，2015.

［119］财政部会计司编写组．企业会计准则讲解［M］．北京：人民出版社，2010.

［120］财政部．2018 企业会计准则（合订本）［M］．北京：经济科学出版社，2017.

［121］财政部．政府会计制度——行政事业单位会计科目和报表［M］．北京：中国财政经济出版社，2017.

［122］法律出版社法规中心．建设用地法律全书——审批、出让、转让、租赁［M］．北京：法律出版社，2016.

［123］全国人大常委会．中华人民共和国预算法［M］．北京：中国法制出版社，2014.

［124］全国人大常委会．中华人民共和国企业所得税法［M］．北京：法律出版社，2017.

［125］全国人大常委会．中华人民共和国政府采购法［M］．北京：法律出版社，2014.

［126］全国人大常委会．中华人民共和国公司法［M］．北京：法律出版社，2014.

［127］住房和城乡建设部．大型公共建筑项目评价导则［M］．北京：中国计划出版社，2011.

［128］住房和城乡建设部．建材工业建设项目经济评价方法与参数［M］．北京：中国计划出版社，2010.

［129］住房和城乡建设部．公路建设项目经济评价方法与参数［M］．北京：中国计划出版社，2010.

［130］上海市政工程设计研究总院有限公司．市政工程设计概算编制办法［M］．北京：中国计划出版社，2011.

［131］财政部条法司．中华人民共和国预算法修改前后对照表［M］．北京：中国财政经济出版社，2014.

［132］艾伦．工程项目经济评价入门［M］．北京：化学工业出版社，1980.

［133］J．P．吉延格．农业项目经济评价［M］，北京：中国财政经济出版社，1985.

［134］财政部会计司．《企业产品成本核算制度（试行）》解读［M］．北京：中国财经出版社，2014.

［135］刘兴云，汪平．财务管理学．2 版．［M］．北京：经济科学出版社，2002.

［136］（美）Eugene F，Brigham Michael C，Ehrhardt. 财务管理理论与实践［M］. 荻瑞鹏，胡靳颖，候宇，译. 北京：清华大学出版社，2005.

［137］北京京投土地项目管理咨询股份有限公司. 城市土地开发与管理［M］. 北京：中国建筑工业出版社，2006.

［138］毛付根，林涛. 跨国公司财务管理. 2 版.［M］. 大连：东北财经大学出版社，2008.

［139］马莎·阿姆拉姆，纳林·库拉蒂拉卡. 实物期权［M］. 北京：机械工业出版社，2001.